대통령과 장군들

대통령과 장군들

2024년 9월 30일 초판 1쇄 발행
2024년 11월 1일 초판 2쇄 발행

지은이 | 매튜 모튼
옮긴이 | 최인수
펴낸이 | 이찬규
펴낸곳 | 북코리아
등록번호 | 제03-01240호
전화 | 02-704-7840
팩스 | 02-704-7848
이메일 | ibookorea@naver.com
홈페이지 | www.북코리아.kr
주소 | 13209 경기도 성남시 중원구 사기막골로 45번길 14
        우림2차 A동 1007호
ISBN | 979-11-94299-00-4 (93390)

값 27,000원

* 본서의 무단복제를 금하며, 잘못된 책은 구입처에서 바꾸어 드립니다.

대통령과 장군들

미국의 대통령들은 전쟁 중에 어떻게 군을 이끌었는가?

Congress
의회

NSC/CIA
국가안보회의
정보당국

President
대통령

DoD/JCS
국방부
합동참모본부

INDOPACOM
CENTCOM
전구사령부

Army, Navy,
AF, MC, Space
각군

매튜 모튼 지음
최인수 옮김

북코
리아

저자 서문 Preface

9·11 테러 몇 달 뒤, 나는 버지니아주 페어팩스Fairfax의 이웃들과 저녁 식사를 하고 있었다. 당시 나는 펜타곤에 근무하고 있었고 테러 공격이 있던 날도 거기에 있었다. 나는 외교정책이나 군사전략에 관한 친구들의 질문 공세에 응대하는 데는 오랫동안 익숙해져 어느 정도 이골이 나 있었다. 그런데 이제 목소리들이 이전보다 더 불안스러웠고 질문들은 더 화급했다. 부시 행정부는 아직도 향후 전략적 방향에 대해 명확한 결론을 내리지 않은 듯했다. 혹은, 설령 정했더라도 아직 발표를 안 한 상태였다. 친구 중 하나인 마크가 왜 장군들이 행정부에 무엇을 어떻게 하라고 얘기를 안하고 있느냐며 따지듯이 물었다. 펜실베이니아 대학 와튼Wharton MBA 출신에, 운영하던 소프트웨어 회사를 비싼 가격에 매각한 마크는 결코 멍청한 사람이 아니었다. 나는 그에게 군은 그런 정책을 만들지 않는다고 설명했지만, 그는 우리가 지금 외부로부터 공격을 받았고 이런 때 장군들이 나서서 책임지지 않는 것은 그야말로 책임회피이자 도피라고 강변했다. 나는 놀라기도 했고 걱정스럽기도 했다. 현명하고 활동적이며 솔직하고 유능한 마크는 좋은 사람이고 나의 좋은 친구다. 하지만 나는 그가 우리 정부와 군이 국가를 방위하기 위해 어떻게 함께 일하는지 좀 더 잘 이해할 필요가 있다고 느꼈다. 장군들이 책임을 지고 헤쳐 나가야 한다는 그의 주장은 어리석을ludicrous 뿐만 아니라 위험하다. 25년 동안 정치-군사 관계를 연구해온 역사학자이자, 펜타곤의 최고위급 부서에서 일했던 육군의

5

장교로서 마크와 같은 미국인들 — 나라 경제를 돌아가게 하는 스마트한 사람들 — 에게 설명하기 위해 이 책*Presidents and Their Generals*을 썼다. 왜 우리가 민간 정치지도자들과 군사지도자들의 역할과 책임에 대해서 알아야 하는지, 그리고 왜 그들 간의 관계가 그들이 결심하여 만들어낸 결과에 있어서 그토록 중요한 영향을 미치는지에 대해서 말이다.

이 책이 나올 수 있게 도와준 많은 분들이 계시다. 조 글래타르Joe Glatthaar, 아이라 그루버Ira Gruber, 딕 콘Dick Kohn, 웨인 리Wayne Lee, 알렉스 롤런드Alex Roland, 그리고 제프리 워드Geoffrey Ward 님은 여러 장에 걸쳐 매우 통찰력 있는 비판을 해주었다. 나의 유능한 조교 제니 보일Jenny Boyle은 이 프로젝트의 첫해에 그녀의 열정과 전문지식으로 내가 초기 단계를 잘 헤쳐 나올 수 있게 도왔다. 책을 쓰는 기간 동안 나의 상관이었던 랜스 베트로스Lance Betros 님은 일일이 언급할 수 없을 정도로 내게 정말 아낌없는 지원을 해주셨다. 피트 매슬로스키Pete Maslowski와 로저 스필러Roger Spiller 님은 단어 하나하나까지 철저히 읽고 내가 터무니없는 실수를 하지 않도록 도와주셨다. 로저는 내가 가장 필요할 때 지원해주어 큰 힘이 되었다. 책을 편집하고 지원해준 조이스 셀처Joyce Seltzer 님과 발간과정 전반을 지원하고 프로젝트를 믿어준 브라이언 디스텔버그Brian Distelberg 님에게 감사드린다. 그분들과 함께 일하는 것은 즐거움 그 자체였다. 마지막으로 나의 아내 마거릿Margaret에게 고마움을 전한다. 그녀는 5년 동안 이 프로젝트와 함께했고, 항상 그랬듯이 가장 열렬한 지지자였다.

목차

I. 선례 만들기

II. 공조의 정치

III. 정치화의 위기

PRESIDENTS & THEIR GENERALS
AN AMERICAN HISTORY OF COMMAND IN WAR

존 트럼불 작. 조지 워싱턴 대륙군 총사령관이 의회에 자신의 임명장을 되돌려주며 사임을 요청하는 장면(메릴랜드, 애너폴리스, 1783년 12월 23일) 캔버스 위에 유화.

미 의회 의사당의 원형건물the Rotunda 내부에는 초대형 유화 작품 여덟 개가 걸려 있다. 19세기 초에 설치된 이 대형 캔버스에는 미국의 탄생에 관련된 주요 사건을 묘사한 그림들이 표구되어 있다. 콜럼버스의 신대륙 발견, 필그림호의 출항, 콘월러스Cornwallace의 항복과 요크타운 양여, 독립선언서 서명 장면 등이 그것들이다.[1] 존 트럼불John Trumbull이 묘사한 1783년 12월 23일 있었던 대륙회의 한 장면도 그중 하나다. 그림의 중앙에는 조지 워싱턴 장군이 왼손으로 칼집에 넣어둔 칼의 손잡이를 잡은 채 오른손을 길게 뻗어, 앉아 있는 의원들에게 자신이 8년 전에 받았던 양피지를 건네고 있고 그의 뒤쪽에는 부하들이 경건하게 서 있다. 양피지에는 영국 정부에 저항하여 급히 결성한 대륙군의 지휘권을 워싱턴에 위임한다는 내용이 담겨 있었다. 워싱턴에 부여되었던 임무는 완수되었고, 그는 이제 자신이 받았던 군 지휘권을 정치지도자들에게 스스로 반납하고 전역을 요청하고 있다. 전쟁 승리로 인한 의기양양함과 함께 아쉬움이 공존하는 감동적인 장면이다.

이 그림의 문자적literal 그리고 비유적figurative 중심 메시지는 미국인들이 자신을 바라보는 방식에 대해, 또는 최소한 미국 초기의 정치지도자들이 자신들의 국가를 어떻게 바라보기를 원했는지에 대해 소중한 이야기를 전하고 있다. 영국군은 격퇴되었고 미국은 국가 전체가 독립되었으며 평화로웠다. 그림에 나타난 의원들은 진지하고, 부유하며, 현명한 사람들

11

처럼 보였다. 대서양의 양편 모두에게 오랫동안 두려운 존재였던 군의 사령관이 부하들 앞에 당당히 서서 자신의 직위해제와 더 나아가 군대의 해산을 요청하고 있다. 그리고 그 지휘권을 왕이나 다른 장군에게 넘기는 것이 아니라, 소집된 국민의 대표들에게 이양하고 있다. 공화정부는 군대를 소집했고 그 군사력을 사용하여 정치적 목적을 추구했으며 결국에는 불가능하리라 여겨졌던 과업, 즉 지구상 가장 강력한 제국으로부터 독립을 쟁취하는 과업을 달성했다. 그것도 그 치명적인 무력에 대한 통제를 유지하는 가운데 말이다. 위험은 지나갔고, 국가는 다시 평화로워졌으며 장병들은 각기 집으로 돌아가 자신들의 일을 했다. 의회가 워싱턴을 신뢰하여 믿고 맡겼던 것은 적절하고 정확한 조치였다.

　　역사적으로 대부분의 평범한 미국인들은 정부와 군대 간의 관계에 대해 체계적인 사고를 거의 하지 않았다. 미국인들의 인식 속에서는 대규모 상비군을 유지하게 되면, 병사들의 방종과 지휘관들의 야망으로 인해 자신들의 자유가 위험에 빠지게 될 것이라는 관점이 우세했다. 유사시 긴급상황에 대응하기 위해 군대를 소집하더라도, 상황이 종결되어 평시로 전환된다면 가능한 한 신속히 자신들의 일터인 농장이나 공장으로 돌아갈 수 있는 시민병citizen-soldiers ― 민병militia 또는 자원병volunteers ― 제도가 최선의 대안이라고 생각해왔다. 전시에 기꺼이 자원입대하는 것은 애국심의 발로였으며, 시민병으로 참전했던 장병들이 훗날 정치지도자가 되는 일이 종종 있었다. 하지만, 대부분의 미국인들이 능력 면에서나 자기희생의 측면에서 워싱턴 장군에게 필적할 만한 장군은 몇 안 될 것이라고 생각했기 때문에, 장군들은 늘 엄중한 감시를 받았다. 그런데 역설적으로 그들을 더 가까이서 깊이 들여다볼수록 대통령으로 선출되는 경우가 많아졌다. 요약하자면, 미국인들은 평시 가급적 소규모로 군대를 유지하다가 위협이 나타나면 확장하고 전쟁이 끝나면 가능한 한 신속히 축소한다는 데 의견이 일치했으며, 무엇보다도 군이 민에 의해서 통제되어야 한다고 생각했다.

　　1950년대 이전에는 일반 시민들처럼 학자들도 군대 자체 또는 군과 정부와의 관계 등을 어떤 의미 있는 연구 주제로 다루는 경우가 드물었다. 그러다 냉전이 본격화되면서 트럼불이 묘사했던 아름답고 소중한 이야기, 즉 시민병 위주로 편성된 군대가 유사시에 소집되어 적을 물리친 후 평화가 다시 찾아오면 고향과 원래의 직업으로 돌아는 것이 더 이상 현실에 맞지 않음이 명백해졌다. 범세계적으로 분쟁상태가 상시화되었고, 곧 실제 전쟁으로 발전할 것 같은 상황이 지속되었다. 군대는 평시 기준으로 역사상 가장 큰 규모를 유지했고, 점증하는 핵무기 재고로 인해 군사력도 한층 강화되었다. 1957년 새뮤얼 헌팅턴Samuel Huntington은 자신이 명명한 '민군관계'를 탐구했다. 그는 미국의 역사 속에서 군대를 집중적으로 탐구하면서 미국 사회에서의 군대, 정부, 대중의 위치를 외국에서의 사례와 비교했다. 『군인과 국가』에서 그는 국가안보를 위해 서로 경쟁하는 책무imperatives, 즉 강력한 군사력을 건설하고 유지하는 것과 이러한 무력에 대한 문민통제 간의 균형의 필요성을 강조했다. 그는 클레망소Georges Clemenceau의 주장과는 반대로, 전쟁은 너무나 중요하기 때문에 군인들이나 정치가들에게만 맡겨둘 수 없다고 주장했다. 그러면서 역량 있는 민간 권력에 의해 주의 깊게 감독되는 전문직업군을 유지하는 것이 국가안보를 보장하는 유일한 길이라고 강조했다.

모리스 자노비츠가 곧 뒤따라 군대 엘리트에 대한 사회학적 연구를 토대로 『전문직업군인』(1960)을 썼다. 이 책 제목은 군사전문성의 출현을 자극했는데, 그는 책에서 장교단을 그들의 사회적 위치, 정치 이념, 전략적 신념, 직업적 동기 등에 따라 '영웅적 리더', '관리자', '기술자'의 세 가지 원형(原型)으로 분류했다. 이러한 노력이 합쳐져 새로운 학제 간 연구분야로 '민군관계'가 생겨났다. 1974년 자노비츠는 이 새로운 분야의 연구에 이바지하기 위해 학술지 『군과 사회』Armed Forces and Society를 발간했다. 지난 40여 년간 이루어진 민군관계 연구의 대부분은 헌팅턴과 자노비츠의 그것들처럼 사회학과 정치학의 이론적인 산물들이었다.

역사학자들은 특정한 역사적 시대나 사건들에 주목해왔으나, 헌팅턴 이래로 미국의 민군관계 발전에 대해 장구한 역사적 관점에서 만족스럽게 접근했던 사람은 없었다. 이 책은 지난 3세기 동안 미국이 수행했던 전쟁

중에 민군관계의 최정점에 있던 인물들 사이에 생성되었던 특별하고 대표적인 개인적 관계에 초점을 맞추고 있다. 그런 이유로 이 책에서는 군과 사회의 상호작용을 연구하는, 보다 광범위한 연구분야를 가진 '민군관계'와 차별하여 '정치-군사 관계'라는 용어를 사용할 것이다.

그렇다면 왜 우리는 군인들과 정치가들 간의 관계에 관심을 가져야 할까? 민간과 군의 지도자들 각각의 역할과 책임에 있어서 중요한 것은 무엇인가? 그들 사이의 관계가 중대한 의사결정에 어떻게 영향을 미치는가?

대통령과 그의 군 수뇌부* 및 조언자들과의 관계는 트럼불이 극적으로 묘사하여 우리가 믿게끔 한 것처럼 그리 단순하지 않다. 정책을 입안하는 것과 실제 전쟁을 실행하는 것을 구분하는 벽 같은 것은 없다. 정치-군사 관계는 단순히 대통령이 명령을 내림으로써 시작되고 장군들이 이를 완벽히 수행함으로써 끝나는 그런 것이 아니다. 오히려 양측의 긴밀한 상호작용은 주요한 결정사항 — 가장 중요한 몇 가지만 예로 들면, 정책의 목적, 사용될 전략의 형태, 투입될 자원, 시행 시기 등 — 에 대한 격렬한, 그리고 때로는 논쟁적인 협의negotiations를 통해 생겨나는 것이다. 그리고 일단 전략이 실행되면 변화하는 상황에 따라 정책도 변경되어야 하고, 이로 인해 양측의 협의도 계속 이어지게 된다.

이 책에서는 이러한 양측 간의 협의가 국가안보정책 및 군사전략의 수립에 있어 실질적으로 영향을 미치며, 이렇게 채택된 결정의 결과가 모든 국민의 생명에 중대한 영향을 미친다고 전제한다. 따라서 어렵고도 중대한 결정들을 내리는 정치가들과 군인들의 관계는 매우 중요하다. 그러므로 관심이 있고 사려 깊은 시민이라면, 양측 간 실제로 작동하는 관계의 역동성을 보다 더 잘 이해할 필요가 있다.

---

* 원문에는 통상 'the (Joint) Chiefs'로 표현되어 있는데, 우리 식으로 말하자면, 합참의장과 각 군 참모총장, 해병대 사령관이 포함되는 군복 입은 최상부 그룹을 일컫는바, '군 수뇌부', '군사 조언자', '합동참모위원들' 등의 용어로 최대한 문맥에 맞게 번역했다. (역자 주)

『대통령과 장군들』은 살과 뼈와 흠결을 가진 군인들과 정치가들이 협의하는 역사 속 이야기들을 통해 그러한 관계를 설명하려 한다. 이야기 속의 어떤 주인공들은 독자들에게 익숙한 존재일 것이나, 다른 이들은 추가적인 설명이 필요할 것이다. 간혹, 어느 장에서는 엑스트라로 등장했던 인물이 다음 장에서 주인공으로 등장하기도 한다. 군인들과 정치가들이 서로 의견을 주고 받는give-and-take 가운데 정치-군사 관계에 관련된 이슈들이 드러난다. 어떤 장에서는 문제에 대한 결정적인 해법을 검토하지만, 다른 장에서는 쓰라린 유산으로 남겨진 불행하고 파멸적인 사건들을 서술한다. 미국의 역사 속에서 정치 및 군사 지도자들은 끊임없이 서로 협의했고, 특히 전시에 그렇게 함으로써 '정치-군사 관계'의 정치적·사회적·법적·군사적 규정 요인을 계속해서 만들고 다시 고쳐 만들어냈다.

☆ ☆ ☆

정치-군사 간 협의에 있어서 주된 요소는 정책과 전략을 결정하는 권한과 책임이다. 협의 시 각 측이 가지는 권한과 책임은 헌법과 법률로부터 나온다. 물론 헌법의 해석도 다양하고 또 시간이 감에 따라 진화하며, 법률도 환경에 맞게 계속 변화한다. 대통령은 유권자들로부터 정치적 권한을 부여받고, 역으로 유권자들에 대해서는 헌법하에서 제반 법률을 충실히 이행함으로써 책임을 다한다. 정치인들은 유권자들이 선거를 통해 업무수행을 평가함에 따라 정치적 권한을 얻거나 잃는다. 정치인들은 평시 그리고 전시에 통치할 수 있는 정치적 권한을 보유하기 위해서 끊임없이 표밭을 관리한다.

군사적 권한은 대통령이 제의하고proffer, 상원에서 승인하는approve 절차를 거쳐 지휘관에게 위임commission됨으로써 부여된다. 최고위급에서는 위임을 통해 예하부대를 지휘하거나 군의 사무를 감독하거나 전문적인 조언을 제공하는 등의 특정한 권한을 행사한다. 군의 장교들은 궁극적으로 시민사회에 대해 책무를 다해야 하나, 위로 국방장관과 대통령까지 이어지는 지휘계통을 통해 그러한 책임을 수행한다. 실제로 군사적 권한의 범위는 다양한데, 대통령이 통수권자로서 자신의 역할을 어느 정도로 행사할 것인지 선택함에 따라 다를 뿐만 아니라, 대통령이 자국 군대 자체와 현직 지휘관들을 얼마나 믿고 그들의 역량에 확신을 갖는가에 따라서도 다르다.

미국의 역사를 돌이켜보면, 대통령, 육군부War Department와 그 이후의 국방부, 합동참모본부, 육·해·공군성 등 정치 및 군사 기구가 진화함에 따라 정치-군사 관계가 작동하는 환경도 극적으로 변화되어왔다. 이렇게 기민하게 변화하는 정치-군사 간 역학관계와 협의 과정에 적용되는 권한과 책임의 문제는 효과적인 국가안보를 위해 결정적으로 중요하다. 정치지도자들과 군 고위 장성들 간에 개인적 및 조직적인 의견의 교환은 국가정책과 이를 구현하기 위한 전략을 잉태한다. 장군들은 종종 자신들이 정치적인 문제와 씨름하고 있음을 발견하고, 대통령들 역시 필연적으로 전략을 파고들어야 한다. 계속되는 협의는 정치인들과 군인들 사이의 공조와 경쟁, 창조적 또는 파괴적인 긴장을 불러일으키는 대화 또는 분쟁, 그리고 종종 상반되는 둘의 혼합을 포함한다. 어떤 선택이 이뤄질 때는 개인적인 특성과 기득권이 중요한 역할을 하며 그 선택으로 운명적인 결과가 뒤따른다.

이러한 관계에 있어서 군사지도자들은 전략, 작전, 부대구조 등 군사적 문제에 관한 통제권을 일부 양도하는 대신에 정치지도자들과 테이블에 마주 앉아 자신들이 판단하는 가장 효과적이면서도 비용이 적게 드는 결정에 대한 전문적인 조언을 제공한다. 민간지도자들 역시 정보의 통제, 정치적 책략 등과 같은 자신들의 권한을 일부 양도하면서 정책을 이행하기 위한 최선의 방법, 그리고 그러한 전략을 실행할 유능한 예하 군사지도자들을 얻기 위한 방법 등에 대해 전문적인 조언을 얻고자 한다. 이들 간의 성공적인 파트너십을 위해서는 꼭 필수적인 것은 아니지만 고도의 상호신뢰가 중요하다. 상대측의 관점에 대해 과도하게 공감할 경우 자칫 현재 마주한 그리고 앞으로 전개될 상황에 대해 서로 다르게 평가하고 있음에도 이를 간과할 우려가 있고, 지나친 의심은 상호 간의 의사소통을 치명적으로 방해할 수 있다.

가장 효과적인 정치-군사 관계의 모델이 되는 링컨-그랜트Ulysses Grant 공조와 루스벨트-마셜 파트너십을 보면 그들 간의 상호 신뢰가 정직candor, 존경, 입증된 능력, 공동의 세계관shared worldview, 그리고 결정된 사항에 대해 파트너가 자신의 책임을 다할 것이라는 기대 등으로부터 나온 것이었다. 한편 가장 비효과적인 관계로 들 수 있는 링컨-매클렐런George McClellan, 트루먼-맥아더 사이에서는 앞에서 언급한 특성들을 거의 찾아볼 수 없었다. 정치 및 군사 기구는 개인적인 관계를 보강한다. 더 안정적이고 안전하며 협조적일수록 그 지도자들이 더 확신을 갖고 더 헌신적으로 행동할 가능성이 크다. 그러한 기구들의 역동이 안팎으로부터 이해되고, 육성되고, 필요한 경우 개선되어야 한다. 대통령과 장군들의 개인적 관계는 그러한 토대 위에 놓여 있고, 그들의 표준이 확고하고 투명할수록 효과적인 의사결정으로 이어질 가능성이 더 커진다.

☆ ☆ ☆

사회는 전문가들에게 인생에 있어 복잡하고 중요한 영역에 대한 관할권을 맡긴다. 소위 전문가라면 모두가 사회 전체에 대해 필수적인 책임을 지니고 있으나, 대부분의 전문가는 한 번에 한 명의 고객(또는 대상)에 대해 책무를 이행한다. 의사는 한 명의 환자를 돌보고, 변호사는 하나의 사건을 다루며, 성직자는 한 명의 성도와 상담한다. 사회가 전문직업과 전문가들에게 부여하는 신뢰가 이러한 상호작용이 일상적으로 그리고 효과적으로 일어나도록 해주며, 이러한 교환으로부터 사회 전체가 이득을 보게 된다. 각각의 전문가들은 전문지식과 윤리적 행동을 통해 자신의 개별 고객을 보살핌으로써 사회의 신뢰에 대해 매일 보상하고 또한 재축적해 나가야 한다.

이와 달리, 대부분의 전문 직업군인은 자신의 고객과 그러한 개별적인 상호작용을 하지 않으며, 위계적인 연방조직의 일부로서 정부의 지시에 따라 국가 전체를 위해 복무한다. 그리하여 대부분의 군 장교들은 일상적인 개인활동을 통해 사회의 신뢰를 강화할 수는 없으며, 대신 공공의 믿음을 유지하기 위해 군대라는 조직에 대한 평판과 신뢰성에 의존해야 한다. 그들은 자신의 전문성을 갈고닦으며 윤리적이며 절제된 행동을 통해 이를 추구한다. 또한 사회가 기대하는 방식으로, 정당하게 구성된 정부의 권한 아래서, 즉 문민통제 하에서 자신들을 내던져 행동한다.

다만 최고위급의 군사전문가들은 대통령, 국방장관, 국회의원 및 다른 고위급 정치지도자 등 사회를 대표하는 선출직 또는 지명직의 인사들과 개별적으로 상호작용한다. 이러한 수준에서는 민간 및 군사 지도자들 간의 개인적인 관계가 결정적으로 중요하다. 관계를 맺고 있는 양측이 서로에 대해 선의를 갖고 있고 솔직하며 감정적으로도 건강하다면 좋은 일이 일어나게 될 것이다. 물론, 한쪽에서는 상당한 정치적 재능을, 그리고 다른 쪽에서는 성숙한 군사적 전문성을 갖추고 있어야 한다. 정책과 전략이 지향하는 방향이 때로는 다를 수 있기에 양측 간의 긴장은 상존할 것이다. 하지만 서로 신뢰하고 존경하는 성숙한 사람들은 전쟁이나 국가안보와 같은 얽히고설킨 복잡한 문제들을 헤쳐 나갈 수 있다. 이러한 사람들이 국가의 번영을 위해 헌신할 때, 양측의 긴장을 창조적이고 건설적인 방향으로 변화시켜 정책과 전략 모두에 좋은 결과를 만들어낼 수 있다.

그럼에도 정치와 군사 간의 갈등은 정부의 조직구조상 자연스럽고 내재적인 것이기도 하다. 즉 명백히 다른 특성을 지닌 두 개의 국가기관 리더들이 함께 혼합됨으로써 생겨나는 어쩌면 자연스러운 현상이다. 이들은 자신들의 독특한 관점과 경험을 대변하는 강한 의지와 야심, 그리고 힘을 가지고 있는 사람들로서 무력분쟁이라는 절박하고 어려운 문제들을 긴밀히 협업하여 해결해야 한다. 정치-군사 간 긴장이 충분한 정보에 기초한 의사결정informed decision making을 촉진한다면, 이러한 긴장이 효과적인 정책과 전략을 이끌어낼 수도 있다. 불행하게도, 역사적으로 보면, 정치와

18

군사의 핵심 요직에 항상 솔직하고, 악의가 없으며, 유능하고 견실한 인물들이 앉아 있는 것은 아니었다. 링컨이 한쪽에 있는가 하면, 다른 쪽에는 매클렐런이 있었다. 그 결과 적의 손안에서 놀아나는 곤란한 상황이 반복됨으로써 전략적 안정상태가 악화되었다. 매클렐런을 이어 그랜트가 보직되자, 이후 새로운 콤비는 쉴 새 없이 몰아치는 군사행동으로 1년 남짓한 기간 안에 전쟁에서 승리했다. 링컨이 암살되자 앤드루 존슨Andrew Johnson이 대통령직을 승계했는데, 그와 군사지도자들 간의 불화로 인해 남부지역에 대한 대통령의 통치권이 마비되었고, 3년 동안에 걸친 남부의 재건 노력도 실패했으며, 그 영향이 현재까지도 완전히 극복되지 않은 상태다.

☆　☆　☆

『대통령과 장군들』은 세 개의 각기 다른 시대에 걸쳐, 이러한 예측할 수 없는 관계에 대해 탐구한다. 첫 번째 기간은 독립전쟁으로부터 남북전쟁 전반기까지로 문민우위의 원칙이 세워지고, 전문직업군대가 생성된 초기이며, 대통령의 지위에 군 통수권자로서의 헌법적 권한을 명확히 부여한 시기였다. 기간 중 초기에는 군과 민간이 자신의 활동영역을 구분하는 데 어려움을 겪었으나, 남북전쟁이 일어나자 비록 휘하의 병사들 대부분이 무장한 시민들로 구성되어 있었지만, 전문직업 장교들에게는 군사지도자로서의 임무수행이 우선적인 관심사가 된 것이 분명해졌다. 국가 정부기관과 군이 함께 성장했고, 대통령과 장군들의 관계도 이에 발맞추어 성숙되었다.

두 번째 기간은 링컨으로부터 프랭클린 루스벨트 행정부 시기까지로, 이 시기에 대통령직의 권한이 완전히 그 틀을 갖추고 전문직업군은 믿을 만한 공복이 되었다. 평시 군사기구의 설립은 경제 및 정치적 통일체인 국가에 약간의 부담이 되었지만, 전시가 되면 그 부담이 막대한 비중으로 급격히 증가했다. 남북전쟁과 제2차 세계대전 후반부에 효과적인 정치-군사 관계가 정점을 찍었으며, 이는 대체로 대통령과 그의 군 수뇌부 간 초기의 실패를 극복하고 상호 신뢰를 회복한 가운데 공동의 목표로 나아갔기 때문이었다. 동일한 기간 중에 군은 — 비록 국가급 동원에 필수적인 병사들과 초급 장교들은 비상근으로 복무했으나 — 완전히 전문화되었고 전반적으로 초당파적인 조직이 되었다. 제2차 세계대전 후에는, 대통령직과 군이 각각 의회의 희생을 바탕으로 이미 전례 없이 강한 정부권력을 보유했음에도 불구하고, 새롭게 나타난 안보 상황으로 인해 루스벨트 당시의 독특한 임시 군사행정기구가 법제화되었다.

마지막 세 번째 기간은 제2차 세계대전 이후 오늘날까지의 시기로, 양극화된 냉전 시대가 도래하고 곧이어 핵무기에 의한 공멸의 공포가 엄습하자 대통령이 국가안보에 대한 전례 없는 지배권을 갖게 되고, 의회는 감히 경쟁의 상대가 되지 못했다. 동시에 제2차 세계대전이 배출한 영웅적 장군들과 제독들이 급성장하는 육군과 해군 그리고 예산에 대한 종주권suzerainty을 획득했고, 이는 그들과 후임자들을 워싱턴 정가 권력구조의 정점 가까이에 위치시켰다. 강력한 신흥 군사관료 체제military bureaucracy는 더욱 조심스럽게 조직적 가치를 추구하도록 장교단을 교육했다. 더글라스 맥아더 장군이 한국전쟁 당시 해리 트루먼Harry Truman 대통령에게 불복종한 일은 군사 영웅의 개인적 권력의 실체를 증명했고, 미래의 대통령들에게 장군들에 대한 면밀한 조사가 정당한 것이라고 알려주는 사건이었다. 예비역 대장 출신의 아이젠하워를 시작으로 대통령들은 군 수뇌부를 휘어잡으려 시도했다. 그러나 그때마다 각 군 총장들의 자군이기주의, 즉 자군의 증강과 홍보에 더 많은 관심을 기울이는 모습에 짜증이 났다. 대통령들은 점차 전문가들을 대량으로 찍어내는 듯한 군사관료 체제를 불신하게 되었다. 20세기 말과 21세기 초반부에 벌어진 주요 분쟁들이 주로 필요에 의한 전쟁wars of necessity이 아니라, 선택에 의한 전쟁wars of choice이었음을 감안했을 때 더욱 그러했다. 군 통수권자인 대통령으로서는 군복 입은 조언자들이 공공연히 목소리를 내어 지지해주기 원했고, 그리하여 당파적으로 자신과 뜻을 같이하는 장군들을 선택하여 진급시킴으로써 군의 전문 직업성profession을 훼손하기 시작했다. 베트남전, 사막의 폭풍 작전 그리고

이라크전과 아프가니스탄전을 이끈 최선임 군사지도자들이었던 테일러
Maxwell Taylor, 파월Colin Powell, 프랭크스Tommy Franks 장군 등은 비판적으
로 초당파적인 조언을 하기보다는 자신들을 선택했던 행정부와 정치적으
로 연합함으로써 이에 부응했다. 이로 인해 모든 사례에서 대통령과 장군
들 간에 우호적인 관계가 형성되었으나, 군사적으로도 국가안보 차원에서
도 비교적 만족스럽지 못한 결과를 얻었다. 더불어 다음 행정부가 들어서
게 되면, 기존의 장성들과 그 후임자들의 충성심을 의심해야 될 이유가 되
었다.

☆ ☆ ☆

『대통령과 장군들』은 미국 역사를 관통하여 '이어진' 이야기들을 전
하지는 않는다. 대신 정치-군사 관계가 가장 중요했던 때, 정치와 군사 간
갈등 혹은 공조가 가장 결정적이었던 12개 전쟁사례에 초점을 맞추었다.
정치 측면에서는 대통령이 주된 스포트라이트를 받았지만, 육군장관, 국
무장관, 국방장관 등도 주요한 역할을 했고, 의회의 주요 인물들도 무대에
등장했다. 군사 측면에서는 육군 장성들이 등장인물란을 도배하다시피 했
다. 해군, 해병, 공군도 물론 중요한 역할을 했으나, 좋든 나쁘든 아직까지
도 전쟁 시 미국의 대다수 군사지도자들은 육군 장성들이었다.

이 책은 정치 및 군사 지도자들 간의 토의에 대해 보다 깊은 이해를
제공하고, 상호 간의 협의가 어떻게 해서 효과적으로 작동했는지 또는 그
렇지 못했는지를 보여주며, 마지막으로 독자들이 정치-군사 간 상호작용
을 통한 결정들에 대해, 그리고 그것들이 국가와 그들 자신의 생명과 번영
에 매우 중요한 것이었음을 올바로 이해할 수 있게 하는 데 목적을 두고
있다.

I

선례 만들기
setting precedents

★ 　미국의 독립혁명이 시작되었을 때, 정부나 군 차원에서 참고할
만한 어떤 선례도 없었다. 이것이 이 신생 국가가 당면한 실존적
도전을 복잡하게 했다. 조지 워싱턴은 더 강력한 권한을 가져야 한다는
커다란 압력과 유혹에도 불구하고 지속적으로 자신 스스로를 대륙회의
Continental Congress에 복속시킴으로써 군에 대한 문민통제의 원칙을 세
웠다. 전쟁이 끝난 후 새로운 헌법에 무력의 통제에 관해 행정부와 입법부
의 역할을 성문화했으나, 양측이 가진 통제권은 서로 충돌했고 군은 어쩔
수 없이 양측 모두의 휘하에 놓이게 되었다. 초기의 미국 행정부는 그러한
무력통제에 관한 역할, 특히 군 통수권자로서 대통령의 역할에 대해 입법
부와 논쟁을 벌였다. 군사기구military apparatus를 설립하는 것은 시행착오
를 겪을 수밖에 없는 오랜 시간이 걸리는 실험적인 과정이었다. 1812년 전
쟁 당시까지도 군과 민간 생활의 영역을 명확히 구분할 수 없었기에 군의
통제에 대한 행정부와 입법부의 협의가 어려웠다. 가까스로 패배를 모면한
후, 군이 전문화되기 시작했고 좀 더 신뢰할 만한 국가의 공복이 되었다.

앤드루 잭슨Andrew Jackson 행정부 시절에 대통령 직위presidency는 의회가 가졌던 권한의 일부가 전환되면서 군을 통제하는 더 강한 힘과 권한을 얻게 되었다. 또한 육군부와 해군부가, 그들이 감독했던 예하의 각 군이 그랬던 것처럼 제도적 일관성institutional coherence을 갖게 되었다. 제임스 K. 포크 James K. Polk 대통령은 멕시코 원정을 통해 이러한 군사기관들을 활용하면서도 멸시했다. 그는 활력 넘치는 군 통수권자였지만 행정부의 명령을 행하는 군대를 신뢰하지 않았다.

에이브러햄 링컨Abraham Lincoln이 대통령으로 선출되자 국가에 가장 큰 위기가 닥쳤다. 새로 선출된 대통령은 군이나 행정부 경험이 거의 없었으나, 폭동을 진압하기 위해 육군을 양성하면서 매우 빨리 직무에 적응해갔다. 1861년이 되자, 비록 휘하의 병사들 대부분은 여전히 시민병들로 구성되어 있었지만, 전문직업 장교들에게는 군사지도자로서의 임무수행이 우선적인 관심사가 되었다. 링컨은 자신의 의도에 따라 그의 정책을 성공적인 전략으로 발전시킬 수 있는 유능한 장군을 찾아내는 데 있어 대통령의 권한을 사용하는 법을 알게 되었다. 그리하여 링컨은 전쟁과 국가의 방향을 전환하기 위해 자신의 정책을 바꾼 만큼, 그의 장군들이 그러한 변화된 정책의 실행자라고 생각해야 함을 완전하게 이해하는 통수권자가 되었다.

1
조지 워싱턴과 대륙회의
George Washington and the Continental Congress

    사람들은 그것을 도덕의 예배당the Temple of Virtue이라 불렀다. 예배당은 대륙군의 뉴윈저 주둔지New Winsor cantonment를 내려다보는 언덕 위에 장엄하게 세워져 있었다. 건물은 주변을 에워싸고 있는 '600명 장병들의 막사'에 쓰인 것과 같은 목재와 돌로 지어졌고, 대략 3,300평방피트에 달하는 회의장과 여러 개의 화로가 설치된 대형 중앙홀을 갖추고 있었다. 지은 지 3개월이 지났는데도 안에서는 방금 잘라낸 생나무에서 나는 냄새가 났다.

    예배당의 건축자들은 당시 그 명성이 정점에 이르렀던 7,000명의 군대에 속한 일부의 사람들이었다. 당시 많은 병사들이 자신의 소매에, 자신이 용감하게 그리고 충성스럽게 나라를 위해 복무한 햇수를 표시한 갈매기형 수장을 달아 자랑했다. 그들이 그토록 튼튼하고 안락한 야영지를 만들어내는 속도가 그들의 군기와 훈련 정도를 증명하는 것이었다. 그들은 자신들의 혁명이 내건 덕Revolutionary virtue을 자랑스러워하는 한편 영국의 정규군 부대를 대상으로 승리한 것에 다소 우쭐해하면서 조만간 평화협정이 선포되고 나면 기쁜 마음으로 의기양양하게 집으로 돌아가리라 기대하고 있었다. 몇 시간이 지나지 않아 치열한 충돌이 발생하여 과연 그 예배당의 이름이 건축자들에게 대한 경의의 표시가 될지 아니면 그들의 명성

25

에 오점이 될지를 결정할 것이었다.

수 마일 밖 뉴버그 본부에서는 그들의 총사령관이 그들과 상당한 수준의 감정적 공유를 하고 있었다. 당시 조지 워싱턴은 이들 군대와 같이 지난 8년간을 거의 잠시의 휴식도 취하지 못하면서, 또한 자원하여 봉급도 받지 않으면서 복무했다. 그는 오합지졸이었던 1775년의 뉴잉글랜드 민병대를 가공할 만한 전투부대로 탈바꿈시키며 대륙군the Continental Army을 건설했다. 그는 대륙군이 브루클린, 브랜디와인, 저먼타운에서 패배할 때도 그리고 트렌턴, 프린스턴, 요크타운에서 승리할 때도 군을 이끌었다. 포지 계곡과 모리스타운에서 겨울철 고난을 함께 겪었다. 그는 장병들과 함께 영국군에 대항하여 싸웠을 뿐만 아니라 자신의 정치적 지도자들이었던 대륙회의의 변덕스러운 재정가, 의류상, 병참부 책임관들과도 수년 넘게 씨름했다. 워싱턴은 자신이 열심히 일해서 길러낸 이 정규군을 전적으로 자랑스러워했으며, 장병들의 개인주의적 성향과 시민들의 민주주의적 성향에 완강하게 부딪히면서 군대의 형체를 갖추게 했다. 그러한 모든 노력과 그들이 달성했던 모든 것, 그들이 싸워 쟁취하려 했던 모든 것이 위험에 빠진 듯했고, 여전히 워싱턴은 여러 가지 곤란한 상황에 처해 있었다. 그는 밖으로 걸어나가 말에 올라타고 차가운 겨울 아침 공기를 마시며 새로 내린 눈을 뚫고 예배당으로 향했다.

워싱턴은 의회와 싸웠지만 의원들을 너무 거칠게 몰아붙일 수는 없었다. 그는 누구보다도 그들의 노력과 어려움을 잘 이해하고 있었다. 그리고 군의 어느 누구보다도 의원들과 가까이서 일했으며, 게다가 8년 전에는 버지니아주를 대표하여 그들과 함께 근무했었다.

☆ ☆ ☆

워싱턴 장군과 의회(대륙회의)*, 그리고 식민주들과의 정치-군사 관계

---

* 대륙회의는 1774년부터 1789년까지 활동한 회의체로, 영국의 식민지 통치에 반발하여

는, 독립전쟁 동안 네 개의 광범위한 단계를 거치며 통과하는 가운데, 점차 의회와 군이 배우면서 성숙해갔다. 첫 단계는 워싱턴이 사령관으로 선발 되면서 시작되어 대륙군을 창설했던 보스턴 포위전까지 계속되었다. 가장 유능한 인재들을 대표로 파견하여 결성된 의회는 식민주들을 조직적으로 끌어모아 전쟁에 대비하고자 단호히 행동했다. 하지만 식민주의 대표들은 전쟁을 준비하는 것이 모국영국과 화해를 추구하는 것인지 독립을 추구하 는 것인지에 대해 아직은 불확실한 상태였다. 대륙군 총사령관으로 임명 된 워싱턴은 적극적으로 자신을 의회에 복속시켜 의회를 강화하는 동시에 자신감을 불어넣었다. 1775년 영국군은 워싱턴이 도체스터 고지Dorchester Heights에 설치한 포의 사정권에서 벗어나기 위해 보스턴에서 철수했고, 이 군사적 성과는 의회 내에서 독립을 선언하자는 주장을 강화했다.

두 번째 단계는 영국군이 워싱턴에게 남부 뉴욕, 뉴저지를 지나 펜실 베이니아로 철수를 강요했던, 즉 워싱턴의 대륙군이 전장에서 계속 전술 적으로 패배하던 시기와 일치한다. 이 시기에 의회는 영국군의 공세에 긴 박하게 대응할 수 있도록 전쟁을 수행하는 데 있어 특별한 권한을 워싱턴 에게 추가로 부여했다. 의회에 복속된 상태로 남아 있으면서도 워싱턴은 의회와 함께 훨씬 더 강경한 노선을 선택하고 그의 권한 내에서 군대를 지 원하고 승리를 보장하는 데 필요한 모든 것을 요구했다. 얼마 지나지 않아 워싱턴은 일련의 패배를 끝내고 트렌턴과 프린스턴에서 눈부신 승리를 쟁 취함으로써 자신의 명성을 회복했다. 독립을 추구한다는 명분으로 전쟁을 선포했지만, 의회는 법적 문서가 불충분하다고 느끼기 시작했고, 이는 식

13개 식민지의 대표들이 모여 결성되었다. 대륙회의는 두 차례에 걸쳐 열렸다. 1차 대륙 회의(1774년)는 영국의 억압적인 법률에 대응하기 위해 필라델피아에서 열렸으며, 식민 지의 권리를 주장하고 영국과의 갈등을 해결하려 했다. 2차 대륙회의(1775~1781년)는 독립전쟁이 시작된 후 열렸으며, 독립선언문을 채택하고 대륙군을 조직하는 등 독립 전 쟁을 이끌었다. 미국 의회는 대륙회의의 후신으로, 1789년 미국 헌법이 발효되면서 공식 적으로 설립되었다. 저자는 대륙회의 thr Continental Congress와 의회 the Congress를 특별히 구분하지 않고 혼용했기에 역자도 저자가 특별히 명시한 문장에서만 대륙회의로 번역했다. 그러나 독립전쟁 기간 중 의회로 표기된 기구는 곧 대륙회의를 의미한다.

민주들도 마찬가지였다. 대표자들은 전쟁의 결과에 따라 반역자가 될 수도 있고 혹은 건국자founders가 될 수도 있다는 것을 잘 알고 있었다. 승리 외의 어느 것도 받아들일 수 없었고, 그들은 이제 정부의 혼란과 약점이 초래하는 악영향에 대해서 고민하기 시작했다.

가장 어려웠던 세 번째 단계는 1777년과 1778년으로, 비록 예하의 허레이쇼 게이츠Horatio Gates 장군이 새러토가에서 영국군의 항복을 받아내기도 했지만, 워싱턴이 작전적으로 패배하여 필라델피아에서 의회를 철수시켜야만 했던 시기다. 그리고 포지 계곡에서 겨울을 나면서 재평가와 재건과 개혁을 해야 했다. 의회는 영국군의 공세를 맞아 개전 이후 두 번씩이나 수도 필라델피아로부터 철수하게 되자 워싱턴에 대한 신뢰를 상실하기 시작했다. 하지만 그로 인해 이제는 의회 스스로가 통치 주체로서의 자신감을 갖게 되었고, 정부와 군의 전쟁 노력에 대해 더 확대된 감독권을 요구했다. 그러나 의회는 더 나은 정부 시스템과 군에 대한 감독 수단을 만들어내지 못했다. 워싱턴의 지휘관으로서의 입지는 잠시 위태로웠으나, 의회의 우려에 대응하면서 적의 허를 찌르는 기동으로 전세를 뒤바꿈으로써 군을 더욱 확고히 통제하고 의회와의 관계를 그 어느 때보다도 안정적으로 유지할 수 있게 되었다.

마지막 단계는 군에 대한 신뢰를 어느 정도 회복한 후, 의회와 국가가 전쟁의 가장 어두운 시기로 빠져든 때였다. 정부는 파산했고 경제는 붕괴되었다. 중부의 주the middle states에서는 장병들이 폭동을 일으켰고, 남부에서는 적에게 투항하고 있었다. 나라 전체가 의회를 강화하고 전쟁에서 승리하기 위해 국가주의nationalist 정치가들에게로 향했다. 이들은 전쟁을 하는 중에도 자신들이 원하는 정부와 국민을 만들려고 시도하면서 전후 국가의 모습을 그리기 시작했다. 의회는 새로 비준된 연합규약 Article of Confedereation에 따라 재편성되었고, 행정부가 구성되고 연합체의 징세권이 선포되었다. 한편 이 단계에 전선에서는, 중부 주의 경우에는 (1779~1782년까지) 거의 3년 동안 이루어진 거의 종잡을 수 없는 기동이 있었고, 남부에서는 2년 동안의 계속된 패배 끝에 거둔 워싱턴 예하부대의 승리, 그리고 북부에서는 요크타운에서의 승리와 이후 평화협정 체결까지 2년간의 기다림 등이 포함되는 기간이다. 이 마지막 단계는 미국 역사상 정치-군사 관계를 정립하는 데 있어 가장 큰 시험이었던 뉴버그 반란모의 the Newburgh Conspiracy*와 함께 끝난다. 바로 이때, 워싱턴이 새롭게 등장한 미국의 정치-군사 관계 시스템을 지키는 보루이자 상징이 되었다. 그는 군에 대한 통제권을 유지한 가운데, 족쇄를 벗어던지라는 엄청난 압박과 회유에도 불구하고, 그 자신과 군대가 모두 정치적 권한political authority에 종속되어 있어야 함을 고수했고, 그리하여 이후 미국의 정치사 및 군사사에 되풀이되는 전통을 만들어냈다.

스스로 정치적 권위 아래에 위치하고자 한 워싱턴의 이러한 태도는 당시의 정치적 권한이 몇 배로 분산되어 있던 점을 고려할 때, 이후 그의 후임 군사지도자들이 미국의 헌법the Constitution of the United States하에서 취했던 것과는 비교할 수 없이 훨씬 더 어려운 일이었다. 당시의 대륙회의는 입법기관이면서도, 다소 엉성하게 규정되긴 했지만, 행정 권한도 실제로 행하고 있었다. 또한 워싱턴은 8년 동안 연이은 여덟 명의 대륙회의 의장과 수십여 개에 이르는 위원회에 보고했다. 의회 역시 정치적으로 미약했고, 몇 개의 식민주는 심각한 상황에 처해 있었기 때문에, 정부를 지원할 세금을 걷는 데 어려움이 있어 다른 세입원을 찾아내야 했다. 이런 가운데 군대에 대한 지원은 더욱 제한될 수밖에 없었다. 실제로 정치권력은 13개 식민주에 있었고, 이들 모두 새로운 형태의 공화정부를 실험 중이었기 때문에, 다 같이 뭉친 상태로 남아 독립전쟁을 지원하도록 회유하고 북돋아야 할 대상이었다. 워싱턴의 과업은 대륙회의를 지지하여 버팀목 역할을 하게 하고, 대부분 자치권을 가지는 주들의 말 많고 다루기 힘든 연합체와 협조하면서, 연방을 위한 군대를 건설하고 전쟁에서 이기는 것이었다.

---

* 뉴버그 반란모의는 대륙군 장교들이 연방 의회의 권한에 도전하려는 계획으로, 의회가 군에 대한 재정적 의무를 장기간 지키지 못한 것에 대한 불만에서 비롯되었다. 1783년 초, 광범위한 불안이 반란을 일으킬 만한 분위기를 조성했다.

☆ ☆ ☆

1775년 4월, 2차 대륙회의를 위한 대표단이 필라델피아로 모여들 준비를 하고 있을 때, 렉싱턴과 콩코드에서 영국군 주둔군과 미국 민병대 간의 전투*가 발생했다는 소문이 식민주들 사이에서 퍼져나갔다. 영국 의회와의 정치적 논쟁이 이제 영국군의 보스턴 점령과 메사추세츠 의회**에 대한 활동중단 조치 등과 얽혀 전쟁의 가능성으로 급발전했다. 2차 대륙회의는 '아메리카의 국가'the state of America에 대해, 즉 신생 국가의 제1원리firsrt principles에 대한 포괄적인 논의를 몇 주 동안 할 터였다. 영국과 식민주들의 관계는 다시 되돌릴 수 없는 것인가? 식민주들이 연합해야 하는가? 그들의 행정부는 어떤 권한을 가져야 하는가? 만약 무력충돌이 불가피하다면, 아메리카인들은 어떻게 싸워야 하는가? 식민주들이 민병대에 의존해야 하는가? 아니면 오랫동안 가지고 있었던 상비군에 대한 불신과 혐오를 잠시 유예해야 하는가? 의회가 군의 존재를 요구할 권한이 있는가? 그렇다면, 어떻게 군을 모집하고 먹이고 지원할 것인가? 또 어떻게 통제할 것이며, 누가 지휘해야 하는가? 이러한 질문들에 식민주의 대표들이 답해야만 했는데, 그들 스스로도 자신들이 그런 결정을 할 수 있는 권한이 있는지 불확실한 상태였다.

버지니아 대표였던 조지 워싱턴은 전쟁이 다가오고 있음을 느끼면서 5월 4일 마운트 버넌Mount Vernon에 있는 자기 집을 떠났다. 그는 그동안 지역 민병중대들을 사열해왔고, 주the colony 방어를 준비하기 위해 과거 복무 경험이 있는 장병들과 만나왔다. 그의 배낭 속에는 버지니아 민병들에

---

* 1775년 4월 19일에 미국 독립 전쟁의 시작을 알리는 첫 번째 전투가 시작되었다. 이 전투는 영국군과 미국 민병대가 매사추세츠만 식민지 보스턴 근교의 렉싱턴과 콩코드에서 맞붙은 것이었다.

** 1775년 당시 매사추세츠 의회는 미국 독립 전쟁의 맥락에서 중요한 역할을 했다. 이 의회는 대영제국에 맞서 싸울 식민지 연합군대 창설을 승인했다. 대륙군으로 알려진 이 군대는 조지 워싱턴의 지휘 아래 영국군, 충성파, 헤센군에 맞서 싸웠다. 이러한 결정은 미국 독립운동의 발단이 되었다.

게 입히고자 디자인한 옅은 황색과 청색이 조합된 군복buff and blue uniform
이 들어 있었고, 대륙회의가 모였을 때 영국군으로부터 고통을 겪고 있는
뉴잉글랜드의 형제들을 위해 버지니아주가 즉각 지원할 준비가 되어 있음
을 보여주고자 했다. 필라델피아에 도착한 후 며칠 뒤, 그는 오랜 친구에게
한탄하며 말했다.

> "생각하는 것만으로도 불행한 일이네. 형제의 칼이 형제의 가슴
> 에 꽂히다니. 또 한때 행복하고 평화로웠던 아메리카의 대평원
> 이 피로 물들거나 아니면 노예들이 거주하는 땅이 되거나 둘 중
> 하나가 될 터이니, 얼마나 슬픈 선택지인가! 하지만 제대로 된
> 사람이라면 선택하는 데 주저할 수 있겠는가?"

이 버지니아주 출신의 가장 저명한 군인은 대륙회의가 휴회하게 되면, 자
신의 집으로 돌아가 지역 군대를 지휘할 것을 기대했다.[1]

　대륙회의는 식민주들의 방어계획을 발전시키기 위해 3주 동안을 숙
의했다. 기간 중 타이콘데로가Ticonderoga 요새를 확보한 일은 환호성을 불
러일으켰으나 식민주 사이의 논쟁을 중재하는 것은 짜증 나는 일이었다.
위원회는 이웃 캐나다 사람들에게 영국과의 싸움에 동참해달라고 요청하
는 편지를 썼다. 6월 2일 벤저민 처치Benjamin Church 박사가 보스턴으로부
터 도착했는데, 매사추세츠 지방의회에서 보낸 슬픈 내용의 서신을 가지
고 왔다. 매사추세츠만 식민지 지도자들은 영국이 그들의 생명과 자유와
재산에 행한 약탈행위를 열거한 후에, 이렇게 결론지었다.

> "우리는 군대의 육성을 강요받고 있습니다. … 그러나 모든 자유
> 국가에서 그러하듯이 무력은 시민의 권력하에 있어야 하는데 …
> 필요한 것을 제공하고 통제할 수 있는 민간 권력이 없는 여기에,
> 비록 우리 시민들로 구성되어 있다 할지라도, 군대를 가지게 되
> 는 것을 두려워하고 있습니다."

그리고 대륙회의에 '가장 솔직한 조언'을 요청한다면서 그들은 '대륙회의에서 식민주들에게 지시하는, … 우리 주의 이익뿐만 아니라, 연방과 더 나아가 전체 아메리카의 이익을 증진할 수 있는 … 어떤 종합계획general plan 같은 것이 있다면, 이에 따를' 준비가 되어 있음을 강조했다. 특히 대륙회의가 요점을 놓치지 않도록 하기 위해서 매사추세츠주에 모이고 있는 장병들이 여러 식민주에서 왔으며, '아메리카의 권리 전반에 대한 방위를 위해' 모여들었음을 명시했다. 그러면서, '대륙회의의 생각을, 적절하다고 생각하는 규정과 일반지침을, 그리하여 군사작전이 그 구상된 목적에 더 효과적으로 응답할 수 있도록 하는 제안을' 해달라고 간청했다.[2]

매사추세츠주의 서신은 의회가 많은 질문을 해결하는 데 도움이 되었다. 영국의 침략에 고통받고 있는 식민주가 중앙정부의 지원과 지침을 요청하고 있는 것이었다. 이어지는 며칠 동안 의회는 영국의 침략을 방해하기 위한 조치를 취했는데, 차관을 발행하고 다른 세입원을 찾아냈으며, 영국 국왕과 국민들에게 보내는 편지를 작성했고, 식량과 전쟁물자를 걷어들여 이를 매사추세츠로 신속히 보냈다.[3] 대륙회의의 미숙함에 대해 쓰인 기록들이 넘쳐남에도 불구하고, 회의가 개최된 당시 초기에는 매우 열정적이었고, 기꺼이 책임을 지고자 했다. 1775년 6월 4일, 대륙회의는 군대를 편성할 것을 결의했다.[4]

누가 지휘할 것인가? 2차 대륙회의가 소집되기 이전부터 조지 워싱턴이 총사령관으로 선출되리라는 것은 이미 정해진 바나 다름없었다. 매사추세츠에서 보내온 대표도 이미 그를 지명하기로 결정했던 상태였다. 후에 워싱턴은 자신은 그 자리를 원하지도 기대하지도 않았다고 주장했으나, 의회에 참석하면서 가져온 유니폼이 자신의 지명 가능성을 예측하고 있었음을 증명해주는 것이었다.[5]

조지 워싱턴은 그가 제1차 대륙회의의 창립멤버로 참여했을 때부터 동료들의 신뢰와 존경을 받아왔다. 키가 크고, 과묵하며, 기품이 있는 그는 보기에 천상 군인이었다. 제1버지니아 연대의 지휘를 비롯하여, 프렌치-

인디언 전쟁*에서의 전투기록으로 그의 이름이 식민주들 사이에서 잘 알려져 있었다. 어떤 필라델피아 사람 하나는, "그의 품행을 보면 무인으로서의 위엄이 너무 잘 드러나기 때문에 수천 명의 사람 가운데 있어도 그를 장군이나 군인으로 구별해낼 수 있다. 유럽에서는 그 옆에 시중드는 사람이 없는 자를 왕으로 식별해낼 수 없는데…"라고 말했다. 1차 대륙회의 의원들은 군사문제에 대해 그의 조언을 구했는데, 거의 대다수의 질문이 영국과의 전쟁이 가능하겠느냐는 것이었다. 그의 방책을 듣고 나서 그들은 그가 침착하고, 내공이 있으며 믿음직스러움을 알게 되었다.[6]

하지만 그의 군사적 경력은 의원들에게 믿음을 준 만큼이나 불안한 요인이기도 했다. 상비군에 대한 두려움은 영국계 아메리카인들 가운데 크롬웰 시절부터 전해져온 오래된 감정이었다. 워싱턴의 군사 지휘관 경력은 그가 군에서 지위와 권력을 손에 넣으면 이를 사용하여 의회를 폐하고 정치적 통제권을 가질 잠재적 카이사르가 될지 모른다는 두려움을 쉽사리 야기했다.

군사적 경력에 더하여 워싱턴은 버지니아 하원House of Burgesses에서 15년을 보냈다. 한때 성미 급했던 젊은 군인이 그사이 성숙해져서, 느리게 반응하며 때로는 당혹스러운 거래를 하는 입법부에 대해 이해하게 되었다. 타협의 필요성과 상호 신뢰 구축의 중요성을 알게 된 것이다. 그는 군인다운 자질로 존경을 얻었고, 의회의 특성을 이해함으로써 동료 의원들로부터 신뢰를 얻었다.[7]

군사적인 것 못지않게 정치적인 고려사항 역시 워싱턴을 선택한 요인이 되었다. 뉴잉글랜드에 속한 네 개의 식민주 민병대들의 느슨한 연합이 보스턴에서 영국군과 대치하게 되자, 뉴잉글랜드 특히 매사추세츠주 입장에서는 점령군처럼 들어와 있는 영국군을 몰아내기 위해 나머지 식민

---

* 프렌치 인디언 전쟁(French and Indian War, 1754~1763)은 유럽에서 7년 전쟁이 일어나고 있을 때 북아메리카 대륙에서 오하이오강 주변의 인디언 영토를 둘러싸고 일어난 영국과 프랑스의 식민지 쟁탈 전쟁이다. 영국과 프랑스 모두 인디언들과 동맹을 맺었지만 영국 측에서 볼 때 프랑스가 인디언과 동맹을 맺었기 때문에 프렌치 인디언 전쟁이라고 한다. 이 전쟁의 결과, 영국은 북아메리카 동쪽 절반에서 식민지 지배를 굳혔다.

주들의 병력투입이 절실해졌다. 이는 곧 대륙회의의 지원을 받고 또한 그 감독을 받는 것을 의미했다. 만약 중부 및 남부 지역의 식민주들이 무관심 하게 떨어져 있다면, 영국군이 반란을 각개격파하여 진압할 수 있을 것이 었다. 존 애덤스John Adams는 가장 큰 남부의 식민주를 대표하는 버지니아 출신을 뽑아 지휘하게 함으로써 다른 식민주들을 단합시키고 대륙회의가 전쟁을 지지하고 있음을 상징적으로 보여줄 수 있으리라 여겼다. 그리고 그 경험 많고 믿음직한 버지니아인, 워싱턴이 방 저편에 앉아 있었다.[8]

대륙군의 설치를 허가한 바로 다음 날, 대륙회의는 만장일치로 워싱 턴을 뽑아, '양성되었거나 앞으로 양성될 대륙의 모든 군대를 지휘하여 아 메리칸의 자유를 수호할 것'을 명했다. 워싱턴은 지명을 수락하고, 의회의 승인에 감사하면서, 자신이 "그렇게 광범위하고 막대한 신뢰에 버금가는 능력과 군사적 경험을 갖지 못했음을 알기에 심각한 고민에 빠져 있다"고 자백했다. 이는 워싱턴이 단지 좀 과도하게 예의를 차려서 한 말이 아니었 다. 사실 워싱턴은 연대급 이상 부대를 지휘해본 적 없었는데, 지금은 대 륙군과 전쟁과 나라의 운명이 그의 어깨에 달려 있었다. 패트릭 헨리Patrick Henry는 당시 워싱턴이 눈물을 머금으며, "헨리 씨, 지금 내가 하는 말을 기 억하시오. 아메리카 군대에 대한 지휘를 시작하는 날부터, 나의 추락과 평 판의 훼손이 시작되는 것이오"라고 말했다고 회고했다.[9]

의회로부터 그에게 주어진 임무는 '질서와 규율을 세우라'to establish order and discipline는 모호한 것이었다. 의회는 영국에 대해 명확하게 선전포 고를 하지 않았으며 그 뒤 1년 이상이 지나서야 독립을 선언했다. 미국의 전략은 애매했고, 자유를 지키고 '모든 적대적 침입을 물리치기에' 매우 제 한되었다. 그 목적을 달성하기 위해, 의회는 워싱턴에게 '그 복무에 선하고 혜택이 된다for the good and welfare of the service고 생각하는 것을 행할 수 있 는 모든 힘과 권한을' 부여했다.[10]

의회는 이제 군대를 창설하고 장교들을 임관시키며 워싱턴에게 보스턴 이외 지역의 군에 대한 지휘를 맡김으로써, 입법부의 권한을 확장하는 큰 발 걸음을 내디뎠다. 그럼에도 의회의 권한은 여전히 빈약했다. 그 자체가 지난

2세기 동안 아메리카 대륙을 다스려왔던 영국 국왕에 반동을 조장하는 법외 단체일 뿐이었고, 당시까지는 어떤 확실한 성과도 거두지 못했다. 워싱턴은 "우리 모두는 교수형 밧줄을 목에 두른 채 싸웠다"고 당시를 회상했다.[11]

워싱턴은 신속하게 아메리카 대륙의 두드러진 지도자, 반역의 화신이 되었다. 모든 것이 그의 리더십에 달려 있었다. 그는 독특하게도 여러 면에서 그 직무에 적합한 자격을 갖추고 있었다. 그는 철저하게 독립쟁취라는 명분에 헌신했으며, 지치지 않고 끈질기게 승리를 추구했다. 그는 당당했으며 한껏 자신감으로 고무되어 있었다. 사적으로는 과묵했지만, 수천 통에 이르는 편지를 의회와 주지사들과 다른 지도자들에게 보낼 만큼 감명을 주는 편지를 많이 쓰는 사람이었다. 그는 군 구성원들에게 의회와 각 식민주가 직면한 도전을 설명하는 것뿐만 아니라, 의회, 각 식민주, 그리고 대중에게 군대에 대해 그리고 작전상의 소요에 대해 설명하는 데 능통했다. 또한 상비군에 대한 식민주들의 두려움을 완전히 이해하고 있었고, 대중적인 지지를 받던 휘그당원들이 군에 대한 통제를 행정적 통제가 아니라 입법적 통제라고 생각한다는 것도 알고 있었다.

하지만 그는 군사적으로 최고사령부supreme command에 부적합했는데, 종종 결정을 주저했고, 중요한 전술적·전략적 실수도 범했다. 다행스러운 것은 그가 그러한 실수들로부터 배우는 사람이었다는 것이다. 그는 자신에 대한 평판을 소중히 여겼고 어떤 비난에 대해서도 매우 민감하게 반응했다. 그는 자신이 적이라고 믿게 된 자들에 대해서는 강한 적대감을 가졌다. 또한 그는 탁월한 정치 감각의 소유자였는데 실제로 뛰어난 정치 기술로 인해 역사학자 존 펄링John Ferling은 그를 "지난 2세기 동안의 모든 아메리카의 공직자 중에서 다른 이들에게 정치가가 아니라는 믿음을 갖게 한 유일한 인물"이라고 평했다.[12]

대륙군에 대한 지휘를 맡아 일을 시작했을 때 워싱턴은 네 개 전선을 대상으로 작전을 수행했으며, 그 가운데서도 실제적인 전선은 보스턴을 점령하고 있던 영국군과의 전투였다. 동시에 그는 각 식민주에서 정치권력이 어떻게 분산되어 있는지 그리고 식민주 시민들이 자신들의 주의회에 새로 설정된 자치권을 얼마나 소중히 여기는지를 신속히 평가하면서, 대륙회의 및 뉴잉글랜드의 식민주 정부와 지속적으로 소통함으로써 자신의 군대에 대한 보급 및 인력지원을 유지했다. 또한 영국의 침략자들이 한 행동과 대조적인 모습을 매사추세츠의 유력 엘리트들에게 보여줄 필요성을 인식하고 매력 공세charm offensive를 펼치기도 했다. 그러나 무엇보다도 즉시, 군대를 훈련하고 편성하기 시작했다.

　워싱턴은 어떤 혁명지도자보다도 더 광범위하게 아메리카를 여행했고, 동포들에 대한 이해도 남다르게 명민했던 덕에 총사령관으로서의 그의 출발은 매우 훌륭했다. 그는 봉급을 사양하고 대신 의회에 자신의 지출 경비를 부담해달라고 요청했다. 이러한 제스처는 자칫 그가 귀족주의적인 오만함을 가진 사람으로 호도될 위험성이 있었으나, 많은 이들은 그것을 공화주의적인 자기 절제로 여겼고, 검소한 특성의 뉴잉글랜드 사람들은 특별히 고마워했다. 워싱턴이 보스턴으로 가는 길에 뉴욕에 잠깐 들른 적이 있었는데, 거기서 그는 대규모 상비군, 특별히 그 사령관에 대한 두려움을 불식시키기 위해 군중을 향해 "우리가 군인으로 부름을 받았을 때도 우리는 또한 시민임을 잊지 않았습니다"라며 안심시켰다. 그는 스스로 제한 없는 권력을 가지는 대신 기꺼이 대륙회의의 정치적 권한에 복종했다.[13]

　워싱턴은 보스턴 외곽의 캠프에 도착하고 나서, 곧바로 왜 의회에서 가장 먼저 질서와 군기를 바로 세우라고 요구했는지 알 수 있었다. 시민병들은 독립적이기로 유명해서 자기 기분 내키는 대로 오가는 상황이었다. 게다가 최근에 쟁취한 렉싱턴, 콩코드 그리고 벙커힐에서의 승리에 여전히 도취되어 많은 장병이 현재 자신들의 수준을 충분 그 이상이라고 생각하고 있었다. 사실상, 캠프에는 하나로 통일된 부대가 아닌 네 개의 식민주로부터 온 부대들이 느슨하게 연합해 있었다. 일례로 워싱턴이 예하 참모에게 자신의 휘하에 편성된 장병의 숫자를 확인해보라고 지시했는데 답을 얻기까지 1주일이 걸렸다. 보급체계는 위험한 수준 아니 거의 존재하지 않는 상태였고, 몇몇 뉴잉글랜드 식민주 의원들의 애국심과 관대함에 의존하고 있었다. 하지만 뉴잉글랜드 주민들이 정규군에 대해 매우 의심스럽게 여기고 있었기 때문에 군기를 확립하려는 노력은 위험을 수반했다. 이러한 그들의 생각은 단지 이데올로기적인 이유뿐만 아니라 지난 수십 년간의 식민지 전쟁에서 뉴잉글랜드 민병대와 영국군 정규군 간의 상호 작용이 빚어낸 원한 때문이기도 했다. 워싱턴은 남부 주에서 온 외부인으로서 그들의 신뢰를 얻어낼 필요가 있었다. 그는 장병들을 단지 지휘하는 command 것이 아니라, 이끌어야lead 할 필요를 인식했다.[14)

워싱턴은 그가 당면하고 있는 어려움이 무엇인지 이해하고, 또 장병들의 건강과 복지에 대한 자신의 관심을 보여주기 위해 일련의 사열 inspection을 시작했다. 그는 자신이 잘 알고 또 익숙한 영국군을 모방하여 군을 재편성함으로써, 연대와 여단을 만들고 지휘계통을 질서정연하게 확립했다. 이렇게 그는 전쟁 기간 중 지속적으로 쌓아나갈 수 있는 군구조의 기틀을 만들었다.[15)

그가 직면한 가장 큰 도전 요소 중 하나는 식민주만큼이나 오래된 잡탕의 지역조직이자 군기가 형편없는 뉴잉글랜드 민병대를 다루는 일이었다. 지역방위 그리고 전체 남성 의무복무의 원칙으로 인해, 민병대는 뉴잉글랜드 사회와 정치적·문화적으로 복잡하게 얽혀 있었다. 지역 엘리트들은 특정 기간 복무를 조건으로 계약하여 자신들의 군대를 모집하고 지휘했다. 계약은 공동체의 전 역량으로 맺은 장교들과 병사들 사이의 약속이었다. 계약이 파기되거나 종결되면 민병대 장병들은 자유민으로서 집으로 돌아갈 수 있는 권리가 자신들에게 있음을 잘 알고 있었다. 워싱턴은 뉴잉글랜드에 도착하자마자 계약이 끝나가고 있고 민병대가 해체되어가고 있음을 알았다. 그는 자신의 새로운 사령부가 어쩌면 단순히 사라져버릴 수도 있다는 현실적인 전망에 직면하게 된 것이다. 최고 정점에 있을 때 보스턴 주위에는 2만 3천 명의 장병들이 있었으나 1775년 말이 되자 단지 그들 중 4천 명 정도만 연장 복무했고, 나머지 전 병력이 집으로 돌아가기 시작했다. 하지만 워싱턴은 과거 프렌치-인디언 전쟁 당시 영국군들이 그랬듯이 계약을 파기한다든지, 유럽 국가들이 징집병들에게 하듯이 가혹한 군기확립을 강요하거나 민병대를 열등한 조직으로 대하는 실수를 답습하지 않았다. 대신 그는 절제하면서 의회, 주지사 그리고 의원들과 부지런히 협업하여 더 많은 병력을 보내도록 했다.[16]

한편 개인적으로 보낸 서신에서, 워싱턴은 벙커힐 전투 이후 뉴잉글랜드 군대에 대한 평판이 그들이 마땅히 받아야 할 수준보다 더 우호적으로 평가되었다고 비난했다.

> "그들 부대의 장교들은 일반적으로 말해 지금까지 내가 본 가장 무관심한 자들입니다. 나는 이미 비겁함, 자기 중대에 속한 인원 이상의 보수와 보급품을 가져간 횡령 등의 이유로 한 명의 대령 과 다섯 명의 대위를 강등시켰습니다. 그리고 또 다른 대령 두 명 이 현재 체포된 상태입니다. … 감히 말씀드리자면, 아무리 병사 들이 지저분하고 불결하더라도, 적절한 장교들에 의해 통솔된다 면 그들도 아주 잘 싸우게 될 것입니다."

불행하게도 서신이 유출되었고, 그의 이런 숨겨왔던 생각이 필라델피아의 대륙회의에도 전달되어 뉴잉글랜드 출신 의원들 사이에서 소동이 일어났고 민감한 정치문제로 비화되었다.[17]

손상은 이미 입었다. 워싱턴은 이제 그가 알고 있는 최선의 방법, 즉 더 많은 편지를 써서 이를 되돌리려 했다. 케임브리지에 머물던 9개월 동안, 워싱턴은 대륙회의 의장에게 51통, 그리고 뉴잉글랜드의 매사추세츠 지방의회에 34통, 코네티컷 주지사에게 40통, 그리고 로드아일랜드 주지사에게 30통의 편지를 써 보냈다. 대륙회의 의장 존 핸콕John Hancock에게 보낸 그의 편지는 자신이 처한 전술적 상황, 그의 병력 현황과 보급상의 어려움 등을 상세히 서술한 장문의 보고서였다. 의회 고유의 권한인 장성 급 장교의 임명 등과 같은 문제에 봉착했을 때, 그는 정확하게 의회의 결정에 따랐으나 또한 기탄없이 후속조치를 재촉하기도 했다. 그의 서신을 보면, 장교의 임명, 전략의 구상, 군대의 편성에 대한 명령 등 의회의 권한에 대해 끊임없이 주의하고 있음을 알 수 있다.[18]

워싱턴은 지역 주지사들 및 의원들과도 소통하여 군대에 대한 그들의 지원을 획득해야 할 필요를 신속히 인식했다. 그는 공손한 태도로 편지를 써, 지방 권력자들에게 경의를 표하고 그들의 특권을 인정했다. 그렇다고 해서 비굴하지는 않았고 대신 식민주의 리더들에게 대등한 입장에서 시종 일관 병력, 물자, 군복, 탄약, 소총, 대포 등 군에서 필요로 하는 소요를 주지시켰다. 예를 들어 그가 코네티컷의 존 트럼불 주지사와 주고받은 편지들은 그 발신 주기와 사무적인 특성 면에서 주목할 만하다. 이들 두 사람은 모두 엄청난 부담을 가지고 있었으나, 매우 다른 책임을 갖고 있었고 서로에게 솔직하게 썼다. 코네티컷 출신의 민병대원 몇 명이 복무기간이 만료되기 전에 캠프를 이탈했을 때, 워싱턴은 그들에게 합당한 조치를 취하라고 트럼불에게 충고했다. 트럼불은 그리하겠다고 확약했고 주의회에 부족한 병력을 보충해줄 것을 요청했다. 또한 미안해하면서 '우리 병사들의 그러한 행동이 식민주의 기질과 기개를 재는 잣대가 아님'을 완곡하게 언급했다. 이들 두 사람은 이따금 서로 논쟁을 벌이면서도 편안함을 느꼈으나, 이번 사안은 신속히 마무리하고 다른 문제로 옮겼다. 다수의 주 정부와 서신을 주고받는 것은 워싱턴 장군의 몇몇 보좌관들에게 많은 시간과 노력이 요구되는 일이었다. 게다가 그렇게 많은 서신이 필요했다는 것은 독립혁명 기간 중 행정부의 권한이 분산되어 있었고, 그래서 지속적인 협의가 필요했음을 방증한다. 워싱턴은 남은 전쟁 기간 내내 이러한 두 가지 문제와 씨름해야 했다.[19]

그의 능력만큼이나 그의 출신 주가 지닌 지역적 배경을 고려하여 지휘권을 받은 워싱턴이었기에 그는 뉴잉글랜드의 장병들을 통솔할 뿐만 아니라 민간 지도자들의 신뢰도 얻어야 했다. 군을 쇄신하는 동안, 가혹한 조치를 취하지 않는 가운데 군기를 확립해야 했다. 독립혁명은 영국군과 아메리카군이 국민의 충성을 두고 경쟁한 삼각분쟁triangular conflict이었다. 워싱턴은 군대를 육성하고 유지하는 동안 식민주의 지도자들에게 경의를 표하기로 결심했다. 그는 아메리카인들의 공감과 동의를 얻고 군대를 제대로 육성하기 위해서는 영국 국왕의 오만함과 명백히 대조되도록 대중에게 경의를 표할 필요를 잘 알고 있었다.[20]

워싱턴은 기회가 있을 때마다 지역 지도자들을 자신의 캠프로 초청하여 저녁을 같이 먹는 등 그들의 환심을 사려고 애를 썼다. 그는 도착한 뒤 곧바로 애비게일 애덤스Abigail Adams를 매혹했다. 어느 날 애비게일의 남편이자 훗날 미국의 2대 대통령이 된 존 애덤스가 워싱턴에 대한 칭찬의 말을 하여 그녀가 워싱턴에게 호감을 가질 수 있게 운을 띄우자, 애비게일은 "내 생각에는 절반도 나한테 얘기하지 않았어요"라고 하면서, 낭만적인 시를 인용하여 워싱턴 장군을 묘사했다. 한편, 2만 명의 젊은이들이 가까이 모여 생활함으로써 생겨날 수 있는 잠재적 타락을 우려하여 전전긍긍하던 지역의 성직자들도 워싱턴이 장병들의 군 기강을 바로 세우는 것을 고맙게 생각했다. 윌리엄 고든William Gordon 목사는 워싱턴이 도착하기 전에는, "장교들은 본보기가 될 만한 것이 없었고, 병사들은 게으르고, 무질서하고, 지저분했다"라며, 부지불식간에 워싱턴이 개인적으로 불평했던 것과 같은 생각을 드러냈다. 그는 또 "뉴잉글랜드 사람들은 항상 자유로운 상태에 익숙해져 있어서 누군가로부터 어떤 통제를 받는 것을 참을 수 없었으나, 이제는 모든 장교와 병사들이 자신의 위치와 의무에 대해서 알기 시작했다"고 말했다. 영국군이 보스턴에서 철수함에 따라 대륙군이 매사추세츠를 떠날 때, 코트Court 장군은 워싱턴에게 그의 복무에 대해 그리고 자신들을 구해준 것에 대해, 무엇보다도 "경직되지 않으면서도 엄정한 군의 행정, 식민주의 시민법civil constitution에 대한 장군님의 주의attention, 장군님께서 항상 보여주셨던 부하의 생명과 건강에 대한 배려, 기꺼이 피곤함을 견뎌내셨던 그 모습, 우리의 대도시를 보존하기 위한 장군님의 몰입"에 대해 감사를 표했다. 이에 답하여 워싱턴도 그들이 관심을 가져야 할 만큼 지나친 자유 또는 방종에 빠지지 않았음에 감사를 표하며 말했다.

> "지역의 모든 조직에서, 공동의 이익과 양립하지 않는 것이 없었으며, 그리하여 나는 의무의 원칙, 정책의 원칙, 그리하여 결국은 내 행동의 일부가 된 원칙을 견지할 수 있었습니다."

워싱턴은 지역 여론의 지지를 얻기 위한 '평상시 군사활동campaign'에서도 승리했다.[21)

　그러나 이러한 모든 노력들은 영국군을 보스턴에서 구축하는 전투 임무에 비해서는 단지 부차적인 것들이었다. 천성적으로 공세적 기질을 지녔던 워싱턴은 그의 군대가 준비되는 대로 영국군 요새를 공격하길 원했다. 하지만 의회는 워싱턴에게 그의 장군들과 먼저 상의하라고 하면서 전시평의회council of war의 이름으로 반복해서 공격에 반대하는 의견을 냈다. 1775년 10월, 의회는 벤저민 프랭클린Benjamin Franklin이 포함된 위원회를 파견하여 워싱턴의 군대를 사열하고, 워싱턴과 여러 가지 문제에 대해 논의했다. 이때에도 그들은 워싱턴 장군에게 영국군 요새를 공격할 것인지 잘 숙고해보기 바란다는 의회의 메시지를 전달했다. 개인적인 선호에도 불구하고, 워싱턴은 위원회에 예하 장군들의 조언에 따라, 영국군 요새 공격 시 포격에 의해 보스턴이 파괴될 가능성을 제시했다. 위원회는 "이 문제는 너무 중요해서 그들에 의해서 결정될 수 없으므로 의회 본회의에 부쳐야 한다"면서 이의를 제기했다. 워싱턴은 이 사안을 재치 있게 활용하여, 위원회 멤버들에게 전시의 지휘 책임을 공유하자고 제언했으나 그들은 이를 재빨리 거절했다. 5개월 후 아메리카군은 보스턴 외곽 도체스터 고지Dorchester Height에 포를 거치하는 데 성공했고, 이에 영국군은 보스턴에서 철수하여 핼리팩스로 향했다. 당시 아메리카인들은 영국군의 전략이 보스턴에서 철수하되 뉴욕에서는 작전을 계속하는 것으로 변화되었음을 눈치채지 못했다. 워싱턴의 군대가 마치 완벽한 무혈승리를 거둔 것으로 비추어졌고, 대륙회의에는 한껏 부푼 자신감을 가져다주었다. 의회는 이제 영국으로부터의 독립선언을 심각하게 고민하고 있었다.[22)

☆　☆　☆

　9개월 후, 상황이 매우 달라졌다. 전장(戰場)이 뉴욕으로 전환되자 영국군이 대륙군에게 일련의 패배를 안겨주었고 워싱턴과 그의 군대는 롱아일랜드와 맨해튼을 떠나 뉴욕 남부지역을 통과하여 뉴저지를 경유, 펜실베이니아로 들어갔다. 1776년 12월 18일, 워싱턴은 동생에게 편지를 썼다.

> "게임은 거의 끝났다. … 확신하건대, 이제까지 그 누구도 더 어려운 선택을 하면서, 자신을 그런 어려움으로부터 구출할 수단이 나보다 더 적은 사람은 없었다."[23]

그의 말은 과장된 것이 아니었다.

영국군이 보스턴을 떠난 후, 워싱턴은 다음 영국의 공세가 예상되는 뉴욕으로 부대를 재배치했다. 뉴욕은 팽창하는 도시였고 전략적으로 중요한 항구로, 허드슨강의 입구에 위치하여 중부지역 주들을 방어하는 핵심적인 요충지였다. 만약 영국군이 허드슨강에 대한 통제권을 획득한다면, 그들은 뉴잉글랜드를 중부 및 남부의 주들로부터 분리하여 혁명에 치명적인 타격을 입힐 수 있었을 것이다. 워싱턴은 당시 그 지역에, 두 개의 주요한 강이 만나는 지점에 있는 세 개의 큰 섬과 수많은 만bays, 그리고 롱아일랜드 수로Long Island Sound 등이 있음을 발견했다. 그가 보유한 2만여 명의 병력으로 영국의 육군과 해군에 대항하여 방어하는 것은 거의 극복할 수 없는 문제를 제기하는 것이었다. 영국군은 먼저 스테이튼섬에 진을 쳤다. 하지만 그들은 워싱턴의 전방부대를 우회하여 맨해튼 북부지역을 공격하는 대신, 자신들의 작전적 이점을 내던지고 롱아일랜드에 있는 워싱턴의 예하부대 정면으로 상륙을 시도했다. 그러한 착오가 있었음에도 불구하고, 영국군은 신속하게 브루클린 고지에 있는 워싱턴의 측면으로 우회하여 워싱턴군을 괴멸하려 위협했다. 롱아일랜드 전투에서 유일하게 미군측에 긍정적이었던 점은, 야간에 철수작전을 시행함으로써 군이 포위되거나 항복하여 혁명이 종료될 수도 있는 상황을 방지한 것이었다.

의회로부터 폭넓은 자유를 부여받은 워싱턴은 '파비안 전략' 또는 '기지전war of post'을 수행하기로 결심했다. 이 전략은 적과의 결정적인 교전이 일어나지 않는 한 지상에서 방어를 수행하다가 부대 전투력을 보존한 가운데 철수하여 추후 싸울 수 있도록 대비하는 일종의 소모전 전략이었다. 그러나 그는 정치적으로는 민감했으나 작전적으로는 가망이 없던 맨해튼 방어를 시행했고, 오로지 영국군 총사령관 윌리엄 하우Howe 장군의 전략적 실책 덕분에 대륙군의 전면적인 패주를 모면할 수 있었다. 18세기의 전통적이고 질서 있는 전쟁 개념을 추종했던 하우 장군은, 맨해튼에 위치한 대륙군의 보급로를 차단하여 이들을 섬에 고립시키는 대신, 직접 섬에 상륙하여 아메리카의 군대를 북쪽으로 몰아내겠다고 결심했다. 하우는 워싱턴을 계속 공격하여 웨스트체스터 카운티에서, 그리고 이어서 화이트 평원White Plains에서 피를 흘리게 했으며, 워싱턴군을 허드슨강 양안의 두 개의 거점 — 뉴저지의 포트 리Fort Lee와 맨해튼 북쪽 끝에 위치한 포트 워싱턴Fort Washington — 으로부터 분리시켰다. 그가 표방한 파비안 전략에 따르면 몇 주 전에 두 거점의 철수를 지시했어야 하지만, 워싱턴은 11월 중순까지 이 거점들을 유지했다. 포트 워싱턴은 11월 18일 거의 3천 명에 육박하는 죄수들을 잃으며 영국군에게 함락되었고, 그 3일 뒤에 포트 리 역시 30문의 캐논포와 수 톤에 이르는 대체할 수 없는 물자들과 함께 영국군의 수중에 떨어졌다. 워싱턴군은 8천 명의 장병을 허드슨 고지대Hudson Heights에 잔류시키고, 5천 명의 규모로 줄어든 가운데 뉴저지를 통과해 철수했다. 설상가상으로 영국군은 워싱턴의 고급 지휘관 중 한 명이었던 찰스 리Charles Lee 장군을 브룬스윅 하숙집의 품위를 떨어뜨리는 장소(아마도 화장실?)에서 포로로 잡았다. 정말로 게임이 다 끝난 것처럼 보였다. 이 위기는 토머스 페인Tom Paine*이 '지금은 인간의 영혼을 시험하는 때'라고 탄식하게 했다.[24]

---

* 토머스 페인은 18세기 미국의 작가이자 국제적 혁명이론가로 미국 독립 전쟁과 프랑스 혁명 때 활약했다. 1776년 1월에 출간된 『상식』에서 미국이 공화국으로 독립해야 한다고 촉구하고, 독립이 가져오는 이점을 설파하여 사람들에게 독립에 대한 열망을 불어넣었다. 또한 그 책에서 봉건과 왕을 강하게 비판했다. 미국 독립 전쟁 때 《위기론》을 간행해 시민의 전투 의지를 끌어올렸다.

당연히 워싱턴의 전쟁 수행에 대한 비난이 일었다. 의원들이 불평하기 시작했다. 존 애덤스는 롱아일랜드에서의 패전에 대해 핵심을 찔러 설명했다.

"대체로 우리 측 장군들은 전술에서 패배했다."
(In general, our generals were outgeneralled)

이러한 걱정과 불안은 군 내부로까지 번졌다. 워싱턴은 리Lee 장군이 자신의 보좌관인 조셉 리드Joseph Reed에게 보낸 편지를 우연히 입수했는데, 거기에는 '치명적인 우유부단'에 대해 서로의 의견을 나눈 내용이 있었고, 그것은 명백히 자신들의 사령관을 묘사한 것이었다. 하지만 의회로서는 총사령관에게 너무 많은 투자를 한 데다, 여전히 워싱턴의 능력에 대해 경외심을 가진 사람들이 많았고, 특히 그 엄중한 시기에 그를 버릴 수 없었다. 영국군이 델라웨어에 육박해오자, 의회는 필라델피아에서 탈출했다. 공황에 빠진 의회는 도망치듯 떠나면서 별도의 명령이 하달될 때까지 워싱턴에게 '행정부의 운영과 전쟁의 수행에 관련된 모든 일을 명령하고 지시할 수 있는' 비상 권한을 부여하기로 투표를 통해 결정했다.[25]

워싱턴은 투표를 통해 드러난 그에 대한 신뢰에 감사했으나, 확대된 권한을 받게 되자마자, 이전보다 더 많은 것을 요청하면서, "너무 위험해서 맡겨둘 수 없는 권한을 요청하는 것이라고 해둡시다. 단지 절박한 질병은 절박한 치료법을 요구한다는 말을 덧붙일 수 있습니다"라고 언급했다. 의회는 볼티모어를 향해 짐을 꾸리면서 의회의 권한 내에서 최대한 그가 요구했던 것을 다 들어주어 워싱턴에게 모든 것을 양위했다. 그는 이제 거의 카이사르나 다름없었다. 의회가 그러한 막강한 권한을 위임했다는 것은 또한 의회가 그의 인격에 대해 가지고 있었던 신뢰의 표시였다. 의회의 결정은 이러한 권한을 총사령관이라는 직책이 아닌 조지 워싱턴이란 그 이름에by name 맡기는 것이었다. 의회의 결의문과 같이 보내온 편지에는 "무력을 가진 장군에게 가장 제한 없는 권력이 안전하게 맡겨질 수 있는 나라는 행복하다", "그리고 어떤 개인의 안전, 자유, 재산도 그것에 의하여 조금도 위험해지지 않을 것"이라는 격정적인 문구가 실려 있었다. 워싱턴은 더 나아가 의회에 재다짐하면서, "무력이 우리의 자유를 지키기 위한 마지막 수단임과 그렇기에 그런 자유가 확고히 세워지게 되면 가장 먼저 내려놓아야 하는 것임을 끊임없이 되새기겠다"고 약속했다. 그는 의회의 신뢰를 남용하지 않았으나, 군대 그리고 전쟁을 위한 노력을 좀 더 견고한 토대 위에 놓기 위해 새롭게 부여된 권한을 사용함에 있어서 결코 주저하지 않았다.[26]

워싱턴은 취임한 초기 몇 개월이 지난 후부터, 처음에는 부드럽게 그러면서 갈수록 끈질기게, 병사들의 복무기간 연장을 주장했다. 이것은 상설부대, 요즘 말로 표현하자면 상비군의 전조라 할 수 있겠다. 워싱턴은 대륙군 병사들을 징집할 때, 그들을 훈련시키고 기강을 세우고 엄혹한 전쟁에 익숙해지기에 충분히 긴 시간 동안 복무시켜야 할 필요를 절실하게 느꼈다. 프렌치-인디언 전쟁에의 참전 경험은 민병대에 과도하게 의존하는 것이 바보 같은 일임을 확신시켜주었다. 또한 영국군에 대항하는 아메리카군을 지휘하면서 그러한 관점이 더욱 공고해졌다. 그렇다고 그가 민병대에 전반적으로 적대적인 것은 아니었다. 그는 민병대가 국가를 위해 존재해야 하는 정치적 가치, 특히 자기 지역에서 정규군에 대한 협력자로서의 역할에 대해 잘 이해하고 있었다. 그럼에도 그의 관점으로는 정규군이 군대의 핵심이었다. 그는 이 문제에 대해 의회와 논의할 때 매우 신중하게 접근했는데, 이는 자신의 생각이 많은 정치지도자, 그리고 아메리카 식민지의 전통 및 이데올로기와도 극명하게 대조를 이루고 있음을 알았기 때문이었다. 새뮤얼 애덤스Samuel Adams가 "상비군은 항상 국민의 자유에 위험한 것이다"라면서 거품을 물고 반대했지만, 1775년 말, 의회는 1년 동안의 징집을 승인했다. 롱아일랜드에서 철수한 후, 워싱턴은 뉴욕에서의 임박한 위기를 이용하여 이전보다 더 끈질기게, 그리고 의회가 행동하지 않는다면 전망이 어느 때보다 더 불길할 것이라고 하면서 재차 징집기간 연장을 요구했다. 그리고 다시 한번, 모든 연대가 뉴욕을 떠나면서 그의 군대가 증발해버렸다. 마침내 1776년 9월 의회는 3년 또는 전쟁이 끝날 때까지로 징집 기간의 연장과 총 88개 대대 규모로의 전력 증강을 승인했다. 이에 더하여 육·해군 조례Article of War를 강화하여, 워싱턴과 예하 지휘관들에게, '상비군'의 규율 같은 것을 주입하는 수단으로 유럽 군대식의 좀 더 가혹한 처벌을 할 수 있도록 권한을 위임했다. 정규군의 토대가 된 이러한 일련의 승인은 승리를 위한 미국인들의 헌신, 그리고 좀 더 넓게는 미국과 군대와의 관계에 있어서 새로운 출발점이 되었다.[27]

도피 중이던 의회의 결의안을 가슴에 품고 있던 워싱턴은 한발 더 나아간 제안을 했다. 그동안 보냈던 것보다 더 긴급한 글투로 존 핸콕*에게 편지를 보내, 공병 및 포병 부대 창설 요청 건에 대한 '의회의 결정사항을 알고자 대단히 초조하게 기다려왔음'을 언급했다. 이제 그는 세 개의 포병 대대 편성과 그 지휘관으로 헨리 녹스Henry Knox의 임명을 추진하고 있었다. 또한 지난 9월 의회가 인가했던 88개 대대에 더하여 22개의 정규군 연대 편성을 추가하려고 했다. 워싱턴은 자신의 동료 의원이었던 핸콕에게 '더 덧붙일 필요도 없지만, 짧은 징집 기간과 민병대에 대한 잘못된 의존이 그동안 우리가 겪은 모든 불행과 엄청나게 쌓인 빚의 원인'이었다고 하면서, 영국의 하우 장군이 뉴저지를 통과하여 행군할 때 지역 민병대가 그의 요청에 제때 대응하는 데 실패했음을 지적했다.

"델라웨어강 말고 그 어떤 것이 필라델피아를 구했습니까? 6주 동안의 민병대 복무에 대한 보상으로 10달러를 주는 것, 누가 들어오는지 또 언제 징집해제 되는지, 또 어디서 복무하는지를 말해줄 수 없는 것, 그러면서 식량을 먹어 치우고 물자를 소진하고,

---

*   존 핸콕(John Hancock, 1737. 1. 23 ~ 1793. 10. 8)은 미국 독립 전쟁의 지도자이자 정치가이다. 제2차 대륙회의 및 연합회의의 의장을 맡았고 초대 매사추세츠 주지사를 역임했다. 미국 독립선언서에 가장 먼저 서명한 사람이며 서명들 중에서 존 핸콕의 서명이 가장 컸기 때문에 미국에서는 '존 핸콕'(John Hancock)이라는 말이 '서명'(signature)이라는 뜻의 관용어로 사용되기도 한다.

마침내 결정적인 순간에 떠나버리는 것보다 더욱 파괴적인 모병 체계가 무엇입니까? 이들이 지금부터 앞으로 열흘 동안 제가 의존하는 사람들입니다. 이것이 귀하의 대의명분이 앞으로 그리고 영원히 의존해야 할 토대입니다. 자체적으로 충분히 적에 대항할 수 있는 규모의 상비군을 갖기 전까지 말입니다.

워싱턴은 상시 편성된 정규군을 위한 견고한 기초를 닦겠다는 의도를 명확히 했다. 그는 또한 은밀하게 "만약 어느 훌륭한 장교가 현 분기 내에 대륙군에 지급하는 보수와 시설을 갖고서 병사들을 양성하겠다고 한다면, 나는 적극적으로 권장할 것이며, 그러한 약속이 달성되면 그들을 연대로 편성할 것"이라고도 했다. 장교들이 직접 병사들을 모집하게 한다면 이는 각 주의 행정기구를 우회하여 수많은 정치적 장애물을 없애줄 것이었다. 의회와의 관계가 변화되었음을 알려주는 하나의 표시로, 워싱턴은 의회에 그의 조치를 승인하지 않는다는 의미의 거부권을 행사할 기회를 주었고, "만약 의회가 이러한 절차에 동의하지 않는다면, 그들은 기꺼이 그 거부의사를 드러낼 것"이라고 했다. 의회는 그의 모든 요구사항을 비준했고, 그에게 주었던 특별한 공식서한의 유효기간도 6개월 연장되었다.[28]

새로 설정된 권한이 워싱턴의 기운을 북돋운 듯했다. 그는 개인적으로 연말에 징집 기간이 만료되는 수 개 대대의 병사들을 권면하여 그와 또 혁명의 대의와 함께 몇 주만 더 같이 있자고 설득했고, 이로써 1776년 크리스마스 날 델라웨어강을 다시 넘어 돌아갈 때 6천 명의 병력을 이끌고 갈 수 있었다. 트렌턴과 프린스턴에서의 빛나는 승리들은 그의 연이은 패배를 종식시켰고, 그의 평판을 회복시켰을 뿐만 아니라 독립혁명에 새 생명을 불어넣었다. 이후 얼마 되지 않아 하우 장군은 뉴저지에서 철수하여 뉴욕시의 주둔지로 돌아갔다.[29]

☆ ☆ ☆

의회는 하우가 뉴욕으로 철수하고 나서도 필라델피아로의 복귀를 신중하게 추진함에 따라, 1777년 2월 말까지도 볼티모어에 있었다. 그동안 의회는 마치 적의 강요에 의한 피난이 그 에너지를 집중하게 만든 것처럼 많은 일을 했다. 1777년에 제기된 가장 중요한 입법 의제는 근본적인 것으로 아메리카 행정부에 관한 연합규약Articles of Confederation*을 구상하고 합의하는 것이었다. 대륙회의를 신뢰하기를 꺼렸기 때문에, 각 식민주가 인력, 재원, 그리고 여타의 자원 등에 관한 상당한 정치적 권한을 가지고 있었다. 그러나 뉴욕시의 상실은 전쟁이 잘 진행되지 않고 있음을 명백히 보여주었고, 군에 더 많은 지원이 필요함과 국가가 독립을 상실할 수도 있으리라는 경각심을 불러일으켰다. 이에 의회는 의제들을 결의하고, 그해 11월에 연합규약을 승인했으나, 3년이 더 걸린 후에야 13개의 모든 주가 비준을 완료했다. 그전까지 대륙회의는 영국 왕실에 반하는 위험한 법외단체 extralegal body로 남아 있게 되었다. 여전히 목에 교수형 밧줄을 무겁게 두르고 있던 것이었다.[30]

의회가 직면한 다른 중요한 문제는 행정부를 운영할 재원을 마련하는 것이었다. 특히 워싱턴이 전쟁 수행에 필수적이라면서 고집스럽게 주장해왔던 110개 보병대대 유지를 위한 병력 충원, 봉급, 보급품에 소요되는 재원을 확보해야 했다. 비록 군이 소요만큼 전부 육성되고 장비되지는 않았지만, 대륙군 병사 한 명이 늘어날 때마다 의회의 재정적 부담도 증가했다. 세금을 거둘 권한이 전혀 없다시피 했던 의회로서는 다른 수입원을 찾아야 했는데 몇 가지 좋은 소식이 있었다. 프랑스와 그보다는 적지만 스

---

*　연합과 영속적 연방에 관한 규약(Articles of Confederation and Perpetual Union)은 미국 독립 전쟁에서 13개 식민지의 상호 우호 동맹을 정한 약관으로, 미국 헌법 비준 이전 최초의 헌장이다. 이 약관은 16개월에 걸친 토론 끝에, 대륙회의에서 1777년 11월 15일에 채택되어 1781년 3월 1일 13주가 모두 승인하여 발효했다. 이로써 연합규약 시대가 시작되었다. 이 약관은 연합회의에 외교, 군사 등 권한을 인정하고 있었지만, 13개 식민지가 각각 절대적인 주권을 가지고 있었다.

페인이 전쟁이 시작했을 때부터 비밀리에 도움을 줘왔다. 1777년 초에는 프랑스가 200문의 청동 대포와 100톤의 화약, 3만 명분의 군복과 산더미 같은 탄약을 지원했다. 행정부는 프랑스와 스페인으로부터 담보대출을 받는 동시에, 국내에서는 신용장을 발매하여 재원을 마련했다. 아직 아메리카에 은행제도는 존재하지 않아서 돈을 빌릴 곳은 없었다. 또 다른 선택지는 각 주에 군에 필요한 의복, 음식, 담요, 탄약 등을 제공하도록 강제로 할당하는 것이었으나, 각 주마다 산발적으로 그리고 믿음직스럽지 못하게 응했다. 우선적인 세입원은 지폐를 발행하는 것이었다. 하지만, 재무부 내에 지폐를 뒷받침할 경화(硬貨)가 너무 적었고, 통화가치가 알려지게 되자, '콘티넨탈'당시 발행된 지폐의 명칭 화폐의 가치가 금방 인플레이션을 초래하여, 말 그대로 무가치해졌다. 전쟁 지원의 문제가 더 심각해지게 된 것이다.[31]

한편, 1777년 영국의 전략은 혼돈 그 자체였다. 존 버고인John Burgoyne 장군은 캐나다로부터 허드슨강까지 남쪽 방향으로 공격하겠다고 조지 저메인George Germain 경을 설득하여 승낙을 얻었다. 그는 거기에 도달하면 하우 장군의 지원을 받을 수 있을 것이고, 그렇게 두 부대가 연결되면, 뉴잉글랜드를 나머지 주로부터 분리할 수 있으리라 기대했다. 그러나 버고인은 그가 맞닥뜨리게 될 작전적인 어려움과 그의 상대인 미국군이라는 두 가지 요소에 대해 과소평가했다. 1년 전의 뉴저지 민병대와는 달리, 뉴욕과 뉴햄프셔의 민병대들은 허레이쇼 게이츠 장군이 지휘하는 대륙군을 지원하기 위해 자발적으로 모여들었다. 프리먼 농장Freeman's Farm과 베미스 고지Bemis Heights에서의 전투는, 마침내 버고인이 10월 17일 새러토가에서* 그의 전체 군대와 함께 항복하도록 강요했으며, 이는 미국군의 역사

---

*   새러토가 전투(Battle of Saratoga)는 미국 독립 전쟁 중인 1777년 9월에서 10월에 걸쳐, 뉴욕 새러토가 근처에서 대륙군과 영국군 사이에 벌어진 전투이다. 새러토가 전투는 두 개의 작은 전투의 총칭이다. 즉, '프리먼 농장 전투'(제1차 새러토가 전투)와 '베미스 고지 전투'(제2차 새러토가 전투)이다. 이 전투의 결과 존 버고인 장군이 지휘하는 영국군이 항복하여 영국군의 캐나다에서의 침공 작전(새러토가 방면 작전)이 끝났다.

상 가장 위대한 전략적 승리 중 하나였다. 승리는 대륙 전체가 기쁨에 들 뜨도록 했고, 그 이듬해 프랑스가 영국에 대항하여 미국과 동맹을 맺도록 한 주된 이유proximate cause가 되었다. 게이츠 장군은 하룻밤 새 국가적 영웅이 되었다.

버고인의 문제는 그가 하우 장군으로부터 전혀 지원을 받지 못한 데도 있었다. 전문직업적인 질투, 의사소통의 결핍, 빈약한 협조로 인해 하우는 버고인의 계획을 무시하고, 대신 자신의 부대를 해군 함정에 태워 대서양으로 나갔다가 남쪽으로 항해하여 펜실베이니아에 있는 워싱턴의 군대와 일전을 벌이려 했다. 영국군 함대는 더 가까운 곳에 있는 델라웨어강 어귀를 지나쳐 필라델피아에서 남서쪽으로 57마일 떨어진 체사피크만의 헤드오브엘크Head of Elk에 상륙했다. 9월 7일 하우가 행군을 시작했을 때 워싱턴이 그를 상대하기 위해 와 있었다. 하지만, 워싱턴은 대체로 자신의 전술적 실수로 인해 펜실베이니아의 브랜디와인 계곡 전투에서 패배했다. 그러자 하우는 다시 워싱턴의 의표를 찔러 필라델피아를 위협했고, 이에 의회는 캠프를 떠나 랭카스터로, 이어서 요크로 이동했다. 10월 초 워싱턴은 저먼타운Germantown에서 또다시 패배했고, 하우는 미 의회의 많은 멤버들이 최근에 비우고 떠난 필라델피아의 숙소를 안락한 겨울철 막사로 활용할 수 있게 되었다. 워싱턴은 그의 부상당하고 굶주린 군대를 포지 계곡Valley Forge의 황량한 캠프로 데리고 갔다. 워싱턴의 위상은 1월에 정점에 있다가 10월에 나락으로 떨어졌다.

게이츠와 워싱턴의 비교는 이제 불가피해졌다. 예를 들어, '전반적으로 누가 더 올바로 지휘했는가?'와 같은 질문 말이다. 빨라야 2월이었을 텐데, 몇몇 의원들이 총사령관에게 너무 많은 권한을 위임해준 것 같다는 우려의 목소리를 냈다. 존 애덤스는 "때때로 조지 워싱턴에게 미신적인 숭배가 돌아간다"며 우려했다. 브랜디와인 전투 이후, 의회에서 어느 누구도 발언대에 서서 자신의 비판적 의견을 공공연히 말하지는 않았지만, 워싱턴을 비난하는 편지를 쓰는 조용한 계절이 시작되었다. 뉴저지 대표였던 조나단 서전트Jonathan Sergeant는 "그런 실수를 병사들이 했다면 아마도 3개월 동안 서 있기 같은 기합을 받는 수치를 당했을 것"이라며 비난했다. 벤저민 러쉬Benjamin Rush는 애덤스에게 보내는 편지에서 게이츠의 군대와 워싱턴의 군대를 직접적으로 비교했다. 전자는 '잘 정돈된 가족'well-regulated family이라면, 후자는 '미조직된 떼거리'였다는 것이다. 그는 계속해서 두 장군의 특성을 비교했다. 게이츠는 '작전계획을 지혜롭게 작성하고, 그것을 열정적으로 용맹스럽게 실행하여 성공했으며, 군사적 영광의 정점'에 있었다. 반면, 워싱턴은 '전술적으로 뒤져서 두 번이나 패배했고 140마일의 밀집된 정착지thick-settled country를 지나는 동안에 부하의 반이 운구되는 광경을 목격했으며, 수도 필라델피아를 포기해야만 했던' 사람이었다. 그는 의회의 조사를 요청했다. 존 애덤스는, 비공개를 전제로 하더라도 그렇게 멀리까지 가고 싶지는 않았지만, 아내 애비게일에게 사적으로 보낸 편지에 워싱턴의 실추된 위상에 대해 이렇게 썼다.

> "이제 우리는 어떤 한 시민을 신이나 구세주로 생각하지 않고도,
> 그가 현명하고 덕이 있으며 선하다는 것을 인정할 수 있게 되었
> 소."[32]

워싱턴은 몇 가지 중대한 실수를 저질렀다. 그는 2년 만에 뉴욕시와 뉴저지 전체, 이어서 필라델피아까지 상실했다. 의회는 두 번이나 수도를 떠나야 했고, 의회의 권한 범위 안에서 워싱턴의 능력을 문제 삼을 수 있었다. 어떤 측면에서 워싱턴은 의회와 가까이 있었기 때문에 고생했고, 반면에 게이츠는 멀리 떨어져 있어서 그 덕을 봤다고 할 수도 있었다. 하지만 영미 양측의 어떤 장군도, 아니 다른 전쟁의 어떤 장군도 워싱턴의 전투기록을 가질 경우에 비난을 피할 사람은 없었을 것이다. 한편 1777년 겨울 하우 장군은 필라델피아를 점령하고 있었지만, 그가 1775년 보스턴을 점령하고 있었을 때보다 전쟁 승리에 더 가까워지지는 못했다. 뉴욕이나 필라델피아 — 어쩌면 보스턴을 포함해서 —, 이러한 도시들은 분명 승리의 열쇠나 조건은 아니었다. 워싱턴은 천성적으로 공세적이었지만 그런

충동을 자제하고 그가 기지전war of posts이라고 부른 것, 즉 땅을 잃더라도 대륙군을 보존하고 대륙회의를 방호하는 작전개념을 받아들였다. 더 공세적인 전략을 목소리 높여 주장하던 일부 의원들은 영국군에 의해 강제로 철수해야 하자 분을 냈지만, 이전에 그들이 공격에 주의할 것을 권고했었으므로 역시 모순된 반응이었다. 어떤 이들은 워싱턴이 필라델피아의 하우를 공격하여 전쟁을 조기에 종결할 것을 원했고, 다른 이들은 더 나아가서 워싱턴이 상비군에 관한 그의 입장을 강화해줄 수 있는 장기전을 선호하기 때문에 조심스러운 것이라고 주장했다. 거의 대부분 사적인 것이었지만 비난의 화살은 모든 방향으로 향했다. 차분한 이성을 지니고 있어 워싱턴이 점차 의존하게 된 나다나엘 그린Nathanael Greene 장군은 '외부의 비난을 무시하고 결정적인 전투를 회피한 가운데 군 전투력을 보존해야 한다'고 조언했다. 그것은 적절한 조언이었고, 그를 험담하는 사람들로서는 분한 일이었지만, 워싱턴은 이에 따랐다.[33]

실망한 의회는 워싱턴에 대해 그해가 시작되었던 연초보다 훨씬 더 정중하지 않은 태도를 보였다. 10월에 이르러 워싱턴은 의회에서 또 다른 외국인이자 아일랜드 출신의 프랑스인 토머스 콘웨이Thomas Conway를 소장으로 임명했음을 알게 되었다. 워싱턴은 전쟁 중 이때까지만 해도 의회가 장성급 장교의 임명권을 고집하는 것을 인내심을 가지고 수용했다. 이는 부분적으로는 그가 군에 대한 문민통제를 원칙적으로 존중했기 때문이며, 다른 한편으로는 장성의 임명에 관해 자연적으로 수반되는 정치적 과열로부터 워싱턴 자신을 보호할 수 있기 때문이었다. 하지만 콘웨이 문제는 달랐다. 콘웨이는 워싱턴에게 낯선 자가 아니었다. 그는 브랜디와인 계곡과 저먼타운에서 여단을 지휘하여 대체로 잘 싸웠다. 하지만 그는 거만하고 말하기 좋아하는 장교로, 어떤 의견도 말하지 않고 그냥 넘어가는 법이 없었다. 게다가 자신의 상급지휘관인 워싱턴에 대해서 우호적인 관점을 갖고 있지 않았는데, 특히 워싱턴이 장성급 회의에서 그의 조언을 일축한 후에 더욱 그러했다.

콘웨이의 진급은 미군 장교들의 마음을 상하게 할 뿐만 아니라, 그는 대부분의 다른 준장들보다 어렸다. 워싱턴은 그의 진급이 다른 많은 이들의 사임을 유발할 수 있음을 알았다. 그는 리처드 헨리 리Richard Henry Lee 의원에게 편지를 써, 콘웨이의 진급을 "지금까지 채택되었던 방책 중 가장 불행한 방책"이라고 비난했다. 그러면서 그는 그 문제가 재고되지 않는다면 자신의 사임 가능성도 있음을 암시했다.

> "전체적으로 요약하자면 나는 노예처럼 일했습니다. 나는 여러 사람이 아는 것 이상으로 대단히 많은, 서로 일치되지 않는 부분들을 조화시키기 위해서 견뎌왔으나, 이제 콘웨이의 임명과 같은 극복할 수 없는 어려움이 방해한다면 내가 더 이상 복무하는 것이 불가능할 것입니다."

이렇게 넌지시 암시된 위협은 콘웨이의 진급으로 인한 워싱턴의 실망뿐만 아니라, 의회의 지원과 신뢰가 흔들리는 가운데 전쟁을 관리하는 워싱턴의 능력에 대한 조야의 우려가 증대되고 있음을 보여주는 것이었다.[34]

　　포지 계곡의 겨울 막사로 부대를 데려갔을 때, 워싱턴과 그의 정치지도자들과의 관계는 썰물 때at ebb tide였다. 의회는 워싱턴에게, 특히 장교들 사이에서의 기강을 세우고 불화를 잠재우라고 권고했다. 의원들은 대개는 자신들이 만들어낸 포지 계곡에서의 보급품 부족 문제에 대해 공식적으로 워싱턴을 비판했다. 아이러니하게도 그들은 워싱턴이 좀 더 공세적으로 약탈하지 않았다고, 펜실베이니아 농부들에게 더 많은 음식과 꼴fodder을 요구하지 않았다고 책망했다. 워싱턴은 미국인들의 자유에 더욱 신중하려 했던 것이라고 항의했다. 그 이전까지는 의회가 워싱턴의 조치에 대해 그렇게 세세하게 질문하거나 문제 삼은 적이 없었다.[35]

　　11월이 되자 의회는 워싱턴을 보다 세밀히 감독하기로 결정했다. 그전 해에 의회는 여러 개의 위원회를 상대해야 하는 워싱턴의 번거로움을 덜어줄 목적으로 전쟁위원회board of war를 설치했다. 그럼에도 의회는 여전히 많은 위원회를 워싱턴의 캠프로 계속 보냈다. 화를 잘 내고 똑똑한

일 중독자로 소문난 존 애덤스가 위원장을 맡았던 전쟁위원회는, 비록 제한적인 성과만을 거두었지만, 군대를 운영하고 보급하고 장비시키고 인력을 충원하는 산적한 문제들에 대한 해법을 찾기 위해 워싱턴과 협력해왔다. 후에 의회는 매점, 의류 소매점 그리고 병참부서 등을 창설했는데, 성과는 미미했다. 부분적으로는 미약한 조직과 의회의 세세한 참견 때문이기도 했고, 또 재원이 부족했기 때문이기도 했다.[36]

11월에 애덤스가 파리로 떠나자, 의회는 전쟁위원회를 개편하여 게이츠 장군을 의장으로, 그리고 한때 워싱턴의 측근이었다가 비평가로 변신한 토머스 미플린Thomas Mifflin을 회원으로 지명했다. 자신에 대한 좋은 평판이 점차 늘어나면서 워싱턴과의 관계가 나빠진 게이츠는 소장a major general으로서 형식상일지라도 자신이 모셨던 군 지휘관을 감독하는 임무를 맡게 되었다.[37]

의회는 영국군의 수도 점령에 대응하라는 압력을 받고 있었다. 이에 따라 의회는 위원회를 워싱턴군의 본부에 보내 필라델피아에 대한 공격을 재촉했다. 워싱턴의 장군들은 작전의 실제적 본질을 설명하여 오해를 풀어주었다.[38] 1개월 후에 한 무리의 펜실베이니아 공무원들이 캠프를 방문하여 영국군의 공격으로부터 뉴저지와 펜실베이니아를 방어할 계획에 대해 워싱턴에게 물었다. 워싱턴은 그들이 워싱턴군의 누더기 같은 모습을 보았고, 동계작전을 개시하기 전에 입히고 먹일 수 있도록 충분한 지원이 필요하다는 확신을 가지고 돌아갔으리라 생각했다. 그러나 그들이 의회에 작전을 재촉하는 '진정'remonstrance을 하자, 워싱턴은 이와 같은 통렬한 답을 했다.

"나는 이제 의심의 여지 없이 확신하는데, 어떤 중대한 그리고 대규모의 변화가 없다면 우리 군대는 다음의 세 가지 중 하나 또는 다른 형태로 쪼그라드는 것이 불가피할 것입니다. 즉, 아사하거나, 해체되거나, 뿔뿔이 흩어지는 것입니다."

그의 장병들이 헐벗고 굶주리고 있다는 사실을 설명하기 위해 매점, 병참부 및 피복부의 부족에 대해 세부적으로 언급한 후 워싱턴은 펜실베이니아 대표단에게 화살을 돌렸다. 워싱턴은 "바로 이 신사분들, 우리 장병들의 헐벗음을 잘 알고 계신 이분들이" 그에게 충고하여 이르기를 자신들이 장병들을 위해 피복을 확보할 때까지 — 열흘 정도면 될 테니까 그때까지만이라도 — 군사작전을 연기할 것을 먼저 제안했으나, "지금까지 단 하나의 품목도 아직 손에 들어오지 않았다"고 하면서, "그분들은 어떻게 동계작전이 그렇게 쉽게 실행가능할 것이라고 생각할 수 있었을까?"라며 진저리 쳤다.

> 장담하건대 그 신사분들로서는, 차갑고 황량한 고지의 눈서리 아래에서 옷과 담요도 없이 지내는 것보다 안락한 방의 따뜻한 화로 옆에서 진정서를 쓰는 것이 훨씬 더 쉽고 덜 비참한 일일 것입니다. 하지만 그분들이 헐벗고 비참한 상태의 병사들을 보고 느낀 것이 거의 없다 할지라도 나는 그들에 대해 너무나 많이 느끼고 있으며, 내 힘으로는 경감시켜줄 수도 또 예방할 수도 없는 그들의 비참함을 내 영혼으로부터 불쌍히 여깁니다.[39]

1775년에 만들어졌던 워싱턴과 의회 사이의 협력관계는 거의 사라지고, 서로 신경이 곤두서 있었다. 하우 장군이 수도에 들어와 있고, 의회는 도피 중이었다. 워싱턴군은 포지 계곡에 발이 묶여 있고, 게이츠가 총사령관이 되면 더 효과적일 것이라는 루머도 돌았다. 워싱턴은 의회로부터 전쟁 중 다른 어느 때보다 세밀한 감시를 받았고, 이러한 조사inquiries의 막후에 새로 편성된 의회 전쟁위원회가 있음은 쉽사리 상상할 수 있었다. 설상가상으로 워싱턴이 분노에 찬 편지를 보낸 바로 그날, 의회는 토머스 콘웨이를 소장으로 진급시켜 대륙군의 감찰관으로 지명해달라는 전쟁위원회의 건의안을 승인했다. 그는 이제 군기의 회복과 훈련의 개선사항들을 감독하게 될 것이었다. 콘웨이를 지명한 것은 워싱턴의 지휘에 대한 불신 투

표였다.[40]

이때 워싱턴은 두 가지 특성을 드러냈는데 비난에 대한 그의 초민감성과 정치적 인파이터로서의 기술이 그것이었다. 11월 초, 새로운 전쟁위원회가 막 편성될 무렵, 워싱턴은 콘웨이 장군이 게이츠 장군에게 보낸 편지에 자신을 비난하는 내용이 포함되어 있음을 알게 되었다. 기회를 붙잡은 워싱턴은 콘웨이에게 통명스러운 편지를 보냈다.

> 귀하께,
> 어젯밤 내가 받은 편지에 다음과 같은 내용이 있었소. 콘웨이 장군이 게이츠 장군에게 보내는 편지에, "하늘이 당신의 조국을 구원하기로 결정했습니다. 그렇지 않으면 나약한 장군과 악한 의원들이 조국을 파괴하고야 말 것입니다"라고 했더군요.
>
> 귀하의 미천한 종으로부터(I am Sir Yr Hble Servt)
> 조지 워싱턴[41]

얼마 지나지 않아, 콘웨이와 게이츠는 누가 자신들의 사적인 서신을 유출했는지 미친 듯이 찾아내려 했다. 그리고 둘 다 자신의 결백과 악의가 없었음을 강변하면서 워싱턴에게 사과했다. 콘웨이는 게이츠에게 자신이 '의회에서 미플린 장군, 그리고 당신과 함께 워싱턴 장군을 제거하기 위해 계략을 꾸미고 있다'는 명목으로 고발되었다고 한탄하면서, 마치 자신은 아무것도 모르고 이용당한 사람일 뿐이라는 점을 암시하는 편지를 보냈다. 간단히 말해 워싱턴은 자신의 정적들이 서로 싸우도록 한 것이다. 콘웨이가 감찰관으로서 포지 계곡으로 왔을 때 워싱턴은 냉랭하게 그를 맞았고, 그가 전쟁위원회로부터 일련의 명령을 받아내기 전까지는 상대하려 하지 않았다.[42]

겨울이 끝나자, 워싱턴은 의회에서 그리고 선생위원회에서 자신을 사령관직에서 제거하려 한다는 몇 가지 음모설을 듣게 되었다. 의회 의장이자 워싱턴의 열성 지지자였던 헨리 로런스Henry Laurens가 워싱턴에게 의회 현관 계단에 떨어져 있던, "한 자유인의 생각"이라는 제목이 표기된 저자 불명의 팸플릿을 보냈다. 이 방대한 양의 장황한 이야기들은 이미 알려진 워싱턴에 대한 비난거리를 반복하여 적어놓은 것이었는데, 워싱턴은 이에 대해 "왜 내가 마치 무조건 제비뽑기에 당첨되는 듯 들뜬 가운데, 비난으로부터 제외될 것이라고 기대해야만 하겠는가?"라며 아무렇지도 않은 척 능숙하게 대처했다. 그리고 자신의 유일한 관심은 공공의 선이라고 강조하면서 오히려 그것을 의회에 제출하라고 했다.

> "당신이 내게 보낸 그 무명의 서신에는 몇 가지 심각한 혐의가
> 제시되어 있는데 나는 그것이 의회에 제출되기를 바랍니다."

그러나 그것은 제출되지 않았고, 어떤 조사도 없었다. 오히려 워싱턴은 로런스와 다른 동료의원들로부터 의회에서 그를 교체하는 것에 대해 어떤 동의나 긍정적인 반향도 없다는 것을 알게 되었다.[43]

그럼에도 워싱턴이 정적들과의 관계를 완전히 청산한 것은 아니었다. 콘웨이가 감찰관으로서 자신의 권한을 인정하기를 거부하는 총사령관에게 이의를 제기하는 내용의 편지들을, 자신의 성격이 잘 드러나도록 비꼬는 투로 써서 — 예를 들어, 한 편지에서는 워싱턴을 프레드릭 대제와 비교하면서 은근히 헐뜯었음 — 보냈는데, 워싱턴은 그것들을 조용히 의회로 재전송했다. 후에 콘웨이가 의회에 대해 불만을 제기하면서 사임을 요청했을 때, 즉시 받아들여지자 크게 놀랄 수밖에 없었다. 콘웨이는 스스로를 망치면서 군에서 퇴출되었다.[44]

워싱턴은 여전히 자신을 해임시키려는 음모가 존재한다고 확신하고 있었는데, 게이츠를 주모자로 그리고 미플린을 주요한 협조자로 보았다. 이에 게이츠는 가장 온화한 생각들 외에는 그 어떤 다른 생각도 품어본 적 없다고 확언하면서 워싱턴에 대한 그의 충성심을 반복적으로 고백했다. 워싱턴은 게이츠의 진정성을 의심했고, 그가 콘웨이와의 관계를 완전히

부인할 때까지 이 문제에 대해 자신의 결백함을 계속 호소하게끔 했다. 그러는 사이에 의회는 미플린이 병참감으로 일하던 초기의 자금운용에 관한 조사에 착수했다. 조사결과 드러난 것은 없었으나 1년 이상을 잡아먹었다.[45]

1778년 봄에 접어들자, 워싱턴에 반하는 공모자들은 있다고 해도 모두 다 도망 중이었다. 그는 자신에 대한 험담꾼들을 여러 개의 코너로 몰아서 서로를 분리했다. 또한 전쟁위원회를 무력화하여, 최소한 총사령관을 통제할 수 있는 조직체로서의 역할을 할 수 없게 했다. 이 문제 전반을 다루는 워싱턴의 솜씨는 그의 정치적 기술을 특별히 증명하는 것이었다. 1777년 말에는 그의 입지가 아무리 불확실했을지라도, 워싱턴은 시련으로부터 일어나 군에 대해 더 강한 통제력을 갖게 되었고 의회와의 관계도 이전보다 더 확고해졌다. 남은 전쟁 기간 동안, 총사령관으로서 그의 권한에 대한 의회의 문제 제기는 더 이상 없었다.

그렇다면 워싱턴에 대한 도전이 실제로 있었을까? 몇몇 역사학자들은 이 사건을 콘웨이 음모라고 묘사하면서, 훗날 '국부'가 될 인물에 대한 공격은 그 어떤 것도 용서할 수 없기에 거의 반역에 가까운 행위로 보았다. 반면 좀 더 최근의 연구들은 그 '음모'라는 것이 워싱턴과 그의 지지자들 마음속에 존재하던 하나의 상상이었을 수 있다는 데 동의한다. 물론 워싱턴이 그런 음모가 존재한다고 믿었다는 것, 그리고 그와 참모들이 그 음모를 분쇄하기 위해 노력했다는 것은 의심의 여지가 없음이 분명하다. 임기가 시작되었을 때 워싱턴이 패트릭 헨리에게 암시한 것처럼, 자신의 명예와 평판을 잃지 않으려는 세심한 고려는, 혁명의 대의에 대한 그의 헌신과 대동소이할 만큼 똑같이 중요한 것이었다.[46]

1777년 말 워싱턴은 취약한 상태였고, 의회가 그를 좀 더 세밀히 살펴보는 것은 옳은 선택이었다. 민간의 상부기구는 임무수행에 실패한 장군을 대신하여 자신의 기개를 잘 드러내온 다른 인물로 교체할 의무와 책임을 가지고 있다. 1777년 말에는 워싱턴이 전자, 게이츠가 후자처럼 보였다. 하지만 워싱턴은 역경에 효과적으로 대처하는 뛰어난 능력을 소유하고 있었다. 그는 의회가 불안해함을 간파하고는 군대에 대한 개혁을 추진했다. 그해 겨울에 그는 많은 일들을 잘해냈다. 콘웨이의 후임 감찰관인 배런 폰 슈토이벤Baron von Steuben의 도움에 힘입어 군을 훈련시키고 숙달시켜 자신이 지금껏 원해왔던 숙련된 정규군 부대처럼 만들었다. 또한 약간의 불화에도 불구하고, 의회와 전략적인 문제에 대해 잘 협조하여 결국 캐나다로의 작전을 포기하도록 설득했고, 또한 장병들에게 주는 보수와 보급체계의 개선에 대해서도 원활히 협조했다. 그는 의회에 군 개혁에 관한 38쪽짜리 보고서를 제출했는데, 거기에는 보급체계의 재형성, 군사경찰 부대의 창설, 장교 진급에 대한 규칙적인 체계, 징병에 대한 공식적인 승인, 대륙군 장교들에게 보수의 절반에 해당하는 연금을 평생 지급하는 것 등의 제언을 포함하고 있었다. 의회는 대부분의 요구를 승인했다. 들어갈 때와는 달리, 포지 계곡으로부터 걸어나온 군대는 영국 정규군 동일 제대의 어떤 부대와도 견줄 수 있는 군대로 변모했다.[47]

☆ ☆ ☆

경제 상황은 계속 악화일로였다. 1779년 1월, 금화 1달러는 '콘티넨탈'(지폐) 6.84달러의 가치를 지녔다. 다음 해까지 의회는 외견상 1억 2,400만 달러에 해당하는 콘티넨탈을 발행했다. 12월이 되자 이제 42.20달러의 콘티넨탈이 있어야 금화 1달러와 교환할 수 있게 되었다. 1780년 12월에 그 수치는 99.54달러까지 올라갔다. '콘티넨탈처럼 가치 없는'이란 표현은 단지 슬로건 이상이었다. 공공신뢰도 무너져 사람들은 콘티넨탈을 수수하지 않으려 했고, 콘티넨탈이 주 통화수단이었던 군은 이제 먹을 것도 구하기 어려운 지경이 되었다. 1779년 9월 의회는 지폐 발행을 중단하기로 결정했으나 이미 통화량은 2억 달러에 이르러 애초에 정했던 상한선에 빠르게 도달한 상태였다. 6개월 후 의회는 지급했던 어음을 40 대 1의 비율로 회수하겠다고 공표함으로써 사실상 파산선고를 했고, 콘티넨탈을 폐기했다. 결국 2억 달러에 이르는 빚을 한 번에 5백만 달러로 40배 감소시켰으

나 경제는 이미 무너진 상태였다.[48]

1779년 12월 의회는 국가 행정부national government에서 군수지원을 담당하는 부서의 인력을 줄이고 대신 군에 대한 보급지원의 책임을 각 주 정부로 전환하기로 결정했다. 물론 각 주도 경제의 붕괴로 고통 가운데 있었고, 그 어느 때보다 자신들의 문제에 더 신경을 쓸 수밖에 없었던 터라 대륙군의 요구에 대한 관심은 미미했다.[49]

재정의 붕괴와 콘티넨탈의 절하는 군에 특별히 고통스러운 것이었다. 장병들은 입지도, 신지도, 먹지도, 장비를 갖추지도 못했을 뿐만 아니라 경제적으로도 파산했다. 그들이 봉급으로 받은 콘티넨탈이 단지 종잇조각이 되어버린 것이다. 수천 명이 탈영했다. 워싱턴이 1776년에 승인받고 만들었던 2만 6천 명의 대륙군은 1779년 7월부터 1780년 7월 사이에 1만 5천 명 이하의 규모로 줄어들었다. 사기의 저하는 군기 문란으로 이어져 1779년 5월에는 뉴저지 출신의 장교들이 주의회에 보상을 청구했고 자신들의 요구에 답하지 않는다면 집단으로 사임하겠다고 협박했다. 의회에서는 그들을 달래기 위해 요구사항의 대다수를 충족시켰고 장교들은 임무에 복귀했다. 워싱턴은 깜짝 놀라며, "이것이 반드시 나쁜 선례가 될 것"이라고 정확히 예측했다.

다음 해가 되자 로드아일랜드와 코네티컷에서 징집된 병사들이 각기 다른 세 개의 폭동을 일으켰다. 폭동들은 그들의 장교들에 의해서, 그리고 그중 하나는 다른 연대에 의해서 진압되었다. 1781년 1월 1일, 펜실베이니아 출신의 고참 병들이 장교들에 대항하는 폭동을 일으켜 3명을 죽이고 필라델피아로 나아갔다. 대륙회의 및 펜실베이니아 주의회 의원들은 협상을 강요받았고, 체불임금, 피복 그리고 군법회의 면제 등을 약속했다. 대부분의 병사들이 직무에 복귀했으나, 그들의 군기 문란이 끼친 영향은 심대했으며, 특히 영국 첩보원 두 명이 지휘관들의 난맥상을 감시할 목적으로 펜실베이니아 연대에 몰래 잠입했다는 것이 발각됐을 때는 더욱 그러했다. 며칠 후 뉴저지 출신의 군사들이 폭동을 일으키고 의회로 진출하겠다고 협박했다. 워싱턴은 왕실 연대를 전개시키고 그들을 포위하여 굴복시켰다. 다음 날 주모자들 중 두 명이 자신들의 동료들로 구성된 총살대에 의해 총살되었다. 워싱턴의 거칠고 신속한 조치와 호전되어가고 있던 전황, 요크타운으로의 진격 등이 맞물려 더 이상 폭동이 일어나지는 않았으나, 그 울림은 국가 전반으로 퍼져나가면서 국민, 의회, 그리고 군에 두려움을 심어주었다.[50]

군인들이 폭동을 일으키고 경제가 붕괴되는 와중에, 전쟁에서 패할 수도 있겠다는 위기감을 일으킬 만큼 국가를 충격에 빠뜨린 세 개의 사건이 발생했다. 1780년 5월, 찰스턴에서 대륙군을 지휘하고 있던 벤저민 링컨Benjamin Lincoln 장군이 6주간에 걸친 영국군의 포위 및 공성전에 의해 3천 명 이상의 병력과 도시를 넘겨주며 항복했다. 3개월 후, 새러토가 전투의 영웅이자 워싱턴의 경쟁자였던 허레이쇼 게이츠가 사우스캐롤라이나의 캠든에서 그의 군대 전체와 함께 포로로 잡히는 치욕스러운 패배를 당했다. 남부의 주들은 거의 항복하기 직전이었다. 1780년 9월 베네딕트 아놀드Benedict Arnold는 군대의 상황과 자신의 재정 상태가 열악함을 각성하고 웨스트포인트를 영국군에게 매각하려고 했다. 허드슨강에 접한 전략적 핵심 주둔지를 하마터면 잃을 뻔했다는 것이 경종을 울리기도 했지만, 그렇게 용감하기로 유명한 장군의 배신은 나라를 뒤흔들었다.

이러한 모든 사건들이 재정적 위기와 군에 대한 지원의 실패와 관련되어 있다는 인식이 미국인들을 자극했고, 국가 행정부를 강화하기 위한 운동이 시작되도록 했다. 이런 국가주의적 애국심은 널리 확산되면서 인기를 얻었으며, 주 정부의 지도자들조차도 이전의 태도와는 달리 그것을 지지했다. 각 주는 과거 대륙회의에서의 근무를 지루하고 무익하고 생색이 나지 않는 일이라고 회피하면서 주 정부에서의 근무를 선호했던 정치적 인재들을 대륙회의로 돌려보내기 시작했다. 뉴욕의 필립 슈일러Philip Schuyler와 로버트 리빙스턴Robert Livingston, 버지니아의 제임스 매디슨James Madison과 조셉 존스Joseph Jones 등이 의회를 개혁하기 위해 의회에서 일하는 데 동의했다. 과거 대륙군 장교였으며, 워싱턴의 믿음직스러운 보좌진으로 오랫동안 일했던 알렉산더 해밀턴도 1782년 11월에 그들과 합류했

다.[51]

국가주의자 대표들이라 할 수 있는 이들이 가진 강한 개성 때문에 처음에는 각자가 추구하는 목표와 그것을 획득하는 방법에 대해 서로 동의하지 않았다. 그러나 대체로 그들 모두는 중앙정부를 강화하고 조직을 개혁하며 군대를 지원하는 데는 뜻을 같이했다. 시간이 지나면서 지갑의 힘, 즉 정부의 자체적인 재정 능력의 중요성을 인식한 후에는 다른 어떤 것보다도 우선적으로 늘어나고 있는 빚을 갚아야 자신들의 목적을 달성할 수 있다고 여기고 노력을 경주했다.[52]

펜실베이니아 출신의 폭도들이 수도에 나타난 직후, 의회는 본격적인 조치를 취하기 시작했다. 몇 주 만에 외무, 육군, 해상, 그리고 재정감독 등의 직무를 수행할 조직과 직책을 만들었다. 이들은 전쟁위원회 등과 같은 여러 위원회를 대체했으며, 적절한 권한을 부여받은 단일의 행정기구가 만들어짐으로써 기존의 위원회들과는 달리 그 권한을 효율적으로 행사할 수 있으리라 기대되었다. 약간의 지체가 있었으나, 의회는 로버트 리빙스턴을 외무장관으로, 찰스턴에서의 항복 이후에 가석방된 벤저민 링컨을 육군장관으로, 로버트 모리스Robert Morris를 재정감독 겸 해군장관 대리로 임명했다. 요크타운에서 영국군이 항복한 후, 워싱턴은 필라델피아에서 4개월을 지내면서 이 세 명의 장관들을 매주 만났다. 그는 이처럼 새로 형성된 협의채널이 연방정부Confederaion government와의 소통 부담을 상당히 경감시켜준 상황에 대해 만족했다.[53]

재정 책임자로서 모리스의 직책은 필라델피아에서 가장 중요하고 어려운 자리였다. 부자이자 자수성가한 사업가였던 모리스는 행정, 관리, 재정의 달인이었다. 그는 스스로 세 개의 단순하고 야심 찬 목표를 세웠는데, 세입을 늘리고, 경비지출을 통제하며, 공공 신뢰를 회복하는 것이었다. '재정가'라는 별명을 얻은 그는 정부 내 국가주의자들 사이에서 두드러진 지도자가 되었다. 재정위기 극복을 위한 조치 중 하나는 수입품에 5%의 세금, 관세를 부과하는 것이었고 의회는 1781년 초반에 법안을 통과시켰다. 비록 빚이 줄어든 양은 적었지만, 관세의 도입은 의회가 세금을 부과할 의

지와 권한이 있음을 분명히 하는 정치적 중요성을 지닌 일이었다. 연합규약 수정안에 따르면, 13개의 모든 주가 이 방식을 비준해야만 했다. 로드아일랜드주가 반대했고, 관세 조항도 효력을 상실했다.[54] 모리스는 3월에 비준된 연합규약이 의회에는 '무엇이든 요청할 수 있는 특권'을 주고, 각 주에는 '아무것도 주지 않을 수 있는 특권'을 주었다고 불평했다. 그는 1781년 10월 대륙회의를 설득하여 주들에게 8백만 달러의 부담금을 내도록 했으나, 각 주의회에서는 대륙회의에 대한 의무를 충족시키기 위해 자기 시민들에게 세금을 부과할 수 없다며 다시 거부했다. 각 주들은 "의회의 요청에, 공공 채권자의 아우성에, 고통받고 있는 군대의 단순한 요청에, 그리고 적의 비난에조차도 귀를 닫은" 상태라며, 누군가는 대륙군을 프랑스의 피보호자ward of France라고 조롱했다. 1782년 9월 1일 기준으로 의회는 단지 12만 5천 달러를 모았을 뿐이었다.[55]

폭동의 영향은 1782년에 다시 돌아왔다. 군대는 굶주리고 있었고 몇 달째 보수도 받지 못하는 상태였다. 영국과의 평화협상이 시작되자 대륙군의 장교들은 의회가 약속을 어기고 봉급의 반에 해당하는 연금을 주겠다는 정책을 폐기함으로써 자신들이 빈곤한 상태로 남겨질까 두려워했다. 그들은 전쟁에 참여함으로써 자기 인생에서 생산성이 가장 높은 시기를 포함하여 많은 희생을 감내했기에 국가가 이에 보상해주어야 한다고 생각했다. 또한 전쟁이 끝나게 되면 의회가 군대를 해체할 것이고, 일단 군이 해체되고 나면 그들의 요구는 더 쉽사리 무시될 것으로 예측했다. 12월 알렉산더 맥두걸Alexander McDougall 장군이 대륙군 장교단의 대표들을 이끌고 의회로 가서 청원했다.

"우리는 사람이 질 수 있는 모든 짐을 다 졌습니다. 우리의 재산을 써서 우리의 개인적인 자산은 거의 바닥입니다. 우리 전우들은 지쳤고, 끊임없는 연금 관련 신청에 넌더리가 날 지경입니다."

그들은 연금의 대체수단으로서 일시금 지급을 제안했고, 인내심이 이제 끝나가고 있다고 경고했다. "추가적인 실험은 … 치명적 결과를 초래할 것입니다."[56]

국가주의자 지도자들은 맥두걸의 청원을 재정적 난국을 벗어나는 방편으로 이용했다. 연금 문제는 국가 펀드에 대한 요구를 더 많이 만들어냈고, 독립을 위해 싸운 장병들의 소집해제를 위한다는 목적 자체도 도덕적으로 그리고 정치적으로 거부하기 어려웠다. 맥두걸의 청원은 국가주의자들이 당시에 관세를 부과할 필요성에 매여 있었기에 연금에 대한 논거를 만드는 데 도움이 되었다. 문제는 이제 더 불길한 쪽으로 방향을 틀었다.

국가주의자들은 의회의 행동을 강요하기 위해서 군이 무력 사용 의지를 현시하는 것은 정치적으로 무가치할 것이라고 맥두걸에게 충고했다. 맥두걸은 워싱턴의 신임 받는 부하였던 헨리 녹스 장군에게 보낸 편지에서 '미국을 위한 영속적인 펀드를 확보하는 데 있어서 의회의 영향력과 군대 및 공공 채권자의 영향력을' 결합하는 것의 중요성을 강조했다. 모리스, 해밀턴, 그리고 재무감독차관 거버너 모리스 등은 녹스가 모든 대륙군 장교들을 뉴윈저에 불러 모아 연금과 관세의 교환을 지지하는 연설을 해주기를 바랐다. 이후 며칠 동안, 맥두걸은 국가주의자 지도자들과 의논하면서 만약 군에 대한 보수가 지급되지 않고 연금이 보장되지 않으면 폭동이 일어날 것이라고 예측했다. 이런 문제들을 논의하기 위해 의회가 열렸고, 위기 극복을 위해 무언가 조치가 필요하다는 데 동의했으나, 장교들의 연금을 지급하는 것에는 승인을 거부했다. 더욱 중요한 것은 의회가 지불방식을 바꾸는 대체(對替)*를 고려하지 않기로 한 것인데, 대체가 시행될 경우 의회는 더 많은 빚에 묶이게 되는 한편, 그로 인해 발생하게 될 국채를 매입하려는 투기꾼들만 이롭게 할 수 있다고 본 것이다.[57]

2월 맥두걸과 국가주의자들이 녹스의 답변을 기다리고 있을 때, 더

---

* 　대체(Commutation)는 장병들이 급료 대신에 일정한 양의 땅이나 다른 자산을 받는 것을 의미했다. 이는 재정적인 부담을 줄이고 장병들을 유지하는 데 도움이 되었다.

1. 조지 워싱턴과 대륙회의

전망이 어두운 계획이 등장했다. 로버트 모리스는 워싱턴의 '알면서도 은인자중하는 태도'perceived moderation에 신물이 나 있던 일단의 젊은 장교들이 캠프 내에 있음을 알았다. 이들은 표면상으로는 사우스캐롤라이나에서 돌아와 워싱턴의 2인자가 된 허레이쇼 게이츠에게 충성스러운 자들이었다. 그들은 아마도 국가주의자들을 지원하도록, 그뿐만 아니라 더 위험스럽게는 워싱턴에 대항하여 폭동을 일으키도록 고무되었을 것이다. 거버너 모리스는 존 제이에게 쓴 편지에서 그 가능성을 암시했다.

> "군대의 손에 칼이 쥐어져 있습니다. 당신은 인류의 역사에 대해
> 내가 말해왔던 것보다, 그리고 아마도 저들이 스스로 생각하는
> 것보다 훨씬 더 많이 알고 있습니다."[58]

이 시점에서 알렉산더 해밀턴이 워싱턴과 의회 모두를 다루기 시작했다. 해밀턴은 워싱턴의 최측근에서 4년 이상을 사실상 참모장으로서 보좌해왔다. 그는 그러한 워싱턴과의 친밀한 관계를 국가주의자들의 요구를 진전시키는 데 이용했다. 2월 13일 그는 워싱턴에게 의회가 '이성에 의해 통제되지 않으며' 국가의 재정 건전성을 확보하려는 조치를 취하려 하지 않을 것 같다고 한탄했다. 그는 워싱턴에게 대체(對替) 문제에 대한 장교들의 불만에 대해 경고했고 문제보다 앞서 나가야 한다고 조언했다.

> "불평하며 또 고통받고 있는 혁명군이 절제된 상태를 유지하게
> 하는 것은 어려운 일일 것입니다. 여기서 … 그들을 지휘하고, …
> (요구의) 분출을 안내하고, 혼란 속에서 질서와 선한 결과까지도
> 가져오게 하는 각하의 영향력이 효과를 미쳐야 합니다."

그는 당연히 자신은 전혀 동의하지 않지만, 군 내부에 '워싱턴 장군이 충분히 그리고 강력하게 군을 대변하지 않고 있다', '극단에 이를 정도의 조심스러움으로 인해 충분한 열의를 갖고 군의 이익을 대변하지 못하고 있다'

는 생각이 널리 퍼져 있다고 조심스럽게 털어놓았다.[59]

일주일 뒤 해밀턴은 의회에 조언하면서, 혁명군은 자신들의 봉급과 연금 문제가 해결될 때까지 "자신들의 무기를 내려놓지 않기로 비밀리에 결심했음이 확실하다"고 언급했다. 또한 워싱턴은 "대단히 인기가 없었고", 어떤 이들은 그런 상황을 이용하여 그를 끌어내리려 했을 수도 있다고 하면서, 해밀턴은 자신이 "워싱턴 장군과 친밀하며 완벽히 알고 있는데, 최근 그런 경향이 증가되고 있다는 것을 듣고도 장군의 극단적 과묵함과 어느 정도 까칠한 성미가 결합되는 바람에 그분의 인기가 하락했다"고 말했다. 한편 그는 워싱턴이 어떤 형태의 불충스러운 일에도 개입하지 않을 것임을 알고 있었고, 워싱턴에게 장교단의 우려를 의회에 제출하는 데 앞장설 것을 조언하는 편지를 썼다.[60] 해밀턴은 워싱턴과 의회에 대해 메시지를 전달할 때 그 어조는 현저하게 달랐을지라도, 양다리 걸친다는 지적으로부터 자신을 방어할 수 있도록 표현을 매우 조심스럽게 했다.

이때 워싱턴은 의회에서 행한 해밀턴의 언급을 아마도 모르고 있었을 것인데도 점차 걱정이 늘어갔다. 그는 "한 시민으로서 그리고 한 군인으로서 나는 지금 상상할 수 있는 가장 중요하고도 민감한 상황에 처해 있다. … 한편으로는 고통 가운데 불평하는 군대가, 다른 한편으로는 무능한 의회와 굼뜨고 게으른 주 정부들, 이런 것들이 재앙의 전조"라면서 몹시 괴로워했다. 여전히 그는 군을 믿었고, 그들을 위해 자신이 얼마나 애쓰고 있는지 완전히 이해하고 있다고 확신하고 있었다. 그들 역시 마찬가지로 그를 믿을 것이라 여겼다. 워싱턴은, 자신은 "(군대가) 이성과 절제의 범위를 넘어서고 있다는 그런 커다란 불안감에 눌려 있지 않다"라면서 해밀턴을 꾸짖었다.[61]

2월 말이 되자, 국가주의자들의 입법 추진이 곤경에 빠지게 되었다. 녹스 장군은 맥두걸의 요청에 대해 군대의 고결함에 대한 인상적인 증언으로 답했다.

"나는 미국 군대를 지상에서 가장 티 없이 순결한 존재 중 하나

로 평가합니다. … 우리는 악행과 침해를 맞아 최소한의 정도에
서 그 순결함을 더럽히기보다는 인내의 극한에 이르기까지 감내
하며 지켜내야 합니다."[62]

해밀턴과 두 명의 모리스, 그리고 맥두걸과 그의 장교들 중 그 누구도 녹
스나 워싱턴으로부터 어떤 도움이 있으리라 기대하지 않았다.

이제 해밀턴과 그의 동료들은 최후의 수단을 쓰기로 결정하고 뉴윈
저에 있는 게이츠 장군에게 월터 스튜어트Walter Stewart 대령을 특사로 보
냈다. 그들 사이의 대화 기록은 어디에도 남아 있지 않으나, 그 뒤로 얼마
지나지 않아 캠프 내의 불만을 품은 장교들이 계획을 행동으로 옮겼다.
3월 초, 게이츠의 보좌관 존 암스트롱John Amstrong 소령이 뉴버그 연설로
알려지게 된 두 통의 이름 없는 편지anonymous letters를 썼다. 첫 편지에서는
자극적인 문장으로 장교들의 불만에 대해 보상해달라고 요구했고, 만약
전쟁이 계속된다면 군이 서쪽으로 기동하여 의회와 국가를 영국군의 자비
에 맡길 것이며, 또한 전쟁이 끝나더라도 자신들의 요구가 충족되지 않으
면 군이 해체되는 것을 거부할 것이라고 밝혔다. 그러면서 의회에 제출하
게 될 청원 문구를 토의하기 위한 장교들의 회의를 3월 11일 소집한다고
명시했다. 편지에서 비난의 대상이 되었던 총사령관 워싱턴 장군은 회의
에 초청되지 않았다.[63]

한편 워싱턴은, 해밀턴을 의심한 것 같지는 않았지만, 이와 같은 반역
적인 생각들의 근원이 게이츠가 있던 뉴윈저가 아니라 필라델피아 즉, 의
회에 있다는 결론을 내렸다. 워싱턴은 국가주의자 대표였던 조셉 존스에
게 "군 내부에 위험한 연합체들이 생겨나고 있음이 필라델피아에서 전해
지고 있었던 그때, 캠프 내에서는 그 어떤 일말의 동요 같은 것도 없었다"
고 털어놓았다. 워싱턴은 몇몇 그의 장교들이 위험한 음모 — 즉, '필라델
피아에서 기획되었을 뿐만 아니라 거기서 흡수되고 숙성되었던, 그리고
몇몇 사람들이 이중게임을 해왔던, 캠프와 필라델피아에서 퍼져나가면서
똑같이 근거 없는 시샘을 불러일으켰던 음모' — 의 희생양이 된 것이라고

결론을 내렸다. 그러면서도 워싱턴은 여전히 존스를 압박하여 의회가 '형언할 수 없는 공포'를 피하려면 장교들의 연금에 관해 조치를 취해야 한다고 권유했다.[64]

회합이 계획되어 있던 그날, 3월 11일 아침에 워싱턴은 주도권을 다시 가져오기 위해 신속히 움직였다. 그는 일반명령을 공포하여, '그렇게 무질서한 진행에 대한 불찬성' 입장을 드러내면서 회합을 취소했다. 대신 그는 자신의 장교들을 위한 콘퍼런스를 3월 15일에 실시하는 것으로 계획했고, 이때 의회의 위원회로부터 보고를 청취하고 어떻게 진전시킬 것인지 심의하도록 했다. 워싱턴은 자신은 참석하지 않겠다는 인상을 주었고 대신, 아마도 게이츠였던 것 같은데, 참석하게 될 장교 중 선임장교에게 회의를 주관하고 결과를 보고하도록 명했다. 또한 그는 의장과 의회의 다른 의원들에게 편지를 써서 상황을 알리고 위험을 경고했다. 그러는 동안 암스트롱 소령이 두 번째 편지를 써서 워싱턴의 명령이 그들의 목적을 '정당화'했고, 또한 그의 승인하에 모인 것은 회합에 '체계를 부여하는' 것이라고 언급함으로써 자신들의 행동에 합법성을 부여하고 워싱턴으로부터의 비난의 화살을 피하려 시도했다. 모의를 한 자들은 게이츠를 의장에 앉힘으로써 회합이 일종의 성과를 얻을 수 있기를 바랐다.[65]

1783년 3월 15일 토요일 아침, 워싱턴이 말을 타고 날리는 눈발을 뚫으며 뉴윈저로 달려나갈 때, 그는 전쟁 중 마주쳤던 어떤 것보다도 위협적인 도전에 직면하고 있었다. 그는 마음속으로 자신의 과업이 '깎아지른 절벽에서 흔들거리며 서 있는 사람을 현장에서 체포하여, … 장교들이 자신들 스스로 민간의 공포 한가운데로 뛰어 들어가지 않도록 구출하는' 것이라 생각했다.[66]

대륙군 장교들은 신경이 곤두서고 화가 나서 동요하는 상태로 도덕의 예배당the Temple of Virtue에 모였다. 열두 번의 괘종이 울리고 게이츠 장군이 헤드테이블에서 일어나 모임을 시작하려고 할 때, 워싱턴이 옆문을 열고 들어왔다. 총사령관은 중앙무대에 올라 말하기 시작했다. 그는 이름 없는 편지의 저자들을 '군인답지 못하며', '질서 파괴적'이라며 비난했다.

"저런 사람이 군의 친구가 될 수 있습니까? 또 국가의 친구가 될 수 있습니까? 오히려 음흉한 적 아닙니까? 뉴욕에 있는 영국군이 보낸 첩자가 우리의 민간 및 군사 지도자 사이에 불협과 분리의 씨앗을 뿌림으로써 모두를 파괴하려 획책하는 것 아니겠습니까?"

그 '무명의 연설자'는 '끔찍한 대안들, 즉 조국이 곤경에 처한 가장 극단적인 시간에 그것을 버려두거나 아니면 그에 반기를 들어 총구를 돌리라는 … 그렇게 충격적이어서 … 인간이라면 반발할 수밖에 없는 아이디어를' 제시했다며 비난했다. 한편, 워싱턴은 장교들의 이성과 애국심에 호소했다. 또한 그들이 그에게 보내주었던 신뢰를 되새겨볼 것을 요청했다.

"나는 우리의 공통된 조국을 만들어야 할 이유를 주창했던 최초의 사람 중 한 사람입니다. 나는 단 한순간도 여러분의 곁을 떠나지 않았고, 여러분이 공적인 의무를 맡기려 부를 때도 마찬가지였습니다. 내가 여러분의 변치 않는 동료로서 여러분의 어려움을 목격해왔으며, 여러분의 장점을 깨닫고 인정하는 데 뒤처지지 않습니다. 나는 나에 대한 군사적 평판이 군 전체에 대한 평가와 연결되어 불가분의 것이라 여겨왔습니다. 군에 대한 칭찬을 들었을 때 내 마음이 기쁨으로 한껏 부풀어 오르고, 반대로 군을 비방하는 입술이 열렸을 때 분노가 끓어올랐듯이, 이 전쟁의 마지막 순간에 내가 군의 이익에 무관심하다고 생각할 수는 없을 것입니다."

워싱턴은 의회에 대해 장교들을 계속하여 대변하겠다 약속했고, 그들이 자신을 신뢰하는 만큼, 그들이 그토록 오랫동안 그 휘하에서 싸웠던 정부 역시 신뢰할 것을 당부했다. 그는 의회가 어려운 가운데서 애썼음을 장교들에게 상기시켰고, 필라델피아에서 일하고 있는 좋은 사람들이 군이 국

가를 위해 행했던 모든 것을 잊지 않을 것이라는 믿음을 갖고 인내할 것을 당부했다.[67]

그것은 고상하고 유창한 연설이었지만, 연설이 끝났을 때 워싱턴은 그의 청중에게 확신을 심어주지 못했고, 청중 역시 침울하고 냉랭한 상태에 머물러 있었다.[68]

그러자 그는 장교들의 우려에 대한 조치를 약속한 조셉 존스의 편지를 자신의 코트 주머니에서 꺼내 들었다. 그리고 읽기 시작했는데, 첫 문장에서부터 더듬거렸다. 다시 시도했지만, 마찬가지였다. 그는 주머니를 뒤적거리며 읽기용 돋보기를 꺼내 썼다. 그런 모습은 오로지 최측근의 보좌관들만이 볼 수 있었던 것이었다. 그는 잠시 멈추고 군중을 돌아보며 말했다.

"여러분, 제가 안경을 쓰도록 허락해주시겠지요? 조국을 위해 봉사하는 동안 단지 머리만 희끗희끗해진 것이 아니라, 눈도 어두워졌습니다."

그러한 제스처와 언급은 그가 다른 수사적 표현으로는 할 수 없는 모든 것을 해냈다. 몸에 전투의 상흔을 간직한 역전의 용사들이 드러내놓고 흐느꼈다. 워싱턴은 편지를 다 읽고 나서, 절도 있게 뒤로 돈 다음, 신속히 문밖으로 걸어나갔다. 그것은 고도의 기교가 필요한 화려한 연주였다. 그 뒤 반시간 안에 장교들은 정부와 맺었던 계약을 깨뜨리는 어떤 생각도 거부했다. 헨리 녹스가 전반적인 진행을 통제하면서 장교들이 워싱턴의 연설에 대한 사의를 표하는 동의안을 이끌어냈고, 의회에 대한 충성을 서약하는 메시지 초안을 작성하는 위원회의 장(長)이 되었다. 워싱턴은 위기를 반전시켰다. 그 거대한 홀은 도덕의 예배당으로 남게 되었다.[69]

☆ ☆ ☆

어떤 의미에서 국가주의자들의 구상이 먹혀든 면도 있다. 해밀턴-모리스의 이중 게임, 즉 게이츠와 그의 신봉자들을 잠재적인 폭도로, 그리고 워싱턴, 녹스 등을 그들을 억제하는 데 활용하는 이중 플레이가 계획대로 진행된 것처럼 보인다. 뉴버그에서의 일에 대응하여 의회는 이어지는 몇 주 안에 대체(對替)를 승인하고 다양한 관세를 합법화하는 조치를 취함으로써 지난 2년 이상 논란을 벌여온 일들을 처리했다. 의회는 병사들에게 줄 봉급을 마련하기 위한 펀드를 설치했는데, 불행하게도 병사들이 휴가를 나가고 난 6일 뒤에야 캠프에 소식이 전해졌다.[70]

결국, 대륙군 장교들은 자신들을 애국자로, 승리를 일구어내고 혁명의 덕Revolutionary virtue을 맡은 자로 보았다. 그들의 부하들 역시 자신들이 성취해낸 것과 자신들의 혁명 인증서를 자랑스러워했으며, 잃을 것은 많고 얻을 것은 적었음에도 폭동에는 거의 관심이 없었다. 헨리 녹스는 뉴버그 연설에 대한 답장을 통해 이 문제를 다루었는데, 그가 쓴 답장 역시 장엄함이나 그 격정적 어조 면에서 연설에 필적할 만했다. 그 무명의 모반가들에게 직접적으로 저항하듯이, 그는 "그리고 군대가 당신을 버릴 때, 당신의 처지는 어떻게 될까? 분노한 군중에 의해 멸시와 모욕을 당하고, 정의의 이름으로 앙갚음하려는 손에 노출되면, 그때 당신은 대낮의 햇빛과 사람들로부터 자신을 숨기기 위해 동굴로 도망할 것"이라고 말했다. 고귀한 희생의 전통을 폭동과 반역이라는 불명예로 인해 상실케 되는 것은 소중히 지켜온 정체성을 오명과 바꾸는 것이었다.[71]

뉴버그 반란모의의 중요성은 그것이 실패했다는 데 있다. 일단 한번 군이 정부에 반하여 봉기하게 되면, 국민들은 결코 다시는 군을 순전히 믿을 수 없게 된다. 특히나 군의 반란을 장교들이 주도할 경우에는 더더욱 그렇다. 이전 사건들의 경우, 병사들이 장교들에게 반란을 일으켰고, 한 사건은 뉴저지 의회에 탄원하면서 집단 사임으로 위협했던 건이었다. 뉴버그 반란모의Newburgh Conspiracy는 장교단이 주동하여 군을 폭동으로 이끄는 것이어서 훨씬 더 큰 위협이었다. 예배당에서의 그날이 중요한 이유는 군대와 장교단이 자신들의 도덕을 지켰고, 의회와 국민에 대항하는 행동을 하지 않았다는 것이다. 그들은 정치문제에 군이 개입하는 선례를 만들지 않았다. 국민과 군대 간의 믿음의 유대가 끊기지 않았던 것이다.[72]

전쟁이 끝나자, 워싱턴은 평상시 국가방위에 대한 그의 생각을 묻는 의회의 요청에 답했다. 그는 "평화 구축에 대한 소감"을 통해서 정규군의 규모를 줄일 필요성은 인정하면서도, 소규모의 상비군은 꼭 필요하다고 주장했다. 그는 몇 개의 주둔지, 군수공장들과 하나 이상의 군사학교 역시 필요하며, "다양한 국면으로 전개되었던 장구하고 치열했던 복무로부터 얻은 지식을 유지하기 위해서" 그렇다고 했다. 그는 민병대가 미국의 방어체계에서 중심적 역할을 계속하게 될 것임을 인정했다. 이를 위해 그는 민병대에 대한 보편적 남성 의무복무를 옹호했고, 민병대의 군기와 훈련에 대해서는 연방정부가 통제할 것을 주장했다. 그의 제안에 대해 의회는 거의 아무런 조치도 하지 않았다. 국가에는 이후 40년 동안 그 이름에 걸맞은 상비군이 존재하지 않게 될 것이었다. 그러나 그가 제시한 아이디어 대부분은 비록 많은 시간이 걸렸지만 결국에는 결실을 맺었다.[73]

퇴역을 준비하면서 워싱턴은 연방정부의 미래에 대한 자신의 관점을 그의 마지막 보고서인 "주들에게 보내는 회람"Circular to the States에 제시했다. 그는 누군가 '내가 자신의 책무를 벗어난 행동을 하는 것'으로 생각할 수도 있다는 데 유감을 표하면서도, 자신의 의도는 선한 것이며, 또한 공적인 복무를 곧 마치려 한다는 결심을 확고하게 표명했다. 그리고 주지사들에게 조국이 강력하고 훌륭한 연방정부를 가질 것인가 아니면 약하고 무익한 정부를 가질 것인가를 정하는 냉엄한 선택을 앞에 두고 있다고 지적했다.

그는 네 가지 원칙에 근거하여 전자를 옹호한다고 했다. 그 원칙들은 '한 명의 연방 수반하에 모인 해체할 수 없는 주들의 연합', '공공의 정의'에 대한 존중, '평화 구축', 그리고 전체의 선을 위해 구성원 모두가 희생을 마다하지 않는 공동체 정신 등이다. 워싱턴이 자신의 관점을 설명할수록, 그가 각 주에서 지금까지보다 더 많은 권한을 위임한 활력 있는 중앙정부

기반의 강력한 연합을 주장하는 국가주의자의 입장을 취하고 있음이 명백해졌다. 그러한 정치적 힘이 없으면 연방은 실패할 것이며 혁명을 통해서 얻은 성과들도 잃게 될 터였다. 공공의 정의는 각 주들이 의회에 대해 진 빚을 갚는 것을, 그리고 장병들이 자신들의 봉급을 받고 약속대로 대체가 허용된 것을 의미했다. 국민들은 이것들을 권리로 생각해서는 안 되고 대신 '영광의 빚'으로 생각해야 했다. 그는 자신이 썼던 '평화구축에 대한 소감'에 있듯이 강력한 국가방위에 대한 요청을 되풀이했다. 그리고 마무리하면서, '대륙의 자원이 적절하게 추출될 수 있었다면, … 더 빨리 더 적은 희생으로' 전쟁에서 승리할 수 있었을 것이라고 주장했다. 잘못은 '수단의 부족'에 있지 않고 '최고 권력에 부합하는 적절한 권한의 결여, 몇몇 주에서 일어난 것처럼 의회의 징발에 대한 부분적 준수, 시간 엄수에 실패한 것' 등으로부터 생겨났다. 만약 군대가 '더 참을성 없고, 덕이 없고, 끈기가 없었다면' 군은 해체되었을 것이고 전쟁에서 패배했을 것이다. 워싱턴의 이 마지막 '회람'은 풍성한 자원의 축복을 받은 국민들에게 보내는 힘 있는 설교였다. 그것은 또한 국가의 군 최고 선임자가 연방을 유지하는 데 필요한 것에 관해 쓴 정치 팸플릿으로서 더욱더 눈에 띄는 것이었다.

☆ ☆ ☆

혁명전쟁 동안의 정치-군사 관계는 미국 역사상 다른 사례들에 비해서 더욱 복잡하고 논쟁거리가 되는 것이었다. 이유는 단순하고 심오했다. 이것은 전제적인, 그리고 너무 강력한 군주에 맞선 혁명전쟁이었다. 아메리카인들이 스스로를 다스리고자 싸웠을 때, 그들은 얼마나 많은 권한을 중앙정부에 부여해야 과거 정부가 그랬듯이 자신들을 억압하지 않을 것인가 하는 질문과 씨름했다. 하지만 연약한 정부는 독립으로 이끌 자금을 가지고 있지 못할 것이고, 그래서 균형이 잡혀야 했다. 주들은 자치권을 가졌으나 책임감이 결여되어 있어 종종 전쟁수행과 의회에 방해가 되었다. 대중의 대부분이 저항을 지지하는 가운데 많은 다른 사람들은 중립적 입장을 취하거나, 영국 왕실에 충성하거나 전쟁의 변화에 동요했다. 정부의 본성과 전쟁 노력 자체가 이들 그룹을 고려해야만 했다. 마지막으로 자신의 고향에서 수년간 벌어진 전투로 인한 스트레스는 모든 문제를 정치적·군사적으로 복잡하게 했다.

신생 국가 미국의 가장 근본적인 어려움은 참고할 만한 국가적인 선례 — 정부 또는 군대에 관한 선례 — 가 없었다는 것이다. 13개의 주와 하나의 새로운 국가 모두 거의 2세기 동안 영국 왕의 신민이자 왕이 임명한 지사들의 신복이었다가, 이제 스스로 자치를 실험하고 있었다. 반란을 부추겼던 불만은 영국 의회에 보낸 징치적 대표자가 부족했다는 것이다. 아메리카인들이 자체적인 통치를 시작했을 때 확실했던 한 가지는 그들이 대표자 문제에 대해서만큼은 매우 민감했다는 것이었다. 그들은 군주제가 아닌 공화정을 채택했다. 연방정부에 부여된 행정권한은 약했던 데다 분산되어 있었고, 각 주들은 자신들의 권리를 조바심 내면서까지 지키려했다.

마찬가지로, 아메리카인들의 고향을 점령하고 그들을 억압했던 영국 정규군에 반발했던 반란군을 제외하고, 군대national army와 관련된 선례도 없었다. 상비군에 대한 두려움은 오래된 데다 때때로 더 강화되어온 전통이었다. 그런 연유로 아메리카인들은 서서히 그리고 마지못해 하면서 대륙군을 건설하기로 결정했던 것이다. 아메리카인들이 오랜 두려움을 극복하고, 영국과의 사활을 건 전쟁에서 민병대에 대한 전통적인 의존만으로는 충분하지 못하다는 것을 확신하게 된 데는 워싱턴의 역할이 결정적이었다.

워싱턴은 비록 신생 국가의 최선임 군인이었지만 스스로 시민의 한 사람으로 남겠다고 주장하여 국민들과의 신뢰를 형성했다. 그는 뉴잉글랜드의 민병대에 군기를 불어넣고 조직을 편성하여 자신의 새로운 군대를 구성했다. 또한 그는 야전에서 군대를 유지하기 위해서는 단순히 소요를 의회에 요청하는 것, 이상의 무언가가 필요하다는 것을 재빨리 알아챘다. 워싱턴은 식민지의 장교이자 또한 오랜 경력의 입법자로서 식민지에서의 정치권력의 분산을 이해하고 있었기에, 자신의 군대에 인력과 물자를 유지·보충할 수 있도록 주지사 및 주의회 의원들과 지속적으로 협의했다. 또한 워싱턴은 혁명전쟁에서 승리하려면 주민들의 지원에 의존할 수밖에 없다는 것을 인식하고, 주민들의 우려를 해소했다. 무엇보다도 예하부대의 행위가 영국군 침략자들의 그것과 명백히 대조적으로 비추어지도록 함으로써, 지방 지도자들과의 친밀한 관계를 확실히 구축했다. 전쟁이 계속됨에 따라 워싱턴은 때때로 자신이 정치적 상관들보다 더 민간의 자유에 대해 민감하게 반응하고 있음을 보여주었다.

워싱턴이 이룬 가장 중요한 공헌 중 하나는 그가 대륙회의에 대해 원칙적인 종속관계a relationship of principled subordination를 구축한 것이다. 임명장을 받을 때, 워싱턴은 겸손하게 그리고 진지하게 자신의 능력과 경험을 깎아내렸다. 하지만 그는 뛰어난 정치적·조직적 역량뿐만 아니라 놀라운 에너지와 기질을 입증했다. 그는 군대의 소요를 제시하는 데 결코 주저하지 않았지만, 의회의 권한을 존중했으며 그 명령에 복종했다. 그는 책임을 감당했고, 또한 스스로 의회에 복종함으로써 의회가 자신감을 갖게 했으며, 그 (의회의) 결의를 굳건하게 했다. 워싱턴은 의회에 복종했으나, 굴종적이지는 않았다. 그는 자신의 문민 상관들과 지속적으로 협의negotiations했고, 전쟁과 대륙군에 관한 모든 문제로 그들을 괴롭게 했다. 그는 오해할 수 없는 명백한 말로 조언했으며, 자신의 요청에 응하는 데 실패하면 전쟁에서 질 수도 있다며 빈번하게 경고했다. 그리하여 워싱턴이 의회를 상대하면서 보여준 솔직함은 그가 남긴 정치-군사 관계의 중요한 유산 중 하나다.

전쟁 중에 등장했고, 이후 미국 역사 속에서도 반복하여 나타나는 주요한 주제는 바로 무력the army과 금력the power of the purse을 연결하는 것의 중요성이다. 군비는 쉽사리 여타의 정부지출을 작아 보이게 만든다. 이를 위해 군대를 지원하는 것은 신생 정부의 중요한 책무 중 하나가 되었다. 세금을 부과하거나 정부 채권을 발행하는 권한을 갖는 것은 부패가 아니더라도, 정치적 손해, 권력의 확장 등 잠재적인 위험 요소로 가득했다. 일부 정치인들은 전략(즉, 군 고유영역)과 아무 상관이 없는 문제라는 이유를 대면서 군대와 장군들을 기꺼이 조종하려고 했다. 물론 일부 장군들도 자기의 임무수행에 도움이 되는지를 전혀 고려하지 않는 가운데, 자신의 발탁 또는 진급을 목표로 정치적 게임에 적극 참여했다는 점도 언급되어야 하겠다.

워싱턴은 위의 그런 행위를 하는 장군들과 전적으로 달랐다. 콘웨이 음모를 무자비하게 분쇄한 사례를 보면 알 수 있다. 오히려 입법부와 군대에 대한 자신의 깊은 이해를 활용하여 매우 자주 한쪽의 입장을 다른 쪽에게 설명해주어 결국 양측 모두에게 이익이 되고 관계가 개선되도록 했다. 뉴버그 반란모의 사건이 일어났을 때는 의회를 군대로부터 보호하기도 했다. 해밀턴과 두 명의 모리스들 같은 국가주의파 정치인들이 국가 채무, 공공 채권자, 군대 등을 성급하게 그리고 복잡하게 조종하여 의회에 대항하면서 중앙정부를 강화하는 방향으로 무책임하게 행동했을 때, 워싱턴은 한가운데로 나서서 그 모략을 저지했다. 해밀턴은 후에 비록 쿠데타에 가담한 것은 아니었지만, 정치적 목적을 위해 군을 이용하려고 시도했음을 시인했다. 뉴버그 반란모의는 국가를 정치-군사 갈등의 심연으로 떨어뜨리지 못했는데, 그것은 엄청나게 많은 부분에서 워싱턴의 인품과 수완에 힘입었다.[74]

워싱턴이 미국 정치-군사 관계의 골조를 완성했다고 하는 것은 다소 과장된 표현일 수 있으나, 향후 그의 민간 및 군사 후계자들이 그 위에 세워나갈 수 있는 받침대 즉, 정치-군사 관계의 초석을 놓은 것은 분명하다. 워싱턴은 미국의 역사 속에서 계속 되풀이되는 문민통제의 전통을 세움으로써, 정치-군사 관계에 있어서 새롭게 등장한 미국식 체계의 상징이자 보호자가 되었다. 그는 전쟁이 끝나자 자발적으로 내려와 자신의 권한을 의회에 넘겨줌으로써 문민통제의 원칙을 한층 강화했다.

☆ ☆ ☆

1783년 크리스마스를 앞둔 며칠 동안 조지 워싱턴은 국가의 수도로 전진해갔다. 어떤 것이든, 즉 어떤 사무실이나 어떤 권한이든지 그가 원한다면 가질 수 있는 상황이었다. 그가 대륙군의 지휘를 맡고 있었을 때, 여러 차례나 다양한 신분과 직책의 리더들이 그에게 초대 아메리카 국왕이 되라고 제안했다. 워싱턴은 완강히 거부했다.

의회는 다시 한번 자리를 옮겨서 이번에는 애너폴리스로 갔다. 정족수에 한참 못 미치는 겨우 20여 명의 의원만 있을 뿐이었다. 어쨌든 구조적으로도 허약했던 당시 의회는 국가의 이익을 위해 뭔가를 할 힘도 전혀 없었다. 워싱턴은 이런 조직상의 약점을 못 본 척했고, 오히려 지난 8년 동안해왔던 것처럼, 의회를 국가적 통합과 힘을 상징하는 것으로 세우려 애썼다. 그는 의회로 들어가서 한때 그의 보좌관이었고, 때때로 정적이기도 했던 토머스 미플린 의장에게 인사하고 경의를 표했다. 떨리는 손으로 메모지를 들고서 그는 의회와, 국민들과 신의 돌보심에 감사를 돌리는 짧은 연설을 했다. 그가 그의 장교들 — 실제로 그들 중 여러 명이 그의 뒤에 서 있었는데 — 에 대해 감사를 표했을 때, 그의 목소리는 심하게 떨렸고 들고 있던 양피지도 두 손으로 잡아야 할 만큼 흔들렸다. 그런 다음 그는 '우리가 사랑하는 조국의 안녕을 전능하신 하나님의 보호하심에' 위탁했다. 방안에는 어떤 잡음도 없었으며, 또 젖지 않은 눈도 없었다. 워싱턴은 목소리를 가다듬기 위해 잠시 멈추었다가 군 경력을 맺는 마지막 말을 남겼다.

"이제 저에게 부여되었던 일을 마치면서, 이 위대한 행동의 장(場)에서 물러나 여기 계신 이 위대한 분들에게 애정 어린 작별을 고합니다. 저는 오랜 세월을 여러분의 명령에 따라 행동하여왔고 이제 여러분이 주셨던 위임장을 돌려드리면서, 공적 생활의 모든 직무에서 떠납니다."

이에 토마스 미플린이 국가를 대표하여 감사를 전했다.

"귀하는 지혜와 불굴의 용기를 가지고 변함없이 민간 권한을 존중하는 가운데 모든 재앙과 변화를 뚫고 위대한 군사적 경쟁을 수행해왔습니다."

토마스 제퍼슨은 당시의 느낌을 좀 더 강하게 그리고 웅변조로 서술했다.

"단 한 사람의 절제와 윤리적 판단이, 대부분의 다른 혁명들과는 달리, 이 혁명이 처음에 기치로 내걸고 시작했던 그 자유를 결국 에는 파괴하는 형태로 끝나지 않게 했다."[75]

의회의 사의(謝意)를 수용한 후, 워싱턴은 밖으로 나와 그의 말에 올라 타고 마운트 버넌의 집으로 달려갔다.

2
애덤스, 워싱턴, 그리고 해밀턴
Adams, Washington and Hamilton

18세기 말, 가장 영향력 있었던 두 명의 건국의 아버지들, 존 애덤스와 알렉산더 해밀턴 사이의 단순한 경쟁이 정치적·개인적인 심각한 반목으로 순식간에 발전되었다. 각자 자신이 조국의 이익에 최선이 되는 것을 품고 있다고 확신하면서, 해밀턴은 애덤스의 능력을 의심했고, 애덤스는 해밀턴의 동기에 대해 의심했다. 해밀턴에게는 사무실 하나 없었지만, 애덤스의 각료들, 의회, 그리고 군에 대해서 대통령보다도 더 많은 통제력을 행사했다.

그들 사이의 분쟁은 애덤스가 미국의 두 번째 대통령으로 취임한 직후에 결정적인 중요성을 지니게 되었는데, 당시 오랫동안 비등해오던 프랑스와의 불화가 전쟁으로 폭발할 조짐이 드러나고 있었다. 애덤스의 취임 15개월 후, 해밀턴은 애덤스를 교묘히 조종하여 프랑스의 위협에 대처하기 위해 새로 편성된 군대의 사실상 사령관으로 자신을 지명하도록 했다. 그러나 시간이 지나면서 불신이 적대감과 혐오로 자라갔다. 애덤스 임기 말에 이르러서, 해밀턴은 공공연히 대통령의 정신적인 안정성에 의문을 제기하면서 그가 대통령직에 적합한지를 이슈화하려 했다. 한편, 애덤스는 해밀턴의 성격, 출신, 성 윤리 등을 비방하며, '스코틀랜드 행상꾼의 잡종 쓰레기'라고도 했다.

그들 사이의 말다툼이 이렇게 신랄했던 것은 단순히 유명한 역사적 인물 간의 불화를 넘어서는 훨씬 더 중대한 의미를 지니고 있었다. 중대한 국제적 위기와 국내적 동요에 직면하고 있으면서, 애덤스와 해밀턴이 정부에 대한 통제, 군대의 지휘, 그리고 헌법적 원리에 따른 통수권자로서 대통령의 역할 등을 두고 경쟁한 것이었다. 프랑스와의 유사 전쟁Quasi-War 기간 동안 중요했던 것은 전쟁이냐, 평화냐 하는 것만이 아니라, 미국 정치 체제에서 군의 위상과 대통령직 자체의 본질에 관한 근본적인 질문들이었다.[1]

1797년 취임식 날, 존 애덤스는 저명한 선임자와는 대조되게 익살스러운 모습으로 등장했다. 조지 워싱턴은 이전 22년의 대부분을 아메리카의 제1인자, 대륙군 사령관, 헌법제정회의 초대 의장, 미합중국 초대 대통령으로 지냈다. 키가 크고 위엄 있는 이러한 우상적 존재 옆에 서 있는 땅딸한 신임 대통령은 왠지 미덥지 못해 보였다.[2]

그럼에도 애덤스는 대통령 직위에 추천될 만한 많은 장점을 갖고 있었다. 그는 1765년 영국이 식민지에 부과했던 인지세법Stamp Act에 대한 저항운동을 주도하면서, 매사추세츠주에서 정치를 시작했다. 그는 보스턴 대학살 사건으로 기소된 영국군 병사들을 성공적으로 변호하면서 완숙한 변호사로서의 정직, 용기 그리고 자비로움을 보여주었다. 미국의 초기 정치사상가 중 한 사람으로서 애덤스는 역사에 대한 예민한 감각과 미래에 대한 명확한 비전을 갖고 있었으며, 어떤 예상되는 어려움과 기회를 동시에 보는 통찰력에 있어서 동료들보다 항상 앞서 있었다.[3] 그는 대륙회의에서도 30개 이상의 위원회에서 일함으로써 최초의 그리고 가장 영향력 있는 의원 중 한 명이었다. 그는 독립선언서를 쓴 위원회의 의장이었고, 1776년 7월 프랑스와의 동맹을 위한 기틀이 되었던 조약계획Plan of Treaties의 초안을 작성했다. 이후 그는 전쟁및무기위원회Board of War and Ordnance 의장으로서 1년이 넘는 기간 동안 매일 18시간씩 일하며 대륙군의 행정업무를 감독했다. 그래서 1777년 그가 의회를 떠날 때, 한 동료의원은 "애덤스는 의회에서 일하는 어떤 누구보다도 가장 명석한 머리와 강인한 심장을 가진 사람이라는 것이 의회에 있는 모두의 의견"이었다고 말했다. 의회를 떠난 후 애덤스는 외교관으로서의 경력을 시작하여 10년 동안 프랑스, 네덜란드, 영국 등에서 전권사절로 일하면서 벤저민 프랭클린, 존 제이 등과 함께 관련 조약들을 협상함으로써 전쟁의 승리와 독립의 쟁취를 뒷받침했다. 마지막으로 그는 지난 8년간 미국의 초대 부통령으로 지냈다. 현명하고, 업무추진력이 강하고, 열심히 일했던 애덤스는 만약 그가 대통령직에 오르지 못했더라도, 건국의 아버지들 가운데서도 앞자리에 자리매김할 수 있었을 것이다.[4]

워싱턴을 뒤따라 대통령직에 오른다는 것은 정치사에서 가장 보람 없는 '인생 제2막'이 될 것이라는 점은 예정된 것이나 마찬가지였다. 더구나 애덤스의 경우 개인적 성격상 그 역할에 잘 맞지도 않았다. 그는 허영심이 강했고, 예민하면서도 고집스러웠고, 불만이 많았으며 편집증이 있었다. 또한 각종 행사와 정치적 사교모임을 경멸했지만, 의회에서 특히 상원 의장으로서 자신의 자리에 앉아서는 몇 시간이고 얘기할 수 있었다. 그의 아내이자 가장 가까운 정치적 조언자였던 애비게일이 같이 있을 때는 그의 무절제를 억누를 수 있었지만, 그녀가 없을 때면 그는 종종 붕 떠 있는 것처럼 흔들리거나 침체되었다. 그의 오랜 동료인 프랭클린은 애덤스의 성품을 적절하게 잘 요약했다.

> "그는 국가에 도움이 되려고 한다. 그는 언제나 성실한 사람이고, 때로는 현명한 사람이다. 그러나 가끔 어떤 일에 있어서는 완전히 정신이 나간 사람이기도 하다."[5]

게다가 그의 오랜 그리고 화려한 경력에도 불구하고 애덤스가 행정권력을 갖게 된 것은 처음이었다. 취임 초기에 한 그의 결심이 그의 경험 없음을 드러냈다. 그는 업무의 연속성을 강조할 요량으로 (당시 새로운 방향으로 발걸음을 내딛는 것에는 좀 더 신중할 필요성이 있다고 보아), 모든 워싱턴 정부의 각료들을 그대로 유지했다. 이들은 워싱턴도 지명하고자 하지 않았던

3류 공무원들이었다. 재무장관 올리버 월코트Oliver Walcott는 재무부에서 해밀턴의 충성스러운 참모였으며, 제임스 매킨리James McHenry는 워싱턴이 육군부 장관 헨리 녹스를 교체할 때 4순위로 요청한 인물이었다. 티모시 피커링Timothy Pickering은 워싱턴의 6순위이자 국무부의 직위를 채우기에는 몹시 유감스러운 선택이었다.[6] 애덤스는 부통령으로서 아직 중요한 정책적 역할을 한 것은 아니었고, 이들 오랜 장관들 중 누구도 그에게 신세를 진 사람은 없었다. 더 좋지 않았던 점은 이들 세 명 모두 애덤스의 정적이었던 알렉산더 해밀턴의 추종자들이었다는 것이다. 애덤스가 그들의 충성심을 의심할 만한 이유를 갖게 되기까지는 그리 많은 시간이 걸리지 않았다.[7]

애덤스는 워싱턴의 본보기를 따라 당으로부터 원칙적인 거리 두기를 하기 위해 연방당the Federalists 당수 자리도 사양했다. 그는 중립적인 위치를 유지하는 것이 국가를 이끄는 리더십을 발휘하고, 정파 간 분열을 극복하며, 정책을 입안할 때 양측의 지원을 모두 받기에 유리할 것이라고 진심으로 믿었다. 하지만 그의 정파 중립적인 행보는 프랑스와의 전쟁을 방지하도록 지도력을 발휘하는 데 도움이 되었으나, 대신 자신의 정치적 지지 세력, 그리고 궁극적으로는 사무실까지 잃는 — 재선에 실패하는 — 대가를 치르게 되었다.[8]

해밀턴은 애덤스의 내각과 의회에서 연방당 대연합을 이끄느라 너무 바쁘고 행복한 나머지 연방당 당수 자리를 맡을 수 없었다. 정치적으로 경쟁하던 상대편에는 부통령 토머스 제퍼슨Thomas Jefferson이 공화당의 당수로 있었다. 미국 행정부 역사상 처음이자 유일한 케이스로 연방당과 공화당 양당의 경쟁자들 모두를 대통령 경선에서 선출한 것이다. 애덤스와 제퍼슨은 오랜 친구이자 동료였는데, 선거 후에 애덤스가 제퍼슨에게 찾아가 새 정부에서, 특히 당을 떠나 그보다 더 넓은 국가적 연합체 같은 곳에서 중요한 직책을 맡아달라고 제안하면서 손을 뻗었다. 제퍼슨은 처음에는 잘 받아들이는 것처럼 보였다. 심지어는 애덤스에게 '아마도 귀하에 대해 가장 실망하게 될, 뉴욕에 있는 절친해밀턴의 술수를' 조심하라고 경고하기도 했다. 그러나 제퍼슨은 얼마 안 가 애덤스의 기대를 저버리고 당파적 노선을 취했다. 취임 후 채 며칠이 지나지 않아, 앞으로 국가가 나아갈 방향에 대한 대통령과 부통령의 생각이 서로 달라 사이가 틀어져버렸고, 임기 내내 서로 반대되는 목적을 위해 일했다. 결국 새로 취임한 대통령은 양당의 리더연방당의 해밀턴, 공화당의 제퍼슨 모두와 사이가 틀어져버렸고, 양당에서는 끊임없이 자신들의 요구를 관철하기 위해 노력하면서 애덤스의 의제를 방해했다.[9)

애덤스는 임기 내내 의회가 열리지 않는 기간 동안 한 번에 몇 개월씩 퀸시Quincy에 있는 자가로 이동하여 일함으로써 이러한 어려움을 악화시켰다. 그는 필라델피아에서 일하는 것만큼 매사추세츠에서도 일을 잘할 수 있다고 주장했다. 그러나, 보다 중요한 사실은 그에게는 애비게일이 절대적으로 가까이 있어야 했으며, 그녀는 수도를 싫어했다는 점이다. 두 도시 간 서신 왕래에는 최소한 일주일이 요구되었으나, 중요한 질문들에 대한 답을 얻는 데는 쉽사리 두 배가 넘게 걸렸다. 해밀턴의 영향력 아래에서 각료들은 대통령이 자리를 비웠을 때 많은 장난을 칠 수 있었고 실제로 그렇게 했다. 업무에 대한 대통령의 이러한 느슨한 태도가 끊임없는 말썽의 원인이 되었다.[10)

애덤스는 해밀턴을 의심할 만한 그럴듯한 이유를 가지고 있었다. 해밀턴이 1788년과 1796년 선거에서 그와 대결했었기 때문이었다. 애덤스가 취임하기 전에 해밀턴은 자신의 연방당 정파와 공모하여 애덤스를 '대단히 허영심이 강한 사람 … 그리고 자기 스스로 갖고 있다고 생각하는 것보다, 실제로는 훨씬 더 적은 능력을 보유한 사람'이라고 묘사했다. 애덤스 대통령도 애비게일에게 해밀턴에 대한 혹평을 쏟아냈다.

"내가 아는 해밀턴은 자신감에 차 있고, 으스대며, 내가 아는 누구보다 타락했음에도 항상 도덕군자인 척하는 야심가로, 미국의 어느 누구보다 더한 위선자요."

애비게일은 답장을 통해 의견을 밝히면서, "저 또 하나의 카시우스Cassius*
… 건방진 작은 사내. 나는 여러 번 그의 사악한 눈을 보고 그의 마음을 읽
었어요. 그 속에는 악마가 깃들어 있고 음탕하지요. 만약 그렇지 않다면 나
는 전혀 관상을 볼 줄 모르는 것이겠지요"라고 썼다. 애덤스는 해밀턴이
많은 재능을 가졌음을 인정하면서 이렇게 언급했다.

> "나는 그것들에 대해 전혀 두려워하지 않소. 나는 그의 교만한
> 머리는 무시할 것이지만 내가 늘 갖고 있던 그에 대한 견해와 내
> 가 늘 행해왔던 그에 대한 행동을 유지할 것이오. 이것이 그가 나
> 와 거리를 유지하게 하는 길이오."

그러나 행하는 것은 말하는 것만큼 쉽지 않다는 것을 곧 깨닫게 될 터였
다.[11]

해밀턴은 건국의 아버지 중에서 가장 복잡하고 주의를 끄는 성품을
가진 사람 중 하나였다.[12] 카리브해 연안의 가난하고 못 배운 부모에게서
태어난 그는 노력과 자기 홍보, 천재적 재능에 힘입어 자수성가하여 뉴욕
에까지 이르렀다. 왕립대학현 콜롬비아 대학의 전신에서 2년간 수학한 후, 대
륙군의 포병 대위로 임관하여 워싱턴 휘하에서 싸웠고 1776년 뉴욕에서
의 전투와 그 뒤 뉴저지를 통과하는 길고 긴 퇴각에 참여했다. 그는 트렌
턴과 프린스턴 전투에서 두각을 나타냈고 그 후 워싱턴이 그를 부관으로
선발함에 따라 수백 통에 이르는 장군의 편지 초안을 작성하게 되었다. 시
간이 지나면서 그는 워싱턴이 가장 가까이 두고 가장 신뢰하는, 사실상의
참모장이 되었다. 워싱턴은 요크타운 전투에서 그를 대대장으로 임명했
고, 해밀턴은 거기서 핵심 보루에 대한 돌격을 진두지휘하여 탈취함으로
써 영국군의 항복을 유도했다. 그 뒤 얼마 후, 그는 워싱턴 장군과 개인적
인 논쟁을 하고 나서 군 참모부를 떠났다. 1년 뒤, 그 둘이 다시 대화했을

---

*   시저에 대항한 역모의 주동자.

84

때는 뉴버그 반란모의가 진행되던 시기로 해밀턴이 국가주의자들의 대표로 의회에서 워싱턴을 압박하고 있었다. 해밀턴은 자신의 필요에 따라 후원자들을 얻기도 하고 버리기도 했다. 그와 워싱턴 사이의 오락가락하는 관계는 그가 맺었던 가장 유명한 여러 관계 중 단지 하나일 뿐이었다.

의회에 들어오자마자 해밀턴은 국가주의파의 지도자가 되었다. 뉴욕의 유력한 쉴러 가문과의 혼인을 통해 그는 지역대표 자격으로 헌법제정회의에 참여했고, 힘 있는 상원의원과 '선출된 군주'로 구성된 강력한 중앙정부를 주창하면서 상원의원과 군주는 둘 다 '그들의 선행을 전제로' 종신복무토록 할 것을 제안했다. 후에 비평가들은 이러한 해밀턴을 미국이 다시 영국의 지배를 받도록 되돌려지기를 원했던 군주제주의자monarchist로 분류했다.[13] 헌법을 비준받기 위해 활동하던 중, 해밀턴은 제임스 매디슨, 존 제이 등과 한 팀이 되어 헌법 조항을 설명하고 미국의 미래를 위해 그런 조항들이 왜 필요한지를 논쟁하는 일련의 평론을 썼다. 이를 엮어 출간한 《페더럴리스트》*The Federalist*는 건국 초기 해밀턴의 가장 잘 알려진 공적이며, 미국의 교과과정과 법조계에서 오늘날까지도 영속적인 지위를 갖고 있다. 헌법에 명시된 군사력에 관한 해밀턴의 논평들은 정규군 부대의 필요성과 국가급 수준에서 군대를 통제하는 것의 타당성을 강조했다.[14]

미국의 첫 번째 재무장관으로서 해밀턴이 국가재정을 관리했던 것도 똑같이 심오한 유산으로 남았다. 경제에 대한 깊은 이해, 뛰어난 정치술, 공공행정 업무에 대한 탁월성, 그리고 비길 데 없는 개인적인 에너지를 겸비한 해밀턴은, 워싱턴의 후견을 받는 가운데, 헌법이 이론상 약속한 강력한 행정부를 만들어냈다. 해밀턴은 세금과 채무의 통제, 강력한 군대의 유지, 그리고 효과적인 관료제도의 발전 등이 어떻게 결합되어 정부를 강화할 수 있는지에 대해 로버트 모리스에게서 배웠다. 국가 채무에 대한 능숙한 통제와 국가 운영에 필요한 세입에 대한 옹호를 통해, 그는 주 정부를 희생하면서 연방정부를 강화했다. 연방 재정에 대한 해밀턴의 폭넓은 이해는 그에게 다른 행정부들에 대한 영향력을 갖게 했고, 이제 그의 촉수는 행정부 구석구석에까지 닿게 되었다. 그의 영향범위가 광범위했기에 많은

이들이 그를 워싱턴 정부의 왕(王) 장관으로 생각했다.[15]

해밀턴은 재무부에서 6년간 복무했고, 그 이후에는 다양한 주제에 대해 장문의 편지를 쓰는 방식으로 대통령에게 계속해서 조언을 제공했다. 이때까지도 그는 워싱턴의 제2기 내각 장관들에게 상당한 영향력을 가지고 있었는데, 이들 장관들은 애덤스가 대통령이 되면서 유임시켜야 한다는 압박을 느꼈던 그 사람들이었다.[16]

해밀턴은 경쟁자를 적으로 만드는 요령을 알고 있었다. 그의 정적 목록은 진정한 건국 세대 '인명록'으로, 애덤스, 제퍼슨, 매디슨, 먼로, 버 등은 그들 가운데 가장 유명한 사람들이었다. 해밀턴과 제퍼슨은 서로에 대한 개인적인 원한 외에도, 국가정부national government의 통치 범위에 대한 이견, 그리고 동맹을 맺을 대상이 영국인가 아니면 프랑스인가 하는 문제에 관한 이데올로기적 논쟁으로 인해 단순한 파벌 간 경쟁이 당파성을 띤 정쟁으로 빠르게 바뀌어갔다. 해밀턴의 적들은 워싱턴 정부에 대한 그의 영향력과 자신의 적극적인 사업계획을 법규로 제정하는 데 성공한 그를 부러워했다. 그의 정적들은 당 언론을 통해 점점 더 해밀턴을 조롱했으며, 그의 인격에 대해 뒷담화를 해댔다.

스캔들 또한 애덤스-해밀턴 사이의 경쟁에 활기를 불어넣었다. 1790년대 초 해밀턴은 마리아 레이놀즈 여사Mrs. Maria Reynolds와 열렬한 연애를 했고, 이후 그녀의 남편이 수개월 동안 해밀턴 재무장관에게 입막음용 돈을 내놓으라고 강요했다. 애덤스가 대통령으로 취임한 직후, 해밀턴의 정적인 제퍼슨과 연줄이 있는 공화당 관보 기자가 사건을 폭로했다. 기자는 해밀턴이 성적인 문란으로 인해 협박받을 정도로 그렇게 엉성하지는 않았을 것이며, 그보다는 공적 자금의 부적절한 사용에 연루된 것이 틀림없을 것이라고 단언했다. 해밀턴은 기사의 고발 내용을 부인하기 위해 자신이 직접 만든 팸플릿을 인쇄하여 널리 보냈는데, 공적인 부정행위는 없었다고 부인하면서 연애 사건과 협박 편지에 대해서는 당황스러울 정도로 자세히 고백했다. 이는 다분히 멍청한 짓이었다. 해밀턴이 선출직 사무실을 가질 것이라는 희망은 그 팸플릿의 인쇄와 함께 사라져버렸다. 그는 이

제 다른 방법, 다른 길을 통해 자신의 뛰어난 천재성을 발휘하고, 그가 품
은 적지 않은 야망을 만족시킬 수밖에 없게 되었다.[17]

연방당 시대the Federalist period*의 정치를 이해하려면 당시 지도자들
사이의 개인적인 관계를 알아야만 한다. 이들 작은 정치 엘리트들**은 혁
명 봉기의 시절부터 수십 년을 친밀하게 서로에 대해 알고 지내왔다. 엘리
트들의 문화 속에서 개인적 평판과 명예는 막대한 무게를 지니는데, 특히
애덤스나 해밀턴처럼 상대적으로 비천한 환경에서 태어난 경우에는 더욱
그러했다.[18]

☆ ☆ ☆

존 애덤스는 정치적 불안이라는 태풍이 몰려오는 와중에 국가라는
배의 선장이 되었다. 나라는 프랑스와 조용한 전쟁을 하는 중이었고, 영국
과도 불편한 평화를 유지하고 있었다. 그의 전임자인 워싱턴 대통령은 '선
장직'의 무게와 중압감에 대해 실제로 지휘를 맡은 사람 외에는 그 누구도
상상할 수 없을 것이라 했다. 미국인들은 신생 공화국의 생존에 대해 진정
으로 두려움을 품고 있었으며, 그 두려움은 역사에 대한 이해, 내부적 반란
이라는 최근의 경험, 그리고 프랑스가 미국 정부와 정치에 개입하려 시도
하고 있다는 증거 등에 근거를 둔 것이었다. 미국의 지도자들은, 상대방을
반역자로 만들고 선량한 감수성을 무시하는 신랄하고 공공연한 비방의 언

---

* 미국 역사에서 연방주의 시대(Federalist Era)는 미국의 헌법이 비준된 1788년부터 선거
   에서 민주공화당이 승리한1800년까지를 이른다. 이 기간 동안 연방당(Federalist Party)
   과 워싱턴, 애덤스, 해밀턴, 제퍼슨 등이 미국 정치에서 주도적인 역할을 했다. 연방당은
   대체로 의회를 장악했고 조지 워싱턴 대통령과 존 애덤스 대통령의 지지를 받았다. 이
   시대는 새로운 미국 헌법 아래에서의 강력한 연방정부의 창설, 국가주의의 확산, 중앙정
   부에 의한 폭정의 두려움 감소 등을 특징으로 한다.

** 2대 대통령 애덤스와 워싱턴의 재무장관이었던 해밀턴을 말하는 것으로 보인다. 둘 다
   키가 작은 편이었다.

어들로 점철된 이러한 문제들을 다룰 준비가 아직 되어 있지 않았다. 애덤스는 자신의 대통령 임기 내내 그러한 폭풍을 헤쳐나가려 애쓰며 보냈다.

애덤스가 취임했을 때 프랑스와 미국은 이미 선전포고 없이 해상전쟁을 벌이고 있었으며, 프랑스는 300척 이상의 미국 배들을 억류하던 중이었다. 미국의 독립혁명 성공에 있어서 프랑스와의 동맹과 그 중요성에 대해 미국인들이 지녔던 감사함을 생각하면, 이와 같은 적대 상태는 그야말로 극적인 반전이었다. 독립전쟁이 끝난 후, 영국이 미국의 전선으로부터 자신의 부대를 철수시키겠다는 약속을 지키지 않음에 따라 영국과의 관계가 더 뒤틀어졌던 반면, 미국과 프랑스의 연대는 강력하게 유지되었었다.

그러나 프랑스 혁명 이후, 특히 루이 16세가 처형된 후로 상황이 서서히 변화되었다. 프랑스 혁명정부가 영국과의 전쟁을 시작하자 미국은 중립을 선언했고, 프랑스와의 오랜 동맹을 파기했다. 워싱턴은 1778년 부르봉 왕가와 맺은 조약은 루이 황제들의 실각으로 인해 효력을 상실했다고 주장했다. 워싱턴 행정부는 영국과의 제이 조약Jay Treaty을 맺어 경계선 획정 문제를 마무리하고 통상조약을 신설했다. 그러나 프랑스 혁명정부는 그것을 앵글로-아메리칸 동맹이라고 비방하면서 워싱턴이 프랑스로 보내는 신임 대사에 대한 인준을 거부했다. 외교적 인준을 실효적으로 철회하는 이런 말은 전통적으로 전쟁선포의 전조로 받아들여졌는데, 애덤스의 취임식이 열리기 몇 주 전에 미국에 도달했다. 그리하여 애덤스는 당시 진행되던 유사전쟁Quasi-War이 훨씬 더 심각한 분쟁으로 폭발할 수도 있다는 매우 현실적인 전망을 하면서 집무실로 들어가게 됐다.[19]

애덤스가 대통령직에 올랐을 때는 또한 지독한 정치적 분규가 한창일 때였다. 그는 미국 역사상 최초로 진정한 경쟁이 있었던 대통령 선거를 통해 선출되었는데, 그의 문제는 여기서 끝나지 않았다. 혁명시대의 아메리카인들은 자신들을 정치적 투쟁을 넘어선 사람들로 생각하고 싶어 했다. 워싱턴도 자신을 초당파적인 사람으로 규정했고, 연방을 위해 다른 지도자들도 자기를 따라 하라고 명했다. 그런 입장은 순진하거나 아니면 솔직하지 않은 것이었다. 워싱턴 자신도 임기를 마칠 때가 되자, 연방당the

Federalists의 리더가 된다는 것이 무슨 의미인지 명확하게 이해하게 되었던 것이다. 하지만 더 나빴던 것은, 그가 후임자들에게 원칙적이며 합법적인 정치 담론을 위한 어떤 용어lexicon라든지, 준거틀framework 같은 것을 전혀 남겨놓지 않았다는 것이다. 결국, 해밀턴 같은 연방주의자들과 제퍼슨 같은 공화주의자들이 서로 상대방을 정치적으로 불법적이라고 생각하게 되었다.[20]

　　18세기 말엽 아메리카에서의 정치 담론은 잔뜩 독이 올랐다. 단 몇 년 만에, 미합중국이라는 정치적 통일체가 '파당'이라는 지칭을 곧 저주로 인식하던 이상주의적인 정점으로부터from an idealistic perch 상대방을 불법적인 자들이라고 서로 비난하는 나락으로to an abysss 곤두박질치게 되었다. 공화주의자들과 연방주의자들은 각자 자신들이 혁명의 유산을 물려받은 합법적인 상속자라고 주장했다. 공화주의자들은 그들이 억압적인 정부와 싸워서 쟁취해낸 자유liberties를 강조했고, 연방주의자들은 독립을 가능하게 한 중앙정부와 대륙군 같은 국가적 연합체national unity를 현양했다. 연방주의자들이 정부 시스템a system of government을 언급할 때 그들은 영국을 모델로 보았다. 한편, 공화주의자들은 프랑스를 쳐다보았는데, 이는 프랑스가 아메리카의 전시 동맹이었을 뿐만 아니라, 1776년의 정신을 이어나가는 혁명의 계승자이기 때문이었다. 연방주의자들에게 공화주의자들은 "자코뱅"이나 "프랑스당"으로 인식되었고, 공화주의자들은 연방주의자들을 영국에 속박된 "군주제주의자" 또는 "토리당"으로 보았다. 양쪽 모두 상대방에 대해 정부를 맡기에 부적합하다고 여겼으며, 서로에 대해 잠재적인 반역자로 생각했다. 그리하여 정치권력을 잃는다는 것은 곧 시민의 반란을 부르는 것이며, 아마도 아메리카 자체의 미래를 잃게 될 것이라 여겨졌다.[21]

　　역사적으로도 그리고 당시의 상황을 보아도 그렇게 우려할 만한 이유가 충분했다. 역사상 어느 공화국도 무질서나 독재의 나락으로 떨어지지 않고 오래 견딘 경우가 없었다. 아메리카 스스로가 폭력적인 혁명 속에서 탄생했으며 이는 당대의 모든 정치지도자들 기억 속에 여전히 선명한 일이었다. 독립선언서는 폭압적인 정부에 맞서 일어나 이를 전복시킬 수 있는 국민의 권리를 천명했다. 그 신성한 문서가 후손들이 다시 반기를 들 수 있는 권리를 가지고 있음을 주장하고 있지 않은가? 그리고 당시 그 순간에도 프랑스에서는 더 많은 유혈이 흐르는 혁명이 진행 중이어서 사상자의 숫자가 증가하는 가운데 앞날도 불투명한 상태였다. 아메리카 안에서도 내부적으로 자라난 폭동이 독립혁명 이후 두 번이나 시민 질서를 위협하기도 했다. 다니엘 셰이스Daniel Shays가 1786년 매사추세츠에서 폭동을 이끌었는데, 이는 연방정부를 강화하는 계기가 되었고, 마침내 헌법제정회의가 구성되게 되었다. 또한 1794년에는 위스키법에 반대하여 펜실베이니아 주류 생산업자들과 농민들이 들고 일어났는데, 이에 워싱턴 대통령은 주 민병대를 소집하여 스스로 이들을 이끌고 폭도들을 해산시키기도 했다. 비록 두 번의 폭동 모두 신속하게 수습되기는 했지만, 폭력적인 내부 봉기의 위험성에 관해 이어진 그 뒤의 발언들은 단순한 정치적 언동을 넘어서는 것이었다.[22]

☆ ☆ ☆

취임 이틀 전, 애덤스는 프랑스 총재정부French Directory*가 자유통항 및 자유무역의 원칙을 무효화하는 칙령을 발행한 것을 알게 되었다. 그러한 조치는 필수적으로 프랑스 함선이 이제 미국 또는 다른 어떤 중립적 선박이나 선원도 억류할 수 있게 됨을 의미했다. 애덤스는 5월 중순경, 의회에 특별회의 소집을 요청했다. 그는 당근과 채찍을 모두 고려한 강온 양면책으로 프랑스와 협상하는 가운데 해군 건설에 박차를 가할 것을 제안했다. 그리고 2개월 뒤 3인의 평화사절단을 파리로 보냈다.[23]

---

* 총재정부(總裁政府, Directory)는 1795년 11월 2일부터 1799년 11월 9일까지 존속한 프랑스의 정부다. 나폴레옹 보나파르트가 쿠데타로 정권을 장악한 후 의회에서 반대파를 몰아내고 통령정부를 구성함으로써 소멸되었다.

애덤스의 결정에 대해 양당 간에 깊은 정치적 분열이 일어났는데, 놀라운 일은 아니었다. 연방당의 언론에서는 대통령의 정치적 수완과 능력을 찬양했다. 해밀턴마저도 손뼉을 쳤고, 드러내지 않고 내각의 각료들에게 평화사절단으로 지원하도록 영향력을 발휘했다. 반면 공화당 측에서는 애덤스를 전쟁광 그리고 영국에 아첨하는 자라며 비난했다. 부통령 제퍼슨은 공개석상에서 애덤스를 비난하지는 않았지만, 막후에서는 애덤스의 정책을 몰래 손상시켰다. 그는 필라델피아에 나와 있던 프랑스 대리대사를 네 차례나 비밀리에 만나 프랑스가 영국에 선전포고할 것을 종용했다. 또한 파리로 파견된 미국 사절단에 대해서도, '그들의 이야기를 들어주되 협상은 길게 끌고 갈 것'을 프랑스 측에 조언했다. 이때 해밀턴과 마리아 레이놀즈의 불륜 사건이 드러나고 또 그에 대한 해밀턴의 예상치 못한 황당한 대응으로 인해 동료들은 낙담했고 공화당 측은 고무되었다. 그리고 이런 복잡한 정치 상황이 이어지는 가운데, 애덤스는 필라델피아 생활을 잠시 접고 7월의 더위와 매년 발생하는 황열병을 피해 퀸시로 사무실을 옮겨 4개월을 머물렀다.[24]

미국인들은 여름, 가을, 그리고 겨울이 될 때까지 쭉 평화사절단으로부터 새 소식이 오기를 조바심 내며 그리고 후에는 화난 채로 기다렸다. 의회와 대통령은 11월에 수도로 돌아왔는데, 떠났던 7월과 마찬가지로 분열된 상태였다. 평화사절단이 실패했고 전쟁이 목전에 닥쳤다는 루머가 돌았다. 애덤스는 의회에서 연설을 통해 그는 사절단으로부터 단 한마디 말도 들은 적이 없고, 가까운 시일 내에 '영속적인 평안과 질서'를 달성하리라 전망하지도 않으며, 이미 채택한 방위력 증강계획은 유지할 필요가 있다고 시인했다. 이런 온건한 연설은 우려와 갈등을 잠재우는 데 도움이 되지 못했다. 제퍼슨은 당시 필라델피아의 긴장된 분위기를 이렇게 전했다.

"평생을 친밀하게 지내온 이웃 사람들끼리도 마주치기를 꺼려 일부러 길을 건너서 그리고 고개를 다른 방향으로 돌리고 다녔다. 서로 마지못해 손을 모자에 대는, 즉 인사하는 상황을 만들지 않기 위해서였다."

기다리는 데는 대가가 따랐다.[25]

평화사절단은 9월 말경 파리에 도착했다. 보나파르트 장군이 최근 수행한 전광석화 같았던 이탈리아 정복과 뒤이어 오스트리아가 평화협정을 받아적도록 한 일 등이 총재정부의 입지를 더욱 굳건하게 했다. 이에 대담해진 총재들이 '프뤽티도르 18일(1797. 9. 4) 쿠데타'*를 일으키고, 수십 개의 신문을 폐간했으며 미국에 우호적이었던 정치적 중도파들을 체포하거나 추방했다. 이와 같은 분위기 속에서 외무장관 찰스 탈레랑은 공식적으로 평화사절단의 접견을 거부했으나, 뒤로는 은밀하게 모욕적인 요구를 해왔는데, 바로 프랑스 정부에 천만 달러의 차관을 제공하라는 것과 더불어 무엇보다 미측을 화나게 한 것은 자신에게 25만 달러의 뇌물을 달라고 한 것이었다. 미국 대표단은 이러한 요구 중 어떤 것도 들어줄 수 없다며 거부했지만, 사절단 중 엘브리지 게리Elbridge Gerry는 탈레랑과 휘하의 사람들을 개인적으로 만나기 시작했다. 실망스러운 6개월이 지난 후 사절단은 해체되었으나, 게리는 합의에 도달하리라는 희망을 품고 뒤에 남았다.[26]

애덤스는 1798년 3월 4일 취임한 지 1년 정도 되었을 때 사절단의 실패에 대한 공식적인 보고를 받았다. 대표단이 프랑스의 최후통첩과 탈레랑의 계략, 탐욕, 거만에 대해 상세히 기록한 암호화된 보고서를 보냈던 것이다. 대통령은 의회로 평화교섭 임무가 실패했고 앞으로 다가올 것에 준비해야 한다고만 언급하는 다소 감정을 누그러뜨리는 메시지를 보냈다. 그러자 행정부가 교섭 실패의 이유를 숨기고 있다고 확신하고 있었던 공

---

* 프뤽티도르 18일 쿠데타(Coup of 18 fructidor)는 프랑스 총재정부의 시절인 1797년 3월과 4월에 열린 3차 평의원 선거에서 왕당파가 다수당을 차지하자 1797년 9월 4일 총재인 바라스, 루벨, 라 루베리에르 등 세 명의 총재가 군부의 지지를 얻어 정부에서 왕당파를 축출하기 위해 벌인 사건이다.

화당과 보고서의 파멸적인 내용에 관해 정보를 수집해오던 해밀턴 등의 연방주의자들이 연합하여 사절단의 편지를 의회에 공개하라는 하원 결의안을 통과시켰다. 애덤스는 결의안에 따라 편지를 공개하면서 외무장관의 수하들 이름을 X, Y, Z 등으로 바꿔 보냈다. 그러나 하원은 편지에 대해서 대응할 준비가 전혀 되어 있지 않았다. 3일 뒤에는 상원에서도 보고서를 검토했다. 이에 대해서 애비게일은 "상원과 하원에 있는 자코뱅들이 어안이 벙벙해서 말 한마디 못 하고 있네요"라며 까르륵 웃어댔다. 정말 공화당은 혼란에 빠졌고, 프랑스의 행동에 대해서는 믿지 않고 행정부에 비난을 돌리려 애썼다. 연방당은 이제 공화당과의 경주에서 상대를 앞질렀다는 것을 알았고, XYZ 보고서가 몇 주 뒤에 인쇄되어 퍼져나가자, 당은 애국심과 반프랑스 정서의 물결을 타고 전쟁의 방향으로 저돌적으로 나아가게 되었다.[27]

애덤스는 곧 전임 대통령의 그늘에서 벗어남을 크게 환호하면서 대중적 인기의 정점에 올랐다. 혁명 기간 중 애덤스는 군인이 되지 못한 것을 애석해했는데 이제는 그에게도 기회가 왔다. 전쟁의 열기에 사로잡혀 그는 자신의 추종자들에게 '호전광처럼' 입으라고 권고했다. 최소한 한 번의 공식적인 자리에 그도 군복을 입고 장교의 칼을 차고 나타났다. 나라의 애국단체들은 그에게 공식적인 지지 '연설'을 보냈고, 이들은 애덤스의 의기양양하고 호전적인 답글들과 함께 인쇄되어 널리 퍼졌다. 일단의 전쟁 지지자들은 자신들의 모자에 검은색 깃털을 달았고, 모자에 프랑스 국기의 삼색 깃털을 단 전쟁 반대자들과 필라델피아의 길거리에서 폭력적으로 충돌했으며, 주지사가 기병대를 불러 해산시키는 일도 있었다. 대통령의 요구에 따라, 의회는 대포 주물공장, 연안 요새 구축, 해군 함정 건조 등을 위한 예산으로 대략 1백만 달러의 지출을 승인했다. 의회는 3개월간의 입법 폭주를 통해 20개의 전쟁법안을 제정했다. 제퍼슨은 당시의 군사적 분위기를 '마녀들의 시대'라고 언급했다.[28]

원칙적으로 상비군육군에는 반대하면서도 효과적인 해군의 방호력에 대한 확고한 믿음을 지니고 있던 애덤스는 육군에 대한 요청을 하지 않았지만, 상비군으로서의 육군을 갖게 되었다. 비록 오늘날의 육군이 그 연원을 1775년까지 연계시키지만, 역사적 사실은 혁명 후 40년 동안 단지 겉모양만 있었지 진정한 상비군이 없었고, 접경지역이나 혹은 내부적 폭동에 대응하여 민병대나 자원병을 그때그때 소집하는 형태였다. 1798년 봄을 기준으로 보면, 미국의 서부 경계선을 따라 총 3천 5백 명의 무장병력이 분산 배치되어 있을 뿐이었다. 전쟁의 공포로 의회는 그해 4월에 1만 명 규모의 '잠정군'provisional army의 편성을 승인했다. 하지만 법안은 해밀턴 같은 연방주의자들이 원했던 것보다 훨씬 약했다. 당시 승인된 군은 정말로 잠정적이어서 오로지 대통령이 선전포고를 한 이후에, 또는 외침의 위협이 임박한 경우에만 소집이 가능했다.

해밀턴은 '연설대'The Stand라 불린 일곱 개의 신문사설을 시리즈 형태로 써냈는데, 프랑스의 배신행위를 상세히 서술하고, 군대의 즉각적인 확장을 옹호하며, '자코뱅식' 공화주의자들을 비난하는 내용들을 담았다.

"그런 사람들은 그들의 동료 시민들로부터 모든 혐오를 받을 만하며, 시간과 기회가 허락된다면 그들은 법의 정의justice of the laws, 미국을 의미가 공격받을 때 더 많은 것을 얻게 될 것이 자명하다."

그의 목적은 늘 그랬듯이 연방 채무에 의해 재정적으로 뒷받침되고 연방의 세금으로 지원되는 상비군을 갖는 것이었고, 이를 통해 강력한 중앙정부를 위대한 재정-군사 국가fiscal-military state의 바로 앞 단계까지 성장시키는 것이었다. 1798년 봄 내내, 연방주의자들은 번갈아가면서 군대는 억제를 위해 필요하며 침략이 임박했고 혹은 이미 전쟁 중이라고 주장하면서, 의회에서 군 관련 제안을 쏟아냈다. 그들이 대중에게 밝히지 않았던 주장 중의 하나는 내부 간부회의에서 나와 멤버들을 고무시켰던 것으로, 공화주의자들의 잠재적인 반란, 특히 그것이 프랑스의 침공과 동조하여 진행될 경우에 이를 진압할 군대의 필요성을 주장한 것이었다. 한편 공화주의자들 역시 이와 같은 숨겨진 동기를 감지하고 있었다. 그들은 "법의 정의가 공격받을 때 더 많은 것을 얻게 될 것"이라는 해밀턴의 글이 의미하는 바를 걱정스럽게 숙고했고, 내부 봉기에 대한 현 행정부의 우려가 정적을 대상으로 한 도구로서 상비군을 찾게 했다고 명확히 알고 있었다.[29]

이처럼 상대당을 서로 불법적인 단체로 바라보는 분위기 속에서 대다수 공화주의자들은 연방당이 전쟁에 대비한다며 군대를 육성하는 것을 군사국가로 나아가기 위한, 전적으로 당파적인 위장으로 생각하고 두려워했다. 헌법 자체가 불안정한 상태였다.

그런 가운데 연방당은 공화당의 불안을 더 실증해주었다. 초여름 동안 의회는 '새로운 육군'New Army이란 이름하에 1만 2천 명으로 편성된 10여 개의 추가적인 연대를 즉시 소집하여 증강시켰다. 동시에 의회는 미국 정치 역사상 가장 비난받아 마땅한 네 개의 법안을 통과시켰는데, 그중에는 외국인법과 차별법 등이 포함되어 있었다. 그해 봄 '마녀들의 시대'를 지나는 중 공화당과 지지자들이 폭동을 일으키고, 언론을 통해 악담하고, 자신들만의 대표를 프랑스로 보낼 듯한 모양새를 취하는 등 과잉행동을 했다. 또한 제퍼슨은 프랑스 대리대사와 비밀리에 만나 총재정부가 미국과의 협상을 중단할 것을 재촉하는 등 애덤스의 입지를 지속적으로 약화시키려 했다. 이러한 행위들에 대해 연방당은 외국 국적 보유자들을 직접적으로 겨냥한 세 개의 법안을 제정하여 답했다. 이는 미국에 거주하던 2만 5천 명에서 3만 명가량의 외국인들에 대해 '위험하다'라는 의심이 들면 이들을 추방하거나 구금할 수 있도록 대통령에게 긴급권한을 부여하는 법안이었다. 이러한 외국인 법Alien Acts은 많은 망명자들의 탈출을 자극했는데 그들 중 다수는 프랑스 혁명으로부터 도피해온 사람들로, 아마도 총재정부에 저항하여 미국을 가장 적극적으로 지원하려는 마음을 갖고 있던 프랑스인들이었을 것이다.

의회는 또한 차별법Sedition Act을 통과시켰는데, 이 법은 정부에 대한 반대를 명백히 표현하는 어떤 공적인 모임도 금지하고, 정부에 반대하는 어떤 표현을 언급하거나 발간 및 공표하는 것은 마땅히 '틀리고, 창피하고,

악한 것'으로 간주된다는 것이었다. 물론 애덤스가 이런 권한을 요청한 것
은 아니었지만, 법안의 통과에 반대하지 않았고 신속히 서명하여 이를 발
효시켰기에, 이러한 그의 행동은 그가 남긴 역사적 유산 중 가장 큰 오점
이 되었다. 이 악법들은 수많은 적대적 언론인과 겁에 질린 이민자들을 감
옥에 보낸 것 외에도, 연방당에 대한 공화당의 저항을 오히려 자극하여 단
단히 뭉치게 했다.[30]

이민 배척주의라는 파괴적인 파도의 물마루에 올라탄 애덤스는 7월
초에 프랑스와 맺었던 조약을 파기하는 데 서명했다. 그는 또한 국회에 전
쟁 선포를 요청하는 방안도 검토했으나, 평화사절단이 프랑스에 아직 잔
류하고 있는지 알지 못했고 그들의 안전이 우려되어 자제했다. 1798년 여
름, 프랑스군과 미국군 간에 발생한 최초의 해상전투 몇 건이 전쟁의 공포
를 고조시켰지만, 국론이 여전히 극심하게 분열되어 있던 데다 대다수 의
원들도 아직 전쟁을 선포할 준비가 되어 있지 않았다. 당시에는 아무도 모
르고 있었겠지만, 전쟁의 열기는 이즈음 정점을 찍었다.[31]

☆ ☆ ☆

알렉산더 해밀턴은 재무부를 떠난 후에도 워싱턴 대통령과 그가 정
부에 재직 시 압도적으로 영향을 미쳤던 동료 장관들에게 계속해서 조언
을 제공했다. 애덤스가 취임한 지 얼마 되지 않아서 그는 예전에 워싱턴에
게 했듯이 장문의 조언하는 편지를 써보냈다. 애덤스는 그를 배척했고, 해
밀턴은 방향을 확실히 틀었다. 이제 그는 국무장관 피커링, 재무장관 월코
트, 육군장관 매킨리 등과 이전처럼 효과적으로 서신 주고받기를 계속했
다. 애덤스가 자신의 각료들에게 조언을 구하면 그들은 일상적으로 이 질
문들을 뉴욕의 본인 법률사무소에서 숨어 지내던 해밀턴에게 전달했다.
그는 정치, 경제, 외교 등에 대한 자신의 방대한 지식을 적용하여 단 한 번
도 빼놓지 않고 명쾌하고 상세한 답장을 써보냈다. 장관들은 대통령에게
자신들의 답장을 보낼 때 종종 해밀턴이 사용한 말투까지 정확히 그대로

앵무새처럼 반복하여 사용하기도 했다. 애덤스가 장관들의 보고서를 읽을 때면 그것들은 눈에 띄는 상승효과를 일으켜 마치 어느 한 천재로부터 나온 것처럼 여겨졌다.[32]

그의 모든 단점에도 불구하고, 애덤스는 자기 자신을 제외하고는 그 누구에게도 바보가 아니었다. 취임하고 몇 개월 안에 그는 행정부 각료들이 자기보다는 워싱턴에게, 더 중요하게는 해밀턴에게 더 충성스럽다는 것을 알게 되었다. 게다가 그는 해밀턴이 장관들에게 미치는 영향력을 이해했고, 장관들의 조언에도 마찬가지로 반영되어 있음을 알았다. 월코트, 피커링, 매킨리 등에게 보낸 편지에서 해밀턴은 "*실제actuall* 정부는 프랑스와의 전쟁에 대해 그렇게 많이 부정적이지 않다"라고 언급하면서, 그의 내밀한 본성에 있던 오만함을 드러냈다. '실제 정부'라 할 때, 그가 직접 이탤릭체를 썼는데 이는, 당연히 여겨지는 애덤스의 무력함과 대조적으로 그 자신이 정부기구를 통제하고 있음을 의미하는 것이었다. 왜 애덤스가 이런 장관들을 해임하고 믿을 만한 조언자들로 교체하지 않았는지는 알 수가 없다.[33]

행정부를 통제했던 것처럼, 해밀턴은 의회에 있는 자신의 계파에게도 지침을 내렸다. 당의 지도자로서 상원과 하원의 연방당원들에게 막대한 영향력을 행사했고, 공식적인 사무실 하나 없었지만, 정치적 위업은 결코 작지 않았다. 애덤스는 상비군을 옹호하지 않았으나, 해밀턴은 잠정군 법안이 통과된 뒤에 하나를 더 길러냈는데, 몇 개월 만에 연방당에서 승인한 '새로운 육군'the New Army이 그것으로 12개의 보병연대와 여섯 명의 중무장 기병대로 편성되어 있었다. 애덤스는 후에 해밀턴이 '대통령으로부터의 어떤 권고도 없이' 자신이 원했던 것보다 더 많은 병력을 제기하여 당황스러웠다고 불평했는데 옳은 말이었다. 비록 5만 명 규모의 부대를 구상했던 것은 아니었으나, 그럼에도 그것은 위대한 야망은 갖고 있지만 선거를 통해 자신의 꿈을 이룰 수는 없었던 해밀턴에게는 꼭 필요한 것이었다. 애덤스는 '새로운 육군'이 해밀턴의 야망을 성취하기 위한 도구로 보였다.

"5만 명의 육군은 … 내게는 편력하는 기사의 방탕한 사치처럼 여겨졌다. 해밀턴은 저 멀리 있는 행성의 거주자에 대해서 아는 것만큼도 미국인들의 심리와 감정에 대해 알지 못했다."

애덤스는 해밀턴이 상비군에 대해 절대로 권한을 행사할 수 없게 할 것임을 시사했다.[34]

상비군에 대해 이와 같은 부정적 의미가 너무나 확고히 마음속에 자리 잡고 있었기 때문인지 애덤스는 육군사령관을 지명하면서 거의 주의를 기울이지 않은 것 같았다. 그는 국가와 대통령직과 자신에게 있어 최악의 선택을 하고 말았다.

1798년 5월 19일 아침 해밀턴은 퇴임 후 마운트 버넌에서 지내고 있던 워싱턴에게 편지를 써서 몰려오고 있는 전쟁의 먹구름에 대한 평가, 공화당이 프랑스와 한통속이 되었다는 자신의 확신, 그리고 남부의 주들이 침략과 반란에 취약할 것이라는 우려를 전달했다. 그러면서 과거의 자기 주군에게 "조국의 군대를 각하께서 지휘해 줄 것을 다시 요청하는 국민의 목소리가 있을 수 있음"을 알렸다. 워싱턴은 그 생각에 대해서 완전히 일축해버리지는 않았지만, 자신뿐만 아니라 다른 많은 이들도 봉사할 수 있을 것이라 전하면서, 지휘권은 '인생의 한창때에 있는' 사람에게 맡겨지기를 희망했다.

한편 워싱턴은 해밀턴에게 글을 쓰면서 '만약에 자신이 지휘권을 맡게 되면, 그가 자신의 곁에서 함께 복무하는 것에 대해 어떤 생각을 갖고 있는지' 물었다. 해밀턴은 답장의 서두에 곧바로 질문에 답하면서, 자신이 '대단히 만족하고' 있으며, "다른 누구도 아닌 각하만이 … 그런 비상사태에서 국민의 자신감을 결합할 수 있다"는 생각을 밝혔다. 워싱턴의 복무에 대한 국가의 열망은 "열성적이고, 보편적일 것"이라고도 했다. 자신에 관해서 해밀턴은 기꺼이 '지휘계선 상의 감찰관'으로서 복무하기를 바란다고 했는데, 다른 말로 하면 제2인자의 위치를 언급한 것이다. 그는 워싱턴이 자신의 부하들을 지명하는 권한을 갖는 것과 '각하의 선택이 행정부를 통제하게 될 것임'을, 즉 애덤스 대통령을 통제하는 것을 '당연하게' 여겼다. 이런 모든 서신들은 의회가 '새로운 육군'을 승인하기 한 달 전에 세상에 드러났다.[35]

6월 말에 가까워질 때쯤 애덤스는 프랑스와의 긴장상태를 암시하는 편지를 워싱턴에게 써보냈다. 자신이 짊어진 부담과 책임을 언급하면서 그는 자신이 '(대통령으로서) 가장 필수적이라 할 수 있는 그런 군사에 관한 일에 대해 자격이 없음을' 자백했다. 그러면서 만약 워싱턴이 대통령의 직위로 다시 돌아온다면 국가적으로 보다 나은 일이 될 것이라며 워싱턴을 추켜세웠다. 군대를 만들어내는 일에 관해서는 이렇게 인정했다.

"모든 예전의 장군들을 소집해야 할지, 아니면 보다 젊은이들을 지명해야 할지 매우 당황스럽습니다. … 조언이 필요할 때마다 종종 여쭈어야 할 것 같습니다. 우리는 각하의 명의를 가져야만 하며, 각하께서 어떤 상황이 되었든 사용할 수 있도록 허락해주시기를 바랍니다. 육군의 다른 많은 것보다도 각하의 이름에 더 큰 효과를 기대할 수 있을 것입니다."[36]

워싱턴은 대륙군의 지휘를 맡은 지 23년 이상이 지난 독립기념일에 답장을 보내면서 대통령에게 확언했다.

"만약 대통령님의 정부를 지원하는 것이 나의 능력 범위 안에 있는 것이라면, 그것을 쉽게, 행복하게, 영광스럽게 바칠 수 있도록 대통령께서는 주저하지 말고 제게 명령만 내려주십시오."

둘 중 누구도 아직 육군의 지휘에 대해 언급하지 않았으나, 양측 모두 다 제안이 함축되어 있음을 알고 있는 것 같았다. 워싱턴은 계속해서 장교의 선발에 대해서 약간 긴 논의를 이어갔다. '과거의 장군들'은 더 이상 과업에 적합하지 않을 것이며, 대신 가용한 최고의 인재를 '계급에 무관하게 가장 최근의 육군'으로부터 선발해야 한다고 제안했다. 그는 마음속에 그와 같은 인재 목록을 가지고 있지 않았으나, 감찰감, 병참감, 부관감 등의 장군참모와 포병 및 공병 지휘관 등은 통수권자commander-in-chief가 완전히 신뢰할 수 있는 사람들이어야 한다는 것을 자신의 '결정된 의견'으로 제시했다. 따라서 그러한 장군참모들을 선택하는 것은 통수권자의 특권이 되어야 한다고도 했다. 분명히 워싱턴은 육군과 해군을 지휘하는 대통령에 대한 헌법적 용어인 '통수권자'와 자신이 맡게 될 '육군사령관'commanding general of the Army의 의미를 혼동한 것 같다.[37] 육군장관 매킨리에게 다음날 보낸 편지에서는 좀 더 명확히 기술했지만, 그의 설명에는 오류가 섞여 있었다.

> 내게 보낸 대통령의 편지는 비록 용어로 표현되지는 않았지만,
> 내가 이 나라의 군을 맡아주길 강력하게 바라는 뜻을 내비치는
> 것이었소. 그리고 만약 내가 대통령의 뜻을 옳게 받아들인다면,
> 장군들의 선발에도 도움을 달라는 것이었소. 이런 직위의 지명
> 은 중요하오. 장군참모 직위는 모두 중요한데, 만약 내가 통수권
> 자로서 보게 된다면 나에게 맞는 사람을 내가 고를 수 있어야 할
> 것이오.[38]

워싱턴이 이런 내용의 편지를 쓰고 있을 때, 이미 대통령이 그를 지명했고, 상원에서는 그를 중장으로서 육군을 지휘하도록as lieutenant general in command of the army 승인한 상태였다.

잘해보겠다는 의도로 애덤스와 워싱턴은 심각한 실수를 저질렀다. 아직도 워싱턴의 긴 그림자에서 서투르게 빠져나오고 있던 애덤스로서는 국가가 국가적 리더십의 개념과 워싱턴에 대한 영웅 숭배를 분리할 수 있도록 도울 필요가 있었다. 대통령직 이후 처음으로 맞은 비상사태에서 워싱턴을 돌아오게 한 것은 애덤스 자신의 공적인 위치뿐만 아니라 혁명의 공화적 원리에도 타격을 입혔다. 다른 사람 누구도 지휘에 적합하지 않고 반드시 워싱턴이어야 함을 암묵적으로 언급하면서, 군 지휘권을 대통령이자 장군이었던 전임자에게 위임한 것은 대통령직에 부여된 가장 중요한 헌법

적 기능을 손상시킨 것이다. 지금까지 미국인들은 8년의 혁명전쟁 기간 동안 자위(自衛)를 함에 있어서 괄목할 만한 회복탄력성과 열정을 보여주었었다. 게다가 녹스, 게이츠, 링컨, 핀크니 등과 같은 잠재력 있는 지휘관들도 가까이에 많이 있었고, 워싱턴이 선호한다고 말했던 대로 건강 상태가 좋고, 이전에 탁월한 성과를 냈던 '젊은 친구들'도 있었다.[39] 애덤스가 워싱턴을 지명함으로써, 유지하거나 또는 만들어나가야 할 가치가 있는 많은 원칙들이 희생되었다.

워싱턴은 다른 누구보다 그 중요한 책무를 더 잘 이해하고 있어야 했다. 그는 대륙군의 첫 번째 사령관이었고, 헌법하에서 초대 대통령이자 통수권자였다. 그는 이 두 가지 역할을 함에 있어서 엄청난 자기희생과 통찰력을 보여주었고, 이렇게 신중하게 세워진 전례는 그의 후임자들이 잘 지켜낼 본보기가 되었다. 그중에서도 가장 주목할 만한 행동은 현직자의 종신 재직권보다는 직책과 조직의 연속성이라는 원칙 — 즉, 사람의 정부가 아니라 법과 조직의 정부라는 원칙 — 을 존중하기 위해 자발적으로 두 가지 직위에서 내려온 것이었다. 그러나 다시 돌아오는 데 동의함으로써, 자신의 필수불가결성에 신임장을 주면서 동시에 대통령과 통수권자라는 두 개의 조직상 권위를 깎아내리게 되었다. 또한 대통령의 요청을 수락하면서 장군참모에 대한 지명권을 조건화하고 주장함으로써 군 통수권자인 대통령의 권한을 더욱 훼손했다. 헌법하에서 수많은 것을 구현했고, 대통령으로서 헌법의 원칙들을 기르고 숙성시켰던 워싱턴이 이제 애덤스에게 헌법 2조 2항에 분명히 명시되어 있는 대통령의 특권, 즉 정부 관료를 지명할 수 있는 권한을 내려놓으라고 요청한 것이다. 지금껏 상 받을 이를 정확히 평가해왔던 국가가 이 순간 워싱턴을 버린 것처럼 보인다. 워싱턴은 옳았다. 그는 더 이상 인생의 절정기가 아니었다.

육군장관 매킨리는 자신의 새로운 예하 지휘관과 의논하기 위해 워싱턴에 대한 애덤스의 임명장과 한 다발의 편지를 가방에 넣어서 마운트 버넌으로 갔다. 애덤스는 매킨리의 방문에 대해 설명하는 메모를 보냈는데, 거기에는 — 워싱턴의 동의 없이 그를 지명했기 때문이었는지 아니면 단순히 그의 전역 후 생활을 침범한 것에 대한 것인지 확실하지는 않지만 — 워싱턴에게 사과하면서, 그의 복무를 요청하는 내용을 담고 있었다. 한편 국무장관 피커링은 해밀턴이 감찰감으로 임명되는 것이 얼마나 중요한지를 말하는 편지를 썼다. 그는 애덤스가 해밀턴의 임명을 반대했고, 이러한 대통령의 생각을 바꾸기 위해서는 워싱턴의 영향력이 필요할 것이라고 언급했다. 각료들의 충성의 대상이 누구였는지 이보다 더 논쟁의 여지가 없이 명백한 증거는 찾기 힘들 것이다. 이에 답해, 워싱턴도 해밀턴의 필수 불가결성에 동의했다. "나도 당신과 생각이 같소. 그리고 그의 복무는 무슨 일이 있어도 보장되어야 하오." 매킨리는 또한 필라델피아에 있던 해밀턴으로부터 받은 편지도 가지고 갔다. 해밀턴은 워싱턴이 '어떤 사전 논의도 없이' 지명된 것에 의해 충격을 받았다고 하면서, 그가 이전에 제시했던 모든 이유들과 함께 '대통령이 군사적 주제에 대해 어떤 관련된 생각이나 선호하는 바가 없다는 것은 잘못된 것이기' 때문에 그의 임명을 받아들여야 한다고 재촉했다. 워싱턴은 매킨리와 새로운 육군의 편성과 장교들의 선발에 대해 3일 동안 논의했다. 매킨리가 출발하기 전, 워싱턴은 애덤스에게 보내는 편지를 써 '대중의 신뢰를 새롭게 입증해' 준 것에 감사를 표했다. 또한 '대통령이 언제든지 주저함 없이 워싱턴 자신에게 명령할 수 있다고 약속했던 것'에 추가하여 이번에 지명된 직책을 수용하기 위한 조건을 달았다.

> "군의 상황이 나의 현장 지휘my presence를 요하기 전까지, 또는 상황의 긴급성으로 인해 꼭 필요해지기 전까지는 전선에 나가지 않을 것입니다."[40]

휘하에 두고 같이 일할 장교들을 선발하면서 워싱턴은 분명하게 해밀턴을 감찰감으로 원했다. 그는 또한 어떤 위기로 인해 그가 현장에 가야 할 일이 생기기 전까지는 마운트 버넌에 머무를 작정이었고, 그러는 동안은 해밀턴이 실질적으로 군을 지휘하게 될 것이었다. 여기서 워싱턴은 정치적 민감성을 또 보여준다. 찰스 C. 핀크니가 평화사절단으로 프랑스에 갔다가 소기의 목적을 달성하지 못하고 돌아오고 있었다. 그는 존경받는 독립전쟁 시대의 장군이었고, 남부 주 출신으로 폭넓은 대인관계를 갖고 있었다. 그에 따라 프랑스의 공격목표가 될 (남부) 지역을 대표할 수 있는 사람인 데다, 프랑스의 천박함을 맞아 그가 행했던 일의 결과로 인해 지금은 매우 각광받는 정치인이었다. 워싱턴은 그를 장군참모단의 일원으로 발탁하고 싶었으나, 아마도 그가 해밀턴의 휘하에서는 복무하려 하지 않을 것이라고 생각했다. 워싱턴은 혁명전쟁 당시 포병 사령관이었고 자신의 첫 번째 육군장관이었던 헨리 녹스에 대해서도 같은 판단을 했다. 그럼에도 그는 새로운 육군을 위해 일할 전도유망한 장교들 목록을 작성할 때 몇 자리를 따로 떼어놓았고, 해밀턴을 감찰감으로, 그 뒤를 이어 핀크니와 녹스 등을 추천했다. 여기서 과거 워싱턴이 애기했듯이 인생의 황금기를 지나간 '늙은 장군' 둘을 한 명의 '젊은 피' 아래에 두었다는 것이 흥미로운 포인트다. 워싱턴은 자신이 완전히 믿고 확신할 수 있는 장교들을 장군참모로 쓰겠다는 원칙을 유지했다. 문제는 대통령이 그의 선택을 공감하고 존중하는가 여부였다.[41]

그렇지 않았다. 애덤스는 워싱턴이 제시한 명단의 제일 위에 해밀턴이 올라와 있는 것을 보았을 때 동요하지 않을 수 없었다. 대통령이 이제 자신이 만든 함정에 빠진 것이다. 즉 사전에 본인의 동의를 받지 않은 채 워싱턴을 지명함으로써, 직책을 맡기 위한 두 개의 조건 — 장군참모단을 지명할 수 있는 권한과 비상사태로 인해 전선의 부대로 가서 합류할 필요가 있기 전까지는 자가에 머무를 수 있도록 한 것 — 을 제시하고 상원에 의해 승인된, 아주 특별한 육군사령관을 갖게 된 것이다. 애덤스는 워싱턴의 명부를 상원에 제출했고, 상원에서는 해밀턴, 핀크니, 녹스 등의 소장 계급 임명을 그 순서에 따라 승인했다. 애덤스는 그 뒤 곧바로 필라델피아를 떠나 퀸시로 가서 7개월을 머물렀다. 하지만 그는 누구의 소장급 임명장에도 서명하지 않았다.[42]

대통령은 매사추세츠에, 국무장관과 육군장관은 필라델피아에, 육군

사령관은 버지니아에, 그리고 해밀턴은 뉴욕에 있는 상황에서 새로운 육
군을 조직한다는 것은 그야말로 골치 아픈 일이었다. 이들 사이에 수십 통
의 편지가 오갔다.[43] 매킨리와 피커링은 자신들과 대통령 사이에 있었던
논의나 서신 왕래에 대한 정보를 워싱턴과 해밀턴에게 제공했다. 워싱턴
과 해밀턴은 감찰감 업무, 녹스를 달래야 할 필요성, 그리고 핀크니의 정치
적 가치 등에 관한 정보를 주기적으로 교환했다. 워싱턴은 자신의 오랜 전
우인 녹스의 마음을 달래고자 헛된 수고를 했다. 대통령이 상원에서 승인
된 이름의 순서는 선임 순이 아니라고 선언함으로써 문제를 더 복잡하게
만들었다. 사실 대통령이 의도한 순서는 녹스가 지휘계선 상의 제2인자이
고 그 뒤에 핀크니, 그리고 해밀턴은 제4순위였다. 애덤스는 자신이 해밀
턴을 제2인자로 지명한다면, 그는 그것이 '나의 인생 전체에 있어서 가장
무책임한 행동이고, 가장 정당화하기 어려울 것'이라고 생각했다. 해밀턴
은 혁명전쟁 당시에 한낱 중령일 뿐이었고, 애덤스는 그를 외국인으로 간
주했다.

결말에 이르고 있음을 감지하면서 해밀턴은 매킨리에게 자신은 녹스
나 핀크니 밑에서 근무하지 않을 것이라고 말했다. 녹스도 매킨리와 워싱
턴에게 혁명전쟁 당시 자신의 계급이 높았던 것을 언급하면서 핀크니나
해밀턴의 휘하에서 근무하지는 않겠다고 화를 내며 말했다.[44] 애덤스는
8월 29일 매킨리에게 보낸 편지에 "이 일에 너무나 많은 음모가 있어왔다"
라고 다소 무덤덤하고 짧게 불평했다. 대통령은 워싱턴이 '완벽한 명예심
과 일관성을 가지고' 행하므로 비난할 여지가 없다며 잘못 믿고 있었다. 애
덤스는 자신의 직무에 대한 책임을 다 지겠다고 반복하여 강조했다.

"능력과 권한은 대통령에게 있소. 지금 이 순간 나는 이 권한을
사용하고자 하며, 그 결과에 대해서도 책임지겠소."

애덤스는 스스로를 최고의 높이로 고양하고 있었고, 아쉬운 대로 대통령
직에 걸맞게 성장하고 있었다.[45]

애덤스는 두 가지 점에서 옳았다. 하나는 이런 문제들은 그 책임과 권한이 대통령에게 있다는 것이고 다른 하나는 많은 음모가 얽혀 있었다는 것이다. 그 상당수가 자신의 각료들에 의해 조율되고 있었지만 말이다. 매킨리는 애덤스의 편지에 적혀 있던 그 '대통령의 권한과 음모들에 관한' 문장을 즉시 워싱턴에게 보고했다. 이것은 명백히 대통령과 장관 사이의 신뢰를 깨는 행위였다. 그리고 9월 1일, 국무장관 피커링은 워싱턴에게 보낸 '사적인' 편지를 통해 대통령이 소장들의 서열을 뒤바꾸려 한다면서, 대통령의 논리를 꼬투리 삼아 다소 상세하게 알렸다. 이로 인해 마운트 버넌으로 또다시 편지의 왕래가 빗발치게 되었다.[46)

워싱턴은 충돌을 더 이상 기다릴 수 없다고 결심했다. 9월 25일 그는 애덤스에게 직접 편지를 써보냈다. 먼저 자신이 애덤스 대통령의 '공적 지위'와 '개인적 인품'에 대해 무한한 존경심을 가지고 있음을 상기시키고 나서, 다음에 따르는 내용의 '솔직함'에 대해 미리 양해를 구했다. 편지의 주제는 '소장급 장성들의 상대적 서열에 대해 각하께서 내리신 변경된 지침에 관한 것'과 다소 사소한 주제나 장교들의 선발에 관한 것이었다. 그는 애덤스에게 "제 의견에 대한 어떠한 사전의 협의도 없이" 지명함으로써 자신을 '미묘한 입장'에 처하게 했음을 상기시켰다. 만약 애덤스가 자신의 동의를 기다렸다면, 아마도 "제가 어떤 조건에서 지명에 동의할지를 알게 되셨을 테고, 대통령께서도 그런 조건들이 허용될 만한 것인지 아닌지를 결심하실 수 있었을 것"이라고 했다. 그럼에도 불구하고 상원의 승인을 받고 난 후에 워싱턴은 애덤스에게 '장군들, 그리고 장군참모들은 저의 동의 없이 지명되어서는 안 된다'는 원칙이 얼마나 중요한지를 말했다. 그러면서 워싱턴은 다른 어떤 조건도 없었다고 단언했는데, 아마도 그가 긴급상황이 발생하기 전까지는 전선으로 합류하지 않고 마운트 버넌에 있겠다는 자신의 주장을 간과한 듯하다. 게다가 그는 매킨리에게 대통령이 그러한 조건들을 이해하고 동의하기 전까지 자신의 임명장을 그에게 반납하겠다고 말했으나, 매킨리는 그런 형식적인 절차는 불필요하다고 설득했다. 그리고 가장 문제가 되는 점에 이르러서 워싱턴은 소장들에 관한 애덤스의 결정이 '마지막이 첫 번째가 되고, 첫 번째가 마지막이 되어야 한다'라는 것임을 알게 되어 놀라웠다고 언급했다. 그는 다소 장황하게 왜 자신이 그런 순서로 명단을 작성했는지를 설명했는데, '민간 및 군사 행정기구 양측을 모두 지휘하고 운영했던 자신의 폭넓은 경험을 토대로 다른 이들이 할 수 있는 것만큼이나 정확하게 세 명의 장군들에 대한 견해를 형성했음'을 강조하면서 애덤스에게 생색내듯이 자신의 경력을 상기시켰다. 워싱턴은 또한 그가 애덤스에게 전에 보냈던 불명확한 용어를 넌지시 반복하여 '육군의 통수권자'the Commander in Chief of the Armies이라는 애매한 3인칭 표현을 썼다. 이 편지는 사퇴 위협은 아니었지만 거의 비슷한 것이었다. 편지를 끝맺으면서 그는 직접적으로 "세 명의 소장들 서열 순위에 대한 대통령의 결정이 최종적인지를 알려달라"고 요청했다. 그에 관한 대통령의 결심을 기초로 자신이 결정하겠다는 말은 직접적으로 하지 않았지만, 그 뜻은 분명히 담겨 있었다.[47]

　　애덤스로서는 정치적 부담이 너무 컸기 때문에 워싱턴을 사임하도록 둘 수는 없었다. 그는 워싱턴에게 세 명 모두의 임명장에 바로 그날 서명했다고 알리면서, "세 분들 가운데 우호적인 조정이나 동의가 있기를" 바란다고 했다. 만약 그렇지 않다면, 그들이 워싱턴에게 중재를 요청해야 할 것이며, 애덤스 자신은 워싱턴의 결정을 지지하겠다고 말했다. 근본적으로 애덤스는 자신의 권한을 워싱턴에게 위임했다. 비록, 마치 혼잣말하듯이 "현행 미국 헌법에 따라 대통령이 장교들의 계급과 서열을 결정할 권한을 가진다"고 덧붙이기는 했지만 말이다. 해밀턴이 제2의 지휘서열을 갖게 될 것이고, 핀크니가 그다음이었다. 트렌턴과 프린스턴에서의 승리 이후에 해밀턴 대위를 워싱턴에게 추천했던 장군이었던 녹스는 씁쓸해하면서 임명을 거절했다. 세 명의 서열을 정하는 문제로 옥신각신하는 사이, 새로운 육군 편성을 위한 그 귀한 시간이 석 달이나 지연되었다.[48]

　　애덤스는 이제 자신의 각료들이 자기에 대항하여 해밀턴과 공모하고 있음을 확실히 알게 되었다. 그리고 해밀턴을 높게 쓰려는 워싱턴의 여망을 알게 되자, 이제 전임 대통령이자 현재의 자칭 '육군 통수권자' 역시 그

2. 애덤스, 워싱턴, 그리고 해밀턴

들 무리로부터 정보를 얻는다고 추정하는 것이 합리적이었고 실제로도 그러했다. 애덤스는 후에 자신의 처지를 이렇게 한탄했다.

> "모든 나의 장관들과 매우 많은 상원과 하원의 의원들이 내게 반대하는 상황에서 나는 손발이 묶인 채 사슬로 바닥에 매여 있는 죄수보다도 자유롭지 못했다."

운명은 이때, 파리에서부터 돌고 도는 여행 끝에 막 보스턴에 도착한, 그동안 거의 잊혔던 엘브리지 게리라는 인물을 통해 애덤스가 딜레마에서 빠져나올 수 있는 길을 열어주었다. 게리는 지나치게 오래 파리에 머물러서 동료들의 미움을 받았고, 또 그 때문에 대통령의 호의도 받지 못했지만, 어쨌든 10월 4일에 퀸시에 있던 애덤스를 방문했다. 장시간의 대화 중에 게리는 그의 평화사절단 동료였던 존 마셜John Marshall이 지난 7월 임무를 마치고 돌아왔을 때 했던 말, 즉 프랑스는 전쟁을 원하지 않는다는 말을 정확하다고 확인해주었다. 실제로 게리는 탈레랑이 평화를 논의할 준비가 되어 있다고 털어놓았다. 이제 애덤스에게 고르디우스의 매듭을 잘라낼 수 있는, 즉 해밀턴을 거세하고, 자신의 정부와 군에 대한 통제력을 회복할 수 있는 수단이 생긴 것이다. 그는 자신의 때가 오기를 기다려야 했는데, 시간은 그의 편에서 일하기 시작했다.[49]

☆ ☆ ☆

전역하면서 마운트 버넌 밖으로 10마일 이상은 여행하지 않겠다고 공언했던 워싱턴은, 1798년 11월 초 사령관으로서 필라델피아에 돌아올 때, 숭배하듯이 모여든 군중 사이를 통과하여 말을 타고 달려왔다. 그는 새로운 육군을 편성하는 세부적인 일들에 빠져들었는데 가장 우선적인 것은 장교들을 모집하는 일이었다. 해밀턴과 핀크니 등을 만나면서 워싱턴은 장교단에서 공화주의자들을 배제할 것을 고집했다. 7월에 지명되고 난 후 첫 번째 각서에서 워싱턴은 제출된 지명자들을 살펴보고 나서 경고했다.

> "나쁜 정치적 원칙에 앞장서는 몇 명이 있을 수도 있고, 다른 어
> 떤 이들은 내가 그들의 본성을 잘못 보았을 수도 있는데, 이들 모
> 두 조사되어야 한다."

후에 워싱턴은 '정부 시책에 반대하는 싸움꾼들'이 '기술적이고 선동적인
담론을 형성하여 육군을 분열 및 오염시키고, 결정적인 순간에 혼란을 유
발하기 위한' 의도로 임명장을 노리고 있다는 얘기를 들었다. 이런 모의에
대한 워싱턴의 두려움은 이제 그의 내부에 깊게 뿌리박힌 당파심의 영향
을 받았다. 그는 자신의 의견을 냈다.

> "당신이 만약 흑인의 겉(피부)을 문질러서 백인으로 만들 수 있다
> 면, 자칭 공화주의자의 원칙도 바꿀 수 있을 것입니다.* 그리고
> 그(공화주의자)는 이 나라의 정부를 전복시키기 위해서 온갖 시도
> 를 다할 것입니다."

그로서는 해밀턴이 군을 정치화하는 일을 앞장서서 끌고 나가기보다
는 그저 순순히 따라오는 것처럼 보였다. 해밀턴은 1798년 8월 임명대상자
추천 명부를 제출하면서 단지 몇 페이지에서 이따금 대상자의 정당 가입
여부를 언급했고, 어떤 경우는 공화당 측 계열의 장교임에도 불구하고 추
천하기도 했다. 그러나 이후 몇 주 동안 진행된 워싱턴-해밀턴-핀크니 간
의 협의를 마친 뒤에 추천된 명부는 공화주의자들이 거의 보이지 않는 훨
씬 더 당파성 짙은 것이었다. 해밀턴은 '반연방주의가 여전히 있었고 … 정
부에 우호적인 친구들을 지목하는 것의 중요성에 매우 주의'했다며 유감
을 표했다. 하지만 그들은 '절대적으로 정당 성향만을 고려하여 지명한 것'

---

* 공화주의자의 사고와 태도는 쉽게 바뀌지 않을 것임을 강조하는 의미임.

은 아니라는 의미로 몇몇 의미 있는 공화주의자들을 낮은 계급으로 임관시켰다. 결국, 해밀턴이 매킨리에게 설명했던 것처럼, 그들은 육군뿐만 아니라 정부도 만들고 있었던 것이다. 해밀턴은 적어도 장교들을 임명하는 문제에 대해서는 워싱턴이나 의회의 다른 연방주의자들보다는 당파성이 옅었다. 비록 절대적으로 반대한 것은 아니고 정도의 문제라고 생각한 것으로 보이지만, 해밀턴은 지나치게 당파성을 지닌 장교단의 문제를 이해하고 있었던 듯하다. 애덤스는 각료들과 의회 내 당 지도부에 제출된 명단의 검토를 요청했다. 그런데 핀크니가 남부지역을 돌며 지도자들과 대화하기 전까지는 다섯 개의 남부 주 출신의 적절한 연방주의자를 찾을 수 없었다. 그때까지 애덤스는 그와 같은 부분적인 명단을 제출할 수 없다고 거부했고 이는 육군의 편성을 3개월 더 순연시킨 또 다른 지연전술이었다.[50]

　해밀턴과 워싱턴은 수도에 머물며 같이 일하던 동안, 그들의 오랜 친구인 육군장관 매킨리가 위기의 초기 단계에서는 자신의 직무에 적합하지 않다고 확신하게 되었다. 이전에도 해밀턴은 워싱턴에게 매킨리에 대해 털어놓기를, 그가 "자신의 위치에 전적으로 불충분하며, 거기에 더해서 불운하게도 그는 사실에 대해 최소한의 의심도 하지 않는 사람"이라고 했다. 이에 워싱턴도 "그런 견해는 상당히 근거 있는 것"이라고 안타까워하면서 동의했지만, 그들의 평가는 불공정했다. 매킨리가 수개월 동안을 육군의 모집과 보급을 위해 고군분투하는 동안 그가 직접 데리고 써야 할 부하들의 임명은 계류 중이었고, 서로 갈등관계에 있을 뿐만 아니라 지리적으로도 매사추세츠에서부터 버지니아까지 흩어져 있던 애덤스, 워싱턴, 해밀턴의 답신을 기다려야 하는 골치 아픈 업무지연 문제를 극복해야 했다. 게다가 누가 누구에게 명령을 내리는가 하는 현실적 문제도 있었다. 정상적이라면 워싱턴과 해밀턴보다 상관이었던 매킨리지만 그들보다 경험적인 면에서 모자랐던 데다 과거에 그들의 부하이기도 했던 것이다. 매킨리는 자신이 두 장군과, 프랑스에서 돌아온 핀크니, 대통령, 거기에 국무장관까지 이들 모두에게 압도당하고 있음을 알고 있었다. 이러한 모든 상관들 아래서, 그것도 서로 지리적으로 멀리 떨어져 있는 가운데서 매킨리가 어떻게 하면

더 잘할 수 있었을지 알기 어렵다. 문제를 더 어렵게 만든 것은, 그의 헌법적 상관이었던 애덤스가 의도적인 무관심으로 육군의 편성을 명백히 지연시키고 있었다는 것이다. 애덤스는 매킨리에게 이렇게 쓰기도 했다.

"현재로서는 프랑스군을 여기서 볼 수 있는 가능성은 천국에서
볼 가능성보다도 적네."

장군 서열을 정리하는 문제에서 앞지름을 당했던 애덤스는 군사적 혼선이 해밀턴의 구상을 방해하는 방향으로 악화되어가는 것을 기꺼이 허용했다.[51]

수도에서 몇 주를 지낸 후 워싱턴은 마운트 버넌으로 돌아갔고 육군의 편성에 관해서는 더 이상 관여하지 않았다. 그는 핀크니에게 남부지역 부대를, 그리고 해밀턴에게는 북부지역 부대를 지휘하게 했다. 하지만 감찰감이라는 해밀턴의 직책과 그의 지칠 줄 모르는 에너지, 그가 지닌 수도와의 상대적인 근접성 그리고 매킨리의 어수선한 관리 등이 결합되어 실질적으로는 해밀턴이 모두를 관장하게 되었다. 이 시점부터 해밀턴은 군 전체를, 지휘는 아니더라도 사실상 그의 통제하에 두었고, 모든 계획의 수립과 육군 편성의 발전, 그리고 관련 법안의 초안 작성 및 의회 위원회에 대한 조언에 이르기까지 자신의 구상을 구현하고자 했다.[52]

해밀턴은 새로운 육군에 대한 큰 그림을 갖고 있었는데, 즉 강력하고 중앙집권화된 연방정부의 쐐기돌keystone로 쓰일 강력한 상비군을 육성한다는 것이었다. 의회의 해밀턴 지지자들은 복무기간을 5년으로 정하도록 압박했고 3만 명 이상의 '사태대응 육군'Eventual Army을 승인했다. 복무기간 관련 법안은 통과하지 못했고, '사태대응 육군'안도 현실화되지 못했지만, 이 두 가지 시도는 상비군 설치를 위한 계획이 있었음을 분명히 보여주었다. 천성적으로 디테일에 강했던 해밀턴은 군복과 훈련 교범으로부터 병영 막사와 병원의 설계에 이르기까지 육군에 관한 제반사항을 관장하는 여러 규정들의 밑그림을 그렸다. 그는 새로운 육군이 침공해오는 프랑스

군에 맞설 뿐만 아니라 잠재적인 폭동을 제압하고, 남서부 또는 해외로의 공격작전까지도 수행할 수 있도록 하는 데 목표를 두고 있었다.[53]

국내문제에 대해 군대를 사용한다는 것은 특별한 논쟁거리가 되었는데, 이는 당파적인 장교들을 지명한 바로 다음이었을 뿐만 아니라, 공화주의자들의 정치적 행동에 대응하는 것으로 보였기 때문이었다. 1798년 11월과 12월, 버지니아와 켄터키의 주의회에서는 외국인법 및 차별법이 반헌법적이라는 것과 그러한 연방법의 집행을 거부할 권리가 자신들에게 있음을 선언하는 결의안을 통과시켰다. 비록 당시에는 알려지지 않았지만, 제퍼슨이 켄터키 법안을, 그리고 매디슨이 버지니아 법안을 비밀리에 작성했다. 연방주의자들에게 이러한 결의안들은 그들을 반헌법적이라고 했을 뿐만 아니라 반란의 전조로 보여 충격을 주었다. 이에 대해 해밀턴은 "버지니아와 켄터키에서 진전되고 있는 노선의 경향은 미국의 헌법을 파괴하는 것"이며 "정부를 전복하기 위한 공식적 음모라 하기에 완전한 증거"라고 언급했다. 그는 잠재적인 반란을 억제하기 위해 의회의 압력과 아울러 새로운 육군의 무력시위를 결합하기로 계획했다. 1799년 3월 펜실베이니아주에서 독일계 농부와 상인들이 연방의 과세에 저항하는 폭동을 일으키자, 해밀턴은 이들을 진압하기 위해 소요되는 것보다 훨씬 많은 숫자의 새로운 육군 소속 중대들과 지역 자원병들을 보냈다. 그는 매킨리에게 설명했다.

"장관님, 초기 단계에서 불충분한 병력을 투입함으로써 단순한 소요사태가 반란으로 확대되지 않도록 유의해야 합니다. 과도할지라도 조심하는 것이 훨씬 낫습니다. 정부가 무장해야 한다면 헤라클래스처럼 강해야 하며 힘의 과시를 통해 위압감을 느끼도록 해야 합니다."

애비게일 애덤스로부터 토마스 제퍼슨에 이르기까지 광범위한 비평가들이 해밀턴을 나폴레옹과 비교하기 시작했다.[54]

아마도 그들은 그 비교가 얼마나 적절한 것이었는지 잘 몰랐을 것이다. 해밀턴은 플로리다 또는 루이지애나를 침공하여 점령할 수 있도록 공격작전, 아니 원정작전까지 가능한 5만여 명의 육군을 만들고자 꿈꾸었다. 가장 멀리 상상의 나래를 펼쳐, 해밀턴은 멕시코 혹은 남아메리카로의 원정도 논의했다. 프란치스코 드 미란다Francisco de Miranda라는 한때 프랑스의 중장이었고 당시엔 남아메리카의 약탈자였던 인물이 해밀턴에게 접근하여 베네수엘라를 스페인으로부터 해방시키자는 모의에 가담시켰다. 해밀턴은 비밀리에 미란다에게 편지를 보내 미국의 새로운 육군을 해외로 전개하는 데 영국의 함대를 운용할 것을 언급했다. 그는 또한 연방당 하원의원 해리슨 그레이 오티스Harrison Gray Otis에게 프랑스 제국의 성장을 방해한다는 말로 표현하면서 자신의 계획을 알렸다.

> "멕시코와 페루의 부(富)가 프랑스로 이전되는 유일한 통로인 스페인을 남아메리카에서 떼어놓는 것보다 무엇이 더 그 목적을 좌절시키기에 나은 것일까요?"[55]

애덤스는 해밀턴의 거창한 계획을 결코 지지하거나 찬성한 적이 없다. 이들 두 사람은 군대의 운용목적과 개념, 그에 따른 적절한 편성 등에 있어서, 특히 프랑스의 위협에 대응해서 서로 대척점에 있었다.

> "나는 항상 '배! 배!'를 외쳤고, 해밀턴이 좋아하는 화두는 '병력! 병력!'이었습니다. … 키케로의 허영심과 소심함, 마르크스 안토니우스의 방탕함, 그리고 카이사르의 야망을 모두 갖고서 … 해밀턴의 목표는 5만 명을 지휘하는 것이었습니다. 내 목표는 이 나라를 방어하는 것이었고, 내가 알기로 이는 오직 해군에 의해서 좌우되는 것이었습니다."[56]

애덤스는 후에 해밀턴의 육군에 의한 원정계획을 알아채고 나서 "도대체 웃어야 할지 울어야 할지 … 미란다의 계획은 순수하지도 않을뿐더

112

러 거위들이 끄는 수레를 타고 달에 나들이 가겠다는 것보다도 더 허황된 것"이라고 말했다. 또한 엘브리지 게리에게는 "해밀턴과 당이 육군을 만들어 이를 해밀턴에게 지휘하게 하고, 이후 합법적 정부를 선언하여 해밀턴을 그 수반이라고 한 다음, 영국의 한 지방으로 귀속될 준비를 하고" 있다면서 비난했다. 분명히 애덤스 혼자서 상상의 나래를 펴고 있었다 할 수 있겠지만, 그는 해밀턴을 저지하기로 결심했다.[57]

커다란 압박이 있었음에도 불구하고 애덤스는 결코 프랑스에 대항한 전쟁 선포를 요청하지 않았다. 애덤스는 1798년 12월, 워싱턴, 해밀턴, 핀크니 등이 가까이에 있던 의회의 한 회의실에서 연설을 했다. 지금까지 애덤스가 보여준 그 천성대로 그의 메시지는 공화당 측에는 너무 호전적이었고, 연방당 측에서 보면 너무 평화적이었다. 그는 향후 협상을 위한 문을 약간 열어두고 전쟁의 선포를 또다시 연기했다.[58]

믿을 만한 특사들이 반복해서 전쟁은 피할 수 있다고 조언했다. 존 마셜은 1798년 여름에, 파리의 치욕스러운 경험으로부터 돌아와 영웅적인 환영을 받으며 귀국했다. 그럼에도 그가 여전히 평화를 유지할 수 있다고 말함으로써 호전적인 연방주의자들을 실망하게 했다. 엘브리지 게리는 10월에 돌아왔을 때 애덤스가 가진 그런 관점을 더욱 강화했다. 다음 해 1월, 애덤스의 아들 토머스가 유럽에서의 4년간의 휴식을 마치고 돌아왔는데 그동안 그는 거기서 당시 가장 유능한 외교관의 한 사람이었던 자신의 형 존 퀸시의 비서로 일을 했었다. 토마스는 형의 메시지를 가지고 왔는데 그 역시 프랑스가 협상할 준비가 되어 있다는 것이었다.[59]

1799년 2월 18일 애덤스는 상원에 간략한 메시지를 보냈으며 부통령 제퍼슨이 의자에 앉아서 큰 소리로 낭독했다. 누구와도 상의하지 않고, 특히나 그가 너무나 믿지 못하게 된 각료들과는 일체 상의하지 않고, 애덤스는 윌리엄 반스 머레이William Vans Murray를 프랑스 공화국의 특명전권대사로 임명했다. 애덤스는 두 단락의 메시지로 '연방주의자들이 깔고 앉아 있던 상비군 육성 논리' — 즉 프랑스와의 전쟁이 임박했다는 주장 — 라는 '방석'을 갑자기 잡아당겼다. 공화주의자들은 놀라면서도 고마워했다.

반면, 연방당은 회복이 불가할 정도로 분열되어서 많은 이들이 애덤스의 재선에 대한 지지를 거부했다. 피커링 장관은 '대경실색'했다면서, 애덤스가 "정부의 그 어느 누구와도 상의하지 않고 또, 우리가 모두 그에 반대하리라는 것을 알고 있었기 때문이라는 정말 어이가 없는 이유로" 머레이를 임명했다고 비난했다. 비록 머레이 외에 연방당에서 애덤스에게 강하게 요청하여 대표단에 두 명이 추가되었고, 이들이 파리에 도착하는 데 몇 개월 더 걸렸지만, 어쨌든 협상이 임박했다는 기대로 전쟁의 열기가 가라앉았다.[60]

1799년의 남은 기간 동안, 새로운 육군은 천천히 죽음을 맞았다. 고급장교들의 대부분은 연방주의파였으며, 인가된 1만 2천 명의 절반에도 못 미치는 병력만 보유할 뿐이었다. 한편 이를 위해 부과된 토지세로 인해 행정부는 점차 인기를 상실했고, 펜실베이니아 북동부에서 일어난 프라이 폭동Fries's Rebellion에도 그럴듯한 명분을 제공했다. 조지 워싱턴은 육군에 대한, 아니 그가 낙담하여 기록한 것처럼 '보다 정확히 얘기하면 육군의 배아 단계에 대한' 관심을 상실했고, 어떠한 또 다른 명령도 발령하기를 거부했다. 해밀턴은 미친 듯이 자신의 계획을 계속해서 밀어붙였고, 자주 매킨리의 관리능력이 부족하고 충분한 재원을 획득하지 못하는 것을 비난했으며, 애덤스의 의도적인 지연에 대해서도 험담했다. 언젠가는 매킨리에게 만약 대통령이 '너무 우왕좌왕하면' 자신들의 계획대로 밀어붙이겠다고 말하기도 했다.[61]

해밀턴은 10월에 애덤스에게 마지막 인터뷰를 청했다. 대통령은 퀸시에서 7개월을 지낸 후, 매년 정부가 필라델피아의 황열병 유행이 지나가기를 기다리면서 시 외곽에 설치해놓은 트렌턴의 임시막사로 돌아와 있었다. 소란스러운 각료회의 끝에 애덤스는 평화사절단을 파견하기로 최종적으로 결정했다. 해밀턴은 애덤스의 생각을 바꾸려 시도하기를 결심하고, 예고 없이 대통령의 숙소에 도착했다. 만남의 이유가 극명하게 달랐기에 그 조우는 각자가 서로에 대해 수년간 쌓여온 불만을 자세히 말하면서 몇 시간 동안 계속되었다. 애덤스는 자신이 침묵하자 해밀턴이 화를 냈다고 말했다.

> "그의 웅변과 열정이 그 작은 사람을 열이 나서 거품을 물 정도
> 로 흥분시켰다. … 비록 내 인생에서 그처럼 바보같이 말하는 것
> 을 들어본 적이 없었지만, 아주 기분 좋게 그의 이야기를 들었
> 다."

애덤스가 그런 해밀턴의 도발에 대해 그렇게 냉정하게 반응했다는 것을 상상하기 어렵지만, 어쨌든 둘 사이의 관계는 해밀턴이 떠나올 때 끝나버렸다. 그 이후로 그들은 불구대천의 원수가 되었다.[62]

그해 12월 워싱턴이 세상을 떴다. 나라 한쪽 끝에서부터 다른 쪽 끝에 이르기까지 전국에서 추모와 찬사가 이어졌다. 애덤스는 워싱턴의 지휘 공백을 채우거나 해밀턴을 진급시키는 것을 거부했다. 평화협상이 계속되는 동안, 의회는 처음에는 육군을 해체하지 않기로 결의했으나 더 이상의 병력을 징집하는 것에 동의하지 않았다. 그리고 육군의 유지에 필요한 비용이 정치적 쟁점이 되었다. 그해 5월, 연방당은 공화당이 공적을 얻게 되는 기회를 박탈하기 위해 군대를 해산하기 위한 법안을 먼저 제출했다. 애덤스는 군을 맹렬히 비난하고 즉각적으로 해체되어야 한다고 명령했다. 그는 만약 자기가 해밀턴에게 자유로운 통치를 보장해주었다면, 처음의 군대를 해산하기 위해 두 번째 군대가 필요했을 것이라며 남몰래 농담도 했다.[63] 공화주의자들은 1,800년 선거기간 동안 군대를 선거운동의 무기 campaign cudgel, 즉 주요 소재로 사용했다. 평화에 대한 전망이 밝아지면서, 그동안 연방주의자들이 보여준 군사주의, 과세, 채무, 전쟁 정책, 영국과의 동맹 가능성 그리고 미국민에 대한 상비군 운용의 위협 등을 비판할 수 있게 했다. 5월에 애덤스는 새로운 육군, 전쟁, 그리고 이를 재정적으로 뒷받침하기 위한 세금 등 인기가 없는 정책들로부터 거리를 둘 요량으로, 이미 너무 늦었지만, 매킨리와 피커링을 해임했다.[64]

자신이 소중히 여겨온 군대의 상실과 군사적 위업에 대한 자신의 탐

색이 끝나자, 이에 동요한 해밀턴은 평화를 추구함으로써 대통령에게 원수 갚기를 시행했다. 1800년 10월 해밀턴은 자신의 고유한 특성이 잘 드러나 있는 장황한 제목 — 〈미국의 대통령 존 애덤스 귀하의 공적 행동과 성격에 관한 알렉산더 해밀턴의 편지〉 — 으로 분노 어린 팸플릿을 발간했다. 그는 애덤스가 "행정부에 적합한 재능을 가지고 있지 않다"고 주장하면서, 주요한 단점으로 '솟구치는 열정'을 드러내고야 마는 '통제 불가한 성질머리'를 들었다. "애덤스는 종종 자기 통제력을 상실하고 그에게 접근하는 사람들에게 매우 화가 난 행동을 하는, 즉 발작적으로 화를 내는 경향이 있다"고 썼다. 또 이러한 분노 폭발의 원천은 '역겨운 이기주의, 병적인 질투심, 그리고 통제할 수 없는 경솔함' 등 대통령 본인의 성격에 있다고 했다. 요약하자면 당시 재선을 노리고 있던 애덤스는 '국가수반의 자리에 부적합'하다는 것이었다. 그 논문은 둘 다를 곤란하게 하여, 해밀턴의 무례함을 더욱 부각하는 한편, 애덤스의 개인적 불안정성에 대한 역사적 동의를 굳히는 데 도움이 되었다. 애덤스가 대통령 선거에서 지자, 더 강력한 적 제퍼슨의 당선과 연방당이 곤경에 빠진 것에 대해 상당한 부분의 비난이 해밀턴에게 돌아갔다.[65]

대통령직을 떠난 뒤 한참 후에, 해밀턴이 에런 버Aaron Burr에 의해 살해당하자 애덤스는 정적이었던 해밀턴의 인생 전반과 성격을 신랄하게 평가했다.

> "해밀턴은 많은 단점을 갖고 있었다. 그의 출신은 지독히 나빴는데 출생지와 기초교육을 받은 곳은 외국이었고 그의 재산은 가난 그 자체였으며, 우상숭배와 간음과 근친상간 등 삶의 부도덕성은 멀리 그리고 널리 알려져 있었다."

애덤스는 해밀턴이 "매춘부들을 다 빼낼 수 없을 만큼 엄청나게 많은 은닉처를" 갖고 있었다고 비방했다. 해밀턴에 대한 애덤스의 증오는 그의 긴 인생 내내 줄어들지 않은 채 남아 있었다.[66]

너무 늦어서 선거결과에 영향을 미칠 수는 없었지만, 11월에 프랑스와의 평화조약, 모르퐁텐 회담the Convention of Mortfontaine에 관한 이야기가 전해졌다. 애덤스는 자신의 대통령직을 대가로 평화를 지켜냈다. 그가 사무실을 떠날 준비를 하면서 자신의 아들에게 소감을 털어놓았다.

> "나의 작은 경고 소리는 찌르는 듯한 유황 냄새를 동반한 천둥과 번개와 우박의 소용돌이에 뒤덮여 버렸지만, … 내 어깨가 부담으로부터 해방된 것을 느낀다."[67]

☆ ☆ ☆

혁명전쟁 기간 중 최저점이었던 1780년, 알렉산더 해밀턴이 이끄는 일단의 국가주의자 의원들이 활력이 넘치는 중앙정부를 꿈꾸며 연합을 결성한 이래, 강력한 방위체제defense establishment 구축은 그들 국가주의자들의 핵심 목표였다. 1783년 워싱턴이 대륙군 사령관으로부터 물러나 전역하면서 그동안 자신이 깊이 숙고해왔던 미래 '평화 건설'에 대한 비전을 제시했다. 그는 상비군이라 부르지 않도록 주의하면서 변경을 따라 지은 요새에 배치된 소규모 보안대, 전략적 위치에 저장된 무기와 탄약, 규모는 작으나 신속히 확장할 수 있는 해군, 그 해군과 상호 방호력을 제공하는 연안 방어체계, 그리고 장교들에게 전문적인 군사교육을 전하고 확산시킬 수 있는 사관학교 등을 준비할 것을 주장했다. 워싱턴과 국가주의자들 그리고 뒤이은 연방주의자들은 20년 이상 연이은 비상사태를 활용하여, 자신들의 계획에 대해 국민적 동의가 점차 융합되어 불어나도록 대중의 여론 그리고 제퍼슨파공화주의자의 반대까지도 끌어들여서 이러한 체제를 구축하고자 했다. 셰이스의 반란Shays's Rebellion 이후, 국가주의자들은 중앙정부와 그 방위력을 강화하기 위해 연합규약Articles of Confederation의 개정을 요구했다. 그러한 요구들이 헌법제정회의Constitutional Convention의 출범을 이끌었다. 해밀턴은 헌법에 명시된 군사관련 조항의 논리를

《The Federalist》지에 실었고, 재무장관으로서 거의 혼자서 재정-군사 기구를 만들어 중앙정부의 발전을 견인했다. 워싱턴 행정부 기간 중 발생한 연이은 위기를 겪으면서 민병대는 접경지역의 방어에 부적합하다는 것이 입증되었고, 정부는 그런 위협에 대처하기 위한 비상대응부대emergency forces를 육성했다. 워싱턴이 임기를 마치고 떠나자 연방주의자들은 평시의 방위체제를 수립했는데, 여기에는 조직적으로 성숙해가고 있던 육군부War Department와 사관학교를 제외하고 그들이 주창했던 모든 것과, 상비군을 제외하고 그들이 갖고자 했던 모든 것이 포함되었다.

그 후 위기가 발생하자, 그들은 두려움을 과도하게 증폭시켰다. 절반 가량의 국민들이 새로운 군대가 편성되면 자유가 위협을 받을 것이라고 인식했고 또 대통령도 결심을 주저하고 있었음에도, 정규군의 편성을 강요하는 등 도를 지나쳤다.

애덤스는 재임 동안 프랑스와의 평화를 추구했다는 점에서, 특히 첫 번째 평화사절단이 그렇게 형편없는 대우를 받았음에도 불구하고 두 번째 사절단을 파리로 보낼 결심을 한 점에서 좋은 평가를 받을 만하다. 동시에 그는 영국을 계속 가까이에 두었다. 그는 워싱턴이 고별연설에서 당부한 외교정책의 처방, 즉 유럽의 강대국들과 평화를 유지하되, 어느 누구와도 동맹을 맺지는 말라는 지침을 효과적으로 이행했다. 어려움이 있었지만, 애덤스는 유럽에서 전쟁의 소용돌이가 점차 확대되는 가운데 국가의 통합과 성장에 집중하기 위해 철저히 중립을 유지했다.

비록 대통령으로서 첫 번째 해와 그 후에 좀 더 이어서까지 여러 실수를 했고, 그중 가장 악명 높은 것들로 외국인법과 차별법 등이 있지만, 애덤스는 점차 대통령직에 적합한 인물로 성장했다. 한때 자신의 행정부에 대한 통제력을 상실함에 따라 그의 마음은 온통 그것을 되찾는 데 집중하였다. 그렇다고 해서, 주기적인 퀸시 체류에서 볼 수 있듯이, 그가 기대만큼 항상 활발하게 그것을 추구하지는 않았으나, 프랑스에 머레이를 특사로 보내겠다고 기습적으로 발표한 것처럼 애덤스는 자신의 때를 기다리면서 기회의 순간에 대비했다.

또한 그는 비록 너무 늦기는 했지만, 골치 아픈 매킨리와 피커링 장관을 두 번의 신속한 타격으로 해임함으로써 외교 및 군사 정책에 대해 완전한 통제권을 되찾았다. 그리고 의회가 새로운 육군을 해산하는 법안을 제출하자, 애덤스는 이를 재빨리 승인하고 일정에 박차를 가했고, 때맞춰 해밀턴도 끌어내렸다.

워싱턴은 해밀턴을 위해서 자리를 비켜주기 전까지는 장교단에 연방주의자들을 모집하고 공화주의자들을 배제하기 위해 열성을 다했다. 확실히 과거에 임용되었던 경험이 있던 사람들은 연방주의자일 가능성이 높았는데, 워싱턴은 이들을 재임용하면서 공명정대하게 보이기 위한 어떤 꾸밈도 하지 않았다. 가장 당파적이라고 알려진 해밀턴조차 장교단이 얼마나 한쪽으로 치우쳤는지 보고 놀랐다. 당파적 모집이라는 행동을 지속한 것은, 그렇게 오랫동안 정당의 정신을 개탄해왔고 또 자신의 고별연설에서 그것을 비난했었던 워싱턴에게는 어울리지 않아 보였다. 미국 역사상 유일하게 순전히 당파적인 군대를 모집하도록 워싱턴을 이끌었던 충동은 그 누구보다도 그것이 군과 국가에 미치는 위험을 잘 알고 있었어야 할 사람에게는 특별히 파멸적인 것이었다. 애덤스가 대통령직에서 물러난 뒤 몇 년 후 지난 시절을 회상할 여유가 생겼을 때, 어느 기자에게 "워싱턴 대통령은 공적인 생활 밖으로 절대 나가시지 않았거나, 혹은 다시 들어오시지 말았어야 했어요"라고 털어놓았다. 애덤스는 자신의 기관에 관한 문제에 있어서는, 워싱턴을 그의 동의 없이 육군 사령관으로 지명했던 것처럼 쉽게 간과했지만, 그럼에도 워싱턴에 대한 애덤스의 판단은 옳았다.[68]

알렉산더 해밀턴 역시 그의 특별한 경력을 통해서 국가의 군사체제를 구축하기 위해 다른 누구보다도 많은 일을 했다. 그는 국가주의자들이 정치적 연합체를 설립하여 일관성 있는 군사 프로그램을 받아들이고 그것을 한 세대 동안 추구하도록 도왔다. 그는 헌법제정회의에서 헌법상 군사 관련 조항들의 작성을 지원했고, 《The Federalist》지를 통해 그러한 군사체제를 강력한 중앙정부와 긴밀하게 연결하는 이데올로기적 구조를 발전시켰다. 재무장관으로서 그는 군사체제를 지원하는 재정 프로그램의 탄생과 성장의 막후에 있던 에너지원이자 천재였다. 또한 제임스 매킨리가 제반 절차를 합리화하고, 육군부를 관료기구로 제도화하는 것을 돕고 지도했다. 하지만 해밀턴은 장기간의 경력 속에서 군대에 대한 미국인의 전통적인 두려움에 대해서 둔감했음을 분명히 드러냈다. 그는 군이 공화국에 가할 수 있는 위협에 대해 거의 관심이 없었고, 군사정책에 관해 광범위한 정치적 동의를 만들어낼 필요가 있다는 생각을 거의 하지 않는 등 무책임하게 행동했다. 정말로 그의 당파성은 다른 어떤 단일의 요소만큼이나 많이 연방당 시대의 군사정책에 대한 정치적 논쟁을 불러일으켰다. 애덤스 행정부 동안 권력에 대한 자신의 엄청난 야망을 충족시킬 가능성이 거의 없다 보니 해밀턴은 스스로 군사주의의 화신, 즉 강성 지휘자the man on horseback가 되었다.

해밀턴은 군사적 영광을 갈망했다. 그는 워싱턴에게 사실상 지휘권 포기를 종용했고 그 기회를 타 대통령에게 직접 귀속되었던 권한을 잡으려 했다. 그는 자신의 에너지와 현명함을 발휘하여 군대를 더 확장시키고, 연방주의자들이 오랫동안 소중히 여기며 추구해온 국가상비군, 그것도 자신이 사령관이 되는 상비군을 보유하겠다는 목표를 달성하기 위해 애를 썼다. 그는 바보 같이, 어쩌면 반역의 의도로, 국내의 정치적 반대자들을 향해 군대를 사용하겠다는 복안을 가졌고, 플로리다, 루이지애나, 멕시코 그리고 남아메리카로의 작전도 구상했다. 분명히 이런 장대한 계획은 어느 하나도 실현될 수 없는 것이었는데, 부분적으로는 새로운 육군이 인가된 병력의 절반 수준도 획득하지 못했기 때문이지만, 무엇보다 애덤스 대통령이 그렇게 진행되도록 놓아두지 않을 것이었고, 해밀턴 자신도 대통령의 헌법상 권한에 대놓고 도전하고자 하지 않았기 때문이었다. 어쨌든 새로운 육군은 결코 국가의 조직이 되지 못했고, 오히려 그 구성원의 편성 측면과 의도된 목적 면에서 모두 당파적인 성격을 지녔음이 드러났다. 애덤스는 자신의 헌법적 권한을 되찾았고, 자신의 대통령직을 지키기 위해서 의회와 연합하여 새로운 육군을 해체함으로써 해밀턴을 무력화했다. 하지만 그로 인한 정치적 피해를 피할 수 없었다. 군사정책에 대한 논쟁이

1800년 선거의 결정적 이슈가 되었고, 제퍼슨주의자(공화주의자)들이 최초로 권력을 장악하게 되었으며, 궁극적으로 건국 초기 미국 정치의 한 축을 담당하던 연방당의 해체를 견인했다. 외국인법과 차별법도 역설적으로 유익한 효과를 가져왔는데, 그들 법안에 반대함으로써 공화주의자들은 영국식 모델과는 많이 다른, 즉 연설의 자유에 대한 미국식 개념을 구체화하여 앞으로 여러 세대에 걸쳐 일어나게 될 정치적 소수자 및 반정부 시위자들에 대한 보호를 명시한 수정 헌법 제1조*를 탄생시켰다. 해밀턴은 패배하여 비통해하면서 화난 채로 군 경력을 마치고 국가적 무대에서도 절뚝거리며 떠났다. 마땅한 일이었다.[69]

군대에서 장교의 역할과 정치적 리더십 간의 상호 중첩되는 영역의 존재는 프랑스와의 유사 전쟁 기간 중 일어났던 몇 가지 쟁점들을 설명해준다. 당시의 장교들은 군 복무를 일생 동안의 전문적 소명으로 생각하지 않았는데, 그 이유는 미국에는 소규모의 변경지역 보안대를 제외하고는 정규군 부대가 없었기 때문이었다. 연이어 발생하는 위기에 대응하기 위해 정부는 각 상황에 맞설 소규모 부대를 창설했다. 그 결과 군 장교단에 연속성이 부재했다. 소장급 장성들을 지명했을 때, 모두 군복을 벗은 지 10년 이상이 되었지만, 헨리 녹스는 혁명전쟁 중 그 계급에서 복무했던 것을 이유로, 그리고 예비역 중령이었던 해밀턴은 그의 뛰어난 민간 복무를 이유로 들어 지명했다. 만약 정규군이 잘 유지되어 존재하고 있었다면, 새로운 장군을 지명할 이유가 없었을 것이다. 단순히 현역 중에서 가장 자격 있는 고위급 장교들을 할당하면 될 일이었다. 동일한 논리가 하위계급에도 적용될 수 있다. 상비군을 가지고 있는 정부는, 완벽한 연방주의자로서의 자격을 기초로 장교들을 지명함에 따라 당파성 논쟁을 만들어내기보

---

*   미국 수정 헌법 제1조(The First Amendment 또는 Amendment I)는 특정 종교를 국교로 정하거나(국교 금지 조항), 자유로운 종교 활동을 방해하거나, 언론의 자유를 막거나, 출판의 자유를 침해하거나, 평화로운 집회의 자유를 방해하거나, 정부에 대한 탄원의 권리를 막는 어떠한 법 제정도 금지하는 미국의 헌법 수정안이다. 권리 장전을 구성하는 10개의 개정안 중 하나로 1791년 12월 15일 채택되었다.

다는, 전문직업주의적 생활수단으로 장교의 직을 추구한 사람들의 경험과
그들이 이룩한 성취에 따라 임명할 수 있었을 것이다. 상비군에 대한 반감
은 국가를 군사전문가가 부족한 상태로 남겨놓았다. 그런 전문가는 오랜
복무 그리고 개인적인 특성에 맞는 위임된 복무를 통해 드러난다.

이러한 장교 지명에 대한 논란에다 해밀턴의 군사력 운용계획, 특히
그가 군대를 '자코뱅' 반대파에 대해 사용할 수도 있다는 두려움이 널리
퍼져 상비군에 대한 불신이 강화되었다. 위협은 현실적이지 않았으나, '새
로운 육군'이 야기한 공포와 분노는 실제적이었다. 작지만 효과적인 변경
지역 보안대와 정치적 목적을 염두에 두고 육성된 '새로운 육군' 간의 명
백한 대조를 드러냄으로써, 해밀턴의 지나친 욕심(예: 해외 원정이 가능한 5만
명의 상비군)이 오히려 연방주의자와 공화주의자를 망라한 정치적 스펙트럼
전반에서 전자를 '적합한 형태'의 상비군으로 받아들이는 데 도움을 주었
다. 역설적으로, 해밀턴과 새로운 육군이 진정한 정규군 부대, 즉 서부 접
경지대 방어 이상의 능력을 보유하고, 오랜 시간 복무한 리더들 — 언젠가
전문직업장교로 불릴 사람들 — 에 의해 지휘되는 그런 부대의 발전을 더
디게 했던 것이다.

정치-군사 간 분열의 이면(裏面)에서, 애덤스가 행한 정치적 조치들
은 그의 재임기간 동안에 단지 그 개인에게만이 아니라, 대통령실과 통수
권자로서 대통령의 헌법적 권한에도 놀랄 만한 성장을 가져다주었다. 애
덤스는 전임자에 비해서, 그리고 자신의 각료, 의회, 해밀턴 등과의 정치
적 관계 면에서, 약자의 입장으로 취임했다. 그는 프랑스와의 전쟁 가능성
이라는 감지된 위험이 가장 컸던 순간에 자신의 정치적 인기가 가장 컸음
을 알았고, 동시에 대통령의 군 통수권을 상실하는 씨앗도 심었다. 취임 후
6개월 안에, 그는 그가 요청하지 않았던 군대, 그리고 시민의 자유 제한,
전설적인 전임자와의 갈등, 그가 불신했던 사실상의 육군사령관de facto
army commander 등을 마주하게 되었다. 정치적 평판의 정점은 그의 추락을
예고하는 것이었다. 마찬가지로 정치적 권한의 최저점은 책략이 풍부한
애덤스가 대통령으로서 자신의 지위를 회복하기 위해 용의주도하고 조심

스럽게 행동하도록 압박했다. 결과에 무관하게 분명히 파괴적이었을 전면전을 선포하는 대신, 국제적 중립 정책을 유지하는 가운데 프랑스와의 평화협상을 추진함으로써 애덤스는 그의 부활을 위한 기초를 다졌다. 두 번째 평화사절단을 임명하여 끝까지 해내게 하고, 자신에게 불충한 각료들을 해임하며, 새로운 육군을 해체하고 해밀턴을 무능화시킴으로써 애덤스는 대통령직 자체를 강화하면서 임기를 마무리했다. 이러한 조치들은 프랑스와의 평화조약과 마찬가지로 너무 늦어서 애덤스의 재선을 성공시키지는 못했으나, 미국 정치사의 긴 여정 속에서 대통령의 직위와 권한 그 자체에 대한 공헌에 비교하면, 그가 사무실을 계속 보유하는 데 실패한 것은 하찮아 보일 뿐이다.

애덤스는 훗날 자신의 묘비에 그가 프랑스와 평화를 지켰다는 것만 써달라고 말했다. 하지만 그의 인생에 걸친 업적은 훨씬 더 광범위하고, 대통령으로서 남긴 유산도 더 심오한 것이었다. 그는 전쟁을 회피했을 뿐만 아니라, 군을 해체하는 부정적 조치에 의한 것이기는 하지만 외교 사령탑이자 군의 통수권자로서 자신의 우위를 재확인함으로써 정부기관인 대통령직과 육군을 구했다. 그는 워싱턴과 해밀턴의 다른 꿍꿍이가 있었던 정치화로부터도 육군을 구해내어 자신의 라이벌이자 후임자인 제퍼슨이 정부의 책임 있는 수단으로 군을 개혁하도록 허락했다. 가장 큰 아이러니는 이렇게 가장 당파 싸움이 치열했던 시기에 애덤스가 자신의 정적인 제퍼슨이 통수권자의 역할이 유지되는 대통령직을 떠맡으리라는 것과 당이 아닌 국가를 위해 복무하게 될 군대를 영속하게 하리라는 것을 믿었다는 것이다.

존 애덤스 대통령의 마지막 유산은 똑같이 심오하나, 훨씬 많이 오해받는 것이었다. 애덤스는 하원에서 결정된 씁쓸한 선거 경쟁 후에 마침내 자신의 라이벌에게 대통령직을 넘겨주었다. 이는 아마도 미국 역사상 남북전쟁을 제외하고 가장 상대에 대해 원한이 사무친 듯한 험악한 정치적 분위기 속에서 이루어진 평화적 권력 이양으로, 미국의 정부 시스템에 중요한 이정표를 세운 것이었다. 애덤스는 대통령직에서 내려오면서 공화국은 정치적으로 전환되더라도 살아남을 수 있다는 점, 야당도 통치할 수 있다고 믿어야 한다는 점, 그리고 군대는 다른 당의 새로운 대통령에게도 복종하리라는 점 등을 입증함으로써 헌법적 책임에 대한 중요한 본보기를 만들었다.

아이러니하게도 공화주의자인 제퍼슨이 연방주의자들의 국방 관련 의제들을 받아들여 그들이 성취한 것들 어느 것도 폐지하지 않고, 심지어 오랫동안 연방주의자들이 소중히 여겨온 목표를 달성하기도 했는데, 바로 취임 후 1년 만에 국가급 사관학교를 설립한 것이다. 그는 야당의 프로그램을 섞어서 반죽하여 자기 행정부의 의세로 만들어낸 최초의 — 그러나 분명히 마지막은 아닌 — 대통령이었다. 제퍼슨은 그것을 육군의 '고상한 개혁'이라고 불렀는데, 확실한 것은 그 역시 당파성 없는 중립적인 군대에 관해서는 해밀턴보다 더 나은 개념을 갖고 있지 못했다는 것이다. 하지만 이후 30여 년 동안 웨스트포인트에 있던 사관학교는 — 중간중간 끊기기는 했지만 — 지속적으로 성장했고, 전문직업주의적 복무의 원칙에 따라 당파성을 초월하는 국가의 장교단을 만들어냈다. 국가적으로 '상비군'을 받아들이기까지는 아직 갈 길이 멀었지만, 어쨌든 첫걸음은 뗐다.

3
매디슨의 전쟁
Mr. Madison's War

1811년의 말엽에 인디아나 준주Indiana Territory 주지사 윌리엄 헨리 해리슨William Henry Harrison은 소규모의 정규군-민병대 혼성부대 지휘관이 되어 티피카누강Tippecanoe River 입구의 선지자 마을prophetstown이라 불리던 쇼니족the Shawnee 마을 바로 바깥에 진을 치고 전투준비를 했다. 해리슨이 그동안 인디언들을 압박하여 훨씬 더 작은 구역으로 몰아넣는 강제적 조약체결을 해왔던 터라, 쇼니족과 그들의 부족동맹은 점점 호전적으로 바뀌어 있었다. 그들은 백인 정착지를 습격했는데, 때로는 영국의 지원을 받기도 했다. 인디언들은 해리슨의 전진을 또 다른 도발로 인식했고, 11월 7일 여명이 트기 직전에 해리슨의 야영지를 공격하여 심각한 피해를 입혔다. 해리슨은 부대를 재편성하여 역습을 실시했고, 그 일대에서 인디언들을 쫓아냈다. 인디언 측은 100여 명, 해리슨 부대는 그 두 배 정도의 사상자가 발생했다. 다음 날 해리슨은 선지자 마을과 거기에 비축되어 있던 인디언들의 겨울 식량을 불태웠다.[1]

여러 가지 측면에서 티피카누 전투는 다가올 1812년 전쟁의 전조가 되었다. 정치지도자이면서 군사지휘관으로서 필요시 양측 입장으로 쉽게 전환할 수 있었던 당시의 미국 지역사령관은 워싱턴과의 소통, 워싱턴으로부터의 지원이나 전략적 지침이 거의 없는 가운데 독립적으로 작전을 수행했다. 그는 임무를 수행하기에 너무 숫자가 적으며 훈련이 부족하고 성급히 편성된 부대를 지휘했다. 그리고 자신의 노력으로 어떤 의미 있는 성과를 거두지 못하더라도 제한된 승리만을 갖고서 미국 군대의 승리라면서 자화자찬했다. 하루가 끝났을 때, 전략적으로 미국에 유리한 방향으로 변화되는 것도 거의 없었다.

☆ ☆ ☆

비록 급진적 공화주의자로 인식되기는 했지만, 토머스 제퍼슨 대통령은 대체로 연방당의 외교정책을 지속 유지했고 특히, 외국과의 동맹결성을 회피했다. 제퍼슨 행정부는 나폴레옹 전쟁이 유럽을 휩쓸고 있을 때 들어섰고, 거의 전수방어(全守防禦)적인 군사정책을 추구했다. 그는 연방당의 군사시설을 그대로 남겨두었으나, 이를 유지하는 데 필요한 예산을 거의 쓰지 않았고, 정규군 부대도 줄였다. 제퍼슨은 방어선의 주력부대로 좀 더 공화주의적인 민병대를 선호하여, 예상되는 적의 침입을 저지하고, '정규군의 필요성이 확실해진 후에, 그것을 육성할 시간을' 벌 수 있도록 임무를 부여했다. 그는 프랑스와의 유사 전쟁 당시 애덤스가 계획했던 해군 전력을 삭감하고 대신 미국 연안선을 방어하기 위해 주로 담수brown-water에서 작전하는 포(砲)함선gunboat 위주의 함대를 건설했다. 한편 그는 자신의 작은 정부 원칙을 깨뜨리고, 미국 선박의 항행을 보호하기 위해 소규모 함대를 지중해까지 보내기도 했다. 제퍼슨은 또한, 미국 육군사관학교를 웨스트포인트에 설립하는 법안에 서명했는데 그의 목적은 전문직업적인 장교단을 만들기 위해서였다기보다는 국가급 과학대학scientific university을 만들고 육군을 정치적으로 개혁하기 위해서였다. 제퍼슨은 1803년 루이지애나 준주를 구입함으로써 미국의 영토를 기존에 비해 두 배의 크기로 확장시키기도 했다.[2)]

영국과 프랑스는 1805년 이후 10년 동안 대체로 지속되는 분쟁 가운데 있었다. 1805년 나폴레옹은 베를린 칙령Berlin Decree을 공표하여 영국

의 물품을 실은 배에 대해 유럽의 모든 항구를 닫으려 시도했고, 영국도
이에 대응하여 프랑스와의 모든 대양무역을 차단하라는 의회명령Order in
Council을 발령했다. 이 두 개의 조치는 미국의 통상에 타격을 가했고, 양국
모두 미국 상선에 올라 미국 선원들을 자신의 함대를 위해 강제로 징모함
으로써 물리적 피해에 모욕까지 보탰다. 그러나 바다에서는 영국이 훨씬
더 강했기 때문에, 또한 영국에 대한 공화주의자들의 전통적인 반감으로
인해 영국의 약탈이 프랑스의 약탈에 비해 마음속에 더 깊이 사무치는 것
이었다. 제퍼슨의 대응은 유럽국가와의 무역에 대해 통상금지 조치를 취
하는 것이었으나, 대체로 효과를 보지 못했고 미국 경제에, 특히 공화주의
자들이 가장 인기 없었던 뉴잉글랜드에는 정말로 해로운 것이었다. 그가
후임자에게 넘겨준 미국은 크기 면에서 두 배가 되었으나 유럽발 악영향
에 대해 분열되어 있었고 취약한 상태였다.[3]

1809년 취임 당시 제임스 매디슨은 개인적으로 그리고 원칙적인 문
제로 인해 허약한 대통령이었다. 헌법 1조 1항*은, 입법부의 권한을 세웠
고 정부 내에서 의회의 우선권을 존중하는 공화주의자들의 정통적 신념을
드러내는 조항이었다. 매디슨은 제한된 정부, 제한된 과세, 작은 군대 등의
공화주의적 원칙을 확고히 준수함으로써 전임자의 정책을 지속 유지했다.
제퍼슨이 의회의 공화주의자들을 통제함으로써 많은 영향을 미쳤던 것과
달리 매디슨은 그러한 카리스마나 정치적 수완은 없었다. 그는 미국 역사
상 가장 뛰어난 정치사상가 중 한 사람이었으나 다른 이들을 지배하려는
경향이 전혀 없었다. 쾌활한 그의 아내 돌리Dolley에 의해 밀려나고 가려
진, 그 작은키가 162.5cm 정도였음 매디슨은 자신의 논리력이 활력 넘치는 리
더십을 대체한다고 기대하는 듯 행동했다. 전운이 감돌기 시작하자, 재무
부 관료였던 리처드 러쉬Richard Rush는 매디슨에 대해 "커다란 꽃 모양의
모표가 달린 작고 둥근 모자를 쓰고 다니는 작은 총사령관"이라고 묘사했

* 　미국 헌법 제1조 1항은, "이 헌법에 의하여 부여되는 모든 입법 권한은 미국 연방 의회에
　　속하며, 연방 의회는 상원과 하원으로 구성된다."

다. 그는 전쟁하는 대통령 같지 않았다.[4]

매디슨의 임기가 1년이 되어갈 때쯤, 미국 경제를 손상시키고 미국의 자주권을 방해하는 국제 상황에 대해 많은 미국인이 진저리를 내고 있었다. 게다가 서부 접경지역으로 주민이 확장되어가면서 정착민들이 더욱 자주 인디아나 준주와 미시간 준주 지역의 인디언들과 접촉하게 되었다. 영국인 정착민들과 영국군은 아예 대놓고 보란 듯이 미국의 확장에 대항하여, 미국과 경쟁하던 인디언 부족들을 지원했다. 그리하여 1810년 선거에서의 슬로건은 영국과의 전쟁이었다. 1811년 69명의 새로운 하원의원이 142석의 하원에 합류했는데 그들 중 많은 수가 남부 및 서부의 공화주의자들로 자신들을 '매파'War Hawks라 불렀다. 이들 호전적인 의원들의 모임이 초선의 헨리 클레이Henry Clay를 하원의장으로 선출했지만, 연방당 의원들과 공화당의 중도파 의원들은 이를 두려워하지 않았고, 그러다 보니 제12대 의회는 역사상 가장 다루기 힘든 의회 중 하나가 되었다.[5]

매파들 역시 공화주의자들이었고, 그들이 전쟁을 지지한다고 하더라도 그것은 공화주의적 원칙에 따라 수행되어야 했다. 재무장관 앨버트 갤러틴Albert Gallatin은 전쟁은 '그것과 분리할 수 없는 … 채무, 끊임없는 과세, 군사시설, 그리고 부패를 조장하거나 반공화주의적인 습관이나 조직 등의 해악(害惡)' 없이 수행되어야 한다고 주장했다. 1811년 공화당 의원들 대다수는 전쟁을 준비하기 위한 육군과 해군의 강화에 반대하면서도, 자신들이 기꺼이 전쟁을 강력히 지지하는 것처럼 보여주었다. 그들은 해군의 함정 건조를 늘리는 것을 반대했는데, '상설된 해군시설로 야심을 가진 행정부의 손에 강력한 엔진을 건네주지 않기' 위해서라고 했다. 비록 실패했지만, 의회에서는 육군을 철저히 폐지하는 안을 표결에 부치기까지 했다. 또한 공화주의적 원칙에 의하면 전쟁을 지원하기 위해 세금을 올리는 것은 저주와도 같은 것이어서 전쟁은 차관을 통해서 치러져야 했다.[6]

1812년 1월, 의회는 전쟁에 대비하여 정규군을 3만 5천 명까지 증원하고, 대통령에게 5만 명의 자원병 획득과 10만 명의 민병대를 소집할 수 있도록 인가하는 법안 등을 승인했다. 그러나 그해 중반에 이르렀을 때까지도, 정규군 병력은 가까스로 1만 2천 명 선에 머물렀고, 자원병이나 민병을 모집하는 것도 마찬가지로 어려움에 봉착했다. 클레이 하원의장과 매파 의원들은 대통령으로부터의 전쟁 메시지를 요구하고 있었다. 6월 1일 매디슨은 '영국이 미국 선원들을 강제 징집하는 것을 멈추고, 미국의 항행을 영국 해군으로부터 보호하며, 미국 영토 내에서 영국과 인디언 간의 동맹을 해체하기 위해서'라는 세 가지 분명한 목적을 위해 전쟁을 선포할 것을 의회에 요청함으로써 그들을 만족시켰다. 그런 다음 대통령은 전쟁 메시지의 말미에, "미국이 이처럼 진화해가는 약탈과 점차 쌓여가는 악행하에서 계속 수동적인 태도를 가질 것인지 아니면 천부적 권리를 보호하기 위해 무력 대 무력으로 맞설 것인지" 하는 실제로 궁금한 질문을 던졌다. 이것은 "국가의 특성과 독립"에 관한 문제였고 혁명의 후예 중 첫 세대가 그것을 "지킬 힘과 의지를" 갖고 있느냐 하는 문제였다. 또한 많은 이들에게 그 문제는 이제 막 새로 등장한 국가가 생존을 위해 싸울 것인가 아니면 영국의 위협에 굴복하여 밑으로 들어갈 것인가 하는 문제였다. 대다수 의원들과 대통령은 영국과의 전쟁이 명예가 걸린 문제라는 데 동의했다.[7]

전쟁 법안이 뜨겁게 논의되었다. 연방주의자들과 전통적 공화주의자들, 특히 뉴잉글랜드의 대표들이 전쟁 반대를 주도했고, 모든 연방주의자들이 반대표를 던졌다. 미국 선박과 선원들, 그리고 뉴잉글랜드의 경제적 이익에 끼친 영국의 해악에도 불구하고, 연방당은 프랑스보다는 영국을 지지하는 그들의 전통을 유지했고, 통상금지와 같은 공화주의적 반영anti-British정책에 완강히 반대했다. 그들로서는 영국과의 전쟁에 반대하는 것이 이데올로기적 일관성을 견지하는 것이었다. 뉴잉글랜드는 전쟁 내내 일부러 꾸물거릴 태세였다. 하지만 매파들은 전쟁 선포에 대한 찬성을 밀어붙여, 미국 역사상 전쟁 선포에 관한 표결에서 찬반 표 차이가 가장 근접한 결과 — 하원에서는 79 대 49, 상원에서는 19 대 13 — 로 결의안을 통과시켰다. 전쟁 법안이 통과하고 있을 때 영국 정부는 대양무역을 차단하라는 의회명령을 폐기함으로써 주요한 전쟁 이유를 제거했지만, 소식이

너무 늦게 워싱턴에 도착하는 바람에 전쟁을 피할 수 없게 되었다.[8]

☆ ☆ ☆

해상에서의 쟁점이 전쟁의 주요한 원인이었지만, 대부분의 전투는 미국과 캐나다의 국경에서 발생했다. 당시 미 해군에는 애덤스 행정부 이후에 새로 건조한 프리깃함이 없었고, 건조 중인 배도 전혀 없었던 터라, 미국이 원해에서 영국 해군과 경쟁할 수 없다고 생각했기 때문이지만, 캐나다를 정복하는 것이 미국의 전략적 초점이 되었다. 헨리 클레이는 "캐나다는 목적이 아니지만 수단으로서의 가치가 있다. 전쟁의 목표가 피해에 대한 보상을 얻는 것에 있다면, 캐나다는 그러한 보상을 얻을 수 있게 하는 도구가 될 수 있다"고 언급했다. 미국이 미시시피강을 따라 막 침입하기 시작했을 때, 캐나다는 대서양 연안의 핼리팩스로부터 세인트로렌스강을 거슬러 올라 오대호Great Lakes까지 펼쳐져 있었다. 인구는 약 50만 명으로, 8백만에 육박하고 있던 미국 인구와 비교되었다. 당시 캐나다는 지리적으로 상부현재 온타리오 지역와 하부현재 퀘벡 지역의 두 부분으로 나눌 수 있었다. 전략적 관점에서 볼 때, 세인트로렌스강은 상부 캐나다의 영국군에게 없어서는 안 될 병참선이었고, 만약 미국이 몬트리올 혹은 퀘벡에서 강을 통제할 수 있게 된다면 영국군은 절대적으로 불리한 입장에 처하게 될 것이었다. 정말로 미국인들은 자신들의 전망대로 그렇게 할 수 있으리라 생각하며 자만했던 듯하다. 토머스 제퍼슨은 하부 캐나다를 정복하는 것은 '단지 행군하는 정도일 것'이라고 예측했다. 그러나 미국은 세인트로렌스강을 통제할 수 있는 해군력도, 몬트리올을 점령할 수 있는 육군도 모두 없었다. 게다가 매디슨 행정부에는 그러한 사실들이 지니는 의미를 평가하고 전달하는 전문적인 군사 조언을 할 수 있는 사람도 부족했다. 그리하여 행정부는 노력의 중점을 상부 캐나다에 두는 무리한 결정을 했다.[9]

10여 년간 이어진 공화당의 통치는 육군부에 긍정적인 성과를 거의 남겨놓지 못했다. 육군장관 윌리엄 유스티스William Eustis는 믿을 만한 공화당의 정치인이었지만 행정가는 아니었다. 장군 참모가 없는 가운데 11명의 경험이 부족한 직원들의 보좌를 받으면서 유스티스는 군의 사령관이자, 작전장교, 보급장교 등의 기능을 수행해야 했다. 그는 실제로 혁명전쟁 기간 중에 연대의 의무관으로 복무하기도 했지만, 공세적인 전쟁을 위해서 수천 명의 병사들을 증원하고 그들을 장비할 물자들을 확보해야 하는 육군부를 운영할 능력은 없었다. 그는 곧 자신이 세부사항의 진창에 빠져 더 큰 전략적 결심을 간과하고 있음을 깨달았다. 한 의원은 유스티스는 "우리가 손에 들고 있어 우리를 움직일 수 없게 만드는 무거운 짐"이라며 한탄했다. "그가 부적합하다는 것은 자신만 제외하고 모든 사람에게 명백하다."[10]

육군 장교단도 더 낫지는 않았다. 선임 장군이었던 제임스 윌킨슨 James Wilkinson은 혁명전쟁 참전용사였으며, 드문드문 군에 복무하면서 부업으로 켄터키주에서 상인과 토지 투기자로, 루이지애나 준주의 주지사로, 에런 버*의 남서부제국 계획 공모자로, 그리고 스페인에서 돈을 받는 첩자로서 21년을 일했다. 나중에 전쟁의 젊은 영웅 중 한 사람이 된 윈필드 스콧Winfield Scott은 윌킨슨을 반역자, 거짓말쟁이, 건달이라고 지칭하고, 그 사람 밑에서 복무하는 것이 창녀와 결혼하는 것만큼이나 치욕스럽다고 단언함으로써 한때 군법회의에 회부되기도 했다. 말이 많았던 스콧은 당시의 다른 장교들에 대해서도 오로지 경멸하기만 하면서, 그들을 지칭하여 "으스대며 의존적이고, 부패한 신사들로 … 어떤 군사적 목적에도 완전히 부적합"하다고 했다.[11]

그렇게 열악한 인적 풀을 물려받은 매디슨은 일반 민간인 중에서 그들의 공화주의적 업적이나 지역에서의 정치적 영향력, 또는 두 가지 모두

---

* 에런 버 2세(Aaron Burr, Jr, 1756. 2. 6 ~ 1836. 9. 14)는 미국의 정치가로, 반연방주의자이다. 1801년에서 1805년까지 토머스 제퍼슨 행정부의 부통령을 지냈다. 루이지애나 준주에서 민병대를 조직해 루이지애나 준주를 빼앗아 새로운 친프랑스 국가를 만들려는 음모를 계획하고, 친구인 제임스 윌킨슨과 함께 멕시코를 공격하여 '멕시코의 황제'라 참칭했으나 윌킨슨의 배신으로 실패했다.

를 고려하여 군의 고위 지휘관으로 임명하기로 결심했다. 또 다른 혁명전 쟁 참전용사였던 헨리 디어본Henry Dearborn은 1812년 1월 소장으로서 육 군의 선임장교가 되었다. 디어본의 주요한 자격요소는 그가 제퍼슨의 육 군장관을 역임했다는 것이었으며, 당시 그는 육군의 계급을 낮추고 예산 을 줄이는 공화당의 정책을 이행했었다. 이제 그는 61세로 늙고, 뚱뚱하 며, 지나치게 조심스러운 데다 자신의 고향인 뉴잉글랜드에서 연방주의자 들의 폭동이 전망됨에 따라 잔뜩 긴장한 상태였다. 그런 연유로 그가 나아 갔어야 할 두 곳, 즉 직접 지휘할 수 있는 전선으로 가거나 그의 군사적 조 언을 간절하게 필요로 하는 행정부를 위해 워싱턴으로 가야 했으나, 그보 다는 보스턴에 머물러 있고자 했다. 불행하게도 그는 어느 쪽에서도 임무 를 잘 수행할 능력은 없었다.[12]

　'공화주의자의 전쟁수행 방식'을 보여주는 또 다른 예로, 매디슨은 육 군의 전력이 가까스로 하나의 축선에서 공격할 정도에 불과했음에도, 상 부 캐나다에 집중하여 세 개의 축선을 따라 공격하기로 결심했다. 대통 령은 뉴욕 주지사 대니얼 D. 톰킨스Daniel D. Tompkins를 포함한 북동부의 공화주의자들을 기쁘게 할 수 있으리라 기대하면서, 챔플레인 호수Lake Champlain 통로를 따라 세인트로렌스강과 몬트리올까지 밀고 올라가도록 명령했다. 퀘벡시가 강의 핵심 요충이었으나, 그곳은 방비가 강한 데다 영 국 해군으로부터 보급이 잘되는 지역이었고, 뉴잉글랜드로부터는 너무 멀 어서 민병대에게 북부의 삼림지대를 가로질러 가서 싸우도록 설득할 수 없었다. 중앙지역의 공세는 이어리 호수와 온타리오 호수 사이의 나이아 가라 계곡을 중심으로 지향했고, 이것은 뉴욕 서부의 공화주의자들, 특히 매파 의원이었던 피터 B. 포터Peter B. Porter를 달래기 위한 것이었다. 마지 막으로 서측 축선은 이어리 호수와 디트로이트 주변의 미시간 준주를 지 향했다.[13]

　세 개 축선 공격의 또 다른 이유는 지역적인 고려가 종종 국가 전략 을 압도한다는 데 있다. 국가의 전략목표는 캐나다를 정복하여 영국이 협 상 테이블로 나오게 하는 것이었다. 하지만 매디슨은 위에서 언급한 것처

럼 톰킨스, 포터, 클레이 등의 공화주의자들로부터 지역의 지원을 얻어야
할 필요성을 느꼈다. 마찬가지로 남서부에서 크리크 인디언이 그랬듯이,
테쿰세Tecumseh 예하의 인디언 연합이 북서부에서 커다란 위협이 될 태세
였다. 지역의 적에 대항하여 싸우기 위해 자원병과 민병대를 모집하는 것
이, 국가목표를 좇아 테네시에서부터 세인트로렌스에 이르기까지 전개하
도록 사람들을 유도하는 것보다 훨씬 쉬운 일이었다. 게다가 수송과 병참
선의 원시적인 상태는 지역적 통제의 타당성을 강화하고, 워싱턴으로부터
의 전략적 협조를 어렵게 했다. 비록 지역적 군사활동이 대개 서로를 지원
하지 않기도 했지만, 마찬가지로 어느 한 곳에서의 손실이 다른 곳에서의
패배를 의미하는 것은 아니라는 자위적(自慰的) 고려도 있었다.[14]

　헨리 클레이는 "켄터키의 민병대만으로도 몬트리올과 상부 캐나다
를 발 아래에 놓을 수 있다"며 호언장담했다. 클레이의 예측은 낙관적이
었음이 증명되었다. 행정부는 서부 축선의 공격을 지휘할 자로 윌리엄 헐
William Hull을 선택했는데, 그는 정치지도자와 군사지도자로서의 역할을
수시로 바꿔가며 수행하던 또 다른 본보기였다. 미시간 준주의 주지사였
으며 59세의 혁명전쟁 참전용사였던 헐은 최근 뇌졸중으로 인해 동작이
느려져 있었다. 그의 부하들은 그를 '늙은 여인네'라 지칭했는데, 그가 영
국 정규군, 민병대, 그리고 인디언들조차도 쉽게 싸워 이겼던 캐나다로 공
격해 들어가는 것을 멈춰 세운 것을 들어 그런 별명을 붙인 것이었다. 헐
은 디트로이트강을 넘어서 퇴각해 돌아와 디트로이트 요새 안으로 숨어
들어갔고, 곧 총 한 발 쏘지 않고 항복했다. 군법회의는 그의 비겁한 행동
에 대해 사형을 선고했으나, 매디슨 대통령이 사면해주었다. 1812년의 서
부 축선 공격은 대재앙이었다.[15]

　전쟁이 시작되기 전에 행정부에서는 디어본에게 챔플레인 호수 방향
과 나이아가라 지역 두 곳에서의 공격작전 지휘를 맡으라고 재촉했으나,
사고가 많았던 이 장군이 넘어져 다치는 바람에 몇 개월 동안을 보스턴에
있는 집에서 갇혀 지내게 되었다. 기다림에 지친 나머지 톰킨스 주지사는
부유한 연방주의자 스티븐 밴 랜슬래어Stephen Van Lansselaer에게 뉴욕 민병

대와 나이아가라 전선 지휘를 맡겼다. 이를 통해 톰킨스는 전쟁에 대한 연방주의자들의 반대를 무마하고 그의 주요한 재선 경쟁자를 압도하기를 희망했으나, 랜슬래어를 선택한 것은 두 가지 측면에서 잘못된 것이었다. 그는 매디슨의 전쟁에 대해 목소리 높여 완강히 반대하는 연방주의자였고, 군사적 경험과 기술이 없던 사람이었다. 그가 귀족주의적인 영국인 적들과 휴전의 깃발^{백기}기 아래서 격의 없이 교제하고 있을 때, 공화파가 대다수를 차지했던 그의 부하들은 분노로 들끓고 있었다.

하지만 서부 축선에서의 헐의 실패는 랜슬래어에게 전진하라는 커다란 압박이 되었고, 그리하여 10월에 그는 퀸스톤 고지Queenstone Heights에서 나이아가라강을 건너 공격할 것을 명했다. 공격 초기는 성공적이어서 유명한 영국군 장군을 사살하고 거기서 적군을 괴멸시켰다. 그러나 점령한 곳의 진지를 강화하고자 할 때 랜슬래어는 많은 수의 민병대원들이 미국 땅을 떠나려 하지 않는다는 것을 알게 되었다. 부분적으로는 헌법에 기초한 양심의 가책[16] 때문이었으나 대체로 그들의 장군 랜슬래어가 직접 그들을 이끌려 하지 않았기 때문이었다. 영국군이 반격했고, 영국 측 기슭에 건너와 있던 1천여 명의 미군은 항복할 수밖에 없었다. 랜슬래어는 돌연 사령관직을 사임했다.[17]

1812년 7월 디어본은 올버니로 가서 또다시 4개월을 기다린 후에 몬트리올을 향한 진격을 시작했다. 이것은 랜슬래어가 패배한 한 달 뒤의 일이었고, 오랜 후에야 공격부대들 간에 서로 지원이 가능하게 되었을 것이다. 디어본의 6천 명 상당의 정규군과 민병대는 세인트로렌스강에 이를 때까지 굼뜨게 행군해갔다. 거기에 도달해서는 민병대가 캐나다로 건너가기를 거부했다. 디어본은 남쪽 방향으로 후퇴했고 다시는 적과 접촉하지 못했다.[18]

1812년 말, 앨버트 갤러틴은 상부 캐나다 전역에 대해 '우리의 경험 없는 장교들과 훈련이 안 된 병사들에 대해 최소한의 믿음만을 가진 이들의' 기대마저도 저버리는 '불행의 연속'이었다고 요약했다. 《필라델피아 오로라》지는 군대를 등한시해온 공화주의자들의 태도를 비난했다.

"군사 조직이 격하된 상태로 유지되어온 것이 우리에게 암울한 보복을 가져왔다."[19]

세 개의 단절된 공격은 병력, 통신, 상호지원 그리고 리더십의 결여로 실패했다. 행정부의 전략은 만신창이가 되었다.

육군과는 달리, 미국 해군의 장교와 수병들은 숙련된 베테랑이었고, 그들 중 많은 이가 유사 전쟁(1798~1800)과 트리폴리 전쟁(1801~1805)*에 참전하여 싸웠다. 다수의 영국 해군 전력이 프랑스와의 전쟁에 투입된 것이 사실이지만, 애덤스의 해군 건설로 인해 남겨진 17척의 미군 전함이 영국 해군에 대해 놀랄 만한 공격력을 보여주었다. 6월에는 미국의 컨스티튜션Constitution함이 영국의 프리깃함 구에리에리Guerriere를 상대로 승리하여 '오래된 철갑함'Old Ironsides이란 별명을 얻었다. 4개월 뒤 유나이티드 스테이츠United States함이 영국의 마세도니안Macedonian함을 나포하여 뉴포트로 귀항했다. 12월에는 컨스티튜션이 자바Java함을 대상으로 한 일대일 교전을 통해 또 한 번 승리했다. 프랑스와 20년간 전쟁하면서 단 한 명의 손실만을 보았던 영국 해군에게서 거둔 이러한 승리들은 캐나다에서의 형편없는 전투 이후 절실히 필요했던 미국의 사기 고양에 크게 기여했다.[20]

☆ ☆ ☆

해군의 승리는 캐나다의 국경선을 따라 수행된 지상 전역을 잘못 관리하여 갖게 된 행정부의 당혹감을 감추기에는 불충분했다. 그러한 손실들은 계획수립, 동원, 수송, 통신 그리고 각급 제대별 리더십의 실패였고, 특별히 전쟁이 시작되도록 했던 과도한 자신감에 비추어볼 때 생각하기

---

* 제1차 바르바리 전쟁(The First Barbary War, 1801~1805) 또는 트리폴리 전쟁이나 바르바리 해안 전쟁은 미국과 바르바리 국가로 알려진 북서 아프리카 이슬람 국가들(트리폴리, 튀니스, 알제리)과의 전쟁이다.

어려운 패배였다. 불과 6개월 후에는 어떻게 미국이 이길 수 있다고 희망했는지조차 알 수 없게 되었다.

이런 실패들이 '리틀 지미' 매디슨의 약점에 대한 우려를 불러일으켰다. 헨리 클레이는 그가 "전쟁의 폭풍에 완전히 부적합하다. 자연은 그를 너무 자비로운 주형에 넣어 주조했다"고 단언했다. 그럼에도 불구하고 매디슨은 대체로 후보자 지명을 거부한 상대측 연방당의 허약함과 공신력 있는 경선을 시작하는 데 늦은 당내 라이벌 드위트 클린턴DeWitt Clinton이 꾸물거린 덕분에 그럭저럭 재선에 성공했다. 매디슨의 승리는 전쟁이 지속될 것임을 의미했다. 문제는 어떻게 지속되는가였다.[21]

매디슨은 육군장관과 해군장관을 교체함으로써 그의 두 번째 임기를 시작했다. 그의 각료들은 유별나게도 서로 갈라져 있었고, 그리고 매디슨도 그런 각료들을 다루기 위해 시도한 것이 거의 없었다. 게다가 육군장관 유스티스는 육군의 패배에 대해 전반적으로 비난받을 만했고, 아무도 해군장관 폴 해밀턴에게 해군 승리의 공적을 돌리지 않았다. 새로운 해군장관 윌리엄 존스는 함대를 훨씬 더 질서 있게 만들었으나, 새로운 육군장관을 찾는 것은 더욱 어려웠다. 국무장관 제임스 먼로James Monroe가 잠시 육군장관직을 자신의 경력에 추가하게 되었으나, 기실 그는 두 직책 모두로부터 풀려나와 중장 계급을 달고 사령관직을 맡기를 희망했다. 매디슨은 먼로가 단지 훗날 대통령에 도전하기 위한 스펙을 쌓으려는 것으로 여겨 그의 요청을 거절했다. 대신 육군장관직은 뉴욕의 존 암스트롱에게 돌아갔는데 그는 예전에 뉴버그 반란모의 연설을 작성했던 암스트롱 소령 바로 그 사람이었다. 암스트롱은 곧 음모자라고 불리던 평판에 부합되게 살았다. 그 역시 대통령으로 선출되기를 희망하고 있었으나 얼마 지나지 않아 나머지 각료들과 또 의회의 많은 의원들과도 소원하게 지냈다. 그럼에도 자신이 담당하던 부서에 대해서는 전임자들보다 더 강력하게 통제했다.[22]

1813년 봄이 되자 육군은 3만 명의 무장병력을 보유하게 되었다. 암스트롱은 국가를 아홉 개의 군사 분구로 나누고 각 분구를 책임질 정규군

장교를 두었다. 전체를 지휘하는 장군은 별도로 없었고, 대체로 암스트롱 자신이 그 역할을 담당했으나 이를 뒷받침해줄 장군참모도 없었다. 그는 1813년에는 몬트리올을 향한 공격준비 차원에서 이어리 호수와 온타리오 호수를 통제하는 데 중점을 둘 것을 제안했다. 다시 한번 엉성한 시행이 계획의 발목을 잡았다. 1813년 9월 10일, 기록의 밝은 면을 먼저 보자면, 올리버 해저드 페리Oliver Hazard Perry가 영국군에 비해 적은 전력이었음에 도 불구하고 이어리 호수에서 빛나는 해상전 승리를 쟁취했다. 전투 후 그 가 보낸 전문(電文)은 그야말로 해군의 간명성을 정확히 보여주는 걸작이 었다.

> "우리는 적과 조우해 승리했다. 전과는 두 척의 군함, 두 척의 횡 범선brigs, 한 척의 종범선schooner, 그리고 한 척의 외돛배sloop."

하지만 1813년 말경 미국은 시작했을 때보다 승리에 더 가까이 가지 못하고 있었다. 더구나 행정부는 다시 한번 하부 캐나다를 무시하고 세인 트로렌스강으로 공격하여 그것을 통제함으로써 호수에 있는 영국군 부대 들을 굶주리게 할 요량이었다.[23] 이러한 기이한 부주의의 원인은 재정과 정치에 있었다.

행정부는 전쟁지원을 위한 증세를 거부했고 이로 인해 4천만 달러를 빌려야만 했다. 미국의 부(富) 상당 부분이 뉴욕과 뉴잉글랜드 지역에 분포 해 있었는데 이곳은 연방주의와 반전주의자들의 온상이었다. 정부는 자신 이 반대하는 전쟁에 투자하도록 재산가들을 좀처럼 설득할 수 없었다. 뉴 잉글랜드에서는 전체 소요 중에 단지 3만 달러를 제공했다. 현금이 부족 하자 재무장관 앨버트 갤러틴은 결국 잠재력 있는 대금업자이자 세인트 로렌스 계곡 일대에 20만 에이커의 땅을 소유하고 있던 데이비드 패리시 David Parish를 찾아냈다. 패리시 수입의 대부분은 캐나다와의 활발한 밀수 를 통해 얻었다. 그는 당시 미국의 단기 소요 대부분을 충족시킬 수 있는 750만 달러를 제공했고, 그 대가로 온타리오 호수로부터 몬트리올로 전진하는 자연적인 통로인 세인트로렌스강을 따라 프레스코트Prescott와 옥덴 버그Ogdenburg 마을 부근에서 정부가 손을 뗄 것을 제안했다. 놀랍게도 행정부가 동의했다.[24] 만약 전쟁이 정치의 연속이라면 정치와 돈은 전략을 만들 수 있고, 실제로 만들었다.

1812년과 1813년의 전역은 어쨌든 용사들과 그들의 젊은 장교들을 숙달시켰다. 헐, 랜슬래어, 디어본, 그리고 윌킨슨 같은 사람들은 비틀거리다가 비켜서게 되었고, 보다 더 젊은 장교들이 전투에서 자신들의 기개를 증명하여 장성급 계급에 올랐다. 1813년에 비록 전반적인 전략은 결실을 거두지 못했지만, 에드먼드 게인스, 알렉산더 메이콤, 제이콥 브라운, 윈필드 스콧, 그리고 앤드루 잭슨 등은 자신들의 일을 훌륭히 해냈다. 예를 들어 앤드루 잭슨과 남서부지방의 민병대 및 자원병들은 남부에서 크리크 인디언Creek Indians들에 대항하여 새로운 지역 전선을 열었고, 세 개의 분리된 공격으로 그들을 깨뜨렸다. 잭슨은 자신이 주체적으로 판단하여 행동했으며, 더 광범위한 전략에 따르거나 워싱턴으로부터의 개입을 허락하지 않았다. 이는 1812년 전쟁이 치러지는 동안 군사문제에 대한 행정부의 통제력이 약했음과 전쟁의 지역적 특성을 다시 한번 보여주는 사례다.

☆ ☆ ☆

1814년 3월 말 프랑스의 방어선이 무너지고 대프랑스 동맹군이 파리에 입성하여 나폴레옹을 실각시켰다. 유럽이 10년 만에 처음으로 평화를 맞은 것이다. 이제 영국은 그 모든 관심과 주의를 북아메리카로 돌릴 수 있게 되었다. 영국 해군이 도착하여 강제적으로 미국 함정을 항구로 몰아붙였고, 병사들을 상륙시켜 영국 버전의 '세 갈래 공격'을 시행했다. 영국군은 남부에서 리셸리외강과 챔플레인 호수를 따라, 다른 하나는 체사피크만을 향해, 셋째로는 뉴올리언스를 정복하기 위해 전역을 시작했다. 영국 정규군은 체사피크 계곡을 따라 약탈했는데 가로막는 미군 장병들을 거침없이 흩어버리고, 워싱턴을 약탈하여 의사당과 백악관을 불태웠

다. 그들은 볼티모어까지 진격했으나, 거기서 전투의지가 고양된 민병대
와 매킨리 요새의 방어벽에 의해 공격이 저지되었고, 이어 체사피크만까
지 강요에 의한 철수를 하게 되었다. 암스트롱은 이 전역 후에 불명예스럽
게 사임했다. 먼로가 다시 한번 국무장관과 육군장관 역할을 겸무하게 되
었다.[25]

1814년 9월 하순, 토머스 맥도나휴 대령이 이끄는 용맹 과감한 미국
의 소함대가 플래츠버그 인근의 전투에서 챔플레인 호수 위의 영국 해군
전대를 격파하여 영국군의 뉴욕 진격을 막음으로써, 마치 해군의 새러토
가 전투와도 같은 승리를 거두었다. 승리의 소식과 함께 영국군이 체사피
크만으로 철수해 내려갔다는 소식이 거의 비슷한 시간에 겐트Ghent에 도
착했다. 거기에서는 미국의 협상대표들이 모욕적인 영국의 요구를 맞아
몇 달째 핑계를 대면서 정전협상을 지연시키고 있었다. 이제 협상의 주도
권이 넘어왔다. 전쟁을 신속히 종결지을 요량으로 시행했던 두 차례의 영
국군 공격도 무산되었다. 크리스마스가 되자, 양측은 전쟁 이전의 상태로
회복하는 평화조약에 동의했다. 2년 반 동안 전쟁을 벌였지만, 표면상으로
는 양측에 아무것도 가져다주지 않았다.[26]

19세기 초반의 제한된 통신속도가 아니었다면, 그리고 조약의 발표
와 거의 동시에 도착한 두 가지 사건에 대한 소식이 없었다면, 미국인들에
게 이런 실망스러운 결과가 1812년 전쟁을 규정지었을 수도 있었을 것이
다. 한 가지 사건은 평화 또는 승리의 소식에 절망한 뉴잉글랜드의 연방주
의자들이 국가의 분리 가능성에 대해 논의하기 위해 1814년 12월 하트포
드Hartford에 모였다는 것이다. 실제로 반역을 일으키기 전에 멈추었지만,
그들이 모였다는 소식은 당을 조롱거리가 되게 했고, 연방당의 신속한 종
말을 견인했다. 도착한 또 다른 뉴스는 뉴올리언스에서 영국군에 대해 거
둔 앤드루 잭슨의 빛나는 승리에 관한 소식이었다. 정규군, (자유를 얻은 흑
인들로 구성된 두 개 여단을 포함한) 민병대, 자원병들, 많은 수의 인디언들과
800명의 해적들 등이 혼합 편성된 잭슨의 부대가 영국 정규군 부대를 물
리쳐 도망가게 했다. 다만 그 시기가 겐트 조약the Treaty of Ghent이 서명된

뒤인 1월이어서 그들의 승리가 전쟁의 결과에 공식적으로 영향을 끼치지는 못했다. 그러나 평범한 미국인이 유사시 국가의 부름에 응하여 그들이 증오했던 자유의 억압자 영국 정규군을 물리쳤다는 것은 대중의 전설이 되었다. 거의 동시에 알려진 이 두 소식은 단순히 의미 없이 전쟁을 끝낸 것이 아니라, 미국이 명예를 회복하고 독립을 보전했음을 믿도록 해주었다.

☆ ☆ ☆

1812년 미국은 허약한 행정부, 분열된 의회, 준비가 안 된 군대, 앞뒤가 맞지 않는 전략, 그때까지 성취한 것에 대한 우쭐함에서 오는 불만감, 그리고 넘치는 국가적 자신감으로 전쟁에 임했다. 3년 뒤, 손에 잡힐 만한 아무 성과도 얻지 못한 채로 전쟁이 끝났음에도 불구하고, 미국은 더 강해졌고 더 연합된 국가로 성장했으며 미증유의 번영과 발전을 받아들일 준비가 되어 있었다.

1812년 전쟁 동안에는 군사 및 정치 영역 모두에서 국가조직이 아직 생성 초기 단계였다. 대통령의 권한과 책임은 약한 상태로 남아 있었다. 매디슨은 거부권을 그가 단순히 반대하는 법안보다는 정말로 반헌법적이라고 생각되는 법안에 사용할 수단으로 보유했다. 내각은 거의 자치권을 가진 장관들의 정책협의회였다. 장관들의 행정 능력과 대통령에게 현명한 조언을 할 수 있는 역량은 현직과 후임자 간에 매우 달랐다. 매디슨은 의회에 보내는 연두교서의 내용을 국가가 직면하고 있는 문제점들만을 나열하는 것에 국한했으며, 그리하여 입법부가 그것들을 해결해야 할지 말지, 해결한다면 어떻게 해결할 것인지를 결정하게 했다. 그는 행정부의 조치 계획을 내놓지 않았다.

한편, 의회는 당시의 정치적 열정을 정확히 반영한 듯, 자유분방하고 제멋대로인 어린아이 같았다. 1811년 하원의원의 44%가 교체되면서 매파 호전주의자들이 원내에 진입하여 즉각 1기 의장을 선출했다. 보폭은 빨랐고, 여러 위원회가 임시로 꾸려졌으며, 파벌은 유동적이었다. 일종의 홍분된 상태가 의사당을 지배하고 있었다. 정부의 책임감 결핍으로 인해 의회가 정부 역할을 대신했고, 많은 신입 공화파 의원들은 영국과의 불필요한 전쟁을 요구하면서도 육군과 해군의 증강에는 반대했다.

군사기구 역시 미숙한 청소년들과 같았다. 군비지출에 대한 공화당의 인색함은 갑작스러운 것이 아니었다. 그것은 학습된 것이고 원칙화된 것이었다. 육군과 해군이 시민의 자유에 위험한 존재라고 믿는 것은 공화주의자들의 증표였다. 해군은 형제인 육군보다 전투준비가 더 잘되어 있었는데, 해군은 평시와 전시에 모두 해상에서의 기술을 숙달시켜왔고, 특히 1801년부터 1805년까지 벌어진 트리폴리 전쟁 동안 많은 실전경험을 쌓았기 때문이었다. 비록 전략을 습득하고 민간인 상급자에게 조언을 제공할 수 있는 해군의 고급사령부는 없었으나, 장교와 수병들은 항해술과 포술에 숙련되어 있었다.

육군의 상태는 훨씬 더 열악했다. 상징적인 것은 제퍼슨 대통령이 매우 무능한 제임스 윌킨슨을 선임 육군장군으로 계속 보임시켰다는 것이다. 그것도 비록 법적으로 입증되지는 않았지만, 그가 에런 버와 함께 국가 분리를 모의했고, 스페인 국왕을 위해 첩자 역할을 했음이 널리 알려진 뒤에도 한참 동안을 말이다. 그리고 윌킨슨은 단지 선임이었을 뿐, 야전부대를 지휘하는 육군 사령관으로서의 책임도 없었고, 정부에 전략적인 조언을 제공하기 위해 워싱턴으로 소집되지도 않았다. 육군은 작았고 장병들의 보수도 적었으며, 훈련 및 군기도 엉망이었다. 의회는 1812년 1월 정규군에 비해 거의 다섯 배나 많은 민병대와 자원병을 육성하도록 인가함으로써 정규군에 대한 공화주의자들의 부정적인 태도를 본보기로 보여주었다.

실제로 1812년 전쟁 직전까지도 미국에는 민간과 군사를 구별하는 용어집이나 사전이 없었다. 예를 들어 국무장관 제임스 먼로는 혁명전쟁 당시 군에서 복무한 이후 30년 동안 '대령'이라는 경칭을 유지했다. 그는 자신이 실무에 능통한 사람으로서 고급 사령부를 갈망하는 그 누구보다도 자격이 있다고 여기면서 국무장관으로 임명되기 전후에 장군으로 임

명되기를 노렸다. 전문직업적 장교단이 등장하기 전인 그 시기에는 아마
도 그럴 수 있었을 것이다. 분명 앤드루 잭슨의 경우, 정식 군사훈련을 받
지 못했으나 리더십에 대한 천부적인 적성이 성공적인 지휘관이 되는 데
큰 영향을 미칠 수 있음을 보여주었다. 먼로는 의심할 여지 없이 대담했다.
1814년 영국군이 워싱턴으로 진격해오자, 그는 위협받고 있는 수도에서
국무에 집중하기보다는 기마순찰대 자원병으로서 말을 타고 나가 메릴랜
드로 전개했다. 마찬가지로 육군장관 존 암스트롱은 1814년 워싱턴을 떠
나 뉴욕의 야전에 나가 서로 반목하던 두 장군의 작전을 협조시키려 애를
썼다. 두 장군 중의 하나는 물론 윌킨슨이었다. 이와 같은 그리고 무수히
많은 다른 사례에서, 민과 군 사이의 경계선은 애매모호했다.

　　장교들은 자신들이 평생의 전문직업을 갖고 있다고 생각하지 않았으
며, 때로는 정규직이라든가 안정된 위치에 있다고도 생각하지 않았다. 육
군에는 통제된 임용 및 진급 기준도 거의 없었다. 어떤 계급에 대해서도
임용을 위해 요구되는 특별한 훈련이나 교육 등이 지정된 것이 없었다. 육
군은 법인단체로서도 존재하지 않았고, 어떤 단체의 자치 범위를 확장하
고 전문적인 권위에 대해 존중받을 수 있도록 해주는 사회적 신뢰도 확실
히 얻지 못하고 있었다. 1812년 전쟁 당시 육군은 전문직업이 지니는 전통
적 특성을 하나도 갖추지 못한 상태였다.[27]

　　행정부가 장군들을 조기에 선택한 것은 불행하게도 군의 당파성을
강화했다. 우리가 이미 보았듯이 워싱턴과 해밀턴은 유사 전쟁이 진행되
는 동안에 거의 전적으로 연방과 장교들을 모집했다. 제퍼슨은 육군을 대
상으로 자신과 같은 당파의 장교들 임명을 선호하는 '순결한 개혁'을 추진
했다. 1812년 전쟁에서 해리슨과 헐은 지역 정치 사무소의 힘을 빌려 자신
들의 사령부를 가질 수 있었다. 디어본은 연방주의자가 득실거리는 뉴잉
글랜드에서 확고부동한 공화당원이었다. 톰킨스 뉴욕 주지사는 행정부를
거치지 않고 직접 연방주의자 랜슬래어에게 나이아가라 전역의 지휘를 맡
겼는데, 그렇게 한 그의 동기는 우습게도 당파적인 것이었다. 다시 말하자
면, 영국과의 전쟁에 반대하던 연방주의자를 자기 휘하의 사령관으로 임

명하여 영국 측을 공격하게 했던 것이다. 이에 랜슬래어도 그의 짧은 임기 동안 같은 방법으로 반응함으로써 톰킨스의 구상을 망쳐놓았다. 이상 거론된 장군들 중 어느 누구도 입증된 능력을 기초로 지휘권을 얻지 않았는데, 다만 해리슨은 그 반대임을 충분히 증명했다.

전쟁은 무능함을 처벌하는 경향이 있다. 전쟁이 진행되면서 그러한 장군들이 더 책임이 큰 사령부의 계급으로 차근차근 밟아 올라가면서 독학을 한 젊은 장교들을 위해 퇴장했다. 브라운, 게인스, 잭슨, 메이컴, 그리고 스콧 등은 모두 훈련 교관이자 전투 지휘관으로서 자신들의 능력을 입증했고, 전쟁이 끝날 즈음에는 영국 정규군에 맞설 수 있는 작지만 강한 육군을 만들어냈다. 그리고 바로 이들이 다음 세대에 급성장하는 전문직 업군을 주도했다.

공화당 행정부에서 군사 조직을 통제함으로써 얻게 된 많은 쓰디쓴 교훈 중 하나는 어떤 장교도 최상의 수준에서 유용한 전략적 조언을 제공할 정도의 능력을 갖출 수 있도록 오랜 경력을 통해 원숙하게 된 사람이 없었다는 것이다. 디어본 장군이 잠깐이나마 그런 역할을 하는 듯했으나, 너무 능숙하지는 않게, 그리고 자신에게 불편을 주지 않는 한도에서만 그렇게 했다. 어떤 존경받는 군사지도자도 대통령에게 그의 정책에 대한 구상을 설명해달라고 요청할 수 없었다. 1812년 6월 전쟁이 선포된 직후에 영국이 대양무역을 차단하라는 의회명령을 거둬들이고 미국 선원들을 강제 징집하던 것을 중단했을 때, 바로 가까이에 한 유능한 장군이 대통령에게 "이제 우리의 정책목표는 무엇입니까? 왜 우리가 전쟁을 해야 합니까?"라고 질문을 했더라면 분명 도움이 되었을 것이다. 그런 질문들이 없었기에 매디슨과 그의 각료들은 하부 캐나다를 간과했음을 미처 고려하지 못했고, 전쟁목표가 쓸모없이 대호수 방향으로 표류하도록 했다. 애매모호한 정책은 혼란스러운 전략을 낳았고, 행정부의 허약한 장악력은 원시적인 통신과 수송체계와 결합되어, 지역 지도자들이 자신의 전략을 직접 짜도록 허용했다. 그렇지 않다면 왜 얼마 되지도 않는 부대들을 캐나다 국경선 상의 세 개 전구에 각개로 분산시켰겠는가?

이와 같은 취약성에도 불구하고, 미국은 전쟁 이전 상태로의 회복을 명시한 평화조약을 어떻게든 이끌어냈다. 많은 이들이 뉴올리언스에서 잭슨이 거둔 승리, 즉 영국의 돈을 받고 고용된 정규군에 대해 보통의 미국 시민들인 민병대가 거둔 승리 덕분이라고 생각했다. 하지만 좀 더 주의 깊은 관찰자들은 전쟁의 결과가 가까스로 거둔 것임을 조용히 인정했다. 존 C. 칼훈은 사우스캐롤라이나 출신의 매파이자 당대의 열성적인 국가주의자였으며 먼로 행정부에서 육군장관이 되었다. 그는 윈필드 스콧과 다른 이들의 도움을 받아 육군을 개혁하기 시작했다. 규정을 만들어 공표하고 훈련교범을 발간했으며, 군에 관료적인 부서 시스템을 도입한 1813년 법을 기초로, 육군 병참감, 공병감, 병기감 등의 사무실을 설치했다. 이런 조직은 일반참모부는 아니었고, 워싱턴의 육군부와 같은 본부건물을 사용했으나, 이전 유스티스 장관이 1812년에 11명의 경험 없는 직원들을 데리고 있던 데 비하면 엄청나게 개선된 것이었다.

부서의 설치에 더해 칼훈은 육군의 모든 야전배치 연대를 감독할 장군 사령관commanding general직을 신설했다. 신설된 장군 사령관과 육군장관 사이에 권한과 책임이 중첩되는 문제가 이후 수십 년간 끝없는 논쟁거리가 되었기에 아직은 완벽한 해결책은 못 되었다. 하지만 적어도 육군에 명목상의 지휘관이 생기게 되었다. 가장 중요한 것은, 칼훈이 상비군이 국민과 정부에 무슨 의미가 되어야 하는지, 그리고 어떻게 해야 자유에 위협이 되지 않도록 하면서 육군을 육성하고 지원할 수 있는지를 깊이 생각했다는 점이다. 그의 가장 심오한 주장은, 지금은 너무도 상식적인 말이지만 당시 미국에서는 소설 같은 이야기였던, '평시 군대의 목적은 전쟁을 준비하는 것'이라는 말이었다. 칼훈은 전문직업적인 육군을 지향했다.

"전쟁은 술art로서, 이를 완전히 익히려면, 특히 장교들 사이에서
많은 시간과 경험이 요구된다."

장교들은 군을 정규직으로 여길 필요가 있었다.[28]

이와 동시에 그리고 칼훈의 승인과 지원에 힘입어, 웨스트포인트가 실바누스 테이어Sylvanus Thayer 대령의 감독하에 개혁을 추진했다. 칼훈이 추구했던 평생직업의 소명을 가진 장교를 양성하기 위해, 군사공학military engineering에 중점을 둔 4년간의 커리큘럼을 비롯해 생도들이 달성해야 할 학문적 그리고 군사적 기준을 마련했다. 이러한 개혁이 그 성과를 보기 위해서는 몇 년이 더 걸려야 했지만, 군의 전문직업화를 위한 씨앗은 전후 몇 년 동안 칼훈, 스콧, 테이어, 그리고 다른 이들에 의해 뿌려지고 심어졌다.

그러나 대통령직은 연이은 두 대통령*의 재임기간 동안 약하고 제한된 상태로 남아 있었다. 행정부에 힘이 실리려면 정치개혁과 대중정치 시대의 도래가 요구되었다. 7대 대통령으로 선출된 앤드루 잭슨은 그를 대통령 사무실로 밀어넣은 포퓰리즘 운동을 만들어냈고 미국 정치를 개조했다. 그는 미국 역사상 최초로 광역 정당의 대표로서 자신의 영향력을 활용했으며, 헌법상의 권한을 사용하여 이렇다 할 제한사항 없이 대통령실을 확장했다. 그의 후임자들은 그가 이룩한 유산 위에 군 통수권자로서의 역할을 확대했다.

---

*   제임스 먼로(5대 대통령, 1817. 3. ~ 1825. 3.)와 존 퀸시 애덤스(6대 대통령, 1825. 3. ~ 1829. 3)

4
자신의 장군들에 맞선 포크
Polk Against His Generals

의장대 병사들이 떠나는 자신들의 장군에게 받들어총 자세를 취해 경의를 표하면서 눈물을 흘렸다. 300파운드에 달하는 거구의 노(老)장군 윈필드 스콧은, 노새가 끌고 부상 장병이 모는 어쩌면 애처로워 보이는 마차에 힘겹게 올라탔고, 이제 베라크루즈로 가서 배편으로 귀국할 예정이었다. 그는 이 승리의 군대를 편성하고 장비를 갖추게 하여 동원했으며 이들을 지휘했다. 또한 그는 미국 역사상 최초의 주요한 원정작전을 계획했고 단 한 명의 생명도 잃지 않고 이를 수행했다. 그는 장병들을 이끌고 멕시코 내부 깊숙이까지 들어가면서 한 번도 패하지 않고, 수도를 점령하고, 국가를 정복하는 빛나는 전역을 지휘했다. 그에게 있어서 가장 어려웠던 일 중 하나는 평화를 교섭할 수 있는 새로운 멕시코 정부를 구성하도록 촉진하는 것이었다. 스콧 장군은 이렇게 언급했다.

"이 가장 용감한 군대와 함께했기에, 비록 끝까지 임무를 다하지
는 못하지만 내가 오랫동안 기대했던 대로 보상받게 될 것이다."

포크 대통령은 관례적인 절차나 형식도 없이 그 승리의 순간에 현장 지휘

관을 해임했고, 예심 군사 법원military court of inquiry*에 참석하여 기소에 응하라고 그를 불러들였다. 군은 부하 장병들의 피를 그렇게 적게 흘리면서도 많은 성과를 달성했던 지휘관을 푸대접하는 것에 분노했다. 그는 조용히 부대를 떠나려 했으나, 부하 장병들이 작별 인사를 하려고 광장에 모여들었고, 30명의 장교들은 시 외곽까지 따라나와 그가 다들 돌아가라고 간청하다시피 할 때까지 동행했다. 그들 모두가 악수하면서 몇 마디 작별의 인사를 건네고 나서야 사령관이 출발할 수 있게 놓아주었다.[1]

☆ ☆ ☆

오늘날 미국인들에게 대체로 잊혀진 1846~1848년의 멕시코 전쟁은 미국 역사상 가장 논란이 많고 또 가장 중대한 사건 중 하나였다. 시작 단계에서부터 매파들은 새로 생겨난 텍사스에 대한 주권을 방어하고자 했던 미국이 분쟁에 나설 수밖에 없도록 멕시코가 강요한 것이라고 주장했다. 반대자들은 포크 행정부가 영토의 정복과 노예의 증대를 위한 공세적 전쟁을 벌이려고 멕시코의 도발을 의도적으로 유도했다고 주장했다. 이러한 내부적 분열에도 불구하고 적대행위가 시작된 지 18개월이 되기도 전에 미군이 멕시코시티를 점령했고, 미국의 전체 영토에서 3분의 1만큼이 증가한 영토 — 루이지애나 구입에 견줄 만한 범위 — 를 얻는 평화조약을 체결했다. 그러나 많은 비평가들이 경고했던 것처럼, 새로운 영토의 병합은 사유재산 노예chattel slavery의 미래에 대한 파벌 간 쟁의를 재점화했고, 이 전염성이 강한 정치적 투쟁은 기어이 남북전쟁을 통해 끝이 났다.

멕시코 전쟁은 광범위한 영역에서 벌어졌고, 양측에서 수행한 복잡한 작전에 수만 명의 전투원이 참전했다. 멕시코군과 미군은 캘리포니아, 뉴멕시코, 텍사스 그리고 북멕시코 등 뚜렷하게 구분된 네 개의 전구와 멕시코만 연안으로부터 멕시코시티에 이르는 중부 멕시코 지역에 걸쳐 싸웠

---

*   우리 군의 징계위원회에 해당됨.

다. 미 해군은 멕시코의 항구들을 해상 차단하고, 미 육군을 수송했으며 캘리포니아에서 육군의 작전을 지원하고 베라크루즈로의 상륙작전을 지원했다.

미국의 정치-군사 관계는 똑같이 복잡하고 논쟁적이었다. 비록 전보와 철도가 최근에 도입되었지만, 어느 것도 아직은 워싱턴으로부터 멕시코에 있는 부대로 통신을 지원하는 데 필요한 인프라를 충분히 갖추지 못했다. 명령을 발행하고 작전사령관으로부터 보고서를 받는 데 몇 주에서 몇 달이 걸렸다. 그 결과 워싱턴에 있던 대통령과 내각, 야전의 사령관들은 정보전달의 지연에 의한 딜레마를 겪어야 했다. 시간은 양측 모두에서 정지해 있기를 거부하여, 행정부는 최근의 작전적 사태와 무관한 결심을 하게 되었고 사령관들은 종종 그들이 시행해보기도 전에 변경되는 정치적 지침에 따라 작전을 수행해야 했다. 최선의 상황에 있더라도 이러한 마찰 요인은 장군들과 정치인들 모두 서로 상대방의 능력이나 동기에 주목하기보다는 드러난 행동에 대해 궁금해하도록 했다.[2]

멕시코 전쟁이라는 드라마에서 주역을 맡은 세 명은 대통령 제임스 P. 포크James P. Polk와 그의 최선임 장군들인 윈필드 스콧과 재커리 테일러 Zachary Taylor*였다. 세 명이 서로 다른 만큼, 각자가 비범한 능력과 또 많은 단점도 가지고 있었다. 전쟁이라는 대사업에 참가한 세 명 사이에서의 다툼은 거의 운명적으로 정해진 것처럼 보인다. 멕시코 전쟁의 정치-군사 관계는 특별히 어려운 문제를 제시한다. 한편으로는 포크, 스콧, 테일러 사이에서 눈에 띄는 원한, 불신, 조작, 적대감이 있었다는 것이며, 다른 한편으로는 그런 가운데서도 미군이 완전한 전략적 성공을 거두었다는 것이다. 어떻게 이렇게 사이가 좋지 않은 정치-군사 관계를 신속한 군사적 승

---

* 재커리 테일러(1784. 11. 24 ~ 1850. 7. 9)는 미국의 군인이자, 12번째 대통령(1849~1850)이다. 그는 의무감이 있고 용기 있는 군인으로 1812년 전쟁에서 큰 공을 세웠지만, 그 후로는 주로 인디언을 토벌하고 진압하는 데만 큰 공을 많이 세웠다. 별명은 'Old Rough and Ready'로, 거칠고 노련한 준비된 지휘관이라는 뜻이다.

리와 조화시킬 수 있었던 것인가?

잭슨 시대Jacksonian era* 동안, 미국은 지리적으로 그리고 인구 면에서 성장했으나, 수송과 통신체계가 효과적으로 발전함에 따라 문화적으로는 더 작아졌다. 시장 혁명은 국가를 보다 도시화하고 통합시켰다. 국가적 정부조직 즉, 의회, 대통령(직), 육군과 해군을 포함한 행정 각부가 소년 시절을 벗어나 청년기로 성장했다. 웨스트포인트의 육군사관학교 역시 그러한 진화하는 조직 중 하나였다. 선교적인 교회들과 대중에 기반을 둔 정치 정당들이 이 기간에 자라고 성숙하기 시작했다.

만약 포크 대통령과 그의 선임 장군들 사이의 불편한 관계가 기능 장애의 문제가 아니라면, 가능한 설명으로는 앞서 언급한 세 개의 조직, 특히 대통령직, 육군, 정치적 정당의 성숙에서 그 이유를 찾을 수 있다. 대체로 앤드루 잭슨의 집권 기간에 대통령실은 입법과 외교에 관한 사항에서 주도권을 휘두르고, 수천 명에 이르는 관직에 대한 임명권을 행사하며, 여러 개의 부서와 예하 관료조직을 통해 실행 기능을 관장하는 등, 늦어도 1840년대까지는 강력한 부서로 변모했다. 아마도 그러한 다른 어떤 기능들 못지않게 중요한 것은 대통령이 자신의 정당에 대한 리더십을 공식적으로 인정받게 된 것이었다. 정치 정당이 미국에서 공공 생활을 형성하기 시작했고, 좋든 싫든 당파성의 개념도 받아들여지게 되었다. 선거 참여율은 참정권을 선호하는 사람들 사이에서 높았고 유권자들은 두 개의 주요 정당 중 어느 한쪽과 동일시하려는 경향이 생겼다. 당파성을 갖는다는 것은 어떤 계획이나 정책에 대해 예측 가능한 안정성을 제공했고, 의원들 사이에서 규율을 증진시키기도 했으나, 편견과 경쟁을 위한 경쟁을 조장하고 때로는 국가 이익에 손해를 끼쳤다.

---

* 1830년대 앤드루 잭슨이 주도했던 것으로 미국 정부 내에서 좀 더 민주적인 요소들을 강화시킨 운동으로 잭슨 정부 기간 동안 지주에게만 허락되었던 선거권이 모든 백인 남성에게 허락되는 등 대중의 권한이 크게 신장되었으며, 정부 활동에 대한 시민들의 참여 폭도 넓어졌다.

마지막으로 비록 규모는 작았지만, 이전 세대에서 상비군이라며 두려워했던 정규군이 미국인들의 삶에서 흔히 볼 수 있는 당연한 존재로 받아들여졌다. 장교단은 장기간 국가를 위해 복무한다는 생각, 규정을 관리하고 이를 통해 통제한다는 개념, 성취의 역사에 대한 공유 그리고 전우애 등을 발전시켰다. 여전히 미국의 당파성이 장교단에게까지, 적어도 스콧과 테일러를 따르는 자들, 전문직업적 군대를 만들어낸 세대로 자신들을 전문직업적 군대의 아버지이자 선구자라고 생각하는 사람들, 그러나 자기들의 휘하에 있는 웨스트포인트 출신처럼 완전히 전문직업주의적이지는 않은 사람들에게까지 뻗쳐 있었다. 이러한 세 개의 활력 넘치고 서투른 청년기의 조직들대통령, 육군, 정당은, 각자 결점을 갖고 있던 포크, 스콧, 테일러 등 리더들이 멕시코 전쟁에서 정치적 그리고 전략적 목표를 달성하기 위해 행동하는 조건 또는 한계를 설정했다.

☆ ☆ ☆

제임스 K. 포크는 성공할 것 같지 않은 대통령이었다. 일평생 정치가였던 포크는 앤드루 잭슨의 제자였으며, 그 둘의 그런 관계로 인해 '젊은 히코리*'라는 별명도 생겼다. 그는 테네시주를 대표하는 7선 의원이었으며 마지막 두 번의 회기는 하원의장을 역임했고, 1839년 고향에 돌아가기 전, 주지사에 도전했다. 여기서 이겨선 한 임기 동안 주지사를 지내고 이어서 두 번 연거푸 패배하여 재선에 실패했다. 1844년 대통령 선거가 다가오자, 전임 대통령 마틴 밴 뷰런이 민주당의 후보자로서 최우선적으로 지명prohibitive favorite되었다. 이때 포크는 그의 흔들리고 있는 정치경력을 다시 세우고자 잭슨의 도움을 받아 밴 뷰런의 러닝메이트가 되었다. 당시에 뷰런과 맞상대하던 휘그당 측 후보자 헨리 클레이 둘 다 텍사스를 연방에 병

---

*   앤드루 잭슨의 별명이 'old hickory'였음. 이것은 잭슨의 부하들이 그가 오래된 히코리 나무처럼 터프하다며 붙여준 것이라 함.

합하는 계획을 거부하고 있었다. 밴 뷰런의 지지가 곤두박질쳤다. 민주당의 전당대회가 교착되어 있던 중, 당의 원로들이 포크의 대통령 출마를 계획했고, 신문에서도 '다크호스'라는 정치적 용어를 새로 만들어내면서 그것을 보도했다. 포크는 민주당 후보로 지명되었고 대체로 텍사스 관련 이슈 덕분에 손쉽게 클레이를 이겼다.

많은 역사적 인물들의 특성은 지독히도 복잡해서 그것을 설명하는 것은 쉬운 일이 아니지만, 짐 포크의 특성은 투명하다 할 만큼 분명히 드러났다. 17세의 나이에 시행한 원시적인 담석 제거 수술이 그를 불임 상태로, 아마도 성교가 불가능한 상태로 만들었다. 청교도였지만 뚱한 표정을 하던 그는 정치권력을 추구하는 것에 있어서 일편단심이었으며, 일단 권력을 잡고 나서는 정치적 목표를 향해 매진했다. 심술궂고 유머 감각이 없던 그는 정치와 통치 이외에는 어느 것에도 관심이 없었다. 정치 영역에서 그는 맹렬한 민주당원으로서 경쟁자들에 대한 불신이 거의 편집증에 가까울 정도였다. 그는 자신이 믿는 바를 결코 의심하지 않았고, 자신의 목표를 끈질기게 추구하며 필요하다면 얼마든지 교활하고 엉큼하게 사기를 칠 수도 있었다.

포크는 대통령직을 수행하는 데 있어서 관세를 줄이고, 독립적인 재무부를 설치하며, 오리건주 경계선에 관한 영국과의 논쟁을 끝내고, 캘리포니아를 획득하는 것을 '4대 목표'로 선정했다. 단지 한 번의 임기 동안만 복무하겠다고 공언해왔기 때문에 목표달성을 위해 1주일에 6일을 매일 오랜 시간 일하도록 행정부를 혹독하게 몰아붙였다. 과격한 변화를 하나 들면 대통령은 장관들이 의회의 휴회 기간에 관례적으로 장기간의 휴가를 가는 대신 1년 내내 워싱턴에 머물러 있기를 요구했다. 그러면서도 그는 개인적으로 부서 행정의 세부사항에 이르기까지 과할 정도로 꼼꼼하게 감독했다. 노력과 강력한 의지에 힘입어 포크는 자신의 네 가지 목표를 모두 달성했다. 그러나 그 과정에서 문자 그대로 죽을 만큼 일해서였는지 대통령 사무실을 떠난 지 몇 개월 지나지 않은 53세의 나이에 세상을 뜨고 말았다.[3]

포크가 가장 소중히 여겨 대통령 임기 내내 자신의 역량을 다 소진하며 추구했던 야망은 영토의 팽창을 가속화하는 것이었다. 포크는 영국으로부터 오리건 준주를 확보하고, 텍사스를 '재병합'하는 것에 대해 공공을 대상으로 대담하게 발표함으로써 어떤 법적 또는 외교적 근거도 없이 인위적으로 공식화했다. 한편 내심으로 그는 텍사스 서부로부터 태평양에 이르는 전 영역의 땅 — 지금의 뉴멕시코, 애리조나, 그리고 태평양을 향한 관문을 제공하는 좋은 항구를 가진 캘리포니아 등을 아우르는 지역 — 을 모두 얻기를 희망했다. 포크의 취임식이 열리기 며칠 전에 존 타일러 John Tyler 대통령은 텍사스의 병합을 승인했다. 이는 미국 내에서는 논쟁거리였고, 멕시코에는 저주가 될 만한 사안이었다. 1845년 6월 텍사스 정부는 제안을 받아들였고, 포크 대통령은 새로운 영토의 방어를 위해 재커리 테일러 준장의 지휘하에 '점령군'army of occupation을 편성하여 텍사스 남부로 전개하도록 명했다. 며칠 뒤 멕시코도 병력 동원을 시작했다.[4] 텍사스를 방어한다는 포크의 명시적 정책과 멕시코만으로부터 태평양에 이르는 멕시코 북부지역을 정복하고 유지한다는 묵시적 정책 사이의 간극이 점차 벌어졌고, 이것이 멕시코 전쟁 기간 내내 전략적 복잡성과 정치적 혼란을 야기했다.

재커리 테일러는 겉보기에 장성급 지휘관이라기보다는 가난한 농부처럼 보였다. 자신의 외모에 주의를 기울이지 않기로 유명했던 그는 제대로 군복을 갖춰 입은 모습을 거의 보여주지 않았다. 그는 군사작전을 할 때도 밀짚모자를 즐겨 썼기에 자신의 소속 부대 장병들도 종종 그를 사병으로 오해했다. 그러나 그의 소박한 모습으로 인해 부하들이 그를 좋아했고, 그가 장병들의 군기 확립보다는 그들의 복지와 이익에 대해서 관심을 가지고 있다는 것을 알고 있어서 더욱 그러했다. 그는 '거칠고 준비된 노인'Old Rough and Ready이라는 별명을 얻었고, 많은 장병들이 그를 지칭할 때 애정을 담아 '올잭'Ol' Zach이라고 불렀다.

겉모습은 때때로 속임수가 된다. 61세의 테일러는 거의 40여 년을 군에서 복무하고 있었다. 그는 1812년 전쟁에 참전했고, 20년 뒤에 일어났던

152

블랙호크 전쟁에서는 블랙호크 추장의 항복을 직접 받아냄으로써 스스로 두각을 나타냈었다. 그는 1837년 세미놀족과의 전쟁 중에 준장으로 명예 진급을 했으며, 그 전투로부터 나오면서 자신의 평판에 손상을 입지 않은 몇 안 되는 지휘관 중의 한 명이었다. 오랜 기간 지속된 복무는 그가 군 복무를 평생의 직업으로 바라보는 전문직업 장교의 첫 세대 중 한 명으로 자리매김하게 했다. 테일러는 서부 국경지대를 경계하고 인디언들과 싸우는 등의 실전을 통해 기량을 숙달했다. 1845년이 되자, 그는 스스로 전문직업인이라고 생각하기 시작했던 장교로서 완벽하게 숙련되어 있었다.[5]

테일러는 당시 많은 다른 사람들과 마찬가지로 전문직업의 요건은 전적으로 경험, 장기 복무, 그리고 국가에 대한 헌신 등에 달려 있다고 생각했다. 하지만 프레드릭 대제가 유진 왕자의 나귀에 대해 말했던 것처럼, 스무 번 전투에 참전했다는 것, 그 자체가 전쟁의 술the art of war에 대해 가르쳐주는 것은 없다. 테일러의 공식적인 교육은 그가 군에 입대하기 한참 전에 끝났고, 그는 좀처럼 전쟁사나 군사이론 등을 공부하는 수고를 하지 않으려 했다. 윈필드 스콧은 테일러의 생각에 대해 다른 사람들과 마찬가지로 이렇게 평가했다.

"그는 상식이 풍부한 사람이었으나, 그의 사고는 독서 또는 세계와의 더 많은 대화를 통해 확장되거나 새롭게 되거나 한 적이 없었다. 평생을 접경지역의 기지에서 보냄으로써 그는 자신의 계급에 대해 전혀 의식하지 않았고, 자신의 그런 태도에 대해서도 고집스러웠다."

"그는 딜워스의 철자교본Dilworth's Spelling Book 이상의 어떤 문학에 대해 말하는 것은, 칼을 차고 있는 사람의 입장에서 보면, … 강행군이나 전투에 전혀 적합하지 않다는 증거라고 생각했다. 요약하자면, 온갖 종류의 학습에 대해 테일러보다 더 거리낌 없이 경멸하는 사람은 거의 없었다."[6]

테일러가 가지고 있던 편견 중 하나는 매우 적극적인 반지성주의였다. 그러한 테일러의 무지는, 특히 가장 높은 경지에 있는 군사지식에 관한 전문용어corpus에까지 이르렀다. 테일러는 유능한 행정가이자 효과적인 교관이었는데 이러한 기술은 실무를 통해 습득할 수 있었다. 그러나 그는 순진한 전술가, 부주의한 군수 관계관, 부적절한 전략가였다. 그가 치른 전투는 불필요하게 유혈적인 경향이 있었고, 그의 상상력이 없는 전술을 상쇄하려면 부하들의 전투기술과 포병의 우세에 과도하게 의존해야 했다. 또한 무턱대고 꾸준히 걸어가는 식의 작전적 기동은 종종 불필요한 위기를 불러왔다. 그는 전략가로서는 완전히 잊힌 사람으로, 자신의 작전을 행정부의 정책과 연결할 수 있는 능력이 없었다.

테일러는 1845년 여름 뉴에이서스강the Neuces* 바로 남쪽, 코퍼스 크리스티Corpus Christi에 1,500명 규모의 작은 캠프를 설치했다. 순식간에 병력 숫자가 4천 명에 육박했는데, 그중 절반가량은 정규군이었고 나머지 절반이상의 병력은 주로 남부 주에서 온 자원병들로, 후방에서 속속 모여들고 있었다. 캠프의 위치는 전략적으로 보면 큰 의미가 없었지만, 정치적으로는 도발적이었다. 당시 텍사스 공화국은 리오그란데Rio Grande를 남쪽과 서쪽의 경계선으로 주장했으나 미국은 그 경계선을 인정하지 않았고, 그보다 더 북동쪽에 위치한 뉴에이서스강을 국경선으로 인식하고 있었다. 한편, 텍사스의 독립을 인정하지 않았던 멕시코는 뉴에이서스를 단지 국내의 지역 경계선으로 보고 있었다. 텍사스의 병합을 주장했던 포크는 이제 한발 더 나아가 리오그란데가 미국과 멕시코를 가르는 경계선이라고 최초로 주장했다. 그리하여 뉴에이서스의 남쪽, 그러나 리오그란데의 북쪽에 위치한 테일러의 캠프는 영토 분쟁지역에 위치하게 되었다. 8월이 되

---

* 뉴에이서스강은 미국 텍사스주에 있는 길이 약 507km의 강이다. 이 강은 중부 및 남부 텍사스 지역을 관통하면서 남동쪽으로 흘러 멕시코만에 이르는 강이다. 텍사스의 남단 리오그란데강의 북동쪽에 위치한 마지막 주요 강이다. 뉴에이서스(nueces)는 스페인어로 '견과류'(nuts)라는 의미이다. 초기 정착민들이 강둑을 따라 수없이 자라고 있는 피칸나무의 이름을 따서 명명했다.

4. 자신의 장군들에 맞선 포크

자 육군장관 윌리엄 마시William Marcy가 테일러에게 애매모호한 명령을
내렸다.

> "가급적 국경선인 리오그란데 가까이 진출하시오. 신중히 결정
> 해야겠지만, … 대통령께서 바라시는 귀하의 위치는, … 뉴에이
> 서스강에 가까워야 합니다."

이런 지침은 120마일의 갭을 얼버무리며 테일러에게 도발의 책임을 넘기
는 것으로, 포크와 마시가 사실상 의도했던 것이다. 테일러는 포크의 명령
을 신중하게 해석하여 이후 몇 개월간 코퍼스 크리스티에 남아 있었다.[7]
  그러는 사이 '영토확장설'Manifest Destiny*이 널리 알려져 '상식'의 수
준이 되자, 포크 행정부는 멕시코로부터 캘리포니아와 뉴멕시코를 구매하
기 위한 협상을 시작했다. 포크는 거만하게도 멕시코가 텍사스의 병합을
인정하는 것을 협상의 전제조건으로 하라고 강조했는데, 멕시코 정부로서
는 이러한 양보는 생각할 수도 없는 것이었다. 협상은 무산되었다. 1846년
1월 대사의 협상 시도가 실패했음을 확인하고 포크는 테일러에게 리오그
란데로 전진하도록 명령했다. 테일러는 느긋하게 전진하여 리오그란데의
멕시코 기지 마타모로스Matamoros 맞은편까지 나아가 새로운 캠프를 설치
하기까지 거의 두 달이 걸렸다. 마타모로스에는 병력의 숫자 면에서 미군
보다 우세하고, 정기적으로 후방으로부터 증원을 받는 멕시코의 경계부
대가 위치해 있었다.[8] 테일러 부대의 연대장이었던 에단 알렌 히치콕Ethan
Allen Hitchcock 중령은 자신의 일기에 비판적인 기록을 남겼다.

---

* 　영토확장설(Manifest Destiny)이란 19세기 중반에서 후반 경의 시기에 미국에서 유행했
　던 이론으로, 미합중국은 북아메리카를 정치·사회·경제적으로 개발하고 사람들을 도
　우라는 신의 명령을 받았다는 주장이다. 제임스 매디슨이 미국 대통령으로 재임할 당시
　민주공화당, 특히 매파에 의해 널리 퍼지게 되었다. 이 개념은 미국의 예외주의와 낭만
　적 민족주의에 근거하여 만들어졌고 공화제 정치체제의 확산, 북아메리카에서의 영토확
　장, 인디언 강제이주를 정당화하는 역할을 했다.

"그것은 마치 정부가 전쟁을 유발하여, 캘리포니아 그리고 정부가 선정한 만큼의 이 나라(멕시코) 영토를 취할 명분을 얻으려고 소규모 부대를 보낸 것처럼 보였다."

1년 뒤에 발간된 기록을 통해 U. S. 그랜트 소위도 히치콕의 분개에 공명했다.

"우리는 교전을 유발하기 위해서 보내졌다. 교전은 멕시코가 시작하도록 하는 것이 핵심적인 사항이었다. 의회가 전쟁을 선포할 것인지 의문이었기 때문에, 만약 멕시코가 우리 병력을 먼저 공격한다면, 정부는 '누구누구의 행동에 의해 전쟁은 이미 존재하므로 등등' … 멕시코가 뉴에이서스강까지 올라와서 자신의 영토로부터 침입자들을 몰아내려는 의지가 없음을 보여주었기에, 이제는 '침입자들이 타격받기에' 보다 용이한 거리까지 전진할 필요가 있었다."

한때 포크의 정치적 협력자였던 토머스 하트 벤튼Thomas Hart Benton 상원의원도 공세적인 전쟁을 시작하려는 것 아닌가 하는 의심을 하고 있었고, 당시 "대통령이 작은 전쟁, 즉 평화조약을 요구할 만큼 충분히 크지만, 자신의 대통령직을 위협할 수 있을 정도로 군사적인 위업을 달성하기에는 부족한 정도의 전쟁을 원했던 것"이라고 기억했다.[9]

포크는 자신이 의도했던 전쟁을 시작하게 되었다. 1846년 4월 24일, 멕시코 기병대가 매복해 있다가 미군의 기병분견대를 습격하여 사망 11명, 부상 여섯 명에 나머지 병력 대부분이 포로로 잡히는 사건이 발생했다. 테일러가 워싱턴에 보낸 보고서는 간결했다. '이제 적대행위가 시작된 것으로 생각된다.' 이에 대통령은 의회로 '멕시코는 평화롭게 불만을 시정하려는 시도를 반복적으로 거부했고 미국을 침범하겠다고 위협'했다며 보다 격렬한 메시지를 보내면서 '전선에서 온 최근의 보고가 있기 전부터 한 컵

분량의 인내심마저 다 소진된 상태'라고 한탄했다. 이어서 그는 자신이 그렇게 정의하기로 선택한 개전명분casus belli을 천명했다.

"멕시코는 미국 국경선을 넘어서 우리의 영토를 침범했고, 우리 땅 위에 우리 국민이 피를 흘리게 했다."

포크는 의회가 이미 전쟁상태가 존재하고 있음을 인정할 것을 요청하면서 분쟁을 신속히 종결짓겠다고 약속했다. 그의 메시지는 그가 달성하고자 하는 목적이 무엇인지에 대해서는 언급이 없었다. 벤튼이나 존 C. 칼훈 같은 지도자급 상원의원과 양원의 휘그당 의원들 대부분이 의구심을 가졌음에도 불구하고, 포크는 '애국심을 가지고 전선에 있는 장병들을 지원해야 한다는 민주당 지지자들의 애처로운 호소'에 기대어 전쟁선포를 밀어붙였다. 그리고 의회는 이틀 만에 압도적인 표 차로 관련 법안을 통과시켰다. 천만 달러의 예산을 추가로 책정했고, 대통령이 5만 명의 자원병을 모집할 수 있도록 승인했다. 표결에 기권했던 칼훈 상원의원은 "그렇게 중요한 사안에 대해 그처럼 졸속으로 아무 생각 없이 받아들여진, 또는 그렇게 반대할 만한 방법으로 강제적으로 통과된 법안은 없었다"면서 반감을 드러냈다. 그는 의회가 전쟁 권한을 대통령에게 양도하는 위험한 선례를 남길까 두려워했다.[10]

칼훈이 요점을 짚었다. 의회에서 철저히 논의되었더라면 아마도 대통령이 추구하는 전쟁의 목적이 무엇인지 그리고 그는 어떻게 그것을 달성하려고 하는지 등의 중요한 질문을 제기했을 것이다. 포크가 의회로 보낸 메시지는 텍사스를 방어할 권리와 역사적인 잘못을 바로잡기 위해 멕시코와 협상할 권리를 강조하는 것이었다. 이러한 목표들은 아마 테일러를 리오그란데에 남겨두고 외교적 채널을 재개함으로써 달성했을 수도 있다. 비록 그가 공공연히 얘기한 적은 없지만, 포크는 어떤 이들이 희망했듯이, 그리고 많은 이들이 의심한 것처럼 멕시코와의 국경선을 멕시코만the Gulf 으로부터 태평양까지 이어지도록 재설정하고자 했다. 당시 국무장관 제임

157

스 뷰캐넌James Buchanan이 유럽의 각국 정부에 대해 전쟁방안을 설명할 공식 발표문의 초안을 작성하면서, '뉴멕시코나 캘리포니아와 같은 광활한 지방을 포함한 영토확장의 야망이 전혀 없다'는 문구를 포함했다. 포크는 이에 대해 스스로 손발을 묶는 언급을 하면 안 된다고 불같이 화를 내면서 자기 손으로 직접 해당 문구를 삭제했다. 5월 30일이 되자 포크는 각료들에게 '캘리포니아, 뉴멕시코, 그리고 아마도 멕시코의 북부지방 일부를 획득'할 것이라며 자신의 속내를 털어놓았다. 그는 병력을 뉴멕시코와 캘리포니아로 보내는 계획도 만들었다.[11] 포크는 전쟁을 원했고, 일으켰다. 의회가 전쟁을 선포했고, 이제 그는 자신의 팽창적인 목표를 달성하기 위해 전쟁을 벌이고자 했다. 이런 면에서 칼훈의 경고는 정확했다. 포크는 활력이 넘치는 통수권자를 중심으로 뭉친 행정부가 분열된 의회와 국가를 전쟁으로 이끌고 가는 본보기를 보여주었다. 그리하여 그는 헌법하에서 행정부가 입법부의 개전권을 무력화하는 것을 실효적으로 승인하는 선례를 남겼다. 이후로 다시는 의회가 굳은 결의를 가진 대통령에 반하여 전쟁을 선포하는 (또는 그것을 거부하는) 헌법적 권한을 적극적으로 주장한 적이 없었다.

☆ ☆ ☆

전쟁 선포문에 서명한 직후에 포크는 윈필드 스콧 소장에게 멕시코에 들어갈 육군을 지휘하도록 요청했다. 포크는 스콧에 대해 의구심을 갖고 있었지만, 당시 스콧이 육군의 장성급 지휘관이었으며, "그가 원한다면, 그의 직위가 그에게 지휘권을 주었을 것"이라고 말했다. 다음 날 멕시코 북부를 공격하는 계획을 설명하는 회의를 장시간 동안 시행하고 나서, 포크는 자신의 일기에 적었다.

'스콧 장군은 나에게 군인으로서의 인상을 심어주지 못했다.' '그는 자기 직업에 대한 경험을 갖고 있지만, 나는 그가 다소 과학적

이고 공상적이라고 생각한다.' 그리고 스콧이 전역 수행을 위해
2만 명의 자원병을 요청한 것에 대해서는 숫자가 과도하다고 여
기면서도, 자신의 의견을 말하지 않았다. '스콧 장군이 요청한 것
을 빠짐없이 제공하기를 거부함으로써 자신이 전역 실패에 대해
책임지고 싶지 않았기 때문'이었다.

그 당시에는 아무도 몰랐지만, 그들의 관계는 상호이해와 신뢰 면에서 막
정점을 찍었고 이후로 둘의 관계는 점점 나빠져갔다.[12]

　　윈필드 스콧은 그때까지 38년간 군복을 입고 있었고, 그중 31년 동안
을 장군으로 복무했다. 61세의 나이에 약 193cm의 키, 136kg의 몸무게를
지닌 그는 산과 같은 사람이었고 육군의 전설이었다. 1808년에 대위로 임
관한 스콧은 초기에 금전적 부정행위, 그리고 제임스 윌킨슨 장군의 면전
에서 그를 가리켜 '거짓말쟁이', '무뢰한', 그리고 '반역자'라고 말한 덕분에
군법회의에 회부되어 1년간 정직의 징계를 받는 등 출발이 순탄치 않았다.
스콧은 1812년 전쟁 때 복권되었고, 치페와Chippewa 및 런디스 레인Lundy's
Lane 전투 등에서의 전과로 미군 정규군 부대의 영웅적 지휘관이라고 널리
알려졌다. 전쟁 이후 그는 젊고 유능한 새내기 장군 몇 명 중의 하나로 남
았고, 평시에도 군대에 남아 있고자 한 이들의 의지는 국가방위에 대한 개
념에 있어서 새로운 출발을 알리는 전조였다. 즉 국가가 세계무대에서 존
경받는 위치에 서기를 기대한다면, 방어의 최전선에 파산한 민병대를 의
존하기보다는 상비군의 설치를 받아들여야 한다는 것이었다. 스콧은 웨스
트포인트 출신은 아니었으나 웨스트포인트에서 구체화된 전문직업적인
도덕률을 받아들였다. 그는 육군사관학교 졸업자들을 새로운 미 육군을
위한 초창기 선구자로 보았고, 그리하여 사관학교와 졸업생들을 미래 전
문직업군을 위한 꼬투리와 씨앗으로 여겨 육성했다. 자신 스스로는 유럽
의 육군을 연구하기 위해 해외를 둘러보았고, 지난 40년간 의회에서 육군
에 관해 입법한 내용을 한 권으로 집대성하여 다른 이들이 쉽게 참고할 수
있도록 접근성을 제고했으며, 향후 수십 년간 육군의 훈련에 지침을 제공

하는 전술체계와 육군의 행정을 통제할 규정을 작성했다. 그러는 동안 그는 평시 육군의 대부분을 지휘했다. 어느 누구보다도 스콧은 전문직업군으로서의 미군을 시스템화했다. 아울러 1830년대에는 자신의 지휘 책임에 더해, 정부의 정치-군사 문제 해결사가 되어 경계선 분쟁, 인디언 이주, 사우스캐롤라이나의 연방법 시행거부 위기 등에서 핵심적 역할을 했다. 그리고 1841년, 육군사령관이 되었다.[13]

그가 이루어낸 모든 업적에도 불구하고, 그에게도 단점이 있었다. 그는 거만하고 허영심이 강하고 불안정했으며, 비평에 민감했고 논쟁적이었고 이 모두를 다 합쳐 말이 많았다. 그로 인해 그는 자신을 칭찬하는 자를 만드는 것만큼 빠르게 적도 만들었다. 또한 군대 예식과 군복에 다는 장식품과 장구류에 대한 애착이 특별하여 '늙은 떠벌이와 깃털들'Old Fuss and Feathers이라는 애매한 별명을 얻었다. 그는 당대의 모든 장군들과 논쟁했고, 마치 법원 판결문처럼 쓴 과장되고 현학적인 편지로 상대를 공격했다. 그의 주요한 경쟁자 중의 하나가 앤드루 잭슨이었는데, 그는 자수성가한 뉴올리언스 전투의 민병대 영웅으로 유명했고, 스콧의 정규군을 무시했으며, 군기, 훈련, 군사사상 등의 필요를 전혀 고려하지 않았다. 잭슨에게는 정규군 또는 정규군 장교를 교육하여 임관시키기 위한 사관학교의 개념 같은 것들은 어리석고 혐오스러운 것들이었다.

스콧과 '오래된 히코리'잭슨의 별명의 논쟁은 1812년 전쟁 직후, 감축하고 있던 육군이 그렇게 자기애가 강한 두 장군을 더 이상 수용할 만한 여유가 없어질 때부터 시작되었다. 스콧은 잭슨이 대통령직을 물려받고 나서 미국 정치를 대중주의적이며 작은 정부를 지향하고, 반지성적이고 반전문적인 방향으로 개조해나가자, 자신이 그와는 완전히 다른 길을 가고 있음을 알게 되었다. 잭슨에 대한 개인적인 반감과 잭슨의 정책에 대한 원칙에 입각한 반대는 스콧을 휘그당 캠프로 밀어넣었다. 군의 전문직업주의 정신은 아직 정치적 중립의 개념을 포함하고 있지 않았고, 스콧은 자신의 이름이 1840년 휘그당 전당대회에서 대통령 후보자 명단에 오르는 것을 허락했다. 휘그당과의 이런 제휴는 향후 20년 동안 스콧과 민주당 대통령들과의 관계를 복잡하게 만들었다.

비록 포크가 '과학적' 그리고 '공상적'이란 용어로 스콧을 언급할 때 이런 형용사들을 칭찬의 의미로 사용하지는 않았으나, 스콧은 두 용어 모두 가장 긍정적인 의미로 묘사될 만했다. 그는 군의 역사와 군사이론을 열정적으로 연구했고, 독학으로 클라우제비츠 이전(以前) 군사사상의 전문가가 되었다. 이런 전문지식이 육군에 대한 그의 전술적 그리고 조직적 개혁에 스며들었고, 그리하여 멕시코 전쟁 전야의 육군 조직에는 스콧의 지적인 그리고 전문적인 날인이 찍혀 있었다.

그러나 그러한 스콧의 전문성이 대통령에게 좋은 인상을 주지는 못했다. 이미 전쟁을 결심한 사람으로서 포크는 정규군 부대에 대한 자신의 경멸을 애써 숨기려 하지 않았다. '오래된 히코리'의 충실한 제자였던 포크는 정규군에 대한 잭슨의 비판을 무비판적으로 받아들였다. 그는 "평화로운 시기에 대규모 상비군을 유지한다는 것이 우리의 정책으로 받아들여진 적이 없었다"고 공공연히 말했다.

> "상비군은 우리의 자유로운 정신과 대조되며, 국민들에게 커다란 부담을 줄 것이고, 공공의 자유에도 위험하다. 영토를 수호하고 방어하는 것은 주로 우리의 시민병citizen soldiers에 의존해야 한다. 이들은 과거에 항상 준비되어 있었던 것처럼 앞으로도 항상 준비되어 있을 것이며, 국가방어를 위한 조국의 부름에 민첩하게 달려올 것이다."[14]

만약 정규군과 민병대 간의 갈등이 역사 속으로 물러났었더라면, 정규군과 자원병 간의 새로운 경쟁이 등장하여 이를 대체했을 것이다.

포크는 정규군에 대한 멸시를 서슴지 않고 육군의 장교들, 특히 장군들에게까지 확장했다. 열성 민주당원이었던 포크는 육군의 장교단을 전문직업 단체로 여기지 않았고, 휘그주의Whiggism의 요새로 인식했다. 그는 "이 장교들은 모두 휘그당원이고 매우 당파적이며, 나의 행정부의 성공을 바라지 않고, 내가 멕시코 전쟁을 성공적으로 수행해가는 길에 모든 장애물을 던져놓으려는 마음을 가진 것 같다. 이런 상태는 신속하게 끝나야 한다"며 불평했다. 다수의 장교들이 휘그당에 충성한다는 사실이 포크의 의구심에 명분을 제공했다. 또한 당시에 그는 알지 못했지만, 테일러와 스콧이 다음 대통령 선거에서 각각 따로 휘그당의 후보자가 될 터였다. 포크가 마음속에 품었던 생각은 자신의 장군들을 전쟁을 위해 곧 만들어질 새로운 부대의 지휘관으로 임명하여 휘그당 장군들의 정치적 야망을 꺾는 수단으로 활용하는 것이었다. 결국 포크와 전문 직업군인에 반대하는 다른 이들에게 있어서, 군인의 임명은 유능함과 전문성에 대한 인정이라기보다는 정치적 후원의 연장이었다.

포크는 두 개의 소장 직위를 신설하고, 정규군에 네 개, 자원병 부대에 여덟 개의 준장 직위를 신설하는 법안을 의회에 제출했다. 당시 육군의 유일한 소장이었던 스콧은 그 제안에서 대통령이 측근들을 위해 자신과 다른 정규군을 옆으로 밀어놓으려는 계획임을 '눈치챘다'. 그는 제출된 법안이 개인적으로 자신에 대한 모욕일 뿐만 아니라, 그가 지난 수십 년간 만들기 위해 노력해온 전문직업군을 해체하려는 시도라고 느꼈다. 상원에서는 법안이 통과되었으나, 하원에서는 정규군의 임명 숫자를 절반으로 줄이고, 신설하고자 제안한 네 개 직위는 모두 불승인했다. 그러나, 스콧이 의심했던 것처럼 자원병을 지휘할 여덟 개의 장성 직위는 승인되었고, 그 임명장은 군 경력이 일천한 열성 민주당원들에게 돌아갔다. 예를 들어 기드온 J. 필로우Gideon J. Pillow의 경우, 대통령의 법률 파트너였다는 것과, 불가능해 보였던 포크의 후보자 지명을 솜씨 있게 만들어냈다는 것만이 그의 자격을 구성하고 있었다.[15]

포크는 민병대가 군사적 능력을 충분히 보유하고 있다고 생각했기에 다가오는 군사작전에 대비한 스콧의 준비를 우습게 보았다. 스콧이 대통령에게 2만 명의 자원병들을 소집하여 편성하고, 장비를 갖추게 하고, 훈련하는 복잡한 과정과 그들을 전방으로 수송하고 작전을 계속할 수 있도록 보급하는 군수지원에 관해 상세히 설명했으나, 포크의 반응은 냉담했다. 스콧이 최소한 그때로부터 4개월 뒤인 9월 이전에는 작전전구로 전개할 준비를 마치기 어려울 것이라고 하자 포크는 그가 일부러 미적거리는 것이라고 확신했다. 포크는 육군장관 윌리엄 L. 마시에게 만약 스콧이 신속히 전방으로 나가지 않으면 그를 해임할 것이라고 말했다.[16]

한편 포크의 입장에서 보면, 그는 자신이 휘그당의 반대를 억누르고 밀어붙임으로써 논란이 많은 전쟁을 벌이고 있음을 알았다. 대통령으로서는 국민감정이 그로부터 돌아서기 전에 신속히 분쟁을 종결지을 필요가 있었다. 좋게 말해서 대통령 포크는 군인 스콧이 정치적 명령을 이해하지 못한다고 믿었던 것이고, 나쁘게 말하자면 민주당원 포크는 휘그당원 스콧이 전쟁 노력을 방해하려 한다고 의심했다. 스콧은 곧 대통령의 의구심에 대해 그럴듯한 구실을 주었다.

육군의 신속한 확장으로 인해 수백 개의 장교 직위에 공석이 발생하게 되었다. 포크, 마시 그리고 스콧은 모두 곧 임관신청서에 사로잡히게 되었는데, 각각의 신청서마다 선출된 공무원이 작성한 솔직한 추천서가 동봉되어 있었다. 스콧은 어떤 사람의 청탁에 따르기를 거절하면서, 자신과 편지를 주고받던 사람에게 이르기를, 그 지원자가 현 정부에 의해 고려되는 필수적인 정치적 연고가 부족함을 이유로 들었다.

> "동부 출신도 아니고, 사관학교 졸업자도 아니며, 분명히 휘그당
> 원이 아닌 사람이라면 어려운 가운데서도 한 자리 차지하게 될
> 것입니다."

이러한 관찰은 대체로 정확했고 비정치적이었다. 포크의 당파성과 반(反)전문직업주의는 그만큼 견고했고, 육군장관 마시는 '전리품은 승자에게 속한다'To the victor belong the spoils는 19세기의 정치적 명언의 창시자였기 때문이다. 불행하게도 스콧의 편지가 얼마 안 가 포크의 손으로 들어갔다. 대통령은 스콧의 '매우 불공정하고 예의 없는 태도'에 대해 격노했다. 포크는 일기에 이렇게 기록했다.

"그 편지는 당파적 특성을 갖고 있는데, … (그는) 전적으로 육군 사령관에 어울리지 않고, 대통령에 대한 어조와 언어가 매우 바람직하지 않다. 스콧 장군은 적대적일 뿐만 아니라 내 행정부를 향한 그의 감정도 무조건 악의적임을 알게 되었다."

포크는 행정부의 정책을 이행하는 스콧의 능력에 대해 신뢰를 상실했다.[17]

같은 날 늦게 스콧은 대통령에게 그를 해고할 공식적인 명분을 주었다. '스콧이 신속히 전방으로 나가지 않으면 그를 해임할 것'이라는 대통령의 위협을 들은 후, 마시가 장군의 사무실을 방문하여 그를 재촉했다. 스콧은 발을 질질 끈다는, 즉 일부러 미적거리는 것 아니냐는 말에 기분이 상해 마시에게 화를 내며 말했다. 그리고 나서 그답게 ― 그러나 현명하지 못하게 ― 새로 들어온 민간 상급자들에게 군사교육을 하듯이, 동원과 군수지원에 관한 8쪽의 문서를 작성했다. 탁월한 행정가였던 스콧은 육군이 원정작전을 수행할 수 있도록 확장하고 편성하는 데 어마어마한 노력을 기울여왔다. 그는 육군의 각 부서장들에게 눈보라 같은 많은 명령을 하달하기도 했다. 그는 다시 한번 육군이 아마도 9월 이전에는 멕시코에서 싸울 준비가 되지 않을 것이며, 그때까지 자신은 워싱턴에 있으면서 전반적인 준비 상황을 감독할 것이라고 설명했다. 지금 전선으로 가는 것은 많은 중요한 일을 하지 않은 채 떠나는 것이었고, 상당한 전력 보강 없이 멕시코에 도착하는 것은 현지의 테일러 장군을 실망시키고 당혹하게 할 것이라고 했다. 게다가 스콧은 정치적 음모가 진행되고 있음을 느꼈다.

"저는 군인으로서는 너무 늙었고, 이미 너무 많은 특별한 경험을 해보았으며, 공공의 적에게 나아가기 전에 제 후방에 있는 위험(박약한 의지 또는 해보기도 전에 저에 대한 비난부터 하는 행위)으로부터 저 자신의 안전을 확보하는 것에는 중요성을 느끼지 못합니다. … 누구든지 논의 중인 최고사령부로 지명된다면, 거기에서 의존할 수 있는 것은 … 자신의 정부로부터 나오는 적극적이고

164

솔직하며 지속적인 지원 외에 다른 어떤 것도 없습니다. 만약 제가 기댈 수 있는 그런 확실한 기반이 없다면, 조국을 위해 — 저의 개인적인 안전을 의미하는 것이 아니라 — 어떤 다른 사령관이 선택되는 것이 말할 나위 없이 더 낫다고 생각합니다. … 제가 분명히 말씀드리고자 하는 것은, 저 자신을 모든 위치 중에서도 등 뒤로는 워싱턴으로부터 그리고 전방으로는 멕시코군으로부터 사격받는, 가장 위험한 곳에 처하게 하고 싶지 않다는 것입니다."[18]

포크는 각료들과 상의하면서 마시에게 보낸 스콧의 편지를 읽어주었고, 다음 주 월요일에 스콧을 작전사령관에서 해임했다. 이것은 그를 지명한 지 채 2주도 안 된 시점이었다.[19]

그날 저녁, 마시는 직접 대통령의 해임 명령을 들고 스콧의 사무실로 찾아갔다. 그러나 스콧이 저녁 약속 때문에 바깥에 나가 있음을 알고, 그가 있는 지역 레스토랑으로 편지를 보냈다. 스콧은 편지를 읽고 나서 곧바로 사무실로 뛰어 들어와 또 하나의 답장을 거의 깊은 생각 없이 휘갈겨 써내려갔다. 그는 육군을 준비시키기 위해 며칠 동안 일하면서 힘든 시간을 보냈으며 자신의 책상에서 벗어난 것은 오직 '스프 한 그릇을 빨리 먹을 때' 뿐이었다고 썼다. 그는 대통령을 모욕하지 않았다고 부인하면서 포크의 모든 훌륭한 자질을 열거하며 아부하듯이 칭찬을 늘어놓았다. 수일 내에 스콧은 나라 전체의 가십거리가 되었고, 대부분 '내 등 뒤로부터의 사격'과 '급하게 스프 한 그릇을 먹는' 거구의 장군을 그린 만화 같은 잡화에 초점이 맞추어져 있었다. 부인들은 스콧을 '마셜 투리엥'Marshal Tureen이라 부르기 시작했는데, 17세기 프랑스 장군의 이름을 가지고 말장난을 한 것이었다. 이후 스콧이 육군사령관*으로서 워싱턴에 남아서, 자신이 빠진 가운

---

* 스콧의 공식 직책은 육군 사령관(Commanding General of Army)으로서 오늘날과는 달리, 양병과 용병의 책임을 다 가진 육군의 지휘관이자 최선임 장교였다. 포크 대통령이

데 전개할 부대를 준비하는 일을 충실하게 수행했지만, 대통령은 그의 작전사령관 복귀를 거부했다. 어느 학자는 스콧이 "거위 깃털 펜으로 자살을 시도한" 격이라고 빗대기도 했다.[20]

전문직업군의 관점에서 보면, 훈련되지 않고 졸속으로 편성된 데다 장비마저 제대로 갖춰지지 않은 장병들을 전투에 투입하는 것은 이성적이지 않고, 아마 생각조차 할 수 없는 일이라는 점에서 스콧이 옳았다. 게다가 스콧이 육군 참모부서들 간의 업무를 조화시키려 애쓴 것은 과연 명장다운 것이었고 없어서는 안 될 필수적인 과업이었다. 그러한 과업을 마무리하려면 몇 개월이 필요했고, 스콧이 가진 백과사전과 같은 군사지식이 없는 다른 누군가가 그런 일들을 해낼 수 있을지도 의심스러웠다. 하지만 스콧은 정치적 명령을 이해하는 데 실패했다. 포크는 당파적 반대를 억누르며 자신이 시작한 전쟁을 신속히 끝냄으로써, 자신의 진정한 목표인 멕시코 영토 수백만 제곱마일을 정복하여 획득하는 것을 마치기 전에 정치적 논쟁으로 인해 전쟁 종결을 강요당하는 상황은 피하고자 했다. 이를 위해 그는 믿을 만한 사령관을 전선에 두려고 했던 것이다.

☆ ☆ ☆

워싱턴에서 스콧에 관한 이야기가 널리 퍼져나가고 있을 때, 행정부가 필요로 했던 그것, 즉 5월 8~9일에 리오그란데 바로 북쪽의 팔로 알토 Palo Alto와 레사카 델 라 팔마Resaca de la Palma에서 연이어 거둔 쌍둥이 승전보가 테일러로부터 도착했다. 테일러는 이어서 퇴각하는 멕시코군을 피곤한 가운데서도 추격하여 강 건너 마타모로스시까지 점령했다. 포크는 테일러를 소장으로 명예진급 시키도록 추천했고, 의회는 그를 위해 금메달

그를 멕시코 원정사령관으로 임명했다가, 원정작전에 참여하는 작전사령관의 임무를 해제하자, 원래의 육군 사령관으로서 원정작전 부대를 후방에서 지원하면서 본국에 남아 있는 육군부대를 지휘하는 역할을 수행하게 된 것이다.

을 주조할 것을 표결했다. 6월에 테일러는 마시 장관으로부터 어떤 전구사령관이든지 받고 싶어 하는 그런 종류의 편지를 받았다. 그가 진급된다는 것과 사령관직을 계속 유지하게 될 것, 그리고 증원을 받게 될 것 등이 포함된 편지였다. 마시는 테일러가 자기 전구의 작전사항에 대해서 가장 잘 알고 있으리라 추정했다. 비록 정부의 정책목표가 애매한 채로 ―"적이 종전을 원하도록 만든다."― 남아 있었으나, 대통령은 테일러의 전략적 조언을 간절히 바라고 있었다. 영토확장에 대한 언급은 없었다.

마시는 멕시코 북부에서의 작전으로 충분할 것인지 아니면 멕시코시티로의 공격이 필요한지에 대해 테일러의 견해를 물었다. 그리고 각각의 경우에 어떤 지원이 필요한지도 알려달라고 했다. 한 달 뒤에 테일러로부터 아무것도 듣지 못하게 되자 ― 그가 쓴 편지가 테일러에게 도착하는 데만 한 달이 걸렸기 때문에 그다지 놀랄 일은 아니었지만 ― 마시는 은밀스럽게 그러나 요점을 꼭 짚어서 멕시코만에 접해 있는 베라크루즈 항구로부터 멕시코시티로 작전을 감행하는 것이 나을지에 대한 테일러의 생각을 물었다. 그는 또한 멕시코 국민들을 관대히 대하고, 멕시코군 지휘관들과 자주 소통하여 평화 협상 테이블로 유도할 것 등에 대해 상세한 조언도 덧붙였다. 마시는 이번에는 참지 못하고, 테일러에게 답장을 직접 대통령에게 보내라고 지시했다. 테일러가 자신의 임무를 직접 정하고, 그것을 달성하는 데 필요한 자원을 확보할 수 있는 기회가 온 것이었다.[21]

테일러는 기회를 잡지 못했다. 반응이 늦었던 그는 보급과 수송의 문제에 대해서, 후방에서 보내준 자원병들의 행동이 통제되지 않으며, 그들의 숫자가 너무 많다며 불평했다. 모든 조건들, 즉 기상, 가용한 식량, 장병들의 숙련 등이 잘 갖추어져 있었다면 그는 아마 지금보다 더 남쪽의 몬터레이Monterey까지는 진출해 있었을 것이나, 그런 조건이 성립될 가능성은 적었다. 멕시코 내부로 더 멀리 탐색해나가면서 그는 너무 많은 무지의 변수unknown variables에 의존하고 있음을 두려워했다. 그는 또한 베라크루즈로부터의 잠재적인 작전의 효과성에 대해 과감하게 추측하는 것을 거절했다. 포크는 이 조언으로 인해 실망했고 테일러가 그 직책에 적합하지 않은 것 같다며 의심하기 시작했다.

> "그는 용감하지만, 그러한 전역을 수행하는 데 충분한 자질과 정
> 신력을 갖추고 있지는 않은 듯하다. ··· 그는 명령에 복종할 준비
> 는 되어 있어 보이나, 어떤 의견도 드러내지 않으려 하고 또 스스
> 로 어떤 책임도 지지 않으려 하는 것 같다."

포크는 비록 테일러가 '좋은 부하 장교' 같기는 하나, '주요 사령부의 지휘
를 맡기에는 부적합'하다고 생각했다. 테일러는 사령관으로서 그리고 전
략가로서 치른 그의 첫 번째 테스트에서 낙제했다.[22]

　9월 말경이 되자 테일러는 몬터레이까지 전진했고, 마구잡이식으로
격렬하게 치른 5일간의 전투를 통해 멕시코군을 패배시켰다. 24일 그는
패배한 적에게 8주간의 정전기간을 부여했다. 부분적으로는 미군 전력이
약화되어 재보급과 추가 증원 없이는 공격작전을 계속할 수 없었고, 다른
이유로는 행정부가 하달한 모호한 정책 지침에 부합되게 멕시코군을 협상
테이블로 유도하려는 생각에서 였다. 그러나 멕시코 내부 정치 상황이 변
화하여, 호전적인 안토니오 로페즈 데 산타 안나Antonio Lopez de Santa Anna
가 권좌에 복귀함으로써 협상은 물 건너간 듯했다. 테일러의 정전 결정은
대통령의 생각과 어긋난 것으로, 이는 행정부가 정책 변경 사항을 테일러
에게 전달하는 수고를 하지 않았기 때문이었다. 포크는 정전 소식을 듣고
불같이 화를 내며 맹비난했고 테일러에게 공격을 재개하라고 명령했다.[23]

　이어지는 몇 주 동안, 행정부는 베라크루즈Veracruz에서 개시할 새로
운 공격작전에 대해 토론했고 테일러에게 일련의 상충되는 명령을 하달했
다. 즉 멕시코 해안의 탐피코Tampico항을 점령하라는 것, 산루이스포토시
San Luis Potosi 방향으로 전진하라는 것, 그리고 마지막으로는 그냥 몬터레
이에 남아 있으라는 것 등이었다. 항상 그랬듯이 서신이나 문서가 워싱턴
과 멕시코 북부 사이를 오가는 데 6주 내지는 8주가 걸리는 어려움이 있었
다. 테일러는 점점 혼란스러웠다가, 실망스러웠고, 화가 나게 되었다. 그는

명령을 위반하면서 남서 방향의 살티요Saltillo로 전진했는데, 그곳이 워싱턴에서 진행되고 있는 논의가 정리될 때까지 좀 더 나은 방어 지형을 제공해주기 때문이었다.[24]

포크는 테일러의 조치가 변명의 여지가 없이 불복종에 해당된다고 생각했다. 테일러에 대한 그의 의구심에 덧붙여진 것은 국내에서 테일러의 인기가 상승하는 것이었다. 테일러가 리오그란데에서 승리를 거두고 얼마 지나지 않아, 휘그당의 열성 당원들이 그를 대통령감으로 홍보하기 시작했다. 영원한 당파 정치인이었던 포크는 테일러의 모든 행동 뒤에 감추어진 정치적 동기를 찾기 시작했다. 몬터레이에서의 임시 정전 합의도 그의 의구심에 기름을 부었다. 11월이 되자, 테일러의 탐피코 점령 실패와 그의 살티요로의 전진이 포크의 평가를 더욱 굳히게 하는 요인이 되었다.

"그는 분명 약한 남자이고 대통령감이라는 아이디어만으로도 현기증이 나게 되었던, … 지금 다시 생각해보면, 내가 그가 성취한 공적을 넘어서는 보상으로, 또 그의 정치적 성향과 관계없이 그를 진급시켰다. 이제 나는 그가 편협하고 옹졸한 당원이자, 현재의 사령관 직책에 걸맞은 자질도 없으며 전적으로 부적격한 사람이라는 것으로 위안을 삼고 있다."

대통령은 이제 자신의 선임 장군 두 명 모두에 대한 신뢰를 잃게 되었고, 그 대안을 찾기 시작했다.[25]

이즈음, 포크는 멕시코와의 협상은 유용하지 않다고 결론을 내렸고, 부대를 베라크루즈에 상륙시켜 멕시코시티로 공격할 것을 결심했다. 최우선의 관심사항은 적합한 지휘관을 찾아내는 것이었는데, 행정부는 받아들일 수 있는 후보자가 빠르게 소진되었다. 테일러와 스콧은 둘 다 의심스러웠고, 그들의 부하들은 무능하게 여겨졌다. 벤튼 상원의원이 그 일을 원했지만, 지휘권을 행사하려면 두 명의 장군보다 상위에 있어야 했으며, 상원에서 그런 제안을 승인할 것 같지 않았다. 게다가 해임된 지 6개월이 지나는 동안, 스콧은 말을 조심하면서 테일러를 지원하기 위해 엄청나게 열심히 일했으며, 마시와 포크에게 조언했고 베라크루즈 인근에 상륙작전을 계획했다. 포크는 그를 싫어했고 믿지 않았지만, 다른 선택의 여지가 없었다. 그럼에도 대통령은 그에게 지휘를 맡기기를 주저했는데 성공적인 전역이 스콧을 영웅으로 그리고 대통령 후보자로 만들어줄 수도 있음을 두려워했다. 눈치 빠른 마시 장관이 포크에게 조언했다.

> "그를 멕시코로 보내서 일을 시작하게 하고, 전쟁이 종료되기 전에 우리가 손쉽게 그를 맥 빠지게 할 수 있을 것입니다. 그는 분명히 우리에게 기회를 줄 것입니다."

이에 안심한 대통령은 11월 9일 백악관으로 장군을 불러 그에게 지휘권을 위임했다. 이 자리에서 과거 스콧의 선 넘은 언행을 상기시키면서, 포크는 '기꺼이 지나간 일은 지난 일이니' 깨끗이 잊어버리자고 했고, 스콧은 눈시울을 붉히면서 감사와 충성을 맹세했다. 스콧은 최소한 당분간은 정치를 잊고 당파성을 옆으로 제쳐두겠다고 맹세했다.

> "저는 민주주의를 들먹이지 않고, 휘그주의를 내려놓겠습니다. 당과 정치에 무관하게, 저는 포크의 사람a Polk-man이 되었음을 절감합니다. 최소한 대통령께서는 저의 전적인 존경과 공감과 경의를 갖게 되셨습니다."

스콧은 자신을 복귀시켜준 것에 대해 불쌍하리만치 감사해하며, 정부에서 복무하도록 파견된 전문직업인의 어찌할 수 없는 무력함을 보여주었다. 그는 '포크의 사람'이 되거나 아니면 적이 될 수밖에 없었다. 그러나 스콧은 자신이 새로 다짐한 충성을 금방 후회하게 되었다.[26]

여름 동안 벤튼 상원의원은, 포크가 '육군의 주요 작전사령부를 자신이 전혀 신뢰하지 않는 장군에게 맡기는 것을' 피할 방법을 찾고 있다는 것을 알고는 워싱턴 장군이 전역한 이후에 임명되지 않고 있는 중장 계급을 부활시키는 법안을 후원하겠다고 제의했다. 일단 법안이 의회를 통과하고 나면, 대통령이 자신이 택한 사령관을 지명할 수 있었다. 벤튼의 자아가 너무 크다 보니 자신의 빈약한 군 경력을 간과하고 스스로 추천받을 수도 있음을 시사했다. 포크는 벤튼에게 그런 입법이 의회에서 이루어질 가능성이 거의 없다고 생각한다고 말하면서도, 벤튼의 정치적 선의가 필요했던 터라 'no'라며 부인하지는 않았다. 법안은 몇 개월 동안 수그러들었다가 베라크루즈 상륙작전이 결정되자 수면 위로 떠올랐다. 포크는 벤튼에게 그 입법안을 다시 추진하라고 하면서 법안이 통과되면 벤튼을 중장으로 그리고 육군 사령관으로 추천하겠다고 약속했다. 법안은 하원을 통과했으나 상원에서는 실패했다. 스콧은 멕시코로 가던 경로상에서 뉴올리언스에 잠깐 들르는 동안 이러한 음모에 대해 알게 되었고, 그에 대해 "인간적 신뢰를 이보다 더 역겹게 악용한 사례는 찾을 수 없을 것"이라고 단언했다. 스콧은 포크에 대해 '산타 안나보다 더 두려워해야 할 적'이라고 결론지었다. 육군 사령관이 대통령의 신뢰를 받은 것은 며칠 동안뿐이었다.[27]

　　대통령이 스콧을 선택한 것은, 달리 생각해보면 테일러에 대한 불신을 의미하는 것이었다. 스스로 자신에게 요구된 모든 과업을 다 해냈다고 생각했던 테일러는 비통함과 분노에 휩싸여 에드먼드 게인즈Edmund Gaines 준장에게 보내는 사적인 서신에서 행정부에 대해 신랄한 공격을 퍼부었다. 그는 장관과 대통령에 대한 불만을 자세히 열거하고 나서, 행정부의 전반적인 정책과 전쟁의 근본적 이유 등에 대해 질문했다. 게인즈는 친구들끼리 회람했는데 그중 누군가가 그를 설득하여 인쇄하도록 했다. 행정부는 편지를 인쇄한 게인즈와 정부 계획에 대한 정보를 제공하여 곧 적에 의해서도 읽히도록 한 테일러를 비난했다. 포크는 '진실을 입증하고, 복무의 이익을 위해' 테일러와 육군부가 주고받았던 문서로 가득 찬 파일을 발간했다. 행정부와 멕시코 북부에 있는 사령관 사이의 불화는 이제 고통스럽지만 널리 알려지게 되었다.[28]

☆ ☆ ☆

복귀한 이후 스콧은 멕시코로 전개하기 위해 촌음을 아껴 썼다. 또한 자신이 테일러 부대의 병력 대부분을 인수하여 지휘하고 그에게는 자체방어를 위한 병력만을 남기도록 계획되어 있었지만, 자신이 그를 대체하려는 것이 아니며, 새로운 방향에서 전선을 열기 위함이라고 단언하면서 테일러에 가하는 충격을 완화하려고 시도했다. 사실 스콧은 조금이라도 테일러의 병력을 인수하게 된 것을 아쉬워했다. 병력이 조금 더 있었다면 스콧이 동쪽으로부터 공격해 들어갈 때, 테일러의 부대가 북쪽으로부터 상당한 위협을 줄 수 있었을 것이나, 육군은 두 부대를 다 편성할 병력을 가지고 있지 않았다. 스콧의 메시지는 오히려 테일러가 대통령에 대해 의구심을 갖는 것처럼, 그에 대해서도 의구심을 갖는 계기가 되어 의도했던 바와는 반대로 역효과를 냈다.[29]

스콧이 멕시코에 도착했을 때, 장차 작전에 대해 논의하기 위해 테일러를 만나고자 했으나, 테일러는 퉁명스럽게 메시지를 보내 당연히 그는 스콧의 모든 명령에 복종할 것이라 전하면서도 만남은 거절했다. 또한 그는 자기 예하부대에 이동지시를 전달하지 않았고, 몬터레이로 철수하여 방어에 전념하라는 스콧의 가장 중요한 지시를 거부했다가, '워싱턴으로부터 뒤로 물러서라는 단호한 명령을' 받고 나서야 따랐다. 결국 테일러는 부에나 비스타Buena Vista에서 또 한 번의 값비싼 승리를 얻었지만, 전쟁의 결과에는 거의 영향을 미치지 못했다. 포크는 그 전투를 불필요했던 것이라며 비판했는데 실제로도 그랬다. 또한 포크 대통령은 어떤 공적도 테일러에게 돌리지 않으면서 "우리의 병사들, 정규군과 자원병들은 어디에서든 그들이 마주하는 적에 대해 승리를 얻을 것이다. 만약 그들을 지휘할 중·소위 이상의 계급을 가진 장교들이 없다고 하더라도 그들은 그렇게 할 것이다"라고 주장하여 또다시 전문직업군의 개념에 대해 타격을 가했다. 테일러에게 '포크, 마시, 그리고 스콧'은 상관이라기보다는 정적이 되었고, 그들은 '산타 안나를 패배시키는 것보다 나를 넘어뜨리기 위해 더 조바심을 내고 있다'는 결론을 내렸다. 여기저기서 비난이 있었지만, 테일러는 확

172

실히 효과적으로 밖으로 밀려나게 되었고, 얼마 뒤에는 자신의 정치적 앞날에 맞추어 휴가를 갔다.[30]

4월, 윈필드 스콧은 저항 없이 해안을 습격한 뒤 이어진 짧은 포위공격만으로 베라크루즈를 점령하여 공격의 발판을 확보함으로써 전쟁의 향배를 급격히 전환했다. 스콧은 원정 작전으로서는 미국 역사상 최초의 주요 상륙작전이었고, 육군과 해군 간 엄청난 협조가 요구되는 복잡한 작전을 계획·협조·실행했으며, 아무 문제 없이 성공해냈다. 베라크루즈는 며칠 안에 함락되었고 멕시코시티로 향하는 국도는 공격 방향을 유도하며 어서 오라고 손짓하는 듯했다.[31]

스콧은 전략이 정책을 뒷받침해야 한다는 것을 알고 있었다. 비록 포크의 정책은 여전히 모호했지만, 스콧은 정치적 결과를 내도록 전역을 계획해야 했다. 그의 목적은 공격기세를 유지하여 멕시코 내부로 진격하고 수도를 위협함으로써 멕시코가 먼저 평화 협상을 요청하도록 한다는 것이었다. 그는 예하 장병들에게 작전 기강을 강조하고 점령한 지역에서는 군정을 시행함으로써 점령지의 멕시코인들이 그의 부대를 존경하고, 전진을 방해하지 않으며, 평화를 희망하도록 유도하고자 노력했다. 수도를 확보하는 것도, 만약 그것이 평화 정착에 기여하지 못한다면 핵심적인 과업이 아니었다.

반면, 적에 비해 규모가 작은 원정군으로써 장병들의 생명을 보존하는 것은 필수적이었다. 스콧은 항상 수적으로 불리한 가운데서 주의 깊은 정찰을 통해, 강화된 적의 정면보다는 취약한 측면을 공격하는 전술적 지략으로 일련의 전투에서 승리를 거두었다는 점에서 테일러와 극명하게 대조되었다. 수도를 향해 진격해나가는 도중, 스콧은 딜레마에 직면하게 되었다. 수천 명에 달하는 자원병들의 징집 기간이 거의 만료되는 시점에 다다른 것이다. 스콧은 만약 그들을 지휘하는 장교들의 통제하에 집으로 돌려보내지 않고 계속 붙잡아두게 되면, 그에게 단지 군기 문제를 넘어 더 어려운 문제들을 초래할 것이라는 결론을 내리고 해당 인원들을 베라크루즈로 돌려보내라고 명령했다. 만기에 다다른 자원병들이 동쪽으로 행군하

173

는 동안 스콧은 서쪽의 푸에블라Puebla로 가서 증원을 기다렸다. 증원병력이 도착하자, 자신의 민첩한 부대가 멕시코 경제에서도 생존할 수 있다고 믿었던 그는 해안까지 이르는 병참선을 끊고 멕시코시티로 전진해 나아갔다. 6개월 동안 스콧은 단 한 번의 전투도 패배하지 않고, 항상 방어하는 적보다 더 적은 부상자를 유지한 가운데 국도를 따라 끈기 있게 전진하여 마침내 수도를 확보했다. 이는 미국의 전사(戰史)상 가장 빛나는 전역 중 하나였다.[32]

스콧은 적과의 협상을 뒷받침할 무력을 보유하고 있을 때 평화 협상에 대한 권한을 위임받기를 원했다. 그러나 포크는 국무부의 수석 사무관이었던 니콜라스 트리스트Nicholas Trist를 대신 파견했다. 그러면서 그에게 은밀한 특허secret charter를 주었는데 즉 텍사스의 국경을 리오그란데까지, 뉴멕시코의 남서부 경계선을 태평양까지로 요구하라는 것이었으며, 협상을 완수하는 데 최대 3천만 달러를 제공할 수 있다고 인가했다. 트리스트는 야망 있는 버지니아의 귀족 출신으로 자신의 능력을 높이 평가하고, 다른 이들에 대해서는 대체로 낮추어 보는 사람이었으며, 제퍼슨과 잭슨 대통령의 제자로서, 워싱턴에서 그리고 민주당에서 인적 네트워크가 잘 구축되어 있었다. 8년간 하바나에서 미국 영사로 재직하면서 외교관으로서의 협상 기술과 스페인어 실력을 갈고닦았다. 그는 윈필드 스콧과 많은 개인적인 특성을 같이했는데, 거드름, 황소고집, 말 많음, 독선 등과 아울러 도덕적 청렴, 이상주의 그리고 변치 않는 의무감을 지니고 있었다. 그러나 이러한 비슷한 점들이 두 사람 사이의 생산적 파트너십을 보장하는 것은 아니었다.[33]

트리스트가 5월에 베라크루즈에 도착하자마자 그와 스콧 사이에 문제가 발생했다. 트리스트는 스콧을 예방하기보다는 오히려 그에게 멕시코 정부를 수취인으로 하는 위압적인 각서와 봉인된 메시지를 보내면서 그들에게 전해주라고 지시했다. 스콧은 거만하게 거절했고, 무력 충돌에 필적할 만한 설전이 시작되었다. 스콧은 애매한 단어들로 작성된 마시의 편지를 통해 트리스트가 멕시코와의 협상을 위해 군사작전의 일시 중지를 그에게 명령할 수 있는 권한을 인가받은 것으로 해석했다. 그는 트리스트에게 "육군장관이 이 군대의 사령관인 나에게 적대행위를 계속할 것인지 중단할 것인지 하는 문제에 대해 국무부의 수석 사무관인 당신의 의견을 좇을 것을 요청함으로써 나를 강등시키는 제안을 한 것"이라고 말했다. 그는 이것을 인정할 생각이 전혀 없었다. 스콧은 마시에게 항의하면서, 국무부의 사무관에게 복종해야 하는 "불명예를 면하게 해달라"고 요구했고 후임자가 도착하는 대로 최대한 빨리 자신을 해임해달라고 요청했다. 트리스트는 국무장관 제임스 뷰캐넌에게 스콧이 자신의 대사직을 손상시키고 있다고 불평했다. 장황하게 쓰인 스콧과 트리스트의 편지들이 일제사격을 퍼붓는 것처럼 그들 서로를 향해 그리고 워싱턴에 있는 그들의 상관들을 향해 날아다녔다. 마시는 "트리스트와 스콧은 편지를 쓸 수밖에 없었고, 그 때문에 두 사람을 다 잃게 될 것이라는 두려움"을 느꼈다고 밝혔다. 이 전체 사건은 두 사람 모두와 그들의 정부에게 실망스러운 것이었다. 포크와 각료들은 그들 두 사람을 다 소환하는 방안에 대해 논의했다. 포크는 둘 다 징계하기로 결심했지만, 그들을 해임함으로써 초래될 정치적 비용을 감당하기 어려워, 당분간은 그대로 두기로 했다.[34]

그들에 대한 공식적인 질책이 멕시코를 향해 한 달간 계속되는 항해를 하는 동안 스콧과 트리스트는 서로 화해했다. 트리스트는 멕시코 정부와 소통하겠다고 스스로 결정했고, 이를 위해 영국 외교관들을 중개자로 운용했다. 영국 대사관에서 트위스트에게 멕시코 정부가 회담을 고려할 것임을 알려주었고, 이에 트리스트는 스콧에게 이를 알리는 문서를 작성해 보냈다. 그러나 바로 직후에 트시스트가 앓아눕게 되었고 이때 스콧은 사려 깊게도 구아바 마멀레이드 한 박스와 함께 쾌유를 비는 편지를 보냈는데, 스콧은 모르고 있었지만, 사실 그 과일은 쿠바에 근무할 때부터 트리스트의 기호품이었다. 두 사람은 처음으로 만나게 되었고, 그들의 공동의 적이 포크임을 알게 되었으며, 금방 서로에게 친구이자 협력자가 되었다.[35]

산타 안나는 백만 달러를 조용히 건네주면 평화 회담에 임할 수도 있다는 자국 정부의 의향을 영국 측을 통해 알려왔다. 영국 측은 트리스트에게 그런 요구는 멕시코와의 외교에 있어서 자연스러운 것임을 확인해주었다. 트리스트는 스콧과 의논했고, 스콧은 휘하의 장군단과 논의한 끝에 전쟁의 종결을 좀 더 앞당길 수도 있다는 명분으로 뇌물을 주는 데 동의했다. 스콧은 육군의 자금에서 우선 1만 달러를 빼서 착수금 조로 선지급했으나, 산타 안나는 이 돈을 착복하고는 약속을 저버렸다. 행정부에서는 멕시코시티가 항복하기 전까지 이러한 협상계획과 또 이 일에 스콧까지 개입되어 있다는 사실을 알지 못했다. 이 문제가 차후에 스콧의 영구적인 면직에 대한 이유 중 하나가 되었다.[36]

스콧은 멕시코시티의 확보가 그의 임무에 필수적인 과업이라고 생각하지 않았다. 실제로 그는 멕시코 정부를 위협은 하되, 작동이 가능하도록 남겨두는 것이 평화로 가는 지름길이라고 여겼다. 따라서 멕시코 관리들이 도시 남쪽에서 백기를 들고 미군들에게 접근했을 때, 스콧은 재빠르게 정전에 동의했다. 하지만 후속 협상에서 어떤 합의점에 이르지 못한 상태에서 이전과 같이 산타 안나가 도시에 병력을 증원함으로써 정전협정을 위반했다. 화가 난 스콧은 2주 후에 정전 상태를 폐기하고 공격을 재개했다. 도시를 확보하기 위해 수행한 전투들은 멕시코 원정작전에서 가장 값비싼 것들이었다.[37]

스콧이 우려했듯이 멕시코 정부는 도시의 상실과 함께 전복되었고, 다음 정권이 등장하기까지 2개월이라는 귀중한 시간이 지나갔다. 군기를 확립하고 멕시코 주민들을 관대히 대하라는 정책 지침이 국도를 따라 진격하는 동안 잘 준수된 덕분에 초기 형태의 폭동이 내전으로 발전하는 것을 막을 수 있었다. 이즈음 포크는 스콧과 트리스트의 화해에 대해 알게 되었고, 이제 그는 사령관을 불신하는 만큼 자신이 보낸 대사도 불신하게 되었다. 게다가 멕시코시티를 점령함으로써 자신의 힘이 더욱 강해졌다고 확신한 대통령은 더 광대한 지형의 양도를 바라기 시작했다. 그는 멕시코가 평화를 간청할 때까지 더 많은 도시와 항구를 점령하면서 전쟁을 확대하기로 결심했다. 곧 포크는 의회에서 연설하면서 미국이 사

용한 전비에 대한 보상으로 캘리포니아와 뉴멕시코를 확보해야 한다고
— 그러한 양도는 어떤 평화 협상에서도 포함되지 않았을 터임에도 —
주장했다.

10월 초가 되자 포크는 국무장관 뷰캐넌에게 트리스트를 불러들이
라 지시했다. 트리스트는 아직 연약한 신생 정부와 대화하기 위해 준비
하고 있던 차에 그의 권한을 취소하는 명령을 받게 된 것이었다. 전투를
계속하려는 포크의 의도를 몰랐던 스콧은 만약 대통령이 현재 트리스트
가 평화협정 체결에 얼마나 가까이 다가섰는지 알고 있었다면 그를 본국
으로 소환하지 않았을 것이라고 단언했다. 트리스트는 이 말에 동의하면
서 소환 명령을 무시하고, 협상을 재개하여 1848년 2월 2일, 원래의 문구
를 그대로 따른 과달루페 히달고 조약Treaty of Guadalupe Hidalgo을 체결했
다.[38]

포크는 트리스트의 불복종에 분노했지만, 자신이 직접 지시했던 원안
대로 작성된 조약을 부인할 수는 없었다. 자연스럽게 그는 트리스트의 배
신에 대한 비난의 화살을 스콧에게 돌렸다.

"트리스트는 스콧의 완벽한 도구가 되었다. … 그는 행정부에 대
한 스콧의 모든 반감에 공감한 듯하며, 스스로 모든 스콧의 악한
목적에 가담하고자 하는 듯하다."

항상 하급자들을 믿지 못하고, 모든 세세한 사항까지 강제적으로 관리하
던 포크는 멕시코에서 일어난 사건들이 지난 2개월간 워싱턴에서 그랬던
것처럼 의사소통의 교환을 필요로 한다는 것을 이해하지 못했다. 스콧에
대한 포크의 반감만 더 강해졌다.[39]

수도가 함락되고 몇 주 뒤에, 지루함이라고 하는 전형적인 군기 문란
의 씨앗이 육군을 감염시켰다. 스콧의 장군들은 명예욕에 휩싸여 그들의
원정작전에 관해 보고서를 쓰기 시작했는데, 자신들의 표현을 다듬어서
사실을 각색했다. 포크의 법무 파트너였고, 그의 갑작스러운 대통령 지명

자 당선을 기획했던 기드온 필로우 장군은 이제 스콧의 캠프 내에서 활동하는 스파이가 되었고, 다른 사람들보다 더 창의적이었다. 그는 자신의 작은 전과는 부풀리고, 다른 동료 장교들의 전과는 헐뜯었다. 지금까지 대통령의 친구인 필로우를 곱게 다루어왔던 스콧은 그에게 어조를 순화하여 공문서를 다시 보내라고 조용히 지시했다. 그러나 곧 거의 편집되지 않은 동일한 기사가 뉴올리언스 신문에 실렸다.

"필로우의 명인다운 군사적 천재성과 전쟁의 과학에 대한 심오한 지식이 단지 군인이라는 직업적 규율에 엄격한 사람들을 그렇게나 많이 놀라게 했다."

스콧의 분노가 폭발했다. 그 기사는 단지 자신에 대한 도전일 뿐만 아니라, 그가 자신의 군 생활 내내 만들려고 애를 썼던 전문직업적 군대에 대한 중상이었다.

"비열한 자화자찬과 악의적인 타인 배제 등의 술수로 국내에서 잘못된 공적을 아마도, 아니 확실히, 얻을 수도 있을 것이다. 그러나 그로 인해 조국과 직업과 역사의 진실을 사랑하는 모든 명예로운 장교들의 존경과 사려 깊은 이해를 상실하는 대가를 치렀다."

스콧은 장교들에게 승인받지 않은 투고를 금지하는 규정을 다시 한번 상기하라는 명령을 하달했다. 그는 필로우와 비슷한 위반을 한 두 명의 장교를 체포하여 고발하고, 군사법원에 지시하여 재판하게 했다.[40]

필로우는 재빠르게 대통령과의 개인적 친분에 기대어, 스콧에 대한 포크의 혐오를 자극했고, 자기는 단지 군사적 영광에 목말라하는 사람에 의해 불공평하게 다뤄진 피해자라고 주장했다. 그는 또한 백만 달러에 달하는 뇌물을 주자는 지난여름의 계획에 대해서도 상세히 밝혔는데, 위원회에 참석했던 자신도 그 계획에 찬성했다는 사실은 자의적으로 생략했다. 포크에게 필로우의 군법회의 회부는 더 이상 참을 수 없는 조치였다. 그는 스콧이 트리스트를 속여 자신의 정책을 손상시켰고, 이제는 '필로우 장군이 정치적으로 민주당원이며, 또한 대통령의 개인적이며 정치적인 친구로 여겨진다는 것 외에는 다른 어떤 이유도 없이' 그를 박해하고 있다고 확신했다. 포크는 스콧의 해임을 지시하고, 그의 행동에 대해 논의할 예심군사법원court of inquiry을 소집했다. 마시 장관은 지난봄 스콧이 자신을 해임시켜달라고 했을 때 유일하게 그것을 승인했었다고 주장했다. 포크는 이전에 테일러와 게인즈가 범한 똑같은 위반에 대해 크게 비난했었는데, 이번 필로우의 위반과 다른 군법회의는 예심군사법원 개최로 감경시켰다.[41]

육군은 분노했다. 로버트 E. 리Robert E. Lee 대위, 율리시스 S. 그랜트 대위와 같은 젊은 장교들은 그들 사령관에 대한 지지를 글로 썼다. 조지 B. 매클렐런George B. McClellan은 스콧의 집을 지나가는 여단의 분열parade 장면을 이렇게 묘사했다.

"때마침 그 노병이 자신의 발코니에 나와 있었고, 그 고귀한 어른은 정부가 그를 사령관직에서 해임했음에도 불구하고 육군 전 장병의 존경과 사랑, 그리고 육군에 미치는 당신의 영향력이 결코 약화되지 않을 것임을 분명히 느꼈을 것이다. 나 역시 스콧 장군에 반하는 어떤 말도 절대로 하지 않을 한 사람이다."

윌리엄 T. 셔먼William T. Sherman 중위는 필로우에 대해 "허영, 자만, 무지, 야망 그리고 거짓투성이"라고 비난했다. 대니얼 H. 힐Daniel H. Hill은 자신의 일기에 이렇게 비방했다.

"건달 두목 같은 필로우의 음모 … 그 바보 원숭이 같은 자가 이 시대의 가장 위대한 명장Captain of the age을 바로 그 영광의 전장에서 불명예스럽게 만든 것은 후대에도 혹평을 받게 될 것이다. 육군 전체가 분노하고 있다."

한편 필로우는 자신의 관점에서, 다가오는 조사에 대해 기뻐했다.

"나는 이전에 '급하게 먹는 스프 한 그릇' 또는 '내 앞에서의 그리고 등 뒤로부터의 사격' 등이 언급된 편지들이 그에게 했던 것보다 그를 더 높이 불어버릴 것이며, 그를 더 철저히 죽일 것이다."

스콧은 화가 났다가 우울해졌고 마침내는 사퇴한 후, 부하 장교들로 구성된 법정에서 그의 운명을 논의하는 몇 달 동안 멕시코에 잔류했다. 법정은 결국 무죄로 판결했으나, 그의 인격에 대한 혹평이 온 나라 신문 지상에 열거되고 난 다음이었다. 한편 자신의 기록을 성공적으로 분칠한 필로우는 백악관의 환영을 받고 소장으로 진급되었다.[42]

☆ ☆ ☆

포크는 마지못해하면서 멕시코와 맺은 조약을 상원에 보냈고, 이는 1848년 3월 10일 발효되었다. 한 달 뒤 멕시코 의회에서도 동의했고, 전쟁이 끝났다.

그때까지 1848년의 대통령 경선은 잘 진행되고 있었다. 1년 전 스콧이 베라크루즈를 확보하면서 단지 백 명의 손실을 입었다는 소식이 뉴올리언스로 전해졌을 때, 큰 소리로 떠들어대는 한 사람이 "그럴 리가! 테일러는 항상 수천 명을 잃는데. 저 사람은 내 돈을 아껴주네"라며 외쳤다. 실제로 그 혈전을 벌이는 국민의 남자man-of-the-people 테일러는 대중의 상상력을 사로잡았고, 휘그당의 숨은 킹메이커들은 그를 보면서 자신들이 백악관을 되찾아올 최고의 기회가 왔다고 생각했다. 포크가 전에 테일러를 두고 '고집불통의 당파주의자'라고 했던 비난은, 테일러가 후보자가 되어 휘그당의 정책이나 이념에 대해 전혀 관심이 없거나 잘 모르는 모습을 보여 현실에 반하는 것으로 드러났다. 실제로 한동안 그는 친구들과 조언자들이 잭슨주의 정치학, 즉 승리를 희망한다면 혼자서 독립적으로 하는 것은 더 이상 불가능하다는 개념을 그에게 가르쳐주기 전까지는 어떤 정당에도 가입하지 않고 대통령직을 쟁취하고자 했다. 테일러가 대통령으로 선출되었고, 포크의 전쟁이 잉태한 문제점을 이어받게 되었다. 그중 하나는 새롭게 확장된 영토의 어디에까지 노예제도를 허용할 것인가였다. 테일러는 노예제의 확산에 반대하여 싸웠고, 1850년 7월 이질에 의한 합병증으로 사망하기 전까지 대통령직에 있었던 15개월 동안 연방의 분리를 향한 첫걸음을 내디뎠다.[43]

비록 전략에는 무관심한 보통의 지휘관이었지만 테일러는 그의 모든 전투에서 승리했고, 행정부의 전략이 애매했음에도 불구하고 그가 할 수 있는 한 충실히 따랐다. 포크가 베라크루즈 작전을 결심하기 전까지 테일러의 부대와 뉴멕시코 및 캘리포니아에 있던 다른 부대들은 대통령의 모든 정책목표를 달성하여 텍사스로부터 태평양에 이르는 모든 지역을 확보했고, 멕시코의 내부로도 협상에서 충분히 우위를 가질 정도로 전진했다. 포크는 산타 안나가 권좌로 복귀하자 협상이 무산될 것으로 보고 전쟁을 확대하기로 결심했으나, 테일러가 잘못해서 그런 상황이 벌어진 것은 아니었다. 이후 그 '거칠고 준비된 노인'Old Rough and Ready은 걸핏하면 토라져서 작전명령에 불복종했고, 스콧과 효과적으로 협업하기를 거부했는데, 그러한 잘못은 비난 받을 만했다. 그때까지 그는 포크 행정부가 자신을 군사적인 면에서 예하 사령관으로 여기기보다는 정치적 경쟁자로 다루고 있다고 느꼈는데 사실이 그랬다. 장군들, 특히 대중이 성공적이라고 보는 장군들을 다루는 정치인은 그들이 대중의 기대를 충족할 때 놀라서는 안 된다. 그러한 행동은 군의 전문직업주의 또는 효과적인 정치-군사 관계 형성에 도움이 되지도 않고, 사실 이례적인 것도 또 놀라운 것도 아니다.

윈필드 스콧은 미국 역사상 가장 유능한 장군 중 하나였고, 가장 최악의 적이 자기 자신이었던 사람이다. 1845년 5월 포크가 그를 작전사령관직에서 해임한 이후에도 스콧은 워싱턴에 있는 자신의 직책에서 육군을 동원하고 장비시키고 훈련하는 과업을 충실히 수행했다. 그러한 노력이 전선에 있던 테일러의 그리고 후에는 자신의 성공적 작전을 위한 바탕이 되었으나 행정부는 이에 대해 제대로 평가하는 데 실패했다. 스콧이 멕시코시티 전역을 시작했을 때, 행정부의 정책은 의도적으로 그리고 모호하게, "평화를 쟁취하라"는 막연한 형태로만 제시되어 있었다. 스콧은 협상의 최종목적을 견고히 붙잡은 가운데, 행정부가 원하리라 생각되는 어떤 전략적 목표 혹은 정치적 목표도 대부분 달성하기에 충분한 융통성 있는 계획을 발전시켰다. 그리고 거의 완벽한 전역을 수행하여 포크가 명령했던 것, 즉 멕시코 군대의 해체, 성공적인 평화 협상, 전쟁의 종결 등을 포함하여 모든 것을 달성했다. 스콧과 그의 군대가 요청받은 것 이상으로 임무를 완수하자 포크는 자신의 목표를 다시 한번 확장하여 전쟁의 범위를 더 넓히자고 요구했다. 트리스트가 명령을 위반하고 평화협정에 대한 동의를 받아냄으로써 포크의 계획을 어긋나게 하자, 그는 거기서 스콧을 해임할 구실을 찾아냈고, 전문직업적인 면에서 그의 명예를 훼손하고, 정치적인 면에서 그를 불구가 되게 했다.

테일러와 스콧 두 장군은 인접국가 내부로의 전략적인 공격작전을 수행했고, 한 명은 상당히 잘acceptably well, 다른 한 명은 탁월하게brilliantly 해냈다. 그리고 그들은 정책 지침이 다소 모호하고 정치적 목표가 변경되는 가운데서 그런 과업을 해냈다. 비록 많은 수의 자원병들과 장교들이 증원되었지만, 정규군이 이들 부대의 근간이었고, 군사 전문기술의 원천이었다. 테일러와 스콧 모두 자원병들의 무질서와 무책임에 대해 불평했다. 스콧은 몇 개의 연대를 데리고 멕시코시티로 계속 공격해나가기보다 그들을 귀국시키는 편을 택하기까지 했다. 그는 정규군 부대가 자원병들이 없을 때 더 효과적으로 싸울 것이라 생각했고, 결과도 그렇게 나타났다. 이러한 성과는 1812년 전쟁 당시의 오합지졸이었던 잡탕 군대를 멕시코 전쟁에서 승리한 정규군 부대로 주조해낸 스콧과 테일러를 비롯한 당시 장교들의 능력을 입증해 주었다.

스콧과 많은 사학자들이 이구동성으로 다음 세대의 군사전문성을 칭찬했다. 이들은 웨스트포인트에서 교육받고 훈련된, 그리고 접경지역 및 해안선의 요새에서 육성된 자들로 정규군 부대의 하급 장교와 영관장교가 되어 부대를 이끌었다. 정규군 특히 웨스트포인트 출신에 대한 앤드루 잭슨의 경멸과 포크 대통령의 전문직업군에 대한 반대 성향에도 불구하고, 멕시코 전쟁에 참전한 사관학교 출신 장교들의 전투기록이 그들을 변호했다. 멕시코 전쟁에 참전했던 많은 수의 중위와 대위들이 향후 미국 남북전쟁에서 훨씬 더 큰 규모의 부대를 지휘하게 된다. 미 육군의 군사전문성의 기반이 된 웨스트포인트는 잘 설립되었고, 이제 거기서 배출된 인재들이 전투를 통해 입증되었다.[44]

전쟁 중 정치-군사 관계에 관한 간헐적인 기록이 보여주듯이 육군은 아직 완벽한 상태는 아니었다. 포크와 마시는 육군 장교들이 정치적 성향이 없는 정부의 충복이라는 믿음을 확고히 갖지 못했는데, 그들의 이런 태도는 부분적으로 장교들의 당파주의에서 기인했다고 할 수 있다. 정치적 중립을 지키는 복무라는 개념은 아직 전문직업적인 윤리로 정착하지 못한 상태였다. 어느 역사학자가 관찰했듯이, 멕시코 전쟁 당시의 육군은 '정치의 산물'이었다.[45] 스콧, 테일러, 그리고 그들의 동료들은 공개적으로 정당에 가입하는 데 대해 크게 개의치 않았으며, 그런 장교들의 당파성이 그들의 민간 상급자들에게, 특히 정치적으로 반대편의 입장에 있는 상급자들에게 끼치는 위협에 대해 전혀 고려해보지 않았던 것이다. 웨스트포인트 출신의 젊은 장교들은 그들의 이런 행동을 지켜보았고, 대부분이 이를 경멸했으며, 특히 공개적으로 당파성을 드러내는 것에 대해서는 더욱 그러했다. 그러나 뒤따라온 연방 분리의 위기와 남북전쟁을 통해 볼 수 있듯이, 연방이냐 아니면 분리냐 하는 중대한 정치적 문제가 걸려 있는 경우에는, 놀랄 만한 숫자의 웨스트포인트 졸업생들이 헌법에 대한 자신들의 충성 서약을 저버리는 선택을 했다.

전쟁은 대통령의 리더십에 가장 어려운 시험이 된다. 대통령의 책임은 위협을 인식하고 그에 대응할 정부의 자원을 결집시키는 것이다. 그는 국민의 지지를 얻을 수 있도록, 국민에게 위협과 또 그에 대응할 정책에 대해 명확히 설명하고, 그것을 격퇴해야 한다. 그는 전쟁의 전 기간을 통해 승리에 필요한 인력, 자금, 무기, 식량과 피복 등을 얻기 위해 국민, 특히 의회로부터의 신뢰를 유지하는 데 힘써야 한다. 미국이 수행한 대부분의 전쟁에서 초기에는 전쟁이 짧을 것이며 장병들은 머지않아 승리의 월계관을 쓰고 돌아올 것이라는 희망에서 비롯된 일반적인 합의가 있었다. 그러나 대부분의 전쟁에서 그러한 희망과 믿음은 매우 빨리 꺾였다. 그런 경우 대통령이 리더십을 발휘하여 해야 할 일은 언제 끝날지 모를 분쟁을 위해 국민을 결집시키고, 국민들로 하여금 앞에 놓여 있는 시련에 대해 준비하게 하는 것이다. 나쁜 소식이 다가올 때 그리고 그것을 피할 수 없을 때, 대통령은 국민들에게 희생이 값어치 있는 것임을, 그리고 더 많은 희생이 필요하게 될 것임을 설명하고 납득시켜야 한다.

포크 대통령이 직면한 도전은 특별히 어려웠는데, 그가 싸울 필요가 없는 공세적인 전쟁을 선택했기 때문이었다. 텍사스를 방어하는 것은 — 그것이 리오그란데까지의 영토를 의미한다 해도 — 필요한 것이었다고 할 수 있으나, 일단 테일러가 멕시코군을 몰아낸 다음부터는 방어태세를 견지함으로써 그 목표를 충분히 달성할 수 있었을 것이다. 포크는 공개적으로 선언된 정책을 통해 국민 전체를 자기편으로 결집하기보다는 의회에서 민주당의 수적 우위를 활용하여 '미국 영토를 보호하기 위해' 전쟁을 선포함으로써 의도를 숨겼다. 물론 민주당에서는 포크가 인접국가를 침공하여 수백만 제곱마일의 영토를 정복하고 확보하려는 의도를 갖고 있음을 알았고, 반대당인 휘그당에서도 포크의 기만을 꿰뚫어보았지만 이를 저지할 힘이 없었다. 포크는 다수 여당의 지원만을 받는 안을 선택했는데, 이는 그의 목적을 공개적으로 인정하기 싫었기 때문이었다. 그러나 그는 정치적으로 명민하여 자신이 그 호랑이전쟁의 목적을 감추는 것를 멀리까지 타고 갈 수 없다는 것을 잘 알았고, 그리하여 자신의 정부와 군이 신속한 승리를 달성하도록 독려했다.

포크는 국민을 혼란스럽게 하는 한편, 장군들에게 전략적 목적을 설명할 때도 더 명확하게 하려 하지 않았다. 그는 '평화를 쟁취하려는' 욕망을 요구했다. 그는 테일러에게 '적이 종전을 원하도록' 만들라고 명했다. 군사적으로 미숙했던 포크는 전문직업 장교들의 능력을 무시했고, 기드온 필로우 같은 돈을 좇아 이리저리 움직이는 정치가를 지휘관으로 임명하기도 했다. 그는 비록 최고위 사령부에 정규군 장교들을 유지하기 위해 주의를 기울이기는 했지만, 자신의 목표를 달성하기 위해 요구되는 군사적 전문성의 가치를 절대 인정하지 않았다. 그는 한 번도 예하 사령관들에게 자신이 리오그란데 하구로부터 캘리포니아의 남쪽 끝에 이르는 멕시코 영토를 취하고 싶다는 의도를 명확하게 말하지 않았고, 그들이 자신의 숨겨진 정책을 알아서 해석하도록 남겨두었다. 그는 자신이 최대한의 정치적 융통성을 갖기 위해 협상했고, 실패의 책임을 장군들에게 돌림으로써 그 융통성을 계속해서 악용했다. 스콧은 이에 대해 사적인 대화를 통해 "인간의 신뢰에 대해 그보다 더 심한 악용은 기록된 바 어디에도 없다"고 평가했다. 정치-군사 간의 협의에서 통상 정치지도자들은 모호성을 견지하여 반대파로부터의 정치적 압력에 대비하려 하고, 군 지휘관들은 본능적으로 부여된 임무를 달성하기 위한 자원을 산정하기 위해 명확하고 정확한 목표를 요구한다. 당시 육군은 정확한 목표를 지시받지 못했음에도, 포크 대통령이 진정으로 원했던 목표, 영토확장설Manifest Destiny의 산물인 멕시코 북부 3분의 1을 가져다주었다. 자신이 정치적 리더십을 적절히 발휘하지도 않았고 오히려 군 지휘관들의 전문직업주의에 기초한 믿음을 악용했음에도 불구하고, 포크는 그들의 성공적인 작전이 향후 그들의 정치적 성공으로 이어지지 않도록 하기 위해 그 장군들을 버리는 선택을 했다. 그는 자신의 전쟁에 승리를 가져온 장군들에 대해 그들의 무능함, 당파성, 자신의 정부에 대한 혐오감을 들어 비난하고 욕했다. 그러면서 그는 확신에 차서 자신의 일기에 적었다.

"나 자신은 전쟁을 수행하는 데 있어서 육군 장교들의 정치적 의
견에 관한 어떤 언급으로부터도 전적으로 영향을 받지 않았다."

오만하고 정직하지 않으며, 편집증적이었던 그는 그 누구도 자신이
감당하고 있는 걱정거리를 이해해주지 않는다고 불평했다. 그는 어느 작
가가 노래했던 '의무의 순교'the martyrdom of duty를 포착하여 자신의 상황
을 설명하고자 했다. 하지만 이렇게 한탄하는 듯한 기록에도 불구하고, 제
임스 포크는 멕시코를 침공함으로써 교묘하게 얻어낼 수 있는 모든 것을
다 성취했다.[46]

이 역사적인 부정의를 기록했던 당대의 많은 사람을 대표하는 세
명의 관찰자가 있었다. 일리노이 출신의 눈에 띄지 않는 한 휘그당 의
원은 1848년 많은 수의 결의안을 제출하여 전쟁선포 원안에 대한 찬성
을 기만적으로 이끌어내려는 포크 행정부를 당황케 했다. '장소 결의안'
spot resolutions이라 불렸던 이런 법안은 대통령에게 '미국 땅 위에 미국인
이 피를 흘리거나 흘렸던' 정확한 장소를 말하도록 강제하려는 것이었다.
애쓴 보람도 없이, 법안 작성자였던 에이브러햄 링컨은 재선에 실패했다.
후에 포토맥 군의 사령관이 되어 게티스버그 전투에서 승리한 조지 고든
미드George Gorden Meade 중위는 "우리가 멕시코와 전쟁하고 있다는 것이
얼마나 다행스러운 일인가! 만일 우리가 다른 강대국과 전쟁하고 있다면
우리의 그런 엄청난 바보 같은 짓은 분명 지금보다 전에 이미 대가를 치
렀어야만 했을 것"이라고 고백했다. 마찬가지로 남북전쟁에서 상당한 승
리를 거둔 율리시스 S. 그랜트 대위는 훗날, 멕시코 전쟁은 '약한 나라에
대해 강한 나라가 전쟁을 일으킨 가장 부당한 전쟁 중 하나'였다고 인정
했다.

"그것은 공화국이 정의를 고려하지 않고 추가적인 영토를 획득
하고자 한 유럽 군주국가의 나쁜 본보기를 따른 하나의 사례였
다. … 남부지역의 반란은 대체로 멕시코 전쟁의 결과물이다. 개

인들처럼 국가도 정의를 위반한 데 대해 벌을 받는다. 우리는 현시대의 가장 피비린내 나며, 가장 값비싼 전쟁남북전쟁이라는 처벌을 받게 되었다."[47]

5
후커에게 보낸 링컨의 편지
Lincoln's Letter to Hooker

대통령 관저, 워싱턴, D.C.,
1863년 1월 26일

후커 소장에게,
장군, 나는 그대를 포토맥군의 수장으로 임명했습니다. 물론 내가 보기에 충분한 이유가 있어서 그렇게 했지만, 내가 또한 당신에 대해서 만족하지 못하는 몇 가지가 있다는 것을 알려주는 게 좋겠다는 생각입니다. 나는 장군이 용감하고 숙련된 군인이라 믿고, 물론 이 점을 좋아합니다. 또 그대가 정치와 그대의 전문성을 섞지 않으리라 믿으며, 그렇게 하는 게 맞습니다. 장군은 스스로 자신감을 지니고 있는데, 이는 필수적이지는 않으나 가치 있는 자질입니다. 그대의 야망은 적절한 범주 안에서는 해롭기보다는 좋은 것이라 할 수 있습니다.
그러나 나는 번사이드Burnside 장군이 육군을 지휘할 동안, 장군이 자신의 꿈에만 귀를 기울여서 할 수 있는 한 그를 좌절시켰고, 우리 조국 그리고 가장 칭찬할 만하고 명예로운 동료 장교에 대해 엄청난 잘못을 저질렀던 것을 떠올립니다. 나는 믿을 만한 소식통을 통해, 최근에 장군이 육군과 정부 모두 독재자가 필요하다고 말하고 있다는 얘기를 들었습니다. 물론, 내가 장군을 사령관으로 임명하는 것은 그런 장군의 생각 때문이 아니라, 그런 생각을 하고 있음에도 불구하고 임명하는 것입니다. 오로지 승리를 얻은 장군들만이 독재자를 세울 수 있을 것입니다.

내가 지금 그대에게 요구하는 것은 군사적 승리입니다. 이를 위해 독재의 위험을 감수하면서라도 정부는 힘닿는 대로 장군을 지원할 것입니다. 더도 덜도 아니라 지금까지의 모든 사령관에 대해서 그래왔던 것처럼 앞으로도 그렇게 최선을 다해 지원할 생각입니다. 하지만 장군이 육군에 주입되도록 일조했던 그 정신적 태도, 즉 자신들의 사령관을 비판하고 장병들이 그에게 신뢰를 주지 않도록 막았던 것이, 이제 당신에게 되돌아갈까 두렵기만 합니다. 나는 할 수 있는 한 그런 부정적인 기류가 생기지 않도록 억눌러 장군을 도울 것입니다. 그대든 또는 다시 살아난 나폴레옹이든, 누구도 그런 정신적 태도가 만연한 군대에서 좋은 결과를 얻을 수는 없습니다. 그리고 이제 성급함에 주의하시오. 경거망동하지 말고, 열정과 잠들지 않는 경계심으로 앞으로 나아가 우리에게 승리를 가져다주세요.

언제나 진실한,

당신의 A. 링컨[1]

남북전쟁 기간 중 가장 치열한 전투*가 벌어진 날로부터 2주가 지난, 1862년 10월 초의 일이다. 로버트 E. 리와 북버지니아군이 포토맥강을 건너 남쪽으로 퇴각했다. 포토맥군은 여전히 메릴랜드 샤프스버그Sharpsburg

---

* 1862년 남북전쟁 중 가장 치열한 전투 중 하나는 앤티텀 전투다. 이 전투는 1862년 9월 17일 메릴랜드주 앤티텀에서 벌어졌으며, 단 하루 동안 약 25,000명의 사상자가 발생했다. 이는 미국 역사상 가장 많은 사상자를 낸 하루로 기록되고 있다.

인근에 야영하고 있었고, 사령관 조지 B. 매클렐런은 남부연합군 측의 또다른 공세를 두려워하고 있었다. 한편, 대통령은 하루가 멀다 하고 매일 매클렐런에게, 반란군이 앤티텀에서 입은 손실로 고통받고 있으며, 아직 상대적으로 가까이 있는 동안에 그들을 추격하라고 재촉하고 있었다. 그는 이제 육군 사령부 본부까지 직접 찾아와 전날 하루 종일 그리고 밤늦게까지 그러한 주장을 강변했다.

대통령은 아침 일찍 텐트에서 나와 자신의 오랜 친구인 오자이어스 M. 해치Ozias M. Hatch와 캠프 주변을 산책했다. 대통령은 말이 없었고, 진지한 분위기였다. 10만여 명의 장병들이 몇 마일에 걸쳐 펼쳐져 있는 야영지를 조망하는 언덕 꼭대기에 올라 대통령은 깊은 상념에 젖은 채 서 있었다. 얼마 후 그는 돌아서서 친구를 향해 몸을 숙인 채 무대에서 남들이 들으라는 듯이 하는 혼잣말로 물었다. "해치, 해치, 이게 다 뭐요?" 그의 친구는 놀랐으나 질문에 대해서는 전혀 고민하지 않았다. 대통령은 때때로 이해할 수 없는 말과 행동을 했기 때문이다. "왜 그러십니까? 이것은 포토맥군인데요." 해치가 대답했다. 큰 키의 슬픈 표정을 한 대통령이 허리를 쭉 펴고 머리를 천천히 흔들며 읊조리듯 말했다. "아니에요, 해치. 아니야. 그렇게 불리지만 그것은 잘못된 표현이오. 저들은 단지 매클렐런의 경호원들이야."[2]

링컨은 지난 17개월 동안 전선지역을 둘러보면서 그런 관점을 얻었다. 미국 역사상 가장 암울한 시기에 취임한 그는 스스로 자백했듯이 군의 통수권자는 고사하고 대통령의 직무에도 익숙하지 못했다. 하지만 그는 인내, 유머 감각, 풍부한 상식, 인간에 대한 깊은 이해 등 위대한 천부적 장점을 가지고 대통령 집무실로 왔다. 여기에다 그는 엄청난 학습 역량과 하고자 하는 맹렬한 열망으로 개발된 창조적 정신을 소유했다. 모든 링컨의 장점 중에서 가장 중요한 것은 압박, 의심, 실망 등에 견고히 맞서게 한 의지의 힘이었다. 모든 이런 장점들이 그가 앞으로 겪게 될 미증유의 도전에 맞설 수 있는 자신감의 기반이 되었다.

링컨은 대통령으로 자라났고, 대통령실도 그와 함께 자랐다. 초기에는 대다수의 관찰자들이 과소평가했지만, 그는 재빠르게 정치적 지도력과 국가의 실존적 결정에 대해 책임지는 용기를 보여주었다. 그는 전쟁의 요구에 대응하기 위해 연방정부의 크기와 영역을 급진적으로, 때로는 그 과정에서 헌법상의 엄격함을 생략하면서 확장했다. 군사 문제에 대한 자신의 무지함을 인정했기에 그는 전략적 전문성을 획득하기 위해 끈질기게 노력하여 그들의 전문영역에서 마침내 휘하의 많은 장군들을 능가했다. 멕시코 전쟁 이후 12년 동안 육군의 최고 지휘관 윈필드 스콧을 제외하고, 나머지 장군들은 전체적으로 대규모 부대를 지휘한 경험이 없다는 점에서 모두 비슷했다.

링컨은 육군을 지휘할 사령관을 선발할 책임이 있었고, 당분간은 장군 중에서 최고직위자, 특히 조지 매클렐런을 성장시키는 일을 자신이 감당하려고 노력했다. 그러나 링컨은 여러 난관을 거치면서, 자신이 시도는 할 수 있지만 장군을 만들 수는 없는 것임을 알게 되었다. 전쟁 그 자체가 그 일을 하는 것이며, 그의 일은 인재를 식별하고 성과에 보상하며, 무능함의 실체를 보고 벌칙을 가하는 것이었다. 실망스러운 2년이 지난 후에 링컨은 사령관들에게 요구할 것이 무엇인지 알게 되었고, 그것을 얻고자 시도할 때는 주저하지 않게 되었다. 또한 장군들이 정부와 대통령과의 관계에 있어서 어디에 서 있는지 이해했고, 그리하여 이제는 대통령으로서 그들에게 충성을, 그리고 정책에 대한 지원을 요구하는 데 있어 확실히 자신감을 갖게 되었다. 앞에 제시된 조셉 후커Joseph Hooker 장군에게 보낸 편지는 그가 배운 것을 간결하지만 함축적으로 상징하는 기록물이다.

☆ ☆ ☆

1861년 3월 4일 링컨이 대통령직에 취임했을 때, 이미 그의 첫 번째 위기가 기다리고 있었다. 일곱 개 주가 떨어져나가 연합정부Confederate government를 구성했다. 그런 가운데 북부연방군 측 두 개의 소규모 부대가 비교적 근거리에 있는 찰스턴항의 섬터Sumter 요새와 남부 측의 최후방에 위치한 멕시코만 연안 펜사콜라항 외곽 피켄스Pickens 요새를 지키고 있었으나 보급품이 점차 줄어드는 가운데 남부연합군이 속속 찰스턴에 집결하고 있었다. 링컨은 취임사에서 연방을 단결시킬 것이며, 좀 더 구체적으로 연방의 모든 재산을 '지키고, 점령하고, 소유할' 것이라고 약속했다. 그럼에도 총사령관 윈필드 스콧은 대통령에게 섬터를 증원하는 데 2만 5천 명의 병력과 작전 준비를 위한 6개월이 필요하며, 지원되지 않으면 요새의 항복은 불가피하다고 말했다. 그러한 판단은 15년 전에 그가 포크 대통령에게 제공했던 조언과 유사했다. 그러나 정부는 병력도 시간도 가지고 있지 않았다.

2주 후에 스콧은 두 요새 모두 포기할 것을 건의했다. 이 방책은 '아직 연방 내에 남아 있는 여덟 개 주를 안심시키고 믿음을 주어 이 연방에 대한 그들의 진정성 있는 참여를 영속하게 하는' 방안이었다. 각료들은 섬터 요새로부터의 철수를 거의 만장일치로 찬성했고, 이러한 양보가 전쟁을 멈춰주길 기대했다. 이때 링컨의 정치적 경쟁자였던 윌리엄 H. 시워드 William H. Seward 국무장관은 위기를 이용하여, 자기보다 훨씬 경험이 부족한 대통령에게 보다 폭넓은 시각의 정책적 대안을 제시하여 자신의 정치적 위상을 증진하고자 했다. 장관직을 시작한 지 1개월이 된 시점이었지만, 시워드는 행정부에 여전히 일관성 있는 대외정책이 없다고 비웃었다. 그는 피켄스 요새를 증원하고, 대신 섬터를 포기하라고 조언했다. 이 방책은 어쨌든 국가적 의제를 노예제로 인한 남북갈등이라는 내부 문제에서 연방의 유지라는 대외 문제로 전환하게 할 것이었다. 즉 피켄슨이 위치한 지역인 카리브해와 멕시코에 관심을 갖고 있는 몇몇 유럽 강대국 중 어느 한 국가와 분쟁을 일으켜 공동의 적에 대항하여 국가를 단합시키자는 방책이었다. 시워드는 사실상 링컨의 수상premier이 되길 희망하면서 조언했다.

> "우리가 채택한 정책이 무엇이든지 … 대통령께서 그것을 직접 수행하시거나 … 각료 중 어떤 다른 이에게 위임하시면, … 하지만 이러한 일은 저의 업무영역에 있지 않습니다. 그럼에도 저는 책임을 회피하려 하지도 또 먼저 나서서 감당하려 하지도 않을 것입니다."[3]

링컨은 후에 자신의 임기 중 가장 최악의 상황이었다고 회고했던 섬터 위기로부터 몇 가지를 배웠다. 그는 연방을 유지한다는 명확한 정책목표를 가지고 있었다. 그러나 그것을 좀 더 분명하게 설명해주고, 강력하게 지지할 필요가 있었다. 그는 수시로 접근하여 소통할 수 있는 몇 명의 조언자들을 가지고 있었지만, 그들의 조언을 체로 걸러내어 그것이 자신의 정책과 맥을 같이하고 지원하도록 선별 적용하는 것은 그의 몫이었다. 그의 조언자들이 그에게 동일한 방안을 제시할 수도 있었지만, 그렇다 해서 그러한 의견의 일치가 반드시 그들이 옳다는 것은 아니었다. 마지막으로, 그 누구도 아닌 오직 대통령만이 정부의 정책을 만들 수 있고, 자신의 정책이 수행되는 것을 감독하는 것도 대통령의 책임이라는 것이었다.

대통령은 또한 그의 최선임 장군이 자신의 전문적인 군사적 판단을 정치적 조언으로 윤색하지나 않을까 우려했다. 링컨은 84세의 스콧을 자신의 사무실로 불러서 대통령 취임사에서 한 맹세를 저버리는 것은 정부와 연방을 위험에 빠뜨리는 것이라고 말했다. 더 나아가 만약 스콧 장군이 '대통령의 생각을 실행할 수 없다면, 다른 누군가가 해야 할 것'임을 언급하며, '자체적으로 또는 명령에 따라 하는 이동 그리고 정보의 수령 등을 포함하여 육군부에서 일어나고 있는 사항을 짧게 그러나 포괄적으로 작성한 일일보고서를 작성하여' 보고하라고 명령했다. 스콧은 메시지를 받고 나서 완전히 링컨의 정책에 동조했고, 그가 육군 사령관으로 남아 있는 동안 행정부에 상당히 가치 있는 서비스를 제공했으며, 그 후로도 링컨에게 비공식적 조언자로서 역할을 계속 수행했다. 링컨은 그가 살아온 날만큼 오랫동안 장군을 달고 있었고 지난 20년 동안 육군 사령관이었던 역전의 노장에 대한 통제권을 확립했다.[4]

링컨은 시워드의 메모에 대한 답장 초안을 작성했지만 보내지는 않았다. 그렇지만 사적인 대화를 통해서, 링컨은 국무장관의 주장에 논리적 일관성이 없음을 꿰뚫어 지적했다.

"장관이 행정부의 정책을 이해하지 못하고 있는 것인가요? 섬터

를 보강하는 경우와 피켄슨을 보강하는 경우의 상황이 어떻게
다르다는 거죠? 피켄슨을 보강하는 것이 국가적 현안을 어떻게
변화시킨다는 것입니까? 무엇보다도 중요한 것은, 정부가 어떤
방책을 채택하더라도 장관님이 얘기한 것처럼, 장관님이나 각료
중 한 사람이 위임을 받아서 하는 것이 아니라 반드시 대통령인
내가 해야 한다는 겁니다."

시워드는 책망을 받고 나서 대통령의 명확한 정책을 이해했고, 링컨의 가
장 충성되고 믿음직스러우며 유능한 각료 중 한 사람이 되었다.[5]
　링컨은 육군과 해군장교들로부터 섬터 요새를 증원하고 재보급하는
것에 대한 조언을 구했다. 과업은 위험할 것이었으므로 몇 사람이 섬 내
기지로 야간에 재보급할 것을 주장했다. 대통령은 섬터에 대해 병력과 탄
약으로 증원하는 대신, 재보급을 하기로 결심했다. 그 후 남부연합 측 대통
령인 제퍼슨 데이비스가 아니라 요새가 위치한 사우스캐롤라이나의 주지
사에게 메시지를 보내 자신의 의도를 알렸고, 통상적 임무를 수행하고 있
는 미군 함정들에 대해 사격할 것인지 아닌지를 반란군이 결정하게 했다.
그러한 책략은 데이비스의 반란 정부를 인정하지 않으면서 전쟁의 책임
을 데이비스에게 솜씨 있게 전가하는 것이었다. 데이비스는 1861년 4월
12일 남부연합군 포병에게 섬터 요새를 타격하라는 명령을 하달했다. 링
컨은 까닭 없는 공격을 비난했고, 자신의 정책을 확장하고 있다고 선언했
다. 즉 연방의 재산을 '소유, 점령, 그리고 보유'할 뿐만 아니라, 연방으로
부터의 분리를 추구하는 주에 의해 이미 탈취된 어느 장소라도 '재소유'하
겠다는 것이었다. 전쟁의 열기가 북부를 감쌌고, 대중의 지원에 힘입어 링
컨은 다음 몇 주 동안 대략 15만 명의 병력 증원을 요청했다.[6] 대통령은 또
다른 결론에 도달했는데, 그 자신이 전문가들만큼 군사전략을 잘 만들 수
있다는 것이었다.
　5월에 스콧은 남부에 대해 점진적이고 비도발적인 압박을 가하는 전
쟁계획을 제안했다. 기자들이 곧 '아나콘다 계획'이라고 조롱했던 것으로,

분리한 주들을 에워싸고, 항구를 봉쇄하며, 미시시피강에 대한 그들의 접근을 차단하고, 경제 및 정치력을 사용하여 남부를 압박함으로써 남부지역의 주민들이 평화를 요구하도록 하겠다는 계획이었다. 그러나 링컨은 북부의 언론과 정치인들로부터 결정적으로 행동하여 점점 커지고 있는 남부연합군을 공격하라는 엄청난 압박을 받고 있었는데, 남부 연합이 수도를 리치먼드로 옮겼을 때 그러한 압박이 더욱 증대되었다. 링컨은 다시 한번 육군 사령관을 억누르고 어빙 맥도웰Irvin McDowell 장군에게 버지니아 북부의 머내서스Manassas 교차로 인근의 남부군을 공격하라고 명령했다. 맥도웰은 훈련을 위해 시간을 더 달라고 요청했으나 링컨은 즉시 행동할 것을 요구했다. "당신들은 준비가 다 됐소. 사실이오. 그러나 저들도 역시 준비가 되어 있소. 모두 다 그린green 상태요." 맥도웰은 충실하게 따랐고, 아마도 숙련된 베테랑들에게나 적용할 수 있을 듯한 공격계획을 발전시켰다. 그러나 실제로 드러난 것처럼, 연합군이 반격하여 맥도웰군을 패주시켰고, 최근에 "리치먼드를 향해"라고 되풀이하면서 외쳤던 그 북부의 목소리에 절망감을 일으켰다.[7]

링컨과 스콧은 서로 반쯤 옳았다. 남부연합군을 포위하여 죽을 때까지 숨통을 조이는 것은 연방군이 궁극적으로 전쟁에서 승리하는 방법이었다. 그러나 숨통을 조이려면 엄청난 규모의 군사력이 요구되었는데, 이것은 단순히 남부를 포위하고 적이 항복할 때까지 기다리는 것이 아니라, 가능한 한 많은 지점에서 압박을 가하고, 남부연합군을 격퇴하면서 남부지역을 점령하는 것을 의미했다. 링컨은 전쟁에 대한 국민의 지지를 유지하기 위해서는 국민들이 계속 관여하고 참여하게 해야 한다는 것을 잘 알고 있었다. 이번에는 대통령이 자기 군사 조언자들에 대한 믿음을 잃고 너무 성급하게 행동함으로써 낭패를 겪게 되었다. 링컨은 자신의 이전 결론을 수정했다. 만약 대통령이 군사전문가들처럼 전략을 잘 수립하려 한다면, 전쟁술을 연구해야 한다고 말이다.

☆ ☆ ☆

조지 매클렐런은 1861년 7월 불런Bull Run에서의 패주 직후 워싱턴에 도착했다. 서부 버지니아에서의 소규모 전투에서 승리했던 매클렐런은 당시 링컨이 휘하에 두었던 장군 중 거의 유일하게 승리를 맛보았던 장군이었다. 링컨은 그의 두드러진 공세 정신에 대해 수도의 방어를 책임지는 부대를 지휘하도록 하여 보상해주었다.

매클렐런은 학급에서 가장 똑똑한 소년이라는 것에 익숙해져 있었다. 필라델피아의 안과의사 아들로 13세에 펜실베이니아 대학에 입학했고 15세에 웨스트포인트로 옮겼다. 1846년 2등으로 졸업하여 ― 그는 항상 자신이 2등으로 졸업한 것은 교수들의 편향 때문이었다고 비난했다 ― 공병장교로 임관되었고, 곧바로 멕시코 전쟁에 참전하여 테일러, 그리고 스콧, 이어서 짧은 기간 동안 기드온 필로우 휘하에서 복무했다. 그는 전쟁의 모든 주요 국면에 참여했고 유능하게 그리고 용감하게 복무하여 두 번에 걸쳐 특진했다. 그러는 동안 그는 자원병들과 정치적으로 임명된 장교들에 대해 경멸하는 마음을 갖게 되었다. 이후 그는 텍사스의 지형 탐험대 topographical expedition에서 복무하고, 오리건 준주를 통과하는 대륙횡단철도의 통로를 사전 조사하는 탐험대의 지휘관으로 임명되었다.

1855년 그는 유럽의 군사 체계를 학습하고 당시 진행 중이던 크림반도 전쟁을 관찰하기 위해 파견된 세 명의 미군 장교 중 하나로 선발되었다. 이 선발로 매클렐런은 육군의 가장 유능하고 젊은 장교 중 한 명으로 자리매김하게 되었다. 그는 1년을 해외에서 보내면서 유럽의 장교들, 외교관들, 귀족들 및 국가의 수반들과 친하게 지내면서 거의 대다수 미국인이 가질 수 없었던 외국 군대를 바라보는 관점을 얻게 되었다. 그의 친구 하나가 언급했듯이 그는 '전쟁 과학이 꽉 들어찬 커다란' 사람이 되어 돌아왔다. 귀국 후 3개월 만에 미 육군에서 사용할 수 있도록 코사크 기병대의 교범을 번역하기 충분할 만큼 러시아어를 독학했다.[8]

유럽에서의 경험을 보고서로 작성하면서 매클렐런은 이후 그의 평생을 따라다닐 자신의 특성을 드러냈는데, 그것은 그가 어떤 상관도 참아내지 못한다는 것이었다. 그는 1년 동안 함께 파견되었던 선임자와 말다툼했고 이제는 육군장관 제퍼슨 데이비스와도 언쟁하게 되었다. 논쟁의 정확한 본질은 잃었지만, 매클렐런은 자신의 직임을 사임하기에 매우 충분하다고 생각했다. 1857년 초 그는 군을 떠나 철도회사에서의 경력을 시작하여 처음에는 수석 엔지니어로 그리고 어느 노선의 부사장으로 이후에는 다른 노선의 총감독자로 뛰어올랐다. 그는 전도유망한 밝은 미래를 육군에 놓아두고 나와서 역시 똑같이 유망하고 금전적으로는 훨씬 더 풍부한 철도인으로서의 경력을 갖게 되었다. 여전히 그는 상관들과 계속 부딪쳤고, 어느샌가 육군을 못내 그리워하기 시작했다. 남북전쟁 발발이 그의 바람을 이루어주었다. 오하이오 주지사가 그를 소장으로 임용하여 주의 불어나는 자원병들을 지휘하도록 보직했다. 매클렐런의 나이 34세 때였다.[9]

조지 브린턴 매클렐런은 분명한 탁월함에도 불구하고, 감출 수 없는 개인적인 단점을 가지고 있었는데, 그중에서도 압도적이었던 교만함과 아울러, 옹졸함, 고집, 편집증, 나르시시즘 등이었다. 하지만 육군 사령관으로서 더 좋지 않았던 것은, 그가 항상 실패를 두려워하여 책임지기를 꺼렸고, 적을 과소평가하는 성향, 자기 자신의 작전지역에만 매몰되어 나머지를 배제하는 고착, 그리고 군에 대한 문민통제의 원칙에 대한 무지 등을 들 수 있다. 시도하고 또 시도한 끝에 링컨은 매클렐런으로부터 지휘에 대해 많은 것을 배울 수 있었다. 그것들 대부분이 좋지 않은 것들이었지만 말이다. 하지만 그 배움이 앞으로 더 치러야 할 전쟁에 대한 대통령의 접근방식을 형성했다.

워싱턴에서 열린 매클렐런 환영식은 로마의 개선식처럼 많은 이들이 연도에 나와 줄지어 서서 그를 맞이하면서 그의 이름을 연호했다. 그는 아내에게 편지했다.

"나는 나 자신이 여기에서 새롭고 기이한 위치에 있음을 알게 되었소. 대통령, 각료들, 스콧 장군을 포함한 모두가 나에게 존경을 표했소. 마술과도 같은 기이한 작동에 의해 내가 지상의 권력

197

자가 된 것 같았소. 내가 몇몇 작은 전투에서 승리하여 이제 지배자가 되었거나 아니면 나를 기쁘게 할 다른 무엇이 될 수 있었을 것인데, 하지만 그런 종류는 나를 기쁘게 할 수 없으므로 따라서 나는 지배자가 되지 않을 것이오. 칭송할 만한 자기 부인 아닌가! … 상원을 방문했을 때도 모두들 내게 길을 내주었소."

사람들은 이 작은 장군을 가리켜 '젊은 나폴레옹'이라고 불렀다. 그는 리치먼드에 있는 반군들도 '그들이 두려워하는 유일한 사람이 있는데 바로 매클렐런'이라고 한다는 얘기를 들었다. 며칠 후 그는 '하나님께서 내 손에 훌륭한 작품을 쥐어주셨다'고 확신했다. 그가 장군에서 황제로 그리고 메시아로 바뀌는 데는 2주 남짓 걸렸다. 그에게는 선택의 여지가 없었고, 이렇게 단언했다. "국민들이 나라를 구하라며 나를 불러냈다. 내가 조국을 구해야만 한다. 그 앞을 가로막는 어떤 것도 존중할 수 없다."[10]

윈필드 스콧이 그를 가로막았다. 3주 전만 해도, 매클렐런은 스콧 장군이 친절한 말로 환영해준 것에 대해 감사하기 위해 항상 '칭찬받을 만하고, 비난할 거리가 없게 되기를' 희망한다고 했다. 그는 육군 사령관이 보여준 좋은 본보기에 대해 아첨을 늘어놓았다.

"전쟁에 관해 제가 알고 있는 것은 전부 장군님으로부터 배운 것입니다. 제가 수행한 모든 작전에서 저는 장군님께서 전역을 수행하신 방법을 따르려 노력했습니다."

매클렐런은 조국을 구하기 위해 하늘이 보낸 구세주와 같은 자신의 출현 이후에, 윈필드 스콧 장군이 '매우 빠르게 행동이 느려지고 노화가 진행되고' 있다면서, '오랫동안 지휘하기는' 어려울 듯하고 그렇게 될 경우, '내가 그 뒤를 이을 것'이라고 아내에게 편지했다.[11] 그 뒤 일주일도 채 지나지 않아, 매클렐런은 화를 내면서 의아해했다.

"스콧 장군에게 막혀 있는 채로 내가 어떻게 이 나라를 구하겠는가! 나는 그가 노망난 늙은이인지, 반역자인지 모르겠다! 구별할 수가 없다. … 내 길을 막고 있는 그가 치워지지 않는다면 나는 내 직위를 유지하지 않고 사임할 것이며 행정부가 스스로 알아서 해야 할 것 … 저 당황스러운 늙은 장군을"[12]

스콧은 전쟁에서 승리하기 위한 매클렐런의 전략에 장애물이었다.

불런 전투에서의 손실은 스콧에 대한 링컨의 신뢰를 회복하는 데 아무런 역할을 하지 못했고, 이제 대통령은 매클렐런에게 전쟁 승리를 위한 계획을 만들어 제출하라고 요청했다. 그것은 현명하지 못한 요청이었는데, 그러한 군사적 조언은 바로 스콧의 업무영역에 속한 것이었고, 매클렐런이 제출하는 어떤 계획도 그와 스콧 사이의 말다툼을 자극할 가능성이 있었기 때문이다. 5일 뒤 매클렐런이 자신의 부대를 주 노력으로 하는 웅대한 계획을 제출했다. 매클렐런은 스콧의 소극적인 포위 계획과는 달리 남부에 대한 공세작전을 주장했다. 그는 버지니아 서부 축선과 테네시 동부 축선을 보조 노력으로 하여 미시시피강을 따라 내려가면서 역도들을 미주리에서 구축하고, 남부의 주요한 철도 교차점을 확보하며 해군을 운용하여 주요한 항구를 정복하도록 지원하는 동시에, 남쪽으로는 캔자스로부터 텍사스로, 서쪽에서는 캘리포니아로부터 뉴멕시코로, 그리고 멕시코만 연안에서 — 물론 동맹이 요구되지만 — 북쪽으로 리오그란데를 건너서 공격하는 등 두 개 또는 세 개 축선에서 공격을 감행한다는 구상이었다.

매클렐런 자신의 부대는 27만 3천 명으로 증강되어 버지니아에서 남부연합군을 격멸하고 리치먼드를 점령한 후 아래쪽의 반란주로 계속 공격하여 '찰스턴, 서배너, 몽고메리, 펜서콜라, 모빌, 뉴올리언스 등을' 점령하려는 것이었다. 다른 작전지역에 있는 매클렐런의 동료들은 주력부대인 매클렐런을 위해 각각 1만 명 또는 2만 명을 분명히 임시변통해줄 수 있을 것이라고 보았다. 계획의 일부분은 정치적으로 불가능했고, 다른 부분은 불필요하거나 환상적이었으며 현재 수중에 있는 자원을 가지고 해내기

에는 비현실적이었다. 하지만 매클렐런은 글쓰기에 빠져들었고 다른 것은 아무것도 하지 않았다.[13]

매클렐런의 전략적 계획이 스콧을 짜증 나게 했음에도, 그 노장은 자신의 우려사항을 적어두지 않았으나 며칠 뒤 매클렐런으로부터 수도가 '유사시 전적으로 불충분한' 부대만을 보유하고 있어 '긴급한 위험'에 처해 있다는 단정적인 편지를 받았을 때 격노했다. 북버지니아에서 남부연합군은 10만 명의 병력으로 워싱턴을 위협하고 있다고 그는 주장했다. 실제 숫자는 그것의 반에도 못 미쳤다. 그는 스콧에게 수도방어 인원이 적어도 비슷하게 되도록 증원을 서둘러달라고 간청했다. 이에 추가하여 매클렐런은 '군사적 필수 소요'로 버지니아, 메릴랜드, 워싱턴 D.C. 그리고 펜실베이니아에 있는 모든 부대를 자신의 지휘하에 편성해달라고 요청했다. 매클렐런은 어떤 군대의 사령관에게나 중요한 책무인 수도의 안전을 유지하는 일에 있어서 스콧의 권한에 그렇게 도전했다. 매클렐런은 편지의 복사본을 대통령에게도 직접 보냄으로써 불복종에 모욕까지 더해주었다.[14]

스콧은 육군장관 사이먼 캐머런Simon Cameron에게 편지를 써서 자신의 부하들과 더 이상 곧바로 직접 서신교환을 하지 말라고 건의했다. 스콧은 그들 사이에 몇 차례의 회의가 있었음에도 매클렐런은 터놓고 얘기하지 않았으며, 이러한 문제들을 직접 논의하는 수고를 하려 하지 않았다고 설명했다. 그러면서 스콧은 워싱턴이 '긴급한 위험'에 직면해 있다는 평가를 비웃었다. "사실, 나는 그 반대라고 확신합니다. … 나는 이곳 정부의 안전에 대해 조금도 걱정하지 않습니다." 그리고는 감상에 젖은 듯이 '나이 듦에 따르는 노쇠함'이 자신을 '육군에 귀찮은 존재'로 만들고 있다고 호소했다. 그는 전역하기를 청하고 그리하여 젊은 사령관에게 길을 터주고자 했다.[15]

링컨이 싸움을 가라앉히기 위해 개인적으로 끼어들자, 스콧은 그 기회를 틈타 매클렐런이 지속적으로 그를 우회하여 각료 및 대통령과 소통하려 한다고 불평했다. 매클렐런은 '스콧 장군과 대통령님에 대한 가장 심오하고 확실한 존경'을 표하면서 사과하고, 자신의 편지를 회수했다. 일주일 뒤, 매클렐런은 자기 아내에게 울부짖었다.

> "스콧 장군은 나에 대한 가장 위험한 반대자요. 그가 떠나든지
> 내가 떠나든지 … 대통령은 멍청하고, 늙은 장군은 노망이 들었
> 소. 이제 그들은 사건의 진상을 볼 수도 없고 보지도 못하오."[16]

매클렐런은 카리스마적 리더, 탁월한 조직 편성가 및 교관으로서 명성을 쌓았다. 그의 장병들은 그를 우상시했다. 그는 곧 포토맥군에게 분열 및 사열하는 제식훈련을 완벽히 숙달시켰다. 그들이 싸울 수 있는가 하는 것은 다른 문제였다. 그의 정보담당관이었던 알란 핀커튼Allan Pinkerton의 도움으로, 매클렐런은 남부연합군의 전력을 지속적으로 침소봉대했다. 그들은 8월 8일을 기준으로 강 건너편에 10만 명의 적이 있다고 평가했는데, 실제 연합군의 규모는 4만 명이었다. 일주일 뒤에는 '적이 나의 병력보다 세네 배 더' 많다고 했고, 8월 19일에는 15만 명으로, 9월 중순이 되자 17만 명으로 실제 병력보다 세 배 이상 많게 그 수가 불어났다. 매클렐런은 왜 적이 그 막강한 전력으로 워싱턴을 공격하지 않고 있었는지 설명하는 데 쩔쩔맸다.[17]

매클렐런의 적은 강 건너에서뿐만 아니라 수도 내에서도 증가하고 있었다. 대다수는 그의 상상 속의 적이었지만 몇몇은 실제였다. 국무장관 시워드는 '간섭하고, 아무 때나 나서는 무능한 강아지'였다. 해군장관은 '당신을 피곤하게 했던 가장 수다스러운 여자보다도 유약'했다. 카메론 육군장관은 '악당'이었고, 법무장관은 '늙다리 바보'였다. 링컨은 '기껏해야 악의가 없는 개코원숭이'처럼 되어갔다.[18]

매클렐런은 스콧에게 잠시의 쉴 틈도 주지 않았다. 두 달간의 훈련 이후에도 포토맥군이 적을 향해 전진할 기미가 전혀 없었다. 그러자 의회의 공화당 의원들이 안절부절못했다. 그들은 링컨의 전쟁수행을 감독할 위원회를 만들기로 결정하고 전쟁수행합동위원회Joint Committee on the Conduct of the War라고 명명했다. 매클렐런은 합동위원회를 이끌던 벤저민 웨이

드Benjamin Wade, 라이먼 트럼불Lyman Trumbull, 재커리아 챈들러Zacharia Chandler 등 공화당 상원의원들을 만나 자기는 공격하기를 원하나, 스콧이 그를 붙잡고 있다고 말했다. 합동위원회의 첫 조치 중 하나는 링컨에게 압력을 가하여 스콧의 전역 신청을 받아들이게 하는 것이었다.[19]

10월 31일 스콧이 물러났다. 매클렐런은 자신이 그 자리를 이어받기 위해서 스콧이 후임으로 선택한 헨리 W. 할렉Henry W. Halleck을 은밀히 경기장 밖으로 밀어젖히고자 움직였다. 전날 밤, 매클렐런은 아내에게 맹세하기를 자기는 그 직위를 쟁취하려고 하지 않았다고 강조했다. "그것이 내 위로 던져진 거지. 내가 불려간 거야. 아마도 나의 전생은 미처 알아채지 못하는 사이에 이렇게 위대한 방향을 향해 나아오도록 세팅되어 있었던 것 같아." 링컨은 걱정스러워하면서 그를 육군 사령관 겸 포토맥군 사령관으로 임명했고 그에게 이제 막중한 책임을 지게 되었음을 경고했다. 매클렐런은 조용히 대답했다. "제가 다 해낼 수 있습니다."[20]

매클렐런은 철도회사에서 근무하기 전 군에 첫복무했을 때 가까스로 대위 계급장을 달았었다. 이제는 군에 복귀한 지 6개월 만에 그때까지 미 육군 역사상 가장 젊은 육군사령관이 되었다. 스콧이 더 이상 그를 억제하지 못하게 되자, 이제 모든 책임은 다 그에게 돌아갔다.

☆ ☆ ☆

매클렐런은 즉각적으로 그리고 선제적으로, 잠재적 실패에 대비하여 핑곗거리를 만들기 시작했다. 그는 포토맥군이 머내서스에 있는 수적으로 우세한 적을 향해 진격할 준비가 아직 안 되어 있으며, 겨울 막사로 들어가는 것이 최선의 방책이라고 판단했다. 하지만 만약에 '정치적 고려'에 의해 진격해야만 한다면, 15만 명의 작전 병력이 필요하다고 추산했다. 그의 병력은 16만 8천 명을 약간 상회했으나 환자, 부재자, 장비를 못 갖춘 자, 그리고 워싱턴과 볼티모어 등 주요지점의 방어를 위해 필요한 인원을 제외하면 실질적인 기동 병력은 사령관이 필요로 하는 인원의 절반 수준인

76,285명에 불과했다. 그럼에도 만약 육군의 나머지 부대에서 모든 가용한 병력과 소총을 찾아내도록 허락된다면, 그리고 모든 신경을 곤두세워 동원을 재촉한다면, '11월 25일 이후로는 연기되지 않고' 진격할 준비를 할 수 있을 것이라고도 했다. 그는 자신의 '확정된 목적은 어떤 행동으로도 이 정부가 조급한 이동을 해서 위험에 노출되지 않도록 하는 것'이라는 경고로 마무리했다.[21] 결국 매클렐런의 마음속에는 만약 정부가 그를 싸우도록 명령하면 자신이 책임지지 않아도 되고, 게다가 혹시라도 참호를 파고 들어가 있는 우세한 적에 대해 승리를 거두게 되면 모든 영광은 자신의 것이 되리라는 계산이 들어 있었다.

11월 초에 자신의 전략계획을 제출한 후에는, 대통령이 거의 매일 육군사령부 본부로 걸어서 갔음에도 불구하고, 매클렐런은 훨씬 더 적게 링컨 앞에 나타났다. 자신을 정당화하기 위해 매클렐런은 육군을 편성하느라 매우 바쁘게 지냈고, 시간이 가면서, 항상 상당한 양의 순박한 우화들이 포함되는 대통령 주관 회의나 사교적인 만남을 불편하게 여기기 시작했다. 대통령에게 전혀 매혹되지 않은 매클렐런은 그의 인생에서 거의 모든 상관에 대해 그랬던 것처럼 링컨에 대한 모든 존경을 빠르게 상실했다. 11월의 어느 날 밤에 링컨, 시워드, 그리고 대통령 비서실장 존 헤이John Hay가 매클렐런의 집에 들렀다. 집사가 나와서 장군이 외출했으며 곧 돌아올 것이라면서 그들을 접견실로 안내했다. 한 시간 뒤, 매클렐런이 돌아와 손님들이 와계시다는 것을 알고도 위층으로 바로 올라갔다. 30분 정도가 더 지난 후 대통령이 장군에 대해 묻자, 하인은 당황하여 그가 잠자리에 들었다고 밝혔다.[22] 늘 참을성이 많았던 링컨은 무례를 눈감아주었고, 그 다음 기회에 장군을 방문했다. 그런 포용과 존중의 정신도, 자신이 대통령도 괴롭힐 수 있다고 믿게 된 매클렐런에게는 소용이 없었다.

매클렐런은 링컨의 리더십, 용기, 지성 그리고 심지어는 그의 인간애에 대해서 의문을 품고 과소평가했다. 그는 며칠 뒤에 아내에게 백악관을 방문했다며 편지를 썼다. "거기서 나는 그 어느 때보다도 총명한 '원조 고릴라'the *original gorilla*를 만났소. 이제 우리가 하는 일의 책임자가 된 표본

203

이었지!" 하지만 대통령의 촌스러운 태도는 의도적으로 그렇게 하는 속임수였다. 그것은 공적 교육의 혜택을 전혀 받지 못했음에도 불구하고, 예리하게 타인의 내면을 꿰뚫어보는 그의 지성을 감추기 위한 것이었다. 독학자였던 링컨은 그의 무지를 건드리는 어떤 주제라도 완전히 습득해야 한다는 압박감을 느꼈다. 그는 법학과 유클리드 기하학을 자습했고, 성경과 셰익스피어의 작품들을 깊이 읽었다. 1861년에는 전쟁사와 군사이론을 자습하기로 결심하고 게걸스럽게 닥치는 대로 읽었고, 군수지원과 작전에 관해서 탐구했다. 그는 육군사령부를 수시로 방문하여 전선에서 보내온 전문을 읽는 습관을 들였는데, 특히 전투가 진행 중일 때는 더욱 그렇게 했다. 그는 매일 그렇게 군사적 술과 과학에 대한 이해를 양성했기에, 1861년 말이 되자, 직업주의적 군사전문성에 있어서 많은 휘하의 장군들보다도 더 조예가 깊은 사람이 되었다.[23]

11월 25일이 되어도 포토맥군은 전진하지 않고 있었다. 이때가 되자 링컨은 가을철이 작전수행에 가장 좋은 시기였음을 알게 되었다. 도로가 대체로 마르고 단단하며, 병력과 말들도 막 수확한 햇곡식으로 잘 먹을 수 있기 때문이었다. 그런데 매클렐런은 자신이 느끼기에 적에 대항하여 기동할 만큼 충분히 강해질 때까지 기다리면서 이 아까운 시기를 허비했다. 매클렐런이 스스로 약속했던 공격개시 최종 기한을 놓치고도 일주일이 지난 후, 링컨은 자신이 스스로 세운 계획을 가지고 매클렐런을 자극했다. 링컨의 계획은 이러했다. 5만 명의 부대로 센터빌Centreville로 전진하여 남부연합군을 고착시키는 가운데 나머지 부대는 포토맥강을 따라 내려가 오코퀀Occoquan강에 이른 후 다시 계곡을 타고 올라가 적의 측면을 포위한다는 것이었다. 계획은 실행 가능해 보였고, 상대적으로 간명했으며, 매클렐런의 과거 멕시코 전쟁 당시 전우이자 멘토였고 지금은 남부연합군의 사령관인 조셉 E. 존스톤Joseph E. Johnston이 가장 두려워할 만했다. 매클렐런은 일주일이 넘게 지난 뒤에, 단지 다음과 같은 이유를 대면서 링컨의 작전구상에 대한 거부의사를 밝혔다. "제 마음은 실제로 다른 전역계획 쪽으로 쏠리고 있는데, 그것은 적 혹은 아군의 많은 사람들이 전혀 예상하지 못하리라 생각되는 계획입니다." 그는 더 이상의 상세한 설명은 하지 않았고, 링컨도 그를 존중하는 차원에서 더 이상 묻지 않았다.[24)]

포토맥군은 크리스마스이브에도 여전히 캠프에 머물러 있었다. 링컨에게 스콧 장군의 해임을 요구했던 바로 그 정치인들이 이제는 후임자에 대해서도 실망하기 시작했다. 의회의 전쟁수행합동위원회는 행정부의 행동을 촉구하기 위해서 청문회를 소집했다. 매클렐런은 장티푸스에 걸려 눕는 바람에 출석이 불가능했고, 위원회에서는 그를 대신하여 예하부대 장성들을 불러 그의 계획에 대해 알고 있는 바를 증언하게 했다. 위원들은 틈을 발견했는데, 매클렐런의 동료들은 분명히 그의 계획을 알고 있었지만 위원들에게 누설하지 않을 것이며, 매클렐런이 좋아하지 않는 이들과는 논의하지도 또 그런 이들에게 브리핑하지도 않을 것임을 알게 된 것이다. 위원회는 새해 전야에 링컨을 만나 매클렐런에게 공격개시를 명하라고 강력하게 권고했다. 그러나 여전히 매클렐런을 지지하는 대통령에 대해 만족하지 못한 위원회는 일주일 후에 전체 각료들과의 또 다른 회의를 요구했다. 위원회의 위원 다섯 명이 공격작전을 강력하게 재촉하면서, 매클렐런을 대신하여 어빙 맥도웰을 포토맥군 사령관으로 임명하라고 추천했다. 대통령은 매클렐런을 비호했고, 위원들은 '대통령 스스로가 예하 사령관의 작전계획이 무엇인지 알아야 할 권리가 있다고 생각하지 않는다는 것을 알게 되어' 어이없어했다. 대통령은 매클렐런에 대한 신뢰를 표명했고, 그의 군사적 판단을 믿어줘야 한다는 강박관념을 갖고 있었다.[25)]

그럼에도 의회의 압력 또한 대통령에게는 무거운 것이었다. 며칠 후 링컨은 병참감 몽고메리 C. 메이지스Montgomery C. Meigs 장군과 상의했다. "장군, 내가 무엇을 해야 하오?" 그는 낙담하여 물었다. "국민들은 참을성이 없고, 재무장관 체이스는 돈이 없다 하고, 육군 사령관은 장티푸스에 걸려 있소. 통의 바닥이 드러났소. 내가 뭘 해야 하오?" 메이지스는 대통령에게 매클렐런의 예하 사단장들을 소집하여 회의해볼 것을 건의했다. 링컨은 즉시 맥도웰과 윌리엄 B. 프랭클린William B. Franklin을 관저로 불렀다. 그는 곤란한 전략적 상황을 요약하여 설명해주고는, 자신이 그런 문제들을 논의하려고 매클렐런의 막사로 찾아갔었으나, 다시 한번 "장군이 원하지 않아서" 만나지 못했다고 말했다. 이어서 링컨은 "만약 매클렐런 장군이 군을 사용하기를 원하지 않는다면 그것을 빌리려 하는 것"이라고 말했다. 그는 두 장군에게 다음날 있을 각료회의에 다시 참석하여 전역계획 건의안을 보고하라고 명령했다.[26]

맥도웰은 앞서 링컨이 매클렐런에게 제시했던 계획과 매우 유사한 작전을 구상해왔다. 매클렐런의 측근 중 한 명이자 그의 속마음에 접근할 수 있었던 프랭클린은, 대규모 부대가 포토맥강을 따라 요크강의 어바나 Urbanna에 이르고, 리치먼드를 향해 어세를 몰아 진격하는 계획을 제시했다. 대부분의 각료들이 맥도웰의 계획에 손을 들었고 다음에 다시 모여 보다 상세한 계획을 토의하기로 했다. 이러한 회합의 소식이 매클렐런의 건강에 기적을 일으켰는지, 그는 다음에 열린 1월 13일의 각료회의에 맥도웰, 프랭클린, 메이지스 등과 함께 참석했다. 프랭클린과 맥도웰에게는 가장 불편한 자리였는데, 자신들의 사령관이 부재중인 상황에서 어떻게 해서 그들이 대통령에게 그런 상세한 조언을 제공하게 되었는지 설명하느라 진땀을 뺏다. 링컨의 지시에 따라 맥도웰이 자신의 계획을 보고하자 매클렐런은 냉담하게 말했다. "자네도 자네가 좋아하는 어떤 의견도 가질 권리가 있긴 하지!" 그리고 더 이상의 언급은 하지 않았다. 메이지스가 의자를 옮겨서 매클렐런에게 다가가 급하게 속삭였다. "대통령께서는 당신에게서 뭔가 나오리라 기대하고 계셔요." 매클렐런은 분노가 치밀어오른 듯 말했다.

> "만약 내가 대통령께 나의 계획을 말씀드리면, 내일 아침 뉴욕 헤럴드 신문에서 그것을 볼 수 있을 겁니다. 그분은 비밀을 지킬 수 없을 겁니다."

방 안에 긴장이 팽팽해지자 메이지스가 응대했다.

"그것 참 안타깝네요. 하지만 그분은 대통령입니다. 군 통수권자
이며 알아야 할 권리를 갖고 계시고, 장군께서 뭔가 말씀하시기
를 그렇게 분명히 요구하고 계시는데 아무 말 없이 앉아 있는 것
은 도리가 아니지요. 우리 모두의 상관이십니다."

이내 체이스 장관은 아군 부대가 적으로부터 공격받기 전에 켄터키
에 있는 군을 전방으로 밀어넣는 것이 장군의 의도임을 알아냈다. 자신의
계획을 알리라는 압력에 대해 매클렐런은 대통령의 명령이 있지 않는 한
계획을 공개하지 않겠다며 거부했다.

"대중의 판단을 받고자 자신의 작전계획을 제출하는 장군은 육
군을 지휘하는 데 적합하지 않습니다. … 작전계획에 대해 판단
하는 것에 전적으로 무관심한 분들도 다수 계십니다. 그렇게 많
은 이들에게 알려지고 나서 한 시간 동안 비밀로 지켜질 수 있는
계획은 없습니다."

링컨은 매클렐런에게 그가 최소한 포토맥군이 전진을 시작할 특정한
날짜를 결심했는지 물었다. 대통령은 날짜가 정확히 언제인지, 계획은 무
엇인지 묻지 않았다. 매클렐런은 날짜를 선정해놓았다고 대통령에게 퉁명
스럽게 말했다. 그리하여 링컨은 자신의 사령관을 다시 한번 신임하면서
회의를 마쳤다.[27]
다음 날 저녁, 매클렐런은 뉴욕 헤럴드의 기자 한 명을 집으로 초청하
여 만찬을 같이 하면서 어바나로의 기동을 포함한 연방군 전체에 대한 자
신의 계획을 3시간에 걸쳐 설명했다.[28]
이 당시 회의들이 전환점이 되어, 링컨-매클렐런의 관계가 변화되
고, 통수권자로서 링컨의 각성과 발전이 본격화되었다. 링컨은 의회로부
터 왜 작전을 개시하지 않느냐는 압력을 받는 가운데 예하 사령관들이 좀
처럼 움직이려 하지 않아 불만을 품고 있었는데, 이제 전쟁을 지도하는 데

는 좀 더 강력한 통제가 요구된다고 결론지었다. 대통령은 육군장관 사이먼 캐머런을 해임하고, 매클렐런의 동지인 에드윈 M. 스탠턴을 후임 장관으로 임명했는데, 얼마 지나지 않아 매클렐런은 신임 육군장관이 그의 전임자나 대통령보다 훨씬 더 용서가 없는 사람임을 알게 되었다. 며칠 안에 정력적인 스탠턴이 약속했다.

> "제가 사무실 조직이 어떻게 돌아가고 있는지 파악하자마자, 쥐들이 청소되고 쥐구멍을 막을 것이며, 우리는 나아갈 것입니다. 이 군대는 싸우거나 도망가거나 하게 될 것입니다. … 포토맥강에서의 샴페인과 굴은, 즉 사교 모임은 멈춰야만 합니다."

스탠턴은 열정적이고, 직설적이며, 투지가 넘치는 사람이었고 링컨은 그를 옆에 두고 그로부터 에너지를 끌어낼 수 있어 기뻤다. 1월 말경에 링컨은 적에 대해 모든 미군 부대가 '전반적으로 이동을 개시'하는 날을 2월 22일로 지정한 일반명령 제1호에 서명했다. 그는 특별히 포토맥군에 대해서는 같은 날 머내서스 교차점, 즉 링컨-맥도웰 계획에서의 결정적 지점에 대한 공격을 수행하라고 지시했다.[29] 링컨은 군사문제에 관해 새로 습득한 지식에 기초하여 탐색하는 질문을 던지고, 받은 응답에 대해서는 비평하기 시작했다. 조금씩 매클렐런의 영향력이 줄어들고 있었으나 자기중심적이었던 그는 변화를 알아채지 못했다.

매클렐런이 참여한 각료회의가 있던 날, 링컨은 미주리 사령관 헨리 W. 할렉 소장과 오하이오 사령관 돈 카를로스 부엘Don Carlos Buell 소장에게 동일한 메시지를 보냈다. 누구도 어떤 주도권 같은 것을 분명히 보여주지 못했고 둘 다 대통령에게 전진하는 데 실패한 것에 대해 변명했다. 부엘의 경우 적에 비해 2대1의 수적 우세를 지녔다. 할렉은 자기 부대가 켄터키 서부와 테네시에서 남부연합군에 비해 20%가량 우세한 병력을 가지고 있었고 필요시 손쉽게 증원할 수 있었음에도, 자신을 '무딘 도끼, 부러진 톱, 그리고 썩은 목재를 가지고 다리를 만들려' 시도하는 목수라고 묘사했다. 두 장군 모두 서로의 계획에 대해서는 알지 못했다. 실패는 양측 모두와 매클렐런의 책임이었다.[30]

군사이론과 국제법에 관해 쓴 논문들로 인해 '늙은 수재'Old Brains라고 알려진 할렉은 대통령에게 전략의 요점에 대해 강의할 기회가 있었다.

"중심부를 점령하고 있는 적에 대해 외선에서 접근하는 작전은, 100번 중 99번은 실패할 것입니다. 제가 읽었던 모든 군사전문가에 의해 비판받는 작전입니다."

물론 이때쯤 링컨은 할렉이 쓴 것을 포함하여 그같이 권위 있는 저작들을 이미 읽었고, 예하 장군들이 고려해야 할 몇 가지 기초적인 요점을 설명함으로써 점차 탄탄해지고 있는 자신의 전략적 마인드를 증명해 보여주었다.

"아군은 병력의 수가 많고, 적은 부대를 집중할 수 있는 시설이 많습니다. … 우리는 수적 우위의 이점을 활용할 수 있는 방안을 찾아야 합니다. … 우리의 우세한 병력으로 동시에 여러 방면에서 적을 위협하는 것입니다."

링컨은 내선과 외선의 개념을 이해하고 있었다. 북부연방군은 남부 주들의 외곽에서 작전을 수행했기 때문에 남부연합군은 내측 짧은 이동거리의 이점을 활용해 상대적으로 빨리 한 곳에서 다른 곳으로 이동하여 병력을 집중시킬 수 있었다. 하지만 단순히 이론을 상황에 맞게 적용함으로써 링컨 대통령은 전문 직업군인들이 웨스트포인트에서 배웠던 고전적인 조미니의 군사이론을 뛰어넘었다. 링컨은 매클렐런과는 달리 북부군이 수적으로 열세라고 생각하지 않았다. 따라서 북부연방군이 동시에 여러 지점을 공격한다면, 모든 남부연합군 지휘관들을 진퇴양난의 딜레마에 빠뜨릴 것이다. 적들은 모든 곳에서 압력을 받고 또 열세인 상대가 되어, 위협받는 모든 곳에 증원할 수도 없게 된다. 링컨의 '동시에' 군사력을 집중하는 개념은 할렉의 이론적인 이해를 능가하는 것이었고 포토맥군을 강화하기 위해 다른 모든 연방부대의 전력을 약화시킨 매클렐런의 계획보다 전략적으로 뛰어났다.[31]

2월에 U. S. 그랜트 준장의 포트 헨리Fort Henry와 포트 도넬슨Fort Donelson에 대한 공격은 링컨의 생각이 유효함을 입증했다. 연합군 앨버트 S. 존스톤의 좌익을 위협함으로써 그랜트는 그의 우익을 취약하게 만들었다. 부엘 장군으로부터의 적당한 압박이 적을 켄터키 전역과 테네시의 많은 지역으로부터 밖으로 밀어냈다. 링컨은 그의 전략적 능력으로부터 계속해서 자신감을 얻어갔고, 한때 잘 파악이 안 되었던 그랜트 장군을 주목하기 시작했다.

매클렐런은 자신에게 머내서스를 공격하게 한 링컨의 결정에 항의했다. 링컨은 매클렐런이 어바나 공격계획을 발표하도록 허락했으나, 다음의 다섯 개의 예리한 질문을 토대로 두 가지 방책을 비교해보라고 했다.

1. 장군의 계획이 나의 계획보다 시간과 비용을 훨씬 더 많이 사용하는 것 아닌가?
2. 어떤 점에서 장군의 계획이 나의 계획보다 승리를 더 확실하게 하는가?
3. 어떤 점에서 장군의 계획이 나의 계획보다 승리를 더 가치 있게 하는가?
4. 사실, 나의 계획과 달리 적의 병참선을 차단하지 않는 장군의 계획은 얻게 되는 가치가 더 적은 것 아닌가?
5. 불의의 재난을 당하게 되면, 안전하게 철수하는 데 있어서 장군의 계획이 나의 계획보다 더 어렵지 않은가?[32]

매클렐런은 비용에 관련된 문제를 제외하고, 대통령의 질문에 22쪽에 달하는 내용으로 비교적 상세히 답했다. 그는 자신의 계획이 링컨의 계획보다 더 과감한 것이며 따라서 더 풍성한 결과를 약속한다고 주장했다. 매클렐런이 옳았을 수도 있었다. 어바나 계획이 시행되었더라면, 연합군이 리치먼드의 위협에 대처하기 위해 그들의 준비된 진지를 포기하도록 강요했을 것이다. 링컨은 워싱턴을 방호하는 데 적절한 규모의 부대를 남겨두는 것을 제외하고 매클렐런의 제안에 동의했다. 아마도 가장 중요한 성과는 링컨이 그의 육군 사령관과 신뢰 관계를 형성하고 매클렐런이 수립한 계획의 전체적인 요점을 파악했다는 것이다.[33]

링컨이 제시한 최종 기한이었던 2월 22일이 포토맥군의 움직임이 없는 가운데 지나갔다. 포토맥군의 무위(無爲)는 그랜트가 수행한 서부에서의 공격작전 성공과 극명하게 대비되었다. 지난 1월 매클렐런이 의회에서 마지막으로 증언했을 때 그리 감명받지 못했던 전쟁수행합동위원회는 2월과 3월에 걸쳐 링컨을 두 번 만났는데 이때 처음으로 포토맥군을 몇 개의 군단으로 재편성할 것을 제의하면서, 매클렐런의 해임을 재차 압박했다. 링컨이 벤저민 웨이드 상원의원에게 누구로 교체하면 되겠는지 물으니, 웨이드는 소리치듯 말했다. "뭐, 누구라도!" 대통령은 화가 나서 대꾸했다. "의원님한테는 누구라도anybody 괜찮겠지만, 나는 누군가somebody를 데리고 써야만 합니다." 그럼에도 위원회의 우려는 대통령에게 부담이 되었고, 그 후 얼마 지나지 않아 링컨이 조치를 취했다.[34]

3월 9일 연합군은 머내서스 방어선을 떠나 남쪽 래퍼해녹Rappahannock으로 이동하여 링컨의 계획과 매클렐런의 계획 모두를 의미 없게 만들었다. 적이 이동한 뒤 그들의 방어선을 확인하고 나서 매클렐런은 당황할 수밖에 없었는데, 연합군은 그가 주장했던 숫자의 절반 정도에 그쳤고, 통나무를 검게 칠해 대포처럼 보이게 만든 몇 문의 '가짜 대포들'Quaker guns을 볼 때 자신의 판단과 달리, 연합군의 방어력을 의심하지 않을 수 없었기 때문이었다. '포토맥강의 고요함'이란 문구는 위안을 주는 의미에서 조롱하는 의미로 마침내는 욕설로 바뀌어갔다. 매클렐런의 전문적인 능력은 큰 타격을 받게 되었고 다시는 회복되지 않았다.

☆ ☆ ☆

매클렐런은 재빨리 다른 계획을 제안했다. 포토맥군을 체사피크만을 따라 내려가게 하여, 어바나 남쪽 30마일 지점에 위치한 버지니아반도의 포트 먼로Fort Monroe까지 진격시킨다는 계획이었다. 링컨은 제안에 대해 복합적인 감정을 느꼈다. 그가 전에 느꼈던 것과 똑같은 거리낌을 가지면서도 전방으로 이동하겠다는 약속으로 인해 기쁘기도 했다. 대통령은 작전을 승인하면서 '수도 워싱턴이 잘 보호되도록 하는 한'이란 단서를 붙였다. 하지만 작전이 시행되기 전에 링컨은 그의 인내심이 닳아서 얇아지고 있음을 보여주는 두 가지 조치를 추가적으로 취했다. 먼저 매클렐런은 반대했지만, 위원회가 요구했던 것처럼 포토맥군을 네 개의 군단으로 재편성했다. 그리고 작전을 개시하기 일주일 전에 매클렐런을 육군 사령관에서 해임했다.

이는 여러 면에서 의미 있는 조치였다. 우선 매클렐런을 포토맥군의 사령관직을 계속 수행하도록 하면서도 매클렐런을 해임하라는 의회의 압박에 대응할 여지를 링컨에게 주었다. 매클렐런의 지위를 한 단계 내림으로써 할렉 및 부엘과 같은 서열이 되었고, 그리하여 전쟁위원회로부터 비난을 덜 받게 될 것이었다. 아울러 매클렐런의 관리자형 리더십에서 비롯된 문제를 해소했다. 그는 세부사항을 위임할 줄 몰랐고 산더미 같은 잡무를 혼자서 다 처리해왔는데, 이 때문에 할렉이나 부엘이 수행하는 작전과의 협조 등 정작 중요한 문제를 놓칠 수밖에 없었다. 분명히 매클렐런이 '모든 것을 다' 할 수는 없었다. 또한 링컨이 볼 때, 육군장관 스탠턴의 강력한 리더십은 최소한 당분간은 육군 전체를 지휘하는 장군이 없어도 되겠다는 생각이 들게 했다. 무엇보다 링컨의 조치는 매클렐런이 그의 모든 에너지를 다가오는 버지니아반도 전역에 집중하게 해주었다.[35]

마침내 3월 17일 포토맥군이 출발했다. 매클렐런이 지휘권을 잡고 거의 8개월이 지난 뒤의 일이었다. 워싱턴에서 내내 그를 괴롭혔던 악령이 체사피크만을 따라 포트 먼로로 향하는 그와 함께 항해했다. 연합군이 항상 자기 부대보다 더 크고 항상 커지고 있다는 그 망령이 떠나지 않았다.

매클렐런의 부대는 항상 "단지 며칠만 더 또는 만 명만 더 또는 몇 개 포대만 더"라고 할 뿐, 제대로 공격 준비가 된 적이 없었다. 역시, 매클렐런은 워싱턴을 방호하기 위한 자신의 계획을 링컨이나 스탠턴에게 설명하는 수고로움을 생략했고, 명확한 지휘관계도 정해지지 않은, 그리고 임무에 비해 턱없이 적은 부대만을 남겨두었다. 그 결과 링컨은 맥도웰의 군단 전체를 잡아두어 수도를 지키게 했다. 매클렐런은 대통령이 자신을 배신했다고 느꼈다. 적정한 전력이 부족하여 결국 실패할 것이 불 보듯 뻔한 임무에 자신을 보낸 '역사상 가장 악명 높은' 사례라 강변했다. 그는 조셉 E. 존스톤이 자신의 맞은편에 대규모 병력으로 진지를 편성하고 있다고 주장했다. 실제는 존스톤 부대의 대부분은 리치먼드 근방에 있었고, 단지 1만 3천 명의 연합군만이 요크타운Yorktown 근처에서 6만 명의 연방군을 맞아 방어하고 있었다. 반면 연방군은 매일 증원 병력이 도착하여 그 수가 불어나고 있었다. 연합군 장군들은 매클렐런의 이런 편집증을 이용하여, 숲의 경계선을 따라 대대를 들락날락하도록 함으로써 실제보다 많은 병력이 방어하고 있는 것처럼 기만했다. 게다가 매클렐런은 자기 부대의 병력을 셀 때는 전선에서 무기를 들 수 있는 건강한 병사만 헤아린 반면, 적에 대해서는 밥만 먹을 수 있으면 다 포함해서 계수를 했다.[36] 링컨은 매클렐런이 보유 중이라고 얘기하는 병력의 수와 자신이 그동안 남쪽으로 보낸 병력의 수 사이에 2만 3천 명의 차이가 있음을 알게 되었다. 링컨은 매클렐런의 비관주의에 동의하기를 거부하며, 시간이 가장 핵심적인 요소라고 하면서 즉시 공격을 개시하여 적이 방어를 보강할 기회를 주지 않아야 한다고 강조했다.

그리고 하나만 더 언급하자면, 장군이 일격을 가해야 하며 이는 필수불가결하다는 것이오. 나는 그것을 도울 수는 없소. 장군이 내가 항상 주장했던 바를 기억하고 인정하리라 믿소이다만, 머내서스나 그 인근에서 싸우는 대신, 체서피크만을 따라 내려가서 새로운 땅을 찾는 것은 어려움을 극복하는 것이 아니라 옮겨

놓는 것이오. 우리는 같은 적, 그리고 같은 또는 동등한 참호 안
에 있는 적을 다른 곳에서 발견하게 될 것이오. 조국은 반드시 기
록할 것이며, 사실 지금도 기록하는 중이오만, 오늘날 참호 속에
있는 적에게 나아가는 것을 주저하는 것은 다만 머내서스의 되
풀이로 남게 될 거요. 내가 장담하는 것을 이해해주리라 믿고 말
하자면, 지금 나는 어느 때보다 더 장군에 대해 친근감을 가지고
쓰고 또 말하고 있소. 또한 그 어느 때보다 더 전적으로 장군을
지지하는 마음이오. 그리고 나는 가장 불안하다고 판단하게 될
때까지 일관되게 그렇게 할 수 있소. 그러니 장군은 행동해야 하
오.[37]

매클렐런은 링컨의 간청에 대해 전혀 관심이 없었다. 그는 연합군을
직접 공격하기보다는 포위하려고 마음먹었다. 그의 오랜 친구이자 남부연
합군에서 그와 대등한 위치에 있던 존스턴은, 2주 후에 자신의 방어선을
점검하면서 그들이 그렇게 오랫동안 지켜낸 것을 매우 경이롭게 여겼다.
존스턴은 "오직 매클렐런만이 공격을 주저했을 것"이라고 주장했다.[38]
매클렐런이 대포로 사격을 시작했을 때, 존스턴은 요크타운 요새에서
철수했고, 이미 그동안 7주간의 시간을 벌어 리치먼드 요새를 보강하고 있
었다. 매클렐런은 천천히 적을 따라 반도까지 올라왔다. 그러는 동안에도
여전히 자기 부대가 수적으로 열세라고 계속 주장했다. 방어 중인 적이 수
적 우위인 상태에서 왜 퇴각했는지 궁금해하지도 않으면서, 그는 반복해서
맥도웰의 군단을 보내달라고 간청했다. 링컨은 맥도웰에게 워싱턴에 대해
지속적인 지원이 가능한 한, 리치먼드 북동쪽에서 매클렐런과 만날 수 있
도록 육상으로 이동하라고 하여 도움을 주었으나, 매클렐런은 맥도웰 군
단을 배에 태워 체사피크만을 따라 해상으로 수송하여 신속히 보내달라고
고집했다. 그러던 차에 남부연합군의 명장 '스톤월' 잭슨이 셰넌도어 계곡

에서 그의 전설적인 작전*을 시작했는데, 마치 동시에 여기저기 실제보다
더 많은 병력을 가지고 나타나는 것처럼 보였다. 그러한 위협을 분석하고
대응책을 협조할 육군 사령관이 없었기 때문에 대통령은 생각을 바꾸어
워싱턴이 안전할 때까지 매클렐런에게 더 많은 연방군을 보내지 않기로
했다. 매클렐런의 계속된 항의는 그의 전문적인 판단이 더 이상 믿을 만하
지 않다고 여기고 무시했다. 링컨은 그가 수도를 방호하라는 명백한 명령
을 위반했다고 판단했다. 매클렐런의 부대는 그가 보고한 것보다 더 많은
병력을 가지고 있었고, 연합군은 아마도 그가 추정한 수만큼의 병력을 배
치할 수 없을 것이라고 생각했다.

　5월 말이 되자, 매클렐런은 리치먼드로부터 6마일 밖에서 10만 5천
명의 병력으로, 매클렐런은 20만 명으로 추정했지만 실제로는 8만 5천 명
의 연합군과 대치하고 있었다. 또다시 피아 전력을 잘못 판단한 매클렐런
은 적의 수도 바로 앞까지 와서 수세적 태세를 취했다. "내가 처한 상황에
서는 재난에 대해서, 그리고 마주하고 있는 우세한 적에 의한 측방 공격
에 대비하기 위해서 가용한 모든 예방조치를 다해야 한다는 압박감을 느
꼈다." 매클렐런은 완벽하게 주도권을 포기했고, 오히려 연합군이 자신들
의 수도를 구하기 위한 절박한 노력의 일환으로 그를 먼저 공격했다. 이틀
동안의 치열한 싸움에서 연방군이 이겼고, 연합군 측에서는 존스톤이 심
각한 부상을 입어 로버트 E. 리 장군으로 교체되었다. 매클렐런은 처음에
는 승리로 인해 들떴으나, 셰넌도어 계곡으로부터 나온 '스톤월' 잭슨의 부
대가 도착할지도 모른다는 최악의 상황을 두려워하면서, 예상대로 또다시
머뭇거렸다. 이어지는 3주 동안 그는 매일 곧 공격하겠다고 약속했다. 다

---

*　　토머스 조너선 잭슨(Thomas Jonathan Jackson)은 남부연합군의 장군으로, 미국의 역사
적 용장 중 한 명이며 그가 치른 눈부신 전투로 인해 돌 담벼락 잭슨(Stonewall Jackson,
스톤월 잭슨)이라고 불렸다. 셰넌도어 계곡 전역(1862. 3월 말 ~ 6월 초)에서 잭슨은
1만 7천 명을 이끌고 48일간 646마일을 기동해, 다섯 번의 대회전에서 승리해 합계 6만
명의 적군을 격파했다. 이 승리는 남부동맹의 사기를 크게 높였고, 잭슨은 일약 남부의
영웅이 되었다.

만 비가 그치기를 기다리고, 길이 마르고, 강 수위가 내려가고, 다리가 건설되고, 병력이 더 증원되고, 방어공사가 완료되면 그때 '신(神)께서 허락하시자마자' 공격하겠다는 태도였다. 반면에 리 장군은 6월 25일, 연방군에 대해 훗날 7일 전투Seven Days Battles*로 알려지게 될 무자비한 공격을 개시했다. 매클렐런은 겁을 먹고 스탠턴 장관에게 훈계하듯 늘어놓았다. 만약 그의 '빛나는 부대'가 '압도적인 수'에 의해 격멸된다면, 그는 '최소한 부대와 함께 순직하거나 운명을 같이할' 것이다. 그러나 만약 그런 일이 발생한다면, "그 책임은 나의 어깨에 던져질 수 없고, 마땅히 속해야 할 곳에 지워져야 한다"고 말했다. 그의 증원 요청을 그렇게 오래도록 무시했던 사람들에게 책임이 있다는 뜻이었다. 3일간의 암울한 전투 후에 퇴각하면서 그는 다시 자신의 상관들을 비난했다. "정부는 이 부대를 지원하지 않아왔다. 1만 명의 쌩쌩한 병사만 있었어도 이길 수 있었을 텐데, 이제는 더 이상 가능하지 않게 되었다." 그리고 마지막 문단에는 너무도 자극적인 표현이 들어 있어서, 수석 전신 기사가 스탠턴 장관의 손에 전보가 들어가기 전에 그것을 지우기까지 했다.

> "만약 내가 이 부대포토맥군를 구한다면, 솔직히 말해서, 나는 장관님이나 워싱턴에 있는 다른 어떤 사람에게도 고마워하지 않을 겁니다. 당신들은 이 부대를 희생시키기 위해서 최선을 다했습니다."[39)

전투에 임한 장군이 스스로 패배하고 있다고 생각하면 틀림없이 그렇게 된다. 포토맥군은 오로지 리 장군의 연합군 부대 간 협조된 공격이

---

* 7일 전투는 1862년 6월 25일부터 7월 1일까지 7일간 연속해서 벌어진 여섯 차례의 전투를 지칭한다. 연합군 로버트 E. 리가 침입해온 매클렐런의 포토맥군을 리치먼드 부근에서 버지니아반도 아래로 쫓아냈다. 매클렐런의 군이 제임스강에 인접한 비교적 안전한 장소까지 철수했지만, 퇴각 과정에서 약 1만 6천 명의 손실을 냈고, 리의 남부연합군도 7일 만에 2만 명 이상의 손실을 입은 치열한 전투였다.

잘 안된 덕에 살아남았다. 7일의 전투가 끝날 때쯤 매클렐런은 완전히 전의를 상실했다. 그는 불가능하다는 것을 알면서도 5만 명, 10만 명의 증원을 건의하는 등 비현실적인 요구를 했다. 이에 링컨이 답했다. "장군에게 5만 명 또는 어떤 다른 상당한 병력을 즉시 보낸다는 생각은 너무나 터무니없소."[40]

매클렐런의 부대는 리치먼드의 교회 첨탑들이 보일 만큼 적의 중심부 가까이까지 접근했었다. 그러나 이제는 완전히 패주했고, 그 소식은 북군 전체에 절망감을 퍼뜨렸다. 의회의 반응은 급하고 격렬했다. 챈들러 상원의원은 상원의 회의장에서 매클렐런을 '총살형을 당할 만한' 반역자라고 비난했고, 버지니아반도 전역과 관련해 매클렐런과 육군부 사이에 주고 받은 통신문 전체를 공표하라고 요구했다. 일주일 뒤에 그는 매클렐런의 작전수행 오류에 대해 다시 한번 비난을 퍼부었다. "인간의 독창력이 그 부대를 패배시키는 데 이보다 더 나은 다른 어떤 다른 방법을 고안해낼 수는 없을 것이다." 의회의 급진주의자들은 매클렐런의 해임과 아울러 전쟁의 목적을 노예제 폐지까지도 포함하도록 확대하는 방향으로 압력을 행사했다. 좀처럼 주변의 비판에 주의를 기울이지 않는 매클렐런은 링컨에게 자신이 정말로 '전쟁 역사상 견줄 수 없는' 기동을 통해 자신의 부대를 구해냈다고 마치 현실감각을 상실한 듯이 확언했다. 그러나 링컨 대통령은 더 잘 알고 있었다. 7월 초에 그는 전선으로 배를 타고 가서 부대를 사열했었는데, 자신이 예상했던 것보다 사기가 나쁘지 않음을 파악하고 있었다. 매클렐런은 이 '승리'의 순간을 이용하여 향후의 전쟁 수행에 관해 대통령에게 쓴 편지를 내놓았다. 그는 정치지도자가 정책을 명확히 기술할 것을 주장하면서, 전쟁은 '적의 군사력과 정치조직에 대해' 수행되어야만 하며 상대 주민들을 향해서는 안 된다고 강조했다. 그는 또한 민법과 사유재산 보호의 원칙을 엄격히 준수해야 한다고 주장했다. 특히 '군사력이 사인(私人) 간의 노예관계에 개입해서는 안 된다'고도 했다. 그는 '특히 노예제에 관한 급진적인 관점의 선언은 현재의 육군을 급격히 해체할 것'이라고 느꼈던 듯했다. 그는 또 전쟁을 수행하려면 '대통령께서는 육군을 전체적으로 지휘할 총사령관이 필요'할 것임을 짚었다. 그는 자신이 '그 자리를 요구하는 것이 아니며 어디서든지 명에 따라 복무하겠다'고도 언급했다. 링컨은 편지를 읽고 나서 주머니에 넣은 후, 당시에도 그리고 그 이후에도 별다른 말 없이, 매클렐런에게 "고맙다"고만 했다. 매클렐런이 흉금을 터놓고 조언하는 것이 부적절한 것은 아니었지만, 최근에 있었던 전장에서의 패배를 고려하면, 정말 눈치가 없고 분별없는 일이었다. 또한 그는 당시 링컨이, 매클렐런의 조언과는 정반대로, 연방의 전쟁목적을 획기적으로 바꾸어 노예해방선언을 포함한 전쟁의 확대를 진지하게 고려하고 있다는 것도 알지 못했다.[41]

워싱턴으로 돌아온 이틀 뒤에 링컨은 육군 사령관 직위를 재설치하고, 헨리 W. 할렉 소장을 임명했다. 땅딸막한 체형에 툭 튀어나온 눈의 할렉은 지휘관으로서 미흡한 점이 많이 있었지만, 이 '늙은 수재'Old brain는 군사이론에 푹 빠져 있었고, 서부에서의 대단한 승리, 즉 가장 최근에 그랜트와 함께 거둔 미시시피주의 사일로Shiloh, 이어서 코린스Corinth, 그리고 가장 중요한 철로 교차점에서의 승리를 만끽하고 있었다. 할렉은 포토맥군으로 무엇을 할 것인가를 결정하는 것을 필두로 일을 시작했다. 그는 버지니아반도를 방문하여 매클렐런에게 2만 명의 증원을 약속하며 공격을 재개할 것을 제의했다. 늘 그랬듯이 매클렐런은 더 많은 병력 증원을 원했지만 마지못해 동의했다. 할렉이 워싱턴으로 돌아오고 얼마 지나지 않아 매클렐런은 더 많은 추가 병력을 요청하기 시작했다. 할렉은 이에 포토맥군에게 북쪽으로 돌아와 수도를 방어하라는 명령을 하달했다. 매클렐런은 곧바로 할렉을 자신의 '무능한 상관 명부'에 올렸다.[42]

매클렐런은 8월 3일에 할렉의 이동명령을 받았으나 열흘 동안 탑승을 시작하지도 않았고, 마지막 부대가 포트 먼로를 떠나기까지 꼬박 한 달이 걸렸다. 이즈음 리의 부대는 북쪽으로 행군해가다 우회기동을 했고, 자신의 부대를 둘로 나누어 북부연방군 소속 버지니아군 존 포프John Pope 소장의 전방과 후방에 위치시켰다. 매클렐런은 만약 자신의 부대가 포프의 부대에 합류하게 되면, 자신이 포프의 휘하에 들어가는 '정말로 대단히 불명예스러운 일이' 벌어질 수도 있겠다는 걱정을 했다. 리, 잭슨, 롱스트리트 등의 남부연합군이 머내서스의 포프군에 접근하자, 할렉은 매클렐런에게 명하여 예하 사단들을 신속히 보내어 포프를 지원하라고 했다. 매클렐런은 노골적으로 명령에 불복종하여, 자신의 조치를 숨기는 가운데, 자기 부대를 워싱턴으로 옮기고 "포프가 자신의 궁지에서 스스로 빠져나오도록 맡겨두자"고 제의했다. 링컨은 매클렐런이 포프의 패배를 원하고 있다고 믿으며 분노했고, 스탠턴 장관은 반역죄로 군법회의에 회부할 것을 제안했다. 할렉은 긴장과 실망으로 앓아누웠다. 대부분의 각료들이 매클렐런의 해임을 요구하는 서한에 서명했다. 그러나 분노와 절망 사이에서 흔들리던 링컨은 이에 찬성하지 않았다. 실제로 매클렐런을 대체하기 위한 대통령의 선택지도 빈약했다. 포프는 패배했고 휘하 장병들도 그를 전혀 신뢰하지 않았다. 할렉도 지휘에 따르는 부담을 감내할 내적 역량이 부족하다는 것이 드러난 상황이었다. 앰브로즈 번사이드Ambrose Burnside 장군은 매클렐런의 부대를 지휘할 것을 제의받자 이를 거절했다. 그랜트는 서부에 있는 육군부대들에 대한 지휘권을 막 인수한 상태였다. 그리고 서부 역시 동부만큼 대단히 중요했다. 수도에 대한 방어는 매클렐런의 능력을 요구했던 비상한 상황이었음을 강조하면서, 링컨은 각료들에게 설명했다. "그가 직접 싸울 수 없다 해도, 다른 사람들이 싸울 준비를 하도록 만드는 데는 뛰어납니다."[43]

한편 남부연합군의 리 장군은 워싱턴을 공격하기보다는 메릴랜드로 진격해 들어갔는데, 그러한 공격작전의 성공이 북부군의 사기를 떨어뜨리고 남부연합에 대한 유럽 국가들의 외교적 인정을 얻을 수 있으리라 기대했다. 수도를 방어하는 부대의 지휘관이었던 매클렐런은 결국 부전승했고, 야전군field army 사령관이 되었다. 링컨은 남부연합군의 침입을 기회로 인식하여 매클렐런에게 '가능한 최대한으로 적 부대를 격멸'하라고 말했다. 매클렐런은 리 장군의 부대와 결정적 전투를 하기보다는 그를 압박하여 버지니아로 돌려보낼 수 있기를 바라면서 리의 부대를 뒤따라 북쪽으로 향했다. 그러던 중, 9월 13일 매클렐런은 전쟁사에서 거의 필적할 만한 사례를 찾기 힘든 행운의 선물을 받았다. 리 장군이 분산되어 있던 자신의 예하부대에 보내는 명령서 사본을 북부연방군 병사들이 발견한 것이다. 거기에는 그들의 작전계획, 즉 분산해서 기동하다가 하퍼스 페리Harpers Ferry로 집결하는 계획과 30마일의 범위에서 네 개로 분리되어 기동 중인 예하부대의 위치 등이 표시되어 있었다. 매클렐런이 환성을 지르며 말했다. "만약 이 문서를 가지고도 바비 리Bobbie Lee를 제대로 때려줄 수 없다면, 나는 기꺼이 집으로 돌아가겠다." 그 문서를 이용하려면 신속한 결심, 빠른 행군, 격렬한 전투가 요구되었는데, 이 중 어느 것도 매클렐런의 레퍼토리에는 없었다. 연방군 장병들이 적과 교전했어야 할 시간이 벌써 18시간이 지나갔다. 이렇게 지연되는 동안 리 장군은 자신이 위험한 상황에 빠졌음을 인지하고는, 부대의 집중을 명하고 샤프스버그 인근의 앤티텀 시내Antietam Creek가에 급편방어선을 구축했다. 매클렐런은 적이 혹시 남쪽으로 퇴각하지 않을까 기대하면서, 또다시 '수적으로 우세한 적'을 연구하는 데 하루하고도 반나절을 보냈다. 당시 북부연방군은 8만 명, 남부연합군은 3만 7천 명이었으나 매클렐런은 적이 10만 명이라고 과대 평가했다. 그러다 9월 17일에 이르러 매클렐런은 일련의 단편적인 공격을 시행했다. 몇 차례에 걸쳐 한계점에 이르곤 했으나, 리 장군은 자신의 부대를 위협받고 있는 한 지점에서 다른 곳으로 기동시켜 결국 패배를 피했다. 매클렐런은 예하부대의 노력을 협조시키는 데 실패했다. 동료전우들이 미국 역사상 가장 치열한 전투앤티텀 전투가 벌어진 하루를 보내는 동안 거의 3분의 1에 해당하는 병력이 전투현장 밖에서 유휴화되는 등 처음부터 마지막까지 실책을 남발했다. 모두 합쳐 2만 5천 명의 사상자가 발생했고, 다음 날 양군은 전투에 나서지 않고 전투력 복원에 집중했다. 그리고 리의 부대는 야음을 틈타 포토맥강을 건너 철수했다.[44]

역시 그답게 매클렐런은 승리를 자랑스러워하면서 부인에게 자신의 지지자들이 그가 '멋지게 싸웠고, 그것은 전쟁술의 걸작'이라고 했다고 전했다. 그는 자신의 입지가 이제 충분히 안전하기에 스탠턴과 할렉의 해임을 요구하고 자신이 할렉을 대신하여 육군 사령관이 되겠다고 결심했다.

링컨은 '반군을 격멸'할 기회를 놓친 것을 한탄했지만, 승리를 선언하고 이 기회를 이용하여 전쟁의 범위를 확장시키려 했다. 이는 정치적으로 명민한 한 수였다. 전투 후 며칠 뒤 링컨은 노예해방선언에 대한 사전 예고를 공표하여, 1863년 1월 1일을 기해 아직 저항 중인 주를 포함하여 모든 주의 노예들이 '영구히 해방'될 것임을 선언했다. 그 선언은 무조건 항복을 요구하는 것과 같은 의미를 지녔고, 아무도 남부연합 측의 어떤 주도 그런 조건하에서 연방 측으로 합류하리라 기대하지 않았으며 남부의 모든 주가 노예제를 유지하기 위해 최후의 순간까지 싸우리라 여겼다.[45]

매클렐런은 분노했다. 그는 처음부터 자신은 노예제 폐기를 위해 싸우는 것이 아니라고 주장해왔다. 노예제도에 대한 그의 관점은 워싱턴에서 공개된 비밀처럼 잘 알려져 있었고, 급진적인 공화파 의원의 상당수가 그를 불신하고 있었다. 매클렐런이 자신의 친구에게 간청했다. "내가 흑인을 피하게 좀 도와주시게. 나는 연방의 통합과 정부의 권력을 유지하기 위해 싸우는 것이지, 다른 이유는 없다네." 그는 링컨이 '흑인문제에 대해 정말로 진지하다는 것'을 알고는 "나는 일이 그가 생각하는 대로 잘 진행되는지를 보고 대답할 것"이라 말했다. 매클렐런은 다른 친구들과 부하들에게 링컨의 선언에 대해 어떻게 대응해야 할지 조언을 구했다. 그는 아내에게 이렇게 말했다. "대통령의 최근 노예해방선언, 스탠턴과 할렉의 직위 유지 등은 내가 나의 현직책을 유지하면서 동시에 자아 존중을 하는 것을 불가능하게 하오. 나는 그렇게 골치 아픈 원칙을 위해 싸우면서 마치 노예의 반란에 맞서 싸우는 것처럼 마음먹을 수는 없소."

그의 친구들은 국가정책을 수립하는 대통령의 권한을 인정하고 군인으로서 그의 명령을 이행하라고 조언했다. 10월 7일 매클렐런은 '군인과 정부 간의 진정한 관계'에 대해 전반적으로 명확하고 적절하게 기술한 일반명령을 하달했다.

"헌법은 '민간 권한'에 정부의 세 개 부서를 장악하는 권력을 부여했다. 군대는 단순하게 민간 권한을 지탱하기 위해 육성되고

지원을 받으며, 더욱이 모든 면에서 엄격한 복종을 해야 한다. 군
대가 운용될 경우, 그 기반이 되는 원칙과 그것을 통해 달성하려
는 목표를 결정하는 것은 정부의 영역이다. 병영 내에서의 정치
적 의견의 차이는 질서와 군기에 파괴적인 것이다"

여기까지는 그런대로 괜찮았다. 매클렐런은 이에 덧붙여서 "정치적 오류
를 고칠 수 있는 길은 오직 투표에서 국민들이 행동함으로써 찾아야 한다"
고 주장했다. 그 문장은 명백하게 곧 개최될 1862년 중간선거를 암시하는
것이었다.[46)]

10월 첫째 주에 링컨은 샤프스버그의 캠프에 들렀다가 '매클렐런의
경호원들'을 발견했다. 그는 그날 워싱턴으로 돌아와, 매클렐런에게 다음
과 같은 명령을 명확하게 내리라고 할렉에게 명했다. "대통령께서 '포토맥
강을 건너가서 적과 싸워서 그들을 남쪽으로 몰아내라'고 지시하셨다." 매
클렐런은 그의 지침을 무시했고, 메릴랜드에 3주 동안 남아 있으면서 보
급품, 증원, 말, 수송수단의 부족에 대해 불평했다. 방문 일주일 뒤에 링컨
은 매클렐런에게 그들이 나누었던 대화를 상기시켜주었다. 대화는 "내가
불러낸 것은 장군의 '지나친 조심' 때문이오. 적이 지속적으로 행하는 것에
대해 장군은 할 수 없다고 가정하면서 지나치게 조심하는 것 아니오? 적어
도 용기에 대해서만큼은 적과 동등하게 대우해달라고 요청하지 않았소?
그런데 요청한 것만큼 행동을 안 한다는 거요?" 대통령은 매클렐런에게
리 장군은 그의 부대가 받은 것만큼의 지원을 거의 받지 못했음을 상기시
켰다. 공격하기 전에 더 나은 군수지원을 기다리는 것은 '시간의 문제를 간
과하는 것이며, 이는 그렇게 간과할 수도 없고 또 간과해서도 안 되는 중
요한 사항'임을 강조했다. 링컨은 자신이 공부했던 조미니의 군사이론을
인용하여 전쟁에 관한 표준격언은 '자신의 병참선은 노출하지 않는 가운
데, 가능한 최대한으로 적의 병참선 상에서 작전을 수행하는 것'임을 지적
했다. 또 매클렐런은 리 장군이 북쪽으로 전환할지도 모른다며 걱정했는
데, 만약 그렇게 하면 포토맥군이 그의 병참선을 위협하여 전투를 강요할

수 있게 되는 것이라고 설명했다. 만약 리 장군의 부대가 남쪽으로 행군하여 셰넌도어 계곡으로 들어가면 훨씬 더 좋은 일인데, 즉 블루리지의 동쪽에서 행군함에 따라 매클렐런은 리보다 리치먼드에 더 가까운 곳에 위치하게 된다. "다시 말하자면 그의 통로가 원호라면, 장군의 통로는 직선이지요." 이것은 내선의 개념을 정확하게 적용한 설명이다. 매클렐런은 그가 행군을 하는 중에도 워싱턴을 방호할 수 있었고, 도중에 몇몇 주둔지를 획득하고, 산악지역의 틈새를 위협하며, 리의 부대를 다른 곳에서 싸우도록 강요할 수 있었다. "우리는 단지 적을 쫓아내기 위한 작전을 수행해서는 안 되오." 즉, 공세기질과 이동의 문제라는 것이었다. "장군의 부대가 적이 하는 것 만큼 행군을 할 수 있으면 되는 쉬운 일인데도, 그렇게 할 능력이 없다고 말하는 것은 비겁한 것이오." 이 편지로 링컨은 그가 전략과 그것의 이행에 대해 자신의 소심한 장군보다 훨씬 더 잘 이해하고 있음을 증명했다.[47]

링컨 대통령이 그런 가르침을 매클렐런에게 주고 있는 동안, J. E. B. 스튜어트J. E. B. Stuart의 남부연합군 기병대가 정지해 있던 포토맥군을 완전히 휘젓고 다녔다. 마치 버지니아반도에서 연방군을 당황하게 했던 그 현란한 기동이 재현되는 것 같았다. 그러자 매클렐런은 기병대의 부족에 대해 불만을 제기했다. 병참감 메이지스는 지난 9월 1일 이후에만 포토맥군에게 1만 3천 필의 말을 보냈다고 응답했다. 매클렐런은 자신의 말들이 허약하고 피로에 찌들었으며, 혀 앓이sore tongues를 하고 있다고 불평했다.[48] 링컨은 인내심을 잃었다.

매클렐런 소장, 방금 전에 혀 앓이를 하고 피로에 찌든 말에 대한 장군의 편지를 읽었소. 하나 좀 물어봅시다. 장군의 부대에 소속된 말들이 지난 앤티텀 전투 후에 피로가 쌓일 만한 일을 한 게 뭐가 있소?

A. 링컨[49]

대통령은 후에 자신의 빈정거림에 대해 사과했고, 매클렐런은 결국 포토맥강을 건넜다. 리 장군이 하룻밤 만에 해낸 것을 하는 데 6일이 걸렸다. 그리고 곧이어 리, 잭슨, 롱스트리트의 부대가 매클렐런의 허를 찌르는 기동을 하여 그의 부대를 정면과 측방에서 차단했다. 얼마 뒤 중간선거 결과가 도착했고 마침내 링컨은 매클렐런을 해임하고 앰브로스 번사이드를 그 후임으로 임명했다. 매클렐런은 전쟁의 나머지 기간을 뉴저지에서 '명령을 기다리면서' 보냈고, 그의 통수권자에 맞서 대권에 도전했다가 실패했다.[50]

☆ ☆ ☆

연방의 전쟁 정책을 갱신하고 노예해방을 결심한 것이, 링컨을 진정한 군 통수권자로 자리매김하게 했다. 그는 스콧에게 정치적 조언과 군사적 조언을 구분하지 못하고 혼합한다고 비난했었다. 또한 남부연합군에 대해 유화적인 접근을 주장하는 매클렐런의 편지에 직접적인 답장도 하지 않았다. 이제 그는 장군들이 제기하는 정치적 조언에 대해서는 더 이상 참지 않을 것이었다. 노예해방을 선언함으로써 대통령은 어느 한쪽이 항복해야만 끝나는 '강경한 전쟁'을 시작했다. 이제 그가 원하게 된 것은, 자신의 정책을 군사전략으로 실행하여 승리를 이끌어낼 장군들이었다.

링컨은 매클렐런을 해임하겠다는 자신의 결심을 설명하면서, "너무 오랫동안 나사못으로 견디려고 시도하다 보니, 너무 무뎌져서 더 지탱할 수 없었다"고 했다. 일단 그가 장군들을 실행자로 생각하기 시작하자, 군에 대해 더 확고한 통제권을 가질 수 있었다. 10월 말경, 부엘Buell의 부대를 페리빌Perryville 전투에 후속하여 테네시 동부로의 공격작전에 투입하기 위해 여러 차례 시도한 후 링컨은 그를 해임하고, 대신 직전에 미시시피의 코린스 전투에서 승리하여 더 '날카로운 도구'로 등장한 윌리엄 S. 로즈크랜스William S. Rosecrans 소장을 임명했다. 앰브로즈 번사이드 소장은 매클렐런을 이어 포토맥군의 사령관이 될 기회가 두 차례 있었으나, 스스로 독립적인 군을 지휘할 역량이 부족하다며 사양했다. 프레데릭스버그 Fredericksburg 전투에서 잘 구축된 참호에 들어가 있는 리 장군의 부대에 대해 무모한 정면공격을 한 것을 볼 때, 그는 자신의 재능에 대해 링컨보다 더 정확히 판단했던 것 같다. 프레데릭스버그에서의 낭패를 본 후에 번사이드는 리 군의 측방으로 돌아 들어가려는 행군을 시도했으나 세차게 몰아치는 비바람으로 인해, 말, 마차, 대포 등을 진절머리 나는 진흙물 속에 빠뜨려 곤란을 겪은 '진흙탕 행군'을 하게 되었다. 대통령은 1863년 1월 그의 지휘관직 사임을 받아들였으나 다시 군단장으로 임명했고, 전쟁의 남은 기간을 그 위치에서 복무하게 했다.[51]

링컨은 번사이드의 자리에 '파이팅 조' 후커 소장을 임명했다. 그는 성급하고 술을 잘 마시며 자기중심적인 장군으로 훌륭한 전투기록을 갖고 있었다. 그러나 후커는 포토맥군에 만연된 내부적 상호 비방과 음모에 적극적으로 가담해오고 있었다. 번사이드와 그는 서로를 증오했는데, 번사이드가 지휘관 직책을 수용한 것도, 할렉이 그에게 만약 수용하지 않으면 후커가 그 자리를 갖게 될 것이라는 말을 듣고 나서였다. 1863년 1월 26일, 대통령은 후커에게 편지로 그의 진급을 알리면서, 지난 2년간의 전쟁 동안 장군들과 함께 일하면서 자신이 알게 된 모든 것을 요약하여 써보냈다. 링컨은 그가 사령관에게 요구하는 자질에 대해 충분히 설명했고, 또한 후커를 통해서 그가 찾는 모든 것을 다 얻을 수 없다는 것을 알고 있음도 내비쳤다. 하지만 대통령은, 전쟁 중에 그리고 수도에서의 짧은 행군 도중에, 후커를 10만 명의 대군을 지휘하는 사령관으로 임명할 만큼 충분한 자신감을 갖고 있었다. 심지어는 그가 정부의 전복 가능성 등을 운운했었다는 것을 알면서도 말이다. 링컨은 편지에서 불안할 정도로 비꼬는 듯한 표현을 써서 후커로 하여금 시저독재자가 되려고 하기 전에 먼저 적을 대면하여 그를 격퇴하도록 자극하였다. 그는 통수권자로서 자신의 의무를 다 해 장군과 그의 부대에 대해 능력의 최대치까지 지원하겠노라고 진지하게 약속했다. 또한 자신이 부대와 신임 사령관의 한계를 잘 알고 있음을 드러내면서 후커에게 그 모두를 극복하라고 요구하면서 편지를 맺었다. 링컨은 통

수권자로서 온전히 성숙했다. 그는 군사기구에 대한 헌법적 권한을 행사
할 수 있도록 대통령실의 역량을 확장시켰다. 그리고 그의 용기와 자신감
은 대통령의 권한을 좀 더 효과적으로 만들려 노력할 때조차도 군이 복종
하게 했다. 미국 역사상 정치-군사 관계에 있어서 가장 이례적인 사례로
들 수 있는 링컨이 후커에게 쓴 편지는 군에 대한 문민통제가 확고히 세워
진 순간을 알려주었다. 그리고 이 원칙은 향후 거의 100년 동안은 심각한
도전을 받지 않고 대체로 잘 지켜졌다.

후커는 링컨이 "성급함에 주의하라"고 두 번 경고했음에도 이를 놓쳤
다. 후커는 리 장군이 아무것도 가지지 않고 있었기에 하나님이 리 장군에
게 자비를 베풀어주시기를 소망했다고 자랑했다. 5월 초, 리는 챈슬러스빌
Chancellorsville 전투에서 수적으로 네 배나 많은 후커의 부대를 세 개 방면
에서 포위하기 위해 조미니의 전쟁 원칙을 모두 깨고 자신의 부대를 분리
했다. 포토맥군은 래퍼해녹강을 건너 철수했고 리는 북으로 진격하여 메
릴랜드와 펜실베이니아로 들어갔다. 링컨은 또 하나의 무딘 실행자인 후
커를 버렸다.[52]

그는 곧 날카로운 실행자를 발견했다.

II
공조의 정치
politics of collaboration

링컨 행정부로부터 루스벨트Franklin Delano Roosevelt, 이하 FDR 행정부에 이르는 동안 대통령의 권한이 완전히 성숙하여 전문직업군을 대체로 믿을 만한 예하 조직으로 여기게 되었다. 링컨이 매클렐런을 해임할 때, 그는 통수권자로서 자신의 판단에 대해 완전한 자신감을 갖고 있었다. 이어 링컨은 율리시스 그랜트와 함께 미국 역사상 가장 효과적인 정치-군사 관계의 본보기를 만들어갔다. 뒤이은 수십 년 동안 미군은 평시에는 상대적으로 적정한 수준의 병력에 소규모 예산을 사용하다가 전시가 되면 거대한 비율로 팽창했다. 제1차 세계대전까지 전문직업군대는 미국 정부의 일반적인 한 부분으로 받아들여졌고, 이러한 이유로 우드로 윌슨Woodrow Wilson 대통령은 전쟁의 수행에 대해서 존 J. 퍼싱 장군에게 전적으로 위임했다.

그러나 FDR은 군 통수권자의 역할에 대해 더 광범위한 개념을 갖고 있었다. 그는 정책과 전략에 대해 지배적인 영향력을 유지했고, 이것이 처음에는 군사 조언자들을 당황하게 했다. 시간이 지나면서 조지 마셜George

Marshall 장군과 그의 합동참모위원들은 FDR의 특이한 리더십 스타일에 점차 적응하여 제2차 세계대전 중반경 즈음에는 효과적인 정치-군사 관계를 형성했고 마침내 승리하는 팀이 되었다. 이때가 되자 의회는 국가안보 문제에 있어서 하나의 엑스트라에 불과하게 되었다.

남북전쟁의 후반부와 제2차 세계대전은 효과적인 정치-군사 관계에 있어서 최고의 시기였다. 그 주된 이유는 대통령과 그의 장군들이 초기의 실패를 잘 극복하고 헤쳐나와 '상호 신뢰'를 유지했기 때문이었다. 이 기간에, 비록 병사들과 초급 장교들은 국가 총동원을 통해 소집된 시민병으로 구성되었지만, 군의 직업적 전문성이 만개했고, 거의 '완전한 초당파적 조직, 즉 정치적 중립이 유지되는 조직'이 되었다.

제2차 세계대전이 끝나고, 국가안보 상태는 FDR이 임시로 만든 군사기구를 명문화하여 대통령직과 군이 각각 더 많은 정부 권력을 갖도록 했고, 이는 대체로 의회의 권한을 감소시켰다.

6
링컨과 그랜트
Lincoln and Grant

전쟁은 인간 내면의 특성을 확대해서 드러낸다. 그 서민적인 링컨 대통령이 말했을 법하기도 한데, 전쟁은 양유능한 자과 염소그렇지 못한 자를 구분했다. 이는 국가를 위해서도 다행스러운 일이었다. 윌리엄 T. 셔먼, 필립 H. 셰리던Philip H. Sheridan, 특히 U. S. 그랜트 같은 유능한 리더들은 자연스럽게 자신의 재능을 드러냈고, 링컨 또한 현명하여 그들을 알아보고 진급시켰다. 그들은 공세적 기질, 용기, 지성과 통찰력을 보여주었다. 다른 누구보다도 그랜트는 최고사령부에 완벽하게 들어맞는 품성을 일관되게 보여주었다. 북부연방의 두 사람, 한 명의 군인과 한 명의 정치인이 가장 어두운 시기에 나라의 운명을 이끌었다. 링컨과 그랜트는 전쟁에서 승리할 수 있게 하고 미국 역사상 가장 효과적인 정치-군사 관계로 남아 있는 전략적 파트너십을 만들어 냈다.

병력들을 지휘하여 적과 교전하기 위해 나아갔던 그 첫 번째 작전에서, 그랜트는 긴장감으로 인해 심장이 목구멍으로 튀어나올 듯 뛰는 것을 느꼈고 집으로 돌아가고픈 마음이 굴뚝같았다. 하지만, 그는 전진하던 것을 멈추고 무엇을 할지 생각하는 정신적 용기가 없었다. 그냥 계속 전진하는 것밖에. 대부분의 사람들에게 그러한 경우 앞으로 나아가기 위해 육체적 용기를 내야 하는 것이었다. 그가 적의 캠프에 이르렀을 때, 그곳이 성

급하게 버려졌음을 발견했다. 그의 접근이 연방군을 황급히 도망가게 한
것이다.

> "이것은 내가 그때까지 한 번도 가져보지 않았었지만, 그 후로는
> 절대 잊지 않았던 관점이었다. 그 순간부터 전쟁이 끝날 때까지
> 나는 적과 대면하는 것에 대해 항상 약간의 초조함은 느꼈지만,
> 두려움은 갖지 않게 되었다. 나는 내가 그의 부대에 대해서 느끼
> 는 것 못지않게 그가 나의 부대에 대해서도 두려움을 가져야 할
> 이유가 있다는 것을 잊지 않았다. 이 교훈은 가치 있었다."[1]

정신적인 '비겁함'과 전장에서의 경험이 결합되어, 그랜트가 포트 헨
리에서 신속한 승리를 거두고, 포트 도넬슨에서는 자신에 찬 역습을 감행
한 후 차분하게 '무조건 항복'을 요구하도록 했으며, 사일로에서는 첫날의
재앙적 실패 이후에도 '내일은 적을 패배시킨다'는 조용하지만 확고한 결
의를 다지는 것을 가능하게 했다. 그것은 또한 홀리 스프링스Holly Springs
에서의 실패를 극복하고 그의 부대가 보급선의 범위를 고려하지 않고 현
지조달을 통해서도 작전을 지속할 수 있음을 알게 했다. 그리고 그것은 빅
스버그Vicksburg에서 남부연합군의 주둔지를 감소시키기 위한 작전에서 몇
개월 동안 실패하는 바람에 좀처럼 앞으로 나아가지 못하던 상황에서도,
마침내는 그랜트가 우군과 적 모두를 놀라게 한 기발한 작전계획을 떠올
리게 했다. 그랜트는 그의 부대를 미시시피강 우측 둑을 따라 내려가게 했
고 데이비드 포터David Porter 제독과 협조하여 수송선과 함포선을 급히 보
내, 빅스버그 요새의 포사격을 통과하여 자신의 병력을 요새의 아래쪽, 강
저편 미시시피주의 브륀스버그Bruinsburg로 이동시켰다. 이로써 그랜트는
자신의 병참선을 단절하고 연합군을 양방향에서 공격하는 남북전쟁 사상
가장 대담한 작전을 실행했다. 그리고 단절 없는 후속공격으로 일련의 전
투를 통해 적을 패배시켰고, 그 정점을 찍은 것은 1863년 7월 4일 빅스버
그와 존 C. 펨버튼John C. Pemberton 장군 휘하 남부연합군 부대의 항복을

이끌어낸 포위전이었다. 링컨은 그랜트에게 보낸 서신을 통해 '장군이 조국을 위해 행한 그 헤아릴 수 없을 만큼 큰 공헌'에 대한 감사를 표했다. 대통령은 그랜트의 계획이나 그의 승산에 대해서 그렇게 긍정적으로 보지 않았음을 인정했다. 역사상 가장 두드러진 정치-군사 간 공조의 시작을 알리는 관대한 문장으로 링컨은 자신의 오해를 시인했다. "나는 이제 당신은 옳았고 나는 틀렸다는 개인적인 인정을 하고자 합니다."[2]

지난 1년 남짓한 기간 동안 그랜트의 위상은 계속 상승세를 타고 있었다. 매번 승리할 때마다 그의 유명세와 함께 그를 질투하는 자들이 생겨났다. 그랜트는 전쟁 전에 가끔 폭음을 했는데, 몇몇 그를 시기하는 자들이 술과 관련한 그의 평판을 이용하여 구체적인 사실확인도 없이 알코올 중독으로 호도했다. 할렉은 그랜트가 포트 도넬슨을 확보하자 즉각적으로 그런 인식을 심어주려 했다. 일리노이주 민주당 정치인으로서 장군으로 자원입대한 존 A. 맥클러낸드는 끈질기게 그랜트의 자리를 노렸고, 그의 음주와 무능함에 대한 유언비어를 자주 퍼뜨렸다. 사일로에서의 승리를 거둔 뒤에는 곧바로 대표단이 링컨을 방문하여 첫날 연방군이 심대한 손실을 입은 것은 그랜트가 음주를 했던 탓이라고 비난하면서 그를 해임하라고 했다. 링컨은 통명스럽게 대답했다. "나는 그를 따로 떼어놓을 수 없소. 그는 지금 전투 중이오." 그랜트는 서부전선에서 할렉이 육군 사령관으로 지명되었을 때 할렉의 후임자였다. 하지만 링컨의 마음에는 의심의 씨앗이 이미 뿌려진 상태였다. 빅스버그 전역에서 별다른 성과 없이 수개월이 지나자, 대통령은 자신이 지금 만취한 매클렐런을 손에 들고 있는 것은 아닌지 우려했다. 링컨은 육군부의 차관보 찰스 대너Charles Dana를 그랜트의 본부로 보내 은밀히 감사(監査)를 하게 했다. 방문자가 왜 왔는지 알아챈 그랜트는 그의 방문을 환영하고, 자신의 텐트 바로 옆에 그의 텐트를 쳐주는 등 신뢰감을 심어주었다. 대너는 100여 일 동안 70여 편의 보고서를 워싱턴으로 보냈고, 매번 보고서가 갈 때마다 그랜트에 대한 평가는 상승했다. 그때까지 그랜트는 빅스버그에서 확실한 걸음으로 한발씩 나아가고 있었다. 또 다른 대표단이 백악관에 도착하여 그랜트를 술주정뱅이로 비방하자, 전해지는 바로는 대통령이 그가 마시는 위스키의 상품명을 알려주면 예하의 전 장군에게 보내주겠다고 했다는 것이다.[3]

링컨은 그의 전투의지 외에도 그랜트를 좋아할 만한 많은 것들을 발견했다. 그랜트는 그가 받은 자원을 불평 없이 사용하여 명령을 실행하는 습관을 가지고 있었는데, 이것은 링컨의 경험상 가장 남다른 특징이었다. 게다가 그는 정부의 정책을 만드는 데 관심이 없었으며, 자신의 친구인 하원의원 엘리후 B. 워시번Elihu B. Washburne에게 이렇게 말했다.

> "내가 육군에 몸담고 있는 한, 나는 자신의 관점을 가지고 임무를 수행하지 않을 것입니다. 나의 상관 그리고 법이 명령하는 바가 무엇이든지 나는 이행할 것입니다. 자기 자신의 개념을 법 위에 그리고 자신이 복종하기로 맹세한 이들 위에 두는 지휘관 중에 유능한 사람은 없습니다."

링컨의 절친한 친구이면서, 그랜트의 지치지 않는 지원자였던 워시번은 아마도 그랜트의 다른 편지들을 받고 나서도 그랬겠지만, 대통령에게 이러한 그랜트의 생각을 잘 전달했을 것이다. 링컨이 노예해방을 선언했을 때, 그랜트는 비록 이전에는 노예제에 이중적인ambivalent 감정을 가지고 있었지만, 전쟁 방안으로서의 새로운 정책의 가치를 이해하여 노예를 해방하고 흑인 병사들을 무장시켰다. 그랜트는 비열하고 무능하며 자아도취적인 기드온 필로우를 떠올리게 하는 존 맥클러낸드와의 관계는 가볍게 다루면서 대통령과의 정치적 연결은 완벽하게 했다. 찰스 대너는 맥클러낸드의 불성실을 정기적으로 보고했고, 그리하여 그랜트가 빅스버그 함락 2주 전에 그를 해임하고자 결심했을 때, 워싱턴 내에서 그 정치적인 장군 맥클러낸드를 위한 지지는 없었다. 링컨은 해임을 허락했다.[4]

1863년 10월, 링컨은 애팔래치아산맥과 미시시피강 사이에 위치한 모든 부대를 묶어 그랜트의 지휘하에 두었다. 그랜트는 치카마우가에서의 괴멸적인 패배로 인해 산산조각 난 연방의 재산을 회복하기 위해서 직접 채터누가로 갔다. 그는 거기서 지휘관을 교체하고 굶주리는 부대들에 보급선을 재연결했으며, 부족한 병력을 증원하고, 일련의 공격을 통해 적을 20마일 떨어진 조지아로 구축함으로써 그가 도착한 지 한 달여 만에 테네시 동부지역 대부분을 확보했다. 그의 전임자들과는 달리 그랜트는 뉴올리언스로부터 모빌Mobile, 그리고 조지아주에 이르는 지역에서의 동계 공격작전을 제안했다. 그의 의도는 이러했다.

> "이를 통해 남부지역의 종심을 확보하거나, 리 장군이 버지니아와 노스캐롤라이나를 포기하도록 강요하기 위함이었다. 리의 부대가 없다면, 적은 내가 보유할 수 있는 부대를 저지하기에 충분한 부대를 갖지 못할 것이다."

하지만 링컨은 텍사스에 대한 우려, 즉 프랑스와 멕시코가 남북전쟁을 기회로 삼아 침공할 가능성에 대해 우려했다. 결국 할렉은 그랜트에게 '군사적 이유보다는 국가 정책적인 문제로', 미시시피강을 건너 알라바마로 향하고자 하는 그랜트의 계획을 잠시 보류해야 한다고 말했다. 그리고 뒤이은 레드 리버Red River에서의 전역은 실패했고, 그랜트는 조지아, 테네시 동부 그리고 미시시피강을 따라 전개해 있는 적을 압박하는 데 매우 필요한 부대를 잃었다.[5]

이와 같은 아이디어의 교환은 그랜트가 전략적인 수준에서 자신의 관점을 제공했던 최초의 기회였다. 재커리 테일러와는 달리, 그는 난국에 잘 대처했다. 그랜트는 링컨의 시간적 집중의 개념에 대한 이해뿐만 아니라 자신의 공세적 성향을 잘 보여주었다. 다만 이상하게도, 링컨은 테네시 동부에 대한 도가 지나친 걱정과 텍사스에 대한 가능성이 낮은 외국의 침공이라는 유령을 좇고 있었다. 아마도 대통령이 그동안 오랜 시간을 소심한 지휘관들을 안고 일해오다 보니, 적의 균형을 무너뜨리고 또 계속해서 그런 상태를 유지하기 위해 지속적으로 공격기세를 유지해 나가는 장군과 어떻게 일하는지를 몰랐던 듯하다. 지난 2년 반 동안 링컨은 예하 지휘관들에게 그들의 '목표는' 아무리 중요하다 해도 어떤 고정된 지점이 아니라 '적 부대가 되어야 한다'고 애가 탈 정도로 강조했다. 비록 당시에 링컨 자신은 인지하지 못했을지라도, 그는 웨스트포인트에 의해 길러진 관습적인 군사사상과 싸우고 있었던 것이다. 표면적으로는 나폴레옹의 '혜안'virtue 을 칭찬했지만, 남북전쟁 전의 웨스트포인트는 나폴레옹 전역에 대한 조미니의 해석, 즉 전략을 기하학으로 전락시킨 해석을 퍼뜨렸고, 그에 더해 군사공학과 군사사상을 융합함으로써 그것들을 희석시켰다. 사관학교를 2등으로 졸업한 매클렐런이 그런 고착된 전략적 사고의 전형을 보여주었다. 또 다른 웨스트포인트 우등생이었던 할렉도 앞서가는 이론적 지지자 중의 하나였다. 그의 논문들은 '장소에 대한 집중'을 요구함으로써 공세작전을 더 어렵게 했다.[6]

그랜트와 그의 유능한 부하였던 셔먼은 웨스트포인트에서 그리 잘해 내지 못했으나, 엔지니어로서보다는 예술가로서의 전망을 보여주었다. 축성술과 공성전에 관한 수업에서 배웠던 그들이 거의 기억하지도 못하는 수학적 방법이 아니라, 창의적인 사고가 가장 뛰어난 나폴레옹의 공격작전을 연상시키는 습격전략을 발전시켰다. 그들은 '적 부대에 초점을 두는 것'의 중요성을 잘 이해하고 있었으나 여기서 그치지 않고 더 나아갔다. 그들은 연이어 계속되는 유혈적인 전투를 보면서 현대전의 파괴성을 직접 목격했다. 링컨이 노예해방 선언과 함께 수반된 '강경한 전쟁'hard war 추구가 그들에게 남부연합에 참여한 주들 중심 깊은 곳으로 전장을 확장할 수 있는 자유를 주었음을 직관적으로 이해했다.

1864년 1월, 그랜트는 할렉의 요구에 대해 동부전구에서의 계획으로 응답했다. 그는 리 장군의 주력부대와 리치먼드를 둘 다 우회하여 노스캐롤라이나로 깊숙이 들어가 적 부대와 적의 수도에 보급을 해주는 철도를 차단할 생각이었다. 링컨이 어떻게 반응했는지에 대한 기록은 없으나, 할렉이 대통령의 자주 반복되었던 명령, 즉 북버지니아군이 목표가 되어야 한다는 말을 똑같이 했을 것이다. 그랜트는 상상력이 부족한 전략에 대한 대통령의 습관적인 교정을 넘어서, 더 멀리 바라보았다. 리의 부대를 굶주리게 하여 버지니아를 버리고 연방군을 따라와 연방군의 방식대로 싸우게 하려는 것이었다. 그랜트는 우세한 병력, 공세적인 지휘, 빠르고 종심 깊은 기동으로 남부군의 식량을 빼앗고, 남부지역 농장의 노예를 해방하고, 남부연합 주민들의 안전을 무너뜨리고, 그들의 전쟁지속 의지를 박탈하려 했던 것이다. 링컨은 여전히 그러한 기발한 전략적 사고에까지는 미치지 못했다.[7]

할렉은 그랜트의 구상을 자신이 동의하지 않더라도 그대로 대통령에게 전달했다. 그리고 대통령의 결심을 그랜트에게 설명했다. 그러나 그는 대통령의 전략적 개념에 대해 솔직하게 전문성 있는 자신만의 분석을 제공할 수 있는 수준이 안 되었다. 링컨은 단지 그 목적, 즉 링컨의 전략적 개념에 군사전문적인 피드백을 제공하고 육군을 지휘하도록 할 목적으로 그를 육군 사령관에 임명했던 것인데 말이다. 대통령이 할렉의 임무수행 능력에 의문을 품은 지 이미 오래되었다. 그는 제2차 머내서스 전투 후에 할렉에 대해 평했다. "(그는) 무너져내렸다. 용기도 배짱도 모두 잃었다. 모든 가능한 책임으로부터 회피해왔다. 일급의 사무직보다도 나은 점이 없다." 1864년 초에 링컨의 전략적 사고는 여전히 무엇인가 더 채워져야 할 아쉬운 부분이 있었지만, 어쨌든 그는 더 나은 군사전문적 조언이 필요하다는 것을 인식했다.[8]

그랜트는 대통령이 되려는 어떤 생각도 없음을 공언함으로써 링컨의 마음속에 있던 마지막 장애물을 없앴다. 대통령이 우려할 만한 이유가 있었다. 링컨의 전임자들 가운데 3분의 1이 장군 출신이었고, 그랜트의 전공(戰功)은 그들의 어떤 기록에도 뒤지지 않았다. 매클렐런은 이미 민주당 후보로 지명되기를 바라고 있었고, 그랜트도 후보자 경선에 뛰어들 것이라는 루머가 신문 지상에 돌고 있었다. 반면, 그랜트는 정치적 야망을 거의 습관적으로 부인했다. "나는 그런 성취를 조국이 아니더라도 나 자신을 위해서 불행한 것으로 여길 것이다." 그는 어느 기자에게 확언했다. "누구도 나를 대통령 후보가 되려는 생각을 하도록 만들지 못할 것이다. 특히 링컨 대통령이 재선될 가능성이 있는 한." 엘리후 워시번은 그랜트가 민주당 당직자에게 "정치 사무소와 연계된 곳에 내 이름이 사용되는 것을 보는 것만큼 나를 고통스럽게 하는 건 없을 겁니다"라고 말한 내용이 포함된 유사한 편지를 링컨이 읽을 수 있게 조치했다. 소위 '대통령 벌레'presidential grub가 그랜트는 갉아먹고 있지 않다는 것을 재확인한 링컨은 조지 워싱턴 이후 처음으로 중장 계급을 신설하는 법안을 뒷받침했고 그랜트를 추천하여 육군 사령관에 보직했다.[9]

☆ ☆ ☆

그랜트는 1864년 3월 매클렐런의 전성기 이후, 장군에게 허용되지 않던 대중의 환영을 받으며 워싱턴에 도착했다. 그는 공적(公的) 신중함으로 대응했다. 그의 첫 번째 결심은 셔먼을 서부에 있는 자신의 직전 부대 사령관으로 올리고, 미드Meade를 포토맥군의 사령관으로 유지하는 것이었다. 그랜트는 우선 워싱턴과 상의하고 나서 자신의 사령부를 서부에 설치하기를 원했으나, 곧 정치적인 고려사항들이 이를 허락하지 않음을 알게 되었다. 의회, 언론 그리고 대통령 모두 버지니아에서 진행되고 있는 골치 아픈 전쟁에 관심이 많아서 그가 워싱턴에서 멀리 떨어져 있을 수 없게 했다. 그는 자신의 사령부를 미드의 포토맥군 사령부 가까이에 위치시켜 전쟁의 나머지 기간을 보냈으며, 할렉은 육군 참모총장으로 워싱턴에 남겨두었다. 당시 할렉의 직위는 현재의 직위보다는 훨씬 적은 권한을 가진 것이었지만, 그랜트를 행정적 부담에서 해방시켜 오로지 작전과 전략에 집중할 수 있게 했다.

1864년 그랜트의 전역계획은 전쟁 초기부터 링컨이 장군들을 압박해 왔던 그 구상을 포함하고 있었다. 그것은 링컨이 "나의 구상은 육군의 모든 부분이 공통의 중심을 향해 함께 협업하는 것"이라고 셔먼에게 말했던 소위 '링컨의 동시 집중 전략'이라고 할 수 있겠다.

"루이지애나에서는 나다니엘 뱅크스Nathaniel Banks가 무익한 레드 리버Red River 전역을 마무리하고, '모빌Mobile을 향해 가능한 한 조기에 작전을 개시한다. 그렇다고 작전을 너무 일찍 시작하는 것은 불가능할 것이다. (그랜트는 뱅크스의 부진한 작전수행으로 인해 실망했다) 벤 버틀러는 노포크로부터 제임스강의 남쪽에 있는 리치먼드를 향해 전진하고, 프란츠 시겔은 셰넌도어 계곡을 따라 올라가 버지니아와 테네시 철로를 향해 진격한다. 이들 두 작전의 목표는 리 장군에게 병참선과 산업·철로·정치의 중심인 리치먼드를 방어하기 위해 부족한 자원을 소모하도록 강요하는 것이다. 주 노력은 동부의 포토맥군이다.'

미드 장군에게 하달한 그랜트의 명령은 유독 직접적이다.

"리의 부대가 장군의 목표요. 리가 가는 곳이라면 어디든지 장군 또한 가야 할 것이오."[10]

그랜트는 셔먼에게는 더 광범위한 지침을 하달했다.

"나는 장군이 존스턴 부대에 대항하여 기동할 것을 제안하오. 즉, 존스턴 부대를 깨고 들어가, 적의 내선에 가능한 한 깊숙이 들어가 장군이 할 수 있는 한 저들의 전쟁 자원을 최대한 파괴하시오. 나는 장군에게 전역계획을 짜서 제시하지 않을 것이며, 다만 장군이 수행하기 바라는 일을 제시하고, 장군의 방식대로 시행하도록 허용하겠소."

그러면서 그는 셔먼에게 가급적 빨리 시행계획을 만들어 공유해달라고 요구했다.[11]

링컨은 그랜트의 계획에 대해 열렬한 반응을 보였다. 게다가 그는 전쟁을 전체적인 구도에서 조망할 수 있고, 과감히 명령하면서 기꺼이 책임

237

을 지려고 하는 사령관을 갖게 된 것에 대해 무척 기뻐했다. 그랜트가 20년 후 자서전을 기록하면서 당시를 회고했는데, 링컨은 내가 무엇을 구상했는지 알고 싶지 않다고 했고, 그래서 그랜트 자신은 대통령이나 육군장관 스탠턴과 계획을 공유하지 않았다고 밝혔다. 링컨 자신도 한 방문객에게 비슷한 주장을 했다. "그랜트는 내게 자신의 계획이 무엇인지 말하지 않았어요. 나는 그의 계획을 모르고, 또 알고 싶지도 않아요." 하지만 사실은 둘 다 과장하여 말한 것이었다. 그들은 그랜트가 취임한 후 초기의 몇 주 동안 정기적으로 만나 전략에 대해 논의했다. 그 결과 그랜트는 자신의 명령을 하달할 때, "리의 부대가 자네의 목표점objective point이네"와 같이 링컨이 주로 쓰는 말과 문구를 사용할 정도가 되었다. 그랜트가 자신의 전역계획을 링컨에게 설명할 때면, 대통령은 "알겠소! 가죽을 벗기지 않는 사람은 다리를 잡아주면 되겠죠!"*라며 큰 소리로 반응했다. 며칠 뒤 그랜트는 셔먼에게 자신의 명령을 하달하면서 링컨의 말을 또 끌어 썼다. 즉, 자신은 사이겔Sigel로부터는 많은 것을 기대하지 않는다고 설명하면서 이렇게 말했다. "만약 사이겔이 가죽을 벗길 수 없다면, 다른 누군가가 가죽을 벗길 때 다리를 잡아줄 수 있을 것이오." 이처럼 두 사람은 일심동체가 되다시피 했던 것이다. 그럼에도 링컨은 그랜트가 지휘할 때 전략에 대한 자신의 감독 권한을 양도하지 않았다. 그는 계속해서 전신 사무소를 방문하여 전투경과를 추적했다. 그랜트와의 정기적인 서신교환도 계속했다. 그랜트가 취임하고 나서 정치-군사 관계가 어떻게 변화되었는지를 가장 잘 설명해 주는 것은 아마도 링컨에게 그랜트는 어떤 사람인가를 물었던 한 백악관 방문객과 나눈 대화일 것이다.[12] 링컨은 미소를 지으며 말했다.

그는 지금까지 본 가장 과묵한 작은 사람입니다. … 그가 같이 있

---

* 남북전쟁 당시, 1864년 중반에 연방군의 지휘관들에게 전략적인 명령을 내리는 데 사용되었다. 이 말은 전투에 직접 참여하지 않는 장병들은 다리를 잡아서 도와야 한다는 의미로, 전투를 지원하는 역할을 맡게 된 장병들에게 주어진 지시였다.

다는 것을 알 수 있는 증거는 그가 일을 해낸다는 것입니다! 그가 어디에 있든지 일이 진행됩니다! 그랜트는 내가 보유한 첫 번째 장군입니다! 정말 장군이지요! … 무슨 의미인지 말씀드릴게요. 다른 모든 장군들과 제가 어떻게 지냈는지 알고 계시리라 생각합니다. 대개 어느 사람을 사령관으로 앉히면, 얼마 후 그는 전역계획을 만들어서 가지고 와서는 이렇게 말하죠. "자, 제가 이것을 해낼 수 있다고 믿지는 않지만, 대통령께서 하라고 하시면 한번 해보겠습니다." 그래서 성공과 실패에 대한 책임을 나에게 돌리는 겁니다. 그들은 모두 내가 장군이 되어주길 원했어요. 그런데 그랜트는 그렇지 않았습니다. 그는 자신의 계획이 무엇인지를 말하지 않았어요. 나는 모르고 있고, 또 알고 싶지도 않습니다. 나는 나 없이도 나아갈 수 있는 사람을 갖게 되어 기쁩니다. 그는 나에게 불가능한 일을 요구하지 않아요. 지금까지 그렇게 하지 않은 첫 번째 장군입니다.[13]

그랜트는 책임을 졌고, 링컨은 지원을 제공했다. 전역이 시작되기 직전에 링컨은 그랜트에게 사적인 편지를 한 통 보냈다. 그는 "지금 이 시간까지 장군이 해왔던 것에 전적으로 만족한다"면서, 다시 한번 언급했다.

"장군의 계획에 대해서 어떤 세부사항을 나는 알지 못하고 또 알려고 하지도 않소. 장군은 주의 깊고 또 스스로 알아서 하는 분이니 말이오. 그리고 나는 장군에게 어떤 제약사항이나constraints 금지사항restraints*도 얹고 싶지 않소."

그도 사람이기에 어쩔 수 없이 '초조할' 때가 있었겠지만, 링컨은 그

---

* 쉽게 설명하자면 '제약사항'은 반드시 해야 하는 것을, '금지사항'은 절대 해서는 안되는 것을 의미한다.

랜트가 상황을 잘 파악하고 있다는 것과, 전역 수행의 세부사항은 자신보다는 그랜트의 시야에서 벗어나기 어려운 것임을 알고 있었다. 링컨은 편지 말미에 당부했다.

"만약에 무엇이든 부족한 것이 있고 또 그것이 내가 줄 수 있는 것이라면, 반드시 내게 알려주시오."

그랜트는 다음 날 답장을 썼다.

"저는 전쟁이 시작되었을 때부터 지금까지 정부에 대해 불평할 만한 구실을 찾을 수 없었고, 불평불만을 표현하지도 암시하지도 않았습니다. 그리고 육군 사령관으로 임명된 후로는 요청하는 모든 것에 대해 어떤 설명을 요구하지도 않고 다 충족시켜주는 정부의 준비성에 놀랐습니다. 적어도 제가 말씀드릴 수 있는 것은, 만약 저의 승리가 저의 바람과 기대에 미치지 못하더라도 잘못은 대통령님께 있는 것이 아닙니다."[14]

이런 서신교환은 링컨과 그랜트의 전임 사령관들 사이에서는 상상할 수 없는 일이었다. 대통령과 그의 장군이 완벽한 신뢰, 상호존중, 그리고 확신을 공유하는 관계를 세운 것이다.

일주일이 채 안 돼서, 황야의 전투battle of the Wilderness*에서 입은 깜짝 놀랄 만한 손실에 대한 보고들이 워싱턴으로 쏟아져 들어왔다. 포토맥군이 그렇게 피를 흘린 후에는 철수하는 것이 그동안의 패턴이었다. 전투가

---

* 1864년 5월 5일부터 7일까지 치러진 전투로, 이는 1864년 버지니아 오버랜드 전역에서 로버트 E. 리 장군과 북버지니아 연합군에 대한 그랜트의 최초의 전투였다. 전투는 버지니아주 로커스트 그로브 근처의 숲 지역에서 발생했으며, 프레더릭스버그에서 서쪽으로 약 20마일(32km) 떨어진 곳이었다. 양측 도합 2만 9천 명가량의 사상자가 발생한 치열한 전투였으며, 그랜트가 리의 군대에 대해 벌이는 소모전의 전조였다.

끝났을 때 그랜트는 대통령에게 그의 첫 문장을 보냈다. "되돌아가지 않을 것입니다." 이틀 후 그랜트는 그의 손실이 무거워 2만 명의 사상자가 발생했지만, '적의 손실은 분명히 더 클 것'이라고 보고했다. 그리고 나서는 하나의 문장으로 과거의 패턴이 깨졌음을 보여주었다. "만약 온 여름 내내가 걸리더라도 이 선에서 싸워 이겨내겠습니다." 대통령은 기쁜 나머지 외쳤다. "그랜트의 위대한 점은 … 완벽하게 냉정하며 목적을 견고히 유지하는 것이다. … 그는 불독의 깡다구를 가지고 있다!"[15] 스파실베이니아Spotsylvania, 노스 안나North Anna, 그리고 콜드 하버Cold Harbor 등 훨씬 더 어려운 전투가 앞에 놓여 있었기 때문에, 실제로도 그랜트는 그것을 필요로 했다.

대통령 선거가 몇 달 앞으로 다가왔을 때, 몇몇 신문에서는 그랜트가 이번 여름에 전쟁에서 승리할 것이라고 예측했다. 링컨은 전선에서의 좋은 소식이 필요했으나 그때까지는 그런 것이 거의 없었다. 뱅크스의 레드 리버 전역은 루이지애나의 늪지대에서 고전 중이어서 모빌로의 진격이 수개월 지연되고 있었다. 사이겔의 셰넌도어 축선 공격은 시작도 해보기 전에 더 작은 남부연합군 부대에 의해 패주했다. 벤 버틀러는 P. G. T. 보러가드Beauregard가 제임스의 부대를 공격하여 그와 이름이 같은 제임스강으로 밀어붙여 포위할 때까지 마지못해하면서 리치먼드를 향해 이동했다. 그랜트는 버틀러의 부대는 이제 '마치 코르크 마개로 강하게 막아 놓은 병 안에 들어 있는 것처럼' 쓸모없어졌다고 말했다. 유독 셔먼만은 비교적 잘 전진했으나 6월 말 케네소산Kennesaw Mountain에서 패했고 아직 애틀랜타의 20마일 바깥에 있는 상태였다. 다른 나머지 모든 곳보다 더욱 중요했던 것은 버지니아 전역이었다. 그랜트와 미드는 계속 남쪽으로 기동했고 마침내 미끄러지듯이 리 부대를 지난 후 제임스강을 건너서, 리치먼드 남쪽으로 20마일 떨어진 중요한 철로 교차점인 피터스버그Petersburg로 향했다. 하지만 포토맥군으로부터 후송되어온 사상자들이 워싱턴의 육군병원에 넘치고 있어서 북부의 사기에 심대한 영향을 주고 있었다. 그러던 중 6월 말에 리는 유발 얼리Jubal Early를 셰넌도어 계곡으로 투입했다. 얼리는 1862년 스톤월 잭슨의 전역에 비교되는 전역을 수행하여, 린치버그Lynchburg 인근에서 연방군 부대를 타격하여 밀어제치고, 하퍼스페리를 확보한 뒤, 메릴랜드로 들어와 워싱턴을 향해 진격했다. 7월 중순이 되자 북부의 민주당 계열 언론사들은 그랜트의 협조된 공격작전이 실패했다고 전하면서 이제 연합정부와 협상할 시간이 되었음을 시사하고 있었다.[16]

위기는 정치-군사 관계를 시험한다. 1864년 여름의 상황은 링컨과 그랜트가 '전적으로 군사적이거나 전적으로 정치적이지 않은 결심들을 서로 공유'하도록 강요했다. 루이지애나에서 뱅크스의 실패 이후, 그랜트는 그를 해임하려 했으나 뱅크스는 힘 있는 매세추세츠의 공화당원으로 미하원의장을 역임했고 대통령의 개인적인 친구였다. 할렉은 그랜트에게 만약 그를 해임한다면 정치적 화염이 일어날 것이라고 경고했다. 그랜트는 타협안을 제시했는데, 즉 뱅크스가 루이지애나의 재건을 계획하는 데 사용할 수 있도록 멕시코만 부서Department of the Gulf에 대한 지휘권을 유지하게 하되, 그의 야전부대들은 에드워드 R. S. 캔비 휘하에 배속했다. 링컨은 한결 다행스럽게 여기며 변경안을 승인했고, 캔비는 7월에 모빌 원정작전을 이끌었다.[17]

벤저민 프랭클린 버틀러는 또 다른 문제였다. 과거에 매사추세츠주 의원이었던 뱅크스처럼, 버틀러는 참전 민주당원War Democrat으로서 링컨이 전쟁에 대해 양당의 지지를 얻고자 자원입대자 중에서 소장으로 임용했던 자였다. 버틀러는 평탄하지 않은 그리고 논란이 많은 남북전쟁 경력을 갖고 있었다. 그중 하나가 뉴올리언스에서의 난폭한 행정이었다. 그러나 1863년이 되자 그는 육군의 고위 장성 중 하나가 되었고, 링컨은 버지니아와 노스캐롤라이나 그리고 제임스군*을 지휘하도록 지명했다. 그즈음

---

* 제임스군(The Army of the James)은 남북전쟁 중 연방군의 독립부대로 1864년 4월에 설립되었고, 두 개 군단과 소규모 기병부대로 구성되었다. 처음에 버지니아와 노스캐롤라이나 부대가 합쳐져 1863년 18군단이 되었고, 여기에 남부지역에서 이동한 10군단이

보러가드Beauregard의 열세한 부대가 그를 버뮤다 헌드레드Bermuda Hundred 일대에 '코르크 마개로 막아'놓았다. 그랜트는 피터스버그를 포위한 후에 버틀러를 다른 전구로 보내려고 승인을 요청했으나, 예상되는 정치적인 후과가 뱅크스의 경우와 상당히 유사한 상황이었다. 할렉은 비슷한 타협안을 제시하여 그를 자기 부서를 지휘하도록 놔두는 대신, 다른 장군이 그의 부대를 인수하도록 건의했다. 링컨은 마지못해 명령에 서명했다. 버틀러의 후임자로 지정된 W. F. 스미스에 대한 신뢰를 잃었기 때문인지 아니면, 불편한 기색을 드러내지는 않고 있지만 버틀러를 건드리는 것의 정치적 여파를 우려하는 대통령을 생각해서인지 알 수는 없으나, 그랜트는 그타협안을 다시 살펴보고 시행을 보류했다. 그는 11월의 '대통령 선거가 끝난 후'에 버틀러의 해임을 건의했고, 링컨은 신속히 동의했다.[18]

7월 중순 얼리의 부대가 워싱턴으로 진격하자, 링컨은 수도의 안전이 우려되었지만, 대규모의 적을 격퇴하고 격멸할 기회가 될 수 있음도 동시에 고려하고 있었다. 그랜트가 처한 상황은 2년 전에 매클렐런이 처했던 것과 비슷한 상황이었으나, 그의 반응은 크게 달랐다. 그랜트는 즉각적으로 군단의 일부를 워싱턴으로 보냈고, '만약 대통령께서 타당하다고 생각하신다면', 한 시간 안에 직접 워싱턴으로 가겠다고 보고했다. 링컨은 전선의 부대가 피터스버그에서 진지를 지킬 수 있는 충분한 병력을 가져야 한다고 자신의 의견을 피력했다. 그러나 덧붙여 말했다.

> "나머지 부대를 장군이 직접 데리고 와서 이 근방에서 적을 격퇴하기 위해 애써주시오. 만약 부대가 즉각적으로 이동한다면, 그렇게 할 좋은 기회가 있으리라 생각하오. 이것이 장군의 제안에 대한 내 생각이오만, 명령은 아니오."

합쳐져 1864년 4월 제임스군으로 창설되었으며 주로 전쟁의 막바지 단계에 버지니아주의 제임스강 유역에서 작전을 수행했다.

이 두 사람은 전보를 통해 서로 경쟁하기보다는 함께 생각하고 공조했다. 같은 날, 그랜트는 군단 전체와 다른 한 개 사단에 기병을 포함하여 워싱턴으로 보냈다. 그러면서도 그는 "곰곰히 생각해보니, 내가 이곳을 떠나는 것은 나쁜 영향을 줄 것이다"라며 잔류를 결심했다. 지휘관이 할 수 있는 가장 중요하고 어려운 결심 중의 하나는 자신이 사태에 영향을 미치기 위해서 어디에 위치할 것인가를 결정하는 일이다. 그랜트는 이전에 워싱턴은 자신이 있어야 할 장소가 아니라고 결정했었다. 그리고 이번에도 똑같이 결정했다. 가까운 시일 내에 피터스버그 일대에서 실제 작전을 수행하게 될 터이므로 당시 그의 결정이 옳았다고 본다. 게다가 그가 워싱턴으로 갔다면 버틀러가 현장의 최선임 장군으로서 작전을 책임지게 될 것이었다. 링컨도 동의했다. 하지만 워싱턴 주변에 있는 다양한 사령부들을 통제하기가 만만치 않을 것으로 예상했다. 둘 다 이 결정을 후회하게 될 수도 있었다. 곧 발생한 사건들이 링컨의 예상을 빗나가게 했다. 연방군 부대가 얼리를 수도로부터 멀리 구축했지만, 추격에는 실패했다. 연방군 지휘관들이 2주 동안 서투르게 일처리 하는 동안, 얼리는 메릴랜드로 들어갔다. 스탠턴과 할렉도 그 혼란을 정리하지 못했고 아마도 그랜트의 구상을 적극적으로 망친 듯하다. 그랜트는 서스쿼해나Susquehanna로부터 워싱턴까지의 모든 부서들을 모아 단일의 사령관 휘하에 둘 것을 제안했다. "워싱턴에 있는 누군가가 명령을 내리고 모든 부대를 거기에 배치해야 합니다." 다음 날, 스탠턴은 할렉을 사령관으로 지명했으나 '늙은 수재'할렉는 수도에 있던 동안 전혀 민첩성을 발휘하지 못했다. 실망한 링컨은 그랜트를 방문하여 그에게 자신이 그동안 어렵게 배운 지혜, 즉 장군들을 통제하는 문제에 대한 노하우를 알려주어야겠다고 결심했다.[19]

그러나 그가 도착하기 전인 7월 30일 쌍둥이 재난이 들이닥쳤다. 얼리의 부대가 펜실베이니아를 급습하여 챔버스버그Chambersburg를 불태움으로써 북부를 두려움과 격한 흥분상태에 이르게 했다. 피터스버그에서는 미드의 부대가 남부연합군의 요새 아래에서 대형 지뢰를 폭발시켜 지상에 대형의 폭발구를 만들고 적의 방어에 틈을 형성했다. 그런데 연방군은

244

그 이점을 제대로 활용하여 전과를 확대하는 데 실패하고 오히려 3,500명의 손실을 입었다. 그랜트는 이 사건에 대해 이렇게 말했다. "그것은 전쟁중 내가 목격했던 가장 슬픈 일이었다. 요새를 점령하기에 그렇게 좋은 기회는 본 적이 없었고, 앞으로 다시 갖게 되리라 기대하지 않는다." 이런 재난들이 대통령의 그랜트 사령부 방문에 어두운 그림자를 드리웠지만, 링컨과 그랜트는 하나의 계획에 동의했다. 그랜트는 필 셰리던Phil Sheridan을 워싱턴 인근의 사령부로 보내면서 "적의 바로 남쪽에 배치하여 죽을 때까지 적을 추격하라. 적이 어디로 가든지 우리 병력도 함께 가야 한다"는 지침을 하달했다. 하지만 그 위풍당당한 기병장군은 야전에서 가장 어린 장군이었고, 그로 인해 지휘계통이 여전히 혼란했다. 링컨은 그랜트의 지침에 동의하면서 한 가지 힌트를 주었다. 스탠턴과 할렉이 아마도 방해자가 될 것이라는 예측으로, 워싱턴에는 '죽을 때까지 추격'하는 개념이 없기 때문이었다. 링컨은 그의 사령관에게 어렵게 터득한 지혜를 한 조각 나눠주었다.

"장군이 매일 매시간 감독하고 밀어붙이지 않으면, 그 지침은 시행되지도, 아니 시도조차도 되지 않을 것이오."

링컨의 조언을 들은 후, 그랜트는 두 시간 동안 북쪽을 향해 질주하여 야전에서 그의 장군들을 만났다. 그는 셰리던보다 고참이었던 장군을 다른 곳으로 보내고 셰리던에게 완전한 통제권을 주었다. 이후 셰넌도어 계곡 일대에서 벌어진 셰리던의 전역은 남북전쟁의 역사에서 앤드루 잭슨의 전역에 필적하는 정도가 되었고, 리 장군의 궁극적인 패배에 실질적으로 기여했다.[20]

마찬가지로 중요했던 것은 셰리던이 선거의 결과에 영향을 미칠 수 있는 시기에, 승리에 목말라하던 북부연방에 환영받을 기쁜 소식을 가져왔다는 것이다. 당시 민주당은 '적대행위의 중지를 위한 즉각적인 노력'을 약속하고 있었다. 비록 링컨의 상대였던 매클렐런은 그런 공언을 조금 부

드럽게 표현하려 애썼지만, 그가 당선되면 협상을 통해 해결하라는 엄청
난 압박이 있으리라 여겨졌다. 9월에 셔먼이 애틀랜타를 점령하고, 이어서
10월 중순에 셰리던이 셰넌도어 계곡에서 승리함으로써 링컨의 재선이
확보되었고, 전쟁은 재통합과 노예해방의 정책하에서 계속될 것이 확실해
졌다.

링컨과 그랜트는 남은 전쟁 기간에도 솔직한 협의를 계속해나갔으며
때때로 논쟁하기는 했지만 대부분 서로 동의했고, 남북의 재통합과 노예
해방이라는 정책과 적에 대한 압박을 지속한다는 것에는 언제나 한마음이
었다. 1864년 여름 할렉은 지난해 동일한 시기에 있었던 징병 관련 폭동이
반복될까 우려하여 그랜트에게 피터스버그 포위전에 참여하고 있는 부대
중 일부를 워싱턴으로 보내어 법 집행을 보장해줄 것을 요청했다. 그랜트
는 요청을 거부하면서, 할렉에게 주지사들에게 요청하여 민병대를 동원하
라고 말했다. 덧붙여서, "지금 제임스강으로부터 철수하게 되면 셔먼이 실
패하게 된다"며 반대의사를 분명히 했다. 여느 때와 같이 왕래하는 전보들
을 살펴보던 링컨이 그랜트에게 전문을 보냈다. 할렉의 요청에 대한 그랜
트의 답신을 보았다고 하면서 다음과 같이 말했다.

> "현재 장군이 있는 곳에서 붙잡고 있는 것을 놓고 싶지 않다고
> 표현했던데, 나도 같은 생각이오. 불독처럼 꽉 물고 계시오. 그리
> 고 가능한 최대한 씹고 질식시키시오."[21]

애틀랜타를 확보한 셔먼은 그랜트에게 훗날 '바다로의 진격'이라고
알려진 작전의 승인을 요청했다. 며칠 동안 링컨, 스탠턴, 할렉과 그랜트
모두 그의 대담한 기동전에 대해 유보적인 입장을 취했다. 특히 조지아주
에는 남부연합군 후드 장군의 부대가 아직 온전한 상태였기 때문이다. 마
침내 그랜트는 셔먼의 시도를 허락하기로 결심했다. 링컨도 다소 미심쩍
기는 했으나 사령관들의 의견에 동의했다. 셔먼은 애틀랜타에서부터 통신
이 끊어진 후 한 달 이상 접촉이 되지 않았다. 그리고 크리스마스 직전에

셔먼은 링컨에게 해군 함정을 통해 메시지를 보냈다. 크리스마스 선물로 조지아주 해안의 서배너Savannah를 확보했음을 알리면서 말이다. 링컨은 셔먼에게 감사를 표하면서 친절하게 답장을 썼다.

> "나는 초조하기는 했지만, 두렵지는 않았소. 그리고 장군이 더 잘 판단했을 것이라고 믿고, '모험하지 않으면 얻지 못한다'는 말을 기억하면서 개입하지 않았던 거요. 이제 과업을 달성했는데, 영광은 모두 장군의 것이오. 왜냐하면 우리 중 그 누구도 묵인하는 것 이상으로 더 나아간 사람이 없기 때문이오."[22]

대통령이 기꺼이 모든 영광을 예하 사령관들에게 돌림으로써 장군들이 위대한 결과를 달성하기 위해 과감히 뛰어들도록 하는 데 큰 영향을 미쳤다.

링컨의 두 번째 임기가 시작되기 하루 전, 피터스버그 주변의 상황은 남부군의 항복을 향하고 있었다. 리는 그랜트에게 정전(停戰)에 관해 논의할 의향이 있는지 물어왔다. 그랜트는 적절하게도 상부의 지침을 문의했고, 스탠턴은 링컨이 직접 초안을 작성한 전보를 즉시 그랜트에게 전달했다.

> "대통령께서 장군께 전하라고 내게 지시하신 내용입니다. 대통령께서는 리 장군 부대의 항복이라든가 아니면 그보다 덜 중요한 순수히 군사적인 문제에 대한 것이 아니라면, 장군이 리 장군과 협의하지 않기를 바라십니다. 대통령께서는 또 장군은 어떤 정치적인 문제에 대해서도 결정하고, 논의하고, 협의하는 위치에 있지 않음을 전하라 하셨습니다. 그러한 문제는 자신이 직접 처리할 사안이며 그것들은 군사협의나 회담의 의제로 올리지 않을 것임을 밝히셨습니다. 다만 장군은 군사적 이점을 극대화하기 위해 계속 적을 압박해야 합니다."[23]

그가 그랜트를 신뢰했던 만큼 링컨은 전쟁의 마지막 날까지 정책에 관한 자신의 권한을 올바르게 유지했다.

3월 20일, 전역의 대단원이 다가오고 있을 때, 그랜트는 대통령에게 마치 군인과 정치가 사이의 서신이 아니라 오랜 친구 사이의 사적인 서신처럼 보이는 전보를 보냈다.

"하루이틀 정도 시티 포인트City Point*를 방문해주실 수 있겠습니까? 각하를 무척이나 뵙고 싶고, 그 외에 나머지도 각하께 좋은 일이 될 것입니다."

링컨은 정말로 기뻐서 답장을 받아적게 하면서 마치 여행을 가는 것처럼 신이 나서 짐을 꾸렸다. 대통령은 마지막 작전이 종료될 때까지 포토맥군과 함께 3주를 머물렀다. 그는 연방군에게 함락되자마자 곧바로 피터스버그와 리치먼드를 각각 방문했고 제퍼슨 데이비스의 의자에 앉아보면서 대단히 만족스러워했다. 그러다 자신이 워싱턴에서 그렇게 먼 곳에 머무르고 있던 것에 약간의 어떤 죄책감을 느끼기 시작했을 때, 스탠턴이 확언하듯이 대통령은 단지 그 시점에 계셔야 할 곳에 계시는 것이라고 주장했다. 리가 자신의 군대를 살리기 위해서 마지막 시도를 시행하자, 셰리던은 이를 차단하면서 '만약 이번의 움직임이 진압되면 리 장군은 항복할 것'이라고 그랜트에게 말했다. 전보의 내용을 끝까지 읽고 난 대통령은 전보를 되돌려보내면서 "그것이 진압되도록 하라"고 지시했다.[24] 이틀 뒤 링컨이 축복하는 가운데 그랜트와 리는 애포매턱스 청사에서 항복문서에 대한 논의를 시작했다.

---

* 남북전쟁 중, 피터스버그 포위전이 벌어졌던 1864년과 1865년에 시티 포인트는 그랜트 장군이 지휘하던 북부연방군 사령부가 위치했던 곳이다. 대규모 군수기지와 병원이 있었고 당시 세계에서 가장 통행량이 많은 항구 중 하나였다.

☆ ☆ ☆

링컨은 자신이 그랜트와 공유하고 있는 계획에 대한 확신을 얻기 위해서 미국 역사상 어떤 대통령보다 더 멀리 그리고 더 빠르게 이동했다. 멕시코 전쟁 기간에 하원의원으로 한 번의 임기만을 경험했던 링컨은 대통령으로 취임할 때까지 다른 선출직 직위는 가져보지 못했다. 그는 정규 교육은 거의 받지 못했고, 군 복무도 채 2개월이 안 되었으며 행정 경험은 전무했다. 자기 스스로도 인정했듯이 그는 '대통령이 되는 것이 무엇인지에 대한 생각이 없었고 군 통수권자가 된다는 것에는 더더욱' 그러했다. 링컨이 직면한 문제는 그의 이전이나 이후의 대통령들이 직면했던 것보다 더 위협적인 도전이었다. 그가 취임하기 전에 나라가 분리되어가고 있었고, 그가 당선되었다는 이유로 일부의 주들이 연방에서 떨어져나가고 있었다. 만약 그가 나라를 재통합하는 데 실패했다면 역사가들은 그의 경험과 교육 부족에 비난의 화살을 돌릴 것이 분명했다. 하지만 링컨은 대통령으로 취임하면서 강력한 지성, 학습에 대한 열망, 천부적인 정치 감각, 그리고 의지의 힘 등을 가지고 백악관에 들어왔고, 그런 장점들이 그를 신속히 자라게 하여 통수권자로서 역할을 감당하게 했다.

클라우제비츠는 그의 『전쟁론』 "군사적 천재에 관하여"라는 장(章)에서 전쟁을 "위험, 격렬한 활동, 불확실성, 그리고 우연"이라는 환경적 요소로 구성되어 있다고 묘사했다. 위험은 두려움을 낳고 이를 극복하려면 용기가 필요하다. 격렬한 활동은 병사들과 장비 그리고 부대를 마모하고 그들을 피곤하게 하고 약화시킨다. 또한, 전쟁은 불확실한 영역에 있다. 전쟁에서 어떤 활동의 근거가 되는 고려 요소의 4분의 3은 정도의 차이는 있지만 불확실성의 안개에 싸여 있다. 게다가 전쟁은 우연의 영역에 있다. 다른 어떤 인간의 활동도 이보다 더 큰 영역을 우연에 주지 못한다. 다른 어떤 것도 이 불청객을 그렇게 끊임없이 그리고 다양하게 다룰 수 없다. 그러한 혼란스러운 환경에서 군사 지휘관에 대한 압박은 어마어마하다. 지휘에 필요한 지적 그리고 도덕적 자질은 다른 전문직에서 요구하는 것과 다르다.

"만약 정신이 보이지 않은 것과의 끊임없는 싸움으로부터 손상
되지 않고 나타나려면, 두 가지 자질이 꼭 필요하다. 첫째는 지성
이다. 그것은 가장 어두운 시간에도 우리를 진리로 이끌어주는
어떤 반짝거리는 내부의 빛이다. 둘째로는 그 희미한 빛이 어디
로 이끌든지 그것을 따라가는 용기다."[25]

클라우제비츠는 이 정신은 '뛰어난 것이라기보다는 강인한 것'이어야
한다고 말했다. 그렇다고 해서 지적인 능력을 경시하는 것은 아니다. 군사
지휘관의 정신을 폭격하는 당황스러운 다수의 자극 속에서 그것들을 이해
하고 결심하기 위해서는 기억력과 관찰력, 지형에 대한 감각, '구분하고 분
석하고 비판적으로 사고하는 것' 등도 마찬가지로 필수불가결하다. 장군
은 '항상 이성적으로 행동할' 역량을 보유할 필요가 있다. 그러므로 우리는
'강인한 의지는 가장 강력한 감정, 특히 대규모 병력의 삶과 죽음을 책임지
고 있는 장교를 괴롭히는 의심에 의해서도 불안정해지지 않는 것'이라고
주장한다. 경험과 의지의 힘으로부터 생성된 자신감이 균형잡힌 기질과
결합하여 만들어낸 '정서적 강인함과 안정성'이 반드시 필요하다. 지휘관
은 결단성이 없어서도 또 고집불통이어서도 안 된다. 불굴의 의지와 통찰
력도 필요하다.

"모든 의심스러운 상황에서 (그는 반드시) 자신의 첫 번째 의견을
유지하고, … 명백한 확신에 의해서 강요받기 전까지는 변경을
거부해야 한다."

덧붙여서, 자신이 지휘하는 병력의 숫자에 따라 부담은 증가하므로 지위
가 높을수록 부담을 감당하는 데 요구되는 의지의 힘도 커진다. 역사를 통
해 '어떤 다른 경우보다도 장교의 계급이 올라가면서 에너지가 저하되고
결국 자신의 능력을 넘어서는 직책을 맡게 되는 사례를 통상적으로 더 많
이' 보게 된다. 그뿐만 아니라, 책임감의 가장 높은 수준에서는 정도의 차

이보다는 종류의 차이가 드러난다.

"육군 전체를 지휘하는 총사령관과 그의 바로 예하에서 전구 차
원의 대규모 작전을 지휘하는 고위급 사령관 사이에는 주요한
격차가 존재한다. … 총사령관의 수준에서는 전략과 정책이 병
합된다. 즉, 그는 군인이면서 동시에 정치가다."

요약하자면, 최고사령부는 '창의적인 것보다는 의구심을 갖고 탐구하
는 정신을, 특화되기보다는 포괄적이고 복합적인 접근을, 그리고 열정적
이기보다는 냉철한 이성을' 요구한다.[26] 클라우제비츠는 남북전쟁이 발발
하기 한 세대 전에 이와 같은 기록을 남겼는데, 아마도 율리시스 그랜트의
모습을 보았더라면 더 쉽게 그려낼 수 있었을 것이다.

전쟁 중 처음으로 링컨은 스스로 책임을 지려는 사람을 만났다.

"그랜트는 내가 보유한 첫 번째 장군입니다!
그야말로 장군입니다!"

그 두 사람은 신속히 상호 신뢰를 구축했고 책임을 공유하는 공생관계를
만들어냈다. 그랜트는 링컨의 정치적 수완을 존경했고 정책에 대한 그의
절대적 권위를 결코 의심하지 않았다. 링컨은 그랜트의 충성에 대해 보상
했고, 곧 그가 전략적인 통찰력 면에서 자신을 능가하는 장군을 처음으로
갖게 되었다는 것에 감사해했다. 두 사람은 링컨이 주도하는 정책의 영역
과 그랜트가 지휘하는 전략의 영역 사이에 어떤 인위적인 장벽을 그리려
고 시도하지도 않았다. 링컨이 행한 거의 대부분의 정치적 결심은 전략적
결과를 가졌고, 마찬가지로 그랜트의 전략적 및 작전적인 수단과 그 결과
는 중요한 정치적 결과를 가졌다. 그랜트는 대통령이 아직 파악하지 못하
고 있거나, 두 사람의 말이 반대여서 자신의 건의가 각하되더라도 링컨에
게 과감하게 전략적 조언을 제공했다. 링컨이 모빌에 대한 습격을 지연했

을 때, 또 리의 부대와 리치먼드를 우회하여 노스캐롤라이나로 진격하겠다는 그랜트의 계획을 거부했을 때 그는 민첩하게 복종했다. 오버랜드 전역Overland Campaign*의 사상자가 증가함에 따라, 그랜트가 좀 더 창의적인 전략을 통해 흘리지 않으려고 했던 피와, 북부의 언론들이 그를 '도살자'라고 부르게 만들었던 그 손실에 대해서도, 그는 매클렐런과는 달리 저항하거나 '책임을 내게 물을 수 없다'고 변명하지 않았다. 대신에 그는 "온 여름을 다 쓰게 되더라도 지금 이 선에서 끝까지 싸우겠다"고 말했다. 링컨은 만족해했다. 1864년의 여름은 전쟁이 매우 중요했는데, 왜냐하면 그것이 링컨의 재선에 중요했기 때문이었다. 한 영역에서의 실패는 다른 영역에서의 패배를 의미했다. 링컨의 패배는 곧 당시의 헌법하에서 남북 재통합에 적극적으로 나서지 않았으며 또한 압력에 저항하는 능력이 없음을 반복해서 보여주었던 매클렐런의 대통령 당선을 의미하는 것이었다. 링컨은 그랜트가 군사적인 승리를 달성할 것이라 믿었고 실망하지 않게 되었다. 셔먼의 애틀랜타 확보와 셰리던의 셰넌도어 계곡에서의 승리가 링컨의 재선을 확실하게 했고, 이는 재통합이 성취될 때까지 전쟁이 계속될 것임을 의미했다.

그랜트와 링컨은 서로 상대에게서 배웠다. 링컨은 고위 장성들을 오랫동안 감독한 경험을 토대로, 그랜트가 간격을 뛰어넘어 최고사령부로 부임했을 때 그를 지도했다. 그랜트는 링컨의 신뢰를 얻었고, 대통령을 설득하여 셔먼이 스스로 병참선을 끊고 조지아를 가로질러 진격하는 대담한 전략을 시행하도록 승인하게 했다. 곧 그들의 지속적인 협의는 원숙해져서 책임감의 공유, 상호 존중, 그리고 변함없는 신뢰를 바탕으로 한 개인적

* 오버랜드 전역은 1864년 5월과 6월 중에 버지니아주에서 진행된 일련의 전투로 연방군 총사령관 그랜트 장군이 조지 미드 소장의 포토맥군과 기타 부대를 지휘하여 연합군의 리 장군이 지휘하는 북버지니아군에 맞섰다. 그랜트는 이 전역을 수행하는 과정에서 많은 희생과 여러 번의 전술적 패배를 겪었지만, 리의 군대에 더 많은 손실을 입히고, 단지 8주 만에 연합군을 리치먼드와 피터스버그에서 포위하여 움직이기 어려운 상태로 몰아넣어 전략적으로 승리한 전역으로 평가된다.

인 관계로 발전했다.

　비록 클라우제비츠가 군사지휘관의 이상적 자질에 대해 기술했지만, 정신mind과 성품character에 대한 그의 처방은 전시의 국가 수반에게도 똑같이 잘 적용될 수 있다. 링컨-그랜트 공조는 두 사람 모두 화수분과 같은 정서적 강인함, 도덕적 용기, 그리고 지적인 안정성을 가지고 있었기 때문에 성공했다.

> "지성, 그것은 가장 어두운 시간에도 우리를 진리로 이끌어주는
> 어떤 반짝거리는 내부의 빛이다. 그리고 … 용기는 그 희미한 빛
> 이 어디로 이끌든지 그것을 따라가게 하는 것이다."

　때때로 감당할 수 없는 큰 압박 속에서도 링컨은 '연방은 반드시 회복되어야 하며, 그렇게 될 것'이라는 그의 믿음에서 결코 흔들리지 않았다. 그랜트는 연합군을 패배시킬 수 있고 그렇게 될 것임을 절대 의심하지 않았다. 그러한 확신이 부족한 정치가들은 때로는 전제조건 없이 양보와 협상을 하도록 조언했다. 마찬가지로 그런 장군들 역시 자신과 자기 부대에 대한 신뢰를 상실했다. 링컨-그랜트의 파트너십은 두 사람 모두 엄청난 용기와 결의를 유지하고 있었기 때문에 작동했다. 지속적인 협의negotiations가 이루어지려면 양측의 개인적 성품이 결정적으로 중요하다. 링컨과 그랜트는 미국 역사상 대통령과 최고사령관 사이의 진정한 전략적 공조를 최초로 주조해냈고, 그것을 능가한 사례는 아직 없다.

7
퍼싱 패러독스
The Pershing paradox

1865년 이후 미국은 외국의 위협으로부터 오랫동안 안전을 누렸다. 해군은 다시 감축되었고, 대륙 해안선을 따라 순찰 활동에 집중하고 있었다. 소규모의 보안순찰대로 구성된 육군은 남부지역을 평정하려고 시도했고, 인디언과의 전투를 수행했으며, 또한 파업 대응에 개입하거나 해안선 요새화에 투입되기도 했다. 하지만 재건이 종료되고, 약 10년 정도 후 인디언과의 전쟁이 끝나자, 육군은 이제 임무가 없는 상태가 되었다. 1890년 대는 육군과 해군 모두에게 자체적인 자기성찰의 시간이었다.

해군은 그 도전에 알프레드 마한Alfred T. Mahan 대령의 새로운 사고로 대응했다. 그는 미국이 강대국이 되려면 미국 선박의 항행을 보호하고 세계의 공유재인 일곱 개 대양을 순찰할 수 있는 '상비함대'fleet-in-being, 즉 새롭고 더 강력한 해군이 필요하다고 주장했다. 해군의 건설은 1890년 대에 본격적으로 시작되었고, 새로운 전함battleship 건설을 중심으로 진행되었다. 씨어도어 루스벨트 같은 국제주의자들의internationalists 도움에 힘입어 미국은 제국주의의 주 동력원인 대양함대를 건설했다. 다섯 척의 전함으로 구성된 함대가 미국-스페인 전쟁에서 성공적으로 싸웠다. 이후에 의회는 강력하고 지속적인 해군 건설 계획에 대한 재정지원을 약속했다. 1907년 루스벨트 대통령은 16척의 전함을 가진 '대백색함대'Great White

Fleet에게 세계의 바다를 일주하라는 명령을 하달했고, 이를 통해 미국이 세계적 해군력을 가졌음을 현시하려 했다. 1914년까지 해군은 38척의 전함을 보유할 정도로 성장했는데, 그중 14척은 최신 기술이 적용되었고 직경 12~14인치에 이르는 대구경 화포를 보유한, 드레드노트함의 후속 모델post-Dreadnought이었다.[1]

육군은 갈 길이 멀었다. 미국-스페인 전쟁으로 인해 육군이 현실을 자각하게 되었다. 10만 명을 동원하여 이들을 해외에 전개해야 했는데 이런 일들은 1860년대 멕시코와의 전쟁 이후로 해본 적이 없던 작전이었다. 루스벨트는 육군의 1898년 쿠바 전역은 "군사적 재앙을 맞기에 알맞은 거리에" 있었다고 단언했다. 육군의 단점은 둔중한 고급 사령부, 전략적 기획 능력의 부족, 병력들을 동원·훈련·무장·급식 및 수송하는 데 있어서의 심각한 어려움 등이었다. 육군의 조직과 편성에 관한 중대한 문제점들이 드러났고, 단기적이나마 군사혁신에 대한 대중적 자극이 있었다.[2]

루스벨트 대통령과 육군장관 엘리후 루트Elihu Root는 육군을 정책집행의 효과적인 도구로 만들기 위한 노력에 착수했다. 루스벨트 행정부의 외교정책을 넓은 시각으로 바라보면서, 루트는 "육군을 보유하는 실질적 목적은 전쟁에 대비하는 것이다"라고 말했다. 그는 육군전쟁대학을 설립하고, 1813년으로 거슬러 올라가 관료체제를 계승한 일반참모general staff를 신설했다. 루트는 육군 사령관army's commanding general을 육군참모총장army chief of staff으로 대체하는 법안을 제정하도록 의회를 설득했다. 그리고 1903년의 연례보고서를 통해 일반참모부와 육군참모총장이 정치-군사적 관점에 왜 중요한가를 설명했다.

> 그런 개혁은 "군사력에 대한 민간의 통제를 제공하되, 그 민간의 통제가 최고 계급을 가진 한 명의 군사전문가를 통해 행사되어야 하며, 이를 위해 적절한 규모의 전문적 보좌관들을 그에게 제공하고, … 그의 민간 상급자의 목적과 일반지침을 시행하는 데 자신의 모든 전문적인 기술과 지식을 사용해야 한다".

또한 일반참모부와 육군참모총장이 지난 100년이 넘는 기간 동
안 육군을 괴롭혀온, "문민통제와 군사적 효율성을 조화시키는
문제를" 해결할 것으로 기대한다고 밝혔다.[3]

미국-스페인 전쟁은 미국 외교정책과 군사전략의 장기적 변화를 예
고했다. 국가 외교정책이 명백히 팽창주의적으로, 심지어 제국주의적으로
전환되었다. 미국과 미국의 소유에 대한 위협은 거의 없었고, 예측이 가능
했다. 멕시코 공화국으로부터의 문제는 아직 가능성이 낮았지만, 길고 긴
남부 국경선을 감시하고 경계하는 것은 분명히 육군의 책임이었다. 독일,
영국, 일본이 모두 강력한 해군력을 자랑했고 미국은 이들 세 나라와 좋은
관계를 가지고 있었으며 특히 영국과의 관계는 더 돈독했다. 그럼에도 불
구하고 이들 세 나라는 미국의 해안과 항구에 잠재적 위협임은 분명했다.
그러한 가능성이 낮은 만일의 사태에 대비하는 것은 해군과 육군의 해안
방어 체계였다. 좀 더 가능성이 높은 것은 파나마, 카리브해 또는 미국이
태평양에서 새로 획득한 소유섬들, islands에 대한 위협으로 먼로독트린을
위반하는 것이었다. 이런 위협평가는 대양해군과 준비된 지상군의 필요를
명백히 요구하고 있었다. 루스벨트는 이렇게 말했다.

"우리가 원하든 그렇지 않든, 이후로는 우리도 국제적인 권한만
큼이나 국제적인 의무도 갖고 있음을 명심해야 한다."[4]

육군과 해군 모두 해외에서의 작전을 통제할 일반참모부를 발전시켰
다. 참모들은 수년간의 관료주의적 투쟁을 통해 충분히 합법적이라는 인
정을 받게 되었고, 복잡한 전략기획능력을 숙달했다. 1903년 육군과 해군
은 장차전에 대비한 계획을 수립하기 위해 합동위원회Joint Board를 설치했
다. 이들 참모들은 잠재적 우발사태를 탐색해감에 따라, 정치적인 공백상
태에서 계획을 수립하지 않기 위해 미국의 외교정책 목표에 관한 정보를
갈망하게 되었다. 육군과 해군의 계획관들은 국무부에 지침을 요청하면

서, 아울러 국가정책의 생성과 이행에 관해 자문을 얻을 기회를 달라고 요청했다. 외교관들은 그런 요청에 대해 분노하는 것으로부터 놀라서 침묵하는 정도까지의 좁은 범위로 대응했다. 그들은 군인들이 외교에 관한 국무부의 전통적인 특권을 침범하려는 것으로 느꼈다. 더 깊은 속내로는 외교관들은 군인들과 논의하는 것이 국가정책 수립에 있어서 민간 우위의 원칙을 위협할 수 있으며, 문민통제를 약화시킬 수 있다고 우려했다.[5] 그리하여 국무부의 대응은 이미 국방관련 부서가 예외적인 성장을 하고 있음에도 불구하고, 관료주의적인 자기영역 보호 그 이상이었다.

이러한 갈등은 당시 군인과 외교관의 직업적 특성상 근본적인 철학적 차이를 부각시켰다. 이와 같은 군의 제안은 선례가 없는 것이었고, 아마도 군의 해외 근무 수준이 최근에 성장함에 따라 생겨난 것 같았다. 군인들은 전쟁을 국제관계 속에서의 정상적인 현상의 하나로 보았다. 따라서 앞으로도 전쟁은 피할 수 없는 것이었고 마땅히 그것들을 계획하고 대비해야 했다. 외교관들은 전쟁을 비정상적인 돌연변이 같은 것으로 인식했다. 전쟁이 발발했다는 것은 외교정책이 실패했음을 의미하는 것이었다. 우드로 윌슨 대통령의 무능하지만 말 잘하는 윌리엄 제닝스 브라이언 William Jennings Bryan 국무장관이 1913년 일본과의 위기가 고조되었을 때 국무부의 관점을 이렇게 요약했다.

"육군과 해군 장교들은 우리가 실제로 전쟁에 돌입하기 전까지는 우리가 해야 할 것과 하지 말아야 할 것을 믿고 말할 수 없는 사람들이다."

2년 뒤에 윌슨은 이에서 더 나아갔다. 유럽에서의 전쟁에 대해 중립적 위치를 견지하기 위해서 애를 쓰고 있던 대통령은 합동위원회가 작성한 대독일 작전계획이 언론에 유출되자 놀라서 얼이 빠질 정도였다. 군이 정치의 영역을 침범한 데 화가 나서 윌슨은 합동위원회를 중단시켰고, 그런 계획을 다시 만든다면 완전히 폐지하겠다고 위협했다. 그는 "미국군의 장교는 국가정책의 형성과 아무 관련이 없어야 한다. 그는 그 정책이 무엇이든 그것을 지원하는 사람"이라고 힘주어 말했다.[6]

20세기 초, 미군 장교들 사이에서도 클라우제비츠의 연속성 개념, 즉 '전쟁은 단지 정책의 행위가 아니며, 진정한 정치적 도구로서 또 다른 수단에 의한 정치활동의 연속'이라는 개념이 수용되지 않고 있었다. 1915년 육군의 일반참모부는 정치가의 정책수립과 군이 그것을 이행하는 것 사이에 명확한 선을 그었다. "첫 번째가 떠난 곳에서 다른 것이 그 자리를 차지한다."[7]Where the first leaves off the other takes hold.

☆ ☆ ☆

1914년 제1차 세계대전이 우드로 윌슨의 대통령직을 짓누르기 시작했다. 전임 씨어도어 루스벨트 대통령을 따랐던 저명한 공화주의자들, 헨리 캐벗 랏지Henry Cabot Lodge 상원의원과 레너드 우드Leonard Wood 장군 등이 군사적인 준비를 선동하고 행정부가 전쟁을 준비하는 데 소홀하다며 비난하기 시작했다. 윌슨은 적정한 군비증원은 했으나, 1915년 그의 연두교서에서 '우리와 관련이 없는 전쟁으로 인해 균형을 잃으면' 안 된다고 강조했다. 윌슨은 어떤 군사행동이든지 반대만 하지는 않았다. 두 번의 재임 동안 그는 쿠바, 니카라과, 온두라스, 파나마, 아이티, 도미니카 공화국, 멕시코에 미군을 파병했다. 하지만 그는 유럽에서의 전쟁에 대해서는 적극적으로 중립의 입장을 견지하려 했다. 그가 생각하기에 그 전쟁은 불필요하게 파괴적이었고 승리한다 해도 의미가 없을 것이기 때문이었다.

윌슨은 모든 국가 사이의 평등, 무력에 의한 영토 정복의 금지, '각개 국가의 방호와 통합성을 유지하기 위해 단합된 전체, 즉 국가들의 연합체'에 대한 그의 비전 등 여러 가지 원칙에 따라 평화를 위한 중재자가 되기를 바랐다. 대통령은 전쟁 준비 주창자들과 브라이언 장관을 포함한 반전론자들 사이에서 아슬아슬한 줄타기를 해야 했다. 1915년 독일 잠수함들이 영국의 정기여객선 루시타니아RMS Lusitania를 침몰시켜 128명의 미국인이 사망한 후에도, 윌슨은 조심스럽게 일련의 외교적 문서를 독일에 보내 사전 경고와 민간인에 대한 안전조치 없이 중립적 선박에 대해 공격하는 행위를 경고했고, 그럼으로 인해 미국의 참전을 1년 이상 연기했다. 1916년 대통령 선거전이 한창일 때, 윌슨은 "그는 우리를 전쟁에서 벗어나게 했다"는 슬로건을 내걸었고 재선에 성공했다. 그러던 중 1917년 1월말, 독일이 무제한 잠수함전을 선언했다. 비록 '승리 없는 평화'를 계속 주장해왔으나, 윌슨으로서는 독일과의 외교관계를 단절하고, 4월 2일 의회에 전쟁 선포를 요청하는 것 외에 다른 선택의 여지가 없었다. 최초의 소규모 미군 보병부대가 7월 4일 파리 시내를 지나는 퍼레이드에 참여했다. 이때 한 미군 대령이 재밌는 문구를 만들어냈다. "라파예트* 장군, 우리가 여기 왔습니다!"[8]

윌슨은 높은 수준의 정책적 차원의 업무에 집중했고 하위 수준의 세부사항들은 믿을 만한 하급자들에게 맡겼다. 대통령은 자신의 두 번째 육군장관이었던 뉴튼 D. 베이커Newton D. Baker를 가장 신뢰했는데, 그는 전(前) 클리블랜드 시장으로서 평화주의자이자 반군국주의자였다. 윌슨이 장관직을 제안했을 때 베이커는 대통령을 찾아가서 사양의 뜻을 밝혔다.

"내가 보아서는 완벽하게 적절한 이유를 들어 대통령께 말씀드렸는데 내 설명이 끝나자, 그때까지 큰 인내심으로 귀 기울여 듣고 있던 그분께서 물으시더군요. '선서하고 임명될 준비가 되었

---

* 마리조제프폴로슈이브질베르 뒤 모티에 드 라파예트 후작(Marie-Joseph-Paul-Roch-Yves-Gilbert du Motier, Marquis de La Fayette, 1757. 9. 6 ~ 1834. 5. 20)은 프랑스의 사상가이자 장교로서 남부 프랑스 오베르뉴 레지옹의 오트루아르주의 샤바니악 코뮌 출신 귀족이다. 미국 독립전쟁에 참가한 장군으로, 미국 독립전쟁에서 조지 워싱턴 휘하에서 대륙군을 지휘한 주요 장군이었다. 브랜디와인 전투에서 부상당한 와중에도 성공적으로 부대를 철수시켰다. 로도스 아일랜드 전투에서도 탁월히 임무를 수행했다. 그는 생전에 미국 시민권을 수여받았고, 2002년에는 미국 명예 시민권을 받았다. 그가 미국과 프랑스에서 이룩한 성취로서 그는 '두 세계의 영웅(Le héros des deux mondes)'으로 알려져 있다.

나요?'"

베이커는 젠체하지 않는 사람이었고, 유창한 연설가이자 탁월한 행정가였으며 이해가 빠른 사람이었다. 그의 한 동료는 이렇게 그를 떠올렸다.

"베이커는 육군장관실에서 한쪽 다리를 접어서 그의 엉덩이 아래에 놓은 자세로 책상 앞 의자에 앉아 있곤 했어요. 그의 책상 위에는 늘 신선한 팬지가 있었고, 그는 계속해서 파이프 담배를 피웠어요. 베이커는 육체적으로는 작은 사람이었고 그들 둘러싸고 있는 크고 우람한 장군들 사이에 서 있으면 소년처럼 보였어요."

그러나 그는 누군가 선을 넘으면 조용하게 무자비해질 수 있었다.[9]

전쟁을 시작했을 당시 베이커가 직면했던 여러 문제 중 하나는 미 원정군American Expeditionary Force, AEF을 지휘할 사령관을 지명하는 것이었다. 육군에 있던 여섯 명의 고위급 장성 중에, 두 명은 건강이 좋지 않았고 다른 두 명은 전역을 앞두고 있었다. 나머지 두 명은 레너드 우드와 존 J. 퍼싱John J. Pershing이었다. 우드는 전임 참모총장이었고, 육군의 최선임자였다. 그는 몇 년 전에 겪은 뇌 손상으로 인해 건강에 조금 문제가 있었다. 우드는 남달리 인적 네트워크가 잘 형성되어 있었고, 러프 라이더스Rough Riders*의 초대 지휘관으로 미국-스페인 전쟁에 참전했었으며, 당시 씨어도어 루스벨트가 그의 부지휘관이었다. 두 장군 모두 윌슨에게는 좀 성가신 존재였었는데, 1914년부터 전쟁준비를 크게 외쳐왔기 때문이다. 직접적인 명령에 반하여 우드는 1917년 3월 전쟁선포를 요청하는 몇 번의 연설을 했다. 윌슨은 "우드 장군은 신중함이나 상관에 대한 충성심 측면

* '러프 라이더스'는 1898년 미국-스페인 전쟁을 위해 조직된 세 개의 연대 중 하나로, 유일하게 전투에 참전한 미국 제1 자원 기병 연대를 가리키는 별명이다.

에서 도저히 신뢰가 안 가는 사람"이라고 평했다. 베이커도 동일한 평가를 했다. "우드는 충성의 개념이 없었다. … 그는 그 단어의 의미조차도 몰랐다. 육군 전체에서 가장 복종심이 없는 장군이었다." 야망과 카리스마가 있었지만, 우드는 배제되었다.[10]

이제 퍼싱이 남았다. 57세의 웨스트포인트 출신이었던 그는 생도대의 퍼스트 캡틴first captain*이자 동기회장이었고 1886년에 기병장교로 임관했다. 인디언과의 전역에서 흑인부대를 지휘한 적이 있어서 그의 부하 중 인종주의자들이 나중에 그에게 '블랙잭'이라는 별명을 붙였다. 1890년대에 그는 웨스트포인트의 전쟁학과War Department에서 복무했고, 네브라스카대학에서 군사과학 교관으로 근무하면 법학 학사학위를 취득했다. 퍼싱은 필리핀에서 뛰어나게 임무를 수행했고 돌아와 일반참모부에 최초로 보직된 장교 중의 일원이 되었다. 그는 또한 워싱턴 D.C.의 육군전쟁대학 Army War College에서 공부했으며 그 시기에 영향력 있던 와이오밍주 상원의원이자 군사위원회 위원장이었던 프란시스 E. 워런Francis E. Warren 의원의 딸에게 구애하여 결혼에 성공했다.

다음 해에 루스벨트는 아직 대위였던 퍼싱을 862명의 선임장교들을 앞질러 준장으로 임명했다. 워런 의원이 상원에서 그 지명을 주의 깊게 지켜보았다. 퍼싱은 샌프란시스코 요새Presidio of San Francisco를 포함하여 미국과 필리핀에서 지휘관을 역임했다. 1915년 그가 집에서부터 먼 곳에서 근무할 때였는데, 그의 집에 불이 나서 아내와 세 명의 딸이 화마에 변을 당했고 그의 유일한 아들만 살아남았다. 상실감에 상처받은 그는 이후 자신의 직업적 성취에 몰두하여 멕시코에 있는 판초 빌라Pancho Villar를 추격하는 토벌대의 지휘관이 되었다. 그 전역은 혼합된 결과를 가져왔는데, 퍼싱에 대한 평판은 1917년 2월 토벌대가 철수했을 때까지 온전히 남아 있었다.[11]

퍼싱은 곧 프랑스의 전쟁터로 향할 미군 부대를 지휘하기를 간절히

---

* 대표 사관생도, 여단장 생도를 겸임한다.

원했다. 그는 자신이 능력 있고 충성심이 강하다는 것을 증명했다고 생각해서 육군참모총장과 육군장관 뉴턴 베이컨에게 편지를 써서 해외 근무를 자청했다. 그는 우드로 윌슨에게도 편지를 보냈는데, 대통령의 전쟁 관련 연설에 대해 칭송하면서, 자신이 '군인으로서 주둔지와 야전에서 조국과 대통령을 위해 평생을 복무하는 데' 알맞은 최적임자라고 표명했다. 참모총장은 퍼싱에게 편지를 써서 프랑스어를 얼마나 잘하느냐 물었고, 퍼싱은 과장해서 답했다. 1917년 4월 베이커는 퍼싱을 미 원정군 사령관으로 선발했고 윌슨도 동의했다. 5월 초에 퍼싱은 워싱턴으로 불려갔다.

퍼싱이 베이커를 처음 만났을 때 그는 장관이 그에게 무엇을 기대하고 있는지 몹시 알고 싶었다. 베이커는 그들의 관계를 신속히 정리해주었다. 워싱턴에서 부대를 통제하는 것이 불가능하다는 것을 인정하면서, 그는 퍼싱에게 '오직 두 개의 명령, 하나는 프랑스로 가라는 것 그리고 하나는 돌아오라는 것만 하달하며 그동안 프랑스 내에서의 퍼싱의 권한은 최고의supreme 권위를' 갖는다고 말했다.[12] 퍼싱이 유럽으로 출발하기 하루 전, 베이커가 배석하는 가운데 전쟁 기간 중 유일하게 대통령과 만나는 자리를 가졌다. 대통령은 베이커와 마찬가지로 신뢰를 재차 표명했고, 퍼싱의 계획을 간략히 검토했다. 퍼싱 장군은 '미국군은 연합군에서 분리되고 구별된 구성군으로, 그 정체성이 반드시 유지되어야 함'을 명심했다. 퍼싱은 자신의 부대가 독립적인 행동을 위해 준비되어야 할 때가 언제인지를 결정할 것이었으나, 그때까지 그들은 '프랑스 정부에 의해 어떤 부대에 배속되더라도 예하 구성요소로서 협력할' 것이었다. 많은 정치적 그리고 군사적 모호함이 이들 두 지침 사이에 있었지만, 퍼싱은 '이러한 지침이 내포한 정신과 조화되도록 전쟁을 단호하게 수행하는 데' 필요한 결심에 관해 완전한 권한을 갖고 있었다.[13]

어떤 미국의 장성도 이보다 제한 없는 권한을 위임받아 지휘를 시작한 사람은 없었다. 퍼싱은 특명전권 장군이 되어 프랑스로 항해했다. 도착하고 나서 즉시 그는 동맹과 민감한 군사적 이슈, 즉 대부분 정치적인 영향이나 결과를 갖게 되는 문제를 다루었다. 퍼싱의 권한은 최고supreme였다. 훈련이 덜 되어 있고 준비가 덜 되어 있는 보병들이 프랑스로 속속 도착하고, 독일군의 사단들이 서부전선을 따라 더 강하게 밀어붙이자, 퍼싱은 동맹들로부터 미군 부대를 영국군이나 프랑스군 지휘하에 전투에 투입하라는 엄청난 압력을 받게 되었다. 퍼싱은 강하게 저항하면서도 최고위급 수준에서는 연합국 간 정치 스펙트럼의 중간 즈음에 자신을 위치시켰다. 그는 여러 개의 모자를 쓴 장군이었다. 부대를 훈련시키고, 조직을 편성하고, 전투를 지휘하며, 가장 어려운 역할로 국가의 최고 대표자로 연합위원회coalition council에 참석했다. 곧 그는 자신이 미국 역사상 어느 장군보다도 강한 정치적 권한을 위임받아 행사한다는 것을 알게 되었다. 그의 재임 기간은 모호한 유산을 남겼다. 즉, 한편으로는 조화로운 정치-군사 관계를 유지하면서, 다른 한편으로는 미군에 대한 독립적인 군사지휘권을 유지하는 것이었다.

이후 18개월 동안 퍼싱은 넓은 재량권을 행사하여 프랑스 내의 미군이 독일군에 대해 최종승리를 거두는 데 참여할 수 있도록 했다. 베이커와 윌슨의 신뢰를 토대로 그는 자신의 민간 지도자들과 거의 부딪힐 일이 없었다. 대신 퍼싱의 정치적 싸움은 그의 동맹들과의 문제로, '합병'amalgamation이라고 불린 것으로부터 왔다. 즉 미군 부대를 동맹군 사령관 예하에서 복무하도록 허락할 것이냐 아니면 견고하게 미군의 지휘체계하에 둘 것이냐 하는 문제였다. 하지만 전쟁이 끝나가고 있는 때에, 그때까지 정치적 문제를 다루는 데 잘 적응해왔던 퍼싱이 독일의 항복 문제에 관해 복잡하게 연루되어 그의 상관들과 관계에 있어서 곤란한 상황에 빠지게 되었다.

☆ ☆ ☆

프랑스어 구사 능력이 약했음에도 불구하고 퍼싱은 파리에 도착해서 프랑스인들을 매료시켰다. 그는 곧 자신이 합병 문제에 빠지게 되었음을 발견했고, 이것은 그의 재임 기간 내내 지휘를 복잡하게 했다. 순수하게 실용적인 관점에서 보면, 미군 대대들을 프랑스나 영국군 부대의 후견하에 놓아, 전선의 조용한 지역에서 좀 더 경험이 많은 부대들과 함께 전장에 익숙해지도록 하는 것이 합당하게 여겨졌다. 그러나 국가적 관점에서 보면 미국은 세계 무대에 강대국으로서 입장하기 위해서 자국의 부대를 자국 사령관 지휘하에 둘 필요가 있었다. 합병은 그래서 군사적이면서 정치적인 문제가 되었고, 두 가지 상황 다 곤란함이 있었다. 윌슨 대통령과 베이커 장관으로부터 받은 위임에 따라 퍼싱은 군사적인 그리고 정치적인 양 수준에서 연합국 파트너들과 협상할 책임이 있었다.

미국의 참전을 몇 년 동안 기다렸던 동맹국들로서는 미 원정군의 전개가 너무 느려 애가 탈 정도였다. 1917년 4월 당시 육군의 정규군은 133,111명이었고, 국가방위군 18만 5천 명을 별도로 보유하고 있었다. 퍼싱은 191명의 장병들과 함께 프랑스에 도착해서, 즉각적으로 다음 달인 5월까지 백만 명의 병력을 보내달라고 육군부에 요청했다. 하지만 그러한 병력을 징집해서 모으고 편성하여 훈련 및 무장시킨 다음 프랑스로 수송하는 그 일련의 엄청난 과업을 하려면 육군의 참모부가 확대되고 행정력이 발전되어야 했다. 육군부는 전력을 다한다고 했을 때 대략 63만 5천 명을 6월까지 프랑스로 전개시킬 수 있을 것이라고 예상했다. 그러나 1918년 1월까지 미국은 17만 5천 명만을 전구에 전개시켰고, 그들 중 극소수는 아무런 활동도 하지 못했다.[14]

영국군과 프랑스군은 아마 전에도 그랬겠지만, 점점 초조해했다. 1917년 동맹의 여름 공세는 아무런 의미 있는 성과를 내지 못했고 백만 명의 추가적인 사상자만 발생했다. 위험할 정도로 많은 비율의 프랑스군 장병들이 반항하거나 이에 가담하기 직전으로, 더 이상 어떤 공격작전 명령도 거부하고 있었다. 영국군도 이보다 그렇게 낮지는 않은 상태였다. 게다가, 세 개 전선에서 벌어졌던 전쟁이 이제 기본적으로 한 개의 정면으로 옮겨졌다. 이탈리아 전선은 안정화되어서 독일군이 사단을 프랑스 전선으로 전환했다. 마찬가지로 러시아 전선은 볼셰비키 혁명 이후에 붕괴되었고, 독일군은 40여 개의 사단을 서부전선에 재배치함으로써 이곳에서 처음으로 수적 우세를 갖게 되었다. 동맹의 정보에 의하면 독일군이 곧 공세를 시작할 것으로 평가되고 있었다. 동맹이 보기에 유휴화된 미군 병사들은 그들의 방어를 강화하는 데 많은 도움이 될 것으로 보였고 또 지난 3년간 잔인한 참호전을 겪은 자국 용사들의 사기를 고양해줄 수 있을 듯했다.[15]

1917년 12월 영국 수상 데이비드 로이드 조지David Lloyd George는 긴급한 상황이 발생한 동안이라도 '여분의' 미군 중대와 대대들을 보내주면 영국군 전선에 투입했다가 추후 안정을 되찾으면 그들을 미 원정군에 돌려보내겠다고 제안했다. 워싱턴에 이렇게 외교적인 압박을 가하면서, 그는 독일군이 '완전히 훈련된 미군이 전선에 투입되기 전에 동맹군에게 최후의 일격을' 가할 수도 있다고 경고했다. 프랑스도 곧 비슷한 제안을 하려고 준비했다. 대통령과 논의한 후에 베이커 장관은 이 문제를 퍼싱에게 언급했다. 미군을 분리하지 않기를 원하지만, 그것은 "장군 휘하의 병력을 가능한 한 가장 도움이 되는 방식으로 운용하여 당면한 치명적 위기에 대처하는 것에 비하면 부차적인 것"이라고 했다. 그러나 베이커는 퍼싱에게 "장군이 현명하다고 판단하는 방법으로 휘하의 부대를 운용할 완전한 권한이 장군에게 있음을" 다시 한번 강조했다. 결국 상황이 치명적인지를 결정하는 것은 퍼싱의 고유권한이었다. 프랑스와 영국의 정부와 고위 사령부에서는 상황이 급박하다고 믿었으나 퍼싱은 그렇지 않았다. "우리 중대나 대대들을 영국군이나 프랑스군의 사단에 끼워넣어야 하는 위기 상황이 현재 존재한다고 생각하지 마십시오." 그는 베이커에게 전했다. "엄중한 위기가 아니면 그렇게 하지 않을 것입니다." 퍼싱은 미군의 지휘하에서 자신의 부대들을 계속 훈련시키는 동안은 독일군이 치명적인 공격을 하지는 않을 것이라며 위험을 감수하려 하고 있었다. 그는 다가오는 몇 달 동안도 끊임없는 동맹의 압박 가운데서 자신의 입장을 고수했다. 동맹이 윌슨을 지속적으로 압박하자 베이커는 대통령에게 건의했다. "우리는 이런 종류의 문제에 대해 퍼싱 장군에 의존해야 합니다. 그가 현장에 있는 사람이고 거기에서 발생하고 있는 소요를 직접 볼 수 있기 때문입니다."[16]

위싱턴, 런던, 파리의 정부들과 그들의 세 개 동맹사령부 간에 대서양
을 가로질러 연결된 통신선을 통해 으르렁거리면서 오고 간 내용들을 통
해, 동맹국은 만약 영국 측이 대서양을 건너 프랑스로 수송지원을 해준다
면 150개의 미군 대대를 영국군에 지원하는 데 퍼싱이 동의했다는 인상을
받았다. 그러나 퍼싱은 영국군의 수송지원이 가능하겠느냐는 질문에 한발
뒤로 물러섰다. 이즈음 태스커 H. 블리스Tasker H. Bliss 장군이 전쟁최고위
원회Supreme War Council, SWC 미국 측 대표로 회의 참석차 프랑스에 도착
했다.

　그는 상황을 파악했고, 위기가 실재하고 있다는 것을 알게 되었다. 결
국 퍼싱은 여섯 개의 완전편성된 미군 사단을 영국군에 배치하겠다고 제
안했다. 블리스는 전체 여섯 개 사단이라고 해도 90개 대대만 포함되고,
나머지 병력들은 본부, 포병 및 지원부대라고 주장했다. 그러면서 그는 둘
이 각각의 의견을 위싱턴에 보내 결심을 득하자고 제의했다. 퍼싱은 만약
그렇게 하면, "우리 모두 해임될 겁니다. … 그것이 바로 우리가 받아 마땅
한 것입니다"라고 말했다. 두 명의 미군 장군들로부터 공통된 지원을 받은
로이드 조지 수상은 여섯 개 미군 사단의 해상 수송을 지원하고, 이들을
영국군 책임지역에 포함하여 배치하는 것에 동의했다. 게다가 퍼싱은 그
가 적절하다고 여길 때는 언제든 그런 형식을 취소할 수 있는 권한을 유지
했다.[17]

　3월 초 예상했던 독일군의 공세가 영국군의 전선에 40마일 깊이의 큰
구멍을 냈다. 퍼싱은 네 개 사단을 프랑스 전선으로 보내, 프랑스군을 전
선에서 빼내고 이들을 복원시켜서 차례대로 영국군을 도우러 가도록 하
는 데 동의했다. 그 재앙은 동맹군이 지금까지 회피해왔던 것, 즉 최고사
령관을 지명하는 것에 동의하게끔 했다. 1918년 3월 26일, 페르디낭 포쉬
Ferdinand Foch 원수는 '서부전선에 있는 동맹군의 군사작전 협조권한을' 부
여받았다. 그다음 주 블리스와 퍼싱은 전선에서 자기 책임지역을 부여받
은 미국군의 지휘체계를 활성화시키기 위해 공동으로 압력을 행사했다.
그들은 국가별로 '자국의 부대를 전술적으로 운용하는 데 있어 완전한 통

제권을' 가져야 한다고 주장했다. 결국 포쉬의 권한은 '군사작전의 전략적인 방향'으로 한정되었고, 이는 결국 그의 권한은 실제적인 지휘권이라기보다는 하나의 '도의적 권고'임을 의미했다.[18]

3월 27일 영국군은 다시 한번 요구하기를 위기 상황에서는 미군 부대가 프랑스에 도착하자마자 곧바로 동맹군 부대에 제공해달라고 했다. 비록 그때까지 프랑스에 전개해 있는 모든 사단들에 대해 철저한 훈련 프로그램을 적용해왔지만, 퍼싱은 여전히 미군 부대가 완벽한 사단급으로 배치되기를 원했고, 그렇게 할 준비가 충분히 되어 있다고 대답했다. 하지만 블리스는 다시 한번 퍼싱에 동의하지 않았고, 최고전쟁위원회에 소규모 부대를 보내 동맹군 부대를 지원한다는 각서를 제출했고, 향후에는 오로지 미 보병부대와 기관총 부대만 수송할 것을 제의했다. 당시 때마침 프랑스를 방문하고 있던 베이커도 블리스에 동의하여 퍼싱을 억눌렀다. 이에 퍼싱은 동맹군 사령관 포쉬를 찾아가 미군으로서 '역사상 가장 위대한 전투에 참가하게 된다면', 영광일 것이라며 말했다. "보병, 포병, 항공, 우리가 가진 것은 모두 장군님 것입니다. 원하시는 대로 사용하시면 됩니다."[19]

동맹은 계속해서 압력을 가했다. 로이드 조지는 윌슨 대통령을 설득하여 단지 보병과 기관총 부대만 프랑스로 보내도록 했고, 4월부터 7월까지 매달 12만 명씩 총 48만 명을 보내도록 설득했다. 윌슨이 특정한 대대의 숫자와 그들의 전개 일정을 결심하여 제시하지 못했던 데다 로이드 조지의 기만적인 표현 — 윌슨이 그렇게 하기로 약속했었다는 표현 — 으로 인해, 또다시 합병에 관한 논쟁이 일었다. 문제를 더 복잡하게 한 것은, 프랑스군이 영미 간 협상에서 배제되어왔다는 불평이었다. 윌슨과 미국인들은 로이드 조지에 대한 신뢰를 상실했고 대통령과 베이컨은 다시 한번 합병에 관련된 문제는 퍼싱에게 맡기기로 결심했다.

5월 1일 로이드 조지, 프랑스 총리 조르주 클레망소, 이탈리아 수상 비토리오 올란도Vittorio Orlando 등이 참가한 최고전쟁위원회가 애버빌Abbeville에서 열려 계속되는 위기에 대해 논의했다. 영국군은 퍼싱이 48만 명의 보

병을 자신의 전선에 보내주겠다는 동의를 어기고 있다고 생각했다. 프랑
스군은 미군이 지원하는 병력의 절반은 자국의 전선에 증원되어야 한다고
생각했다. 퍼싱은 대서양을 관통하는 통신선 상에서의 혼란을 너무 많이
보아왔던 터라 어떤 구체적인 합의에 도달했었다는 것을 부인했고, 미군
부대는 미군 지휘관과 성조기 아래서 복무하는 것을 인정해야 한다고 고
집했다. 모든 동맹이 퍼싱을 집단적으로 공격하면서 미 육군이 야전에 배
치될 준비도 하기 전에 전쟁이 끝나버릴 수도 있다고 주장했다. 마침내 퍼
싱은 주먹으로 책상을 내리치면서 소리쳤다. 그는 '강압적으로 하게 되지
않을 것'이라면서 쿵쾅거리며 회의장을 나갔다. 다음 날 그가 돌아왔을 때
포쉬는 5, 6, 7월에 각각 12만 명의 보병과 기관총 사수들을 보내달라고
제의했다. 그는 더 나아가 최고전쟁위원회에서 이러한 요구를 퍼싱을 건
너뛰어 윌슨 대통령에게 보내야 한다고 제안했다. 고립된 퍼싱은 그들이
요구하는 부대를 5월과 6월에 프랑스 측과 영국 측에 보내겠다고 동의했
고, 그다음 상황을 평가한 후 7월에 대한 결정을 하겠다고 약속했다. 약간
의 수정만 하면서 동맹은 독립적인 미국 군대를 인정하겠다는 약속을 하
고 동의했지만 누구도 맘 편해지는 않았다. 동맹군이 퍼싱의 고집에 대해
불평할 때, 베이커는 윌슨을 설득하여 자신의 사령관을 지지하도록 했다.
5월 7일 베이커는 블리스에게 타전했다.

> "나는 우리가 처음부터 이러한 문제들을 퍼싱 장군의 분별력에
> 맡겨두기를 주장해왔다는 것에 매우 만족합니다. … (그는) 프랑
> 스에서의 군사적 요구에 대한 그의 판단에 따라 우리가 계속 안
> 내를 받아야만 하는 미군의 현지 총사령관이기 때문입니다."

그러면서도 베이커는 퍼싱에게 자신과 대통령은 현장 지휘관으로서 그의
판단을 전적으로 신뢰하지만, 동맹의 우려에 대해서는 '가능하면 호의적
으로' 접근해 주기를 바란다고 말했다.[20]

동맹국 정부 수반들과 높은 수준의 정치적 협상기술에 완전히 몰두

하게 된 퍼싱은 그가 받은 원래의 애매모호한 명령이 자신의 정치적 입장을 계속 복잡하게 만드는 것임을 알게 되었다. 그러나 그는 독립적인 군대를 가진다는 그의 목표에 고착된 채 남아 있었다.

한 달 뒤 독일군은 여전히 제2차 마르느 전투에서 점령지를 확대해나가고 파리 시민들은 수도에서 빠져나가고 있었다. 프랑스 정부도 마찬가지로 이동을 위해 짐을 꾸리는 중이었다. 몇 마일 밖에 있는 베르사유에서 최고전쟁위원회와 정부의 수반들이 다시 모여서 지난 5월에 다루었던 의제를 재논의했다. 포쉬가 퍼싱에게 동맹군이 로르Loire강 선까지 밀려나는 위험을 기꺼이 감수할 수 있는지를 물었다. 퍼싱은 그렇다고 답했다. 그러자 로이드 조지 수상이 "그렇다면, 우리는 이 사항을 귀하의 대통령께 문의할 것이오"라고 했다. 퍼싱이 반박했다.

"대통령께 문의하시고 난처한 입장을 겪어보십시오. 나는 대통령이 무엇을 할지를 알고 있습니다. 그분은 그것을 다시 내게 돌려보내실 겁니다."

공교롭게도 동맹군은 그 당시에도 독일군의 공세를 무디게 하고 있었고, 미군 병력들은 예상보다도 훨씬 빨리 도착하고 있었다. 6월에만 미군 25만 명이 상륙하여 총 90만 명을 보유하게 되어 이미 1년 전에 예상했던 수치를 넘어섰고, 퍼싱이 요구했던 백만 명에 육박하고 있었으며, 그들의 계획보다 5개월이 빠른 증원이었다. 퍼싱은 포쉬의 요청보다 더 많은 지원을 할 수 있다고 느끼게 되었다. 독일군의 공세가 미군과 프랑스군의 역습을 맞아 좌절된 후인 7월 말, 포쉬는 미 제1야전군U.S. First Army 창설을 명령했다. 합병 논란이 끝난 것이다.[21]

퍼싱은 그의 성취에 대해 자랑스러워했다. 하지만 그가 거둔 주요한 승리는 독일군에 대해서라기보다는 동맹국에 대해서였다. 더구나 동맹국, 특히 정부의 수반들에 대한 그의 태도는 퍼싱의 민간 지도자들이 정치적 영역에 있는 너무 많은 권한을 야전의 사령관에게 위임했음을 보여주었다.[22]

☆ ☆ ☆

독일군의 사상자가 늘어나고 미군이 속속 도착함에 따라 동맹군이 수적인 우위를 점하기 시작했고, 얼마 지나지 않아 전쟁을 승리로 종결지을 수 있는 총반격 작전을 수행하기에 충분할 만큼 우세하게 되었다. 독일군의 공세가 전선에 커다란 돌파구를 형성했는데 동맹군은 7월 중순부터 이를 제거하기 시작했다. 독일군은 막대한 압력하에서 철수했고, 에리히 루덴돌프Erich Ludendorff 원수는 후에 아미엥에서 미군과 맞부닥친 1918년 8월 8일은, '독일군에게 비극의 날'black day이었다고 회상했다. 미군 사령관 지휘하에서 그리고 성조기 깃발 아래서, 미군이 전쟁 승리에 기여한 중요한 공적은 생미엘과 뮤즈-아르곤을 잇는 동맹군 전선의 오른쪽인 아미엥에서 일어났다. 독일군이 퇴각하자 동맹군은 승리를 위한 계획수립을 시작했다.[23]

미국이 전쟁에 돌입했을 때 윌슨은 관련국으로서 참전한 것이지 동맹국으로서 그렇게 한 것이 아니었음을 강조했다. 그의 목적은 평화를 중재할 수 있는 융통성을 유지하는 것이었다. 따라서 그는 퍼싱이 동맹군의 회의에 참석하는 것을 허용하지 않았고, 동맹군과 세부사항을 협조해야 하는 퍼싱으로서는 이것이 그를 가장 어려운 입장에 처하게 하는 지침이었다. 1917년 가을 동맹군이 최고전쟁위원회를 설치하자고 합의하자 그때가 되어서야 윌슨이 마음을 바꾸었다. 윌슨과 베이커는 1918년 1월에 블리스 장군을 미국 대표로 임명하여 프랑스로 보냈다.[24]

같은 달 윌슨은 동맹의 전쟁목적도 그와 같기를 바라는 마음으로 미국의 전쟁목적을 설명하면서 그의 대통령 재임 기간 중 가장 중요한 연설을 했다. 그는 오늘날 14개 조항이라고 알려진 평화 원칙을 발표했다. 앞부분의 다섯 개 조항은 휘몰아치는 열망을 담은 듯하다.

I.   강화 조약은 공개적으로 진행하고 공표해야 …
II. 영해 밖에서 항해의 자유는 절대 보장되어야 …
III. 평화를 유지하기 위해 상호 협력하는 모든 국가들 사이에는 가능한 모든 경제적 장벽을 없애고, …

IV. 각국의 군비는 상호보장 아래 자국의 안보에 필요한 최소
수준으로 감축 …

V. 관련주민의 이해는, 권리를 가진 정부의 정당한 요구와 동
등한 비중을 가져야 … 모든 식민지 요구는 자유롭고 열린
마음과 절대적으로 공정하게 조정 …

이어서 윌슨은 몇 가지 특정한 영토적 목표들을 제시했다. 그 골자는 역사
적인 국경선을 유지하고 가능한 범위의 자기 결정권을 존중한다는 원칙이
었다. 마지막 조항은 범세계적인 국가들의 연합을 주창하는 것이었다.

"강대국과 약소국을 막론하고 정치적 독립과 영토 보전을 상호
보장할 목적으로 특별한 규약 아래에 전체 국가의 연맹체를 결
성해야 한다."

윌슨의 가슴을 뛰게 하는 목적은 모든 민족과 국가를 동등하게 대해야 한
다는 것과 미래의 전쟁 원인을 제거한다는 것 등이었다. 그는 그러한 기초
위에서 미국인들은 '그들의 생명과 명예와 소유한 모든 것을 헌신할 준비
가 되어' 있다고 말했다. 연설은 '승리 없는 평화'를 구체적으로 설명한 것
이었고, 그해 말 독일군이 14개 조항에 기초하여 정전협상을 요청하기 시
작했을 때까지 실질적인 미국의 정책으로 살아 있었다.[25]

　　윌슨은 독일의 요청에 일련의 문서로 답했다. 하지만 독일의 정부가
무너져가고 있었기에 그들이 14개 조항을 받아들인 것을 좋게 평가하면
서도 독일 국민을 대변할 수 있는 정부와 협상하겠다는 뜻을 강조했다. 때
는 미국의 중간선거가 한 달 앞으로 다가왔고, 미국 내 정치권의 반응은
급하고도 부정적이었다. 루스벨트Roosevelt와 랏지Lodge는 무조건 항복과
압도적인 승리를 요구하고 있었다. 상원은 독일의 무장해제와 배상금 지
급을 요청하는 결의안을 통과시켰다. 민주당 상원의원 헨리 애쉬어스트

Henry Ashurst는 윌슨 대통령에게 만약 그가 국민의 뜻을 따르지 않는다면, "대통령께서는 무너지시게 될 겁니다"라며 내밀히 경고했다. 윌슨은 화를 내며 대답했다. "내가 조국을 위해 봉사할 수 있다면, 기꺼이 지하실로 들어가서 여생을 시나 읽으면서 보낼 겁니다." 그런 다음, 많은 혼란을 가져오는 언급을 했는데, 즉 그가 정전협정을 맺으려는 것이 아니라고 한 것이다. '그런 것은 야전의 사령관들이 다루는 범주 안에 있는 것'이라는 윌슨의 말로 유추해보면, 그는 정전협정을 넘어서 그 뒤에 따라오는 평화협상을 말하려 했던 것으로 보인다.

그날 늦게, 복잡한 문제를 한껏 더 복잡하게 하는 일이 일어났는데, 대통령이 그의 가장 가까운 조언자인 에드워드 M. 하우스Edward M. House를 자신의 개인적 대표로서 최고전쟁위원회로 보내 정전협정 논의에 참여시킨 것이다. "나는 자네에게 어떤 지침도 주지 않았네." 그는 하우스에게 말했다. "내가 생각하기에 자네가 무엇을 해야 할지 알 것이기 때문이네."[26]

베이커는 대통령을 충심으로 보좌했다. 10월 21일 열린 백악관 회의에서, 장관은 퍼싱 장군이 정전협정에 대해 협상하도록 허락되었음을 강조하면서, 가혹한 정전조건을 요구하는 그의 군사조언자들을 압도했다. 또한 그는 윌슨을 대신하여 정전협정이 14개 조항의 원칙에 따라 이루어져야 하며, 독일군도 그에 동의할 것으로 보인다는 지침을 기록한 문서를 작성했다. 베이커는 윌슨이 제시한 조건에 따라 전쟁이 조기에 종결되기를 바랐으나, 그의 행동이 문제를 혼란스럽게 만들었다.[27]

퍼싱은 여전히 그 앞에 있는 전선에서의 전투에 깊이 매몰되어 있었다. 뮤즈-아르곤 공세는 그의 책임지역에서 그가 원했던 만큼 잘 진행되지 않고 있었고, 독일군을 철저히 패퇴시키려면 몇 주의 시간이 더 필요한 상황이었다. 그런 연유로 퍼싱은 무조건 항복 쪽으로 기울어 있었다. 10월 25일 퍼싱이 윌슨에게 '관대함이라고는 찾아볼 수 없는' 7항의 제안을 타전했을 때 하우스는 아직 도착하지 못한 상태였다. 즉, 무기를 버리고, 적대행위를 끝내고, 포로를 송환하며, 라인강 너머로 독일군을 철수하고, 모든 U보트와 그 기지를 넘겨주는 것 등이 포함되어 있었다. 이 제안은 '무조건'은 아니었지만, 확실히 가혹했다.[28]

베이커는 윌슨과 논의한 후에 퍼싱에게 답하면서, "대통령께서는 이 문제에 대해 장군의 의견과 조언에 따를 것이며, … 대통령께서 혹시라도 간과하신 것이 있으면 장군이 그 문제를 말씀드리는 것에 대해 절대 부담 갖지 않기를 바라십니다"라고 시작했다. 그런 후에 베이커는 퍼싱이 제시한 일곱 개의 조항 중 다섯 개를 제한하는 협의 간 유의사항caveats을 제시했다. 대통령은 적대행위를 종식시킬 조건을 원했지만, '독일의 군부에 유리하게 작동할 만큼 그렇게' 모멸감을 주는 가혹한 것들은 원하지 않았기 때문이다. 또한 그는 곧 프랑스에 도착하게 될 하우스와 상의하라고 퍼싱에게 당부했다.[29]

퍼싱은 감기에 걸려 침대에서 꼼짝도 못 하고 있어서 하우스가 도착했지만 그와 논의할 수 없었다. 퍼싱은 무조건 항복을 요구하는 문서를 최고전쟁위원회에 보냈고, 사본을 만들어 하우스에게도 전달했는데, 이는 며칠 전 퍼싱이 대통령에게 보고했던 것과 다를 뿐만 아니라, 그가 베이커를 통해 방금 전에 받았던 지침과 대조적인 것이었다. 아마도 그는 '장군의 의견에 따르겠다'고 한 것을 마치 그가 지침을 임의대로 바꿀 수 있는 것으로 이해한 듯했다. 로이드 조지와 클레망소는 문서를 읽고 나서 격노했고, 로이드 조지는 문서의 내용이 '군사적이지 않고 정치적'이라는 평을 했다. 하우스도 비슷한 우려를 했고, 퍼싱이 1920년 대통령 선거를 위해 자신의 입지를 다지려 한다고 생각했다. 또한 퍼싱이 넘지 말아야 할 선을 넘어서, 오직 정부의 수반들이나 하우스 자신처럼 윌슨을 대표하는 사람들만이 다룰 수 있는 정치적인 문제를 건드렸다고 느꼈다.[30]

퍼싱의 입장표명에 대한 소식은 워싱턴을 폭발시켰다. 확고부동한 퍼싱의 지지자였던 베이커가 윌슨에게 고했다. "그는 분명 공식적으로 대통령님과는 이 길로, 최고전쟁위원회에서는 다른 길로 가려 했습니다! 비극적인 일입니다!" 퍼싱은 베이커가 보낸 전보가 그를 '완전히 자유롭게' 다른 문제를 제기할 수 있게 했다고 항의했다. 베이커는 '나쁜 상황이 퍼싱이 보낸 답변으로 훨씬 더 악화되었다'고 강하게 느꼈다. 그는 윌슨이 퍼싱에게 보내는 경고성 서신의 초안을 작성했다. 그러나 대통령은 하우스가 해결해줄 것으로 기대하면서, 그 문제에 대한 논의를 그만두자고 했다. 퍼싱은 곧 일어나서 활동했고, 하우스에게 그와 상의하지 않고 최고전쟁위원회에 자신의 문서를 보냈던 것에 대해 사과했다. 그 두 사람은 문제를 잠재웠다.[31]

전쟁은 그다음 주에 독일군이 포쉬가 제시했던 가혹한 항복조건을 받아들임으로써 끝났다.

☆ ☆ ☆

1917년 미국은 전쟁을 위해 다시 한번 동원을 시행했다. 이번에는 루스벨트와 루트가 예견했던 것처럼 강대국으로서의 의무를 다하기 위해서였다. 육군의 일반참모부는 천 명 이상의 장교들이 편성될 정도로 자라나 있었고, 이들이 전쟁계획, 징집과 자원입대 제도, 훈련 기지, 물자 획득 체계, 그리고 부대 전개 일정 등을 발전시켰다. 또한 그들은 국가의 산업기반을 동원하는 보다 광범위한 계획수립에도 참여했다. 1917년 4월 1일부터 19개월 뒤의 정전협정 체결일까지 육군은 133,111명에서 3,685,458명으로 스물일곱 배 이상 증가했다. 1918년 11월 프랑스에 전개해 있던 미육군은 29개의 전투사단으로 구성된 일곱 개 군단이었다. 이는 동맹군이 세계대전에서 승리하기에 충분한, 그리고 간절히 원했던 전력이었다. 총 130만 명의 미국인이 프랑스 주둔 미군 부대에서 복무하여 서부전선에서 승리에 필요한 우위를 제공했다.[32]

퍼싱은 '부대를 분리하지 말고, 상황이 허락하는 한 동맹군을 도우라'는 애매모호한 지침을 받고 프랑스로 전개했다. 또한 그는 대통령으로부터 그의 '분별력을 사용하라'는 광범위한 위임을 받은 가운데 항해해갔다. 윌슨과 베이커는 그를 지원하겠다고 약속했고, 거의 항상 그렇게 했다. 역설적인 것은, 윌슨이 초기에는 정책과 전략 사이에 벽이 있다는 것을 믿고

있었으면서도, 자신의 전시 권한에서 손을 떼어 거의 폐기하다시피 한 것
이 전쟁의 대부분 동안에 퍼싱을 정책과 전략의 양측 영역에서 최고의 자
리에 놓았다는 것이다.

　퍼싱은 엄청난 압박하에서 부대를 창설하고 훈련하기 위해 애썼다.
특히 전투수행이 가능하도록 부대를 편성하고, 수천 마일의 대양과 수백
마일의 진창을 가로질러 보급지원을 하는 일은 많은 수고와 노력을 요구
했다. 그는 전술적·작전적·전략적 차원에서 지휘했을 뿐만 아니라 동맹
위원회에서 미국의 수석대표로서 영국, 프랑스, 이탈리아의 동료 총사령
관들은 물론, 각국 정부의 수반인 총리들과 협상하는 자리에 자주 나가야
만 했다. 그는 때때로 합병에 순응했지만, 단지 엄청난 압력하에서 최고전
쟁위원회에서의 대난투 이후에나 그렇게 했다. 그는 미군 부대를 분리하
지 않고 성조기 아래에 묶는 데 무게중심을 두었고 마침내 성공했다. 퍼싱
의 성취는 기념비적이었다. 지치지 않고, 긍정적이며, 완고하고 타협할 줄
몰랐던 그는 정말 무(無)로부터 포토맥군 규모의 13배 이상인 130만 명에
달하는 대부대를 만들어냈다. 마지막으로 미군의 승리는 대통령이 원했던
것을 가져다주는 데 도움이 되었다. 즉, 인류의 전쟁을 종식시키겠다는 그
의 비전에 기초하여 새로운 세계질서를 협의한 베르사유 평화회담에서 그
에게 힘 있는 자리를 안겨준 것이다.

　동맹들과의 논쟁만이 퍼싱이 직면한 유일한 충돌은 아니었다. 블리스
가 프랑스로 오게 되었을 때, 파이턴 C. 마치Peyton C. March가 그의 뒤를 이
어 육군참모총장이 되었다. 노력을 통해 만들어진, 유능하며 무뚝뚝한 그
는, 다른 말로 하면 퍼싱과 같은 타입의 사람이었는데, '육군을 마치 개가
고양이의 목을 문 것처럼 꽉 물고 흔들어댔다'. 그는 한때 프랑스에서 퍼싱
장군의 부하로 근무했었지만, 이제 육군참모총장으로서 자신의 특권을 주
장함에 있어서는 조금의 거리낌도 없었다. 마치와 퍼싱은 진급, 부대순환
및 교대 정책, 프랑스에 전개가 요구되는 사단의 수, 그리고 샘 브라우니

275

벨트*를 차고 있는 장교들에 관한 문제, 퍼싱은 좋아했지만 마치는 싫어했던 군복의 장식 등 다양한 문제에서 반복적으로 충돌했다. 그러나 그들 사이의 논쟁의 정점은 누가 더 선임자냐 하는 문제였다. 퍼싱은 그랜트-할렉 모델의 연장선상에서 바라보아 마치를 충성스러운 협력자이자 동료로 생각했다. 마치는 장군 명령 80번을 강조했는데 동 명령에서는 육군참모총장을 육군의 최선임자로 명시하고 있는 루트의 일반참모부 법안의 원칙이 반복적으로 인용되었다. 베이커 장관은 이들 사이의 논쟁을 단지 기술적인technical 문제라고 여겨 개입하려 하지 않았다. 사실 두 장군은 경쟁하기보다는 협력을 더 많이 하는 편이었다. 문제는 전후에 퍼싱이 마치를 이어 육군참모총장이 되어 지체 없이 총장의 연공서열상 우선됨을 단언함으로써 자연스럽게 해결되었다.[33]

퍼싱은 연합국 파트너 역할을 위해서도 군의 사령관직을 수행할 때와 똑같이 최선을 다하는 열정을 견지했다. 프랑스 내에 그보다 상위의 민간인이 없었기 때문에, 그는 전쟁위원회의 미국 대표로서 자기의 역할을 하기 위해 최선을 다했다. 최소한 한 번 이상을 그는 동맹 파트너들, 장군들, 정부 수반들의 연합된 압력에 과감히 맞섰다. 외부의 간섭이 거의 없었고, 때로는 워싱턴으로부터의 지침이 있었지만, 그마저도 아주 적었던 상황에서 퍼싱은 프랑스 전구 내에서 정치적 그리고 군사적 리더로서 자신의 역할에 익숙해지게 되었다. 그의 지위가 최고의 위치가 아니었던 때는 베이커나 하우스가 방문했을 때로 겨우 몇 번 정도였다. 따라서 그의 윗사람들은 정전협정을 정교하게 만들 때가 되었을 때 퍼싱이 자신의 정책적 능력을 발휘하는 것에 대해 놀라워해서는 안 되었다.

대전 중 퍼싱의 지휘는 다음 세대에 나타날 정치-군사 관계의 두 가지 모델을 유산으로 남겨주었다. 그의 제자이자 부하였던 조지 C. 마셜

---

*　샘 브라우니 벨트는 인도 주둔 영국군 사령관이던 사무엘 J. 브라운 장군(1824~1901)이 발명한 가죽 요대로 오른쪽 어깨를 지나는 지지 스트랩이 있다. 군인과 경찰관이 착용했다.

George C. Marshall은 퍼싱이 민간 지도자들과 조화로운 관계를 형성했던 그 본보기를 따라, 윗사람들을 공적으로 충성되게 보좌하고, 사적으로는 주저함 없이 자신의 진심을 다한 조언을 했다. 한편, 미 원정군 예하의 부사단장으로 근무했던 더글라스 맥아더는 다른 교훈을 얻어, 야전의 사령관은 민간 지도자들과 협의하면 안 되고, 그들의 간섭을 참아서도 안 된다는 개념을 갖게 되었다. 1930년대에 맥아더가 육군참모총장이 되었을 때, 육군교범은 정책과 전략을 이렇게 정의했다. "이 둘은 철저히 그리고 근본적으로 다른 것으로 … 전략은 정책이 끝나는 지점에서 시작한다."[34] 히틀러가 독일을 재무장하고 일본이 아시아를 위협하자 문제가 드러났다.

8
루스벨트, 마셜 그리고 홉킨스
Roosevelt, Marshall and Hopkins

1938년 11월 중순이었다. 육군 준장 조지 C. 마셜은 대통령집무실에서 열린 회의에 참석하여 '한쪽 멀리 떨어진' 곳에 자리를 잡고 앉았다. 그는 FDR을 비롯하여 재무, 법무, 육군장관 등 행정부의 고위직들이 포함된 이 모임에서 상대적으로 지위가 낮은 편이었다. 해리 홉킨스도 거기 있었는데, 공공진흥행정국의 국장으로서 보다는 정치적 조언자의 역할을 더 하는 것으로 보였다. 다른 참석자들은 최근에 FDR이 그에게 미국의 항공기 생산공장을 둘러보고 오게 한 사실을 모르고 있었다.

6주 전 영국의 네빌 챔벌레인 수상이 아돌프 히틀러의 수데텔란드 할양 요구에 손을 들어 항복하고 나서는 '우리 시대의 평화를 확보했다'고 선언했다. FDR은 공감했다. 그는 나치의 공군력이 영국과 프랑스를 희망 없는 협상 위치에 처하게 했다고 믿었다. 따라서 FDR은 그의 고위급 조언자들을 모이게 하여, 자신이 주축국의 공격으로부터 남북아메리카를 방어하기 위해 항공기 1만 대를 생산하는, 공중 무적함대air armada 사업계획에 대한 의회의 승인을 요청하기로 결심했다고 말했다. 그는 다만 새로 획득하게 될 항공기 중 많은 수를 영국과 프랑스의 공군에 보내려는 생각은 소리 내서 말하지 않고 삼켰다.

마셜은 대통령이 거의 혼자서만 말하다시피했으며, 아무도 질문하지 않았다고 조용히 기록했다. 육군본부의 처장급 참모장성으로서 마셜은 대통령이 항공기 생산에 따라야 할 추가적인 조종사의 획득과 훈련, 탄약의 확보 등을 위한 계획을 가지고 있지 않다는 것을 알았다. 설명을 마친 후에 FDR은 방 안의 참석자들과 차례로 눈을 마주치면서 반응을 알아보려 했고, 대부분 그의 제안에 중얼거리듯 동의를 표시했으며, 마지막으로 마셜에게 눈길이 닿았다. 그의 트레이드마크인 미소를 띠며 FDR은 마셜의 동의를 요청하듯 울리는 소리로 물었다. "그렇게 생각하지 않소? 조지!" 마셜은 대통령이 친근한 사이인 척하는 게 불편했고, 또 만장일치를 강요하는 것이 오만하게 느껴졌다. 그는 단호하게 그러나 정중하게 대답했다. "죄송합니다. 대통령님, 저는 전혀 동의하지 않습니다." FDR은 어안이 벙벙한 듯했고, 돌연 회의를 중단했다. 참석자들이 밖으로 나왔을 때, 마셜의 동료 중 하나가 그에게 악수를 청하며 행운을 빌었다. 아마도 마셜의 경력이 그날로 끝날 것이라 여긴 듯했다.[1]

6개월 뒤 FDR은 34명의 선임 장성들을 제쳐두고 마셜에게 육군참모총장의 보직을 주었다. 대통령은 마셜의 솔직함으로 인해 공격을 받았음에도 불구하고, 그는 그런 감정을 제쳐두고 자신에게 진실을 말해줄 수 있는 장군을 임명하고자 한 것이다. FDR은 한편으로는 세계 정치적 현상으로서 전쟁이 다가오고 있음을 볼 줄 알았고, 군사적 관점에서 보면 다소 경솔하고 무모한 것이었지만, 전략을 조합하여 만들어내고 획득계획을 고안해내려 했던 듯하다. 한편 이와 다른 입장에 있었던 마셜은 1만 대의 항공기를 만들어내겠다는 대통령의 계획에 파일럿이나 폭탄에 대한 고려가 없다는 약점을 재빨리 알아채기는 했지만 FDR로서는 조용히 전쟁수행을 위한 동원을 하면서도 유권자들이 자신을 계속 지지하도록 할 필요가 있다는 것을 이해하는 데는 아직 미치지 못했다.

진주만 공습이 있기 1년 전에 대통령은 공고한 고립주의를 주장하는 미국의 대중과 해외에서의 점증하는 잠재적 위협 사이를 탐색하며 길을 찾았다. 그는 항상 들어맞은 것은 아니었지만 지금까지의 대통령들 못지않은 자신의 예리한 정치적 본능을 믿으면서, 유권자들을 이끌기도 했고,

279

여론에 따르기도 했다. FDR은 예상할 수 없었던 일련의 전략적 충격을 헤쳐나가도록 세심하게 미국을 이끌었다. 그리고 그러한 충격들은 대중의 태도를 바꾸었고, 국가 전체적으로 전쟁에 대해 심리적으로 준비하게 했다. 사실 FDR 자신은 오래전부터 전쟁을 피할 수 없으리라는 것을 알고 있었다. 마셜은 전쟁이 임박했다는 것에 대해서는 공감하고 있었지만, 전문 직업군인으로서 그는 '여전히 규모가 작고 장비도 덜 갖춘' 미 육군을 싸울 수 있도록 준비시키는 군사적 필요성에 집중했다.

마셜과 그의 동료 총장들은 FDR과 여러 가지 전략적 결심사항에 대해 의견이 달랐는데, 몇 가지 예로 들면 영국군과 소련군에 대한 무기대여 원조Lend-Lease aid, 북아프리카로의 침공 결정, 그리하여 영국해협을 건너서 유럽대륙으로 향하는 공격작전을 연기한 것, 남아시아 및 태평양 전구보다는 유럽 전구에 상대적 우선권을 부여한 것 등이었다. 갈등의 요점은 전문 직업군인들은 항상 좀 더 명확한 정책 및 전략목표를 원했던 반면, FDR은 보다 광범위한 원칙들을 고수하여 선택지를 넓히고, 사태의 흐름에 따라 유연하게 결정해나가고자 했다는 점이었다. 그는 일련의 사건들이 나름의 방향성을 가질 것이라 믿었고 그것이 그의 결심을 이끌 것이라 생각했다.

FDR-마셜 관계는 때로는 긴장되기도 하고 실망스럽기도 했으나, 점차 시간이 지나면서 효과적인 관계가 되었다. 여기에 두 사람 사이를 주선하고 매개한 해리 홉킨스Harry Hobkins의 영향이 컸다. 홉킨스는 군사적 경험이라고는 하나 없는 자유로운 기풍의 뉴딜정책 지지자였다. 지칠 줄 모르는 국내 정책 조언자였던 그는, 스스로 학습하여 전쟁을 이끄는 대통령을 위한 전략적인 책사가 되었다. 마셜과 FDR의 열렬한 지지자였던 홉킨스는 두 사람이 서로를 이해하고 믿도록 유도했다. 하지만 제2차 세계대전의 가장 근본적인 동맹의 전쟁 목표에 대한 정치-군사적 논쟁에서 그들 간 서로 다른 본성이 충돌하고 나서야 그렇게 했다. 결국 FDR, 마셜, 그리고 홉킨스는 미국의 정치-군사 관계의 역학을 다시 협의하여 설정했다.

1930년대 말, 육군과 해군은 다가오는 전쟁에 대한 준비가 안 되어 있었다. 양군은 제한된 자원을 두고 서로 경쟁했고, 종종 전연 반대되는 전략적 관점과 계획을 보유하고 있었다. 그들은 외교정책에 대한 영향력이 거의 없었다. 하지만 전쟁이 끝날 무렵이 되자 모든 것이 달라졌다. 1945년이 되자, 합동참모본부는 대통령에 대해, 국무부의 세계전략에 대해, 그리고 국무부에 배당된 국가자원에 영향력을 미친다는 관점에서 볼 때, 국무부와 그 민간 지도자들의 영역까지 잠식해 들어갔다. FDR은 합동참모본부의 설립에 개인적으로 영향력을 발휘했으나, 합참 입장에서는 실망스럽게도, 결코 공식적으로 명확히 지시한 바는 없었다. 전쟁이 끝난 후 대통령, 마셜, 홉킨스가 만들어온 독특한 정치-군사의 역학관계가 대체로 법과 관습으로 성문화되면서, 미국이 '국가안보 국가'national security state로 세워지게 되었다.

☆ ☆ ☆

대통령으로서 첫 번째 임기 동안 FDR은 국내문제에 집중하여 대공황으로부터 나라를 살려내기 위한 뉴딜정책을 열광적으로 추진했다. FDR의 우선순위는 경제적 위기로 인해 자신감이 크게 흔들린 미국 국민들의 우려를 반영했다. 대부분의 미국인들이 내부지향적으로 돌아서서, 상대적으로 새로운 형태의 국민정서인 고립주의를 받아들였다. 고립주의자들은 정치적 영역의 전 분야에서 나타났다. 그들이 다루는 이슈는 서로 달랐지만, 대외관계에 있어서 몇 가지 공통된 가정을 하고 있었다. 그들은 다른 나라들을 도덕적인 면으로 구분하지 않았다. 미국인들은 유럽을 끝나지 않는 전쟁터로 인식해온 지 오래였고, 대부분이 지난 제1차 세계대전에 미국이 개입한 것이 잘못된 일이었다고 생각했다. 국내의 경제적인 문제도 해결하지 못하면서 해외에서 좋은 일을 할 수 있겠느냐는 생각과, 지금까지 외국의 문제가 미국의 안보를 위협하지 않았다는 의견도 있었다. 고립주의자들은 전혀 소극적이지 않았다. 그들은 정부가 해외 개입을 포기하는 맹세를 하라고 압박했다.

1935년 FDR은 모든 교전국에 대한 무기수출을 강제적으로 금지하는 중립법Neutrality Act에 서명할 수밖에 없었다. 1936년 선거가 다가오자, FDR은 원법(原法)의 연장안에 서명했다. 그해에만 전국 각지의 대학 캠퍼스에서 50만 명으로 추산되는 학생들이 반전시위를 했다. 1937년 2월 실시한 여론조사 결과에 따르면, 95%의 미국인들이 미래의 어떤 전쟁에도 참전하면 안 된다는 데 동의했다. 윌슨의 국제주의는 휴면상태였다.[2]

재선 후 초기에 FDR의 정치 의제는 변화가 거의 없었다. 그러나 독일의 재무장과 일본의 중국 침탈이 경종을 울리자, 그는 육군과 해군의 증강에 몰두하기 시작했다. 1936년에 대통령은 각 군 총장의 권한을 강화하여 일반참모부에 대한 통제와 예하 함대 및 야전부대에 대한 완전한 지휘권을 부여했다. 그는 군사 준비태세를 사열하고 전쟁계획을 면밀히 검토하기 시작했다. FDR은 전쟁에 대한 국민적 반감에 공감했지만, 고립주의자들의 두려움을 자극하지 않으면서 침략을 억제하기 위해 신중하게 행동해야만 했다. 그는 향후 몇 년 동안 자신의 전략적 사고를 이끌어줄 원칙을 하나 세웠다. 그것은 미국이 전쟁에 휩쓸리지 않게 하기 위한 최선의 길은, 국제분쟁에 개입하는 것으로 보이지 않게 하면서 미국의 우방국을 도와주는 것이었다.[3]

1938년 9월 히틀러는 국제체계에 충격을 주었다. 영국 및 프랑스의 수반들과 함께 참가한 뮌헨 회담에서, 나치 독재자는 체코슬로바키아로부터 수데텐 지역의 할양을 요구했다. 당시의 합의는 아무도 만족시키지 못했지만, ― 사실 히틀러조차도 불만스러워했는데, 그는 미합의를 구실로 전쟁을 일으키려고 했다 ― 동맹국의 관점에서는 평화를 사기 위해 지불한 작은 대가로 보였다. FDR은 히틀러가 믿을 수 없고 팽창주의적 전쟁을 원하는 '거친 자'라는 결론을 내렸다. FDR은 방책을 변경하여 중립법을 무효화하고 항공기 생산량을 최대한 증가시키는 방안을 모두 택했다. 항공기는 독일과의 전쟁이 가시화되기 시작하면 영국과 프랑스에 팔게 될 수도 있으리라 기대했다. 한편 뮌헨 회담의 결과가 FDR과 그의 행정부에 충격을 주었음에도, 그는 고립주의적인 미국 유권자들에게 사안을 제대로 설명하는 데 실패했다. 대법원 판사 교체계획court-packing scheme*의 좌절로 정치적으로 약화된 FDR은 11월 선거에서 많은 민주당 동지들을 잃었다. 그리고 의회는 대통령의 제안을 거부했다.[4]

1938년 FDR의 믿음직한 조언자이자 정치적인 해결사로, 공공정책 진흥국의 국장이자 차후 상무부 장관이 될 해리 홉킨스가 그의 관심을 국내로부터 해외정책으로 전환하여 자신의 주군과 보조를 맞추려 노력하기 시작했다. 대통령은 그를 태평양 연안의 항공기 생산공장으로 보내 비밀리에 시찰하고 오게 했다. 시찰을 마치고 돌아온 홉킨스는 육군에 전달하여 육군예산이 크게 오를 것이며, 자신이 총장이나 그의 참모를 만나고 싶다고 했다. 바로 그 직후에 홉킨스가 대통령실 회의에서 FDR에게 '부동의'를 언급한 조지 마셜을 보게 된 것이었다. 어느 현명한 참모장교는 마셜에게 이렇게 조언하기도 했다. "대통령께 가는 입구에 홉킨스 씨가 있습니다." 그리하여 12월 어느 날 마셜이 홉킨스를 방문했고 그날로부터 오랫동안의 생산적인 우정이 시작되었다.[5]

1938년 말, FDR과 군 수뇌부는 전쟁이 가시권 안으로 들어왔다는 데 인식을 같이하게 되었다. 하지만 어떻게 대비해야 하는가에 대해서는 의견이 서로 달랐다. 대통령은 유럽의 민주주의를 '제1의 방어선'으로 보았다. 만약 그들이 파시즘을 격퇴할 수 있다면 미국은 전쟁에 개입할 필요가 없게 된다는 논리였다. 특히 국민적인 고립주의적 태도로 비춰보아도 영국과 프랑스에 물자지원을 하는 것은 말이 되는 얘기였다.

한편 각자 자군의 군비를 책임지고 있던 육군과 해군총장은 대통령

---

*   1937년의 '재판절차 개혁 법안'은 미국 대통령 FDR이 제안한 법안으로, 뉴딜(New Deal) 법률이 헌법에 위반되었다고 판결한 미국 대법원에 더 많은 법관을 추가하여 유리한 판결을 얻기 위한 것이었다. 이 법안의 핵심 내용은 대법원 법관 중 70세 이상인 각 법관마다 최대 여섯 명의 법관을 추가로 대통령이 임명할 수 있는 권한을 부여하는 것이었다. 미국 헌법은 대법원의 규모를 정의하지 않았기 때문에 FDR은 이를 변경할 권한이 의회에 있다고 믿었다. 그러나 이 법안은 정치적으로 논란이 되었으며, 많은 민주당 의원들도 이를 반대했다.

의 의견에 공감하지 않았다. 그들은 서유럽 국가들이 히틀러와 무솔리니에 대항할 수 있으리라 확신할 수 없었다. 만약 그들이 막아내지 못한다면 그들에게 보내는 모든 트럭이나 항공기가 그냥 버려지는 자산이 될 뿐이었다. 게다가 만약 유럽의 동맹국이 패배할 때가 되어서야 미 육군과 해군이 싸울 준비를 해야 하는 것이라면 그야말로 준비가 안 된 상태로 적을 맞게 된다는 주장이었다. 다가올 전쟁에 대비하여 동원한다는 것은 그 나라의 인적·물적 자원을 극한까지 요구하는 것이며, 따라서 미국은 남에게 줄 만큼 여유 있게 남아도는 것이 아니라는 게 총장들의 주장이었다.

총장들은 그냥 단순하게 부정적 의견을 표출한 것이 아니라, 실제로 과학적 분석을 했다. 제1차 세계대전이 끝난 후 각 군의 전쟁계획부서와 합동위원회는 동부 또는 서부의 잠재적 위협에 의한 발생할 수 있는 일련의 우발사태 대비계획을 발전시켜왔다. 그중 하나의 예지적인 계획은 두 개의 전선, 두 개의 대양에서 벌어지는 전쟁을 가정하기도 했다. 그런 시나리오에서 계획관들은 미국이 초기에는 동쪽 전구에서 방어하다가 대서양 전쟁에서 승리한 이후 태평양으로 이동하여 전쟁하는 방책에 동의했다. 수년간의 준비와 수정을 거쳐 이 계획들은 가상의 적을 격퇴하는 데 필요한 인력, 물자, 군수지원 및 함대와 야전부대의 수 등 다양한 범주를 복합적으로 고려했고, 아울러 여러 단계의 지휘계층을 망라하여 세부적인 수준으로 작성되었다.[6] 육군과 해군에서 그런 계획수립에 요구되는 '지속적인 생각하기 그리고 다시 생각하기'the continuous thinking and rethinking는 직업군인의 전문성 면에서 정점에 해당되는 전략적 기획 능력을 갈고닦게 해주었다.

뮌헨 위기는 20년도 더 지난 가정을 바탕으로 만들었던 계획이 더 이상 현실과 맞지 않음을 일깨워 계획관들이 시나리오를 수정하게 했다. 영국은 위협이 아니었고, 독일과 이탈리아가 위협이 되었다. 그리고 독일, 이탈리아, 일본으로 이루어진 다국적 위협은 실로 막대한 것이었다. 더구나 미국은 단독으로든 아니면 영국, 프랑스 그리고 다른 나라들과 함께든, 급격하게 변화하는 상황에 처한 주둔국을 마주하게 될 가능성도 있었다.[7]

1939년 9월 1일 독일이 폴란드를 침공했다. 6개월 전 히틀러가 뮌헨 협정을 깨고 체코슬로바키아로 진군했을 때, 영국과 프랑스는 폴란드를 방어하기로 약속했었다. 그들은 8월에 독일과 소련이 불가침조약을 맺었 다는 발표를 듣고 그야말로 경악했다. 이제 더 이상 물러날 곳이 없었다. 양국은 나치 독일을 향해 선전포고를 했고 유럽에서의 제2차 세계대전이 시작되었다. 중립법에 의해 속박되어 있던 FDR은 모든 교전 당사국에 대 한 미국의 원조를 끊었다. 이때 그는 국민들에게 전쟁이 그들에게도 영향 을 미치게 될 것이 분명함을 설명했다. "어느 곳에서든 평화가 일단 깨지 고 나면, 어디에 있는 나라든 모든 나라는 위험에 처하게 됩니다." FDR은 중립을 표방하면서 동시에 제한적인 국가비상사태를 선포했지만, 우드로 윌슨과는 달리 미국인들에게 "생각 속에서도 중립을 유지하라"고 요청할 수 없었다. 폴란드는 1939년 10월 6일 함락되었다.[8]

뮌헨 회담이 열린 지 1년 정도가 지났을 무렵에 발생한 이 두 번째의 국제적 충격이 휴면상태였던 미국인들을 깨우기 시작했다. 여전히 중립을 유지하기를 희망했지만, 체코와 폴란드에 대한 침공과 독일-소련 간 불가 침협정은 미국의 안보에 대한 국민의 불안감, 침략받은 국민에 대한 동정 심 그리고 프랑스 및 영국 옹호자들을 각성하게 했다.[9]

☆ ☆ ☆

독일이 폴란드를 침공하던 날 FDR은 해롤드 K. '베티' 스타크Harold K. 'Betty' Stark 제독을 해군참모총장으로, 조지 C. 마셜을 육군참모총장으 로 지명했다. 마셜의 발탁은 그야말로 파격이었다. 그는 상대적으로 젊었 던 데다 1년 전 대통령 집무실 회의 때 FDR의 의견에 대해 반대했던 것 으로 유명했기 때문이었다. 마셜은 그 자리를 원했었지만, 그것을 위해 활 동하는 것처럼 보이는 행동은 일절 하지 않으려 주의했다. 반면 휴이 드럼 Hugh Drum 대장 같은 이는 이와 달랐는데, 한번은 FDR이 한탄스럽게 말 했다. "드럼, 드럼, 드럼, 나는 이제 그가 자기 드럼을 그만 좀 쳐댔으면 좋겠네." 대조적으로 마셜에 대해서는 홉킨스가 개인적으로 대통령에게 노래 부르다시피 칭찬했고, 마셜도 자신의 임명에 있어서 홉킨스의 지지가 큰 역할을 했다고 믿었다. 1939년 4월 대통령이 마셜을 비밀리에 백악관에 불러 그의 선발에 대해 알려주었다. 마셜은 그 자리에서도 역시 그답게 FDR에게 말했다. "저는 제 생각을 정직하게 말씀드리고 싶습니다. 때로는 그것이 마음에 들지 않으실 겁니다." 대통령은 수긍했다. 마셜은 자신의 통수권자가 그렇게 쉽게 털어버리듯 하는 것을 허락하지 않았다. "대통령님께서 지금은 기꺼이 알았다고 하시지만, 분명히 그것은 불쾌하실 겁니다."[10]You said yes pleasantly, but it may be unpleasant. 이 한 문장으로 마셜은 향후 그들의 관계를 요약했다.

몇 개월 전에 FDR은 합동위원회와 육군-해군 탄약위원회를 신설한 대통령실Executive Office of the President에서 직접 통제하도록 했다. 이러한 조치는 각 군 총장의 권한을 크게 확대했고, 동시에 군에 대한 지휘권을 대통령 자신에게 집중시켰다. 육군참모총장과 해군참모총장은 이제 대통령에게 직접 보고할 수 있게 되었고, 대통령은 그들을 자신의 직접적인 군사 조언자로 갖게 되었다. 게다가 FDR은 외교정책과 군사전략을 연결하는 '유일한 협조점'sole coordinating link이 되었다. 이제 대통령 스스로 실질적인 국무부 장관, 육군부 장관, 해군부 장관이 된 것이었다. 그리고 그 직책의 현직자들은 역할이 축소되었다. 얼마 지나지 않아 그들은 중요한 전략문서의 배부처 목록에서 사라지게 되었다. 한편 해리스 홉킨스는, 어느 역사학자가 기술했듯이 조용히 보이지 않는 합동참모위원, 실질적인 연합참모의장'Combined Chiefs of Staff이 되었다.[11]

부서 간의 업무 경계가 이처럼 깔끔하지 않고 흐릿한 상태가 FDR에게는 완벽하게 잘 맞았다. 그의 방식은 혼란스러워 보였지만 그것이 그만의 독특한 점이었다. 그는 스스로를 몇 개의 공도 떨어뜨리지 않고 공중에서 계속 돌릴 수 있는 '저글러'라고 생각했다. "나는 절대로 내 왼손이 하는 일을 오른손이 모르게 할 것이다." 그는 입을 다물고 말하지 않을 수도 있었고, 뜬금없는 식언을 할 수도 있었다. "나는 유럽을 위한 정책을 하나 가지면서 남북아메리카를 위해서 정반대의 정책을 가질 수도 있다. 나는 전쟁에서 승리하는 데 도움이 된다면, 전적으로 일관성이 없거나 이에 더해 완벽하게 오도(誤導)하거나 진실을 말하지 않을 수도 있다."

　　그는 공적인 관계도 조직적인 관계가 아니라 개인적인 관계이기를 희망했다. 그는 군 수뇌부당시에는 각 군의 참모총장들와 정기적인 회의를 하는 것은 반대했고, 대신 소요가 갑자기 생겼을 때나 그가 원할 때, 함께 또는 개인적으로 종종 만나기를 희망했다. 총장들은 지속적으로 대통령에게 공식문서를 내려달라고 요청했지만, 그때마다 그는 계속해서 거부했다. 그는 또 총장들에게 정치와 군사 문제 모두에 대한 솔직한 조언을 요구하고 받았다. 그리고 그 역시 정치와 군사 영역 모두에 대해서 총장들을 압도하는 데 거리낌이 없었다. 그는 조직도와 경직된 수직적 지휘계통을 싫어했으며, 중첩되는 책임을 다루기 위한 부서를 만드는 데 골몰했고, 자신의 부하들이 서로 불화하게 만들었다. 게다가 FDR은 자신과의 토의 내용을 문서로 기록하는 것을 금지했다. 한 번은 마셜이 '큰 노트를 지닌' 참모장교와 함께 대통령 집무실에 들어갔는데 '대통령이 화가 나서 폭발했다'. 그들은 다음 회의 때 다시 한번 시도했으나 이번에는 노트가 '너무 작아서 쓸 수가 없었다'. 마셜은 기록하는 것을 포기해야 했다.

　　각 군 총장들을 자신의 핵심집단inner circle으로 데리고 온 것은 FDR의 일하는 방식과 일치했다. 장성들이 대통령과 각 군의 장관들에게 보고하게 함으로써 혼동이 불가피했다. 하지만 FDR은 이를 요령 있게 다루었다. 뉴딜의 입안자로서 지난 6년 동안을 도저히 이해할 수 없는 관공서들의 약어까지도 다 익혔던 터라 그는 각 부서의 능력과 제한사항을 철저히 파악하고 있었다. 한편 FDR은 '~이거나/또는' 형태의 둘 중 하나를 결정하게 될 때 흠칫하여 뒤로 물러섰다. 그가 오랜 정치경력에서 배운 것은 자신의 선택지를 가능한 한 오랫동안 열어두는 것이었다. 그는 때가 되기를 기다렸다가 오직 절대적으로 요구될 때 결심하기를 원했다. 실제로 그는 결심하지 않는 것도 결심의 하나라고 알고 있었다. 게다가 만약 그의 부하들이 서로 논쟁하고 있으면 그들은 항상 그의 결심을 얻기 위해 그에게 호소해야 했으며, 이를 위해 일정한 범위의 선택안들을 가져와야 했고, 그는 그중에서 자유롭게 선택하거나, 또는 하지 않거나 했다. FDR은 계획 수립이라는 처방전the prescription of planning보다는 자신의 선택지를 열거나 닫을 수 있는 '사건의 논리'logic of events를 더 중시했다.[12]

따라서 대통령은 각 군의 우발계획을 미래에 대한 신중한 분산 대비 hedge가 아니라, 그를 가두는 제도적인 도박institutional gambit이라고 보았다. 그는 군사 계획관들이 갈망하는 명확한 정책지침 같은 것을 하달하려고 하지 않았다. 그는 전략적 계획을 승인하지 않으려 했고, 그런 계획의 가정이나 전제로 인해 구속받지 않으려 했으며, 다만 나머지는 무시하더라도 그가 좋아하는 부분에 대해서는 기꺼이 자물쇠를 걸려고 했다. 그는 또한 어떤 경우에는 생각하는 바를 바로 말하는 걱정스러운 습관을 가지고 있었다. 마셜은 이에 대해 이렇게 회상했다. "대통령은 새로운 작전을 툭 내던지는tossing out 습관을 갖고 있었다. 나는 그것을 '담배 라이터cigarett lighter 제스처'*라고 불렀다." 군 수뇌부는 종종 대통령이 무관심하다고 생각했다. 그의 결정하지 않는 태도는 그들을 당황하게 했고 전쟁 준비를 더 복잡하게 만들었다. 하지만 FDR은 그들의 어려움으로 인해 영향을 받지 않으려 했다. 자신의 선택지를 열어둔 상태로 유지하는 것은, 대통령으로서 세계를 이끌어가는 자신의 리더십에 대한 도전을 조금이나마 더 쉽게 만드는 것이고 그래서 중요한 것이었다.[13]

해군부에서 차관보를 역임했던 FDR은 육군보다는 해군에 더 친밀감을 갖고 있었고 또 관심도 더 많았다. 그래서인지 해군에 관한 업무, 장교들의 진급, 함정을 지휘하고 한 전구에서 다른 전구로 이동시키는 문제 등을 자신의 뜻대로 하고자 간섭하는 일도 있었다. 육군에 대해서는 비교적 흥미도 관심도 적은 편이어서 마셜은 그의 해군 동료보다는 훨씬 더 손이 자유로운 편이었다. 반면에 해군은 당연한 듯 받았던 자원도 육군은 그

---

* 주먹을 쥔 상태에서 엄지손가락만을 치켜세우는 몸짓으로 상대방에게 "최고 또는 잘했다"라는 의미를 전달함.

것을 받기 위해 지속적으로 싸워야만 했다. 거의 기록에 남아 있지 않지만, 마셜이 FDR에게 행했던 경솔한 시도가 하나 있었는데, 그가 대통령에게 해군을 '우리'라고, 육군을 '그들'이라고 지칭하는 것을 멈춰달라고 건의했던 일이었다.[14]

FDR은 당대에 아니 어쩌면 모든 세대를 통틀어 가장 천부적인 재능을 타고난 미국 정치가 중 한 사람이었다. 게다가 고통스러운 세계 대공황의 시기에 수년간 대통령직을 역임한 그 경험이 그의 사고의 범위를 세계적으로 넓혔고, 세계 정치지도자로서 자신의 역할에 대해 편안함을 느끼게 해주었다. 전쟁을 준비해나가면서 FDR은 자신의 책임이 상충한다는 것을 알게 되었다. 전쟁을 억제하면서도 동맹국들이 전쟁을 잘 수행할 수 있도록 지원해야 했고, 전쟁에 대비하여 자국군을 준비시키고, 국민들이 전쟁의 가능성에 대비해 준비되도록 만들어야 했다. 더구나 그는 자신의 임기가 1941년 1월에 종료된다는 것을 인식한 가운데 이러한 목표들을 적시 적절하게 관리해야 했다. 따라서 다른 부담도 부담이었지만, FDR이 결심해야 할 일은 조지 워싱턴에 의해 관행적으로 세워진 선례를 깨면서 세 번째 임기에 도전할 것이냐 하는 문제였다. 마셜과 그의 해군 동료들이 직면했던 어려움은 미국 역사상 있었던 어떤 군사적 상황보다도 복잡한 것이었지만, FDR이 짊어진 책임의 범위와 비교하면 상대적으로 수월한 편이었다.

홉킨스의 도움에 힘입어 마셜은 FDR을 대하는 법을 천천히 배워나갔다. 그의 첫 번째 그리고 아마도 잘못된 원칙은 대통령과 사회적 거리를 유지한다는 것이었다. 마셜은 다른 많은 대통령의 측근들이 하듯이 칵테일 아워저녁식사 전 또는 오후 4시~6시 무렵에 백악관을 '들러본' 적이 전혀 없었다. 그는 대통령의 개인휴양지였던 하이드 파크나 웜 스프링스Warm Springs로의 초청도 사양했다. FDR의 가장 유명한 무기유머를 무뚝뚝하게 피하면서, 그는 대통령의 농담에 대해 의도적으로 웃기를 거부했다. 이렇게 거리를 둠으로써 그는 재담가 FDR의 매력으로부터 자신을 보호하고자 했고, 그래야만 다른 많은 사람들이 실패했던 일, 즉 대통령을 자신이

원하는 주제에 묶어두는 것에 성공할 수 있다고 생각했다. 그는 대통령과
의 관계를 엄격하게 전문직업적 수준에서 유지했다. 그는 전날 밤의 유쾌
한 만찬 가운데 했던 약속을 철회해야만 하는 아침을 한 번도 맞지 않았
다. 그와 같은 엄격함에도 불구하고, 마셜은 다른 사람이 없는 데서 충성
심과 절대적인 솔직함을 드러냄으로써 대통령의 신뢰를 얻기 위해 노력했
다. 그는 FDR에게 솔직담백하게 감정에 치우치지 않게 이야기했다. "나
는 절대 대통령과 옥신각신하지 않았다. 나는 작은 것들은 삼킴으로써 큰
것들에 대해 한 방 날릴 수 있었다." 나중에 그는 이렇게 회고했다. 하지만
FDR이 마셜에 대해 알아가는 데는 시간이 필요했고 마셜도 역시 전쟁에
대비해 육군을 건설하기 위해 대통령의 완전한 지원을 얻기까지 오랫동안
노력해야 했다.[15]

마셜은 대통령의 생각이 어떻게 움직이는지를 연구했다. 1939년 말,
FDR이 조지아주 포트 베닝의 보병학교를 방문하고자 계획을 수립하고
있을 때, 마셜은 학교장에게 FDR의 사고 습관에 관해 그가 알게 된 것을
요약하여 보냈다. 마셜이 조언한 예다.

> "보고서는 한 장으로 하되, 과장된 단어는 제거하고 적절하게 단
> 락을 나누고, 머리글에는 밑줄을 긋고 … 일반적으로 사용하는
> 크기의 용지에 개략적인 스케치를 하는 정도의 보고서가 아마도
> 가장 효과적일 겁니다. 대통령께서는 보고서가 두껍거나, 토의
> 가 길어지거나, 몇 문장으로 촌철살인 할 만한 임팩트를 주지 못
> 하면 금방 지루해하실 겁니다. 그분의 관심을 끄세요. 그러면 대
> 화에 한계가 없을 거예요."[16]

조지 마셜은 산문으로 생각하는 타입이었다. 하나의 잘 뒷받침된 문
장이 다른 한 문장으로 이어지고, 숨돌릴 틈 없이 결론에 이른다. 반면
FDR은 직관적으로 생각했다. 그는 자유롭게 상상력을 발휘하여 어린 시
절의 기억부터 반대파 언론에 대해, 그리고 식사 전에 나누었던 대화에 이

르기까지 다양한 원천으로부터 통찰하는 바를 끌어모아서 창의적인, 심지어는 예술적이기까지 한 해답을 얻는다. 각자의 사고과정은 그 자신을 위해 작동했다. 마셜은 역사상 가장 효과적인 계획수립 및 조직편성 전문가였다. 마찬가지로 FDR도 정치적 전략가로서 필적할 만한 상대가 없었다. 하지만 마셜은 온순하고 나대지 않으며 신중한 성격으로 세계를 바라보는 자신의 방식을 FDR의 세계관에 — 그 반대가 아니라 — 맞추어 조정해야 한다는 것을 아주 잘 이해하고 있었다. 그는 이 원칙을 딱 한 번 어겼는데, 그로 인해 전쟁 중 정치-군사적 위기가 초래되었다.

FDR을 대하는 데 있어서 드러난 그의 단정함에도 불구하고, 마셜은 정치적으로 순진하기만 한 사람은 아니었다. 그는 조심스럽게 자신을 위한 지지 세력을 확보했는데, 재무장관 헨리 모겐소Henry Morgenthau, 대통령의 절친한 친구이자 기업가였던 버나드 바루치Bernard Baruch, 그리고 1940년 당시 육군장관 헨리 스팀슨Henry Stimson 등이 그들이었다. 모겐소의 요청으로 마셜은 그에게 육군의 광범위한 동원소요를 브리핑한 적이 있었다. 모겐소는 듣고 나서 문제의 심각성으로 인해 '어질어질하다'고 토로했고, 대통령께 직접 보고할 수 있도록 미팅을 주선했다. 마찬가지로 마셜은 그의 보좌관들을 뉴욕으로 자주 보내서 군에 관한 바루치의 생각을 듣고, 또한 바루치를 항공기에 태워 다양한 예하부대에 보내 훈련하는 모습을 보여주었다. 이들 모두가 마셜의 신봉자가 되어 참모총장의 의견을 대통령에게 전하면서 기꺼이 그리고 능숙하게 그를 도와주었다. 하지만 누구보다 중요했던 인물은 홉킨스로, 주도적이고, 만성적으로 아픈 팔방미인이자, 많은 비평가들이 얘기하듯 FDR 행정부의 사악한 천재evil genious였다. 홉킨스는 대통령의 마음이 어떻게 움직이는지 친밀히 알고 있었다. 그는 통수권자의 마음을 흔들기 위해서 언제 압박을 가하고 어떤 종류의 주장을 해야 하는지 정확히 알았다. 마셜이 '곤란한 상황에 처할 때마다' 그는 홉킨스에게 전화해서 FDR과의 미팅을 협조해달라고 부탁했다. 대통령과 참모총장 간의 여러 번의 사적인 만남을 성사시키는 데 있어 홉킨스는 언제든 믿을 수 있는 후원자였다.

"그는 내게 언제나 강력한 지지자였다. 내가 제안한 거의 모든
것을 지지해주었다. 그리고 대통령께서 상황이 때때로 당신이
제안했던 대로 처리될 수 없다는 것을 아실 수 있도록 하기 위해
서는 어느 정도의 설명이 필요했다."

마셜은 홉킨스가 자신을 옹호함에 있어 '용감했으며, 내게 헤아릴 수
없을 만큼 귀한' 도움이 되었다고 회상했다. 또한 "나는 그분만큼 자주 대
통령을 만날 수는 없었지만, 그렇다 해서 다를 건 없었다. 솔직함에 있어
서도, 의사소통에 있어서도 만남의 횟수가 적었다고 해서 더 나쁘지는 않
았다"면서, 홉킨스가 "군의 위치를 … 대통령에 대해 내가 최대한 할 수 있
었던 것보다 더 평평하게 만들어주었다"고 했다. 홉킨스-마셜 파트너십은
가장 잘 알려지지 않았지만, 전쟁수행에 가장 영향력 있었다.[17]
또 하나의 기대하지 않았던 마셜의 힘은 의사당에서 얻은 의회의 영
향력이었다. 많은 의원들이 그를 신뢰하게 되었는데, 부분적으로는 그의
지휘 기풍과 그의 충직함에 대한 좋은 평판 때문이기도 했지만, 대체로 그
가 자기 자신을 위한 의제나 정치적 야망을 갖고 있지 않았기 때문이었다.
누군가 그에게 정치적 성향을 물으면, 그는 "내 부친은 민주당원이었고,
모친은 공화당원이었습니다. 그리고 나는 미국 성공회 회원Episcopalian입
니다"라고 대답했다. 그는 종종 자신이 의회와 소통하는 능력이 부족하다
고 자책했지만, 영향력 있는 의원들은 그것을 전혀 인정하지 않았다. 상원
세출위원장 알바 애덤스Alva Adums가 한 번은 이렇게 놀려댔다.

"장군은 위원회에 나오면서 종이 한 장도 안 들고 와서는 자신이
요청한 모든 것을 싹 다 가져가네요."

하원의장 샘 레이번Sam Rayburn은 마셜에 대해 그가 보아왔던 중 가장 뛰
어난 청문회의 증인이었다고 평했다.

"마셜 장군이 증인석에 앉아 있으면, 우리는 우리가 공화당인지 민주당인지 잊어버렸다. 우리는 단지, 우리 앞에서 그가 본 바대로 현재 논의 중인 문제들에 대해 진실을 말하고 있는 사람과 함께 있다는 것만 기억할 뿐이었다."

마셜의 경험, 판단, 애국심은 의심할 여지가 없었다. 의회와 대통령 모두 그의 정직함과 충성심을 믿었다.[18] 실제 마셜은 의회를 영리하게 활용했는데, 의회에 대한 자신의 영향력을 분석했던 것을 보면 알 수 있다.

"만약 공화당 의원들이 자신들의 유권자들에게 그들이 루스벨트 대통령의 제안에 따르는 것이 아니라 마셜의 제안에 따라 무언가를 하고 있음을 확신시킬 수 있다면, 그들은 그 일을 진행하고 지원할 수 있었다. 대통령에게는 그러한 정적들이 많이 있었기에 의원 중 누구도 감히 그와 나란히 서 있는 것처럼 보이려고 하지 않았다. 그리고 몇몇 민주당 의원들이 점점 더 씁쓸하게 대척한 것도 사실이다."[19]

마셜은 육군의 예산편성 문제에 있어 종종 그런 경우가 있었는데, 설혹 대통령과 의견이 다를지라도 의회에 대한 자신의 영향력을 이용하여 결코 FDR을 우회하거나 건너뛰지 않았다. 그는 오히려 의회의 신뢰를 활용하여 자신의 개인적인 관점은 뒤로하고 행정부의 정책을 적극 추진했다. 의회에 대한 마셜의 강한 영향력은 대통령의 질투심을 자극했지만, 그는 행정부의 정책추진, 그리고 전쟁을 위한 노력의 팀플레이어로서 FDR의 신뢰를 얻기 시작했다. 그 결과 그의 정치적 명민함에도 불구하고, 마셜은 정치에 대해 초연할 수 있었다.[20]

마셜은 육군참모총장으로서 일을 시작한 후 처음 몇 개월 동안은 육군의 병력을 증강시켜달라고, 그리고 장비와 훈련을 위한 예산을 더 제공해달라고 대통령을 설득했으나 크게 성공하지 못했다. 폴란드가 함락되

293

자 의회는 '현금판매'법안을 통과시켜 서구의 동맹국들이 미국에서 장비
와 물자를 사서 자국의 선박으로 수송하는 것을 허용했다. 하지만 이후 몇
개월 동안 나치의 추가적인 침범이 없게 되자, 다시 안보 불감증이 생기게
되었다. 만약 전쟁이 일어나면 늘 그래왔던 것처럼 시민병들이 깃발 아래
모여들고, 미국의 '노하우'가 신속하게 그들의 손에 무기를 들게 해줄 것이
라 생각했다. 마셜은 육군의 실제 전력을 1920년에 인가된 28만 명 수준
의 정규군과, 역시 비슷한 수준의 주방위군으로 단순 증강하도록 대통령
을 설득하는 데도 실패했다. 대신 그는 22만 7천 명의 정규군과 23만 5천
명의 주방위군 그리고 그들을 훈련시키고 장비하는 데 필요한 것들을 소
규모의 예산으로 감당해야만 했다. 게다가 4월에는 하원세출위원회에서
군 예산을 거의 10% 삭감하는 안이 통과되었다.[21]

☆ ☆ ☆

'거짓 전쟁'phony war은 1940년 봄 독일이 노르웨이, 북해 연안의 저지
대 국가들, 그리고 프랑스를 침공하면서 끝났다. 히틀러는 제1차 세계대전
당시 그의 선조들이 4년 동안에도 달성하지 못했던 것을 단 3개월 만에 해
냈다. 미국인들은 큰 충격을 받았다. 이번의 나치 공격은 미국 국민들을 크
게 흔들었고 자신들이 정말로 취약하다고 느끼게 했다. 제1차 세계대전 이
후 처음으로 개인으로서의 시민들이 정부에 재무장을 촉구하기 위해 조직
을 만들었다.[22]

폴란드가 함락된 이후 오랫동안 흔들렸던 FDR이 행동을 개시했다.
2년 전에는 1만 대의 항공기가 필요하다고 요청했었으나 이제는, 불가능
해 보였지만, 5천 대를 요구했다. 그는 성과를 내지 못하고 있던 각 군 장
관을 야당인 공화당의 노련한 정치가들로 교체했다. 육군장관과 국무장
관을 역임했던 헨리 스팀슨이 육군부의 과거 자리로 돌아왔다. 그리고 한
때 의용기병대에서 활동했고, 시카고의 출판업자이자 1936년 부통령으로
경선에 나갔던 프랭크 녹스Frank Knox가 해군장관이 되었다. 이와 같은 초

당파적 인선은 내각을 사실상 국민 통합정부로 만들었고, 공식적인 정당이 출현하기 전이었던 워싱턴 행정부 이후 가장 초당파적인 대통령 팀이었다. 각각의 지휘계통에서 잘라내어 선례가 없는 조합을 만들어냈음에도, 장관들 모두 유능한 행정가들이었다. 특히 스팀슨 육군장관은 마셜과 FDR에게 항상 든든한 우군이자 조언자였다. 정치적으로 측방의 위협을 안전하게 확보한 대통령은 홉킨스에게 민주당 전당대회를 관리하게 했다. 홉킨스는 "우리는 루스벨트를 원한다"는 슬로건을 내걸고, 의무의 부름에 응답하여 세 번째 임기를 위해 출마하라며 FDR을 '압박하는' 모양새를 연출했다.[23]

　　마셜 역시 프랑스의 함락이 가져다준 기회를 포착했다. 마셜은 지난 4월에 의회가 삭감했던 예산을 원상복귀시키는 것을 목표로, 재무장관 모겐소의 도움을 얻었다. 독일군이 벨기에와 네덜란드를 휩쓸고 지나갔을 때 마셜은 대통령에게 육군을 9월까지 인가된 수준인 28만 명까지 그리고 다음 해인 1941년 9월까지는 완전히 장비와 물자를 다 갖춘 75만 명 수준으로 확장하려는 계획을 보고했다. 소요 비용은 6억 5,700만 달러였다. 성과를 못 내고 있던 육군장관 해리 우드링Harry Woodring은 그날이 장관으로서 마지막 근무일이었는데, 아무 말 없이 앉아 있었다. 모겐소가 마셜을 지원하여 FDR 앞에서 대화를 주도하려고 시도했는데, 이것은 통상 대통령이 논쟁적인 주제에 대해 길게 얘기하고 싶어 하지 않을 때 쓰던 표준방식이었다. 모겐소가 다시 한번 압박을 가하자, 대통령은 콧방귀를 뀌면서 "흠, 당신의 항의서는 잘 접수되었소" 하고는 손짓으로 인사하며 참석자들을 사무실 밖으로 나가도록 했다. 그러나 모겐소는 마셜을 이렇게 북돋웠다. "똑바로 서서 대통령께 장군이 생각하는 바를 말씀드리고 거기에 서 계십시오. 그렇게 하는 사람이 사실 너무 적은데, 대통령은 그것을 좋아하십니다." 그러고 나서 대통령에게 마셜의 말을 끝까지 들어볼 것을 건의했다. FDR은 미소를 지으며 대답했다. "나는 마셜 장군이 무슨 말을 할지 잘 알고 있네. 그로부터 다 들을 필요도 없네." 마셜은 분을 참아가며 방을 가로질러 대통령이 앉아 있는 휠체어 옆으로 성큼 다가서서 그를 내려다보면서 물었다. "대통령 각하, 3분만 시간을 좀 내주실 수 있겠습니까?" FDR 의 분위기가 순간적으로 바뀌면서 관대하게 말했다. "당연하지요. 마셜 장 군님!" 참모총장은 빠르게 그러나 정확하게 육군의 긴급한 소요에 대해 "지금 이것을 하지 않는다면, … 그리고 그것을 당장 해야 합니다"라는 식 으로 구체적으로 설명했다. 그러고는 이렇게 마무리했다. "이 나라에 어떤 일이 일어날지 저도 잘 모르겠습니다." 깜짝 놀라면서 깊은 인상을 받은 대통령은 의회에 제출하는 행정부의 요청서에 마셜이 원했던 것 일부를 태워주었고, 또 약속하기를 시행명령을 통해 추가로 더 지원하겠다고 했 다. 또한 마셜에게 육군의 소요 복록을 전체적으로 완전하게 민들어서 가 지고 오라고 지시했다. 마셜은 이번 미팅이 전쟁을 준비하는 과정에서 막 힌 것을 뚫었다고 믿었다. 4월만 해도 그는 육군예산에 1,800만 달러를 되 찾아오려 노력했으나 무산되고 말았다. 그런데 이번 대통령 집무실에서의 인터뷰 후에 FDR은 의회에 10억 달러의 방위비 증액을 요청했다.[24]

물론 모든 것이 마셜의 뜻대로 된 것은 아니었다. 프랑스가 무너져가 고 있을 때 영국에서는 윈스턴 처칠Winston Churchill이 수상이 되었다. 머지 않아 처칠과 FDR은 전쟁에서 가장 중요한 개인적 관계를 형성하기 시작 했다. 그러자 곧 대통령은 군 수뇌부의 반대를 억누르고 영국에 대한 전폭 적인 지지를 강력하게 주장했다. 가을에 독일군 항공기들이 영국을 폭격 하기 시작하자, FDR과 처칠은 '구축함 대(對) 기지' 교환 협정을 맺어, 미 국이 50척의 구축함을 영국에 전달하고, 대신 몇 개의 영국 해군 항만에 대한 사용권을 얻는 것에 합의했다. 수개월 전에 의회는 명백하게 무기 이 전을 금지하면서, 만약 무기를 이전하려면 해군참모총장과 육군참모총장 이 해당되는 물건이 폐기될 수준이거나, 미국의 방위에 '필수적이지 않다' 는 검증을 한 경우에만 가능하다는 법안을 통과시켰다. 그 조항은 마셜과 스타크를 지탱할 수 없는 난처한 위치에 처하게 했다. 후에 마셜은 참모총 장들에게 그런 검증을 요구하는 것은 반헌법적이었다는 의견을 밝혔다.

"통수권자의 명령을 따라야 할 자에게, 대통령이 할 수 있는 것

과 할 수 없는 것을 구별하여 제시하도록 하는 것은 터무니없는
일이다."

동맹의 방어를 강화하기 위해 외국으로 무기들을 보내야 할 필요성
이, 아직 선포되지도 않은 미국의 전쟁에서 사용하기 위해 그것들을 보유
해야 할 필요성보다 더 적다는 것을 총장들이 어떻게 증명한다는 것인가?
육군의 계획관이었던 월터 비들 스미스Walter Bidell Smith 소령은 이에 대해
재치 있게 비판했다.

"만약 우리의 대포들을 이번 영국의 동원을 위해 빌려주었는데,
후에 우리가 동원할 필요가 생겨서 보니 대포가 부족한 상황이
라면, ··· 그 협상에 참여했던 자들은 가로등에 매달리길 바라게
될 수도 있다."[25]

그럼에도 마셜은 육군의 완전성은 유지하면서 대통령의 정책을 지지
할 수 있는 방법을 찾아냈다. 실제로 그는 미 육군을 무장시키는 데 모자
람이 없게 하면서, 자신이 할 수 있는 한 최대한 동맹을 돕기 위해 비상한
노력을 했다.

FDR은 전략적인 문제에 관해서도 군 수뇌부를 압도하는 데 주저하
지 않았다. 태평양전쟁의 가능성이 증가할 수 있다는 그들의 걱정에도 불
구하고, 그는 일본에 대한 경제적 및 외교적 압박을 증가시켰다. 그는 독일
의 위협에 대응하기 위해서 태평양 함대의 일부를 대서양으로 전환시키자
는 총장들의 조언을 거부했다. 대신 그는 함대를 캘리포니아 해안에서 진
주만으로 이동시켰다. 함대사령관이 격렬하게 항의하자 FDR은 그를 해
임시켰다. FDR은 태평양 함대가 억제에 필수적이며 미국이 외교적 협상
에 대해 진지하다는 시그널을 일본에 보내는 것이라고 말했다. 스타크는
개인적으로 그런 대통령의 명령을 "어린애 같은 생각"으로 간주했다. 어느
해군 계획관은 스타크가 1940년의 상당한 기간을 "대통령의 그런 섣부른

계획을 무산시키는 데" 사용했다고 말했다.[26]

지쳐버린 스타크는 1940년 10월 말, 전략적 계획수립을 위한 명확한 정책 지침을 끌어내기 위해 FDR에게 보고할 문서 초안을 작성했다. 신중하게 보고서의 윤곽을 잡은 후 논리적으로 세 개의 대안으로 나누어 제시했는데, 먼저 A안은 대서양, 태평양 중 한 지역에서의 방어와 다른 지역에서의 전쟁 회피, B안은 대서양과 태평양을 동일하게 대비하되 동맹국에게 최대의 군사지원 시행, 그리고 C안은 태평양 지역에서 전략적 공세를 준비하는 것 등이었다. 스타크는 이에 더해 네 번째 안, D안Dog 계획을 선택했는데, 핵심적 동맹국인 영국의 생존을 필수불가결한 조건으로 생각해야 한다는 것과, 이에 위협이 되는 독일을 우선 격퇴해야 하며 이를 위해 유럽대륙으로의 상륙작전을 고려할 필요가 있다는 것, 그리고 독일이 항복할 때까지는 태평양에서 방어 위주로 작전을 수행하다가 그 이후에 일본을 격퇴할 필요성 등을 강하게 주장하는 방안이었다. 약간의 협상 후에 마셜은 계획에 대해 '대체로 동의한다'는 의견을 표했고, 다만 태평양에서의 전쟁에 대해서는 아무런 의견을 내지 않았다. 어쨌든 스타크의 문서는 정책과 전략을 능숙하게 융합했고, 육군과 해군의 동의를 받았으며, 미국이 영국의 전략적 의도에 의해 인질이 되지 않도록 하는 가운데 전쟁목표를 영국의 생존에 연결시켰다. 스타크와 마셜은 도그 계획에 대한 승인을 얻기 위해 공조했다. 스팀슨과 녹스는 빨리 서명했다. 그러나 국무장관 코델 헐Cordell Hull은 자신이 '기술적인 군사문서'에 배서(背書)하는 것은 부적절한 것 같다면서 서명을 거부했다. 전례와 같이 FDR은 자신의 향후 정치적 선택지를 제한할 수도 있는 어떠한 결정도 거부했다. 그는 계획을 승인하지도 또 불승인하지도 않았고 태평양에서의 방어, 영국군 참모부와의 연합참모회의 요청 등에 대해서는 동의한다는 목소리를 냈고, 미국의 참전이라든가 독일 우선 전략 등에 대해서는 동의하지 않음을 밝혔을 뿐이다. 여전히 그는 스타크와 마셜에게 군사 작전계획을 계속 발전시키라고 하면서도 그들의 노력에 대해 전적인 대통령의 지원을 약속하지는 않았다.[27]

FDR은 관계 속에서 주도권을 장악하고 유지했다. 그의 군 수뇌부와의 관계는 항상 가깝고 조화로운 것은 아니었고, 전략적인 문제에 대한 군인들의 전문적인 판단이라고 해서 단순히 동의하지도 않았다. 실제로 그는 1938년부터 전쟁이 종료될 때까지 약 22번의 중요한 전략적 문제에 대해 군 수뇌부를 압도해버렸다. 13개의 다른 상황에서는 전략적 결심의 주도권이 군에서보다는 대통령으로부터 나왔다. FDR은 '통수권자'라는 타이틀을 즐기며 음미했고, 군 장성들이 직업적 전문성을 갖고 있는 영역에 도전하는 것을 상당히 편안하게 여겼다.[28]

  1940년 선거 캠페인에서 FDR은 고립주의자들과 개입주의자들 사이에서 암초에 부딪히지 않도록 조심스럽게 항행함으로써 자신의 군 수뇌부를 당황하게 했다. 수개월 동안 그는 미국의 어머니들에게 '여러분의 아들들은 우리가 외국으로부터 공격받은 게 아니라면 어떤 외국의 전쟁에도 보내지지 않을 것'이라고 약속했다. 그리고 선거운동이 끝나갈 때쯤 독일군 항공기들이 영국을 폭격하고 있었을 때, 그는 미국의 참전 가능성을 제한하는 문구를 없앴다. 자기 당의 고립주의자들보다 더 FDR의 외교정책을 지지했던 공화당 후보 웬델 윌키Wendell Willkie는 FDR이 고립주의 준수에 대한 미사여구를 생략하는 것을 보고는 냉철하게 국민을 속이는 것이라 생각했고, 그리고 그것이 아마도 대통령의 재선을 가능하게 한 것이라 여겼다. 한편 하원에서 단 한표 차이로 징병의 재개를 승인해주자, FDR은 선거 며칠 전에 복권을 개시하는 데 동의하는 등 놀랄만큼 용기있고 비정치적인 행보를 보여주었다. FDR은 1940년 11월 첫째 주에 전례 없는 세번째 임기에 당선되었다.[29]

☆ ☆ ☆

  선거에서 승리한 후 FDR과 홉킨스는 세계의 상황을 깊이 반추하고 앞으로의 임기에 중점적으로 할 일을 구상하기 위해 해군 함정을 타고 카리브해로 10일간의 항해에 나섰다. 홉킨스는 FDR이 종종 휴가 때 하던 것처럼 쉬면서 '재충전'하도록 도왔다. 함께 낚시도 하고 카드놀이도 했지만, 홉킨스는 FDR이 무슨 생각을 하는지 알 수 없었다. 그러던 어느 날 저녁, 대통령이 갑자기 그 전체 프로그램을 터놓기 시작했다. 즉 무기대여 Lend-Lease로 알려진 것으로, 전쟁의 참화로 인해 지불능력이 없는 동맹에 대해 즉각적인 대금 지급을 유예해주면서 무기를 제공하는 방식이었다.[30] 이후 넉 달 동안 FDR은 동맹을 도와주고 미국의 군사력을 건설하며, 잠재적인 전쟁에 국가를 대비시키는 등 좁은 바늘귀를 따라 실을 꿰는 것 같은 어려운 일을 하면서도 나라에 불안한 경종을 울리지 않도록 이를 조심스럽게 해냈다. 그는 또한 히틀러와 나치즘을 결연히 반대하고, 민주주의와 자유의 가치를 옹호하는 대통령의 '연단(演壇)정치'를 지속적으로 시행했다.

카리브해에서 돌아온 후 FDR은 기자단과의 비공식적인 만남을 가졌고, 그 자리에서 유럽의 전쟁과 미국과의 관계를 이웃집에 불이 난 사람에 우연히 빗대어 설명하게 되었다.

"만약 내가 긴 정원용 호스를 가지고 있어서 이웃에게 빌려준다면, 나는 그가 불을 끄도록 도울 수 있게 되는 거지요. 그런데 호스 값이 15달러라고 합시다. 호스를 빌려주면서 아직 불타고 있는 중에 이웃에게 대여료를 받을 사람이 있겠습니까? 분명히 아닐 것입니다. 나라면 15달러가 아니라 내 정원용 호스를 불이 꺼진 후에 돌려받고자 할 것입니다. 만약 호스가 불에 의해 손상되면 이웃이 나중에 교체해줄 수 있을 것이고 … 내가 지금 하려는 것은 달러 사인을 제거하는 것입니다. 우습고 바보스러운 옛날 달러 사인을 제거하고 우리 이웃의 불을 끄도록 돕는 것이지요."[31]

1940년 크리스마스가 지나고 며칠 뒤에 FDR이 '국가안보'를 주제로 라디오 연설을 했다. 이때가 외교력과 군사력의 영역이 융합하는 구절(句節)을 최초로 사용한 예다. 그는 나치 위협의 심각성을 직접적으로 인정하면서 '미국 문명이 오늘날과 같은 위험에 처한 적은' 역사상 없었다고 경고했다. 그리고 '유럽을 속국화하고 전 세계를 지배'하려는 히틀러와는 어떤 화해나 협상도 불가능할 것이나, 그렇다 해서 꼭 미국이 참전해야 한다는 의미는 아니라고 했다. 대신 미국은 '주축국의 공격으로부터 자신들을 방어하는 나라들을 지원하기 위해 우리가 할 수 있는 모든 일을 다해야' 한다고 강조했다. 동맹국을 돕기 위해 무기와 탄약을 생산하는 것을 넘어서는 노력을 해야 한다면서, "우리의 국가정책은 전쟁을 지향하고 있지 않습니다. 그 유일한 목적은 전쟁을 우리나라와 국민들로부터 멀리 떨어트려 놓는 것입니다"라고 말했다. FDR은 이 대목에서 다시 강조했다. "그런 목표를 잊지 말고, 우리는 민주주의를 위한 거대한 무기고가 되어야 합니다." 그의 연설의 효과는 백악관의 메일 및 전신의 계산기가 100대1의 비율로 대통령의 계획을 선호하는 것으로 계산함으로써 명백하게 입증되었다.[32]

국민들에게 반대할 무언가 ― 나치즘과 파시즘 ― 를 알려주었던 대통령은 이제 그의 연두교서 연설을 통해 '인간에게 필수적인 네 가지 자유를 기반으로 건설된 세계'라는 비전을 세웠다. 네 가지는, 언론의 자유, 종교의 자유, 결핍으로부터의 자유, 공포로부터의 자유였다. "이것은 먼 천년 후의 비전이 아닙니다. 바로 지금 우리 세대에서 달성해낼 수 있는 세계의 분명한 기초입니다."[33]

FDR은 그의 재선이 확정된 때로부터 새로운 임기가 시작되기 전까지, 동맹국에 대한 지원과 주축국에 대한 저항에 대해 대중의 지지와 승인을 얻는 가운데, 세 번째 임기를 위한 방향을 설정했다. 자유와 민주주의의 수호자이자 나치의 폭정에 대항하는 불굴의 향도(嚮導)로서 FDR은 무기대여법을 제안했다. 이것은 의회가 고립주의와 중립에서 벗어나 점증하고 있는 위기에 대응하도록 하는 계획이었다. FDR은 모든 미국인과 모든 인류가 기본적인 인권에 기초한 더 나은 세상을 건설하기 위한 싸움에 동참하기를 추구했다. 4개월 동안의 신중하게 조율된 이미지메이킹을 통해, FDR은 자신을 '뉴딜 박사'Dr. New Deal에서 '전승(戰勝) 박사'Dr. Win the War

로 변모시켰다. 이제 대중의 담론도 내부 국가 경제문제에서 인류문명 그 자체에 대한 외부의 위협에 관한 것으로 초점이 전환되고 있었다.

정부의 회의 중에, FDR은 그의 결심을 좌우하게 될 세 가지 근본적인 정책 방향을 조용히 밝히기 시작했다. 즉, 가능하다면 미국이 참전하지 않는 것이고, 이를 위한 최선의 방법은 히틀러와 싸우고 있는 영국을 돕는 것이나, 전쟁이 불가피할 경우에 대비하여 준비한다는 것이었다. FDR의 이러한 정책 지침은, 헌법정신에 따라 오로지 정치지도자들만이 그렇게 중대한 판단에 요구되는 기술을 가지며 또한 국민에 대해 책임지기 때문에 군에 대한 문민통제가 마땅한 것임을 뒷받침하는 좋은 본보기였다.

1941년 1월 말부터 3월 말까지 미국과 영국의 군 계획관들이 워싱턴에서 은밀히 만나 미국이 참전할 경우에 대비한 전략을 논의했다. 재선을 위한 선거전이 개시된 이후부터는 FDR이 미국의 아들들을 해외의 전쟁터로 보내는 계획수립 과정을 볼 수 있는 여유가 없었다. 정기적인 회의 외에는 마셜과 스타크조차도 계획관들의 집중을 방해하지 않기 위해서 한발 떨어져 있었다. 참여한 계획관들은 유럽 전구에서의 군사작전에 우선권을 두며 태평양에서는 초기에 방어태세를 갖춘다는 데 동의했다. 아울러 미측 계획관들은 독일을 격퇴하는 데 있어서, 나중에는 후회했지만, 지중해 쪽의 주변부터 싸워나가는 '간접 접근'을 묵묵히 따랐다. 제1차 미국-영국 대화American British Conversation, ABC-1가 끝난 뒤, FDR은 역시 그답게 자기가 좋아하는 부분은 승인했고 그렇지 않은 부분은 무시했다. 그럼에도 그 연합기획회의를 통해, 전쟁이 시작되었을 때 행정부가 행해야 할 계획에 관해 광범위한 관점에서 알게됨으로써, 전략기획 측면에서 미국이 당시까지 치렀던 어떤 전쟁의 전야(前夜)보다도 훨씬 더 잘 준비되도록 해주었다. 이것은 매우 놀라운 성과였는데, 1941년 이전에 즉, 연합기획회의를 하기 전에 발발했다면 당연히 수반되었을 연합전쟁의 복잡성을 없애주었기 때문이다. 또한 그처럼 준비가 잘된 데는 지난 수십 년간 군이 더욱 전문직업화된 덕도 있었다.[34]

그러던 중에 의회가 무기대여법안을 검토하기 시작했다. 마셜의 참모들 중 일부는 마셜이 그 법안의 통과를 위해 자신의 상당한 대(對)의회 영향력을 사용하는 것을 보고 놀랍게 여겼다. 하지만 마셜은 자신의 판단과 우선순위 ─ 육군참모총장으로서 그는 당연히 영국군의 증강에 우선하여 미군을 먼저 장비시키길 원했음 ─ 에 관계없이 늘 대통령을 지원하기 위해 노력했다. 그리고 이번 무기대여법에 관해서는 그것이 미국의 방위산업에 긍정적인 효과를 가져올 것이라고 분석했다. 전쟁물자에 대한 영국의 소요는 방산 이익을 더 빨리 내도록 함으로써 미국의 동원도 가속화할 수 있을 것이라 보았다. 일부 무기와 탄약이 영국으로 보내지더라도 방산업체는 무기대여법이 없이 생산했을 때보다 미 육군을 좀 더 빨리 무장시킬 수 있다고 판단했던 것이다.[35]

마셜은 의회에서 FDR 행정부의 가장 뛰어난 대변인이라는 평판을 얻었기에 그의 지원은 중요했다. 대통령의 정적들은 무기대여법에 수정조항을 삽입하여 대통령의 행동의 자유를 제한하려고 시도했다. 헐, 모겐소, 스팀슨 등 FDR 행정부의 주요 장관들이 상원의원들을 조금도 설득시키지 못하자, 스팀슨이 주선하여 마셜을 협의회에 '잠깐 들르도록' 일정을 잡았다. 마셜은 무기대여법에 대해 '훌륭한 연설을 했고, 상원의원들에게 큰 감명을' 주었다. 그 뒤 일주일 안에 상하 양원에서 법안을 통과시키고 FDR이 서명함으로써 법이 유효화되었다. 마셜은 법안이 통과된 다음 주에 의회를 로비차 다시 방문하여 육군의 획득계획을 위한 자금 70억 달러를 성공적으로 확보했는데, 이는 1년 전 전체 육군의 준비를 위해 요청했던 액수의 10배에 달하는 금액이었다.[36]

1941년 봄은 동맹국에게는 암울한 시기였다. 독일의 U보트 잠수함들이 대서양에서 심각한 손실을 끼치고 있었고, 영국으로 무기대여 물자를 수송하는 선박이 곧 나치 함대의 공격을 받았다. 그러나 FDR은 미 해군이 수송선박을 호송하여 고립주의자들의 의심에 불을 당길 수는 없었다. 독일의 U보트는 신나게 즐기고 있었다. 그리고 독일군이 영국 전투Battle of Britain는 포기했지만, 소련과의 불가침협정을 폐지하고 1941년 6월 22일 대(對)소련공격을 개시했다. 마셜과 스타크는 독일군이 폴란드와 프랑스

에서 거둔 신속한 승리를 주의 깊게 지켜보았던 터라 이번에도 소련의 적
군Red Army이 나치군을 맞아 무너질 것이라 여겼다. 그들은 FDR에게 도
와주더라도 승산이 없을 것이기 때문에 러시아인들이 자신들의 운명을 감
당하도록 내버려둘것을 건의했다. 그러나 대통령은 그들의 판단에 동의하
지 않았고, 무기대여를 통한 원조를 소련까지 확대해야 한다고 강력히 주
장했다. 다시 한번 FDR은 군사전문가들에의 영역에서 도전했고 그의 판
단이 옳았다.[37] 소련군은 독일군에 대항한 방어 전역에서 승리했고, 이어
지는 4년 동안 나치 독일의 격퇴에 있어서 미국, 영국 그리고 모든 다른 동
맹을 합친 것보다 더 많은 공헌을 했다. 하지만 그해 1941년 봄, 동맹국의
전망은 가장 어두워 보였다.

대서양, 동유럽, 그리고 아시아에서 전쟁이 격해짐에 따라 마셜은 병
력의 침식이라는 문제에 봉착하게 되었다. 전해 10월에 의회에서 통과시
킨 징집법에 따르면 징집병들은 1년간 복무하게 되어 있었다. 1941년 여
름이 되자, 마셜이 그렇게도 공들여 만들어놓은 육군이, 징집병들의 복무
기간이 만료됨에 따라 몇 개월 내에 해체될 예정이었다. 무기대여법의 통
과로 인해 여전히 가슴 쓰려하는 의회의 보수적인 고립주의자들은, 만약
FDR이 1년 징집안을 취소하려 할 경우, 득달같이 달려들 태세였다. 결국
대통령은 징집기간 연장을 주도할 수 있는 상황이 아니었고, 그의 의도를
잘 알고 있던 마셜이 총대를 멨다. 7월 초 마셜은 참모총장 부임 후 첫 2년
간의 임무수행에 대한 공식 보고서 초안을 작성했다. 여기에 기간 중 육군
이 병력, 장비, 훈련 등에서 만들어놓은 성과들을 열거하면서 만약 육군이
그 병력의 대부분을 잃게 된다면 모든 것을 잃게 된다고 경고했다. 그러면
서 징집병, 예비군 그리고 주방위군의 징집기간에 대한 연장 권한을 육군
부에 부여해달라고 의회에 요청했다.

이번에도 대체로 마셜이 가진 의회에 대한 영향력 덕분에 상원은 연
장안을 손쉽게 통과시켰다. 그러나 하원에서는 고립주의자들, 공화당 의
원들, FDR을 싫어하는 사람들이 연합하여 반대파에 가담했다. 원래의 징
집법안을 지지하는 어느 공화당 후원자가 마셜의 법안 수정요청에 대해

토의하기 위해 마셜과 40명의 공화당 반대파들을 육군-해군 클럽에 초청
했다. 논의는 밤늦게까지 진행되었다. 마셜이 무언가 진전되어 간다고 느
낄 때, 어느 하원의원이 말했다.

"장군, 설명을 참 잘했소만 만약 내가 FDR에게 찬성한다면 나
는 망할거요."

마셜의 푸른 눈은 화가 나서 번뜩였다. 그는 의원에 말에 되받아치며 나무
랐다.

"의원님께서는 단순한 개인에 대한 미움의 감정이 의원님께서
나라의 이익에 매우 해로운 무언가를 하도록 지시하게 그냥 놓
아두시는 겁니다."

그는 다른 장군이었다면 하지 못할 만큼 훨씬 더 나가서, 법안에 찬성투표
를 하는 참석자에게 1942년 선거운동을 제의했다. 몇 주 뒤에 하원에서는
203 대 202로 법안을 통과시켰다. 육군-해군 클럽에 참가했던 한 의원은
마셜이 자신의 표를 바꿨다며 칭찬했다. 육군을 지켜내는 데는 한 표면 충
분했다.[38]

하원에서 표결이 진행될 때, FDR과 군 수뇌부는 뉴펀들랜드 해안의
플레이슨셔Placentia만 앞 해상에 있었다. 해리 홉킨스는 FDR에게 몇 개월
동안 처칠과 만나보기를 권해왔고 드디어 대통령이 동의했던 것이다. 무
기대여를 위한 중간 협조자로서 새로운 역할을 맡은 홉킨스가 영국, 그리
고 모스크바로 날아갔다가 다시 영국으로 와서 처칠을 에스코트하여 전쟁
중 개최된 첫 번째 전략적 정상회담 참석을 위해 돌아온 것이었다. 자신의
부재를 감추기 위한 정교한 책략을 쓴 후에 FDR은 미국 군함에 탑승하여
만남을 위해 북으로 항해했다. 마셜과 스타크는 비밀보장을 위해 가능한
마지막 순간에 회담에 참석하도록 요청받았다. 그 결과 총장들과 계획관

들은 영국 측 카운터파트와 협상할 준비가 미흡한 상태였다. 그들에게는 처칠이 도착하기 전에 FDR과 함께 선상회의를 한 번 실시한 것이 유일한 준비였다. 아이러니하게도 협조의 부족이 미국의 입장에서는 더 유리한 모양새가 되었던 듯하다. 영국군 수뇌부는 무기대여와 연계하여 보다 확실한 미측의 참여를 — 예를 들어, 대서양 횡단 시 미 해군에 의한 호송, 지중해 방향에서 히틀러를 괴롭히는 전략 등 — 희망했으나, 미측은 물자지원이나 전략적인 구상에 대해 동의할 수 있는 재량권을 위임받지 못한 상태였다. 처칠은 그러한 문제들뿐만 아니라 일본이 남서태평양으로 더 이상 진출하는 것을 막기 위해 공동의 최후통첩을 발령하자면서 FDR을 압박했다. FDR은 여느 때처럼 무엇엔가 묶여 있고자 하지 않았다. 결국 그들의 함정이 정박했던 해상 인근의 고즈넉한 어촌의 이름을 따 아젠셔회담Argentia Conference이라 불렸던 회의에서 두 가지 중요한 결과를 만들어 냈다. 회의를 통해 FDR과 처칠은 서로에 대해 더 잘 알게 되었고 상대측의 전략에 대해서도 이해하게 되었다. 그리고 자기 결정권과 경제적 자유를 기반으로 하는 전후 세계에 대한 공동의 원칙을 천명한 대서양 헌장the Atlantic Charter을 만들어냈다.[39]

아젠셔 회담은 FDR의 전쟁 리더십 스타일에 대해 중요한 단서를 제공해주었다. 그는 자신의 국무장관, 육군장관, 해군장관을 워싱턴에 남겨두었는데, 이러한 패턴은 이후 전쟁 중 열린 거의 대부분의 회의에서도 마찬가지였다. 대신 FDR은 각군 총장들을 회의에 대동했다. 아젠셔에 장관들이 아닌 총장들이 참석함으로써 이들 군 수뇌부가 통수권자에 대한 전략적 조언자로서 민간 장관들을 잠식했음을 확인시켜주었다. FDR은 육군장관과 해군장관을 효과적으로 거세했고, 이들 장관실은 이후 실제로 회복하지 못했으며 그들이 약해짐에 따라 군에 대한 민간의 통제력도 약화되었다. 게다가 총장들에게 새롭게 약속된 지위는 너무 중요하게 여겨졌다. 마셜과 스타크는 여행을 위해 짐을 쌀 때가 되어서야 가까스로 정상회담이 있을 것임을 알 수 있었다. 그들은 준비할 시간이 없었고, 대통령이 회담 중 보내는 신호를 확인할 기회가 거의 없었다. 이번의 경우, 대통령이 의제를 상징적인 수준에서 유지했고 동맹관계가 정상들 개인적인 것이었기 때문에, 총장들과의 합동회의 부족이 거의 문제가 되지 않았다. 다음에는 그런 행운이 다시 오지는 않을 것이었다.

☆ ☆ ☆

일본이든 미국이든 전쟁을 일으키는 것이 누구에게도 이익이 되지는 않았음에도, 처칠은 아젠서 회담에서 일본에 대해 강경한 노선을 주장했다. 미일 양측 모두 서투른 외교를 시행함으로써 자신들을 그 방향으로 비틀거리며 가게 했다. 참모총장들은 독일이 더 위험한 적이라는 이유로, 또한 육군이나 해군 모두 아직 전쟁 준비가 되어 있지 않다는 이유로 일본을 자극하는 것에 강경한 반대 의사를 표명했다.[40]

그해 여름, 전쟁의 압력이 상승함에 따라 마셜 장군은 FDR이 지금까지 기꺼이 묵인해왔던 수준보다는 더 정확한 계획이 필요하다고 보았다. FDR이 '잠재적인 적들'을 격퇴하는 데 필요한 무기 생산량을 요청하자, 마셜과 스타크는 각 군의 소요를 건의하면서 범세계적으로 소요를 판단할 기회를 갖게 되었다. '빅토리 프로그램'으로 명명된 최종결과 보고는 다가오는 전쟁에 대한 미국의 정책, 전략, 그리고 동원계획을 각 군 총장의 관점에서 분석한 종합적인 검토 결과였다. 보고서는 광범위한 다섯 개의 정책목표를 제시했는데, 미국의 안전을 유지하는 것, 일본의 팽창을 저지하고 '대영제국의 붕괴를 막는 것' 등을 포함하고 있었다. 또한 이러한 목표들을 달성하는 것은 오직 주축국에 대한 군사적 승리를 통해서만 가능한 것으로 평가했다. 그래서 우선 당장은 미국이 독일을 격퇴하기 위해 애쓰는 영국과 소련에 지원을 제공하되, 미국 자체적으로 독일군을 궁극적으로 격멸하기 위해서는, 계획상 1943년 중반까지 병력 9백만 명, 215개 사단에 이르는 대규모의 지상군이 필요한 것으로 추산되었다. 일본과의 전쟁은 당연히 그 뒤에 시행될 것이었다. 군의 관점과 시야는 이제 심리적으로나 지적으로도 범세계적인 전략 차원으로 진화되었다.[41]

마셜은 여전히 그가 중요한 문제에 대해 대통령의 온전한 관심을 이끌어내지 못하고 있음을 알게 되었다. 나중에 그는 회상했다.

"나는 대통령께서 유쾌하지 않은 주제를 회피하기 위해 지난 일화들을 꺼내 회의의 진행을 방해하도록 여지를 주기보다는, 내가 대통령과의 회의에서 의제를 주도하는 방법을 찾아내야만 한다는 것을 알지 못했다."

1941년 가을 두 사람은 수많은 난제를 처리하고 있었다. 영국과 소련에 대한 무기대여, 독일군 잠수함과의 긴장된 대치 상태가 실제 상호 간 교전으로 발전한 대서양에서 안전한 해역을 확장하는 문제, 필리핀에서의 미국 이익에 대한 고려, 이외에도 수백 가지의 문제들을 다루고 있었다. FDR은 여전히 영국과 소련을 도움으로써 미국이 전쟁에 말려 들어가는 일을 피할 수 있으리라 기대하고 있었다. 그런 중에도 군은 전쟁의 선포가 없어 가용한 자원이 제한된 가운데 서로 더 많이 확보하기 위한 경쟁 속에서 전쟁에 대비해야 했다. "대규모 육군에 대한 반대는 널리 퍼져 있었고 그렇게 큰 육군은 아마 더 이상 필요하지 않을 것이라는 분위기였다"고 마셜은 회고했다. "모든 사람이 무언가를 위해 싸우고 있었다. 각 군이 모두 더 커지길 원했고 더 많은 예산을 원했다. 우리는 각 군이 서로 다른 군과 반목하는 유감스러운 상태에 처해 있었다." 그리하여 1941년 9월, 빅토리 프로그램에 215개의 사단이 요구된다는 건의가 있었음에도 불구하고, FDR은 마셜을 백악관으로 불러 육군의 규모를 줄이고 대신 무기대여, 해군, 항공, 그리고 산업동원 순으로 예산을 배정했다. 마셜은 이에 대해 '매우 심각한 사안'이라는 결론을 내리고, 그의 건의를 대통령이 거부했음에도 불구하고, 실제 전투가 시작되고 전쟁을 위해 필요한 것이 무엇인지에 대한 국민들의 이해가 변화될 때까지 '그 사안을 심각한 상태로' 평가하고 유지했다.[42]

1941년 11월 말, 헐 국무장관과 일본측의 협상이 결렬되고 되돌릴 수 없는 파국을 맞았다. 1941년 11월 26일, 그는 일본에 10개 조항의 고압적이고, 자극적이고, 훈계하는 듯한 최후통첩을 보냈다. 그리고 스팀슨 장관에게 말했다. "이제 일은 내 손에서 떠나 귀하와 녹스 장관, 즉 육군과 해군의 몫이 되었습니다."[43] 헐은 전시에 외교정책에 대한 국무부의 영향력이 감소한다는 사실을 정확히 평가하고 있었으나, 그 영향력이 누구 손에 쥐어지는지에 대해서는 잘못 예측하고 있었다. 스팀슨과 녹스가 중요한 각료였으나, 실제 전략을 수행하는 것은 육군과 해군의 참모총장들이 주관하는 사항이었고, 이들은 항상 통수권자인 FDR의 권위 있고 독특한 통제를 따랐다. 헐의 최후통첩이 전해지고 열흘 뒤에 일본이 진주만과 필리핀을 공격했다.

☆ ☆ ☆

1941년 12월 7일 저녁, 진주만 공습에 대한 뉴스가 무선을 타고 전파되었을 때, 처칠은 수상의 지방 관저Chequers에 있었다. 그는 이미 공습에 대해 보고받은 FDR에게 전화하여, "이제 우리는 같은 배에 타게 되었습니다"라고 말했다. 미국인 친구들의 희생에 대해 비통해했지만 그럼에도 처칠은 그들을 새로운 동맹으로 얻을 수 있게 되어 기뻤다. 그는 다음 날 의회를 소집하여 일본에 전쟁을 선포하고, '잠자리에 들어, 구원받고 감사하는 자의 잠을 잤다'. 그는 FDR에게 자신을 워싱턴으로 초청하여 함께 '전체적인 전쟁계획을 실제와 새로운 사실에 근거하여 전반적으로 검토'할 것을 제안하는 편지를 보냈다. 이후 영국군 수뇌부와 함께 항해하여 크리스마스가 되기 전에 백악관의 2층 침실에 자리를 잡았다.[44]

이어지는 9개월 동안 동맹은 워싱턴과 런던에서 열린 일련의 회의를 통해 그들의 전략적 파트너십에 대한 규범을 만들어냈다. FDR과 처칠은 정치적으로 그리고 개인적으로 친밀한 사이가 되었다. 양측의 군사지도자들은 동맹의 범세계적인 책임과 그것을 감당하기 위해 커가고 있는 수단 등에 대해 전략적 조언을 제공했다. 마셜은 1941년 워싱턴에서 군사적으로나 정치적으로 가장 최선임 현역 군인이었고, 1942년에는 정치-군사 관계를 좀 더 광범위한 국제무대에서 추구하면서 이전 해에 보여주었던 많은 능력을 활용했다. 하지만 이어지는 몇 개월 동안은 영국군과의 협상, 육군을 재편성하기 위한 노력, 대통령과의 효과적인 관계 형성 등의 측면에서 마셜에게는 다소 실망스러운 기간이었다.

여름이 되자 마셜과 그의 동료들은 독일군을 우선 처리한다는 근본적인 전략적 원칙에 대해서 FDR과 의견이 달라 갈라섰고, 이것은 전쟁 중 가장 심각한 정치-군사적 위기를 가져왔다. 이러한 때에 홉킨스가 마셜에게 없어서는 안 될 소중한 후원자가 되어주었다. FDR과 마셜 두 사람 모두에게 신실한 충성심을 가지고 있던 그는, 전쟁에 이기기 위해서라면 둘 중 누구와도 솔직하게 반대의사를 밝힐 수 있었다. 비록 마셜은 FDR과의 싸움에서는 끝내 졌지만, 그는 지속적으로 성장했고, 그의 군 동료들과 정치적 지도자들로부터의 평판도 좋아졌으며 연합군사위원회의 명실상부한 대표가 되었다. 나중에 처칠이 썼듯이, 그는 "진정한 승리의 조직자"the true organizer of victory 였다.[45]

처칠의 워싱턴 방문은 대서양동맹을 축하하기 위한 것이기도 했다. 대통령과 수상은 백악관의 크리스마스트리 점등식을 가졌고 처칠은 미국의 양원 합동의회에서 연설을 했다. 또한 3주간 이어진 마라톤 회의를 진행했다. 거의 매일 밤 폭음을 했던 처칠은 시가를 피우고 위스키를 마시면서, 대통령을 새벽까지 붙잡고 국제연합United Nations에 관한 전략을 논의했고, 마침내 1942년 새해 첫날 그것을 선언했다.[46]

처칠의 가장 큰 걱정거리는 일본의 기습공격이 독일을 먼저 격퇴하겠다는 미국의 결의를 약화시키지는 않을까 하는 것이었다. 지난 겨울 미국과 영국이 대화할 당시의 기본적인 가정이 이제 무효가 되었다. 영국함대가 싱가포르에서 타격받은 것처럼 미 태평양함대가 타격받았다. 서태평양에서 거둔 일련의 승리로 인해 일본은 이제 역내 패권국이 되었고, 뉴질랜드로부터 인도에 이르는 지역에서 잠재적인 위협국이 되었다. 도그 계획을 기안했던 스타크 해군총장은 진주만에서 기습을 허용한 것으로 인해 군을 떠나게 되었다. 그의 후임은 미 함대사령관 어니스트 J. 킹Ernest J. King 제독으로 스타크의 계획에 얽매여 있지 않았고, 일본의 공격에 대한 복수를 원했다. 또한 그동안 FDR에 대해 나라를 전쟁으로 몰고 가고 있다고 비판해왔던 우익 고립주의자들은 이제 매파가 되어 독일보다는 일본을 공격해야 한다고 강력히 주장했다. 필리핀 주둔 사령관 더글라스 맥아더 Douglas MacArthur는 보수주의자들의 사랑을 받고 있었고 잠재적인 공화당의 대통령 후보였는데, 그 역시 FDR과 의견이 달랐다. FDR은 그의 정치적 우익을 신경 써서 맥아더에게 필리핀의 코레히도르Corregidor섬에서 나와 호주로 이동하여 남서태평양을 방어하는 부대를 구축하라고 지시했다. 자연스럽게 맥아더는 '태평양 우선' 전략을 소리 높여 외치는 또 다른 주창자가 되었다.[47]

하지만 가장 중요한 의사결정자들은 여전했다. FDR과 마셜은 처칠의 우려를 재빨리 누그러뜨렸다. 도그 계획이 여전히 유효하며 미국은 우선적으로 독일에 집중할 것임을 재확인해주었다. 미국에 대해 선전포고하겠다는 히틀러의 우둔한 결심도 FDR이 약속을 지키는 것을 정치적으로 좀 더 용이하게 해주었다. FDR은 이처럼 초기 단계에서도 향후 전쟁 기간 내내 그를 안내할 정책의 기반이 되는 원칙을 사전에 결심했다. 첫째, 이 전쟁은 미국이 단독으로 수행하는 것이 아니라 국가들이 연합하여 싸워서 승리한다는 것이었다. 동맹의 통합성을 유지하는 것이 매우 중요했으며, 다시 말해서 동맹국들과 효과적인 전략적 협조를 유지하고 동맹국들에게 물자지원을 계속해야 했다. 둘째, 독일이 우선되는 적이고 먼저 격퇴해야 할 대상이었다. 일본의 격퇴는 유럽에서 승리한 후 당연히 뒤따르게 될 것이었다. 셋째, 소련이 독일을 격퇴하는 데 군사적으로 많은 부분 기여하고 있기 때문에, 소련에 지원을 제공하여 전쟁기간 내내 그들의 전력을 유지하는 데 인색하지 말아야 한다는 점이었다. 넷째, 동맹국의 전쟁 목표는 주축국의 무조건적 항복이어야 하며, 마지막으로 국제연합의 협력적 노력은 전후에도 계속 이어져야 한다는 것이었다. 비록 공공연히 약속하는 것에 대한 반감 때문에 FDR이 완전히 그리고 솔직하게 공표하지는 못했지만,

이상의 원칙들이 계속해서 그리고 지속적으로 그의 사고와 행동을 이끌었고, FDR의 군 수뇌부와 동맹국 파트너들도 그 원칙들을 이해했다.[48]

전략적 우선순위가 설정됨에 따라, 아카디아Arcadia라고 명명된 회의는 유럽대륙에서 수행할 전략의 세부사항에 대한 토의로 중점을 옮겼다. 다시 한번 영국 측이 미국 측보다 회의 준비가 잘되어 있음이 드러났다. 처칠과 그의 군 수뇌부는 이미 2년 동안을 독일군과 싸워왔고, 잘 정비된 제도적 틀 내에서 정치와 군사가 서로 협업해왔으며, 브리핑에 대한 예행연습까지지도 잘 준비한 상태였다. 이와 완전히 대조적으로 미측은 심지어 첫날 회의 장소를 너무 작은 방에 잡아 참석자들이 다 들어가지 못할 정도로 준비가 부실했다. 미측 참석자들은 자신들 스스로 위축되는 느낌을 가졌는데, 이유는 단지 영측이 그동안 전투 경험을 실제로 오랫동안 쌓아온 것에 비해 자신들의 능력을 변변치 않게 생각한 탓이었다. 얼마 안 있으면 미국이 전쟁물자의 가장 큰 몫과 병력의 대부분을 제공하게 될 것이라는 공통의 인식에도 불구하고, 영국인들 특유의 겸손한 척하며 은근히 뽐내는 태도가 미측의 그런 느낌을 더욱 강화시켰다. 미측은 영측이 계획수립 단계의 초기를 장악하여, 우선순위를 설정함으로써 나중에 미측이 대표자가 되더라도 재협상하기 어렵지 않을까 걱정했다. 마셜을 포함한 미측 참석자들은 무엇보다도 처칠이 FDR과 칵테일을 마시면서 하는 그들만의 야간 협상에서 FDR에게 영향을 미치고 있는 것을 우려하고 있었다. 영부인 엘리노어 루스벨트Eleanor Roosevelt는 처칠의 지도실을 본떠 FDR이 새로 만든 백악관의 지도실에서 그들 두 사람이 같이 있는 것을 보고, "그들은 마치 병정놀이하는 두 소년처럼 보였어요. 멋진 시간을 보내는 것 같았어요. 사실 지나치게 멋졌지만요"라고 말했다.[49]

마셜은 '독일 우선'의 원칙을 고수함으로써 이와 같은 경향을 누그러뜨리려 시도했다. 하지만 미측은 자신들이 태평양 전선의 안정화, 러시아에 대한 무기대여, 대서양에 대한 통제권 재확보, 북아프리카에서의 독일군 격퇴, 유럽대륙으로의 1943년 공세 준비 등 처칠이 기안했던 의제를 따르고 있음을 발견했다. 그러한 모든 과업을 그렇게 짧은 시간에 달성하는 수단은 존재하지 않았다. 전쟁에 지치고 자원이 말라버린 영측은 미국을 새로 문을 연 도매상으로 보았다. 그러나 경험이 부족했던 미측은 저장공간을 채우려는 자신들의 계획이 아무리 대단했을지라도, 여전히 그곳 대부분이 비어 있다는 것을 보여주지 못했다.[50]

마셜은 미래에 그와 같은 오류를 반복하지 않도록 하기 위한 또 다른 원칙으로 지휘의 통일을 주장했다. 미측 참석자들이 의제를 돌려 태평양에 할당된 전력에 대해 논의하고자 했으나 마셜은 아직 그것을 논의하기에는 시기상조라고 일축했다. 그는 동맹은 지난 제1차 세계대전에서 막대한 희생을 치른 처음 3년간의 경험에서 지휘권이 분할되었을 때의 교훈을 얻었다고 강조했다. 만약 동맹이 이번에 전구사령관을 지정하는 데 실패한다면, 국지적인 방어편성이라든가 작전지속지원 등과 같은 비교적 작은 문제들로 인해 시간이 소모될 뿐만 아니라 범세계적인 노력이 물거품이 될 수 있다고 주장했다. 그는 남서태평양 지역에서 미국, 영국, 네덜란드 및 호주군으로 구성된 연합 공중·지상·해상부대들을 지휘할 단일의 사령관을 지명할 것을 제안했다. 영국군과 스타크 제독은 처음에는 미심쩍어했고, FDR도 마셜 장군은 함정에 대해 아는 것이 없으며 해군은 군인soldiers에 대해 아는 것이 없다는 농담을 하면서 역시 회의적이었다. 하지만 다음 며칠 동안, 마셜은 대통령과 해군 지도부의 동의를 얻어냈다. 그가 영국의 아치볼드 웨이벨Archibald Wavell 장군을 사령관으로 추천하자, 영국 육군참모총장이 다가와서 전구사령관에게는 추가적인 권한이 부여되어야 한다고 주장했다. 여전히 처칠은 반대입장이었다. 비버브룩Beaverbrook 경이 홉킨스에게 '처칠 수상에게 작업'하라는 요지의 메모를 보냈다. 다음 날 아침, 처칠이 동맹의 협상에 집중하는 그의 능력을 보고 '문제의 뿌리'Root of the Matter라 별명을 붙인 홉킨스가 마셜을 백악관의 수상 숙소로 밀어넣었다. 평소처럼 처칠은 늦잠을 자고 있었는데, 주변에 대영제국의 신문들이 여기저기 놓여 있는 채로 침대에 누워 있었다. 마셜은 자신의 먹잇감을 내려다보며 지휘의 통일을 주장하면서 그리고 처칠의 개입을 격렬한 응대로 막아내면서 방 안을 이리저리 오갔다. 소규모 그룹과 압박하에

서 토론할 때가장 좋은 상태를 유지하는 마셜은 수상에게 동맹이 행동하
지 않으면 '전쟁 중에 해체될 것'이라고 말했다. 처칠은 이에 동의하기를
거부하면서 양해를 구하고 씻으러 갔다. 그리고 몇 분 뒤에 알몸에 수건을
두른 채 돌아와서, 마셜에게 자신은 최선의 경우뿐만 아니라 최악의 경우
에도 대비해야 한다고 말했다. 마셜은 처칠의 말이 무슨 의미인지 알지 못
한 채 자리를 떴다. 그날 늦게 처칠은 FDR에게 그는 앞으로 '마셜 장군이
가장 강력하게 지지하는' 계획에 동의할 것이라고 말했다.[51] 남서태평양에
서 지휘의 통일을 구축하고 나서, 동맹은 다른 모든 전구에서도 그렇게 하
는 것이 논리적임을 알게 되었고, 이를 통해 자신들의 노력을 크게 단순화
하면서 강화할 수 있었다.

　　마셜은 다음으로 누가 웨이벨의 상관인가, 다시 말해 남서태평양 사
령관은 누구에게 보고하고 지침을 받아야 하는가 하는 문제를 제기했다.
단지 영국군 장성이 아니라 연합군의 사령관으로서 웨이벨은 오로지 런던
에게만 답해서는 안 되는 것이었다. 이에 따라 아카디아 회의 참석자들은
새로운 군사위원회로 연합참모본부Combined Chiefs of Staff, CCS를 창설하고
본부를 워싱턴에 두기로 합의했다. 이제 웨이벨은 연합참모본부로 보고하
고, 연합참모본부가 FDR과 처칠에게 보고하는 지휘관계가 갖춰졌다. 한
편, 참모총장들은 연합참모본부와 영국군 참모부가 매우 긴밀히 협업하고
있는 반면, 미측은 연합참모본부에 대응할 조직이 없다는 것을 발견했다.
양측의 합의서가 완성되어가고 있을 때, 마셜은 FDR의 장관 중 한 명을
설득하여 미 육군항공대사령관인 헨리 H. '햅' 아놀드Henry H. 'Hap' Arnold
중장을 마셜 자신, 그리고 스타크 제독과 함께 연합참모본부의 미측 멤버
로 등록하도록 했다. 얼마 지나지 않아 미국 측은 비공식적으로 영국군 참
모부의 카운터파트로 합동참모본부Joint Chiefs of Staff를 창설했으며, 자연
스럽게 연합참모본부의 미측 멤버들인 육군참모총장, 해군참모총장, 육군
항공대사령관으로 구성했다. 연합참모본부는 전쟁의 남은 기간 연합 결심
수립을 관장했으며, 역사상 유사한 사례가 드물 정도로 연합작전을 원활
하게 수행했다. 합동참모본부 역시 '우연히' 만든 조직이었던 탓에 FDR의

공식적인 명령이나 문서에 의한 승인을 받지 못했으나, 오늘날까지 미국 최상위 군사위원회로서 존속하고 있다.[52]

회담 기간 중 홉킨스와 비버브룩 경은 전쟁 군수품의 할당에 대해 연구했다. 비버브룩이 영미 각 한 명, 총 두 명의 민간위원회를 설치하여 정치지도자들에게 조언을 제공했다. 아카디아 회담이 끝날 때까지 이 아이디어는 두 개의 위원회로 발전되었고, 그중 하나는 FDR과 처칠에게 보고하고, 다른 하나는 연합참모본부에 보고했다. 회담의 마지막 날 아침, FDR이 마셜과 홉킨스에게 두 개의 전쟁물자위원회war resources boards를 설치하고, 그중 하나의 위원회는 연합참모본부를 건너뛰도록 했다. 마셜은 조용히 대통령에게 말하여 그런 상황에서는 더 이상 참모총장으로서 임무를 수행할 수 없다고 말했다. 실제로 마셜은 사퇴하겠다고 으름장을 놓은 것이다. 이때 홉킨스가 마셜에 동의하여 마셜을 놀라게 했다. FDR은 메시지를 알아챘다. 이어진 회의에서 FDR은 마셜과 홉킨스에게 그들의 계획을 처칠에게 설명하라고 요청했다. 홉킨스는 단일의 민간위원회가 연합참모본부에 보고하되 논쟁이 되는 사안은 FDR과 처칠에게 가져올 권한을 주자고 제의했다. 처칠은 마지못해 한 달간 시험 적용하는 데 동의했다. FDR은 타협안을 꽉 붙잡아 그 '잠정적' 해결책이 전쟁 기간 내내 지속되었다.[53]

마셜은 지휘에 대한 근본적인 질문에서 승리를 거두었다. 이러한 지휘관계에 대한 문제는 전쟁의 나머지 기간 동안 최우선적인 중요성을 지니는 사안이었다. 그러나 보다 즉각적이고 그러면서도 중요한 문제로, 다가오는 1942년에 전략의 초점을 어디에 두어야 하는지의 문제 등에 있어서는 준비가 더 잘된 영국 측이 미측 캠프 내의 분열된 의견을 이용하여 마셜을 능가했다. 영국 측은 1942년에 우선적인 초점을 북아프리카에서 주축국을 격퇴하는 데 두도록 요구했다. 그들은 유럽으로의 침공은 이를 후속하여, 되도록이면 1943년에 시행될 것이라고 했다. FDR은 미군 장병들이 독일군에 맞서 가능하면 빨리, 1942년 안에 그리고 가급적 선거일 이전에, 작전을 개시할 것을 강조하면서 동의했다. 더 심각한 논쟁은 FDR의

군 수뇌부에서 일어났다. 해군과 맥아더는 태평양에 집중할 것을 요구했
으며 도그 계획에는 관심이 없었다. 마셜의 육군 계획관들은 영국군이 앞
으로 그리 머지않은 1943년에는 유럽으로의 공격작전을 개시할 수 있다
고 믿는 가운데 마셜을 지원했다. 마셜은 미군을 북아프리카에 투입하는
데 동의했지만, 육군이 아직 완전히 준비되지 않은 상태임을 알았다. 더구
나 아프리카에 투입된 자원은 더 중요한 유럽 침공 시 가용하지 않게 되리
라는 것도 알고 있었다. 아카디아 회담은 이러한 이견들을 선의와 국제연
합 조직 및 목표의 선언이라는 구름 속에 감추어버렸다. 영미 양국의 군인
들과 정치가들의 앞에 시련이 기다리고 있었다.[54]

　　영국 측이 워싱턴을 떠난 뒤, 마셜은 육군 내부의 해묵은 조직편성
상의 문제를 해결하기 위해 신속하게 움직였다. 루트Root 개혁 이후 지난
40년 동안, 세계전쟁, 급속한 과학기술의 발전, 그리고 전례 없는 경제적
융기 등이 있었고, 군대도 이와 함께 크게 성장했다가 수축되었으며, 새
로운 임무를 받는 대신 다른 것들은 버렸다. 그러나 새로운 기관들이 싹
을 틔웠는데도 많은 기관들이 여전히 과거의 전신과 유사했다. 육군의 경
우 1941년 말, 61개의 예하부대를 참모총장이 직접 지휘하도록 되어 있
었다. 일본의 기습공격은 마셜이 악조건을 해소하고 자신의 본부를 싸울
수 있는 형태로 바꾸는 데 있어 전략적인 추진력과 정치적 기회를 만들어
주었다.

　　1942년 1월 말 마셜은 신속하고 조용히 그리고 거침없이, 스스로 가
장 열악한 지휘소라고 불렀던 자신의 지휘소를 재편성했다. 3월 초에는 대
통령이 마셜의 개혁안을 이행하라는 행정명령에 서명했다. 이제 간결해
진 일반참모부의 도움을 받으며 마셜은 다만 세 개로 줄어든, 하지만 정말
강력한 예하부대 ─ 육군지상군, 육군항공군, 보급근무대이후 육군근무군 ─
를 지휘하게 되었다. 마셜은 이렇게 광범위한 개편을 단지 6주 만에 해냈
다. 세계 전쟁의 충격은 마셜이 신속하게 행동하도록 요구했고 또 허락했
으며, FDR에게 부여된 새로운 전시 행정권한은 변화된 사항들을 수많은
의회의 위원회에 상정하여 승인을 얻지 않아도 법규화되도록 했다. 마셜

은 더 이상 사소한 사항으로 인해 발목을 잡히지 않게 됨으로써 육군을 훨씬 더 잘 지휘할 수 있고 범세계적 전략에 집중할 수 있게 되었다고 느꼈다.[55]

1942년 3월 미 함대사령관 킹 제독이 사령관 직위를 유지한 가운데, 해군참모총장으로 임명되었다. 그는 대통령에게 제1의 해군 조언자이자 전략적 결심을 이행하도록 인가된 제독이었는데, 이제 그와 마셜은 이전에는 상상할 수도 없는 막대한 권한을 갖게 되었다. 킹은 당대에 가장 폭넓은 경험을 한 해군 중 한 명으로, 현명하고 공세적이며 박식하고 정치적으로 기민했다. 반면, 그는 폭음하고, 부하 장교들을 함부로 대하는 편협한 바람둥이에다가 영국군과 육군에 대한 의심이 많았고, 거의 모든 사람을 거칠게 대하는 사람이었다. 그의 여섯 명의 딸 중 하나가 웃으며 말했다. "아버지는 해군에서 가장 변덕이 없는 분이었어요. 항상 화가 나 있었으니까요." 통상 다른 사람을 평가할 때 지나치리만큼 조심스러웠던 마셜도 나중에 "킹은 항상 모든 사람에게 화를 냈다. 그는 끊임없이 불만을 토로했다"고 회상했다. 그는 영국군과도 '끊임없이 다투고, 그들 또는 우리와 소란스럽게 토론할 준비가 되어 있어서' 협상을 어렵게 했다. 마셜은 그러한 그의 특성을 일찍이 알고 있던 터라, 자신의 업무파트너인 킹을 절차탁마하기 위해 비상한 노력을 기울였다. 그 두 사람은 전혀 친하지 않았지만, 그들은 역경을 통해 협업의 가치를 배웠다.[56]

킹과 마셜은, 그들의 후배이자 업무파트너인 아놀드와 함께 합동참모회의를 구성했다. 가장 선임자였던 마셜이 회의를 주관했지만, 그는 해군이 한 표를 가지고 나머지 두 표를 억제하는 것이 항상 불편했었다. 킹이 언제든지 어떤 제안에 대해서도 찬성하지 않음으로써 실질적인 거부권을 행사할 수 있었기 때문이다. 마셜은 중립적인 합동참모의장을 지정하여 좀 더 공정한 과정을 설치하기를 바랐다. 그는 홉킨스에게 도움을 요청하여 FDR에게 대통령의 오랜 친구이자 해군참모총장을 역임했던 윌리엄 레히William Leahy 제독을 의장으로 추천했다. 대통령은 처음에는 마셜이 참모총장이라고 하면서 거절했다. 마셜이 모든 군을 아우르는 참모총장이 필요하다고 설명하자, FDR은 "그러면, 내가 총장이오. 내가 군 통수권자니까요"라고 말했다. 마셜은 FDR이 거부하는 동안에도 수개월 동안 동일한 주장을 했고 마침내 FDR이 한발 물러 레히를 합동참모본부에 대한 자신의 '심부름꾼'으로 지명했다. 레히는 실질적인 합동참모의장이라기보다는 FDR을 위한 군사분야 참모장의 역할을 하게 되었다. 그럼에도 레히가 합류하면서부터 각 군 간의 상호협조가 개선되기 시작했는데, 총장들이 더 잘 협업했기 때문이기도 했고, 레히가 대통령에게 더 잘 다가갈 준비가 되어 있었기 때문이기도 했다.[57]

1942년 봄, 지구의 양편에서 동시에 전쟁을 수행함에 따르는 매일매일의 소요가 미국의 자원을 갉아먹고 전략적 초점을 흐트러뜨리기 시작했다. 참혹한 진지전이 반복되는 것을 두려워했던 처칠은 간접접근전략, 즉 유럽대륙으로 직접 공격하기보다는 지중해를 통해서 남쪽으로부터 접근하는 전략을 고집스럽게 강조했다. 이에 따라 전략적 노력이 분산될 수밖에 없어 마셜은 신경질이 났고, 관대한 FDR이 지중해에서의 작전을 '그 특유의 담배 라이터 제스처로 엄지손가락을 추켜올리며 손쉽게' 동의한 것이 짜증을 더욱 배가시켰다. 마셜은 어렵게 FDR을 설득하여 유럽을 향하도록 되돌렸고, 영국해협을 횡단하는 상륙작전에 대해서도 승인받았다. 대통령은 홉킨스와 마셜에게 계획을 런던으로 가지고 가라고 명령했다.[58]

4월 초 마셜과 홉킨스는 런던으로 날아갔다. 마셜은 이제 연합관계에 묶여 FDR은 물론 처칠에게도 조언을 제공하는 입장이 되었다. 마셜은 처칠이 늦게까지 일하기를 좋아하는 것과 연극하는 듯한 과장된 언행을 냉철하게 참아내면서 솔직함과 단호함으로 수상을 대했다. 홉킨스는 이때 처칠의 절친한 친구가 되어 마셜의 노력을 도왔다. 열흘 동안의 협상 끝에 미측은 합의에 도달했다고 믿었다. 즉, 처칠이 해협을 횡단하는 공격을 가급적 1942년에, 그렇지 못하더라도 1943년에는 확실히 지원하겠다는 입장이라고 인식했던 것이다. 그러나 수상은 다만 그의 동맹을 전쟁에 개입시키는 데 더 관심이 있었다. 그는 해협횡단 작전의 조기 실시 가능성에 대한 자신의 거리낌을 솔직히 얘기하지 않았다. 그가 미측의 제안에 동의한 것은, 그렇게 함으로써 미국이 독일에서 전투하게 될 사단들을 좀 더 빨리 동원하리라고 생각했기 때문이었다. 마셜과 홉킨스는 행복한 마음으로 귀국했지만, 결국 속은 것이었다.[59]

5월에는 소련의 외무장관 브야체슬라프 몰로토프Vyacheslav Molotov가 워싱턴에 도착하여 유럽에서 제2전선의 형성을 제안했다. 런던에서 막 돌아온 마셜과 홉킨스는 FDR에게 날짜는 특정하지 않되 유럽으로의 공격에 동의하라고 조언했다. FDR은 더 나아가 미국이 1942년 안에 미군을 유럽에 투입할 것이라고 약속했다.[60] 처칠이 자신에게 했던 것처럼 FDR도 그가 해낼 수 있는 능력도 없거니와 이행할 의도도 없는 전략에 대해 약속했다.

6월 초 태평양에서 거둔 승리가 아이러니하게도 전략적 고려를 더욱 복잡하게 만들었다. 미드웨이에서 3일간의 전투가 끝나자, 미국은 태평양에서의 주도권을 확보하게 되었고 다시는 빼앗기지 않았다. 마셜과 스팀슨은 미드웨이가 도그 계획을 위한 필요조건, 즉 유럽에서 전략적 공세작전을 수행하는 동안 태평양에서의 방어작전을 위한 안전을 확보하게 했다고 주장했다. 반면 킹과 맥아더는 미드웨이에서의 승리를 이용하여 일본군에 대한 공격작전을 통해 전과를 확대할 것을 주장했는데, 이는 실질적으로 '독일 먼저'라는 원칙을 포기하는 것이었다. 미군은 이러한 가장 근본적인 전략적 우선순위에도 내부적으로 서로 합의하지 못하고 있었다.[61]

며칠 후에 처칠은 좀 더 협의하기 위해 미국으로 돌아왔다. 영국의 전시 내각은 이미 다음 해1943년의 유럽 공격에 대한 자신들의 약속을 어기기로 결심했다. 처칠은 FDR과 사적인 주말 회합을 갖기 위해 곧바로 하이드 파크로 날아왔다. FDR은 몰로토프에게 했던 호쾌한 약속에도 불구하고 이미 조기에 서부 유럽으로 공격하여 제2전선을 형성하는 것에 대해서 동요의 기색을 보이고 있었다.[62] 마셜이 처칠에 대해 우려했던 것은 옳았다. 처칠은 그의 대단한 설득력을 십분 활용하여 북아프리카로의 상륙작전이 우선되어야 함을 FDR에게 심어주었다.

"우리는 대체로 대통령께서 전에 직접 동의하셨던 것을 고수하
시도록 노력했다. 대통령께서는 특히 처칠이 같이 있을 때 입장
을 바꾸시곤 했다. … 대통령은 항상 어떤 부차적인 일도 할 준비
가 되어 있으셨고, 처칠은 항상 대통령을 자극했다. 내 일은 대통
령께서 우리가 하고 있던 일들을 계속하시게 하는 것이었다."

FDR과 둘이 있을 때, 처칠은 프랑스로의 해협횡단 공격에 대한 비판적 의
견을 강력하게 주장했고, 공격방향을 북아프리카로 바꾸도록 FDR을 설
득했다.[63]

    FDR과 처칠이 워싱턴으로 돌아온 다음 날, 영국은 북아프리카 전역
에서 가장 심각한 패배를 당했다. 이제 그곳으로 공격해야 한다는 주장은
더욱 절실한 요구가 되었다. 백악관에 같이 있던 두 정상은 3만 3천 명이
주둔하고 있던 토브룩Tobruk의 영국군 기지가 수적으로 절반 정도밖에 안
되는 독일군과 하루 동안의 전투 후에 항복했음을 알게 되었다. 군 수뇌부
와 회의를 하고 나서 FDR은 자신의 동정심을 실제적으로 표현했다. "우
리가 무엇을 해야 그들을 도울 수 있소?" 마셜은 즉시 3백 대의 신형 셔먼
Sherman탱크, 100문의 자주포 등을 중동으로 보냈다. 처칠은 FDR과 마셜
에게 답했다. "그 무엇도 귀하의 동정심과 기사도를 능가할 수 없을 것입
니다."[64] 영국이 어려운 시기에 처해 있을 때 보내준 미국이 관대함이 두
동맹의 결속을 더욱 강하게 했다. 회담은 여전히 중요한 전략적 결정을 내
리지 못하고 있었지만, 처칠과 FDR은 1942년에 미군 부대가 유럽으로 전
개하여 작전을 개시한다는 데 합의했다. 해당 전구의 지역적 범위는 이제
프랑스와 북아프리카를 포괄할 만큼 넓어진 상태였다.

    마셜의 계획관들은 매우 빠르게 변화하는 전략적 상황에 제대로 준
비가 되어 있지 않았다. 해군과 맥아더는 독일 우선 전략에 대한 브리핑을
받지 않았고, 따라서 미군 측의 조언은 쪼개져 있었다. 토브룩에서의 재앙
적 패배로 크게 동요하고 있던 처칠 정부로서는 미국이 약속을 가시적으
로 보여주기를 절실하게 바라고 있었다. 루스벨트 대통령은 독일군에 대

해 곧 미군 장병들이 행동을 개시하기를 원했으나, 자신의 군대로부터 적절하고 지속적인 조언을 얻지 못하고 있었다. 처칠은 런던으로 돌아간 얼마 뒤에 FDR에게 영국군은 프랑스로의 침공을 지원하지 않을 것이라 하면서 대신 북아프리카로 공격하자고 강력히 주장했다. 이 선언은 전쟁 중, 동맹의 전략과 미국의 정치-군사 관계, 두 가지 측면에서 가장 심각한 격동을 일으켰다.[65]

마셜은 스팀슨에게 영국군의 거부가 '우리의 전쟁 전략에 새로운, 그리고 놀라서 휘청거리게 하는 위기'를 불러왔다고 말했다. 마셜은 킹과 함께, 대통령 및 영국 측과의 대결을 강행하기로 결심했다. 두 명의 참모총장은 통수권자의 명확한 전략적 지침을 원했다. 마셜은 소련에 대한 압력을 경감시켜주고 히틀러를 양면 전쟁의 위험에 빠뜨릴 수 있는, 유럽으로의 침공에 대해 영국군의 확실한 약속을 원했다.[66]

7월 10일, 마셜, 킹, 그리고 아놀드는 하이드 파크에 머물고 있던 FDR에게 전문을 보내 만약 영국이 북아프리카로의 공격을 계속 고집한다면, 합동참모회의는 '우리가 태평양을 우선시하여 일본을 결정적으로 타격하는 방향으로 변경하는 데 전적으로 동의했음'을 전했다. 다시 말하자면 전략적 우선순위가 '태평양 우선'으로 변경되어야 한다는 것이었다. 그날 오후에 마셜은 FDR에게 또 다른 메시지를 보내 '영국 측이 독일에 대한 동맹의 노력을 집중해야 한다는 주장을 받아들이게 하려는' 의도에서 그런 전문을 보낸 것이라고 첨언했다. 화가 부글부글 끓어오른 대통령은 군 수뇌부가 자신에게 엄포를 놓고 있다고 느끼고는, "합동참모회의는 즉시 태평양 공세작전을 위한 세부적인 계획과 그러한 전략이 중동과 러시아에게 어떤 의미를 지니는지에 대한 평가를 해서 함께 보내라"고 전화로 지시했다.[67]

당연히 합동참모위원들 — 합참의장 레히, 육군총장 마셜, 해군총장 킹, 육군항공대사령관 아놀드 — 은 자신들이 상세한 작전계획을 갖고 있지 않다는 것과 자신들의 제안이 소련 혹은 중동지역의 전략적 상황에 도움이 되지 않는다는 것을 인정할 수밖에 없었다. 그들의 답신을 읽으면서

FDR은 점점 더 화가 났다. 킹 제독은 '독일 우선' 전략을 지지한 적이 없었으므로 그렇게 섣부른 반항 같은 언행을 할 수 있으리라고 생각할 수 있었지만, 마셜의 경우는 다른 문제였다. FDR은 마셜의 판단과 그의 원숙함과 정직을 신뢰해왔다. 이제 대통령은 마셜이 어디에 미국의 군사력을 집중할 것인가 하는 가장 중요한 전략적 결정을 놓고 장난치고 있다고 여겼다. FDR은 화가 나서 급히 손편지를 써보냈다.

> "여러분의 건의에 대한 나의 첫인상은, 그것이 바로 진주만 습격을 당한 우리 미국이 택할 방책이라고 독일이 기대한 바와 같다는 것이오. 둘째로 그 제안은 실제로 미군 병력을 수 많은 섬들에서 전투하는 것밖에는 사용하지 않는 것인데, 그런 섬들을 점령하는 것이 올해나 이어지는 해 동안에 세계의 전략적 상황에 미치는 영향은 거의 없소. 셋째로 그것은 러시아나 근동지역에 도움이 되지 않소. 따라서 현재로선 그것을 승인하지 않을 것이오."[68]

자신의 헌법적 역할과 또 자신의 불쾌함을 강조하기 위해서, 그는 편지 끝에 "루스벨트 C in C.*"라고 사인했다. 논쟁을 해결하기 위해 워싱턴으로 급히 돌아가기로 결심한 대통령은 출발 전에 마셜, 킹, 그리고 홉킨스에게 즉시 런던으로 갈 채비를 갖추라고 예비 명령을 내렸다. 백악관에서 가진 긴장감이 팽팽했던 회의 시간에 마셜은 영국과의 협상에서 '태평양 우선' 전략을 표방하는 도박을 할 것과 레반트the Levant지역에서의 작전에 반대할 것을 강력히 주장했다. FDR은 누구도 자신이 원하는 모든 걸 다 가질 수는 없는 법이고 그렇게 하는 것은 '접시를 들고 나가버리는' 것이라며, 군 수뇌부의 조급한 대응을 나무라면서 해협을 횡단하는 공격작전을 지원할 것이라는 약속도 재확인해주었다. 다음 날 대통령은 1942년 말

---

*   Command in Chief(통수권자)

까지는 독일군에 대항하여 미군을 투입하는 데 동의해달라는 요구를 전하기 위해 그들을 영국으로 보냈다. 마셜은 '태평양 우선' 주장으로부터 한발 물러섰고, 자신이 취약한 위치에 처해 있다는 것을 알고 있었다. 동맹과 협상을 하러 나아가면서 자국 대통령으로부터 확고한 뒷받침을 받지 못하고 있었기 때문이었다.[69]

런던 협상의 결과는 미리 정해진 것이나 다름없었다. 대영제국의 일반참모부Imperial General Staff 총장이자, 육군 원수인 알란 브룩 경Sir Alan Brooke은 미측이 분열되어 있음을 알았다. "홉킨스는 아프리카에서의 작전을 원했고, 마셜은 유럽에서의 작전을 원했으며, 그리고 킹은 태평양에 충실하기로 마음먹고 있었다." 마셜과 킹은 타협안을 만들어보려고 시도했으나 해리 홉킨스는 FDR을 재촉하여 북아프리카로 침공하는 토치Torch 작전의 시행일을 1942년 10월 30일로 확정하게 함으로써 그들의 계획을 무산시켰다.[70] 어려운 상황이 닥치자, 홉킨스는 결정적으로 마셜의 편이 아니라 대통령의 편에 서서 그의 정책에 힘을 실었다. 또한 그렇게 함으로써 그는 동맹을 구해냈다.

그 결정을 기록하면서 공식적인 합동참모회의 의사록은 반복적으로 "우리의 정치체계는 올해 아프리카에서의 대규모 작전을 요구했다"고 기록했다. 몇 년 후 마셜은, 1942년 당시에는 그가 정치지도자와의 지속적인 협의continuous negotiation에 대해서 아직 배워야 할 것이 많았음을 인정했다.

> "우리는 민주주의 국가의 수반이 국민을 즐겁게 해줘야 한다는
> 것을 알지 못했다. 틀린 말처럼 들릴지 모르겠지만, 그것은 어떤
> 개념을 전달한다. 바로 국민은 행동을 원한다는 것이다."

FDR은 비열한 일본의 공격에 대해 복수하기를 원하는 국가의 정치지도자였다. 그는 또한 '독일을 우선' 격퇴해야 하는 정책을 수립한 군 통수권자였다. 그는 이처럼 정치적 리더십과 전략적 리더십이 추구하는 바

가 서로 다른 현실을 조화시켜야만 했다. 그는 진주만 기습 1주기를, 자신의 동료 시민들을 전쟁으로 이끌고 간 전략에 대한 결연한 약속을 가시적으로 보여주지 않고 맞을 수는 없었다. 또한 실제적인 정당정치의 관점에서 FDR의 민주당은 유권자들에게 전쟁에서 뭔가 진전되는 모습을 보여줘야 했다. 마셜은 나중에 기록하기를, 북아프리카에서의 토치 작전에 대한 회의가 열렸을 때 FDR이 그의 손을 들어 기도하는 모양을 취하면서 "제발, 선거일 전에 이루어지게 하소서"라고 했다고 썼다. 하지만 마셜은 작전을 일주일 연기해야만 했고, 그로 인해 1942년 중간선거가 막 끝나고 나서야 작전이 개시되었다. FDR은 "단 한마디도 하지 않았고, 그는 매우 용기 있었다".[71] 민주당은 투표에서 고전했지만, FDR은 1942년 북아프리카에서 미군을 독일군에 대항하는 작전에 투입했다.

그러나 또 다른 차원에서 마셜의 두려움이 생겨났다. 소련은 토치 작전을 독일에 대한 두 번째 전선으로 절대 인정하지 않았다. 그것은 동부전선에서의 자신들의 노력에 비교해볼 때 작은 침으로 한번 찌르는 것에 지나지 않았다. 처칠은 지중해에서 '유럽의 부드러운 아랫배'를 따라서 공격하는 보조적 활동을 지속적으로 추진했다. 그러나 이것은 프랑스로의 해협을 가로지르는 공격에 필요한 부대를 묶어놓는 것과 같았다. 프랑스 북서부에서 제2전선이 형성되었다면 러시아를 만족시켰을 것이나, 그것은 1943년을 넘어서 1944년으로 연기되었다. 이러한 지연은 D일에 이르기까지 동맹국 간 가장 첨예한 논쟁거리가 되었다.

더 좋지 않았던 것은 합동참모위원들이 독일을 먼저 처리하는 데 충실하겠다는 FDR의 명확한 결심에 불복했다는 것이다. 토치 작전에 대해 자신들이 묵인했음에도 불구하고, 몇 주 동안 총장들은 그 문제가 아직 결정되지 않았다는 듯이 행동했다. 그들은 영국군 총장들과 토치 작전 참가 부대의 규모에 대해 9월 초까지도 '대서양을 가로지르는 난상토론'을 벌였다. 그러는 사이에 남태평양에서의 전역이 사람과 물자, 그리고 수송 자산 등을 잡아먹기 시작했고 그 양도 지속적으로 증가했다. 총장들은 그러한 확장을 적절히 둔화시킬 수 있었으나 그렇게 하지 않았다. 레히가 합동참모회의에 가입할 때, 그는 일본을 주적으로 여기고 있음과 중국군을 돕기 위해 버마 통로의 개척을 강력히 주장했다. 8월 11일 합동참모회의 때까지도 마셜은 "커다란 문제는 미군의 주노력을 유럽과 중동이 아니라 태평양에 둘 것인지를 결정하는 것"이라고 언급했다. 이러한 행동들은 군 통수권자가 분명히 그리고 반복해서 강조했던 전략적 우선순위와 걸핏하면 충돌했다. 1942년 말까지도 태평양 지역의 미 전투부대가 유럽 전구의 부대보다도 더 많았다.[72]

　　1943년 새해 첫날이 되자, 동맹은 완전히 달라지고 상당히 전망이 밝은 상황을 맞게 되었다. 미국이 과달카날을 확보했고 북아프리카에서는 영국군이 동쪽에서 그리고 미군이 서쪽에서 독일군을 튀니스로 후퇴시켰다. 소련군은 스탈린그라드에서 반격작전을 개시하여 곧 독일군 제6군을 격멸하기에 이르렀고 이제 소련이 붕괴할 것이라는 우려는 거의 무의미해졌다. 그러나 남태평양과 북아프리카에서의 대규모 미군 투입은 해협횡단 공격을 위한 전력 증강에 대해 전략적인 면에서 그리고 군수지원 측면에서 문제가 되었다. 각각의 군사 조언자들은 각기 자군의 시각에서 군사력을 바라보고 상황을 분석했다. 레히와 킹은 해군으로서 중국을 도와 일본을 격퇴하고 태평양에서 주도권을 갖는 데 초점을 두었다. 항공인 아놀드는 지중해와 영국으로부터 발진하는 독일에 대한 폭격작전을 강조했다. 마셜은 독일을 우선 격퇴하기 위해 해협을 횡단하는 공격작전으로 되돌아갔다. 합동참모위원들은 절망적으로 분열되어 있었다.[73]

☆　☆　☆

토치 작전은 매우 성공적이어서, 1943년 1월에 북아프리카의 도시 카사블랑카에서 처칠과 FDR이 다음 전략회의를 시행하기로 할 정도였다. FDR은 회의를 위해 출발하기 전에 자신의 군 수뇌부와 단 한 차례의 준비회의를 가졌고 어떤 합의에도 이르지 못했다. 그는 장군들에게 경고하여 영국 측은 '계획을 보유하고 있고 그것을 고수할 것'이라고 말했다. 대통령은 옳았다. 그리고 합동참모회의에서 들려오는 전략적 조언의 불협화음이 FDR을 처칠의 품으로 밀어넣었다. 영국의 한 계획관은 만약 그가 자신이 선호하는 결과를 정상회의가 열리기 전에 기안했다면, '나는 그렇게 압도적이고 포괄적이며 우리의 생각과 잘 맞는 계획을 입안하지 못했을 것'이라고 말했다. FDR과 처칠은 시칠리아 공격에 합의했고 프랑스로의 해협횡단 공격을 위해 영국 내로 전력을 증강하는 데 합의했으나 공격일은 특정하지 않았으며, 태평양 전구는 유럽 전구에 종속된다는 데 합의했다. 마셜의 선임 계획관이었던 앨버트 웨드마이어Albert Wedemeyer 준장은 카이사르의 말을 인용하여 애처롭게 심정을 토로했다. "우리는 마치 탈탈 털려버린 것 같았다. … 누군가는 이렇게 말할 수 있을 것이다. 왔노라, 들었노라, 정복당했노라."[74]

카사블랑카 회의는 제2차 세계대전 중 미국 정치-군사 관계에 있어 최저점nadir이었다. 하지만 문제에 대한 해결책이 이미 만들어지고 있었다. 6개월 전 합동참모위원들은 대통령과 동맹에게 통일된 면모를 보여주는 것이 얼마나 중요한지를 인식했다. 영국군이 더 나은 계획 수립과정을 보유하고 있음을 알았기에 합동참모회의는 예하에 부속위원회들을 설치하여 계획수립, 군수지원, 전시생산 및 전후 목표 등에 지침을 주어 전략상의 차이점을 해소하도록 했다. 위원회 중 하나였던 합동전략조사위원회Joint Strategic Survey Committee는 대전략의 필수성에 기초하여 범세계적 포트폴리오를 요구하는 자체적인 규약을 만들었다.

> "국가의 군사적 권한은 외교 및 경제적 권한 등과 함께 전시뿐만
> 아니라 평시의 국가정책을 만들어내는 책임을 공유해야 한다.
> 대전략은 전쟁 이후에 이어지는 평화까지를 바라보기 때문에 그
> 범주는 평화, 그리고 적국뿐만 아니라 동맹과 중립국들과의 관
> 계에까지 영향을 미치는 모든 요소를 아울러야 한다."

이러한 목표는 전략은 정책이 실패한 곳에서 시작한다는 전쟁 이전의 개

넘과는 크게 다른 것이었다. 카사블랑카 회담이 열릴 당시에는 미국의 합
동계획 수립과정이 성숙되지 않았으나 그 뒤로 곧 틀을 갖추었고, 전쟁 이
후의 국가안보 기획에 대해 군사적 주도성을 세울 정도로 더 광범위하게
발전되었다.[75)]

가장 중요한 것은 동맹이 전쟁에서 이기기 시작했다는 것이다. 우선
동맹은 지중해에서부터 주도권을 확보했고, 이에 따라 시칠리아섬에 대한
상륙작전과 후속하여 이탈리아반도로의 일련의 공격작전을 승인했다. 수
백만 명의 소련 장병들이 처절하게 싸워왔던 동부전선에서도 전 영역에서
독일군을 밀어내기 시작했다. 그리고 보조적이었던 태평양과 남서태평양
전구에서 미군이 지속적으로 일본군을 격퇴하고 있었으며, 그들의 강화된
섬들을 건너뛰어 우회함으로써 해상 및 공중으로부터의 지원을 차단하여
고립시켰다. 연합군이 모든 전선에서 전진하게 됨에 따라 전략적 동의를
달성하기가 훨씬 쉬워졌다.

이러한 모든 공격작전을 지원하기 위해 미국의 군수산업은 총, 탱크,
항공기, 함정, 상륙장비 등을 정말 놀라운 속도로 만들어냄으로써 동맹의
소요를 충족했는데 미국이 전쟁에 돌입하기 전에 FDR이 요구했던 그 환
상적인 숫자를 왜소하게 할 정도였다. 게다가 미국의 군 동원 및 훈련 체
계 역시 크게 진전되어 실제 전선에 투입되어 전투에 임하는 미군의 병력
이 영국군보다 더 많아지기 시작했다. 동맹, 특히 미국이 유럽과 태평양 양
쪽에서 동시에 싸울 수 있는 병력을 축적하게 됨에 따라 독일 우선이냐 아
니면 일본 우선이냐의 문제는 더 이상 의미가 없었다. 1943년이 무르익으
면서 영국은 점차 미국과 소련에게 부차적인 파트너가 되었고, 영국의 물
자 부족은 동맹과의 협상에 있어 그 위상을 떨어뜨리는 원인이 되었다.

개인적인 수준에서는 FDR이 이제는 늙고 병들었지만, 좋을 때나 좋
지 않을 때나 그의 군 수뇌부와 늘 함께해왔다. 그리고 링컨 대통령과는
다르게 그는 전쟁 기간 내내 동일한 군 수뇌부를 유지했다. 해군총장 킹
제독은 진주만 기습 직후에 스타크의 후임으로 지명되었고, 합참의장 레
히는 몇 개월 뒤에 임무를 시작했다. 수많은 분쟁과 패배에도 불구하고

FDR은 장군들에 대한 믿음을 쌓아갔다. 특별히 조지 마셜에 대해서는 말할 나위 없었다. 대통령이 전략적인 문제를 다루는 회의에 갈 때, 그는 국무장관, 육군장관, 해군장관을 국내에 두고 가는 방식을 유지했다. 카사블랑카 회담 이후부터는 참가하는 모든 회담에 합동참모위원들을 데리고 갔으며, 그렇게 오가는 동안 같이 있으면서 군 수뇌부에 자신의 의도를 설명하는 데 많은 시간을 사용했다. 건강이 갈수록 나빠지게 되자, 이전보다 더 마셜과 킹, 그리고 레히에게 의존했다. 대통령은 그들의 참여가 결정적으로 중요했음을 인정하면서 임시 회의체였던 합동참모회의를 전후에도 계속 유지하는 것에 동의했다.[76]

☆ ☆ ☆

유럽으로의 반격 작전을 총지휘할 최고사령관을 선정하는 문제에 있어서 처칠은 고맙게도 마셜을 건의했다. FDR은 마셜 장군이 그 직책을 받을 만하다는 데 동의했다. 그러면서도 언젠가 한 번은 "한 50년쯤 지나고 나서는 조지 마셜이 어떤 사람이었는지 아무도 모를 것이네. 이런 이유로 나는 조지가 대규모 부대를 지휘하기를 바랐네. 그는 역사상 위대한 장군으로서 최고사령관 직위를 가질 자격이 있지"라고 말했다. 하지만 누가 보더라도, 특히 루스벨트 대통령으로서는 의회에서, 합동참모회의에서, 그리고 동맹과의 연합전쟁위원회에서 마셜을 대체할 사람을 찾는 것은 상상하기조차 어려운 일이었다. 행정부에 비판적인 사람들은 FDR이 마셜을 정상적인 경력의 경로에서 벗어나게 했고, 백악관의 라스푸틴이었던 해리 홉킨스의 '날렵한 손'이 칼을 휘두르게 했다고 비난했다. 언젠가 독일의 라디오에서 마셜이 해임되었고 FDR이 그의 자리를 차지했다는 오보가 있었다. 이에 대해 마셜이 홉킨스에게 장난스러운 메시지를 보냈다. "해리, 이렇게 나를 놀리는 것이 귀하입니까?" 홉킨스는 이 메시지를 FDR과 공유했고, 이에 대통령은 마셜에게 답신을 보냈다. "조지, 부분적으로만 사실이네. 내가 이제는 참모총장이지만, 자네가 대통령이네. FDR."[77] 그들이 함께했던 세월이, 대통령이 마셜 자신의 이름을 친숙하게 부르는 것에 대한 금지를 깨뜨렸다.

사실 비평가들이 비난했던 것과 반대의 일이 벌어졌다. 홉킨스와 스팀슨은 열정적으로 마셜을 최고사령관에 보직하기 위해 팔방으로 애를 썼다. 1943년 말 테헤란 회담에서 제2전선을 책임질 사령관이 누구인지 알고 싶어 안달하던 스탈린조차도 마셜이 되었으면 좋겠다는 뜻을 밝혔다. 이제 FDR은 사령관의 지명을 더 이상 미룰 수 없게 되었다. 그는 홉킨스를 보내 마셜에 대한 자신의 걱정을 전하게 했다. 아마도 마셜이 받을 충격을 조금이라도 완화하고자 했던 듯하다. 대통령과 마셜 두 사람은, 마셜이 급기야 "대통령께서 어떤 결정을 내리시든 전심으로 따를 것이며, 따라서 대통령께서는 저의 개인적인 반응에 대해서는 전혀 걱정하지 않으셔도 된다"고 말할 때까지 이 사령관 선임 문제에 대해서 빙빙 돌려댔다. 다음 날 FDR은 그의 육군총장과 같이 앉아서 해당 문제를 놓고 토의했다. 언제나처럼 마셜은 "제 느낌과 생각을 고려하지 마시고, 대통령께서 조국의 이익에 최선이라고 생각하시는 대로, 그리고 스스로 만족하는 방식으로 자유롭게 결정하시기를 바랍니다"라고 강조하며 대통령의 부담을 벗겨주었다. 대통령은 이에 대해 자신은 "마셜이 워싱턴을 벗어나 있으면 잠을 편히 잘 수 없었다"고 고백했다.[78] 드와이트 D. 아이젠하워Dwight D. Eisenhower 장군이 상륙작전의 사령관이 되어 나치 독일의 패망을 이끌게 되었다.

FDR과 마셜은 그들 모두를 고통스럽게 했던 결정을 할 때조차도, 각자가 전적으로 서로에 대한 믿음을 가질 수 있을 정도의 경지에 이르기까지 멀고도 험난한 여정을 함께해왔다. 홉킨스가 중재자 역할을 한 것이 완전히 잘 맞아떨어진 것이기도 했다. 마셜은 후에 회상하기를 FDR은 미국이 전쟁에 돌입하고 나서야 자신에 대한 신뢰를 갖기 시작했으며, 홉킨스도 둘 사이의 관계를 강화하는 데 대한 책임을 지게 되었다고 말했다.[79]

FDR은 전쟁의 마지막 몇 개월까지 군 수뇌부와의 지속적인 협의를 주도하고 지배했다. 진주만 기습이 일어나기 전에 대통령은 군 수뇌부를 그의 공관에 초대하여 그들에게 예외적인 접근을 허가하고 그들을 호기심 어린 눈으로 지켜보았다. 그는 그들에게 정치지도자이자 군 통수권자로서 동맹을 지원하고, 전략계획을 전부 혹은 일부만 승인하거나 거부하며, 군 사적 필요성이라는 제한사항에 구속받지 않을 수 있는 자신의 특권을 강조하면서, 오로지 자신의 생각대로 전쟁을 준비하도록 허락했다. 미국이 참전한 후에 FDR은 장기 및 단기 정치적 목표들과 연계된 최상급 수준에서의 전략을 만들어냈다. 그는 또한 자신의 군 지도자들이 낸 제안 중 하나를 선택하거나 그들의 계획 모두를 거부하는 대신 영국군이 제시한 방안을 선택함으로써, 그들이 서로 싸우도록 내버려 두어 자기들 스스로 협력에 대한 교훈을 얻도록 했다.

토치 작전에 대한 논쟁과 카사블랑카 회담 이후에 대통령은 비교적 덜 강압적인 모습으로 변했으나, 이는 합동참모회의가 자신의 정책을 지원하는 법을 배웠고, 그것을 시행하는 협상전략을 더 익혔기 때문이었다. 어떤 의미에서는 숙달된 마부가 어린 망아지를 '길들이는' 것처럼, FDR이 합동참모회의를 길들인 것이었다고 하겠다. 이후로 말과 마부는 가장 효과적으로 함께 일했다. 1945년 FDR의 건강이 나빠지기 시작했을 때도 합참은 대통령의 확실한 지침이 없는 가운데서 그의 정책을 지속해서 추진했다. 전쟁의 마지막 두 해 동안 진행된 정치-군사 간 협의는 유능한 대통령이 예외적으로 효과적이며 강력한 군사기구에 대한 통제를 유지하는 친밀하고 생산적인 파트너십이 되었다. 오로지 링컨-그랜트 간의 파트너십이 그 효과성과 문민통제라는 미국의 전통을 유지한다는 차원에서 이에 필적할 만했다.

FDR과 마셜의 관계는 독특하고 강력한 두 인격체의 결합이었다. FDR은 당대의 완벽한 정치가로서 유능한 대전략가가 되었다. 그는 세계적 정책목표들에 집중했으나 군 수뇌부가 그의 광범위한 원칙을 지키려고 하지 않을 때 전략을 철저히 확인하는 상당한 능력을 보유하고 있었다. '담배 라이터 제스처'를 취하며 불쑥 새로운 의견을 내놓거나 누군가의 그런 의견에 동의하곤 했던 그의 방식이 군 수뇌부에게는 미치도록 혼란스러워 보일 수 있었다. 하지만 역사적 관점에서 보면, 전쟁목표를 추구하는 데 있어서 그는 남다르게 일관되어서 1941년 12월의 목표와 전쟁이 끝날 때의 목표가 거의 바뀌지 않았다.

마셜은 그 맞은편에 있었다. 그는 전형적인 전문 직업군인이었고 국내 및 국제적 수준에서 유능한 정치가가 되었다. 그는 공평하고, 정직하며, 전문지식에 바탕을 둔, 사심 없는 관계를 발전시킴으로써 그리고 스스로 자신이 할 수 있는 한 최선을 다해 전쟁 노력을 위해 헌신하는 것 외에는 개인적인 야망을 갖고 있지 않음으로써 정치적으로 성공할 수 있었다. 마셜은 정치로부터 자신을 멀리 떨어뜨리지 않았다. 그는 실제로 합동참모위원들이, 즉 군의 수뇌부가 다른 어떤 것보다 전략의 정치적 측면을 논의하는 데 더 많은 시간을 사용했다고 회상했다. 마셜에게 그 문제는 자명한 것이었다. "세계적 전쟁에서의 어떤 움직임도 정치적 의미를 가진다." 정치과 전략을 구분하는 벽은 없었다.[80]

FDR은 그의 의장과 총장들에게 폭넓은 자유와 이에 상응하는 큰 책임을 부여했다. 그는 개인적으로 그리고 그의 독특한 리더십으로, 그들의 책임과 권한을 확장했다. 그러한 군 수뇌부의 권한은 범세계적 전쟁을 치르기 위해 군이 전례 없는 규모와 능력을 갖추게 됨으로써 자연적으로 더욱 커졌다. 한 사람이 그 모든 것을 다 할 수는 없었다. 하지만 FDR은 공식적인 군사조언기구를 거부했다. 마셜은 속임수를 쓰다시피 하여 가까스로 합동참모회의를 설치할 수 있었다. FDR은 합동참모회의가 자체적으로 권한을 제도화하고 영역을 확장할 수 있는 예하 위원회와 조직구조를 설치했음에도 이를 인정하는 공식 문서를 수여하지 않았다.

FDR이 사망하고 전쟁이 끝난 후에 1947년과 1949년의 국가안보법은 FDR이 문서로 제출하기를 거부했던 것, 즉 합동참모본부 설치령을 법제화했다. 동 법안은 국가안보실NSC, 중앙정보국CIA, 국방부DoD 및 육군성, 해군성과 새로 독립한 공군성 등을 창설했다. FDR이 격렬히 반대했던, 조직도와 제도적 업무범위를 가진 공식적인 국가안보 담당기구가 이제 법률에 정식으로 반영되었다. 그러한 조직들과 그 후속기구들은 지금의 우리에게는 너무도 익숙한 것들이어서 그런 것들이 존재하지 않는 세계는 생각하기 어렵게 되었다. 하지만 그것들은 미리 예견치 못했던 결과로 나타난 새로운 조직이었다. 아무도 FDR의 후임자들이 그런 거대한 짐승을 통제할 수 있는 정치적 기술과 강철 같은 의지를 가질 수 있으리라 장담할 수 없었다. FDR조차도 자신이 만들었던 임시조직을 공식화했을 때의 결과에 대해 두려워했다.

어느 누구도 미래의 합동참모회의 구성원이 그들의 전시wartime 선배들처럼 유능하거나 조지 C. 마셜과 같이 표면에 나서지 않는 지도자가 되어야 한다고 법제화할 수는 없었다. 토치 작전에 대한 논쟁이 보여주듯이 마셜조차도 불복종하는 순간이 있을 수 있다. 또 어떤 국가안보법안도 한 역사학자가 묘사했듯이 '보이지 않는 합동참모회의 멤버이자 실질적인 연합참모총장'이었던 해리 홉킨스와 같은 이를 불러낼 수는 없는 것이다. 홉킨스를 FDR의 국가안보보좌관 그리고 비공식적인 국방장관으로 표현하는 것이 더 적절할 수 있다. 하지만 합동참모위원들처럼 홉킨스도 오직 FDR이 개인적으로 승인했을 때만 그러한 역할을 했다. 이러한 역학관계에 법적 기준을 부여하는 것은, 미국의 정부가 누렸던 가장 효과적인 정치-군사 관계를 보존하려는 그저 좋은 뜻의 순진한 시도였다. 그러한 성공적인 관계 형성이 대체로 특출나게 유능한 사람들이 그렇게 오랫동안 성실하게 일한 덕에 가능했다는 점을 잊어버린 채 말이다.[81]

전쟁 후에 군이 국가안보정책을 좌지우지하게 되었다. '국가안보'가 이전의 '외교정책'을 대체하는 용어가 되었다는 단순한 사실이 미국 행정부에 만연했던 집단적 세계관의 이런 변화를 말해주는 것이었다. 국가안보법안이 많은 변화를 유효화했지만, 그것들 또한 전쟁의 종결이 평화를 예고하는 것이 아니라는 현실을 대변하는 것이었다. 미국과 소련은 한때 세계대전의 동맹에서 냉전의 적대국이 되었다. 국가안보국가national security state를 설립하는 것은 영속하는 위협을 전제로 했고, 모든 외교정책의 문제는 군대의 힘과 필경은 군사적 해결책을 요구함을 의미했다. 그러한 상황에서 군사지도자들은 막대한 권한과 책임을 보유했다. 냉전 기간 중의 장군들과 제독들은 또한 그 권한이 증강된, 전설적인 제2차 세계대전의 승자들이었다. 이러한 '현실에 대한 새로운 군사적 정의'는 정치가 끝난 곳에서 전략이 시작했던 때와는 크게 달랐다.[82]

III

정치화의 위기
the perils of partisanship

제2차 세계대전이 끝나고 찾아온 것은 평화가 아니라 냉전이었고, 양 강대국 간의 갈등은 핵무기에 의한 종말이라는 이성적 두려움으로 인해 더욱 악화되었다. 이제 전쟁이 몇 년 단위가 아니라 몇 시간 단위로 측정되는 시대에서는, 국가안보 문제에 대해 의회로서는 감히 경쟁할 수도 없을 정도로 전례 없는 지배권을 대통령이 갖게 되었다. 이와 동시에 제2차 세계대전의 영웅적인 장군들과 제독들이 급성장하고 있는 육군과 해군의 함정, 항공기, 미사일 등과 이에 수반된 예산에 대한 종주권suzerainty을 갖게 됨으로써, 그들과 그들의 후계자들을 워싱턴 권력구조의 정점에 올려놓았다. 새로이 강력해진 군사기구들은 조심스럽게 장교들이 조직의 가치를 받아들이도록 양성했다. 하지만 해리 트루먼에 대한 더글라스 맥아더의 불복종은 장래의 대통령들에게 장군들은 세심히 살펴보아야 할 대상이라는 인식을 심어주었다. 장군 출신인 아이젠하워는 고위 장성들을 손아귀에 휘어잡으려 시도했고, 그와 그의 후임 대통령들은 회사 측의 고용자 같은 장성들, 즉 각자 자기 군종(軍種)의 보호와 성장에 집중하는 듯한 장성들로 인해 짜증이 났다. 대통령들은 자신들이 통제할 수 없었기 때문에, 전문직업군 집단을 불신하게 되었다.

20세기 말과 21세기 초에 수행된 주요한 분쟁은 선택에 의한 전쟁wars of choice이었다. 그리하여 통수권자들은 자신들의 군 수뇌부로부터 공공연히 목소리 높은 지원을 받고자 했고, 이를 위해 대통령들은 그러한 지원을 제공하리라 생각되는 장군들을 선발하여 보직함으로써 군의 전문직업성을 흔들기 시작했다. 베트남, 사막의 폭풍, 그리고 최근의 이라크 및 아프간 전쟁의 주요한 군사지도자들이었던 테일러, 파월, 프랭크스, 퍼트레이어스 등은 전문직업적이며 비당파적인 조언을 제공하기보다는 자신들을 직접 선발한 대통령과 정치적으로 연계하여 반응했다. 그 결과 대통령과 그의 장군들 간의 관계는 우호적이고 믿음직한 관계를 형성했으나, 정책은 충분히 발전되지 못했고, 전략은 잘못 이행되었으며 국가에는 불만족스러운 결과가 예견되었다. 더욱이 후속하는 행정부의 대통령으로서는 전임 행정부에서 선발되어 보직되었던 장군들이 과연 새로운 정책목표를 분석하고 국가에 최대한의 이익을 가져다주는 전략을 수립하는 데 필요한 불편부당한 전문지식을 제공할 것인지 의심할 만한 이유가 있었다. 시간이 지나면서 대통령들은 점차 전문직업군의 사심 없음을 의심하면서 그들 자신과 생각을 같이하는 장군들을 찾아야 할 필요성에 직면하게 되었다.

9
맥아더의 퇴장
EXIT MacArthur

완벽한 연주자 더글라스 맥아더는 30분 이상 동안 청중을 온전히 사로잡았다. 미국 의회같이 연설에 신물이 난 청중을 대상으로 한 점을 고려할 때 그것은 대단히 성공적인 연설이었다. 2천만 명의 미국인들이 TV를 시청하고 있었고, 1천만 명의 미국인들은 라디오를 청취했는데, 이는 당시 그 두 미디어의 그때까지 시청 기록을 경신하는 숫자였다. 그의 칠흑 같은 머리, 꼿꼿한 자세나 완벽히 조율된 바리톤의 음성은 장군이 71세나 되었다는 것을 도저히 믿을 수 없게 했다. 상·하원 합동의회 연설의 청중은 벌써 30회나 큰 박수로 호응하여 그의 연설을 중단시켰다. 이제 그는 잠시 멈추었고 서서히 끝맺는 말로 들어갔다. 필리핀 군사고문 등의 국제무대에서의 경력을 빼더라도 그의 50년 군 복무가 끝나가고 있었다. 맥아더는 회상했다.

"제가 군에 입대한 것은 20세기가 되기도 전이었는데, 그동안의 군 생활은 저의 소년 시절의 모든 희망과 꿈을 온전히 달성하는 과정이었습니다. 제가 웨스트포인트의 평야에서 임관 선서를 한 이후 세상은 여러 차례 뒤집혔고 희망과 꿈도 사라진 지 이미 오래이지만, 나는 당시 인기 있던 병영 가요barrack ballad의 후렴구

337

를 기억합니다. 그것은 아주 자랑스럽게 '노병은 죽지 않는다. 다
만 사라질 뿐이다'라고 선포하는 것이었죠. 그리고 그 가요의 노
병과 같이, 저도 이제 하나님께서 제가 볼 수 있도록 빛을 비춰주
셨던 그 의무를 다하기 위해 애썼던 노병으로서, 군에서의 경력
에 마침표를 찍고 다만 사라질 것입니다."

하원 의사당은 귀를 멎게 하는 함성으로 터질 것만 같았다. 양원의 의
원들이 눈물을 흘리며 기립박수를 보냈다. 미주리주 출신의 공화당 의원
이자 성직자였던 듀이 쇼츠Dewey Shorts는 "우리는 육신을 입고 오신 위대
한 신을 보았고, 신의 목소리를 들었다"고 외쳤다. 31대 대통령 허버트 후
버Herbert Hoover는 맥아더는 '성 바울이 동쪽으로부터 나와 미국의 위대한
육군 원수로 환생한 분'이었다고 강조했다. 한편 해리 S. 트루먼 대통령도
맥아더의 연설을 시청했으나, 매우 간결하고 함축적으로 비판했다. "그것
은 단지 망할 놈의 헛소리들뿐이었다."[1]

1주일 전에 트루먼은 맥아더를 일본과 한국의 사령관직에서 전격적
으로 해임했다. 지난해 두 사람 사이에서 그리고 맥아더의 극동군사령부
와 백악관, 국무부, 펜타곤 등과의 관계에서 긴장이 고조되었다. 한국전쟁
에 관한 전략의 차이는 외교정책에 대한 극복할 수 없는 마찰을 노정했다.
양측 모두 세계적 공산주의를 봉쇄할 필요성에 동의했으나, 봉쇄를 유효
화하기 위한 노력과 방법이 어디에 초점을 맞추어 투입되어야 하는지에
대해서 의견이 갈렸다. 트루먼은 전략적 중심을 유럽에 두었고, 맥아더는
아시아에 초점을 맞추었다. 대통령은 더 광범위한 전쟁, 특히 제3차 세계
대전을 불러올 수도 있는 중국이나 소련과의 분쟁을 피하려 했다. 맥아더
는 이미 중국과 전쟁 중이라고 주장하면서, 적에게 어떤 안전한 피난처를
주어서도 안 되며 '승리를 대체할 수 있는 것은 없음'을 강조했다. 하지만
두 사람 사이의 좀 더 근본적인 마찰은 장군에게 주어진 권한의 범위와 대
통령에 대한 그의 복종에 관한 문제에 있었다. 대통령의 정적들과 장군을
뒤따르던 사람들은 모두 너무 행복한 나머지 미처 그 분열을 자신들의 당

파적 목적을 위해 이용하지 못할 정도였다.

제2차 세계대전과 국가안보 국가의 등장이 남긴 유산 중 하나는 전쟁을 통해 등장한 군사적 영웅들이 무용(武勇)을 통해 얻은 별과 훈장으로 치장하고, 행정부의 힘 있는 위치에 올라 정부 내에서 그 영향력이 점점 커졌다는 것이다. 그들에 대한 존경심과 감사함, 또는 그러한 마음을 가진 유권자들을 두려워함으로 인해 민간 지도자들도 군의 계급과 전문성에 대해 전례 없는 존경을 표했다. 불행하게도 FDR의 사망과 함께 국가에 정치-군사지도자 간의 긴장관계를 막을 수 있는 카리스마를 가진 리더가 더 이상 없었다.

전임 대통령의 그림자 안에서 통치하던 신임 트루먼 대통령은 제복 입은 부하들에 대해 일련의 싸움을 벌였다. 해군과 해병대는 각 군 성의 설치를 자신들의 권력 기반에 대한 위협으로 여겨 거의 무효로 할 뻔했다. 그들은 싸움에서 졌고, FDR이 전시에 임시로 설치했던 합동참모본부가 1947년과 1949년의 국가안보법에 따라 강력하게 새로워진 국방부 및 중앙정보국과 함께 공식적인 지위를 얻었다. '제독들의 반란'으로 알려진 바와 같이 해군의 리더들은 자신들이 소중하게 여기는 차세대 항공모함의 획득을 위협하는 전후 행정부의 예산삭감에 대항하여 입법부를 교묘하게 활용하여 이를 회피했다.*

---

* 공군의 입장을 지지하고 있던 당시 국방장관 존슨(Louis A. Johnson)은 1949년 3월 해군의 항모건조 추진을 취소하는 결정을 내려 공군으로서는 B-36 장거리 폭격기를 대규모로 획득할 수 있는 계기가 마련되었다. 이러한 상황에서 B-36 전투기 사업과 관련하여 고위 공직자들이 돈을 받았다는 익명의 문서가 의회와 언론에 제공되었고, 확인되지 않은 루머가 나돌게 되었다. 미 의회는 이러한 문제를 포함하여 해군과 공군의 임무와 역할을 조사하기 위한 청문회를 열게 되었다. 청문회에 참석한 해군 고위장성들은 국가 군사전략, 핵전쟁 개념은 물론, B-36의 문제점을 지적하는 증언을 했다. 두 번째 증언을 마무리하는 연설은 덴펠드(Louis E. Denfeld) 해군참모총장이 할 예정이었다. 국방장관, 해군장관은 적어도 합동참모위원 중의 한 사람인 참모총장은 앞서 증언한 증인들과는 다른 입장을 발표할 것이라고 기대했다. 그러나 참모총장은 해군의 중요성과 존재 이유를 더욱 부각시키며 해군 증인들의 입장을 확실하게 지지하고 국방장관의 입장에 반하는 연설로 청문회를 마감했다. 이 상황을 언론이 '반란'이라고 보도했다.

소련의 힘이 강성해짐에 따라 모든 국가안보 문제가 실존적 위협이라는 장식을 달게 되었다. 이러한 환경에서 위대한 전쟁영웅 중 한 사람이었던 더글라스 맥아더 육군 원수가 일본에서 미국의 총독으로서 독립적인 주권 외의 모든 권한을 보유하고 있었다. 한국에서 전쟁이 발발하자 그는 극동사령부의 최고사령관 역할을 맡게 되었다. 하지만 그를 대통령에게 복종하게 만들어 대통령을 도울 수 있는 위세를 지닌 유일한 기구였던 합동참모위원들은 그렇게 할 수 없었다. 그들 또한 자신들보다 온전히 한 세대를 앞선 선배 장군이자 자신들을 훨씬 능가하는 영예를 지닌 맥아더를 너무나 존경하고 있었다. 그리하여 맥아더 관련 논쟁은 미국 역사상 군에 대한 문민통제의 중대한 시험이 되었고, 그 심각성 측면에서 독립전쟁 당시의 뉴버그 반란모의와 견줄 만했다.

☆ ☆ ☆

전설적인 더글라스 맥아더는 극명한 대조를 보인 인물이었다. 그는 매력적이고 친절했으며 현명하고 도량이 넓은 데다 통찰력 있는 사람이었으나, 다른 한편으로는 거만하고 자기중심적이며 편견을 가진 데다 속내를 감추지 못하며 근시안적인 사람이었다. 맥아더는 지위가 높은 지식인, 허세가 있는 군인, 그리고 세속적인 전략가 중 어느 역할을 하거나 때로는 동시에 이 모든 세 가지 이상의 역할을 하면서 항상 무대 위에 있는 사람 같았다. 그에 대해 중립적인 의견을 갖는 것은 불가능해 보였다. 그를 좋아하거나 아니면 싫어하게 될 뿐이었다. 어느 호주군 장군은 제2차 세계대전 동안 맥아더를 보좌하여 복무하고 나서, "그에 대해 당신이 들은 가장 좋은 평가도 또 가장 나쁜 평가도 모두 다 옳다"고 말했다.[2]

맥아더의 부친은 채터누가 전투에서 명성을 얻은 남북전쟁의 영웅이었다. 당시 18세였던 아서 맥아더Arthur MacArthur는 미주리 능선에 대한 돌격을 이끌었고, 남부연합군의 제1방어선을 점령한 후에 정지하도록 설정된 한계선을 훨씬 초과하여 계속 돌격해나갔다. 마침 이 장면을 본 그랜트 장군이 누가 저렇게 무모한 공격을 허락했는지 알아오라고 지시했다. 결과적으로는 북군의 이 돌격이 적을 기습하여 혼란에 빠뜨림으로써 능선을 확보하고 전투에 승리하도록 했다. 아서 맥아더는 후에 그의 용맹함을 인정받아 명예훈장Medal of Honor을 받았다. 그의 아들은 여기서 교훈을 뽑아냈다.

"네가 불복종한 그 명령이 너를 유명하게 만든다."

아서는 용감하고 유능한 전장 지휘자였고, 후에 중장의 계급에 올라 필리핀 주둔 사령관을 역임했다. 그의 부관 중 하나가 실토했다. "내가 만났던 사람 중 가장 두드러지게 자기중심적인 인물이었다. 내가 그의 아들을 만나기 전까지는." 아들 더글라스는 그가 죽는 날까지 자기 침대 곁에 아버지의 사진을 놓고 지냈다.[3]

맥아더는 빠르게 진급했다. 그는 제1차 세계대전 기간 중 장군이 되었고, 웨스트포인트를 졸업한 지 16년 만에 모교의 학교장이 되었다. 후버 대통령은 맥아더를 육군참모총장에 지명했는데 이는 존경하는 아버지가 오르지 못했던 직위였지만, 대공황 시절의 궁핍한 군 예산을 고려할 때 감사할 수만은 없는 자리였다. 1932년 여름, 맥아더는 워싱턴에서 '보너스 시위대'Bonus Marchers*라고 불린 제1차 세계대전 참전용사 시위대를 무자비하게 몰아낸 사건으로 인해 상당한 오명을 얻게 되었다. 훈장을 비롯한 장식을 모두 단 정복을 차려입고, 육군참모총장이 직접 탱크, 보병, 포병을 이끌고 나가 굶주린 제1차 세계대전 참전용사들을 몰아내고 그들의 판자촌을 불살랐다. 그의 보좌관이었던 드와이트 D. 아이젠하워 소령이 그렇

---

* 보너스 시위대(Bonus Marchers)는 1932년 춘하기에 워싱턴 D.C.에서 병역 인증서에 대한 보다 빠른 현금 상환화를 위해 모인 4만 3천 명가량의 가두 행진 참가자들을 통틀어 칭하는 것으로, 1만 7천 명의 제1차 세계대전 참전용사, 그들의 가족들 또 그들과 연계된 그룹들로 구성되었다.

게 눈에 띄는 역할을 하지 말라고 간언했으나, 그의 총장이 '고위 사령관은 어떤 희생을 치르더라도 자신의 이미지를 보호해야 하며, 자기 잘못을 절대 시인해서는 안 된다는 강박관념을 가지고 있음'을 알게 되었다.

보너스 시위대에 대한 맥아더의 진압은, 당시 뉴욕 주지사였던 FDR이 맥아더 장군을 루이지애나 주지사 휴이 롱Huey Long과 함께 미국에서 가장 위험한 두 사람 중 하나로 결론짓게 했다. 이상하게도 FDR은 그를 참모총장직에 유임했으나 자의식이 대단히 큰 두 사람은 결국 충돌할 수밖에 없었다. 어느 날 제출된 육군예산 삭감안에 대해 대통령 집무실에서 논쟁하던 중에 맥아더가 참을성을 잃고 말했다.

"우리가 다음 전쟁에서 패하여 미군 병사가 적의 대검에 배를 찔리고 적의 발이 죽어가는 그의 목을 눌러 그가 마지막 저주를 내뱉을 때, 그 이름이 맥아더가 아니라 루스벨트이기를 바랍니다."

FDR은 폭발했다. "장군은 대통령에게 그런 식으로 말해서는 안 됩니다!" 맥아더는 당황하여 부끄럽게 여기면서 그의 인생에서 단 한 번 처음이자 마지막으로 사과했고 사임을 요청했다. 그리고 밖으로 나와서는 백악관 계단에 구토했다.[4]

FDR은 맥아더의 사임 요청을 반려했다. 그러나 맥아더의 총장 임기가 만료되고 필리핀 지도자 마누엘 퀘존Manuel Quezon의 자문관직을 수락했을 때 만족스러워했다. FDR은 맥아더가 직접 천거한 후임자를 무시하고 참모총장을 직접 선택했다. 이에 대해 맥아더는 절대로 그를 용서하지 않았다.[5]

미 육군에서 맥아더의 경력은 이제 끝난 것처럼 보였으나, 얼마 지나지 않아 필리핀군의 육군 원수로 지명되고 퀘존의 멘토가 되었다. 1941년 전쟁의 위험이 커지면서 FDR은 맥아더를 소환했다. 12월 7일 일본이 태평양전쟁을 일으켰을 때 필리핀의 방어는 충격적일 정도로 준비가 안 되어 있었다. 일본의 전투기들이 진주만 기습의 9시간 뒤에 맥아더의 공군을

지상에서 파괴했다. 공군의 와해 이후에 진행된 필리핀에 대한 공격은 상
대적으로 간단한 것이었고, 일본제국의 육군이 곧 바탄반도에 있는 필리
핀군과 미군을 포위했다. 이러한 패배에도 불구하고 맥아더는 정치적 우
익의 사랑을 받고 있었고 FDR은 그에게 필리핀에서 퇴출하여 호주에서
동맹군을 지휘하라고 명령했다. 이후 3년 동안, 맥아더의 부대는 뉴기니
New Guinea를 되찾고, 남서태평양 섬들을 연결하는 선에서 '개구리 뜀뛰기
leap-fogging 전술'을 적용하여 필리핀을 재점령하고 궁극적으로는 일본 본
토를 위협했다. 맥아더는 1945년 여름 미주리 함상에서 일본의 항복문서
조인식을 주재했고, 이후 5년 동안 도쿄에 잔류하면서 동맹국 최고사령관
으로 임무를 수행하면서, 일본에 대한 군정과 경제 및 정치 시스템의 재건
을 담당했다.

한국에서 전쟁이 발발했을 때, 맥아더는 이미 미국에서 떠난 지 15년
이 지난 상태였고, 기간 중 단 한 번만 짧은 기간 본국을 방문했을 뿐이었
다. 그럼에도 공화당의 선거전문가들이 그를 부추겨 1944년과 1948년 두
번에 걸쳐 공화당의 대통령 후보로 이름을 올리게 했다. 두 번 모두 결실
을 거두지 못했음에도 대통령이 되고 싶어 하는 맥아더의 열망은 정치적
인 상식이 되었다. 그에 대해서 '그리스도 이후의 가장 위대한 사람'이라고
한다거나 심지어는 '이제까지 살다 간 사람 중에서 가장 위대한 이'라고
하는 등 자신이 직접 뽑은 추종자들에 의해 오랫동안 둘러싸여 있던 맥아
더는 존경 이상의 표현에 익숙해져 있었다. 그는 마누엘 퀘존과 히로히토
를 모두 거느리는 아시아의 절대자 역할을 맡았다. 그는 펜타곤에 있는 군
동료들과 긴밀한 관계를 맺지 않았으며, 그들을 아직도 자신이 참모총장
재임 시의 하급 장교들로 여기는 경향이 있었다. 제2차 세계대전 당시 맥
아더를 보좌했던 어느 해군 제독은 맥아더에 대해 다음과 같이 말했다.

"자기 주변의 사람들과 호의적이고 따뜻한 관계나 동료 의식을
개발해낼 능력이 전혀 없었다. 그는 그들로부터 존경은 받았을
지라도, 그들로부터 공감 어린 이해나 사랑은 받지 못했다. … 그

는 태도, 연설, 그리고 옷 입는 것조차도 너무 거리감이 느껴지고 빈틈이 없었다. 그에게 소소한 일상의 대화란 없었다."

맥아더의 참모장교였고 후에 위스콘신 주지사를 지냈던 필립 라 폴렛Philip La Follette은 장군의 '최상급 정신'과 그의 '강철 같은 의지'를 칭송했다.[6]

그러나 여기에 심각한 결함이 있었다. 만약 그러한 결함이 없었더라면 아마도 사람의 품격으로서 거의 완벽한 조합을 이루어냈을 것이다. 그는 겸손함이 전혀 없었고, 유머 감각이라도 있었으면 좋았겠지만, 그마저도 전혀 없었다. 그는 스스로 비웃는 자조 섞인 웃음을 할 줄 몰랐으며, 실수나 실패를 절대로 용인하지 않았다. 이런 일들이 발생하면 … 그는 속임수에 의존했다. 때때로 그것을 감추려는 은밀하고 유치한 시도를 했다. … 그의 명백한 결점들은 그가 가진 뛰어난 지적 능력, 비범한 용기, 그리고 불굴의 의지 등의 장점들에 비해 사소한 것들이었으나, 다만 그러한 결점들이 그에 의해 부인되었기에 중요해졌다.[7]

☆ ☆ ☆

해리 트루먼은 스스로에 대해 흑백을 명확히 구분하는 사람이며 중간에 있는 회색 색조에는 별로 관심이 없는 사람이라고 생각했다. 하지만 그는 많은 다른 사람들처럼, 자신의 평판을 스스로 훼손하는 언행을 간과했다. 트루먼은 웨스트포인트 출신들을 싫어한다고 고백한 바 있었다. 젊은 시절에 사관학교 지원을 거부당했던 그는 일생 동안 사관학교와 그 졸업자들을 경멸했고, 이러한 감정을 확대하여 모든 상비군 장교들까지도 경멸의 대상이 되었다. 한편 트루먼은 자신이 제1차 세계대전 당시 포대장으로서 지휘했던 미주리 주방위군과 같은 시민병을 존중했다. 그는 두 가지 군사적 전형, 즉 정규군과 주방위군 사이에는 엄청난 차이가 있다고 되뇌었다. 그러나 사실 트루먼은 같은 미주리주 출신인 오마르 N. 브래들리 Omar N. Bradley와 같은 많은 사관학교 출신 장교들과 자신의 행정부에서 국무장관과 국방장관을 지낸 조지 C. 마셜과 같은 정규전 장교들에 대해 대단한 존경심을 갖게 되었다. 실제로 그는 그들을 거의 추앙할 정도가 되어 그들의 결점에 대해서도 무비판적으로 간과했다. 트루먼은 스스로를 공평하게 사고하며 모순이 없는 사람이라고 여겼지만, 일어난 사건들은 그렇지 않음을 증명했다.[8]

트루먼은 '정치인은 군사작전에 대해 간섭할 일이 없다'라는 말을 이른바 침해 불가한 법칙으로 여기고 준수했다. 역사학도로서 특히 남북전쟁을 연구한 사람으로서 그는 합동위원회로부터 전쟁의 수행에 대한 주의를 촉구하는 교훈을 도출했다. 그리고 제2차 세계대전 기간 중, 당시 미주리주 상원의원이었던 트루먼은 군사감독위원장이 되었고, 그는 자신의 위원회가 전임자들이 행했던 참견하는 실수를 반복하지 않겠다고 약속했다. 마찬가지로 그는 남부연합의 대통령 제퍼슨 데이비스와 그의 총사령관 로버트 E. 리와의 관계를 연구했다. 트루먼은 그들의 관계를 이상적인 정치-군사 간 파트너십으로 보았는데, 데이비스 대통령이 정책을 만들고, 리 장군이 전략을 활용하여 그것을 완수하는 패턴이었다. 이론적인 '밝은 구분선'bright line이 그들이 책임지는 분야에서의 갭을 표시했다. 트루먼의 평가는 데이비스 대통령이 다른 장군들에 대해 행한 트집 잡는 듯한 간섭형 감독, 그리고 리 장군의 정책분야로의 교묘한 급습 등을 간과했다. 그럼에도 트루먼의 마음속에는 정책과 정치가들을 전략과 장군들로부터 구분하는 것이 절대적이었다. "야전의 지휘관들은 전술과 전략에 대한 절대적 통제력을 갖고 있고 이것은 항상 그러해야 한다." 확실히 전임자 FDR과는 다른 견해를 가지고 있었다.[9]

트루먼은 직업적으로는 남성복 전문점을 운영하는 소상인이었고, 지방 정치인이었다. 그는 아마도 캔자스시의 민주당 위원장 토머스 펜더개스트Thomas Pendergast의 지원이 없었다면, 미주리주 인디펜던스시 군판사 county judge로 남아 있었을 것이다. 펜더개스트는 1934년 선거에서 미 상원의원 후보가 필요했고, 해리 트루먼이 여기에 꼭 들어맞았다. 트루먼은 손쉽게 당선되었지만, 캔자스시의 뒷배와의 연계는 그의 경력에 어두운 그림자를 던졌다. 그는 초임 상원의원으로서 정직, 인내, 성실로 무장하여 전시 군사감독위원회 위원장이 되기 전까지 몇 번 대서특필되기도 했다. 전쟁수행에 관한 합동위원회the Joint Committee처럼 장군들을 다그치거나 전략에 대한 질문을 하는 대신, 트루먼은 전국을 다니면서 육군의 병영과 해군 기지 등의 군 관련 계약 실태를 조사했다. 이를 통해 부정부패를 찾아내어 1,500억 달러의 혈세를 절약했다. 트루먼은 대중의 인식 속에서 지방의 초보 정치인에서 깨끗한 정부의 화신으로 자신을 변모시켰다. 1944년 FDR이 부통령 헨리 A. 월러스Henry A. Wallace를 대체할 인물을 물색하기 시작했을 때 몇몇 민주당원들이 해리 트루먼이 괜찮을 것이라며 천거했다. FDR과 트루먼은 그해 11월 선거에서 승리했고 1945년 1월 취임했으며, 4월에 FDR이 사망했다. 트루먼이 대통령직을 승계했을 때 그는 마치 '세계 전체와 모든 별이 마치 자신에게로 일제히 떨어져 내리는' 것처럼 느꼈다.

트루먼보다 더 어려운 문제들을 물려받으면서, 또한 걸출한 전임자를 둔 대통령은 거의 없었다. 불과 몇 개월 전만 해도 무명의 법조인이었던 트루먼이, 전쟁 종결에 관한 포츠담 회담에 참석하여 FDR의 동료들이었던 처칠, 스탈린과 무대를 같이했다. 신임 대통령은 또한 원자탄의 발명과 이 기적적인 무기가 실제로 일본과의 전쟁을 단번에 끝낼 수 있음을 알게 되었다. 그러한 무거운 결정을 내리게 된 역사상 최초의 사람으로서 그는 폭탄의 투하를 선택했고 4일 뒤에 또다시 그렇게 했다. 일본은 항복했다.

그 후 트루먼은 누가 일본의 점령을 지휘할 것인지 결정해야 했다. 제2차 세계대전에 참전한 주요 사령관 중에 오직 맥아더만 전후 해외에서의 복무를 자원했다. 맥아더를 제외한 나머지 사령관들은 국민들의 열렬한 환호를 받으며 의기양양하게 귀환했다. 또한 맥아더 외의 모든 독립적인 미국 지휘관들이 국내에서의 보직을 받거나 전역했다. 트루먼은 그를 일본 주재 동맹 최고사령관Supreme Commander, Allied Powers으로 지정하는 것

외에 달리 대안이 없다고 느꼈다. 맥아더 장군이 아시아의 역사와 정치에 관해 폭넓게 이해하고 있었을 뿐만 아니라, 인간의 통치에 대해 대단히 진보적인 관점을 보유하고 있었기 때문에, 그가 일본을 궁핍한 군사주의적 과두정치 체제에서 민주적 입헌군주제로 탈바꿈시키는 멋진 성과를 달성할 것처럼 여겼다.[10]

일본에서의 성공적인 임무수행도, 맥아더를 "대(大)장군Big General", "자기가 잘난 줄로 생각하는, 고급 장교님Mr. Prima Donna, Brass Hat", "배우이자 사기꾼play actor and bunco man" 그리고 "신의 오른손The Right-Hand Man of God" 등으로 다양하게 지칭하곤 했던 트루먼으로부터 신임을 얻도록 하는 데는 크게 영향을 주지 못했다. 트루먼은 FDR이 "맥아더를 혐오했던 것이 내게 어느 정도 영향을 미쳤을 수도 있다"고 인정했다. 그러면서도 트루먼은 미국 내에 충성스럽고 열렬한 지지자들을 갖고 있는 그 5성의 전쟁영웅을 적대시하지 않기로 선택했다.[11]

맥아더는 FDR의 적의를 되돌려주었다. 그는 FDR의 사망 소식을 들은 직후, "대통령은 거짓이 충분할 때면 결코 진실에 의존하지 않았다"고 평했다. 그러면서도 그는 대통령의 신중함, 그의 귀족적인 혈통과 그에 걸맞은 품행을 존경했다. 하지만 FDR의 후임자에 대해서는 단지 경멸할 뿐이었다.

> "우리는 백악관의 유대인과 사이가 더 나빠졌다.
> (그의 이름으로 구별할 수 있다. 그의 얼굴을 보라.)"

맥아더는 트루먼을 2류의 정치가이며 불청객으로 폄훼했다. 그는 신임 대통령의 지성, 품성, 결단력, 그리고 편견과 오만에 대한 대통령의 혐오를 지나치게 과소평가했다.[12]

☆ ☆ ☆

북한 인민군은 1950년 6월 25일 남한에 대한 기습공격을 개시했다. 그와 같은 우발사태에 대해 애매했던 미국의 정책이 부분적으로는 공격에 책임이 있었다. 제2차 세계대전이 끝나자, 미국의 외교관 딘 러스크Dean Rusk가 38도선을 그어 각각 미국과 소련의 통제하에 두도록 구분했다. 이는 한반도에 대해 미국의 전략적 이익이 존재함을 가리키는 것이었다. 하지만 미국은 이러한 이익을 보호하기 위한 어떤 별다른 조치를 하지 않았다.

1949년 3월에 있었던 두 차례의 기자간담회에서 맥아더는 태평양을 일컬어 '앵글로-색슨족의 호수'라 칭하면서 필리핀으로부터 류큐제도를 거쳐 일본, 알류샨 열도, 그리고 알래스카로 이어지는 경계를 '아시아 대륙의 연안을 둘러 연결된 일련의 섬들로 형성된 우리의 방어선'이라고 했다. 한반도 전체와 대만은 경계선의 바깥쪽에 위치해 있었다. 10개월 후 딘 애치슨Dean Acheson 국무장관도 정책 연설을 하는 자리에서 동일한 '방위선'을 제시했다. 일본과의 평화조약이 아직 초안을 작성하는 단계였기에, 소련은 이러한 발표가 미 행정부의 정책을 정확히 반영한 것인지, 즉 한국에 대한 공산주의 통제를 강화하는 데 대해 청신호를 보내는 것인지 미심쩍어했다. 그러면서도 스탈린은 북한의 남침 결정을 승인했다.[13]

북한의 공격은 누구보다도 맥아더를 놀라게 했다. 그는 한국을 자신의 영역 바깥에 있다고 생각했고, 거기에 공산주의자들이 공격할 가능성에 대해서도 생각해본 적이 없었다. 1년 뒤에 그는 상원 군사위원회에서 정확하게 얘기했다. "나는 한국에서 전쟁이 발발하기 전까지 한국에서의 정책, 행정부, 지휘 책임 등에 대해 아무런 관련이 없었다." 실제로 맥아더는 북한의 침공을 저지하라는 명령을 받았을 때 다시 한번 놀라지 않을 수 없었다. 그는 존 포스터 덜레스John Foster Dulles에게 누구라도 미군 부대를 한반도에 전개시켰다면, "그의 머리를 검사해보아야 한다"고 언급했다. 이러한 거리낌에도 불구하고 그는 남한을 지원하라는 임무를 받아들였고, 곧이어 유엔군사령부의 사령관으로서 공식적 권한을 얻게 되었다. 맥아더의 인상 깊은 전시 기록, 일본 점령 기간 중 거둔 그의 성과, 그리고 공화당 우익 내에서의 그에 대한 지원 등이, 트루먼으로서는 자신이 믿지 않는 사람이었지만 맥아더를 한국 사령관으로 지명하지 않을 수 없게 했다.[14]

맥아더가 임명된 다음 날, 《뉴욕 타임스》의 제임스 레스턴James Reston은 난관을 예고했다.

"외교 그리고 다른 이들의 의견과 민감성에 대한 지대한 관심이 그의 새로운 직책에 필수적인 정치적 자질들이다. 그러나 바로 이런 것들이 과거에 맥아더에게 부족했던 것으로 지적되어온 바로 그 자질들이었다."

그는 맥아더가 '자신의 판단에 견고한 믿음을 갖고 있으며, 정당한 자격을 지닌 주권자'였다고 말했다.[15] 실제로 71세의 장군은 이미 행정부 정책에 대한 반발의 조짐을 보이고 있었다.

북한의 침공이 시작되기 몇 주 전 맥아더는 대만에 대한 우려의 목소리를 내기 시작했다.[16] 비록 그가 대만과 국민당 정부에 대해 그렇게 많은 관심을 분명히 밝힌 적이 없었지만, 1950년 5월 맥아더는 합동참모본부에 대만의 전략적 가치를 재고하라고 재촉했다. 그는 대만이 "가라앉지 않는 항공모함이나 잠수함 모함(母艦) 등과 동등한 가치를 지닌다"고 주장했다. 그 이후 3주가 지나기 전에 그는 11개 조항의 '대만에 관한 문서'를 작성했는데, 그 요지는 대만을 미국의 태평양Anglo-Saxon Lake 방어를 위한 핵심축으로 만든다는 것이었다. 그러나 '중국을 상실했다'는 비난의 고통을 느끼면서 그리고 전략적 초점을 유럽에 계속 두기를 바라면서, 트루먼 정부는 그 제안에 동의하지 않았다.[17]

맥아더는 전략을 수행함에 있어서도 마찬가지로 자신의 독자성을 드러내려고 했다. 아직 유엔사령관으로 임명되지 않았던 상황이었음에도, 그는 대통령이 승인하기도 전에 항공기로 평양을 공격하도록 명령을 하달했다. 남서태평양 사령관 시절과 일본을 점령하던 동안, 맥아더는 '워싱턴으로부터의 명령을 기다리는 것에 지나치게 괘의치 않고 자기 원하는 대로 행하는 오랜 습관을' 들여왔다. 그는 종종 여러 다른 수준의 사령부를 동시에 지휘함으로써 여러 개의 모자를 쓰게 되었는데, 어떤 경우 특정 사령부의 모자를 택함으로써 만약 다른 사령부의 모자를 썼더라면 반대할 만한 조치를 시행할 수 있는 권한을 요청할 수도 있었다. 1950년 7월, 그는 동맹국최고사령관Supreme Commander, Allied Powers, 유엔군사령관Commander in Chief, UNC, 미극동군사령관Commander in Chief, Far East, 미극동군육군사령관Commanding general, U.S. Army Forces, Far East 등 동시에 네 개의 모자를 쓰게 되었다.

한편 맥아더는 워싱턴으로부터 지구 반 바퀴의 거리만큼 떨어져 있던 현장에 인접해 있음으로 해서 얻게 되는 이점을 최대한 활용했다. 그는 자신의 상부 기구였던, 합동참모회의, 국방장관, 국가안보회의, 대통령, 경우에 따라 유엔안보리 등이 논의를 통해 합의에 이르기까지 몇 날 며칠을 끙끙 앓는 데 비해 개인적으로 그리고 훨씬 빨리 결심할 수 있었다. 종종 맥아더 장군은 기정사실화하는 것이나 마찬가지인 조치들을 승인했고, 이로 인해 달리 어떤 다른 조치들을 시행할 도리가 없게 된 그의 상급 기관들은 그러한 상황을 받아들이는 데 익숙해졌다. 맥아더의 보좌관으로서 오랜 시간을 함께했던 아이젠하워 장군은 펜타곤의 동료들에게 "무슨 행동을 할 것인지 예측할 수 없으며, 워싱턴이 알게 되었으면 하는 정보를 선별하여 보내고, 공유하지 않을 정보는 보류하는 것 등을 스스로 결정하는 그런 '건드릴 수 없는 사람'untouchable을" 지명하는 데 반대한다며 경고했다.[18]

북한의 기습공격에 대해서만큼이나 그것을 저지하겠다는 미국의 결의를 놀랍게 여겼던 맥아더는, 곧 이 전쟁을 자신의 빛나는 경력에 있어 하나의 쐐기돌capstone로 보기 시작했다. 공산주의 대 민주주의, 자유 대 폭정의 대결이 발생한 것이다. 그것도 맥아더가 줄곧 주장했던 것처럼 극동 지역에서 말이다. 그와 같은 전쟁터에서의 승리는 역사상 위대한 명장의 대열에서 그의 입지를 더욱 굳건히 해줄 것이었다. 이제 전쟁은 시작되었고, 그는 현장의 지휘를 맡고 있었기에 '태평양에 대해 잘 모르고, 실제로 한국에 대해서는 전혀 알지 못하는' 워싱턴에 있는 정치가들이나 책상 앞에 앉아 있는 장군들로부터 어떠한 간섭도 받으려 하지 않았다. 또한 그는 덜레스에게 자신이 '정책적 질문도 다룰 준비가 상당히 되어 있음'을 강조했다. 맥아더는 제1차 세계대전 당시 퍼싱 장군에 필적할 만한 권한을 행사하려고 했던 것이다.[19]

1950년 여름 유엔군사령부는 북한의 침공을 저지하려 노력했다. 미군 부대가 증원을 위해 급파되었으나 참전 첫날부터 적에 의해 유린되었다. 그리고 동맹군은 한국 남동해안에 위치한 부산항을 방호하는 사주방어선으로 퇴각했다. 부산은 한반도에 도착하는 병력과 물자가 들어오는 곳이기도 하면서 잠재적으로는 북한이 한반도에서 방어하는 세력을 구축하게 되는 경우 퇴출하는 항구이기도 했다.

부산 인근에서의 위기가 진행 중이던 때에, 맥아더는 대만을 방문하기로 결심했다. 중국의 민족주의 지도자였던 장제스가 3만 3,000천 명의 병력을 한국전에 사용할 수 있도록 유엔사에 제공하겠다고 한 것이다. 트루먼은 공산화된 본토의 중국을 모욕함으로써 전쟁이 확대되기를 원치 않았기에 제안을 거절했다. 7월 27일 합동참모본부는 맥아더에게 마오쩌둥의 부대들이 대만으로의 침공을 준비하기 위해 본토의 해안지역으로 집결하는 것 같다며 경고했다. 그런데 그 '전쟁 경고'가 오히려 맥아더가 7월 31일 대만에 대한 '짧은 정찰'을 하도록 유도하는 꼴이 되었다. 국방부와 국무부가 여전히 대만에 관련된 정책을 발전시키고 있는 중이었기에, 합참은 맥아더에게 정치적 비중이 더 낮은 아랫사람을 보낼 '수도' 있다고 제안했다. 하지만 그들은 그의 판단을 존중한다면서 "만약 사령관께서 31일에 직접 행하실 필요가 있다고 판단하신다면, 장군의 책임지역이기 때문에 그렇게 하셔도 무방합니다"[20]라고 답했다. 합동참모위원*들은 극동군사령관을 존중하는 습관에 젖어 있었고, 앞으로 그를 통제하기가 더욱 어려워지게 되었다. 맥아더는 계획대로 대만을 방문했다.

---

* 합참의장, 각군총장, 해병대사령관 등. 이후에는 군 수뇌부로 번역하기도 했음.

장제스와 가진 이틀간의 회담 요지는 맥아더가 후에 말했듯이 '사실
상 전적으로 군사적인' 사안이었으나 그 정치적 파장은 어마어마했다. 맥
아더 장군이 장제스 총통을 포옹하는 모습, 영부인의 손에 키스하는 모습
등이 사진에 찍혀 보도되었고, 중국의 내전에 대해 중립적인 입장을 견지
하고자 노력해오던 국무장관 딘 애치슨은 이에 아연실색하며 분노했다.
맥아더는 공식적인 방문 결과보고를 통해 '나의 오랜 전우' 장제스가 보여
준 '공산주의 지배에 저항하고자 하는 꺾을 수 없는 의지'를 칭송하면서
'한국으로 자유중국의 병력을 파병하지 않기로 동의했음'을 알렸다. 장제
스는 최대의 정치적 이점을 얻기 위해 언론보도를 적극 활용했다. 그는 맥
아더가 전체주의와의 싸움에 헌신하고 있음을 찬양했는데, 이는 미국 정
부의 다른 사람, 즉 딘 애치슨과 같은 이를 언급하지 않음으로써 미국의
외교정책을 우회적으로 비판하는 것이었다. 장 총통은 새로운 '중미 군사
협력'에 환호하면서 마오쩌둥의 군대에 대한 '승리'를 확신한다고 천명했
다. 그러한 수사는 유럽의 동맹국들을 전율에 떨게 했으며, 지구의 양쪽 편
에서 국가 간 연합을 유지하게 하는 민감한 과업을 수행하던 국무부를 분
노로 들끓게 했다. 15명의 고급 장교들이 맥아더를 수행하여 타이베이로
날아갔지만, 국무부에서 파견된 맥아더의 정치보좌관은 항공기 좌석이 부
족하여 동행하지 못했다. 애치슨 국무장관이 결과보고서를 요청하자 맥아
더는 자신의 대화가 '순수히 군사적인 것'이었다며 거부했다. 애치슨은 도
쿄에 있는 자신의 대리자에게, 맥아더가 "외교정책을 직접 자신이 처리하
려고 하여 갈수록 불안해진다"고 말했다. 오가는 전문을 읽고 있던 대통령
도 화가 나서 국방장관 루이스 존슨에게 명령하여, 맥아더가 매일 '전쟁 상
황에 대해 완전하고 상세한 보고'를 하도록 했다. 합참은 군대 예절military
politesse을 적용한 표현으로 대통령의 명령을 희석하여 전달했다.[21]

그로부터 얼마 뒤, 합참은 맥아더가 자신의 직권으로 세 개의 전투기
대대를 대만에 전개시켰다는 잘못된 보고를 접수했다. 합참은 맥아더에
게 그런 조치는 '정치적'인 것으로 '최상부의' 승인을 받아야 한다고 강조
했다. 맥아더는 자신은 전투기를 보낸 적이 없으며, 다만 중공 측이 대만을

공격할 경우에 그렇게 할 의도가 있었다고 답했다. 8월 4일 존슨 장관은 트루먼의 명령에 따라 극동군사령관에게 강한 어조의 메시지를 보냈다. 그는 장군에게 한국에서 전쟁이 발발했을 때 대통령께서 이미 7함대를 대만해협에 보내 대만을 중립화했음을, 다시 말해 중국과 대만 어느 측도 상대측에 대해 공격하지 않도록 억제하는 조치를 했음을 상기시켰다. 존슨 장관은 경고했다.

> "군 통수권자이신 대통령님 외에, 그 누구도 '중국' 본토에서의 병력 집결에 대해 예방적 행동을 명령하거나 허가할 권한을 가지고 있지 않습니다. … 가장 핵심적인 국가 이익은 우리의 어떤 조치도 전면전을 촉발하거나 다른 이들이 그렇게 할 명분을 주어서는 안 된다는 것입니다."

맥아더는 존슨에게 대통령의 정책적 지침을 이해했고 이를 지원할 것임을 확약했다.[22]

더욱더 만전을 기하기 위해, 트루먼은 백악관 보좌관 W. 애버럴 해리만W. Averell Harriman을 도쿄로 보냈다. 해리만은 '적대적이고 의심스러운 외국 정부의' 장식을 달고 있던 맥아더의 본부로 파견된 사실상의 대사가 되었다. 트루먼이 대사에게 부여한 책임은 맥아더에게 '장제스를 그대로 둘 것. 나는 그가 나를 중국 본토와의 전쟁으로 끌어들이는 것을 원치 않음'을 전하라는 것이었다. 트루먼은 또한 마치 맥아더 장군이 진정한 태평양의 실권자인 것처럼 해리만에게 지시했다. "맥아더가 무엇을 원하는지 파악하시오. 될 수 있으면, 그에게 그것을 줄 것이오." 해리만의 방문은 잘 진행되는 것처럼 보였다. 사실 그 두 사람은 맥아더가 웨스트포인트의 학교장으로 보직되었을 때 몇 마일 떨어진 곳에 해리만의 허드슨강 사유지가 있었는데 그때부터 친구로 지내왔다. 맥아더는 행정부의 입장을 이해했고 충실한 군인으로서 그것을 지원하겠다고 보장했다. 그럼에도 해리만은 여전히 걱정스러웠다. 그는 대통령에게 편지했다.

"설명하기 어려운 몇 가지 이유로 해서, 저는 대만과 그 총통을
다루는 방식에 있어서 우리가 완전한 합의에 이르지 못했다고
느낍니다. 맥아더 장군은 우리가 공산주의와 싸우는 사람이라면
누구든지 지원해야 한다는 다소 기이한 생각을 갖고 있습니다."

그럼에도 트루먼은 며칠 뒤에 '맥아더 장군과 나는 완전히 동의하고 있다.
… 나는 지금 그의 임무 수행에 대해 만족한다'고 공공연히 밝혔다.[23] 중간
선거가 있기 3개월 전이었던 터라 그러한 유화적인 성명을 낼 필요가 있
다고 그가 느꼈다는 것은, 대통령의 정치적 취약성을 보여주는 것이었다.
트루먼은 이런 마찰을 잠재워야겠다고 생각했다.

그는 그렇게 하지 않았다. 1950년 8월 10일, 트루먼이 공공연히 맥아
더와 아무 문제가 없다고 밝혔던 바로 같은 날, 맥아더가 자신의 대만 방
문에 대한 비난과 오해를 불식시키기 위한 보도자료를 내놓았다.

"지난 대만 방문은 틀림없이 과거 태평양에서 패배주의defeatism
와 유화appeasement정책을 선동했던 자들에 의해, 그동안 대중들
에게 악의적으로 부정확하게 전해져왔다."

맥아더는 그 '무명의 출처'와 '1만 마일 밖의 사람'이 누구인지 말하지 않
았지만, '유화'는 뮌헨협정을, '패배주의'는 트루먼 행정부가 '중국을 상실'
했다고 비난했던 반공주의자 '중국유세단'China Lobby*을 연상시켰다. 트루
먼, 애치슨을 비롯해 워싱턴에 있던 많은 사람에게 맥아더가 대통령에 강
하게 반대하는 공화당의 극우파와 연계된 것처럼 보였다.[24]

---

* 미국 정치에서 중국유세단(中國遊說團)은 1930년대부터 1979년 미국이 중화인민공화
국(PRC)을 인정하기 전까지 중화민국(ROC)을 지지하는 단체들로 구성되었다. 1945년
이후 '중국유세단'이라는 용어는 주로 중화민국(대만)을 지지하는 단체들을 말하며, 이
는 베이징의 중국 정부에 반대하는 입장을 견지해오면서, 1972년 닉슨 대통령의 방중과
1979년 미중 수교에 반대했다.

4일 후 존슨 장관이 맥아더 장군에게 전보를 보내 대통령의 승인 없이 미군 부대를 대만으로 전개하는 것을 금지하는 행정부의 정책을 다시 한번 상기시켰다. 맥아더는 토라진 듯이 답하여, 자신은 '공산주의 중국 본토를 보호하시려는' 대통령의 의도를 충분히 이해하고 있다고 했다. 그런 무례함은 비난받아 마땅했으나 아무런 일도 일어나지 않았다. 오히려 트루먼은 맥아더가 장제스와 대만의 방어계획에 대해 협조하는 것을 — 맥아더는 이미 그런 협조를 시작했지만 — 승인함으로써, 장군의 오만함에 대해 보상하는 것처럼 보이기도 했다.[25]

며칠 뒤 해외참전전우회Veterans of Foreign Wars에서 맥아더에게 그들의 연례 '야영'encampment 행사에서 낭독할 축사를 써보내달라고 요청했다. 해외참전용사들의 영웅적 행위에 대한 상투적인 찬사 정도만 표현해도 충분했을 터인데, 맥아더는 '나라 안팎의 공론장에서 떠도는 잘못된 정보에 의해 뿌옇게 흐려진 미국인들의 생각을 분명하게 하기 위해서' 대만 문제를 언급하기로 했다. 그는 대만이 태평양에서 미국의 전략적 방어선에 위치한 '불침항모'이며, '만약 미국에 적대적인 세력의 손에 들어가게 되면, 방어선에 돌출부를 형성하는 모양이 될 것'이라고 주장했다.

> "태평양에서의 유화정책과 패배주의에 빠진 자들이 제기하듯이
> 우리가 대만을 방어하면 대륙 아시아로부터 소원하게 될 것이라
> 는 케케묵은 주장보다 더 불합리한 것은 없다. 그런 낡은 주장을
> 하는 사람들은 동양에 대해서 모르고 있다."

그는 글을 마치면서 한국을 방어하기로 결심한 대통령을 추켜세우면서 그것은 '이 지역의 자유를 위한 싸움에 있어서 전환점'이 되었다고 했다. 악명 높은 반공산주의 운동을 시작했던 조셉 매카시Joshep McCarthy 상원의원은 이 연설문에 대해 '가장 지적이고, 명쾌하며, 흠잡을 데 없고, 가치 있는 문서'라고 극찬했다.[26]

비록 맥아더가 그보다 며칠 전에 거의 동일한 문서를 합참에 보내긴

했었지만, 해외참전전우회에 보낸 편지를 통해 트루먼의 정책에 대한 공식적인 거부 입장이 드러났다. 실제로 영국대사는 '대만에 대한 미국의 정책이 대통령의 진술에 확고하게 기초한 것인지 아닌지' 꼭 집어 문의했는데 이것은 일상적인 외교적 화법에서 상당히 이탈한 어조였다. 토요 아침 회의에 참석한 트루먼은 '어찌나 앙다물었던지 하얘진 입술로' 맥아더의 해외참전전우회 축사를 애치슨, 존슨, 해리만, 그리고 합동참모들에게 읽어주었다. 애치슨은 그 연설을 '거친 반항'rank insubordination이라 평했고, 오마르 브래들리Omar Bradley는 거기서 '오만함의 극치'를 보았다고 했다.

대통령은 존슨 장관에게 맥아더에게 명하여 그 연설을 철회하라고 지시했으나, 장관은 뒤로 물러섰다. 존슨은 맥아더를 존경하고 있었고, 연설문은 이미 보도되었으며, 장군에게 그의 연설을 취소하도록 강요하면 더 곤란할 상황을 유발할 수도 있다고 보았다. 트루먼은 존슨이 지시를 따르지 않음을 알게 되자, 즉각 전달할 명령을 직접 구술하여 받아적게 했다.

"미합중국 대통령은 귀하에게 귀하의 메시지를 철회할 것을 지시함. … 대만과 관련해서 다양한 요소들이 미국의 정책과 충돌하고 유엔에서의 지위에 대해서도 다양한 의견이 있기 때문임."

트루먼은 맥아더를 유엔사령관에서 해임하고 그 후임으로 브래들리를 지명하려 했으나, '개인적으로 맥아더 장군에게 상처를 주지 않으려 했기에', 그러지 않기로 했다.[27]

맥아더가 철회 명령을 받았을 때, 그는 '아주 놀랐고' 자신의 연설은 트루먼의 정책을 분명히 지지하는 것이었다고 항의했다. 게다가 제시된 의견들은 단지 자신의 '개인적인' 관점이었을 뿐이라고 주장했다. 맥아더가 명령에 따라 연설을 철회했지만, 이미 국내외의 언론사에서 신문을 통해 보도했기에 그로 인한 손상은 피할 수 없었다. 맥아더는 워싱턴의 공모자들이 자신의 파멸을 원하고 있다는 확신을 갖게 되었다. 브래들리는 후에 그 사건이 맥아더의 소환으로 이어진 '축적된' 공격의 첫 번째 사례였다고 증언했다. 맥아더 장군에 대한 고삐를 잡고 있었음에도, 그를 달래주는 메모를 보내고 또 가장 위험한 그의 인천상륙작전을 지원함으로써, 트루먼은 다시 한번 자신의 조치를 스스로 훼손했다.[28]

트루먼이 문민통제를 유지하는 데 어려움을 겪고 있었다면, 합참은 맥아더에 대한 군사적 감독을 행사하기가 점점 더 어려워짐을 느낄 수밖에 없었다. 브래들리는 '저 극동군사령관이 항상 우리를 한 떼의 어린애들로 여긴다'고 생각했다. 맥아더는 사실 전쟁 중 어느 합동참모위원과도 함께 복무하지 않았고, 그들 중 누구와도 개인적인 인간관계가 없었다. 총장들은 다 고위급 선임장교들이었지만, 그들 모두 극동군사령관에 비하면 한 세대 젊은 축에 속했고, 브래들리 의장 외에는 그들 중 누구도 맥아더와 같은 월계관을 성취하지는 못했다. 맥아더는 그의 동료 육군원수이자 제2차 세계대전 시 미 유럽지상군사령관이었으며 당시 합참의장이던 브래들리를 '농부'라고 표현했다. 아이젠하워가 경고했듯이 맥아더는 자신의 목적에 부합되는 경우를 제외하고는 정보에 대해 인색했다. 동맹 최고사령관으로 보직되어 일하는 동안, 맥아더는 자신과 친밀한 조언자 그룹 이외의 다른 사람들을 믿지 않았고, 시간이 지나면서 그 그룹은 아첨꾼들의 모임이 되었다. 맥아더는 합참 역시도 1만 마일 떨어진 곳에 앉아 있는, 동양에 대해서는 전혀 모르는 자들로 분류했다. 이러한 껄끄러운 관계는 점차 악화되어갔다.[29]

1950년 여름의 막바지에 부산 교두보는 동맹 지상군 전력이 보강되고 동맹의 공군이 북한군 육군을 타격하여 그들의 병참선을 효과적으로 차단함에 따라 안정되었다. 미 8군은 아마 공세작전을 시행하기에 충분한 전력을 갖춘 상태였을 터인데 맥아더는 다른 생각을 품고 있었다. 그는 제2차 세계대전 당시 유명했던 '섬 뛰기' 전략을 연상하게 하는 상륙 우회기동을 구상했다. 즉, 부대를 서울 남쪽 서해안의 인천에 상륙시켜 남쪽에서 반격해오는 아군과의 사이에 북한군을 가두려는 계획이었다. 이는 무모하리만치 대담한 계획이었다. 인천항 일대가 세계에서 조수간만의 차이가 가장 극심한 — 만조 시와 간조 시 해수면의 차이가 무려 30피트9.15미터에 이르렀다 — 지역이었기 때문만은 아니었다.

먼저 맥아더를 제외하고 아무도, 그의 참모들조차도, 계획을 지지하지 않았다. 하지만 해리만이 행정부에 대한 그의 지원에 대한 보상으로 맥아더에게 무엇을 원하는지 물었을 때 장군은 자신의 상륙작전계획에 대한 승인을 요청했다. 트루먼은 펜타곤에게 맥아더의 계획을 지원할 것을 명했다. 맥아더는 합참에서 작전의 결함을 찾아낼지도 모른다고 우려하여 필수적인 세부사항들은 알려주지 않았다. 마침내 합참에서 맥아더가 구상하고 있는 것을 알게 되자, 브래들리는 모든 참모들에게 인천은 '상륙작전을 위해 선정된 최악의 장소'라고 말했다. 브래들리는 노르망디에서 상륙작전을 지휘한 경험이 있어서 이에 대해 아는 것이 있었다.

깜짝 놀란 합동참모들은 육군총장 J. 로튼 콜린스J. Lawton Collins 대장과 해군총장 포레스트 셔먼Forrest Sherman 제독을 대리자로 임명하여 일본으로 날아가 맥아더의 작전계획에 대해 논의하도록 했다. 맥아더는 거장다운 공연을 펼쳤다. 어느 해군 제독은 후에 "만약 맥아더 장군이 배우가 되었더라면, 존 배리모어John Barrymore*에 대해서는 듣지도 못했을 것이다"라며 회상했다. 맥아더는 총장들의 반론을 일일이 해부하여 분석했고 마침내는 수반되는 위험을 인정하며 말했다.

그의 수사는 설득력이 있었다. 셔먼과 콜린스는 계획을 승인하고 워싱턴으로 돌아왔다. 대통령과 그리고 존슨 장관과의 회의 후에 합참이 맥아더의 계획을 마지못해 승인했다. 그러고 나서도 상륙을 며칠 앞둔 어느날, 합참은 더 많은 질문을 해왔고 맥아더는 이에 대해 '원정작전이 곤경에 처하게 될 경우에 대비해 사전에 핑곗거리를 찾는' 것처럼 보았다. 맥아더는 합동참모들에게 '계획은 총장님들께 보고된 대로'라고 하면서 회피하듯이 답했다. 그런 다음 작전의 세부계획을 실무장교에게 들려 워싱턴으로 가져다주게 했다. 물론 문서를 들고 가는 장교가 너무 늦게 도착하여 합참에서는 어떤 조치도 하지 못하리라는 것을 알고서도 그리했다. 브래

---

*   미국의 유명한 연극배우이자 영화배우.

들리는 이러한 장난질을 '나의 군경력에서 보게 된 최악의 오만한 행위'라고 말했다.[30]

어느 측면에서 인천상륙작전은, 최소의 손실로 직접적인 상륙목표를 달성하고 불과 며칠 뒤에 서울의 탈환을 이끈, 역사상 가장 성공적인 상륙작전 중 하나였다. 8군이 부산방어선을 돌파하여 북쪽으로 적을 구축하면서 전진하여 인천에 상륙한 부대와 연결하려 했다. 그러나 작전적 성공이 전략적 승리를 낳지 못했다. 8군과 상륙부대가 포위망을 닫지 못해 대규모의 북한 인민군이 38선 이북으로 철수했기 때문이다. 인천상륙작전은 맥아더의 연극조의 과장된 약속, 즉 북한 인민군을 격멸하고 전쟁에서 승리하겠다는 약속을 지키는 데 실패했다. 하지만, 전쟁 이전 상태로의 복귀라는 원래의 전쟁목적은 달성되었다.[31]

인천의 신화는 맥아더가 온갖 어려움을 극복하고 자신의 소심한 상관들의 저항을 이겨내며 불가능한 일을 해냈기에 그 영향이 컸다. 이미 그에게 복종적이었던 도쿄의 참모들은 그를 오류가 없는 신과 같은 사람으로 여겼다. 한편, 워싱턴에서는, 합참에 있던 맥아더의 표면상 상관들이 신중하고 소심해졌다. 걱정하고 망설이고, 그리고 매주마다 인천상륙작전 계획에 동의하면서 합참은 '자연스럽게 전구사령관을 반대하는 데 주저했고 또다시 쩔쩔매게 되었다'. 브래들리는 자신들이 '마치 의심하는 겁쟁이들의 무리처럼' 보였다고 말했다. 콜린스 대장은 후에 맥아더의 권위는 너무도 "초강력해서, 총장들도 그 이후로는 계획이나 결정에 관해 묻기를 주저했습니다. … 반드시 설명을 요구했어야 하는데도 말이죠"라고 회상했다. 애버럴 해리만도 "브래들리 대장과 참모총장들 모두 맥아더 장군을 두려워했어요"라고 말했다. 애치슨 장관은 "이제 맥아더를 멈추게 할 수 있는 것은 없다"며 경고했다.

맥아더가 수복된 서울에서 이승만 정부의 복귀를 환영하는 행사를 주재하겠다는 뜻을 공언하자, 국무부가 크게 항의했고, 합참은 그에게 '그런 계획은 상부 권한의 승인을 득해야 함'을 알렸다. 맥아더는 답신을 썼다. "귀측의 메시지는 이해가 되지 않습니다. 본인은 본인이 받았던 지시를 용의주도하게 이행하는 것 외에는 어떤 계획도 없습니다." 행사는 맥아더가 계획한 대로 진행되었다.[32]

☆ ☆ ☆

북한군이 38도선 이북으로 퇴각해 물러가자, 유엔에서는 임무가 종결되었다고 할 수 있었지만, 워싱턴의 조야에서는 새로운 상황이 민주적 정부하에서 한국을 통일할 수 있는 기회라는 공감대가 형성되었다. 트루먼은 인천상륙작전이 시행되기 전에 장기적으로 38도선 이북에서의 군사작전을 승인하면서, 중국과 러시아를 분쟁에 끌어들이지 않도록 주의하라는 명령을 맥아더에게 내리는 NSC 정책서에 서명했다. 예를 들어 만주와의 국경을 이루고 있는 압록강 인근으로는 오직 대한민국 군대만 전진해야 한다는 것 등이었다.

1950년 9월 27일, 합참은 앞의 국가안보정책에 따라 맥아더에게 38도선 이북으로 진격하여 북한군을 격멸하라고 지시했다. 그런데 새로 취임한 조지 마셜 국방장관이 맥아더에게 "우리는 장군이 38도선 이북으로 전진하는 데 있어서 전술적으로 그리고 전략적으로 제한받는다고 느끼지 않기를 바랍니다"라고 말함으로써 합참의 명령을 헷갈리게 했다. 맥아더는 "나는 적이 항복하지 않는 한 그리고 적이 항복할 때까지, 한반도 전체가 우리 군사작전에 열려 있다고 생각합니다"라고 응답했다. 일주일 뒤 유엔총회에서 유엔군의 새로운 임무를 비준했다. 동맹이 북한을 공격함에 따라 서울, 도쿄, 워싱턴에서는 전쟁이 거의 끝나가고 있다는 데 생각을 같이하고 있었다.[33]

10월 중순 트루먼은 그의 야전사령관을 만나기 위해서 태평양으로 날아가기로 결심했다. 중간선거를 몇 주 앞둔 시점이었고, 민주당에서는 무언가 세간의 주목을 끌 이벤트가 필요했다. 대통령이 승리를 거두고 있는 장군과 친밀함을 보여주는 것은 좋지 않을 리가 없는 일이었다. 마셜과 애치슨은 대통령의 방문에 반대했고 둘 다 수행하지도 않았다. 애치슨은 트루먼에게, "맥아더 장군이 마치 외국의 군주와 같은 특징을 많이 갖고 있지만, … 그리고, 쉽지 않으시겠지만, 그를 그러한 군주처럼 인정하는 것은 현명하지 못합니다"라고 조언했다. 트루먼도 그 이해관계를 잘 알고 있었던 터라, 친구에게 "내일 '신의 오른손'을 만나 얘기할 예정이네"라며 털어놓았다. 《타임》지는 대통령과 극동군사령관이 웨이크섬에서 만나는 장면을 이렇게 묘사했다.

> "그것은 마치 서로 다른 나라의 주권자들이 중립지역에서 많은
> 신하들을 대동하고 만나서 서로의 눈을 쳐다보며 얘기하는 것
> 같았다."

맥아더는 카라가 열린 카키복에 그의 트레이드 마크였던 챙이 찌그러진 모자를 쓴 채, 아침 6시 30분 활주로에서 대통령을 영접했다. 두 사람은 그때까지 서로 만난 적이 없었지만 마치 오래된 친구처럼 서로에게 활짝 웃으면서 인사했다. 기자들은 맥아더가 군 통수권자에게 거수경례를 하지 않았다는 것을 기록했다. 그들은 두 번의 대담 시간을 가졌다. 첫 번째 세션은 퀸셋 막사에서 열린 30분간의 단독회담이었고, 이후 잠깐의 휴식이 있은 다음 해리만, 브래들리 장군, 딘 러스크 그리고 다른 몇몇 정치 및 군사 보좌관들이 배석한 가운데 회담이 열렸다. 맥아더가 자신의 브라이어* 파이프를 꺼내더니 대통령에게 담배를 좀 피워도 되겠는지 물었다. "안 되겠는데요"라고 하면서 대통령은 장군의 웃음을 자아냈다. "아마도 장군이 살아 있는 다른 누구보다도 더 많이 내 얼굴에 담배 연기를 내뿜게 되겠지요."

맥아더는 당시에 몰랐겠지만, 회의장의 열린 문 근처에 속기사가 앉아서 받아적고 있었다. 맥아더는 한국의 군사 상황과 전후의 정치경제적 재건계획을 보고했다. 그는 수많은 질문들을 능수능란하게 처리했다. 몇

---

*   뿌리가 단단해서 담배 파이프를 만드는 데 쓰이는 관목.

몇 참석자들은 맥아더의 보고와 질의응답, 의제에 대한 그의 깊은 이해와 통제력에 대해 감탄하는 평을 남겼다. 트루먼은 한국과 현재의 참전국으로 전쟁을 제한할 필요성을 강조했다. 맥아더는 '조직적인 저항'은 추수감사절 이전에 끝날 것이라 기대하고 있으며, 크리스마스 이전에 병력의 일본 재배치를 시작할 것을 희망한다고 말했다. 트루먼은 중국과 소련의 개입 가능성에 대해 물었다. 장군은 만주 지역에 배치된 중국 지상군과 시베리아에 전개된 소련의 공군에 대한 상세한 평가를 제시하면서, "아주 적습니다"라고 대답했다. 그는 참석자들에게 중국군 병력과 소련군 항공기의 조합은 "절대 작동되지 않을 것임"을 보증했다.[34]

90분이 지난 뒤, 트루먼은 그들이 얼마나 많은 분야를 다루었는지 경이로워하면서 회의를 마무리했다. 그는 맥아더에게 점심을 같이하자고 했으나, 장군은 가급적 빨리 사령부로 돌아가야 한다며 양해를 구했다. 브래들리는 그의 거절을 대통령에 대한 도전이라고 생각했으나, 트루먼은 아무 말도 하지 않았다. 참석자들은 공동보도문이 준비되기를 기다렸다가, 회담장 밖으로 나가 대통령이 장군에게 특별공로훈장Distinguished Service Medal을 수여하고 공식 사진을 촬영했다. 불안한 예측과는 달리 그 당시 그들의 회동은 완벽히 성공적이었던 것처럼 보였다. 트루먼은 돌아오는 길에 자신과 맥아더가 정책에 얼마나 합의했는지에 대해 되짚어보려 애를 썼다. 하지만 회담이 너무 짧아 실질적인 성과를 내기에 제한되었고, 결과적으로 어떤 새로운 지침도 도출해낼 수 없었다. 후에 애치슨은 불안감을 드러내며, "회의는 이미 발행한 명령을 되뇌는 것이 아니라, 명령의 발행을 이끌어야 했다"고 말했다. 맥아더가 대통령과 가졌던 단독회담은 실제로 후에 오해의 씨앗을 심었다. 트루먼은 웨이크섬에 도착한 지 다섯 시간 만에 다시 비행기에 올라 하와이로 향했다. 이들 두 사람은 이후로 다시는 서로 만나지 않았다.[35]

이틀 후 유엔군은 압록강 국경 40마일 앞까지 진출했고, 북한군의 저항은 소멸된 듯했다. 맥아더는 미군 부대를 압박하여, '최고속도로 그리고 전체 역량을 다 활용하여 밀어붙이라'고 독려했다. 합참이 맥아더에게 오

362

직 한국군들만 압록강 근처로 전진할 수 있음을 상기시키자, 그는 그들의 경고를 일축했다. 합참의 지시는 한시적이었으며, 마셜 국방장관이 그 뒤에 보낸 메시지는 어떤 제한사항도 들어내주었고, 더 나아가 이것은 그와 트루먼이 웨이크에서 단독으로 논의했던 정책문제라는 주장이었다. 합동참모위원들은 모르고 있었고, 그들이나 마셜 장관 모두 맥아더가 자신들의 명령에 따르도록 강요하지 않았다. 브래들리는 후에 상원위원회에서 증언했다. "저는 대통령과 맥아더 장군이 무엇을 논의했는지 알지 못합니다." 하지만 트루먼은 기자회견을 통해 맥아더가 오직 한국군들만 중국과의 국경선으로 접근해야 한다는 것을 이해하고 있었다고 말했다. 맥아더는 '유엔군의 임무는 한국을 석권하는 것'이라는 자신의 성명을 발표했다. 합참은 인천상륙작전에 반대했다가 머쓱해졌던 경험 때문인지 눈치를 보면서 대통령에게 미국의 군사적 전통에 따라 현장에서 임무를 수행하고 있는 사령관에게 맡겨 두라고 조언했다. 그러한 조언은 전시 대통령의 역할은 장군들을 어림짐작으로 판단하기보다는 그들을 지원하는 것이라는 트루먼 자신의 소신과 맞아떨어졌다. 대통령은 뒤로 물러섰고, 북한군을 위한 '특별한 보호구역'previleged sanctuary은 없을 것이라고 말하면서 미군 병력의 전개를 승인했다. 10월 24일 유엔군은 압록강을 향해 질주하고 있었다.[36]

다음 날 중국군이 공격했다. 이미 인천상륙작전이 개시되기 전에, 중국의 외교부장 저우언라이Chou En-lai가 중국의 안전에 대해 우려를 표명했다. 9월 말이 되자 그는 미국에게 38도선을 넘지 말라고 공공연히 경고했었다. 10월 초 유엔이 한국의 재통일을 승인하자, 저우언라이는 유엔의 그 결의는 불법적이라는 또 다른 메시지를 방송하면서 중국은 미군이 자신들의 국경을 위협한다면 '좌시하지 않겠다'고 경고했다. 같은 날, 중국 공산군Chinese Communist Forces은 압록강을 건너기 시작했다. 바로 그 일주일 전에는 맥아더가 대통령에게 중국군이 공격하지 않을 것이라고 확언했었다.[37]

중공군은 이후 2주일 동안 유엔군에게 심대한 피해를 입혔고, 그들이 공격했던 것처럼 매우 신속하게 접촉을 단절했다. 맥아더가 합참에 보낸 보고서를 보면, 그는 당시 지나치게 불안해하지 않았고, 상황에 대한 자신의 평가를 제공하기도 전에 '좀 더 완전한 군사적 사실의 축적'을 원했다. 같은 날 맥아더는 합참에 알리지도 않고, 자신의 항공 사령관 조지 스트랫마이어George Stratemeyer 장군에게 한국의 북쪽 끝단에 대한 폭격작전을 개시하여 압록강을 가로지르는 교량의 한국 측 부분을 타격하라는 명령을 하달했다. 스트랫마이어는 조심스럽게 공군참모총장이었던 반덴버그Vandenberg 장군에게 전화를 걸어 이를 알렸다. 폭격기가 경로를 벗어나 중국 영토로 진입하고 그로 인해 전쟁이 확대될 가능성은 맥아더를 회피할 수는 있었지만, 워싱턴에 있는 상관들의 시야에서 벗어날 수 없었다. 트루먼의 지시에 따라 합참은 맥아더에게 명령하여 압록강으로부터 5마일 이내의 표적에 대한 폭격을 전면 금지했다.[38]

후에 브래들리는 1950년 11월과 12월에 '맥아더는 전투와 자신의 감정에 대한 통제력을 상실했고, 워싱턴은 그에 대한 신뢰를 잃기 시작했다'고 회고했다. 합참의 명령에 대해 맥아더는 중공군의 공격이 '본인 지휘하의 아군부대들을 최대한 파괴하려 위협하고 있다. 폭격의 중단은 사랑스러운 미국과 유엔참전국 아들들의 피로 값을 치르게 될 것이다'라며 항의했다. 맥아더는 합참이 명령을 재고하거나 즉시 대통령께 이 문제를 보고하여 지침을 받아야 한다고 주장했다. 그는 '상황에 대한 대통령의 개인적이고 직접적인 이해가 없이는 그 자신이 책임을 질 수 없기에 … 재앙적인 결과를 지나치게 과장할 수' 없었다. 단 이틀 만에 맥아더의 태도는 기다리면서 지켜보자는 것에서 '주력부대의 재앙'이라는 공포로 바뀌었다.[39]

합동참모위원들은 트루먼과 상의했고, '현장의' 지휘관 의견을 존중했던 대통령은 그들에게 '맥아더의 방책을 승인'하여 그가 제안한 대로 교량의 한국 쪽 끝단을 폭격하되 댐이나 발전소 같은 다른 민감한 표적을 오폭하지 않도록 유의하라고 명령했다. 합참의장 브래들리는 나중에 이를 회고하면서 맥아더가 합참의 권위에 감정적으로 도전했다고 기록했다.

(그날 밤,) 우리는 최악의 실수를 저질렀다. … 우리는 무언가 매우 잘못되었다고 느꼈다. 맥아더는 압록강 상의 교량을 폭격할 것을 명령했고, 또 워싱턴의 인가를 얻지 않은 상태에서 최초의 폭격을 감행함으로써 월권행위를 했다. 이는 그가 이미 설정된 정책에 도전하여 자기 마음이 가는 대로 행동하고 있음을 드러내는 사건이었다. … 그날 밤, 그때부터 합참이 한국전쟁에 대한 확고한 통제권을 가지려 했고, 맥아더를 무뚝뚝하게 다루기 시작했다.[40]

'러시아와의 세계전쟁은 언제든 일어날 수 있다'는 그들의 우려에도 불구하고 합동참모위원들은 맥아더의 고삐를 홱 잡아채지 못했다. 인천상륙작전 이후 소심함, 작전 상황에 대한 명확한 이해의 부족, 그리고 전장에 있는 장수에 대한 전통적인 존중 등이 모두 혼합되어 맥아더의 영역에 대한 합참의 개입을 미리 막았다. 마셜 장관은 맥아더를 누그러뜨리는 메시지를 보냈는데, 그의 어려움을 충분히 이해하고 있고 전적인 지원을 약속하면서 전쟁이 전 세계에 미치는 영향에 대해 다시 상기시켰다. 맥아더는 마셜에게 감사하면서, '가능한 한 한국전쟁을 국지화하여 더 확대되지 않도록 한다는 기본개념에 완전히 동의'한다며 같은 식으로 답변했다.[41] 맥아더는 그러면서, 아군 전투기들이 한만 국경을 넘어서 적 항공기 — 중국과 소련 국적의 미그-15기들이 식별되었던 바 있었음 — 를 '긴급 추적'hot pursuit할 권한을 부여해달라고 요청했다.[42]

합참은 중공군의 공세를 고려하여 맥아더에게 "북한군 격멸'은 국가안보회의에서 재검토되어야 한다"고 권고했다. 그러나 다시 한번 입장이 180도로 달라진 맥아더는, 그럴 경우 '북한군을 격멸한다는 유엔의 근본적이고 기본적인 정책이 치명적으로 약화될 것'이라고 주장했다. 그러면서 맥아더는 중공군의 공격이 중단된 상황을 이용하여 '공산군을 압록강 너머로 몰아내기 위한 전면적인 공격'을 시행하기를 원했다. 만약 NSC가 그의 공격목표를 제한한다면, 그것은 '예하부대의 사기를 꺾을 것이며', 한국군이 '와해되거나, 또는 우리에게 등을 돌릴 수도 있다'고 언급했다.

그는 또 합참이 메시지를 통해 넌지시 암시한 유엔 동맹국과 확전에 관해 협의할 필요성에 대해 영국의 '뮌헨식 유화적인 태도'와 '북한지역 일부를 떼어줌으로써 중국 공산주의자들을 달래려는 그들의 여망'을 비난했다. 이는 맥아더가 자신의 전구에서 진행되고 있는 작전이 미치는 국제적인 영향에 대해 이해하고 애를 쓰며 마셜 장관에게 설명해왔던 논리인데, 너무 멀리 가서 실제 현실과는 다소 동떨어진 해석이었다. 그럼에도 늘 그래왔듯이 합참은 주저하다가 상부에 명료한 지침을 요청하고, 온순하게 극동군사령관의 공격을 승인했다.[43]

☆ ☆ ☆

맥아더는 2주 전에 자신을 긴급하게 뒤로 물러서게 했던 중공군을 공격하려 계획하고 있었다. 그들은 휴식을 취하면서 전력을 재보충하고 있었으나, 맥아더의 정보부서는 이를 파악하지 못하고 있었다. 다시 한번 자신감이 충만해진 맥아더는 이번의 공격작전이 전쟁을 종결시킬 것이라고 워싱턴에 확언했다. 그는 추수감사절을 계기로 기자단을 대동하여 전선부대를 방문하던 중 '우리 병사들을 크리스마스가 되기 전까지는 집으로 돌려보낼 것'을 큰 목소리로 약속했다. 기자들은 여기에서 힌트를 얻어 "크리스마스 귀가 공세Home-for-Christmas Drive"라는 제목으로 맥아더가 정확히 의도한 대로 기사를 쓰기 시작했다. 공격은 11월 24일 개시되었다.[44]

미 8군은 한반도의 서측 청천강 계곡 일대의 현 위치에서 북쪽으로 밀어 올라갔고, 10군단은 한반도의 동부에 위치하여 험준한 지형을 사이에 두고 미 8군과 50마일가량 분리되어 있었으며, 산악지형은 전투경험이 부족한 한국군 군단들에 의해 느슨하게 점령된 상태였다. 유엔군의 공세가 시작된 그날 밤, 중공군은 동부에 18만 명, 서부에 12만 명 규모의 병력으로 반격을 개시했다. 중공군의 주노력은 유엔군의 취약지점인 중부 산악 축선을 활용하는 것으로, 즉 중앙의 한국군을 공격하여 돌파한 후, 미8군의 우익으로 돌아 들어가 이를 포위섬멸 하려는 것이었다. 중앙부가 무너졌고 며칠 만에 유엔군 전 부대가 적의 압박하에서 퇴각하게 되었다.[45]

며칠 전까지만 해도 들뜬 듯이 긍정적이었던 맥아더는 '우리는 완전히 새로운 전쟁에 직면했다'며 합참에 경고했다. 그는 자신의 사령부가 바다로 내몰릴 수도 있다면서 증원을 요청하기 시작했다. 합참은 한반도의 가장 좁은 정면을 가지고 있는 허리 부분까지 남쪽으로 철수하여 방어선을 구축하자고 제안했다. 맥아더는 미 8군과 10군단이 다시 접촉하게될 수 없을 것이라 주장하면서 이를 거부했고, 대신 방어 및 유사시 철수가 용이하도록 서로 반대편 해안에 각각 교두보를 구축하자고 주장했다. 미8군은 부산까지 후퇴해야 할 수도 있다고도 했다. 합참은 맥아더의 방책에 다시 동의하면서, '이제 귀 부대의 보존이 최우선 고려사항'이라고 강조했다.[46]

트루먼 대통령은 맥아더가 중국의 위협을 과소평가했다는 데 화가 났다. 맥아더는 그에게 중국의 개입 가능성이 거의 없다고 딱 잘라 말해왔었다. 이제 그 '위대한 장군'께서 한국 철수를 운운하고 있는 것이다. '크리스마스를 집에서'라는 메시지는 썰렁한 농담이 되었다. 게다가 신문기자들이 맥아더의 전쟁 수행에 대해 비난하기 시작했다. 비난에 민감했던 그는 편지와 인터뷰 등을 통해 대응했다. 《뉴욕 포스트》지는 맥아더가 며칠 만에 네 개의 매스컴에 독점적이고 장기적인 접근권을 주었다며 다소 비꼬듯이 보도했다. 사실상 '위력정찰' 수준이었지만, 맥아더가 공격이라고 했던 그 작전이 유엔군을 중국군의 포위망에서 벗어나게 해주었다는 것과 워싱턴에 있던 상관들이 그의 행동의 자유를 제한했고 이는 '군 역사상 전례가 없는 크나큰 핸디캡'이었다는 것 등이 요지였다.

트루먼은 맥아더가 '어찌하든지 그 자신과 참모들에게 비난의 화살이 향하지 않게' 하려고 애쓴다고 느꼈다. 대통령은 다시 한번 맥아더의 해임을 고려했으나, 어떤 장군도 '매일매일 항상 승리할 수는' 없기에, 자신이 공격작전에 실패했다는 이유로 장군을 해임한 것처럼 보이게 되지는 않을까 우려하여 생각을 접었다. 트루먼은 맥아더를 질책하기를 주저했지만, 장군이 자신의 의견을 매스컴을 통해 공공연히 주장하는 것은 '원칙을 벗어난 것임을 명확히 주지시켜야' 했다. 따라서 트루먼은 애치슨과 마셜에게 국무부와 국방부 구성원을 대상으로 두 개의 지시를 하달하게 했다. 하나는 대중에 공개되는 발언을 할 때 '극도로 유의하여 시행하라'는 것이고, 다른 하나는 일상적인 언론 브리핑을 제외하고 나머지는 다 정리하라는 것이었다. 1950년 12월 6일, 일명 '함구령'이라고 불린 지침이 전 세계의 미국 공무원들에게 발송되었으나, 그것이 목표로 한 실제 수신자는 맥아더였다.[47]

워싱턴에 있는 국가안보 관련 지도자들 모두 여전히 맥아더와 부딪치기를 꺼렸다. 그러나 중공군의 공세와 유엔군의 와해는 한국에서 뭔가 일이 잘못되어가고 있음을 분명히 해주었다. 합참의 전략은 의심스러웠고, 장교들의 전장 리더십은 약해 보였으며, 전구사령관 맥아더 장군은 점점 이상해졌다. 《뉴욕 헤럴드 트리뷴》지는 극동군사령부가 '혼란으로 인해 큰 실수를 했음'을 지적하는 내용으로, "맥아더의 재앙"이라는 제목의 사설을 게재했다. 맥아더는 '더 이상 군사문제의 최종결정권자로 받아들여질 수 없게' 되었다. 그는 중국 본토에 대한 봉쇄를 주장하기 시작했고, 전에 요청했던 바와 같이 한국의 유엔사령부에 대만의 중화민국군을 증원하자고 재차 주장했다.

12월 3일 일요일, 애치슨과 그의 국무부 팀이 마셜과 합동참모위원들과 함께 국방부의 전쟁상황실에 모여 수 시간 동안 한국의 상황에 대해 토의했다. 당시 참석했던 육군참모차장 매튜 B. 리지웨이Matthew B. Ridgway 중장은 참석자 중 누구도 맥아더에게 이전처럼 '해도 그만 안 해도 그만인 명령을 발령하기를 원치' 않았다고 기억했다. 회의 막바지에 리지웨이가 참석한 자신의 상급자들에게 "우리는 이미 논의하는 데 너무 많은 시간을 사용했습니다"라며 목소리를 높였다. 야전에 있는 사령관이 말을 그만하고 뭔가 행동하도록 하는 것이 그들의 당연한 의무였다. 애치슨은 "누군가 모두가 생각하고 있던 것을 입 밖으로 꺼냈는데, 마치 모두가 알고 있었지만 아무도 말하지 않았던 '임금님이 벌거벗었다'는 사실이 울려퍼지는 것처럼" 느꼈다. 그러나 다른 누구도 말하지 않았고, 어떤 결정도 내려지지 않았으며, 아무런 명령도 없었다.[48]

회의장을 나오면서 리지웨이는 그의 오랜 친구인 공군참모총장 호이트 반덴버그Hoyt Vandenberg에게 다가가 말을 걸었다. 왜 합동참모들이 '맥아더에게 명령하여 무엇을 할 것인지 지시하지' 않는지 물었다. 반덴버그는 "그렇게 하는 것이 무슨 좋은 점이 있을까? 그는 명령에 따르지 않을 텐데, 그럴 경우 우리가 무엇을 할 수 있지?"라며 반문했다. 리지웨이는 당위론을 펼쳤다. "명령에 불복종한다면 그게 누구든지 해임해야 마땅한 것 아닌가?" 그러자 반덴버그는 '어리둥절해하고, 놀라워하면서' 그냥 걸어나갔다.[49]

모든 사람이 긴장한 듯했다. 그 주에 있었던 언론 브리핑에서 트루먼은 한 질문에 대답하면서 마치 한국에서 원자폭탄이 사용될 수도 있음을 시사하는 듯한 실수를 저질렀다. 그리고서는 문제를 더 악화시켰다. 그와 같은 방안이 실제로 고려되고 있냐는 질문에, 트루먼은 '항상 그래왔듯이 그것은 우리가 가진 무기의 일종'이라고 답했다. 어떤 상황에서 원자폭탄을 사용할 것인지를 묻자, 트루먼은 좀 더 화가 나서 "그것은 군에서 결심해야 할 사안입니다. 나는 그런 것들을 이용하는 군사지도자가 아닙니다"라고 답했다. 그런 결심은 어떻게 만들어지는가 하는 질문이 이어졌고, 트루먼이 미끼를 덥석 물고 말았다. "항상 그랬듯이 야전에 있는 사령관이 핵무기의 사용에 관한 책임을 지게 될 것입니다." 백악관 공보실에서 대통령은 오직 자신만이 핵무기의 사용을 허가할 수 있음을 잘 알고 있다면서 서둘러 진화에 나섰지만, 말실수로 인한 손상은 되돌릴 수 없는 것이었다. 영국의 하원에서는 맥아더가 핵폭탄에 대한 통제권을 가질 수 있다는 소식에 고함이 터져 나왔다. 영국의 클레멘트 아틀리에Clement Attlee 수상이 트루먼과 협의하기 위해 곧바로 워싱턴으로 날아왔다.[50]

이어지는 몇 주 동안 맥아더는 점점 더 비관적으로 변해갔고, 거짓 딜레마false dilemma*에 기초한 정책의 변화를 요구했다. 그는 행정부가 중국

---

*　실제로는 그렇지 않은데, 선택지가 두 개밖에 존재하지 않는다고 생각하는 오류.

과의 전쟁이 이미 존재하고 있음을 알고 있었다고 주장했다. 그는 휘하에 있는 병력이 너무 부족하여 중공군의 공세에 대항할 수 없어 본국에 있는 미군 사단들의 증원이 필요하다면서, 증원을 전제로 그는 다음의 네 개의 부분으로 구성된 작전계획을 제시했다. ① 중국 본토를 폭격하여 '전쟁을 지속할 수 있게 하는 중국의 산업 생산능력을 파괴'하고, ② 중국 해안을 봉쇄하며, ③ (대만의) 중화민국군을 투입하여 한국의 유엔군을 증원하고, ④ 중화민국군의 본토 공격을 허용한다. 만약 행정부가 이러한 정책의 변화에 동의하지 않으면 유일한 대안은 철수와 패배일 뿐이고, 그런 결과에 대해 맥아더 자신은 책임을 질 수 없다고 했다.[51]

　　대통령과 국가안보회의는 맥아더의 계획을 받아들이지 않았다. 합참은 장군에게 '현재의 정책에 변화가 있을 가능성은 거의 없다'며 정중하게 응답했다. 이제 임무는 한국에서 방어하되defend in Korea, 부대를 방호하고 가능한 범위 내에서 최대한 적을 타격하는 것이 되었다. 합동참모위원들은 한반도에서 부대의 철수 필요성을 촉발하는 조건에 대한 장군의 생각을 물었다. 맥아더는 '곧바로 되돌려서 질문을 던졌다'. 그의 부대는 "한국에서 현 위치를 그대로 유지하면서 일본을 방호하기에 부족하다. 한국에서 철수하겠다는 결심은 최상의, 그리고 국제적인 중요성을 지니는 것이며, 전구사령관의 역량을 상회하는 것"이라고 주장하면서, 자신의 임무가 무엇이었는지 물었다. 또한 그는 "장병들의 생명과 시간을 맞교환하기를 요청하는 정치적 이유가 명확하게 설명되지 않으면, 부대의 사기 저하가 전투효과에 심각한 위협이 될 것"이라고 주장했다. 맥아더는 언짢아서 비꼬는 말투로 글을 맺었다.

> "한국에 있는 사령관에게 가해진 예외적인 제한사항과 조건하에서 … 군사적 위치는 유지할 수 없고, 만약 최우선의 정치적 고려사항이 그렇게 지시한다면, 부대가 완전히 파괴될 때까지 어느 정도의 시간은 버틸 수 있을 것입니다. 귀하의 설명을 요청합니다."

아마 매클렐런도 이보다 더 잘 쓰지는 못했을 것이다.

딘 애치슨은 맥아더의 답장이 '전형적으로 향후의 사태를 예견하여 미리 대비하려는 책임회피형 문서posterity paper'였다고 말했다. 마셜 장관은 딘 러스크에게 맥아더 장군이 병사들의 사기에 관해 불평할 때, 문제는 장군 자신이지 부하들이 아니라고 말하면서 진저리를 쳤다. 브래들리는 맥아더가 지상의 현 상황을 파악하지 못하고 있다는 결론을 내렸다. 심지어 그는 "고집불통인 데다 근본적으로 충성심이 없었다. 워싱턴은 이제 우리의 명령이 이행되어야 한다는 것을 예하 사령관에게 일일이 설득해야 하는 위치에 놓이게 되었다"고 느꼈다. 하지만 트루먼은 맥아더에게 더 광범위한 전략적 목표들을 위해 한국에서의 노력이 얼마나 중요한지를 애써 설명하면서 과도하게 칭찬하는 장문의 편지를 보냈다. 조셉 콜린스와 호이트 반덴버그가 일본으로 가서 임무를 명확히 제시하고, 한국에서 철수할 경우 발생 가능한 16개의 우발상황을 설명해주었다.

맥아더는 그동안의 모든 메시지를 오해했던 것 같았다. 특히 그는 중국 해안 봉쇄, 중국 국경을 따른 정찰 비행, 장제스 군대에 대한 제한사항 제거 등 우발사태 대응단계를 네 부분으로 구성해 제시한 자신의 정책 제안에 대해 합참이 동의하는 것으로 알고 있었다. 그러다 보니 그동안 내내, 자신에게 부과된 금지사항과 부여된 임무의 불명확함에 대해 불평해왔다. 그런데 사실은 맥아더가 단지 행정부의 정책에 동의하지 않았던 것이고, 중국 본토로 전쟁을 확대하도록 허용될 것이라고 오해했다는 것이다.[52]

크리스마스 이틀 전, 미 8군사령관 월튼 H. 워커Walton H. Walker 중장이 전선 부근에서 타고 가던 지프가 전복되는 사고로 순직했다. 워싱턴에 있던 몇몇 사람들이 가끔 그의 리더십에 대해 걱정하곤 했으나 아무도 그 사항에 대해 맥아더와 부딪치기를 원하지 않았다. 이제 맥아더는 워커의 후임으로 리지웨이 대장을 요청했고, 합참은 신속히 동의했다. 그동안 한국에 전개된 부대의 사기와 군기에 대한 비난은 과장되어온 것이었다. 미 8군은 단지 교과서적인 교전 중 철수를 시행함으로써, 고정된 방어선을 편성하고 진지를 구축하는 것보다도 더 많은 사상자가 발생했던 것이다. 활

371

력이 넘치고, 카리스마와 강철 같은 의지를 가진 리지웨이는 8군을 가공할 만한 공세적인 전투부대로 탈바꿈했다.

극동군사령부에서 맥아더와 협의하는 동안, 콜린스와 반덴버그는 전선의 리지웨이를 방문했고 그의 부대가 도쿄에 있는 맥아더가 암울하게 그림 그리는 것과는 반대로, 사기와 공세 정신으로 충만해 있음을 알게 되었다. 이들 두 명의 총장들은 그러한 평가를 워싱턴으로 가져왔고, 이것이 행정부와 합참 내부에서 유지되어오던 맥아더에 대한 신뢰에 마지막 일격을 가했다. 그 시점으로부터 이후로는 합참이 맥아더를 건너뛰어 리지웨이와 직접 소통하기 시작했다. 브래들리는 "맥아더가 위원장이라는 '허울뿐인 자리로 명목상 승진되었으며,' 군사작전에 관한 문제에 있어서는 겉으로나마 주연으로 묵인되어야 했다"고 느꼈다.[53]

☆ ☆ ☆

그 후 이어진 3개월 동안 한국에서의 지상전 상황이 현저히 변화되었다. 리지웨이의 리더십으로 8군이 변화되어 1951년 초에만 몇 차례의 공격작전을 수행했다. 3월 말이 되자 유엔군은 중공군을 북쪽으로 밀어 올렸고, 다시 한번 38도선을 넘어 공격할 태세였다. 맥아더는 도쿄에서 날아와 자신이 공격을 명했었다는 기자회견을 한 뒤, 저물기 전에 다시 도쿄로 날아가는 습관을 발전시켰다. 리지웨이의 참모는 사람들의 눈길을 끌려는 '그 노인'의 행위는 차치하더라도, 작전보안을 유출했다는 데 화가 나서 졸도할 지경이었다. 사실 맥아더는 이들 공격작전에 대해 아무런 관여도 하지 않았다. 그럼에도 미 8군은 가차 없이 전진해 나아갔다.

그러나 행정부와 유엔은 한국의 통일은 없을 것이라는 데 조용하게 인식을 같이했다. 유엔총회에서는 정전과 협상을 요청하는 결의안이 통과되었으나, 저우언라이는 그러한 결의안이 불법적이라며 거부했고 전쟁이 계속되었다. 트루먼과 합동참모위원들은 맥아더의 확전에 대한 요구와 이미 리지웨이에게 더 알맞은 것 같은 실질적 전투사령관 직위에 대한 요청을 반복적으로 거부했다. 3월 어느 날, 맥아더는 점점 더 자신이 관계없는 사람이 되고 있다고 느끼면서, 또는 자신의 군경력 마지막 장이 교착상태에 빠지게 될까 두려운 나머지, 군 생활의 마무리를 위한 무대에 올랐다.[54]

유엔군이 38도선까지 진격해가자, 트루먼의 조언자들은 그 상징적인 경계선을 또다시 넘어가는 것이 정책적으로 무엇을 의미하는지에 대해 논의했다. 애치슨은 동맹국들의 의견을 조사했고, 북한으로 또다시 진격하는 데 회의적임을 알게 되었다. 이에 국가안보회의는 트루먼에게 중국과의 정전협상을 추진할 것을 건의했다. 이어서 NSC에서 잠정적인 정전협정(안)을 작성하여 동맹국들 사이에 회람을 시작했다. 합참은 정전을 추진하는 데 동의했고, 3월 20일 이를 맥아더에게 알렸다.[55]

그 전달만 해도 맥아더는 네 차례나 펜타곤과의 협의나 승인 없이 공공연한 주장을 했다. 그리고 그것들을 통해 늘 해오던 불평을 반복했는데, 즉 워싱턴의 지도자들이 자신의 작전을 어렵게 하는 '전례 없는' 제한사항을 두었음을 비난하고, 만약 미국의 정책이 되돌려지지 않으면 '무자비한 살육'이 벌어질 것이라고 예고하는 내용이었다. 이렇게 반복적으로 1950년 12월 6일 하달된 '함구령'을 위반했음에도 불구하고, 합참은 극동군사령관에게 사실관계를 확인하거나 그에 맞서려 하지 않았다. 맥아더는 합동참모위원들이 함구령을 강제하는 데 관심이 없었기에 그것이 사문화되었다고 결론지었다.[56]

3월 24일 맥아더는 대통령의 평화협상 타진에 앞서, 선제적으로 중공군에 대한 자신의 성명communiqué을 발표했다. 맥아더는 중국은 현대전을 수행할 능력이 부족하다고 단언하면서 적을 조롱했다. 유엔군사령관으로서 그가 여러 가지 제한사항에 묶여 있었음에도, 중공군은 '엄청난 병력을 투입하고도 한국을 점령하지 못함으로써 완전히 무능함을' 증명했다면서 만약 유엔이 전쟁을 확대하기로 결심한다면, 중국은 '군사력의 즉각적인 붕괴'를 맞게 될 것임을 경고했다. 결론적으로 맥아더는 한국에서 유엔의 정치적 목표를 실질적으로 달성하기 위해서 자신에 상응하는 중공군 측 책임자와 협의할 준비가 되어 있다고 공표했다. 이러한 모욕적이고 오만한 항복 요구는 정전협상에 대한 일말의 기회마저 흩어버렸고, 그것에 관한 동맹국들과의 논의마저도 의미 없게 만들었다. 트루먼은 '단지 세계를 혼란스럽게만 할 수 있기' 때문에, 자신의 제안을 중국 측에 보내지 않았다.[57]

맥아더의 성명에 대한 반응은 굉장히 빨랐다. 동맹국 지도자들은 국무부와 백악관에 '맥아더의 성명이 미국 정책의 변화를 의미하는가?', '누가 미국의 정책을 만들고 있는가?' 등의 질문 공세를 퍼부었다. 국방부 부장관 로버트 A. 러빗Robert A. Lovett은 맥아더의 행위는 '참모총장들에 대한 도전, 자신이 잘 알고 있던 작전에 대한 태업, 가장 크게는 통수권자에 대한 불복종'에 해당한다고 말했다. 애치슨도 마찬가지로 그것을 '중요한 태업'이라고 지칭했다. 브래들리는 '용서받을 수 없고, 돌이킬 수 없는 행위'라고 했으며, 어떤 이들은 맥아더가 미쳐버린 것이 아닌지 의심하기도 했다. 애치슨은 에우리피데스Euripides*를 인용했다. "신이 누군가를 파멸시키려 할 때, 우선은 그를 미치게 만든다."

합참의 공간사(公刊史)에는 '만약 유엔군사령관이 스스로 그렇게 하기로 마음먹고 깊이 숙고했다면, 그것보다 더 효과적으로 대통령의 분노를 유발할 수 있는 방법을 찾기 어려웠을 것이다'라고 결론지었다. 실제로 그러했다. 트루먼의 반응은 '불신과 통제된 분노가 결합된' 것이었다.

"(맥아더의 행동은) 대통령이자 통수권자인 나의 명령에 대한 공개적인 반항이었다. 이것은 헌법으로 보장된 대통령에 대한 도전이었다. 또한 유엔의 정책을 무시하는 것이었고, … 이 행동으로 인해 맥아더는 나에게 아무런 선택지도 남겨주지 않게 되었다. 나는 더 이상 그의 불복종을 참을 수 없게 되었다."

---

* 에우리피데스(BC 480 이전? ~ BC 406)는 고대 아테네에서 활동한, 아이스킬로스, 소포클레스와 더불어 가장 뛰어나다고 평가받는 비극 시인이다. 오늘날 그가 쓴 18편의 비극이 남아 있다.

대통령은 맥아더를 해임하겠다고 결심했다. 문제는 언제 어떻게 하느냐였다. 비슷한 경우에 그랬듯이 트루먼은 역사적 사례를 통해 안내받고자 하여, 링컨-매클렐런 관계를 상세히 살펴보기 시작했다.[58]

트루먼은 신중하게 행동했다. 그는 당분간 자신의 결정을 남에게 털어놓지 않기로 결심했다. 그는 합참에 지시하여 맥아더에게 "대통령께서는 귀하가 1950년 12월 6일 발령된 '함구령'을 다시 되새길 것을 지시하셨다"는 강력한 경고 메시지를 보내게 했다. 만약 중공군 장성급에서 교섭을 요청해온다면 그는 합참에 보고하고 지침을 받아야 하는 것이었다. 이것은 비난치고는 다소 온건한 것으로 여겨졌다. 이에 맥아더는 아마도 워싱턴의 소심함과 관대함이라는 패턴이 계속되리라 생각했던 듯하다. 실제로 그는 당시 어느 보좌관에게 자신이 유엔군사령관이기 때문에, "행정부가 나에게 할 수 있는 게 없다. 국제적 동의가 있어야만 한다"고 말했다.[59] 그처럼 오만한 언급은 트루먼을 과소평가한 것임과 동시에 유엔 동맹국들과 자신을 같은 위치에 놓은 과장된 평가이기도 했다.

이후 3월 20일, 맥아더는 하원의 소수파 지도자이자 공화당 의원인 조셉 마틴Joseph Martin의 편지에 답장을 보냈다. 마틴은 맥아더에게 대만의 국민당 정부를 돕기 위해서 제2의 전선을 열어야 한다고 주장한 동료의원의 연설문 사본을 보내왔었다. "우리가 승리하기 위해서 한국에서 싸우고 있는 게 아니라면, 이 정부는 미국의 아들들을 살해한 정권으로 비난받아야 할 것이다."

마틴 의원은 '기밀 유지의 원칙으로든지 아니면 다른 방법으로라도' 맥아더의 답을 요청했다. 맥아더는 연설을 높이 평가했고 장제스와 그의 군대를 중국에 대한 제2전선을 형성하도록 놓아줄 필요성에 동의했다. 그는 또한 극동지역이 가장 중요한 전구임을 인식하지 못하는 사람들을 조롱했다.

"우리는 여기서 유럽의 전쟁을 무력으로 수행하고 있으나, 외교
관들은 거기서 말로 싸우고 있습니다. … 만약 아시아에서 공산

주의에 대항한 싸움에서 진다면 유럽의 몰락은 피할 수 없을 것
입니다. 그러나 이긴다면 유럽은 아마도 반드시 전쟁을 피하게
될 것이며 자유를 유지할 수 있을 것입니다. 의원님께서 지적했
듯이 우리는 반드시 이겨야 합니다. 승리를 대체할 수 있는 것은
아무것도 없습니다."

맥아더는 자신의 편지를 마틴이 사용하는 데 있어 어떤 조건도 달지 않았
다.[60]

1951년 4월 5일, 마틴은 하원의 발언대로 나아가 맥아더의 편지를 큰
소리로 읽었다. 맥아더의 언급은 전 세계 언론의 1면을 장식했다. 단지 몇
주 만에 벌써 두 번째로 편집자들이 누가 미국의 정책을 만드는지 묻게 되
었다. 국무부에 모여든 각국의 외교관들이 불평을 털어놓았다. 의원들은
당파에 따라 줄을 섰고, 많은 공화당의 의원들이 맥아더의 우려에 동의했
다.[61]

폭풍 가운데서도 트루먼은 침착했다. 주말 동안에 그는 개별적으로
부통령, 수석재판관, 하원의장, 그리고 재무장관 등과 상의했다. 트루먼은
토요일에 다시 자신의 고위 국가안보 조언자들을 소집했다. 마셜 국방장
관은 맥아더를 워싱턴으로 오라고 명하여 상담할 것을 제안했고, 애치슨
국무장관은 '당시 이슈에 대해 그가 지휘하는 사령부에 대해 완전한 갑옷
을 입은 채로, 그리고 그의 미래와 함께' 그를 본국으로 부르는 데 반대했
다. 대통령이 무력화될 수도 있었다. 두 장관의 의견은 그날 아침 맥아더
해임에 관한 문제에 있어 각자 자신의 입장에 따라 갈렸다. 트루먼은 어떤
결정도 하지 않았다.[62]

마셜과 브래들리는 생각하고 의논할 시간을 더 달라고 간청했다. 그
문제는 개인적으로 그리고 전문직업적으로 그들 모두에게 고통스러운 것
이었다. 장관은 때때로 컨디션이 좋지 않았다. 게다가 그는 아직도 중국의
'상실'에 있어서 그의 역할이라고 여기는 정치적 싸움의 상처를 가지고 있
었다. 마셜의 국방장관 인준 청문회에서 매카시파의 윌리엄 제너William

Jenner 상원의원은 그를 가리켜 '반역자들의 우두머리' 그리고 '살아 움직이는 거짓말'living lie이라 불렀다.

브래들리는 마셜에 대한 맹렬한 공격을 수년간 지근한 거리에서 지켜봐왔으나 자신은 개인적으로 '의회의 우익 근본주의자들의 공격을 받지 않았다'. 자신이 계획했던 전역일이 몇 달 남지 않았던 때였고, 브래들리는 '그렇게 불쾌한 일을 말하러 나갈 용기가 없었다'. 보다 더 광범위하게 생각하여 맥아더의 해임에 대해 합참이 배서하는 것은, "나중에 그 해임이 주로 정치적인 이유였다고 해석될 경우, … 합참을 '정치화'하는 효과를 가져올 것"을 우려했다. 장관과 의장 두 사람은 맥아더에게 강경한 경고를 보내는 것을 고려했으나, 이러한 조치는 전에도 몇 차례 실패했었다. 그들은 어찌하든지 법적 논쟁에 휘말려 군사재판에 회부되거나 대중매체의 흥미로운 기삿거리가 되지 않기를 바랐다.[63]

일요일 오후에 브래들리는 합동참모위원들과 만나 '맥아더 문제'를 해결하기 위해 일련의 방안들을 논의했다. 결국 그들은 그가 모든 사령부의 직책으로부터 해임되어야 한다는 데 만장일치로 동의했다. 그들은 자신들이 고려한 사항들이 보다 광범위한 문제에 대한 작은 부분이었음을 인정하면서, '오로지 군사적인 관점으로부터' 도출한 건의사항을 작성했다. 그들은 맥아더가 해임되어야 할 네 가지 이유를 마셜과 대통령에게 제공했다. 즉, 전쟁의 범위를 한국으로 제한한다는 정책에 대해 공감하지 않았고, '함구령'을 위반하고 대통령의 평화협상 주도권을 약화시켰으며, 그가 명령에 따를 것인지 알 수 없었기에 그와 계획을 협조하는 것을 어렵게 했고, 마지막으로 그를 해임하지 않으면 군에 대한 문민통제의 원칙이 손상될 것이기 때문이었다. 대통령의 정치적 입지가 불안정했기에 이 문제에 대한 합동참모위원들의 만장일치 지원은 향후 몇 개월 동안 헤아릴 수 없을 만큼 귀중한 것이었다.[64]

브래들리는 월요일에 합동참모위원들의 건의서를 대통령에게 전달했다. 마셜도 건의사항에 동의한다는 의견을 표명했다. 네 명의 조언자들이 동의했다. 이때 처음으로 트루먼은 자신이 이미 그러한 결심에 이르렀다고 밝혔다. 그들은 모두 리지웨이가 맥아더를 승계한다는 데 동의했고, 트루먼은 브래들리에게 필요한 명령을 준비하라고 지시했다. 다음 날 트루먼은 그것들에 서명했다.[65]

코미디 같은 실수들이 잇달았다. 맥아더에게 해임 통보 메시지를 전달하는 것은 민감한 과업이었다. 육군성 장관 프랑크 페이스Frank Pace가 당시 한국의 전선지역을 시찰하고 있어서 트루먼은 그가 직접 해임 명령을 전달하게 하겠다고 결심했다. 그날 밤 그런 조치가 다 취해지기도 전에, 《시카고 트리뷴》지의 기자 한 명이 '주요한 사임'에 대한 루머가 도쿄에 돌고 있다면서 문의하기 시작했다. 브래들리는 트루먼에게 만약 맥아더가 자신이 해임될 것임을 알게 되면 사임을 요청할 수도 있다고 경고하자, 트루먼이 폭발했다. "그 개××는 내게 사임을 요청하지 않을 것이오! 내가 자를 거니까!"

백악관의 참모들이 문안을 준비했고, 그것은 워싱턴에서 오전 1시에 보도되었다. 의사소통의 대혼란 속에서 페이스 육군장관은 지침을 전달받지 못했다. 브래들리는 맥아더에게 무선으로 메시지를 보내려 시도했으나 너무 늦게 도착했다. 맥아더는 라디오의 뉴스 속보를 들은 한 참모장교가 눈물을 글썽이며 전해주어 알게 된 아내로부터 자신이 해임되었다는 소식을 들었다. 우연에 의한 것이었지만, 50여 년을 넘게 훌륭하게 복무한 군인의 경력을 이렇게 마감하는 불운한 방식은 의전상 큰 결례였다.[66]

☆ ☆ ☆

이어지는 몇 주 동안 미국은 트루먼에 대한 증오의 물결로 뒤덮였다. 트루먼은 맥아더를 해임한 다음 날 대국민 연설을 했는데, 그것은 '완벽한 대실패'가 되고 말았다. 트루먼은 어려운 결정을 하는 데는 대가다웠으나, 그러한 결심의 논리적 이유와 타당성을 국민에게 설명하고 소통하는 데는 실패했다. 캘리포니아에서는 대통령을 본뜬 인형이 교수형을 당했다. 주의회와 시의회 등은 그를 비난하는 결의안들을 통과시켰다. 갤럽에서 실시한 한 여론조사에 따르면 미국인의 3분의 2에 해당하는 대다수가 맥아더의 해임에 반대했고, 4분의 1 정도만 찬성했다. 백악관은 20대1의 비율로 해임 결정에 반대하는 편지를 받고 있다는 것을 인정했다. 유권자들은 의회로 수십만 통의 전보를 보냈고, 트루먼에 대해 '천치', '배신자', '정체불명자', '백악관의 돼지'라고 지칭하면서, 그의 탄핵을 요구했다. 4월 20일에는 그리피스Griffith 구장에 모인 관중이 대통령이 시구를 할 때, 큰 소리로 야유를 보냈다.[67)]

'의회의 초선의원들'이 항의를 선도했다. 제너Jenner 상원의원이 "이 나라가 오늘날 소련 간첩의 지시를 받는 비밀단체secret coterie의 손에 놀아나고 있다"고 성토했다. 캘리포니아의 리처드 닉슨Richard Nixon 초선 상원의원은 '이 나라에서 가장 행복한 그룹은 공산주의자들과 그들의 앞잡이들일 것'이라고 했다. 매카시 상원의원은 '백악관의 반역'이라며 거칠게 쏘아붙이면서 트루먼을 '버번위스키와 감사기도'에 취한 '개××'라며 원색적으로 욕했다. 의회 내에 공개적으로 자신을 드러내며 대통령을 지지할 의원이 거의 없었다.[68)]

반면에 언론계는 대부분 대통령의 편에 서 있었다. 군사 및 정치 분야 출입 기자단을 대상으로 한 여론조사를 보면 85퍼센트가 대통령을 지지했다. 《스크립스-하워드》Scripps-Howard, 《허스트》Hearst, 《맥코믹》McCormick 등 극우 성향의 신문이 대통령에 반대했으나, 평소에는 반정부적인 논조로 비평을 해오던 일부 언론을 포함하여 대다수 언론사의 사설이 대통령을 지원했다. 당시 영향력 있는 칼럼니스트였던 월터 리프만Walter Lippmann은, '맥아더 장군 스스로 대통령이 그를 해임하도록 선택했다. 그게 아니라면 지난해 보았던 것처럼 대통령이 자신에게 굴복하여 도쿄로부터 명령을 받으리라고 생각했다는 것이 된다'는 결론을 내렸다. 《뉴욕 해럴드 트리뷴》지가 이에 동의했다.

"맥아더 장군의 해임에 관한 가장 분명한 사실은 그가 실질적으로 자신을 스스로 제거했다는 것이다. 전쟁 중에 고위층에서 지휘권이 분리되어 있을 수는 없다. … 맥아더는 가장 유능한 군인 중 한 명이었으나, … 그는 대통령으로서는 선택할 수밖에 없는 단 하나의 방책만 가능한 상황을 만든 장본인이다. 위기에 처할 때마다 드러났던 트루먼의 강점이었던 대담함과 결단력이라는 특성이 가장 어렵고도 위험한 문제를 유일한 외나무다리에서 만나게 한 것이다."[69]

다른 한 관찰자는 당시 상황을 이렇게 기록했다.

"트루먼은 맥아더를 대중적 영웅으로 만드는 데 성공했다. 아마 장군 스스로는 결코 해낼 수 없었을 것이다."

맥아더는 귀국길에 올라 환영받는 개선(凱旋)을 즐겼다. 10만여 명의 군중이 오아후Oahu섬의 20마일 행진로를 따라 줄지어 섰다. 샌프란시스코에서는 50만여 명의 시민들이 장군과 아내, 그리고 그의 아들을 환영했다. 그들이 워싱턴에 도착할 때 또 다른 많은 환영인파가 몰려 안전을 위해 설치한 저지선이 무너졌고 맥아더의 가족들은 기다리고 있던 리무진에 타기 위해 30분 동안 서로 밀쳐대는 사람들 속을 헤치며 걸어나가야 했다.[70]

다음 날인 1951년 4월 19일 정오가 막 지난 시간에 맥아더는 양원 합동위원회에서 연설하기 위해 하원 회의장 연단에 올랐다. 의회 지도부는 통상적으로 대통령이나 방문 중인 외국 정상을 위해 예비된 초청을 확대했다. 그 전주에 발생한 사건들이 연설을 부각시켜 대략 3천만 명의 미국인들이 라디오와 TV의 채널을 맞추었다. 학생들과 연방 근로자들에게는 연설을 들을 수 있도록 반나절의 임시 휴무가 주어졌다.

당대의 영웅은 미국 역사상 가장 감동적이고 유창한 연설 중 하나로 꼽힐 만한 명연설로 기대를 뛰어넘었다. 어투는 힘찼으나 서두르지 않았다. 위엄이 배어나왔고, 열정적이었다. 전달하고자 하는 메시지가 분명했고, 상세하면서도 믿을 만했고, 설득력이 있었다. 물론 그가 항상 그렇지는 않았지만, 그날 그는 진지하고 솔직해 보였다. 맥아더는 역사적인 곳에서 존귀한 분들을 모시고 말씀드릴 기회를 얻게 된 것에 대해 감사함을 겸허하게 표하면서 연설을 시작했다. 그는 마음에 "어떤 증오나 씁쓸함도 없으며, 다만 '조국을 위해 봉사한다'는 하나의 목적"만을 품고 있다고 했다. 그가 시작하기도 전에 이미 열기에 차 있던 청중은 이제 숨을 참으며 귀를 기울였다가 박수갈채를 보내며 목이 쉬도록 환호하기를 반복했다.

그는 수십 년 동안의 아시아 복무경력을 열거하면서 아시아의 역사와 지리에 대해 장황하게 설명했다. 이는 그가 필리핀과 일본에 대해, 그리고 좀 더 중요하게는 대만, 한국, 중국 등에 대해, 전문가로서 말하고 있다는 자신의 성의를 분명히 하고자 했다. 또한 극동지역이 지구상에서 전략적으로 가장 중요한 지역이라는 자신의 주장을 뒷받침하기 위해 관련 주제에 대한 자신의 정통함을 드러냈다. 그는 아시아 민족들이 가슴 아프게도 가난하고 오랫동안 억압받아왔으며, 다만 자유와 평등을 원하고 있다면서 한탄했다.

"세상의 이데올로기 같은 것은 아시아인들의 사고에 큰 영향을 미치지 못하고 있고 사실 그들은 거의 알지도 못합니다. 사람들이 추구하는 것은, 배를 채울 수 있는 좀 더 많은 음식, 몸에 걸칠 좀 더 좋은 옷, 머리 위에 좀 더 단단한 지붕, 그리고 보통의 민족주의자들이 열망하는 정치적 자유의 실현 등입니다."

맥아더는 한국에 개입하겠다는 대통령의 결심에 동의했고, 북한군을 격퇴하기 위한 자신의 노력에 대해서도 칭찬했다. 하지만 중국의 참전이 '새로운 전쟁, 북한 침략자들에 대항하여 투입된 아군이 전혀 고려하지 않았던 완전히 새로운 상황, 군사전략의 실질적인 조정을 허용하기 위해 외교적 영역에서의 새로운 결심이 요구되는 상황을 조성했음에도, 그러한 결심은 여전히 검토되지 않고 있다'고 언급했다.

물론 국가지도자들이 그러한 문제를 맥아더의 건의사항과 전반적인 국가안보정책 및 대전략을 고려하여 충분히 토의했었다는 것, 또 그러한 심사숙고에 기초한 결심은 명확하게 결정된 것이며, 합참과 대통령이 그러한 정책들을 서면으로 그리고 개인적으로 직접 맥아더에게 반복하여 설명했다는 것이 좀 더 정확한 표현일 것이다.

맥아더는 그가 주창했던 정책 전환 문제를 언급하면서, 중국의 산업 생산능력을 파괴하는 것과 중화민국군의 한반도 전개 등에 관한 사항을 누락시킨 희석된 안을 상세히 설명했다. 그는 자신의 조치가 전쟁을 확대하고 중국 본토로의 지상군 전개를 유발할 가능성이 있음을 외면하면서, '제대로 된 정신을 가진 사람이라면 아무도 중국 본토로 지상군 투입을 주장하지 않을 것이며, 그럴 생각조차도 하지 않을 것'이라며 비웃었다. 더구나 합참을 비롯하여 전쟁에 관계된 모든 군의 리더들이 이러한 관점을 '완전히 공유하고' 있다고 했다. 합참은 그 후 몇 주를 맥아더의 말이 거짓임을 밝히는 데 사용했다.

이어서 그는 표면상으로는 자신과 의견이 같았던 군의 상급자들을 소극적으로 비난했다. "나는 증원을 요청했지만, 그것이 가능하지 않다고만 알려왔다." 그는 전쟁 이전의 부대에 본토로부터 전개된 네 개 사단이 추가되어 배로 확장되었으며, 합참이 보기에는 맥아더 사령부로의 전력 투입이 전 세계 봉쇄전략을 위협하는 수준에 이를 정도였다는 것을 손쉽게 잊어버렸다. 또한 익명의 비평가들을 '붉은 중국을 달래려 하는 자들'이라며 비난했다. 그는 연설에서 반복적으로 패배주의와 유화정책을 비난했으며, 누가 잘못했는지 그 이름을 대지는 않았지만, 듣는 이들이 그들의 정체를 추정할 수 있는 여지를 남겨두었다. 맥아더는 한국에서 싸우고 있는 용맹한 장병들을 "모든 면에서 훌륭하다"며 칭찬했다. 하지만 유화정책이 그들의 노력을 불명예스럽게 했고, 그들의 군사적 활동을 방해했다고 말했다.

"나의 부하 장병들이 묻습니다. '왜 전선에서 군사적 이점을 적에게 넘겨주어야 합니까?' 나는 대답할 수 없었습니다."

382

그리고 마지막 문장에서 그는 유명한 문구, "(노병은~) 다만 사라질 뿐입니다"라는 말로 — 얼마 지나지 않아 그에게 그럴 의도가 없었다는 것이 밝혀졌지만 — 연설을 맺었다.[71]

그날 오후, 워싱턴에서 50여만 명의 지지자들이 그를 환영하러 나왔다. 그다음 날 15만 통의 편지와 2만 통의 전보가 뉴욕에 있는 그의 새로운 보금자리, 월도프 아스토리아Waldorf Astoria에서 그를 맞았다. 다음 날에는 750만 명의 뉴욕 시민들이 맨해튼의 색종이가 뿌려지는 행진 도롯가에 줄지어 섰다. 위생국이 이날 발생한 쓰레기를 일곱 시간과 19마일에 걸쳐 수거한 양이 2,859톤에 달했으며, 이 새로운 기록은 이전 최고 기록의 네 배를 능가했다. 당시에는 아무도 몰랐지만, 맥아더의 인기가 막 정점을 지나고 있었다.[72]

보수적인 공화당 의원들이 맥아더 해임 건에 대한 청문회를 요구했다. 상원은 이에 동의하여 군사 및 외교 합동위원회에서 시행하도록 과업을 부여했다. 위원장은 조지아 출신의 민주당 상원의원 리처드 B. 러셀 Richard B. Russell이었고, 그는 당에 대한 충성심이 강하고 존경받는 의원이었다. 그가 가장 먼저 한 조치는 청문회를 TV와 라디오로 중계하자는 공화당의 요구를 거부한 것이다. 그는 국가안보를 우선한다는 이유로 그런 결심을 했지만, 민주당원들로서는 정적들에게 맥아더의 화려한 언변을 위한 플랫폼을 주지 않으려는 의도도 갖고 있었다. 대신 위원회는 매일 회의 종료 후에 '보안상 문제가 없는' 기록을 공개했다. 42일간 진행된 청문회는 거의 2억 5천만 단어에 육박하는 면밀한 공적 기록을 생산했고, 의도치 않게 중국과 소련에게 정보의 광맥을 제공한 격이 되었다.[73]

청문회가 가까워짐에 따라 워싱턴의 정치 온도가 상승했고, 군의 지도자들이 논쟁의 중심이 되었다. 제임스 레스턴은 "탁월한 군인들이 행정부에 의해 강력하게 요구되는 안정감, 정치적 수완, 신뢰의 많은 부분을 공급하고 있다"고 기록했다. 칼럼니스트 드류 피어슨Drew Pearson은 이에 동의하지 않았다.

"해리 트루먼은 자신의 전투를 거의 혼자서 해야만 하는 것처럼
보였다. 군인 중에는 아무도 과거에 그토록 자신이 무겁게 의존
했던 맥아더에 맞설 준비가 안 되어 있었다."

피어슨은 합참과 민간 지도자들이 이미 청문회 전에 만나서 앞으로의 증
언을 위한 전략을 짜기 시작했다는 것을 모르고 있었다. 공군성 장관은 행
정부의 정치적 운명이 '군인들의 손에 달려 있다'는 결론을 내렸다.[74]

맥아더는 3일간의 증언을 시작했다. 그는 숨은 실력자eminence grise로
서, 군사전략의 대가로서 그리고 극동전문가로서 배역에 꼭맞는 사람처럼
보였다. 그는 실수를 인정하지 않았고, 한국에서의 교착상태를 끝내기 위
한 자신의 네 개 분야 정책four-part policy을 반복적으로 강변했다. 행정부가
자신의 손을 묶었다며 불신감을 드러냈고 합동참모위원들, 즉 군 수뇌부
는 자신의 평가와 대응책에 동의했다고 주장했다. 의원들은 맥아더의 카
리스마에 의해 철저히 매료되었고, 그의 박식함에 감명받았다. 전에 동의
한 대로 위원회는 매일 오전 그에게 질문을 시작했고, 점심시간에도 계속
진행하면서 오후 중반까지 청문했다. 의원들과는 달리 맥아더는 결코 자
기 자리를 떠나지 않았다. 이에 대해 한 민주당 의원은 71세의 스태미너에
놀라면서, '그는 틀림없이 대학생의 방광을 갖고 있을 것'이라고 말하기도
했다.[75]

문민통제에 대한 맥아더의 생각을 탐색하는 것이 위원회 설치의 핵
심사항이었다. 그는 '장교들을 임명하고 해임하는 대통령의 권한은 완전
하고 절대적인 것'이라면서, 대통령이 아무 이유 없이도 자신을 해임할 수
있는 모든 권한을 가지고 있다고 말하여 청문위원들을 놀라게 했다. 하지
만 대통령은 불복종이라는 해임 이유를 제시했는데, 자신은 '미국의 제복
을 입고 근무해온 어떤 부하 장병들보다 더' 모든 명령을 충실하게 수행해
왔다고 주장했다.[76]

맥아더는 전쟁과 평화에 대한 예전의 이분법적 설명을 다시 꺼냈다.

"전쟁에 돌입한다는 것은 불화를 끝낼 다른 모든 잠재적인 방법이 소진되었다는 얘기다. 따라서 전쟁은 이제 평화와는 확연히 구분되는 문제가 되었으며, '정치가들'은 군인들에게 길을 양보해야 한다. 정치가 해결하지 못할 때, 군이 맡게 되는 것이고, 군을 믿어야 한다."

후에 맥아더는 이런 원칙을 확대했다.

"전역에서 군을 운용하는 데 있어서 비전문가의 간섭이 있어서는 안 된다. 그러한 일을 할 전문가들이 있으므로 그들에게 맡겨야 한다. 물론 가장 좋지 않은 간섭은 무력사용에 제한을 두는 것이다. 승리를 대체할 수 있는 것은 없기 때문이다. 지금까지 세계역사상 전쟁이 여러 부분으로 나뉘어 있는 방식으로 수행된 적은 없었다. 즉, 전체가 참여하지 않고 부분만 참여하는 반쪽짜리 전쟁, … 그것은 전쟁이 아니라, 타협일 뿐이다."

그는 전형적인 맥아더식 극단적 표현으로 강조했다.[77]

그러나, 맥아더의 증언 마지막 부분의 어느 한 지점에서, 코네티컷주의 민주당 상원의원 브라이언 맥마흔Brien McMahon이, 만약 맥아더 장군이 종종 얘기한 대로 네 개 분야의 전략으로 국가가 '세계적인 전면전'에 돌입하게 된다면 미국이 무엇을 해야 하는가를 물었다. 가엽게도 맥아더는 이 질문에 숨어 있는 함정에 빠지고 말았다. "그것은 나의 책임이 아닙니다, 의원님. 나의 책임지역은 태평양입니다." 합참이 전 세계의 상황에 책임이 있었다. "저는 합참이 연구한 내용을 알지 못합니다. 저는 합참에 들어가본 적도 없습니다." 맥마흔 상원의원이 먹잇감을 낚아챘다.

"장군님, 잘 지적하여 말씀하셨네요. … 합참과 대통령이 … 이 문제를 세계적인 관점에서, 세계 전체의 방위 차원에서 들여다 보아야 합니다. 하나의 전구를 담당하는 사령관인 장군님은 자신이 직접 말씀하신 대로, 그러한 세계적 차원의 연구를 한 적이 없습니다. 그럼에도 장군님은 우리에게 세계적 분쟁으로 엮여 들어갈 수 있는 방책을 추진하라고 건의하고 있습니다."

맥아더는 양쪽을 다 가질 수 없었다.[78]

맥아더의 전체 사례를 지탱하고 있는 것은, 그와 합참이 완전히 동의하고 있다는 맥아더의 주장이었다. 그러므로 맥아더에게 이것은 전문 직업군인들과 간섭하는 정치인들 사이의 분쟁이었다. 하지만 합참은 이미 그와 합참이 정책과 전략에 동의했다는 주장을 반박해왔다. 합참은 장군을 교체하는 데 동의했다. 그럼에도 불구하고 그는 앞으로 나아갔다. 그의 제안은 '합참에서 내놓은 군사적 건의사항들과 완벽히 일치했다'. 합참과 그의 입장은 '실질적으로 같았다'. 만약 '우리 사이에 어떤 마찰이 있다면, 나는 모르는 것이다'. 그러나 그의 군 동료들이 곧 이의를 제기했다.[79]

맥아더에 대한 청문이 끝난 뒤, 마셜 장군에 대한 청문이 7일 동안 실시되었다. 마셜은 맥아더처럼 대중의 인기가 더 이상 없었지만, 군사적 신망과 고결함에 대한 평가는 한 수 위였다. 마셜은 시작하는 말을 통해 맥아더 체계의 기초를 파괴하기 시작했다. "한국전이 시작된 때로부터 지금까지 대통령, 국방장관, 합참 사이에서 동의하지 않았던 적은 없었다." 민간과 군이 구분되는 양쪽 모두의 가장 높은 지위에 있던 마셜은 맥아더가 논점을 군인과 정치인 간의 갈등으로 프레임을 짜지 않게 할 생각이었다. 하루하루 지나면서 그는 맥아더의 전략적 판단을 문제 삼았다. 즉, 장군의 건의사항을 따르게 되면, '공산 중국과의 전쟁이 더 길어질 뿐만 아니라, 소련과의 전면전을 각오해야 한다. 또한 그는 동맹을 상실하는 대가를 치르면서까지 그렇게 해야 하며, … 그런 행동으로 인해, 서유럽이 공격에 노출되더라도 감수해야 한다'는 것이었다. 마셜은 전구사령관이 자신의 명령에 불평하는 것은 전혀 새로운 일이 아니라고 하면서, "새로운 것은, 그리고 맥아더 장군의 해임 필요성을 불러일으킨 것은, 지역의 전구사령관이 미국의 외교 및 국방정책에 대해 자신의 불편함과 자신의 부동의를 공개적으로 표명한 전적으로 전례가 없는 상황이다"[80]라고 말했다.

이어서 '사병 출신 장군'으로 인기 있었던 브래들리 장군이 6일 동안 질문을 받았다. 그는 한국에 대한 행정부의 정책을 분명하게 지지했다. 합참과 행정부 사이에는 빛이 샐 틈도 없었다고도 했다. 1인칭 대명사를 사용하면서 브래들리는 맥아더를 해임한 트루먼의 결정에 5성 장군으로서 다섯 개의 별을 붙여주었다. 그는 시작하는 말을 통해 맥아더가 제시한 전략은 공산 중국과의 전쟁으로 확대되는 것을 피할 수 없는 실책이라고 했다. 어느 상원의원이 제기한 미국 정책에 대한 적대적인 질문에 대해서는 "만약 우리가 한국에서 잘못된 전술을 따르는 것이라면, … 이 자리에 있거나 범세계 전략에 책임이 있으며 우리의 능력에 대해 알고 있는 모든 고위 군사지도자들이 전부 다 틀리다면, 의원님 말씀이 맞습니다"라고 답했다. 무엇보다 중요한 것은 맥아더의 해임이 필요했다는 것인데, 왜냐하면 그의 '행동이 지속적으로 군사지휘권에 대한 문민통제를 위협했기' 때문이었다. 청문회 중 가장 유명해진 한 줄이 되었는데, 브래들리는 맥아더의 군사적 판단을 이렇게 비판했다.

> "합참의 견해를 솔직하게 말씀드린다면, 이 전략은 우리를 잘못된 장소에서 잘못된 시간에 잘못된 적에 대한 잘못된 전쟁으로 이끌 것입니다."[81]

각 군의 총장들도 각자의 전문적인 관점으로 맥아더에 대한 반론의 행렬을 더 길게 연장했다. 육군의 콜린스 총장은 맥아더의 부대 운용이 전략의 실행을 위협했다고 비난했다. 콜린스는 맥아더가 압록강까지 미군 부대를 전개시킴으로써 합참의 지시를 위반하는 불복종을 범했다고 직접적으로 성토했다. 공군총장 반덴버그는 맥아더의 중국 본토에 대한 폭격 요청을 '주변부 쪼아대기'라고 칭했다. 왜냐하면 적국 영토의 광대함에 비추어볼 때 미 공군의 전 자산이 투입되더라도 '새 발의 피'에 불과할 것이기 때문이었다. 해군총장 셔먼 제독은 전쟁이 확대될 경우, 소련이 보유하고 있는 강력한 태평양 잠수함대를 중국에 지원해줄 가능성이 있다고 증언했다. 또한 미 해군 단독으로 중국의 긴 해안선을 차단하는 것은 효과가 없다고 확언했다. 이들에 대한 청문회가 끝나갈 때쯤, 맥아더가 말했던 '군인 대 정치인'이라는 서사narrative는 산산조각이 났다.[82]

청문회와 그 논쟁에 관한 대중의 관심은 맥아더의 인기와 함께 스러져갔다. 상원 청문위원들이 회의장을 들락날락함에 따라, 어쩔 수 없이 많은 질의응답을 놓치게 되었고, 그 결과 참석한 증인들은 다양한 위원으로부터의 같은 질문에 여러 차례 답해야 했다. 게다가 그런 방식의 질문은 서로 연결이 안 되고 조각난 듯한 속기록을 남겨놓음으로써 하나의 흥미진진한 이야기를 끌어내기가 어려웠다. 러셀 청문위원장은 6주간의 청문회 동안 다루기 까다로운 회의체를 잘 이끌어 높은 평가를 받았다. 그 자신이나 행정부 모두 요란한 청문회가 되는 것을 원치 않았다. 러셀은 맥아더의 풍선에서 서서히 바람을 뺌으로써 예기치 않은 폭발을 피했다.

☆ ☆ ☆

맥아더는 다음 해 대부분을 전국을 여행하면서, 행정부에 대한 비판이 더 강화된 연설을 하고 다녔다. 4월에 그를 환영하기 위해 모여든 군중의 규모와 열기가 지나친 찬사에 매료되어왔던 맥아더의 머리를 돌아버리게 만들었다. 시카고에서는 그가 지나는 길에 3백만 명의 인파가 늘어섰고, 그날 밤 '군인의 마당'Soldier Field에서 행한 연설을 듣기 위해 5만 명이 모여들었다. 보스턴과 휴스턴에서는 그의 차량 행렬을 보기 위해 각각 50만 명이 나타났다. 그는 수차례 나라를 가로지르며 수십 회의 대중 연설을 했다. 그는 후에 "미국이 나를 그 우렁차게 울리는 심장으로 이끌었고, 그 소리는 평생 내 귀를 떠나지 않았다"고 회고했다.[83]

부유한 후원자들이 맥아더에게 그가 1952년 대통령 선거에서 공화당의 후보로 확실하게 지명될 수 있는 최고의 기회를 잡았다고 말했고, 이들 보수적인 사업가들이 맥아더의 여행경비를 대주었다. 나라를 여행하면서 그의 연설이 점차 노골적일 만큼 정치적으로 변하여, 대외정책뿐만 아니라 국내 현안도 다루기 시작했다. 역사적으로 유명한 장군을 축하하기 위해 모여들었던 군중은 자신들이 우익 공화당원의 얘기를 듣고 있음을 발견했다. 그는 트루먼 행정부를 공격하는 전략을 수립했고, 그의 용어는 매번 더욱 날카로워져갔다.

11월 시애틀에서 그는 '해외에서의 외교적 실수들과 국내에서의 무분별하고 흥청망청한 목표들' 그리고 '공무수행의 전반에 걸쳐 퍼진 부패와 부당이득'을 신랄하게 비판했다. 그리고 청중에게 "은밀하게 그리고 우회적인 방법으로 우리에게 강요하는 사회주의자들의 정책을 거부하고, 과거에 우리의 공공행정의 방향을 그렇게 좋지 않은 방향으로 이끄는 역할을 했던 공산주의자의 영향을 근절하라"고 호소했다. 몇몇 시애틀의 유력자들은 연설 도중 밖으로 나가버렸고, 자신들의 초청을 그렇게 오용한 맥아더에게 분노를 드러냈다. 연설 말미에 맥아더는 정부 내 '교활한 세력'에 의해 부과된 '무거운 세금'을 맹비난했다. 그리고 그런 세력은 '우리를 사회주의적 시도로 전환하게 하고, 결국은 공산주의의 노예가 되도록 이끌려고' 한다고 비판했다. 1952년 3월, 미시시피주 잭슨에서 그는 트루먼 행정부가 '마치 크렘린의 지도자들이 그려준 계획대로 두려우리만치 정확하게 공산주의 국가로 이끄는' 그런 정책들을 추진하고 있다며 직접적으로 공격했다. 그의 수사는 큰 소리로 외치는 호전적인 매카시즘이었다. 트루먼을 공격할 때마다 자신이 50년 이상을 복무하면서 쌓아온 명성과 위엄을 조금씩 갉아먹었다는 것이 맥아더 장군에게는 참으로 안타까운 일이었다.[84]

더욱 좋지 않았던 것은, 그가 대통령을 공격할 때마다 5성 계급장이 달린 군복을 입고 있었다는 점이다. 그는 아직 전역하지 않은 상태였고, 여전히 충분한 봉급을 받고 있었다. 1년 이상을 이 도시에서 저 도시로 다니면서 맥아더는 날씬하고 짙은, 5성 계급장이 달린 '아이젠하워 재킷'을 입고, 자신의 통수권자를 공공연히 비난했다. 7월에도 그는 똑같이 입고 매사추세츠주 의회에서 '우리의 자유로운 제도를' 위협하는 '내부의 교활한 세력을' 통렬히 비난하는 연설을 했다. 그러면서 그는 그런 세력에게 대놓고 반대하다가는 '내게 무자비한 보복을 불러오게 될 것'이라는 경고도 들었지만, 침묵할 생각이 없다고 했다.

> "나는 새롭고 또한 지금까지 알려지지 않았던 위험한 개념이 존재함을 알게 되었습니다. 그 개념은 우리 군에 소속된 인원들이 자신들의 일차적 충성의 대상을, 그들이 지키기로 서약했던 조국과 헌법보다는 정부의 행정부에 대한 권한을 일시적으로 가진 이들로 삼고 있다는 것입니다. 어떤 주장도 이보다 더 위험할 수는 없습니다. 어느 누구도 군의 진실함에 대해 이보다 더 큰 의심을 던질 수 없을 것입니다."[85]

맥아더는 누가 그의 '일시적' 상관으로서 충성의 대상이 될 것인지 또는 불복종의 대상이 될 것인지를 결정할 권한을 달라고 드러내놓고 부당하게 요구한 것이었다. 이런 차원이라면 분명하게 트루먼과 마셜은 맥아더의 평가에 불합격했다. 군의 전문직업성을 훼손하려는 자들로부터 보호하는 것은, 그들의 권리가 아니라 의무였다. 맥아더가 했던 그런 말들이 공화당의 상원의원 입에서 나왔다면 그들은 분노했을 것이다. 제복을 입은 장군의 입에서 나오니 그들은 섬뜩하게 느꼈다.

1952년 7월 맥아더는 시카고에서 열린 공화당 전당대회에서 기조연설을 했다. 예비 투표 대의자 수에서 4위에 머물렀지만, 무대 정리가 되기 전에는 예기치 않았던 일도 일어날 수 있었다. 맥아더의 부유한 투자자들은 대의원들이 그에게 우르르 몰려들도록 감동을 주는 장군의 연설을 기대하고 있었다. 그런데 그렇게 되지 않았다. 수개월 동안의 정치유세가 그의 웅변술을 강화시킨 것이 아니라 오히려 갉아먹었다. 그는 발끝으로 올라섰다 내려섰다 한다든지 오른손으로 위쪽을 향해 날카롭게 손짓하는 이상한 버릇이 생겼다. 게다가 그가 할 일은 공화당의 이질적인 양익을 한데 모으는 것인데, 1년 동안 격렬한 연설만 하고 다녔던 그로서는 준비가 안 되어 있는 일이었다. 아마도 그는 처음으로 사복을 입고 나타나는 것이 불편했을지도 모른다. 연설은 엉망이 되었다. 또 다른 5성 장군이 지명되고 선출되었다. 이후 그 노병은 정말로 사라졌다.[86]

☆ ☆ ☆

　대통령과 장군 사이에 서로 의견이 달랐던 점은 무수히 많았다. 대만의 중요성과 미국정치에 미치는 영향, 전쟁을 한국에 국한할 것인가 아니면 중국 본토를 위협하면서 확대할 것인가, 냉전에 있어서 핵심적인 전구가 유럽인지 아니면 극동지역인지를 결정하는 것, 집단안보를 채택할 것인지 독자적인 태세를 가질 것인지, 평화협상에 임할 것인지 아니면 완전한 승리를 쟁취하기 위해 싸울 것인지 하는 다양한 문제에서 부딪혔다. 이상의 모든 의제는 최소한 두 가지 특징을 공유하고 있다. 즉, 각각의 의제가 미국에 핵심적으로 중요한 사안이었고, 또한 각각의 의제가 맥아더 장군의 능력 범위를 넘어서는 분야에 대한 것이었다는 점이다. 그러한 문제에 대한 그의 견해는 합참이나 대통령에 의해 요청되었다 할지라도 정책을 수립하는 데 흥미롭고, 영감을 주며, 유용한 참고가 될 뿐이었다. 그의 의견은 공적인 기록으로 남겨지거나 대통령 및 행정부와 논쟁의 원인이 되어서는 절대 안 되는 것이었다. 하지만 그렇게 되고 말았다.

　이 이야기에서 등장한 주요 인물 모두 비난의 대상이 되어야 한다. 맥아더는 분명히 더 잘 알고 있었다. 합참과 여러 차례 소통하면서, 또 상원에서의 증언을 통해서 그는 어떤 문제들은 '전구사령관의 능력 범위'를 벗어나는 것임을 인정했다. 자신이 하기 싫은 결정을 하거나 실패에 대해 책임지는 것을 막기 위해서, 그는 통상 자신의 권한에 드리워진 그런 제한사항들을 열거하면서 간청했다. 이렇게 그가 '전구사령관의 권한'이라는 문구를 사용하는 것으로 볼 때, 그 스스로가 자신의 영역을 알고 있었고, 외교정책이나 세계전략은 자신의 범주가 아님을 알고 있었음을 입증한다. 하지만 그는 자기 멋대로 정책선언communiqués을 발표하기도 했다.

트루먼에게도 몇 가지 책임이 있다. 대통령 취임 초기부터 그는 '하나님의 오른손인 사람'을 의심스러운 눈으로 지켜봐왔다. 그는 맥아더가 필리핀에서 5년 동안 실질적인 자치를 행했고, 제2차 세계대전 중에는 남서태평양을 활보한 거인이었으며, 지난 5년간 총독으로서 일본을 통치해온 자부심에 찬 주인공이라는 것을 알았다. 그는 맥아더의 자의식이 크다는 것, 그의 습관적인 불복종, 영예에 대한 갈증, 그리고 누군가의 간섭을 탐탁지 않게 여기는 것 등도 알고 있었다. 하지만 트루먼은 미국의 영웅을 십자가에 못 박았을 때 닥칠, 특히 맥아더의 우익에 있는 정치집단으로부터 오게 될 정치적 결과를 두려워했다. 역사적으로 보면, 최고위급 사령관을 해임하는 것은 항상 잠재적인 정치적 결과로 귀결되었다. 정치-군사 관계에 있어서 이를 판단하는 좋은 경험 척도는, 대통령이 어느 고위급 사령관을 불신하거나 두려워하면, 그의 해임은 이미 늦어버렸다는 것이다. 트루먼은 너무 오래 기다렸다.

트루먼의 민간 조언자들과 군 수뇌부 역시 비난을 피할 수 없다. 그들 대부분 역시 맥아더에 대해 대통령보다도 더 잘 알고 있었다. 그들의 말에 따르면 맥아더가 정도를 지나치게 멀리 나간 내용을 수차례에 걸쳐 공공연히 발표했음을 그들도 알고 있었다. 하지만 그들은 맥아더의 주장이 기술적으로 불복종한 것인지 아니면 법적으로 불복종한 것인지 하는 문제에 대해 조심스럽게 다루었다. 반복적으로 그들은 그의 일탈을 못 본 체하거나, 비난의 침을 제거하여 조심스럽게 다루었다. 그들은 맥아더가 그들의 지시를 무시해도 되며, 자신의 권한을 초과하거나, 벌을 받지 않고 그의 '능력 범위'를 넘어 일탈해도 된다고 믿게끔 했다. 합동참모본부와 국방장관 등은 정부에서 상대적으로 새로 설립된 조직이었고, 한국전쟁이 그들의 첫 번째 전시 시험대이긴 했지만, 당대에 그 직위를 담당했던 이들은 백전노장들로서 그들의 통수권자를 더욱 잘 모셨어야 했다.

하지만 관계자들 사이에 다르게 발생했던 문제들을 다 모으더라도,

맥아더와 트루먼 그리고 그의 조언자들이 함께 공유했던 한 가지 확신보다 더 중요한 문제는 없었다. 즉 전시에 대통령과 워싱턴의 지도자들은 현장의 사령관을 마땅히 엄청나게 존중해주어야 한다는 주장이었다. 그들은 지속적인 협의의 필요성에 대해서도, 결함이 있고 낡은 오해를 공유했다. 그것은 정치가들은 군사작전에 결코 개입해서는 안 된다는 것으로, 트루먼이 그렇게 믿었다.

> "야전의 사령관들은 전술과 전략에 대한 절대적인 통제권을 갖고 있고, 항상 그래야만 한다."

역사에 대한 그와 같은 오해는 맥아더의 관점과 완벽하게 일치했다.

> "전역을 수행하기 위해 부대를 운용함에 있어, 어떠한 비전문가의 개입도 없어야 한다. 그 일을 할 전문가들이 있고 그들이 그것을 하도록 허용되어야 한다."

합동참모위원들 역시 미국의 통치에 있어서 그러한 확신을 전통적인 것으로 여겨 공유하고 있다고 말했다. 그러나 대통령들이 자주 정책과 전략을 가로막는 가상의 벽을 깨뜨렸고, 때로는 긍정적인 효과를 만들어내고, 때로는 그렇지 않았다. 정치적 불개입이라는 유서 깊은 전통은 몇몇 군사전문가들과 그들의 정치적 지원자들에 의해 소중히 여겨져왔다. 그러나 대통령은 외치와 내치, 군과 민간, 전쟁과 평화 등 정부의 모든 영역에 대한 헌법상 책임을 진다. 통수권자로서 대통령은 많은 기능을 부하들에게 위임할 수 있고 그렇게 해야 한다. 그러나 그는 여전히 부하들이 위임받아 시행한 사항을 포함한 모든 조치와 관련하여 유권자들에게 책임을 진다. 그는 장교의 선발로부터 무기의 획득, 기관총의 전술적 배치 등에 이르기까지 자신이 원한다면 군사 관련 어느 측면에 대해서도 법적으로 감독할 수 있다. 그가 어느 정도까지 직접 개입해야 할 것인가 하는 것은 판단의 문제이며, 본인이 가진 능력에 대한 대통령 자신의 평가, 고위 사령관들과 군에 대한 대통령의 신임, 정치적 그리고 전략적 환경에 대한 평가 등에 기초하여 판단한다.[87]

트루먼이 처한 환경은 미국 역사상 유례가 없는 상황이었다. 그는 모두가 믿기에 미국과 그 생활양식을 파괴하려고 절치부심하는, 마찬가지로 강력하고 또한 완강한 적에 맞서 핵무기를 보유한 초강대국을 이끌었다. 그는, 현존하는 공산주의의 위협에 대항하기 위해서 설득하고, 회유하고, 꼬드기고, 아니면 가두기까지라도 해야 한다고 미국인들이 믿었던, 자본주의 민주국가들의 동맹인 '자유세계'의 리너였다. 그는 두 개의 세계대전이 남긴 그림자 속에서 세계를 이끌었다. 수억 명에 대한 살육과 수천억 원에 이르는 재산과 부의 파괴가 있었고, 그것들 대부분은 트루먼이 인류 역사상 가장 가공할 만한 무기를 사용하겠다는 결심을 내리기 전에 입은 피해였다. 그가 표방한 3대 헌장tripartite charter은 조국과 동맹을 보호하고, 세계 공산주의를 봉쇄하며, 제3차 세계대전을 예방하는 것이었다. 이 세 가지 책무는 언젠가 충돌할 수밖에 없었는데, 1950년 여름 한국에서 그렇게 되었다.

한국전쟁 동안의 모든 작전에 관한 질문은 중국과 소련의 개입 가능성이라는 관점에서 고려되어야 했다. 따라서 모든 주요한, 그리고 그리 주요하지는 않더라도 다른 많은 결심이 트루먼과 그의 조언자들을 전략에 대해, 어떤 경우에는 전구 작전사항에 대해서까지 파고들도록 했다. 그리고 이러한 결심지점들이 어지러울 정도로 빠른 속도로 닥쳐왔다. 맥아더가 유엔군사령관으로 재임한 기간은 9개월 반 정도였는데, 그 기간 중에 남한의 수도인 서울과 38도선은 주인이 네 번이나 바뀌었다. 임박한 승리로 인한 도취, 세 번에 걸친 패배와 철수의 압박 등이, 몇 주가 아니라 며칠 사이에 서로 잇달아 일어났다.

전통적으로 전술적 그리고 작전적 수준의 결심사항은 군사전문가들의 영역이었지만, 기간 중 있었던 결심사항들은 대부분 전략적·정치적 영향이 큰 것들이었다. 열거해보면, 1950년 6월 한국으로의 미군 연대 파견

여부, 낙동강 방어선 포기 및 철수 여부, 인천상륙작전, 38도선의 돌파, 한만 국경선 인근으로 미군 부대 전개, 압록강 상의 교량 폭격, 중국 영공 내로의 적기 '긴급 추격', 맥아더의 '크리스마스 귀가 공세', 1950년 12월 철수 문제, 1951년 3월 38도선 재돌파에 관한 결심 등이다. 트루먼, 애치슨, 존슨과 마셜, 그리고 합동참모위원들이 이상의 아니 그보다 더 많은 결심에 중요한 역할을 했다. 정책과 전략 사이에 더 이상 '벽'은 없었다.

마찬가지로, 모든 이러한 결심지점에서 전구사령관인 맥아더의 의견이 마땅히 무겁게 받아들여져야 했다. 워싱턴의 지도자들은 결심지점의 모든 마디마다 맥아더의 건의사항을 올바르게 요구했고, 신중하게 고려했다. 하지만 전통에 대한 중시 그리고 맥아더의 영웅적 입지에 대한 존중이 너무 큰 나머지, 그들은 자신들의 정치적·군사적 판단, 그리고 더 폭넓은 전략적 관점을 믿었어야 했을 때조차 종종 맥아더의 억지 같은 주장을 존중해주었다.

이러한 존중의 습관과 맥아더 자신의 더 오래된 독립적인 자치의 습관이 올림포스산의 신과 같은 그의 자신감과 결합함으로써, 대전략과 정책에 관해 대통령에게 주어진 특별한 권한을 침해하여 월권하게 되었다. 만약 그가 그랜트처럼 단지 정부의 위원회 내에서만 그렇게 하려 했다면, 즉 자신의 전략적 및 정치적 의견은 개인적으로만 제시하고 자신이 건의한 방향과 다른 결정이 내려졌을 때 자신의 윗사람들이 더 광범위한 능력을 지니고 있음을 정중하게 받아들였다면, 행정부에서는 그의 광대한 경험과 그가 보유한 최고 수준의 지성으로부터 크게 득을 보았을 것이다.

그러나 반복해서 그리고 전쟁의 물결이 그를 거슬러감에 따라 점점 더, 맥아더는 그의 군 지휘계선 상의 상관들과 통수권자와 다른 목소리를 공공연히 밝혔는데, 매번 선언할 때마다 더 거칠어지고 자아도취에 빠져가는 듯했다. 그가 순전히 정치적인 제안, 즉 트루먼이 중국 측에 한 평화회담 제안을 의도적으로 반대했을 때, 그는 대통령의 헌법적 권한을 침해하고 월권을 한 것으로 대통령이 마땅히 지휘권을 박탈할 수 있었다. 트루먼이 맥아더 장군의 해임을 발표하려고 준비할 때, 그의 참모들은 대통령

이 군사 및 민간 조언자들과 '동의하여' 그를 해임하는 것임을 말해야 한
다고 건의했다. 비록 그가 정부의 3부 요인의 의견을 신중하게 그리고 꼼
꼼하게 들어 참고했던 것은 사실이지만, 참모들의 의견을 받아들이지 않
았다.

> "나는 이 결정을 미국의 대통령으로서 오로지 나의 책임으로 감
> 당할 것이오. 나는 아무도 내가 이 책임을 다른 사람과 함께 지려
> 한다고 생각하지 않기를 바라오."[88]

　트루먼은 맥아더를 해임하여 헌법상 문민통제의 원칙을 지켜냈다. 미
정치-군사 관계의 긴 역사 속에서, 그의 용기 있는 결정은, 영광스럽게도
조지 워싱턴의 뉴버그 반란모의 진압 결정, 링컨의 대통령직 우세유지 결
정 등과 나란히 서 있다.
　맥아더의 해임 후에도 비극이 끝나려면 아직 갈 길이 멀었다. 상원의
청문회와 대통령에 대항한 맥아더의 순회 연설 그리고 1952년 공화당 후
보 지명을 위한 연설이 그의 불명예를 마감했다. 미국인들은 자신들의 정
부 내에 있는 군의 위치에 대해 현실에 안주하여 거의 걱정하지 않았기 때
문에 러셀 위원회의 청문회는 위험으로 가득 차 있었다. 힘이 없는 정치인
들이 문민통제 원칙을 소홀히 다룬다는 것은 너무도 자명한 이치이다. 양
당은 가끔 행정부와 군 사이의 논쟁을 활용하면 단기적으로 자기 당에 이
익이 된다는 것을 발견했다.
　1951년 봄, 매카시와 닉슨 상원의원, 마틴 하원의원 등이 이끈 공화
당의 우익은 트루먼 행정부와 민주당을 '공산주의에 연약'하며, 국가안보
에 무능하고, 군 전문직업주의와 군의 전문성을 부인하는, 그리하여 미국
정부를 이끌기에 부적합하다고 각색할 기회를 보게 되었다. 청문회에서
그들의 목표는 맥아더에 의해 열정적으로 부추겨졌는데, 전문직업군이 트
루먼의 정책에 반대하는 것 이상임을 보여주고, 우리의 위대한 군 지도자
들도 정말로 그런 정책이 나라의 생존을 위협하고 있다며 두려워하고 있

음을 보여주는 것이었다. 그 광경에 국가의 언론은 비난을 쏟아냈다. 청문회가 진행되던 중 월터 리프만은 애처롭게 물었다.

"어떻게 해서 우리 두 당이 서로 반대하는 장군들 주변으로 몰려드는 처지로 가라앉게 되었는가?"

《세터데이 이브닝 포스트》지는 "미국 역사상 이전에 어떤 시대에 군사지도자들이 군사와 관련 없는 일에 이렇게 크게 부각되었던 적이 있었는지 궁금하다"고 표현했다.[89] 그들의 우려는 미국의 통치에 있어서 또 하나의 새로운 경향을 만들어냈다. 제2차 세계대전은 통치에 관한 모든 질문이 실존에 관련된 문제인 것처럼 보이는 '국가안보 국가'를 탄생시켰다. 전쟁을 통해 훈장을 받고 또 유명인이 된 리더들이 정부 내 위원회에서 전례 없는 영향력을 행사하게 되었다. 마셜 원수는 국무장관과 국방장관을 포함하여 세 개의 민간 직위에 보직되었다. 아이젠하워 원수는 유럽과 나토의 동맹국 최고사령관을 역임하고 곧 대통령으로 선출될 예정이었다. 전쟁 당시 아이젠하워의 참모장이었던 월터 베델 스미스 대장은 CIA 국장이 되었다. 브래들리 원수는 합참의장이었다. 물론 극동지역에서 네 개의 사령부를 지휘했던 맥아더 원수가 이러한 드라마의 주연이었다.

브래들리 장군은 맥아더 논쟁과 청문회가 합참과 군을 정치화할 수도 있음을 우려했다. 청문회에서 증언한 후, 브래들리는 민주당과 공화당의 의원들이 전혀 다른 타입의 질문을 했다며 다소 순진한 불평을 해댔다. 그는 '계속해서 대통령을 곤란하게 하려 하고, 진실에는 관심이 없었던' 상원의원들을 혐오했다. 리프만은 청문회가 '단지 가장 미국적이지 않고 또 가장 비공화주의적인 진화가 끝나는 작전한계점이었으며, … 어떤 민간인도, 만일 그를 강력하게 변호하는 장군이 곁에 없다면, 아무런 권한도 없고 다른 이들이 그에게 귀 기울이지도 않을 것'이라며 애처롭게 결론지었다.[90]

물론 미국 역사를 보면, 초창기에 군대는 매우 정치적이었으나, 앞선

세기 동안 이루어진 장교단의 전문직업화가 그런 당파성을 근절하는 데 많은 일을 했다. 브래들리는 합동참모위원들 그리고 마셜 장관과 함께 정치중립적인 군 복무를 한, 유명한 경력을 가지고 있었고 공화당의 책략을 무디게 하는 데 크게 기여했다. 그들의 증언은 당시의 충돌이 민간과 군 간의 충돌이 아니라, 여전히 다소 논쟁적이지만 민주당파 장군들과 공화당파 장군들 간의 충돌이었음을 드러냈으나, 한 전구사령관의 불복종 같은 경우에는 그의 군사 및 민간의 상관들이 연합하여 책임을 물어야 했던 것이다. 대통령 본인을 제외하고 정부 내의 어떤 다른 조직보다 전문직업군이 문민통제의 원칙을 지켜냈다. 맥아더의 보좌관을 역임했고 장차 대통령이 될 아이젠하워 장군은 청문회에서 그의 군 동료들을 본보기라며 칭찬했다.

"만약 미군 장병들이 전시에 전체 민간 정부에 대해 성공적으로 저항할 수 있다면, 미국의 시스템은 종말을 맞게 될 것이다."[91]

1951년 내내 60%의 미국인들이 맥아더를 해임한 트루먼의 결정에 반대했다. 대통령은 당시 부패 조사, '공산화의 공포', 한국전에서의 교착 상태 등 다른 골치 아픈 문제들과 씨름하고 있었는데, 여기에 맥아더 논쟁이 그의 정치적 어려움을 더하게 했다. 그는 재선에 도전하지 않기로 결심했다. 그가 비록 개인적 그리고 정치적 희생을 감내해야 하긴 했지만, 트루먼은 자신의 결정이 올바르다는 자기 확신을 견고히 유지했다. 후에 그는 이렇게 기록했다.

"만약 그가 이런 식으로 민간의 권한에 도전하는 것을 허용했다면, 나 스스로 헌법을 준수하고 지키겠노라 했던 서약을 위반하는 것이 되었을 것이다."[92]

이 비극의 마지막 장은 맥아더의 자기 망신이었다. 그가 처음 샌프란시스코에 도착했을 때 온 국민이 자신들이 바랐던 모든 것, 그리고 두려워했던 모든 것의 상징으로 그를 따뜻하게 맞아주었다. 그는 변하지 않는 권력에 맞서다 불이익을 받은 지도자로 여겨졌다. 맥아더는 불확실한 냉전의 모래톱을 어떻게 헤쳐나가야 하는지를 본능적으로 알고 있는, 완벽한 자격을 갖춘 반공주의 장군으로 보였다. FDR의 영감을 주는 리더십 아래서 성장했고, 지금은 미주리주 선거운동원 출신 정치인의 비음(鼻音)에서 멀리 떨어져 있던 맥아더는 유창한 언변의 귀족적인 전사로 타고난 리더였다. 두 차례의 세계대전으로 상처를 입고, 그들이 지고 있는 것처럼 보이는데도 분쟁을 제한하는 것을 참지 못하여 맥아더는 "승리를 대체할 수 있는 것은 없다"고 주장했다. 이후 꼬박 1년 동안 미국을 가로질러 전속력으로 달리면서 자신의 군복을 흙으로 더럽히고, 군 통수권자를 향한 신랄한 비판으로 자신의 직업을 더럽혔다. 마을에서 그리고 도시에서 조금씩 조금씩 그의 수사가 날카로워짐에 따라 청중이 점점 줄었고, 실망스럽게도 미국인들은 모든 영웅이 약점을 가지고 있다는 것을 다시금 배우게 되었다.[93]

10
테일러의 이론
Taylor's Theory

남북전쟁이 미국의 일리아드Iliad였다면, 제2차 세계대전은 미국의 대승리Triumph였고, 베트남 전쟁은 미국의 비극Tragedy이었다. 1961년부터 1965년까지 미국은 결코 승리할 수 없을 것이고, 따라서 절대 들어가지 말았어야 할 베트남의 내전이라는 진창으로 스스로 빠져들어 갔다. 그 전쟁은 미국의 전략적 이익이 아니었다. 전 세계 미국의 동맹국들은 미국이 개입하지 않기를 바랐을 것이다. 의회의 지도자들과 영향력 있는 언론인들이 두 명의 대통령에게 그 진창에서 벗어날 길을 찾으라고 촉구했다.

미국의 동맹이었던 남베트남은 정치적으로 무기력했고, 군사적으로 무능했으며 자국민을 오만스럽게 멸시했다. 반면 그와 대치하던 북베트남의 공산주의자들은 — 공산화되기 전에는 민족주의자들이었음 — 유능한데다 조직화되어 있었으며, 베트남 민족을 재통합하고 자신들의 혁명을 성취하기 위해 평생에 걸친 싸움에 주저 없이 뛰어들었다. 두 초강대국 간의 공산주의 대 자본주의 경쟁이라는 투명 상황도를 겹쳐놓자, 베트남의 내전 상황이 더 복잡해졌고 세계적 차원으로 판돈the stakes이 올랐다. 하지만 미국의 정치·군사 지도자들은 이러한 실상을 충분히 이해하지 못했다. 맹목적인 반공산주의 이데올로기가 미국 지도자들의 눈을 가려 자신들의 어리석음을 보지 못하게 했지만, 대통령과 군 수뇌부 사이의 정치-군사

관계 기능장애가 미국을 늪에 빠지게 하는 데 주된 역할을 했다.

자신들의 동료 장성이었지만 대통령이 되어서는 점차 그들의 조언을 무시했던 아이젠하워 대통령과 몇 년 동안 갈등을 겪었던 군 수뇌부는 1961년 새로 들어서게 된 케네디이하 JFK 행정부를 열렬히 환영했다. 그러나 희망찬 기대는 곧 오해, 정책에 대한 논쟁, 그리고 로버트 맥나마라Robert McNamara라는 고압적인 국방장관 등의 암초에 부닥치게 되었다. JFK는 취임 초기부터 합동참모위원들을 신뢰하지 않았고, 3년 뒤 그가 총격으로 사망할 때까지 군이 군 수뇌부의 의견을 요청하려 하지 않았다. 대신, 정치-군사 관계에서의 구멍을 메우기 위해 그는 자기와 정치적으로 상통하는 예비역 장성 맥스웰 테일러를 채용하여 내부 군사고문으로 삼았다. 이런 선택은 필연적으로 대통령의 법정 군사 자문기구인 합참을 유명무실화했다. JFK 행정부의 민간인 참모들도 대통령의 군 수뇌부를 무시하는 태도를 따라 했고, 이따금 대통령의 태도가 낳은 분열을 더욱 악화시켰다.

JFK의 갑작스러운 사망 후에 들어선 린든 B. 존슨Lyndon B. Johnson 대통령은 전임자의 정치·군사 조언자들을 그대로 인수했고, 합참을 거치지 않고 건너뛰는 업무 처리방식도 그대로 답습했다. 또한 존슨은 의욕적으로 추진하고 있던 국내 현안'위대한 사회'* 건설에 집중하느라 군 수뇌부와의 지속적인 협의에 시간과 노력을 더 적게 들였다. 존슨 행정부 기간 내내, 대통령과 군 수뇌부는간에 서로 협의하면서 솔직하고 전문적인 조언을 제공하는 듯한 모양새는 갖추었으나, 실상은 피상적인 관계에 그쳤다. 콩 심은 데 콩 나는 것처럼, 심은 대로 거두었다.

---

*　위대한 사회(Great Society)는 프랭클린 루스벨트의 뉴딜 정책처럼 1964년 린든 B. 존슨 대통령이 미국에서 행한 국내 정책이자 미국 정치 슬로건이다. 주 목표는 '가난과 인종 차별을 없애는 것'이었으며 1965년 1월 8일의 연두 일반교서 연설에서 제시한 것처럼 미국경제의 번영을 유지하고, 대다수의 미국 국민이 누리고 있는 기회를 더욱 확대시키고, 모든 사람의 질적 생활을 향상시킬 것 등이 포함된 포괄적인 경제·복지정책이었다. 그러나 이 계획은 베트남 전쟁의 확대·격화와 달리 위기 때문에 충분한 지원을 받지 못했다.

JFK는 취임 초기에 장기적인 예측이나 안목 없이 남베트남에 대한 정책목표를 '자유롭고, 독립된 반공산주의 국가를 확립'하는 것으로 성문화(成文化)했다. 충직한 군인들이었던 합동참모위원들은 그 임무를 받아들였고, 그것을 수행할 방법을 찾기 시작했다. 그러면서도 그들은 대통령이 스스로 언급한 최종상태를 달성하는 데 요구되는 수단을 제공하거나 방법을 적용하지도, 그리고 필요한 자원을 제공하지도 않을 것이라고 생각했다.

그러한 '군사적 공감'에 예외가 있었는데 바로 테일러였다. 그는 자신이 저작권을 갖고 있는 '유연반응'flexible response이라는 정책 교리와 함께 JFK 행정부에 합류했다. JFK의 정치 조언자들이 그 교훈과 이론을 수용했고, 베트남에서 그것들을 매우 적극적으로 적용했다. 백악관의 보좌관으로서 그리고 이후에는 합참의장으로서, 테일러는 제한전쟁의 최고 사제가 되어 대체로 그의 군 동료들을 소외시킨 가운데 대통령에게 개인적으로 조언함으로써 그들을 경악하게 만들었다. 그는 존슨 행정부가 출범한 첫해까지도 제한전쟁을 계속해서 촉구했다. 심지어 펜타곤에서 사이공의 대사관으로 이동한 후에도, 그는 남베트남에서 악화되고 있는 상황을 저지하기 위해 북베트남에 대한 압박을 '점진적으로' 증가시켜야 한다고 주장했다. 존슨은 테일러의 중간적인 방책이 1964년의 선거 이후까지 어려운 결심을 미루고자 하는 자신의 정치적 필요에 적합하다고 판단했다. 테일러의 조언은 참모총장들이 제시한 '승리를 위해 참여' 또는 '철수' 등의 대안들보다 훨씬 더 마음에 들었다.

1965년 초, 존슨 대통령은 북베트남에 폭격을 개시하는 운명적인 결정을 내렸다. 이는 미 지상군의 투입이 요구되는, 그리하여 아시아 지역국가의 내전을 미국의 전쟁으로 바꾸는 정책적 변화를 의미했다. 하지만 존슨 대통령은 이런 치명적인 결정을 내리는 데 있어 합동참모위원들의 동의가 아니라, 정치적으로 사근사근한 장군 한 사람의 잘못된 전략적 사고에 의존했다. 테일러의 교리는 점점 미국을 아시아에서 또 하나의 지상전으로 끌고 들어갔고, 미국의 첫 번째 중요한 전략적 실패로 귀착되었다. 이렇게 정치·군사 지도자들이 전쟁 초기에 베트남에서의 효과적이고 지속 가능한 정책과 전략을 만들어내지 못함으로써, 10년간의 비극적인 손실이 이어졌다. 이후 미국의 전쟁 수행은 이 서투른 시작으로부터 결코 만회하지 못했다.

☆ ☆ ☆

한국전쟁이 끝났을 때, 군은 미국 정부 내에서 점차적으로 모호한 위치를 차지하게 되었다. 1940년대 말의 국가안보법안을 통해 새롭게 국방부가 창설되었고 합참의 책임이 비준되었다. 그 법안들은 제2차 세계대전 중에 시작되었던 미국 외교정책의 군사화를 반영한 것들이었다. 법안들은 미국 역사에서 새로운 현실이 된 '국가안보국가', 즉 모든 외교적 문제의 답에 군이 지배적이지는 않더라도 최소한 중요한 요소가 된, 그런 상황을 반영하여 명문화했다. 대통령은 이제 직접 각료를 통해서 명령을 하달하는 것이 아니라 국가안보회의를 통해 명령을 하달했다. FDR의 직접 참여하는 전시 리더십에 익숙해졌던 군 조직은 이제 점점 더 대통령의 지휘에 민감하게 반응하게 되었다. 육군과 해군뿐만 아니라 새로 독립한 공군과 새로이 강력해진 해병대를 포함한 네 개의 군은 그 위상, 병력, 예산 그리고 능력의 관점에서 거대한 괴물처럼 되었다. 그들은 전쟁 이전의 자기 조직이나 정부의 다른 기관 — 특히 국무부 — 을 모두 왜소하게 만들었다.

사실 외교정책이 어느 지점에서 끝나고 군사적 과업이 시작되는지를 결정하는 것은 쉽지 않다. 가공할 만한 막대한 파괴력을 지구상의 더 넓은 지역에 숨이 멎을 만큼 놀라운 속도로 투사할 수 있는 원자핵 그리고 곧이은 열핵무기 보유량의 급속한 증가는 전략적 결심수립을 위한 시간을 압박했다. 이제 위기가 발생하면 지도자들은 지구 전체의 생존이 달린 딜레마를 수 분 이내에 결심하고 조치해야 하며, 더 이상 동맹이나 의회 지도자들과 협의하여 결정하는 것이 불가능해졌다. 이런 무기들을 통제하는 문제가 대통령과 장군들이 그들 서로에 관한, 국민과 국가에 관한, 그리고 동맹과 적에 관한 자신들의 역할에 대한 사고방식을 철저히 바꾸어놓았다. 미래는 더 불확실하고, 더 위협적이면서 더 빨리 변하게 되었다.

제2차 세계대전과 한국전에서 얻은 월계관으로 장식된 군 지도자들은 많은 존경을 받고 있었다. 전역한 장성들과 제독들이 정부 전반에 걸쳐 책임 있는 직위를 맡았다. 각 군 참모총장은 이제 해당 군종의 장관, 합참의장, 국방부 장관 그리고 대통령까지 수 명의 윗사람들에게 답해야 했다. 국가안보법은 합참에 법적인 허가장을 주었지만, 조직 자체의 권한은 약하게 남겨두었다. 맥아더의 당파성과 대통령에 대한 도전이 대중에게 교훈을 주어 장군들이 오히려 위협이 되지 않도록 통제할 필요성을 제기하는 데 큰 역할을 했다. 월터 리프만이 "두 정당이 서로 대립하는 장군들을 중심으로 모여든다"고 한탄했던 그 말이 미국인들의 관심을 사로잡았다. 대규모 공공기관의 수장으로서 각 군의 참모총장들은 종종 국가안보전략에 있어서, 특히 이전의 그 어떤 것보다 조직의 위상을 가늠하는 지수가 되어버린 국방예산의 배분에 있어서 서로 의견이 달랐다. 전문가들 사이에서 그런 논쟁이 벌어졌다면 도움이 될 수 있고, 어쩌면 몰랐던 사실을 발견하는 계몽적인 역할을 할 수도 있었으나, 1950년대의 각 군 간의 경쟁은 종종 조직의 자기 보호라는 장식으로 치장되었다.[1]

드와이트 D. 아이젠하워이하 아이크 육군원수가 대통령으로 선출된 것만큼 군의 위상을 잘 말해주는 것은 없었다. 그는 한 번도 정치적으로 적극적인 적이 없었지만, 그의 인기는 마치 그가 어느 정당의 후보자로 지명된 것으로 주장할 수 있으리만큼 치솟았다. 선거운동 기간 중, 아이크는 의도적으로 자신의 정책적 입장을 엉성한 채로 유지했다. 그는 1952년 대통령 선거에서 거의 전적으로 전시 유럽 전구 동맹군 최고사령관이었다는 그 힘에 의존하여 낙승을 거두었다. 아이크는 취임도 하기 전부터 한국을 방문하여 2년간 지속되고 있는 작전적 정체를 타파하고 전쟁을 끝내기 위한 방도를 찾으려 애쓰는 등 자신의 입지를 일하는 데 두었다. 그는 외교와 핵무기의 위력 과시를 통해서 전쟁을 중지하고 휴전을 얻었다. 그의 주가는 최고가를 기록했다.

예비역 장성이었던 아이크는 국가안보정책에 있어서 놀라운 길을 택했다. 전쟁의 파괴성을 충분히 보았던 데다, 국력은 '알뜰한 규모의 연방 예산 사용으로 뒷받침되는 건전한 경제에 달려 있다'고 믿은 아이크는 우선 국방예산을 공격적으로 절감하는 방향으로 움직였다. 그의 첫해 예산 편성안은 국방부 안을 20퍼센트나 잘라낸 것이었다. 그의 '뉴룩'New Look 정책은 급격한 군구조의 변화, 즉 지상군을 과감히 줄이고, '더 가성비가 좋은' 공군과 핵 능력을 증강하는 것이었다. 아이크의 국가안보전략은 '대량보복전략'으로 불렸으며, 미국의 이익을 위협하는 세력에 대해 핵무기로 대응한다는 개념이었다. 어느 군이 뉴룩 정책으로부터 더 수혜를 볼 것인가 하는 문제에서 해군과 공군이 예산배정과 전략적 중요성 측면에서 모두 이겼다. 육군은 매사에 뉴룩 정책과의 관련성을 적극적으로 찾아내야만 하는 처지가 되었다.[2]

두 명의 육군참모총장들이 새로운 전략에 반대했으나 모두 실패로 끝났다. 제2차 세계대전과 한국전쟁의 영웅 매튜 리지웨이는 아이크와 그의 국방장관 찰스 C. '유진 찰리' 윌슨Charles C. 'Eugine Charlie' Wilson과 싸웠고, 2년 임기 후에 재임명되지 않았다. 늠름하고 유명한 제2차 세계대전 시 101 공수사단장 맥스웰 D. 테일러가 그의 뒤를 이었다. 그들의 동료들 뿐만 아니라, 그 두 명의 참모총장 모두 의회의 위원회 증언을 통해 자신들의 견해가 행정부의 의견과 차이가 있음을 공공연히 밝혔다. 아이크는 이에 대해 '합법적인 불복종'이라고 했다. 두 사람 다 직무를 마치고 떠난 뒤에 책을 썼는데, 테일러가 쓴 『불확실한 트럼펫』The Uncertain Trumpet이 더 반향이 컸다. 아이크의 두 번째 임기 말이었던 1959년 출간된 이 책에서 테일러는 대량보복전략에는 두 개의 선택지 ― 즉, '전면적인 핵전쟁의 개시 아니면 타협과 후퇴' ― 만 있을 뿐이라며 맹비난했다. 그러면서 다양한 상황에 맞는 '일정 범주'의 대응책을 대통령에게 제공할 수 있도록 다양한 군구조가 필요함을 강조했다.

그가 '유연반응전략'Strategy of Flexible Response이라 명명한 이 독트린은 곧바로 민주당의 대통령 후보 존 F. 케네디 상원의원이라는 지지자를 만나게 되었다. JFK는 아이크 행정부 그리고 공화당 후보였던 당시 리처드 닉슨 부통령과 차별화된 방법을 찾고 있던 중이었다. 선거 유세를 하던 중, JFK는 리지웨이와 테일러를 거명하면서, 그러한 군사전문가들로부터 조언을 받겠다고 했다. 이것은 국가안보 문제에 대한 경륜이 얕은 젊은 후보가 대가들의 신뢰를 빌려오는 현명한 방법이었다. 더 나아가 JFK는 모든 미국인이 『불확실한 트럼펫』을 읽어볼 필요가 있다고 하면서, 그 책이 어떻게 하면 '우리의 재래전 능력이 필연적으로 세계적 차원의 전략적 딜레마로 연결되지 않게 할 수 있는지'를 보여주기 때문이라고 부연했다.[3]

아이크 시대의 마지막에, 적어도 전문가들 사이에서는 새로운 시대정신zeitgeist을 담은 것으로 평가되는 또 하나의 책이 출간되었다. 토머스 셸링Thomas Schelling의 『갈등의 전략』The Strategy of Conflict이 그것인데, 이 책은 대량보복으로 인한 세계 멸망에 대한 대안을 제시하고 있다. 하버드대학교의 정치경제학 교수였던 셸링은 핵무기 초강대국의 상호 대치를 어느 한쪽의 명백한 승리가 다른 쪽의 재앙적인 손실로 인해 균형을 이루는 '제로섬' 게임이라고 조소했다. 그는 전쟁을 좀 더 복잡한 '넌-제로섬' 게임의 형태로, 즉 적대국들이 서로 협상하여 파괴를 제한하고, 양측 모두가 받아들일 수 있는 결과를 도출하는 것을 목표로 했다. 그 결과 셸링은 '점진적으로 압력을 증가시키거나 감소시킴'으로써 적에게 시그널을 보내는 '강압전략'coercive strategy을 주창했다. 그리하여 전쟁은 단순히 죽이거나 죽임당하는 살육전이 아니라 적대국 간에 밀고 당기는 협상의 과정이 되었다. 셸링의 생각은 테일러의 '유연반응전략'과 기가 막히게 들어맞았다. 물론 적대국 간에 서로 소통이 원활하여 서로를 이해하고 서로의 시그널을 효과적으로 해석할 수 있는 것이 중요했다. 이론상, 그들은 이성적으로 그리고 예측이 가능한 방식으로 대응할 것이다. 셸링은 적대국이 서로를 오해한다면 무슨 일이 일어날 것인가에 대해서는 선뜻 말하려 하지 않았는데 이는 통찰력 있는 태도였다.[4]

임기가 거의 끝나갈 때가 되자, 아이크는 그의 군 수뇌부가 고도로 정치화된 것에 대해 환멸을 느끼다시피 했으며, 그들의 반대를 "거의 반역에 가까운 행위"라고 지칭했다. 아이크는 국방조직을 개혁하여 참모총장들의 권한을 제한하는 방향으로 움직였다. 1958년의 국방 재조직법은 합참을 정식 지휘체계에서 제거하여, 더 이상 마셜 장군이나 킹 제독이 제2차 세계대전 당시 예하부대에 대해 행했던 것처럼 함대나 야전부대를 직접 지휘할 수 없게 했다. 이 개혁은 합참의 의사결정이나 조화를 증진하는 데는 큰 기여를 못 했으나, 군 수뇌부의 권한을 줄이는 대신 문민 국방장관의 권한을 대폭 확장했다. 이제 합참은 대통령, 국가안보회의, 국방장관이 적절하다고 생각할 때 그들에게 조언을 제공하는 단순한 조언자가 되었다. 뿐만 아니라 아이크는 그의 퇴임 연설을 통해 당시 태동하고 있던 군산복합체military-industrial complex가 국가에 미칠 폐해에 대해 깊은 우려를 드러내며 경고했다.[5]

　JFK 행정부는 허세와 불안감이 뒤섞인, 휘발성이 강한 감정을 지니고 임기를 시작했다. 행정부 구성원들은 한편으로 자신들의 선거 구호였던 것처럼 이제 성화(聖火)가 새로운 세대의 지도자들에게 넘겨졌다고 믿었다. 하지만 새로운 젊은 대통령을 맞은 군 수뇌부인 합동참모위원들은 아이젠하워가 남겨놓고 간 제2차 세계대전 세대의 멤버들이었다. 또한 JFK는 아이크가 군 수뇌부와의 관계에서 불편해했다는 것을 잘 알고 있었던 터라, 그와 그 주변의 주요한 정치 조언자들 역시 처음부터 의심의 눈으로 군 수뇌부를 바라보았다. 유럽의 정복자아이크에게 맞섰던 고급 장교들이 해군 중위 출신의 43세 대통령에게 맞서는 데 어떤 거리낌도 없으리라는 우려가 JFK에게 영향을 끼쳤다. JFK 팀은 국가안보에 관한 자신들의 경험 부족을 잘 알고 있었고, 또한 그들이 물려받은 안보 상황이 위중함을, 특히 무엇보다도 핵전쟁 발발의 실제 가능성을 알고 있었다. 이에 JFK는 포드 자동차의 회장 로버트 S. 맥나마라를 국방장관에 임명하면서 국방부를 길들이라고 명했다. 맥나마라는 펜타곤으로 들어가면서 나중에 '신동들'whiz kids이라고 놀림받은 버릇없고 젊은 일군(一群)의 체계분석가, 관리전문가, 국방지식인들을 함께 데리고 갔다. 누구나 느낄 수 있는 오만한 태도를 지녔고 계량적 분석 및 사업관리 기술에 대한 믿음이 확고했던 이들은, 군의 역사와 군의 경험 그리고 군 장교들을 동일한 잣대로 업신여겼다. 그들은 사기, 전투력, 리더십 등에 연계된 어떤 증거에 기초한 주장이더라도, 그것이 계량화되지 않는다면 논의할 가치가 없는 것으로 여겨 아무렇지도 않게 묵살했다. 데이비드 헬버스탬David Halberstam은 후에 맥나마라가 베트남을 이해하려고 노력하기 시작했을 때, 그는 "계량화할 수 없는 것을 계량화하려 한 수량사quantifier*였다"고 썼다. 맥나마라가 신임했던 체계분석실장 알랭 엔토벤Alain Enthoven은 군 경력이 실제로 방해가 되었다면서, '그것이 더 큰 그림을 보지 못하게 하기 때문'이라고 언급했다. 그는 전형적인 일반장교들은 '전략 기획가로서, … 하버드 비즈니스 스쿨 졸업생보다' 결코 더 뛰어난 자격을 가지고 있다고 할 수 없다며 콧방귀를 뀌었다. 어떤 회의에서는 31세의 한 분석가가 부주의하게 그러나 정확하게 말했다. "장군님, 저도 장군님만큼 핵전쟁을 해보았어요."

　　맥나마라는 이들을 데리고 국방예산, 무기체계 심사 방법, 심지어 전략적 현실의 성격을 표현하는 어휘에 이르기까지 통제권을 가졌다. 그는 무엇보다도 특히 백악관과 자신의 사무실과 군 사이에 유통되는 정보의 흐름을 강력하게 통제했다. 얼마 지나지 않아 그는 각 군의 총장들이 서로 싸우게 했고 그들이 언론과 국회에 접근하는 것을 제한하여 입을 틀어막았다. 시간이 지나면서 그는 참모총장들을 대통령이 선호하는, 행정부의 방침에 더 잘 따르고자 하는, 그리고 체계분석 용어와 제한전에 대해 알고자 하는 장교들로 교체했다. 그렇게 하기까지 4년이 걸렸지만, JFK의 후임자린든 존슨가 자신의 힘으로 대통령실에 들어올 즈음에는 맥나마라와 그의 신동들이 대체로 고급 장교단을 자신들의 발밑에 두는 듯했다.[6]

　　JFK 행정부 초기에 발생한 두 개의 사건이 군 리더십에 대한 JFK의 의구심을 더 확고하게 했다. 취임하고 며칠 뒤에 랜드 연구소Rand Coropration의 분석가였던 대니얼 엘스버그Daniel Ellsberg가 국가안보보좌관 맥조지 번디McGeorge Bundy에게 합동전략능력기획서Joint Strategic Capabilities

* 　'all', 'both'처럼 양을 나타내는 한정사(determiner)나 대명사.

408

Plan를 보고했다. 흔히 JSCP로 불리는 이 문서는 당시 소련과의 어떤 수준의 무력충돌이 발생할 경우에 합참에서 의도하는 핵 대응을 명시한 문서였다.[7] 엘스버그는 번디에게 유사시 모스크바에 170발을 포함하여, 동유럽부터 중국의 태평양 연안에 이르기까지 모든 주요 도시를 파괴할 수 있는 수천 발의 원자탄과 핵탄두를 투하하는 계획이 수록된 이 JSCP를, 대통령이나 국방장관 누구도 본 적이 없다고 말했다. 그것은 '대량보복'을 군에서 법전화한 것이었다. 게다가 아이크는 긴급상황 발생 시 지역의 군사령관들에게까지 핵무기 해제nuclear release 권한을 위임한다는 것을 명문화(明文化)했다. 번디는 즉시 펜타곤으로 전화해서 JSCP 사본을 한 부 보내달라고 요청했다. 합참의 한 장성이 그에게 답했다. "아, 우리는 그것을 절대 공개하지 않습니다." 이에 번디는 자신이 대통령을 대신하여 전화하고 있다고 밝혔는데도, 그 장성이 머뭇거리며 답변을 주저하다가 마침내는 브리핑을 하겠다고 제안하면서 계획의 사본 그 자체를 보내주지는 않았다. 번디는 놀라고 당황스러워했으며, 실제 JSCP는 이후로도 한 번도 보지 못했다. 그해 여름 JFK는 핵전쟁 계획을 보고받았는데, 보고가 끝난 후 대통령은 국무장관 딘 러스크에게, "이러고도 우리가 스스로 인간이라고 할 수 있겠는가"라며 한탄했다. 맥나마라는 이후 수년간 핵무기의 통제권을 얻고, 행정부의 '유연반응' 독트린과 유사한 작전계획을 발전시키기 위해 노력했다. 하지만 이 에피소드는 고삐 풀린 장군들에 대한 JFK 행정부의 의구심만 더 증폭시켰다.[8]

다른 시험은 쿠바로부터 왔다. 아이크는 임기를 2주 반 정도 남겨둔 상태에서 쿠바 카스트로 공산 정권과의 외교관계를 단절했다. 어느 조언자가 기록했듯이 이것은 JFK 정부에게 '안전핀을 뽑은 수류탄을' 넘겨주는 것과 마찬가지였다. 아이크의 중앙정보국CIA에서는 쿠바로의 침공계획을 발전시키면서, 그 실행을 위해 카스트로에 반대하여 망명해온 이들을 훈련시키고 있었다. JFK 행정부는 다소 경계하기는 했지만, 그 계획의 실행을 통해 자신들의 적극적인 반공산주의를 조기에 현시할 수 있기를 기대했다. CIA는 JFK에게 계획을 보고했고, 미군은 전혀 포함되어 있지 않은 그 침공을 시행해야 한다고 강하게 압박했다. 국무부의 몇 사람은 계획이 너무 위험하다면서 반대의견을 표명했다. 합참도 CIA의 계획을 이미 검토했고, 뭔가 엉성하다는 것을 알고 있었지만, CIA가 추진하는 준군사작전에 대해 왈가왈부하고 싶지 않아 비평을 삼가고 침묵했다. JFK는 마지못해하면서 계획의 추진을 승인했으나, 단 한 명의 미군도 참여해서는 안 된다고 강조했다.

1961년 4월 17일, JFK가 임기를 시작한 지 채 두 달이 안 되었던 시점에 1,300명의 쿠바 출신 망명자들이 피그만Bay of Pigs에 상륙했고, 이미 거기서 그들을 기다리고 있던 15배나 많은 카스트로의 군대에 의해 포위되었다. CIA 그리고 마침내는 합참까지도 나서서 JFK에게 미 공군력과 해군력을 운용하여 망명자들로 구성된 여단을 구하기 위한 작전에 나설 것을 강력하게 건의했으나 대통령은 이를 거부했다. 카스트로의 군은 망명자들을 신속히 진압했고, 침공은 실패했다.[9]

이 대실패는 개인적으로 책임감을 느낀 젊은 대통령에게 치욕을 안겨주었고, 그는 CIA의 최고 책임자 두 명을 해고했다. 그리고 JFK와 그의 군 수뇌부와의 관계도 큰 손상을 입게 되었다. 당시 합참의장이었던 라이먼 렘니처Lyman Lemnitzer 대장은 후에, JFK가 피그만에서 미군을 운용하지 않으려 한 것을 '믿을 수 없고, 전적으로 비난받을 만하며, 거의 반역에 가까운' 일이었다고 하면서, 그가 자신들의 '뒤통수를 쳤다'고 고발했다. 공군참모총장이었던 커티스 르메이Curtis LeMay 대장도 당시 합동참모위원들이 모든 비난을 다 받았지만, 사실상 "우리는 그 사건과 도대체 아무런 관계도 없었다"며 불평했다. JFK는 "그 작자들은 과일샐러드나 먹고 앉아서 잘될 것이라 말하면서 고개만 끄덕이고 있었다"고 군 수뇌부에 대해 발끈했다. 그는 CIA와 합참 모두 자신이 현명하지 못한 군사행동을 택하도록 조종하려 했다고 느꼈고, 앞으로 다시는 '전문적인 군사 조언에 위압되지 않겠다'고 다짐했다. JFK와 합동참모위원들은 서로에게 배신감을 느꼈고, 피그만에 대한 기억은 이후에 이루어진 모든 상호 소통에 있어서 해결되지 않은 채로 남겨지게 되었다. 남은 대통령 임기 동안 JFK는 군 수뇌부

에 대해 깊은 의구심을 가졌다.[10]

쿠바에서의 실패로 인해 상심하던 JFK 행정부는 다시 일어서서 조직을 추스르고자 조바심을 냈다. 대통령 인수를 위한 준비기간에, 아이크가 JFK에게 라오스에서 발생한 공산주의 폭동을 자신의 우선적인 국가안보 관심사항이라고 소개한 바 있었다. 1954년 아이크는 특별히 베트남과 동남아시아에서 일어나는 현상, 그리고 일반적으로는 전 세계에서 일어나는 공산화 혁명 현상에 대해 자신의 '도미노 이론'을 설파한 적 있었다. 마치 교황 칙서에 매달려 있는 장식품과 같이 지난 7년간 그의 연설에서 '약방의 감초'처럼 언급되었던 도미노 이론에 따르면, 어느 한 민주국가가 공산화되면 지역 전체가 공산주의자들의 손에 떨어지게 되므로 미국이 이에 견고히 맞서야 했다. 이제 아이크는 자신의 젊은 후임자에게 라오스에서 폭동이 성공하게 되면 동남아시아 전체가 위험해질 수 있다고 경고하고 있었고 JFK는 그를 무시할 수 없었다.

1961년 3월 초순 JFK는 그의 상징적인 대중매체인 TV를 통해 라오스의 상황에 대해 국민에게 설명했다. 그는 대형 라오스 지도 위를 긴 지시봉으로 짚어가면서 설명했는데, 이를 시청한 많은 미국인들은 JFK가 가리키는 곳으로 개입하려는 의도를 가지고 있다고 확신하게 되었다. 그러나 두 달 뒤가 되자 상황이 무척 달라져 보였다. 렘니처 합참의장이 그와 같은 개입을 지지했음에도 불구하고, 각 군 참모총장으로부터 받은 제안들은 다양한 분야에서 상충했으며, 이는 기왕에 행정부가 가지고 있었던 전문 직업군대의 전문성에 대한 의심을 더욱 짙게 만들었다. 맥조지 번디는 렘니처에게 상세히 따져 물었고, 마침내는 내륙에 위치한 라오스로 개입해 들어가면 전면전으로 확대될 가능성이 커지고 따라서 미국이 투입해야 할 자원과 기간도 엄청나게 늘어날 것이라는 점에 대해 인정하게 했다. 대통령도 마음을 바꾸었고 그의 목소리 톤도 낮아졌다. 며칠 뒤에 그는 렘니처가 보냈던 문서를 한 무더기 손에 들고는 이렇게 말했다. "만약 쿠바에서의 실패가 없었더라면, 우리는 아마도 라오스에 개입하려고 했을 것이며, … 내가 아마도 이 조언을 진지하게 고려했을 겁니다." 몇몇 보수적인 비평가들이 민주당의 JFK가 마치 트루먼이 중국에 대해 그랬던 것처럼 공산주의자들에게 굴복했다고, 그러나 실제로 트루먼과는 달리 국내 정치적 비용을 지불하지 않고 그리했다고 불평했다.[11]

피그만에서 낭패를 겪은 직후 JFK는 맥스웰 테일러에게 실패한 작전에 대한 조사를 요청했다. 테일러는 조사단의 책임자로서 최종보고서의 작성을 주도했으며, 보고서는 CIA로부터 합참과 NSC에 이르기까지 행정부 전반에 걸쳐 잘못을 지적하고 비난을 흩뿌렸다. 또한 군 수뇌부와 대통령의 관계가 위태로운 지경에 이른 것이 가장 우려스럽다고 지적했다. 테일러가 JFK의 한 보좌관에게 "맙소사, 대다수 군 수뇌부가 전 행정부에서 물려받은 사람들이네"라고 말하기도 했다. 테일러는 JFK에게 정치-군사 관계를 재활성화하고 백악관의 의사결정 과정을 개혁할 것을 조언했다. JFK는 테일러에게 참모총장들과 어떻게 하면 더 좋은 관계를 만들 수 있는지 물었다. '순전히 운이었지만,' 테일러는 후에 기록하기를, "그때 나는 바로 그 문제에 대한 나름의 생각을 정리한 메모를 호주머니에 지니고 있었다"고 회고했다. 대통령은 메모를 받아서는 합동참모위원들과 대화하기 위해 '펜타곤으로 급히 갔다'. 테일러의 기록에 따르면, JFK는 여전히 반신반의하는 그들에게 자신은 그들의 조언을 바라며, "직접 내게 오고 거르지 말고 보고해달라"고 말했다. 이어서 대통령 자신은 합동참모위원들을 "단순한 군사전문가 이상으로 생각하고 있으며, 어떤 상황을 전체적인 맥락에서 보면서 요구되는 군사적 소요를 최적화하는 것을 도와주기를 기대한다"고 했다. 따라서 그들의 조언은 "순전히 군사적일 수만도 없고, 그래서도 안 된다"고 하면서, 정치, 경제 및 다른 요소들처럼 항상 국가안보를 위한 결심에 영향을 미친다고 언급했다. 그러므로 "거리낌이나 주저함 없이, 어떤 방책에 대한 찬성 또는 반대의 주장을 해야 한다"고 했다. 참모총장들은 '냉담한 침묵으로' 반응했다.

그런 일이 있고 나서 얼마 후에, JFK는 테일러를 현역 4성 장군으로 복귀시켰고, 그를 완전히 새로운 직책인 대통령에 대한 군사대표자military representative로 임명했다. 두 사람은 테일러의 역할이 대통령에 대한 법적

군사조언자로서 군 수뇌부의 조언을 거르는 어떤 여과장치가 확실히 아니며, 기존의 합참의장 역할을 대체하는 것이 아님을 애써 설명했다. 하지만 그 한 번의 지명은, 테일러가 자신의 군사적 조언을 사상적으로 뜻이 맞는 한 사람을 위해 정치화하고 또 그에게 맞추어 개인화함으로써, 합동참모위원들이 그를 불신하게 했고, 대통령은 스스로 자신을 합참으로부터 소원하게 했다. 결국은 이렇게 실패로 돌아간 합동참모위원들과의 관계 개선을 위한 회의 이후에 JFK는 그들의 조언을 다시는 구하려 하지 않았다. 테일러가 출중했기에 정치-군사 관계의 위기는 단지 더 악화될 뿐이었다.[12]

테일러는 JFK의 장군이 되었다. 제2차 세계대전 동안 그는 주축국 방어선의 후방으로 침투하여 이탈리아 정부의 항복에 관한 협상에 참여했고, 나중에는 101 공정사단의 선두에서 허벅지에 맨 가방 안에 '고이 감추어둔' 아일랜드 위스키 한 병과 함께 노르망디 일대로 낙하하여 공중 침투했다. 잘생기고, 지적이었으며, 세련되고, 테니스를 잘 쳤던 그는 하이애니스포트Hyannisport*에 잘 맞는 사람이었다. 로버트 케네디는 테일러의 이름을 따서 자기 아들의 이름을 지었다. 아첨하는 숭배자들은 테일러는 하버드가 만들어냈을 만한 장군이라고 말했다. 실제로 그는 대학의 학장미 육사 교장을 역임했고, 스페인어와 프랑스어에 능통했으며 중국어와 일본어도 수준급이었다.

테일러는 관료주의적인 내부 싸움에서 상습적인 자기 홍보자self-promoter였고, 영악한 강자였다. 이어지는 몇 년 동안 그는 자신에게 방해가 되는 이는 누구든 가차 없이 쫓아내면서 끊임없이 자신이 국가안보기구의 중심에 자리매김하기 위해 애썼다. 참모총장들은 처음부터 그를 조심했는데, 부분적으로는 피그만 조사결과 보고서 때문이기도 했다. 참모총장 중 누군가는 말하기를, 테일러가 다른 모든 이들을 제쳐놓고 '케네디

---

* 미국 매사추세츠주 동남부 난터켓(Nantucket) 해협에 면한 도시, 피서지로 케네디가의 별장이 있던 곳.

마음속의 군사부문military part'이 되었다고 말했다. 테일러도 자신이 아이크 행정부에서 근무할 때부터 이상적인 정치-군사 관계에 관한 생각을 바꾸었다고 인정했다.

> 대통령의 당면 문제를 가까운 거리에서 관찰할 기회를 갖게 되면서, 나는 대통령과 군 수뇌부 사이에 우의(友誼)와 상호신뢰에서 우러나오는 친근하고 편안한 관계의 중요성을 잘 이해하게 되었다. 특히 각 군의 총장들보다 더 대통령 및 국방장관과 더 가까이에서 일하는 합참의장에게는 더욱 중요한 것이다. 합참의장은 그가 소속된 행정부의 외교정책과 군사전략의 진정한 신봉자가 되어야 한다.[13]

합동참모위원들이 테일러를 전문 직업군인이라기보다는 JFK의 사람으로 본 것은 놀랄 일이 아니었다. 그들은 자신들이 보기에 당파성을 띤 정치인으로 변한 군인에 대한 존경심을 잃었다. 이후 4년 동안 테일러는 하나의 핵심적인 직위에서 다른 핵심 직위로 옮겼는데 그때마다 자신이 떠나는 직위를 없애거나 무력화함으로써 새로 맡게 될 직위에 더 큰 영향력과 행동의 자유를 부여했다. 그는 JFK와 존슨 행정부가 베트남 전쟁의 재앙으로 가는 모든 결정을 하는 데 영향을 끼친, 소규모 민간 조언자들 가운데 있었던 외로운 군인이었다.[14]

테일러는 국방장관과 그의 신동들이 그들의 사업관리 기술, 예산기획 절차, 그리고 무기 획득 프로그램 등으로 펜타곤의 고위 장성들을 소위 열받게 하고 있었음에도 맥나마라와 공동전선을 구축했다. 1962년 JFK는 렘니처 의장을 유럽으로 발령하고 테일러를 새로운 합참의장으로 임명했다. 테일러는 JFK에게 그의 이전 직책인 대통령에 대한 군사대표자 직위의 폐지를 건의했다. JFK는 이를 승인했고, 이제 백악관의 어느 장성도 테일러의 임무 수행에 대해 평가할 수 없게 되었다.

합참의장이 된 테일러는, 그를 '함께 근무했던 군인 중에서 가장 현명하고 지적이었다'고 생각했던 맥나마라와의 동맹을 더욱 견고히 했다. 법령에 의해서 장관과 의장을 통해 자신들의 조언을 대통령에게 할 수 있었던 각 군 총장들은 이들 두 사람이 그들이 구상하는 방향에 맞게 조언을 여과할 것이라고 믿게 되었다. 시간이 지나면서, 테일러와 맥나마라는 구품종의 장성들을 신품종으로 교체했는데,《타임》지는 이를 가리켜 '전쟁영웅이 아니라, 계획수립가planners와 구상가thinkers'로 교체했다고 평했다. 당시의 경영학 용어로, 새로 임명된 총장들은 '조직순응자'organization man* 들이었다. 군의 최고 계급이 독립성과 영향력을 더 잃고, 점점 더 철저하게 정치화되어갔다.[15]

테일러는 인류 역사상 가장 위험한 위기가 발생하기 며칠 전인 1962년 10월 합참의장이 되었다. 2주 동안의 쿠바 미사일 위기는 미국과 소련을 핵 종말의 순간으로 이끌었다. JFK 팀은 위기 실행위원회를 만들었는데 테일러 외에는 군 수뇌부가 포함되어 있지 않았다. 실행위 앞에 던져진 질문은, 어떻게 하면 핵전쟁의 위험을 피하면서 소련 미사일의 제거를 강요하고 그런 다음 쿠바로 작전부대를 전개할 것인가 하는 문제였다. 시간이 지나면서 70명 규모로 커진 실행위는 시간 단위로 변화하는 전략상황에 대응하는 데 광범위한 해결책을 논의하면서 여러 날 동안을 내내 숙고했다. 게다가 각 군의 참모총장을 제외함으로써, 각 군 능력에 대한 이해와 긴밀한 협조의 기회를 놓쳤다. 대통령이 실행위에서 멀리 떨어진 대통령 집무실에서 참모총장들을 만났을 때, 그들은 당시의 정치적 고려사항과 예상되는 까다로운 문제의 본질에 대해 거의 모르고 있었다. 그 결과 정치적 공백상태에서 그들의 호전적인 건의사항이 만들어졌고, 이는 그들을 호전광으로 바라보는 행정부의 편견을 더욱 강화시켰다.

위기 발생 후 4일 동안 실행위는 소련의 함정들이 더 이상 미사일을 수송하지 못하도록 쿠바를 '격리하는' 방향으로 무게중심을 옮겼다. 이 시점에서 JFK는 그가 합동참모위원들과 논의했고, 그들이 자신의 결심에 동

---

* 기업·군대 등 조직에 헌신하여 주체성을 상실한 인간.

의했다는 것을 기록해두기를 바랐다. 사실 참모총장들은 쿠바로의 침공을 원했다. 그러나 맥나마라와 테일러는 그러한 건의를 보류하도록 설득했다. 대신 총장들은 미국의 동쪽 절반을 위협하던 미사일을 우선적으로 파괴하기 위해 800소티 회가량의 항공 타격을 요청했다. 테일러도 격리하자는 입장에서 물러나 항공타격 방책을 지지했다.

공군참모총장 커티스 르메이 대장은 제2차 세계대전 당시 도쿄 공습으로 유명했던 폭격기 지휘관이었으며, 언행이 연극하듯이 과장된 인물로 JFK와 테일러 두 사람 다 가장 비선호하는 참모총장이었다. 연신 시가를 피워 대던 르메이가 대통령에게 힘주어 말하면서 공습 말고 다른 대안은 없으며, 제의된 격리 방책은 '뮌헨에서의 유화정책'이라고 하면서 비교했다. 이것은 다분히 FDR 당시의 영국대사로서 고립주의적 입장을 취해서 비난받았던 JFK의 부친을 암시하는 말이었다. 여기에 더해서 르메이는 미국의 동맹과 '우리의 많은 시민이' 공습에 동의할 것이라고 하면서, 은연중에 JFK에 반대하는 대중을 언급하며 협박까지 했다. "다시 말해서, 대통령께서는 현재 매우 나쁜 궁지에 처한 것입니다." JFK는 화도 났고 또 참모총장들이 핵전쟁을 시작하게 될 것으로 예상되는 조치를 제안하는 것에 놀라서, "뭐라고요?" 하며 발끈했다. 그러자 르메이는 "매우 곤란한 상황에 처하셨다고요"라며, '대통령님'이라는 말도 붙이지 않고 대답했다. JFK는 전혀 즐겁지 않은 웃음을 지어 보이며 "장군도 거기에 나와 같이 있는 거요"라고 말했다. JFK는 회의를 끝내고 그들을 집무실에서 내보냈고 위기가 끝날 때까지 다시는 참모총장들과 논의하지 않았다.

JFK는 총장들의 건의를 따르지 않았다. 그리고 그가 제안한 격리 방책이 긴장을 완화했다. 소련은 미국이 터키에 배치한 미사일을 철수하겠다는 은밀한 제안에 대한 대가로 쿠바에서 그들의 미사일을 철수하는 데 동의했다. 핵전쟁을 막은 행정부의 정치력에 국제사회의 찬사가 이어졌다. 맥나마라는 이번 사태에서 교훈을 도출했다. "이제 더 이상 전략 같은 것은 없다. 오직 위기관리만 있을 것이다." 대통령도 또 하나의 식견을 갖게 되었다. 각 군의 총장들이 제정신이 아니라는 것이었다.

"내가 내 후임자에게 할 첫 번째 충고는 장군들을 잘 살펴보고,
단지 그들이 군인이기 때문에 군사 문제에 있어서 그들의 의견
이 가치 있을 것이라고 느끼지 말라는 것이다."

JFK의 불신은 진심이었고, 맥조지 번디의 표현에 따르면 '통수권자로서
권한을 행사하는 데 어려움만 증대시키는 존재'였던 합참을 그는 더욱 소
외시켰다.[16]

☆ ☆ ☆

아이크 행정부로부터 물려받은 또 다른 유산은 베트남에서 부글거리
며 끓어오르고 있던 분쟁이었는데, JFK 행정부로서는 자신들의 반공산주
의가 진정한 것임을 입증할 기회이기도 했다. 베트남은 제2차 세계대전 이
후 지속적으로 전쟁 상태에 있었다. 베트남 국민들은 1954년 디엔비엔푸
전투에서 승리함으로써 프랑스 식민지의 멍에를 벗어버렸고, 그 뒤 반공
산주의자이자 가톨릭 신자였던 응오딘지엠Ngo Dinh Diem이 남베트남에서
권력을 잡았다. 한편 민족주의자이자 공산주의자였던 호찌민Ho Chi Minh
치하의 세력들은 하노이를 중심으로 북쪽에서의 통제를 강화했다. 아이크
행정부는 1956년 국제조약에 의해 요구되었던 선거를 거부하던 지엠을
지지했고, 이후로 지엠 정권은 점점 더 억압적으로 변해갔다. 3년 뒤 호찌
민 정부는, 민족해방전선National Liberation Front, NLF이라는 조직을 만들어,
지엠을 축출하고 나라를 재통합하려는 남부의 반군을 지원했다. JFK가 취
임했을 때는 지엠 정권의 농촌지역에 대한 통제력이 극도로 미약했다.[17]

오늘날의 관점에서, 어찌해서 미국 대통령이 그렇게 잔학하고 권위적
인 지배자인 지엠의 정권을 지탱시키는 것을 국가이익으로 간주했는지는
알기 어렵다. 그러나 1961년 당시 미국은 소련과 자본주의 대 공산주의 간
의, 사느냐 죽느냐를 판가름하는 대결을 벌이고 있다고 인식하고 있었다.
해리 트루먼은 공산주의를 봉쇄하는 것이 미국의 안보에 무엇보다 중요한

책무라고 선언했다. 아이크는 안보의 초점을 도미노 이론에 맞추어 강조했다. 소련은 호전적인 수사와 도발적인 군사행동으로 이에 호응했다. 양측은 공산 측의 어떤 승리는 곧 민주 진영의 패배를 의미하며, 그 반대의 경우도 마찬가지인 제로섬 게임을 하고 있음에 동의했다.

조셉 매카시 상원의원의 전성기였던 1950년대에, 국무부의 '중국통'이었던 한 세대의 정통한 아시아 전문가들이 중국 본토를 마오쩌둥과 공산주의자들에게 빼앗기는 범죄를 저질렀다는 명목으로 정부에서 내쫓겼다. 이때의 신원조사에서 살아남은 몇 안 되는 전문가들은 북베트남이나 북한과 같은 공산주의 정권 사이의 근본적인 자이점과 다소 미묘한 차이점들을 찾아내거나, 베이징과 모스크바 사이의 명백한 분열을 조심스럽게 탐색하기를 두려워했다. 그러한 공산국가들 사이의 차이는 도미노 이론의 정당성에 의문을 제기하게 했을 것이며, 마찬가지로 베트남으로의 미국 개입이 지니는 전략적 가치에 대해서도 그러했을 것이다.

하지만 케네디 형제는 '적색공포'red scares*의 베테랑들이었다. 로버트 케네디는 매카시의 공산주의 사냥 상원위원회의 특별검사로 일했고, JFK는 매사추세츠주 상원의원으로서 매카시 의원과는 비록 서로 반대편 당에 속해 있었지만, 동료의원이자 같은 아일랜드 가톨릭 신자로서 그를 적대시하지 않으려 주의했다. 또한 두 형제는 모두 자신들의 민주당이 '공산주의에 대해 부드럽다'는 비난에 얼마나 취약한지를 잘 알고 있었다. 그들은 좀 더 사려 깊은 정책을 찾아 반공산주의 선전에 도전하려 하지 않았고 그들이 정부로 데리고 온 사람들도 그들의 고민을 공유했다.[18]

1961년 6월 JFK는 베를린 위기를 둘러싼 주변의 세계적 긴장을 완화

---

* 적색공포(赤色恐怖, Red Scare)는 미국 역사에서 강한 반공 시기였던 1917년부터 1920년까지, 또 1947년부터 1957년까지 두 차례에 걸쳐 나타났다. 이는 '진실한 미국인'(real American)을 보호하려는 목적에서 공산주의, 무정부주의, 급진주의, 노동조합주의, 기타 '비미국적'(un-American) 사상과 행위에 대한 전(全) 국민적 공포 히스테리 열풍으로 정의할 수 있다. 제1차 적색공포는 노동혁명과 정치적 급진주의에 관한 것이었으며 제2차 시기에는 국내외 공산당원들의 연방정부 침입을 중점적으로 다루었다.

하고자 니키타 후르시초프와 비엔나에서 만났으나, 단지 피그만 이후 호전적인 소련 지도자의 호된 질책만 받았다. 정상회담을 마치고 나서《뉴욕타임스》의 기자 제임스 '스카티' 레스턴James 'scotty' Reston과의 인터뷰에서 JFK는 낙심한 듯이 말했다. "후르시초프는 누구든 젊고 경험이 없으면 … 용기가 없을 것이라고 생각했던 것 같아요. 그래서인지 그는 단지 나만 죽도록 두들겨 팼지요. 나는 심각한 문제에 봉착한 꼴이 되었어요. 만일 그가 나를 경험이 없고 용기도 없다고 생각한다면, 우리가 그런 생각을 없애주기 전에는 그와 함께 어디에도 이를 수 없었어요. 우리는 행동해야 했습니다. … 우리는 우리의 능력을 신뢰하도록 시도해야 했고, 마침 베트남이 그런 시도가 벌어질 장소처럼 보였어요."[19] 베트남에 대한 정책을 결정해야 할 시간이 도래했을 때, 봉쇄 교리 혹은 도미노 이론에 대한 의구심은 전혀 또는 거의 없었다. 그런 대화는 '강경하지 않고 무른' 태도로 보였기 때문이다. 범세계 차원의 국가안보정책 목표와 베트남에서의 군사전략 수단과 방법에 대한 논의가 생략된 것이었다.[20]

피그만의 실패 이후 채 2주가 되기 전에, JFK는 베트남에 초점을 둔 '백악관의 연장된 위기관리 회의prolonged crisis meeting'를 하루 종일 주관했다. 대통령은 처음에는 지엠 정권을 도울 수 있는 미국의 능력에 대해 의심했으나, 1961년 5월 베트남 테스크 포스를 설치하여 향후 진행방향을 연구하게 했다. 합참의장 렘니처는 대통령이 '동남아시아를 구하기 위해서라면 응당 무엇이라도 할 준비가 되어 있다'고 생각했다. 한편, 쿠바에서 뜨거운 맛을 보았던 참모총장들은 대통령을 앞질러서 방책을 제시하는 것에 대해, 그랬다가는 아마도 '몇 주 그리고 몇 달 동안 옥신각신하게 되리라는' 것을 두려워하여, 겁을 내고 있었다. 합동참모위원들은 베트남으로 지상 전투부대를 보낼 것을 신중하게 제안했으며, 그런 병력 전개가 초래할 위험을 주의 깊게 검토하여 제시했다. 그들은 대통령의 정책목표를 고려할 때 적에 대해 공세적인 전략을 채택할 것이라 믿었기에 전투병력의 투입까지도 고려했지만, 대통령이 얼마나 깊숙히 개입하려 하는지는 알지 못했다. 1961년 5월 초, 찰스 본스틸Charles Bonsteel 육군대장이 총장들을 대표하여 TF 회의에 참석했다. 병력투입 요청을 사수하라는 압박을 받은 본스틸은 '핵심요점은 우리가 얼마나 진지하게 목표를 달성하고자 하는가' 즉, 공산주의자들이 남베트남을 점령하지 못하도록 하는 것에 얼마나 진지한가를 결정하는 것이라고 말했다. 그러면서, '만약 우리가 이 과업을 진지하게 여긴다면, 상당한 규모의 부대 투입이 중요한 요구사항임을 인정해야 한다'고 주장했다.

1961년 5월 11일, 대통령은 국가안보행동지시NSAM 52호를 승인했다. 이 지시문서는 미국의 목표를 '남베트남의 공산화를 예방하고, 생존이 가능하고 점진적으로 민주화되는 사회를 구축하며, 그리고 이런 목표를 달성하기 위한 군사, 정치, 경제, 심리 및 은밀한 성격을 지닌 일련의 상호 지원활동들이 가속화되는 기반 위에서 시작하는 것'이라고 선언했다. 합동참모위원들은 이제 통수권자로부터 임무를 부여받았다. 그 지시문서는 몇 가지 실행할 사항을 제시했으나 전투병력의 전개에 대해서는 언급이 없었다. 그들은 대통령에게 목적 달성에 수단이 부합되도록 해야 하며, 이를 위해 베트남에 미군 전투부대의 파병이 필요하다고 촉구했다. JFK는 400명의 특수부대 고문단을 남베트남군에 보내는 것을 승인했지만, 전투부대의 투입은 지속적으로 거부했다. JFK는 공산주의자들의 전진을 방해하는 것을 원하기는 했으나 미군이 아시아의 전쟁에 휩쓸리지 않는 가운데 그러길 원했다.[21]

그해 여름에 테일러가 JFK의 군사대표자가 된 뒤에 합동참모위원들에게 베트남으로의 병력투입 계획에 대해 질문했다. 그런 후 그들이 단념하기도 전에, 테일러와 국무부 계획관 월트 로스토Walt Rostow가 대통령에게 건의할 '골디락스'Goldilocks* 보고서를 작성했는데 여기에 세 개의 방책

---

* 전래동화 『골디락스와 곰 세 마리』의 주인공. 그녀는 금발의 소녀이며 호기심 어린 눈으로 곰 세 마리의 집에 들어가 죽 세 그릇을 먹고 세 의자에 앉아본다. 그리고 세 개의 침대가 있는데, 그녀에게 맞는 침대를 찾는다. 귀속적으로 사용되어, '두 극단 사이의 행복한 중간 또는 최적 지점'을 의미함.

을 선정했으나, 나머지는 버려지는 방안이었고 단 한 개만 실제로 선택 가능한 방안이었다. 먼저 두 개의 제안은 당연히 거부될 제안 즉, 버려질 수밖에 없는 졸렬한 방책으로 '북베트남에 대한 즉각적인 공세작전'과 '남베트남으로부터의 즉각적인 철수와 방기'였다. 테일러와 로스토가 건의한 방책은 위의 두 극단적 선택의 사이에 있는 방책으로, 남베트남에 대한 공산주의 위협을 봉쇄할 수 있도록 미국의 고문단을 보내 남베트남 내부의 '군사·정치·경제적 힘을 기르게' 도우면서, 필요시 미군 전투부대가 개입할 준비를 병행하는 방안이었다.

하지만, 피그만 사태와 라오스에서의 경험이 각인되어 있던 JFK는 당시 군의 평가와 계획에 대해서 — 그것이 비록 맥스 테일러로부터 나왔을지라도 — 믿지 못하고 있었다. 그리하여 그는 또다시 전투병력의 전개를 승인하지 않았다. 이후 수개월 동안 국무부, 국방부, NSC 그리고 존슨 부통령에 이르기까지 다양한 기관에서 많은 조언자들이 주저하고 있는 대통령에게 병력투입의 필요성을 건의하면서 압박했다. 1961년 10월, JFK는 테일러와 로스토를 베트남으로 보내 현장 상황을 파악하겠다고 공표했다. 다음 날 언론은 그들의 출장이 베트남으로의 미 전투부대 투입 여건을 조사하기 위한 것이라고 추측 보도했다. 실제로 테일러는 출발하기 전에 그 이슈를 재구성했다.

"가장 중요한 문제는 추가적인 병력이 지금 동원되어야 하는가 아니면 남아시아에서 우리의 군사능력이 제한된다는 것이 지속적인 사실로서 받아들여져야 하는가이다."[22]

테일러와 로스토가 확인한 상황은 명확했다. 민족해방전선NLF이 세력을 확장해가고 있는 반면, 남베트남의 지엠 정부군은 훈련과 사기가 형편없었다. 사이공에 파견된 미군 최고 선임장교는 최근 메콩강 삼각주 일대의 홍수가 작은 규모의 '재건 및 구호작전'을 위한 파병 구실을 만들어줄 수 있음을 언급하면서 미군 부대의 전개를 요청했다. 반면, 그의 상관인

태평양사령관 해리 펠트Harry Felt 해군대장은 미군 부대의 전개에 대해 '그
것이 지역민들에게 백인 식민주의 군대의 재진입'으로 비추어질 것이라고
지적하면서 필사적으로 반대했다. 그는 일단 미군 전투부대가 투입된 후
에는 반드시 필연적으로 민족해방전선의 게릴라들과 진흙탕 전투에 휘말
리게 될 것이라고 경고했다. 그는 또한 어떤 방책이든지 '공산화된 중국과
의 전쟁을 촉발하지 않도록' 하는 가운데 모색되어야 한다고 강조했다.

그로부터 며칠 뒤, 테일러는 사이공에서 지엠 정권과의 '제한된 파트
너십' 결성을 건의했다. 이것은 6~8천 명 규모의 홍수통제 특임부대flood
control task force를 파병하면서, 지엠 정권의 정치적 개혁을 조건으로 미 원
조를 증가하고 미 고문단의 역할을 확대한다는 내용이었다. 테일러는 그
의 회고록에서 당시 그는 '그러한 게릴라전에 미 육군부대를 지상전투에
투입할 생각이 전혀 없었다'고 강조했다. 하지만 테일러가 JFK에게 보고
한 내용은 "저는 남베트남을 지켜내기 위한 우리의 프로그램이 부대의 투
입 없이 성공하리라고 생각하지 않습니다"라고 명시되어 있었다. 그러면
서 '남베트남은 작전하기에 극도로 어렵거나 불리한 장소는 아님'을 언급
하고, 특임부대가 수행할 다섯 가지 임무를 제시했다. 즉, 홍수로부터의
구호, 자위 차원의 전투작전, 남베트남군에 긴급전투예비emeregency combat
reserve 제공, 필요시 추가적인 미군부대 전개를 위한 선발대 역할 등이었
다. 무엇보다 가장 중요한 목적은 '공산주의 침략을 저지하려는 미국의 의
도가 진지하다는 것을' 보여주는 것이었다. 아울러 테일러는 '만약 첫 번째
파병대가 필요한 결과를 이끌어내기에 충분하지 않다고 판단될 경우, 추
가적인 증원의 압력을 버티기 어려울 것'이라는 점을 인정했다. '임무 변
경'mission creep*이라는 용어가 아직 만들어지기 전에 테일러는 '우리가 하
노이의 근원지를 공격하지 않는 한 우리의 가능한 투입 범위에는 어떠한
한계도 없음'을 경고하면서, 그럼에도 여전히 '남베트남으로 인해 아사아
의 전쟁에 다시 개입할 가능성이 있기는 하지만 그렇게 심각한 상황은 아

---

* 임무수행 방법이나 목표가 오랜 시간에 걸쳐 점점 변화되는 것.

님'을 보고서에 명시했다.[23]

1961년 11월, 로버트 맥나마라는 여전히 테일러를 자신과 대통령의 사이에서 관계를 방해하는 자로 미심쩍게 여기고 있었다. 맥나마라는 테일러의 제안이 '우리가 상대하고 있는 저쪽 편에게 ― 그것이 모스크바나 베이징, 아니면 하노이의 결정에 달려 있는지는 알 수는 없지만 ― 우리 측의 결의를 확신시킬 수 없을 것'이라고 주장했다. 사실 테일러의 제안은 '결정적이지 않은 지루한 전투에 점진적으로 빠져들게 만드는 것일' 뿐이었다. 만약 테일러의 보고서가 대통령이 베트남에 더 많은 관심을 가져야 한다는 것이라면, 맥나마라는 가지고 있는 모든 칩을 모두 다 걸 것을 건의드려야 한다고 여겼다. 이것은 국방장관과 합참의 의견이 일치했던 정말 드문 경우로서, 장관이 대통령에게 '남베트남의 공산화를 예방한다는 분명한 목표를 설정하고 이를 지원하는 데 필요한 군사행동을' 약속할 것을 건의했다. 맥나마라는 적에게 20만 5천 명에 달하는 약 여섯 개 사단 규모의 부대를 투입하여 강력한 신호를 보낼 것을 건의했다.[24]

이어진 몇 주 동안 활발한 논쟁이 이어졌다. 맥조지 번디를 포함한 백악관 참모들은 20만 5천 명의 전개를 요청한 맥나마라의 건의에 대해 날카롭게 질문했다. JFK는 언론을 은밀히 활용하여 부대 전개의 개념을 깨뜨리고, 아울러 테일러가 그런 주장을 해왔음을 부인하면서, 대통령도 그런 생각에 "강력하게 반대하고" 있음을 단호하게 주장했다. 다음번 NSC 회의가 열리기 전에 맥나마라는 흔들리기 시작했다. JFK가 대리인들을 통해 맥나마라가 자신의 조언을 바꾸어 대통령이 공식적으로 국방장관의 의견에 반대하지 않아도 될 수 있기를 기대하고 있는 듯했다.[25] 1961년 11월 15일 국가안보회의에 참석한 자리에서 JFK는 '지구 반대편에 떨어져 있는 두 개의 전선에서 동시에 개입하게 될 것에 두려움을 표했으며', 다른 편에 있는 더 중요한 곳은 서유럽임을 밝혔다. 그는 "개입의 기초가 되는 논리가 완전히 명확하지도 않은데, 베트남에 개입하는 것이 현명한 것인가" 하는 질문을 제기했다. 도미노 이론에도 불구하고 JFK는 베트남에 미군 부대를 보내는 것에 반대했다. 그는 "수백만 명이 수년 동안 성공하지 못했던 곳에서 20만 명의 이민족 정규군과 함께 1만 6천 명의 게릴라와 싸우려고 1만 마일 떨어진 곳에 개입하는 것에 반대하는 것이 매우 정당함을 입증할 수 있다"고 주장했다. 맥나마라와 테일러는 둘 다 다시 한번 자신들의 계획을 진전시키려 시도했지만 대통령의 결심은 이미 확고부동했다. 대통령은 맥나마라에게 어떻게 가까이에 있는 쿠바를 공산주의자들이 지배하도록 그대로 두면서, 쿠바가 아닌 베트남으로 부대를 보내 지원하려고 할 수 있느냐며 의표를 찌르듯 물었다. 그러자 렘니처 대장이 "합참은 피그만 사건이 발생한 지 7개월이 지난 지금도 미국이 쿠바에 들어가야 한다고 판단하고 있다"며 끼어들었다. 대통령은 그 말은 못 들은 체하면서, 당장은 베트남에 대한 결심을 하지 않겠다고 말했다.

하지만 며칠 뒤 JFK는 NSAM 111에 서명했는데, 이 지시는 남베트남에 대한 미국의 약속을 확인해주면서, 경제원조와 군사고문단의 대규모 증가를 보장하되, 지상부대의 전개는 포함하지 않았다. 그는 측근의 한 보좌관에게 전투부대 파병에 대한 자신의 거리낌에 대해 설명했다.

> "부대가 행군해서 들어갈 때, 밴드가 힘찬 군악을 연주하고 운집한 군중이 환호하겠지. 그러나 단 4일만 지나면 모든 사람이 다 잊어버리고 말 걸세. 그다음에 우리는 더 많은 병력을 보내야 한다는 말을 듣게 되겠지. 그것은 마치 술을 마시는 것 같을 거야. 마신 효과가 사라지면, 한 잔 더 마시게 되는 것처럼."

그럼에도 불구하고 테일러가 건의했던 '제한된 파트너십'의 기조하에서, JFK는 수천 명의 미 고문관들을 '남베트남의 정부 각 기관에 투입하여 남베트남의 군사작전을 지시하고 통제하는 데 참여케' 했는데, 그 개입의 수준이 사이공 정부에서 금방 후회할 정도로 깊숙했다. JFK가 술 마시는 것에 비유한 현상이 그의 사후에 몇 년간 실제로 이뤄진 점진적인 위기 고조를 정확하게 묘사한 것이었다. 미국은, 비록 대다수의 남베트남 사람들이 반드시 고마워하는 방식은 아니었지만, 실질적으로 남베트남의 생존에 대해 자국의 지분을 증가시켜왔다. 또한 대통령은 나중에 전투부대를 파병할 수 있는 문을 열어두었다. 맥나마라와 테일러는 각자 대통령을 다루는 법을 알게 되었다. 다시는 그들 중 누구도 JFK에게 베트남으로의 전투부대 파병에 대해서는 건의하지 않았다.[26]

☆ ☆ ☆

JFK의 결심 이후에, 베를린에서의 긴장 고조, 쿠바 미사일 위기, 그리고 소련과의 핵실험 제한 조약test-ban treaty 문제 등 초강대국 간의 관계에 정부의 초점이 맞추어짐에 따라 베트남 정책은 뒤로 물러나게 되었다. 미국이 구상한 베트남에서의 전략적인 개념은 민족해방전선 또는 베트콩을 상대로 한 대분란전counterinsurgency을 수행하는 남베트남을 도와 미국이 보조적인 역할을 담당하는 것이었다. 또한 미국의 주문mantra은 베트남 사람들 간의 전쟁이니 승리를 쟁취하는 것도 남베트남에 달려 있다는 것이었다. 그럼에도 행정부는 베트남에 4성 장군이 지휘하는 베트남군사지원사령부Military Assistance Command, Vietnam, MACV를 설치하여 미군 고문단을 감독하게 했다. MACV는 사이공 정부와 군이 미군의 도움을 받아 수행할 '전략적 작은 마을'strategic hamlet 프로그램 등을 포함한 광범위한 계획을 작성했다. 이 프로그램은 남베트남의 전 지역에 걸쳐 베트콩을 주민들로부터 분리시키기 위한 노력이었고, 잠깐은 먹혀드는 것처럼 보이기도 했다.[27]

다음 해 동안 고문관의 숫자는 꾸준히 증가했고, 그들의 대다수가 특수부대 요원으로서, JFK가 사랑했던 그린베레이자 유연반응전략 수행의 한 축으로 평가되던 비정규전 전문가들이었다. 테일러의 묵인하에서 MACV는 야전의 고문관들이 실제 상황을 있는 그대로 보고하지 못하게 압박했고, 남베트남군의 능력에 대해 '부정적인' 관점을 유지하는 고문관을 비난하거나 외면했다. 그 결과 전투 현장 가까이에서 성실하고 헌신적으로 근무하던 고문관들이 냉소적으로 변하게 되었다. 어느 한 고문관은 남베트남군Army of the Republic of Vietnam, ARVN에 대해 비꼬듯이 기록했다.

> "그들은 시야에 아무런 위험 요소도 보이지 않는 탁 트인 논밭을
> 공격하는 것과 … 반드시 베트콩 몇 명은 은거해 있을 것 같은
> 삼림을 신속히 우회하는 것은 정말로 동일하게 능숙했다."

한편《뉴욕 타임스》의 데이비드 핼버스탬 기자는 현지의 실상에 대해 "전쟁이 벌어지는 실제 접촉지점에 가까이 갈수록, 공식적으로 발표되는 긍정론으로부터 더 멀어지게 된다"고 평가했다.

테일러는 1962년 9월의 출장보고서에서 1년 전 현장에 왔을 때보다 많은 진전이 있었음을 자찬하는 내용을 담았는데, 부지불식간 핼버스탬의 평가를 뒷받침하기도 했다.

> "사이공의 지역 언론, 특히 미군들은, 현장 상황을 잘 모르고 있었고, 종종 미국과 남베트남 정부가 시행하는 프로그램에 대해 적대적으로 반대했다."

테일러는 또한 동료들로부터 베트남에서 가장 유능한 대분란전 전문가로 인정받고 있던 존 폴 밴John Paul Vann 중령이 '의견을 달리하는' 내용을 합동참모위원들에게 보고하기로 잡혀 있던 일정을 마지막 순간에 취소함으로써, 스스로 압박에 동참하기까지 했다. 나쁜 소식은 환영받지 못했고, 결국 테일러가 있었던 펜타곤의 높은 사람들 귀에는 들리지 않게 되었다. 맥나마라가 1962년 중반경 베트남 출장에서 복귀한 뒤, "모든 정량적인 지표가 보여주는 바에 의하면 우리는 전쟁에서 이기고 있다"라고 말했던 것은 효과가 있었다.[28]

1963년 8월이 되자, 대략 1만 6천 명의 미 군사고문관들이 남베트남에서 복무했으며 매일 1백만 달러의 비용을 지출하고 있었다. 하지만 미국은 실제로 무력을 사용한 교전을 한다는 측면에서는 여전히 전쟁에 돌입

한 상태가 아니었고, 저 멀리 떨어진 나라의 분쟁이 미국 정부나 대중매체 또는 국민들에게 매일의 관심사가 된 것도 아니었다.[29] 그런 분위기가 막 바뀌려 하고 있었다. 미국이 아직은 전쟁에 개입하지 않았지만, JFK는 한 번도 진지하게 논의한 적이 없었던, 남베트남을 독립적인 비공산주의 국가로 존립할 수 있게 보장한다는 정책을 시행하고 있었다. 더구나 그러한 정책목표를 외교를 통해 달성하려는 시도도 진지하게 고려하지 않았다. 대통령은 정책목표가 어떤 대가를 치를 가치가 있는가를 결정하기도 전에, 베트남에 국가의 위신을 걸었다. 합참은 대통령이 경험이 없고 겁이 많다고 생각했다고, 대통령은 합동참모위원들이 호전적인 미치광이들이라고 생각했다. 1963년 중반에 이르렀을 때 JFK는 군 수뇌부와 논의하는 불편함을 감내하려 하지 않게 되었다. 대신 JFK는 테일러, 번디, 맥나마라 그리고 펜타곤에 있는 맥나마라의 신동들에 의지했다.

1963년 여름, 지엠 정권은 국민과 자기의 정부, 그리고 실상reality에 대한 통제력을 상실해가고 있었다. 베트콩이 남베트남군을 패배시키는 것이 일상이 되었고, 그리하여 농촌지역의 통제권을 놓고 효과적으로 경쟁했다. 정치도 혼탁했다. 지엠의 형제이자 사이공의 실세였던 응오딘니우 Ngo Dinh Nhu가 북베트남의 하노이와 소통하고 있다는 것은 공공연한 비밀이었다. 5월에 불교 승려들이 강압적인 남베트남 정권에 저항하는 시위를 조직했고 그해 봄과 여름 내내 지속되었다. 니우는 몇몇 승려들이 분신했을 때 전 세계가 볼 수 있는 가운데 진행된 폭력적인 시위 진압에 협조했다. 남베트남 정권은 내부로부터 붕괴하기 일보 직전의 단계에 있는 듯했다.[30]

지엠의 단점은 워싱턴에도 잘 알려져 있었다. 한때 그를 제거하자는 논의가 있기도 했다. 린든 존슨 부통령은 문제점을 저속한 표현으로 요약했다. "제길, 그는 단지 우리가 거기에 내놓은 어린애일 뿐이다." 당시 사이공의 미국인들 사이에서 회자되던 금언은 "응오딘지엠과 함께 가라앉거나 수영하라"였다. 하지만 사이공으로 새로 부임한 헨리 캐벗 랏지 대사와 몇 사람의 국무부 및 NSC의 2등 서기관들은 베트콩이 승려들의 시위

를 이용하여 지엠 정권을 타도하고 자신들의 정부를 세우려 할 것이라고
우려했다. 1963년 8월 말경 이들은 지엠을 제거하는 것이 적절한 방책이
라는 결론에 도달했다. 그들은 몇몇 각료들이 워싱턴의 열기를 피해 휴가
를 떠나 자리를 비운 시기적 이점을 활용하여 남베트남에서 군부 쿠데타
를 일으키도록 북돋기 위한 계획에 대통령의 묵인을 얻으려 했다. 맥나마
라와 테일러가 그러한 결심에 대해 인지하자 즉시 문제제기를 했으나, 그
이유로 든 것이 추진 절차상에 문제가 있다는 것과 쿠데타가 역효과를 가
져올 수도 있다는 주장이었다. 나머지 합동참모위원들도 반대했는데, 이
때까지도 그들의 이의 신청은 JFK의 백악관에서 받아들여진 적이 거의 없
었다. 또한 그렇게 반민주적인 행동으로 인해 '자유롭고 독립적이며 반공
주의적인 남베트남'을 유지하겠다는 미국의 정책이 훼손될 수 있다는 점
도 거의 고려하지 않는 것 같았다.[31]

　1963년 8월에서 11월 사이에 일어났던 사건들은 지엠 정권의 무기력
함, 베트콩의 강성함, 그리고 동맹국들과 언론으로부터의 압력 등이 한데
뭉쳐 JFK에게 실패의 경로에서 벗어날 기회를 주고 있었다. 그러나 그는
쿠데타의 실행을 택함으로써 전쟁으로 향하는 되돌릴 수 없는 한계점으로
나아갔다. 이것은 동맹국 정부의 내부 사항에 대한 탈법적인 개입으로 인
도차이나 분쟁의 결과에 대한 미국의 헌신과 책임만 더 깊게 하는 조치였
다. 한마디로 JFK가 미국인의 생명과 재산을 세계 전반에 걸친 평화와 더
핵심적인 미국의 이익이 걸려 있는 곳에 쓸 수 있도록 절약할 기회를 놓친
것이었다.[32]

　1963년 11월 1일 남베트남군의 장성들로 구성된 비밀결사단이 지엠
정권을 쓰러뜨리고 대통령과 그의 동생 응오딘뉴를 체포했다. 그리고
다음 날 그 둘은 살해당했다. 이러한 정부 전복을 미국이 지원했다는 것은
공공연한 비밀이었다. JFK가 두 사람의 살해에 대해서 충격을 받았다 할
지라도, 쿠데타의 진행을 허락한 것은 그였다. 게다가 그의 정책은 이제 웃
음거리가 되었다. 미국은 독립된 반공산주의의 남베트남을 계속해서 지원
했지만, 이제는 '민주적', '자기 결정권을 가진' 등의 용어를 대놓고 사용할

수 없게 되었다. 즈엉반 '빅' 민Duong Van 'Big' Minh 소장이 이끄는 군사정부가 사이공의 권력을 장악했다. 일에 연루된 미국은 더 개입하고 책임질 수밖에 없게 되었고, 베트남의 분쟁에서 빠져나오기가 더 어려워졌다.[33] 지엠이 쿠데타로 물러난 3주 뒤에 JFK가 암살되었다.

☆ ☆ ☆

린든 존슨이하 LBJ이 대통령 집무실로 들어올 때, 그는 역사상 그 어느 대통령보다도 개인적인 자질이 가장 복합적으로 집적(集積)된 상태였다. 그의 지성은 천부적이었고 무궁무진했으나, 공식적으로 교육을 받지 못해 미개발된 상태였다. 그는 사람을 읽고 평가하고 그들의 희망과 필요를 파악하고, 그들을 매혹하거나 중재하며, 궁극적으로 그들이 자신의 의지를 따르도록 할 수 있는 묘한 능력을 보유하고 있었다. 그는 숙련된 정치적 전략가로서 텍사스에서 다수의 선거에서 승리했으며, 나중에는 대통령의 정치 역사 중에서 가장 큰 다수당을 지휘했다. 그는 또한 정치적 전술가로도 탁월했는데 역사상 가장 뛰어난 상원의 다수당 리더였다. 그는 가난한 농촌 출신인 데다 투박스러운 자신의 배경과 지능, 풍모, 그리고 운명을 불안하게 여겼다. 몇 년이 지난 후 JFK와 LBJ를 모두 보좌했던 조지 볼 George Ball은 LBJ가 교육을 못 받아서 고통을 받은 것이 아니라, 자신이 교육받지 못했다는 그 생각 때문에 고통받았다고 말했다.[34]

LBJ는 사람들을 두 그룹으로 구분하여 대했다. 윗사람들에게는 최대의 찬사를 하며 존경하는 척할 수 있었고, 아랫사람들에게는 무조건적인 충성과 긍정적인 반응을 요구했다. 그는 온 생애를 자신의 윗사람들을 정복하여 그들을 아랫사람으로 두기 위해 끊임없이 노력했으며, 그에게 있어서 동료라는 개념은 생각할 수도 또 참을 수도 없는 것이었다. 더구나 그는 많은 두려움에 사로잡혀 있었는데, 그중에서도 상실의 두려움, 실패의 두려움, 굴욕에 대한 두려움이 가장 강했다. JFK가 사망한 후, LBJ의 개인적 성품이 미국을 베트남에 결정적으로 개입하는 방향으로 이끌었다.

전 국민이, 아니 실제로는 전 세계의 많은 사람이 TV를 통해 지켜보는 가운데 벌어진 잔인한 총격암살의 여파로 JFK를 승계하게 된 LBJ의 마음에는 두 가지의 깊은 그리고 상충하는 믿음이 생겨났다. 첫 번째는 자신의 숙명을 완수하라는 것이었다. LBJ는 자신이 미국의 대통령이 되도록 예정되어 있었다고 믿었다. 그것도 그냥 대통령이 아니라 FDR처럼 위대한 대통령 말이다. 그렇게 위대한 대통령이 되기 위해서는 자신의 재능을 최대로 발휘하여 영속되며 역사적으로도 중요한 사회적 변화를 달성해야 했다. LBJ는 대통령으로 취임한 순간부터 모든 근육과 뼈와 뇌세포를 최대한 활성화하여 위대한 대통령이 되고자 했다. 두 번째의 믿음은 자신이 실패할 운명이라는 것이었다. 운명은 그가 자신의 숙명을 달성하는 것을 절대로 허락하지 않을 것이라는 믿음이었다.

LBJ는 자신보다 정치적으로 열세에 있는 것으로 알고 있었던 사람을 승계하게 되었다. 1960년 대통령 후보 지명을 위한 당내 경선에서 LBJ를 누르고 당선되었던 JFK는 LBJ가 유일하게 해왔고 관심을 가졌던 정치라는 게임에서 그를 뛰어넘은 사람이었다. 그런 후 LBJ는 마치 물에 빠져 죽어가던 사람이 구명구를 향해 돌진하듯이 JFK 대통령 후보의 러닝메이트가 되는 기회에 달려들어 이를 낚아챘다. 이제 그 젊은 대통령은 죽어서 누워 있고, LBJ가 승격한 대통령이 되었다. 그 뒤 몇 달 동안의 대화에서 그는 자신의 승계를 조롱하듯이 묘사하는 '불법적인', '사칭하는', '무방비 노출된', '적통이 아닌' 등 몇 가지 용어를 사용했다. 대통령사(史)에서 어떤 대통령도 LBJ보다 다음 대선까지의 남은 기간이 짧은 — LBJ의 경우, 1년 미만이었음 — 상태에서 대통령직을 인수한 사람은 없었다. 자기 스스로의 힘으로 대통령에 당선되기 전까지 LBJ는 자신을 단지 JFK가 남긴 유산을 관리하는 사람으로 여겼다. 무언가 조치하지 않는다면 그는 남의 것을 맡아 잠시 보관하는 수탁(受託) 대통령일 뿐이었다.[35]

LBJ는 1964년 선거에서 이기는 것이, 그를 JFK의 불쌍한 대체자로 여겼던 대중의 인식 — 그런 인식이 있었다면 — 을 지우는 합법적인 기록을 수립한다는 것을 금방 알아챘다. 그러기 위해 LBJ는 조용하게 JFK를 경외하는 정책의 연속성을 지향했다. 그는 재빠르게 전임자의 순교를 이용하여 방대한 입법 프로그램을 추진했고, 이후 그것이 의회에서 통과될수 있도록 강제적으로 입법 추진력을 만들어냈다. 그 결과는, 미국의 역사속에서 그 이름만큼 가치를 지닌 첫 번째 시민권법을 제정하고, 빈약한 연방 예산을 가난한 자들과 여러 가지 이유로 권리를 박탈당한 이들에게로돌린 것이었는데, 이는 FDR의 첫 100일 동안의 성과에 필적할 만했다.[36]

1964년 1월 LBJ는 연두교서 연설에서 위대한 대통령이 되려는 그의열망을 단 하나의 명백한 문장으로 드러냈다. "지금 여기서, 오늘의 우리행정부는 미국에서 가난과의 무조건적 전쟁을 선포합니다." 위대한 사회Great Society 건설을 위한 정책추진을 선언한 것이었다. 연설은 역작(力作)이었다. 국민들은 JFK의 후임자가 타인에 의존하지 않고도 강력한 리더라는 점에 안도했고 더러는 매혹되었다. 국민들은 따를 준비가 되어 있었다.그러나 그들의 새로운 대통령이 가난에 대한 전쟁'을 선포하면서도 정작지구 반대편에서 벌어지고 있는 '실제 전쟁'에 대해서는 아무것도 모른다는 것을 아는 사람이 거의 없었다.[37]

암살이 일어난 뒤 며칠 동안 LBJ는 JFK의 국가안보팀이 떠나지 않도록 붙잡아두기 위해 끈질기게 설득했다. 국민들에게 행정부 업무의 연속성을 보여줄 필요가 있었기 때문이다. 러스크, 맥나마라, 맥조지 번디가 동의했고, 그들의 참모진 대부분도 남기로 했다.[38] JFK의 보좌진을 그대로유지한다는 것은, 1963년 말까지 일반적으로 의미했던 측근inner circle 위주의 소규모 비공식적 임시회의를 통해 국가안보 결심기구를 유지한다는의미였다. 즉 공식적인 회의체를 통해 장기적인 안목을 가지고 정책의 목적과 방향에 대해서 논의하기보다는 지엠 정권 전복을 위해 그랬던 것처럼 비교적 단기간 내에 실행할 사항들을 마치 카멜롯 기사단과 같은 소수의 뜻이 맞는 사람들끼리 논의하는 체제를 따른다는 것이었다. 이 정권은아이크 행정부를 특색 있게 했던 정연한 업무처리, 즉 상설 소위원회에서정책을 연구하고 제안서를 작성하여 NSC 본회의에 상정하는 식의 조직적인 업무처리와는 일하는 방식이 크게 달랐다. JFK 팀을 유지한다는 것은 또한, 장성들을 무시하는 습관을 비롯하여 군에 대한 그들의 편견을 받아들인다는 의미이기도 했다. 테일러를 제외한 군 수뇌부는 모두 의사결정에서 제외되어 있었다. LBJ가 그들을 만나는 경우는 이미 결정된 사항에 대해서 마치 그들과 논의하거나 그들의 동의를 구하는 듯한 모양새를 취하고자 해서였다.[39]

LBJ는 일요일에 번디, 맥나마라, 러스크, 자신의 부차관보였던 조지 볼, CIA 국장 존 매콘John McCone 등과 함께 베트남 문제에 관한 첫 회의를 했다. 합동참모위원은 아무도 참석하지 않았으며, 랏지 주(駐)남베트남 대사는 쿠데타 이후의 현지 상황을 보고하기 위해 회의에 참석했다. LBJ는 자신을 '그 몸 안에 날카로운 낚싯바늘이 감춰진, 크고 물 많아 보이는 벌레를 덥석 문 메기'와 같았다고 묘사했다. 낚싯바늘은 베트남이었고, LBJ는 랏지 대사에게 책임을 지우고 있었다. 랏지가 옹호했던 쿠데타는 잘못된 실수였다. 사이공에 나와 있던 미국의 정부기관 주재원들 사이에 '너무 많은 말다툼과 논쟁'이 있었는데, 랏지 대사가 그것을 그치게 했어야 했다. '주 목표'는 '전쟁에서 승리하는 것'이었는데, 이 언급은 미국이 아직 전쟁에 공식적으로 참전하지 않았다는 사실을 생략한 표현이었다. 대통령은 랏지에게 명하여 사이공으로 돌아가서 민 장군에게 '린든 존슨 대통령은 우리의 약속을 계속 지킬 생각'임을 전하라 했다. 메시지는 명확했다.

"나는 베트남을 잃지 않을 겁니다. … 나는 동남아시아가 중국이 갔던 길을 따라가는 것을 보는 대통령이 되지 않을 것입니다."

후에 자신의 집무 초기 며칠 동안의 생각을 정리하면서 LBJ는 당시 그가 가졌던 두려움을 설명했다.

"나는 공산주의자들이 중국을 전복하고 장악했던 바로 그날부터 해리 트루먼과 딘 애치슨이 자신들의 유효성을 상실했음을 알고 있었다. 또한 중국의 공산화가 미국에서 조 매카시Joe McCarthy의

432

등장에 큰 역할을 했다고 믿었다. 그리고 나는 이러한 모든 문제를 다 합쳐도 우리가 베트남을 상실했을 경우 발생하게 될 문제에 비하면 조족지혈임도 알고 있었다."[40]

며칠 뒤 LBJ는 JFK의 정책을 유지할 것임을 재확인해주었다. LBJ는 2년 안에 남베트남군이 자체 역량으로 전쟁을 치를 수 있게 될 것이라는 MACV의 지나치게 긍정적인 예측을 수용하여, 1963년 말까지는 제일 처음으로 전개한 1천 명의 고문단이 철수하는 것을 필두로 한 맥나마라-테일러의 철수계획을 승인했다. 더불어서 그는, 비록 '작전에 개입했음을 부인할 수 있는 타당성'을 유지해야 했지만, 그럼에도 북베트남에 대한 작전계획을 수립하기 시작하라고 군에 명했다. 미 해군은 은밀하게 감청 및 정보수집 장비를 갖춘 구축함 등으로 구성된 데소토 순찰대DeSoto patrols*를 통킨만 일대로 보냈는데, 이 해역은 북베트남의 영해에 속한 곳으로 베트남민주공화국Democratic Republic of Vietnam, DRV에서 발견하지 못할 리 없는 위치였다. 남베트남의 게릴라들도 또한 미 작전계획 34A의 도움을 받아 북베트남에 대한 습격을 수행했다. 라오스에서는 미군 고문관들이 남베트남군 보병을 이끌고 민족해방전선의 침입로를 타격했으며, 미군 항공기들이 정찰임무를 수행했다. 미국은 이러한 작전들이 미국과 남베트남의 능력과 의지를 현시하기 위한 것이라고 했지만, 동시에 북베트남을 자극하기도 했다.[41] 그 정도로 해놓고, 대통령은 베트남에 대한 추가적인 결심사항은 1964년 선거가 끝난 이후로 미루기를 희망했다. 그는 국내 정책과 선거를 위한 정치문제에 온전하게 집중하고자 했다. 하지만 그렇게 되지는 않았다.[42]

---

* 데소토 순찰대(DeHaven Special Operations off TsingtaO)는 미국 해군 구축함이 적대적인 수역에서 정보 수집을 위해 이동식 '밴'으로 장착된 신호정보 수집 장비를 사용하여 수행한 순찰대였다. USS De Haven은 1962년 4월 중국 연안에서 최초의 순찰을 수행했고, USS Agerholm은 1962년 12월 통킨만의 북베트남을 대상으로 최초의 순찰을 수행했다.

최고책임자로서 LBJ의 가장 중요한 관심사항은 통합된 모습을 유지하는 것이었다. 전임자 JFK와는 달리, 그는 지적인 토론에 대해 참을성이 없었다. 그는 마치 겉보기에는 논쟁이 일어나는 것처럼 보였지만 실제로는 논쟁을 틀어막는 분위기를 조성했고 그런 식의 의사결정 과정을 만들었다. 그는 자신의 조언자들 사이에 의견의 일치가 있을 때 보상했으며, 충성을 절대적으로 요구했다. 그리하여 일단 그가 동남아시아에서 기존의 정책을 유지하기로 결심한 이상, 이제 주된 생각은 베트남 문제가 국내 정책의 문제나 더 중요하게는 선거에서 승리하는 데 어떤 방해가 돼서도 안 된다는 것이었다.

하지만 LBJ로서는 불행하게도, 베트남의 상황은 지속적인 관심을 요구했다. 남베트남의 민 정부는 이전의 지엠 정부보다도 더 무능하고 무기력했다. 민 대통령 자체가 '중립' 노선을 취하는 듯한 하노이와 대화하는 것에 더 우호적이었다. 그러나 중립의 개념 자체가 잘못 정의된 데다, 그것이 공산화로 가기 위한 첫 단계로 여겨졌기에, LBJ 행정부로서는 민 정부의 그런 선택이 저주와도 같았다. 더 좋지 않았던 것은, MACV의 열띤 보고가 지속되었음에도 불구하고, 민 정부의 통치 영역이 사이공 주변에서 더 이상 확장되지 않고 있었다는 것이다.

반면 민족해방전선베트콩은 남베트남을 꾸준히 잠식해 들어와 이제 야간이 되면 나라 전체를 장악하다시피 했다. 하노이는 이에 민족해방전선에 대한 지원을 강화했고, 미국이 개입을 결심하기 전에 남베트남을 전복시키기를 바라고 있었다. 북베트남의 호찌민 의장과 그의 각료들은 미국이 전쟁에 개입하지 않는 한 이길 수 있다고 자신했으며, 그렇지 않다면 그 끝을 보기 위해 아무리 먼 길이라도 기꺼이 갈 생각이었다. 국내에서는 《뉴욕 타임스》, 《U.S. 뉴스》, 그리고 월터 리프만 등이 정책의 변화를 촉구했다. LBJ의 오랜 동료의원이자 여전히 가까운 사이인, 윌리엄 풀브라이트William Fulbright 상원 외교위원장과 LBJ가 직접 선발한 상원 다수당 대표 후임자이자 아시아지역 역사 전문가인 마이크 맨즈필드Mike Mansfield 의원 그리고 LBJ의 멘토이자 상원 군사위원장이었던 리처드 러셀Richard

Russell 의원 등은 모두 대통령에게 베트남에서 빠져나올 방법을 찾아볼 것을 호소하고 있었다.[43] 그들은 모두 실패와 굴욕에 대한 LBJ의 두려움을 고려하지 못했다.

베트남의 실제 상황에 대해 더 잘 이해하고, 협상 혹은 '중립'으로 나아가려는 남베트남 민 정부의 추진동력을 정지시키기 위해서 LBJ는 1963년 12월 맥나마라와 테일러를 사이공으로 다시 보내 현장 확인을 하게 했다. LBJ는 오랫동안 맥나마라를 존경해오고 있었다. 1961년에 새로 구성된 JFK의 팀을 평가하던 중, 그는 "머리에 포마드*를 바른 채 포드사에서 넘어온 그 친구가 그들 중 최고였다"고 기록했다. 맥나마라는 재빠르게 연구하여 그의 새로운 보스가 가진 장단점을 정확히 파악했다. LBJ는 의견의 통일을 기대했고 불일치를 싫어했다. 이런 이유로 맥나마라와 테일러는 논쟁적이기로 유명했던 합동참모위원들에게 들어가거나 그들로부터 나오는 정보에 대한 통제를 더욱 강화했다. 테일러는 그 어느 때보다도 더 행정부에서 영향력을 지닌 유일한 군인이 되었다.

맥나마라와 테일러는 남베트남의 상황이 '매우 불안하다는 것과, 현재의 추세를 2~3개월 이내에 반전시키지 않으면, 기껏해야 중립국이 되겠거니와 공산국가가 될 확률이 더 높다'는 것을 알게 되었다. 출장에 동행했던 CIA 국장 매콘도 보고서에 "현재 남베트남에는 조직적인 정부가 부재하다"고 썼다. 이런 평가는 지엠 정권에 대한 쿠데타와 함께 시작된, 군사능력과 정치적 안정성의 급격한 악화를 그들의 전임자들보다 더 정확하게 기술한 것이었다. 이어지는 해 동안 남베트남 정권은 일곱 번 이상의 쿠데타로 흔들거리게 되었다. 그와 같은 쇠퇴는 저지되어야 했고, LBJ는 행동했어야 했다.[44]

맥나마라는 출장 전에는 북베트남에 대한 압력을 증가시켜야 한다고 생각했었다. 이제 그는 '북베트남에 대한 태업과 심리전 등 광범위한 다양

---

*   원서에서는 Stacomb사(社)에서 만든 동명의 헤어 오일을 언급했으나, 독자들의 이해를 위해 '포마드'라고 번역했음.

한 활동들을' 포함한 비밀공작covert action 프로그램을 건의했다. 그는 선정된 표적들이 '아군의 위험을 최소화하는 가운데 적에게 최대한의 압박을 가하도록' 해야 한다고 제안했는데, 이는 미국이 개입을 부인할 수 있어야 함을 뜻했다. 1964년 1월 16일, LBJ는 맥나마라의 비밀공작계획의 일부를 승인함으로써, 비록 남베트남군이 시행했지만, 처음으로 북베트남으로의 확장된 작전을 결심했다.[45]

합동참모위원들은 새로운 방향을 감지했다. JFK는 그들에게 남베트남 독립과 반공산주의 체제를 지키라는 임무를 부여했지만, 그것을 수행할 권한이나 수단은 주지 않았다. 이제 LBJ는 베트남을 상실한 대통령이 되고 싶지 않았다. 그는 북베트남에 대해 단지 시험적인 조치들만 — 그래도 JFK가 했었던 것보다는 더 많았지만 — 승인했다. 일주일 뒤 합참은 맥나마라에게 새로운 계획을 제출하면서 검토를 요청했다. 계획은 도미노이론을 동남아시아에 적용하여 재언급하면서 시작되었다. 또한 베트남은, 봉쇄정책에 대한 도전을 표방한 '공산주의자들의 민족해방전쟁을 격퇴하고자 하는 우리의 결심을 실제 최초로 테스트하는 것'을 상징했다. 합동참모위원들은 베트남에서 실패하면, 전 세계의 동맹국들과 공산주의 적대국가들이 '미국의 내구성, 결의 그리고 신뢰성'에 대해 의심하게 될 것이라고 주장했다. 하지만 당시 채택한 미국의 방책은 남베트남 내에만 주둔해 있어야 하고, 장병들을 고문관으로만 활용하고 전투부대로 활용하지 않는 등 '미국이 스스로 부과한 제한사항에 묶여 있게 됨으로써 적에게 유리한 입장에서 적이 원하는 대로 싸울 수밖에 없는' 처지가 되었다는 것이다.

합참은 이제 더 큰 역할을 해야 할 시간이 되었다고 주장했다. 유연반응전략을 주창했던 테일러는 합참의 동료들에게 점진적으로 공세를 강화해나가는 12개의 단계를 제시하여 납득시켰다. 단계별 방안들은 주베트남 미군사령관의 권한을 강화하는 것에서부터 시작하여 랏지 대사와 민 장군을 대신하여 전쟁의 모든 사항에 대해 전권을 가지고 통제하는 것, 북베트남에 대한 지상 및 공중작전을 통해 남베트남군을 지원하는 것, '남베트남군의 엄호하에' 북베트남의 주요 표적을 미군기가 공습하는 것, 마지막으로 필요시 미 지상군이 남북베트남에 투입되어 전투를 수행하는 것 등이었다.[46] 그러나 이 제안은 중요한 차이점을 덮어 가리고 있었다. 좀 더 호전적이었던 참모총장들은 LBJ에게 베트남을 잃은 대통령이 되고 싶지 않다면 전쟁에서 승리하기 위해 이 12개의 방안을 모두 시행해야 한다고 말했다. 그러나 테일러는 이러한 확전사다리ladder of escalation의 개별 발 받침대들에 집중했다. 대통령은 그들의 제안에 대해 최소한 그때까지는 반응하지 않았다.

1964년 1월 말, 민 정부는 또 다른 쿠데타에 의해 축출되었다. LBJ는 베트남 정책은 남베트남 정부가 돌아가면서 정권을 차지하지 않더라도 충분히 어렵다면서 화를 냈다. 맨스필드, 풀브라이트, 리프만, 그리고《뉴욕타임스》모두 베트남에서 나오라고 말했다. LBJ는 맥나마라와 테일러를 베트남으로 다시 보내서 새로운 지도자 응우옌카인Nguyen Khanh에 대한 지원의사를 밝히고, 명확한 메시지를 전달하고자 했다. "제길, 이런 쿠데타는 더 이상 없어야 하오." 당연히 3개월이란 시간 동안에 일어난 두 번째 쿠데타의 성공은 정치적 안정성을 위태롭게 했고, 또 다른 전복의 가능성을 증대시켰다.[47]

문제는 단지 고위급에서의 정치적 불안정성만은 아니었다. 카인의 쿠데타는 남베트남 국민의 미국에 대한 신뢰를 훼손했다. 두 번째 정권이 미국의 가시적인 지원이 없이 무너지자, 남베트남의 많은 사람들이 동맹의 신뢰성을 의심하기 시작했다. 게다가 카인 정권은 이전의 정권보다도 더 인기가 없었고 나라가 지금까지 겪어온 끝날 것 같지 않은 전쟁에 대한 지원도 거의 없었다. CIA는 베트남 사람들이 민족해방전선에 대해 관심이 없거나 아니면 그들에게 경도되어 있다고 보고했었다. 촌락에서의 반란 통제 횟수가 증가했던 것을 보면 알 수 있었다. 어느 CIA 담당자는 "업무 특성상 항상 우리가 이기고 있다고 말해야 하는 사람들조차도 전쟁의 물결이 우리에게 거스르고 있다고 느끼는 CIA 및 군 관계자의 숫자에 의해 충격을 받았다"고 말했다. 프랑스의 샤를 드골Charles de Gaulle 대통령은 중립화할 것을 주장했고, 다른 동맹국들도 귀를 기울이기 시작했다. 사이공에 주재하던 미국 2등 서기관은 드골이 옳았다고 결론을 내렸다. 미국의 정책은 어느 쪽으로 가든 모두 실패하게 될 것인데, 즉 베트남의 중립화로 가게 되거나 아니면 미국과 북베트남이 직접 전투하게 된다는 것을 의미했다.[48)

설상가상으로 이들 현장의 관찰자들이나 아니면 워싱턴에 있는 그들의 윗사람들 중 누구도 하노이의 공산당 중앙위원회에서 방금 전 전쟁의 중대한 확대, 즉 미군과의 직접적인 대결에 직면하게 되더라도 정규군을 포함한 북베트남의 전 역량을 투입하여 민족해방전선의 투쟁을 지원한다고 결의했다는 것을 모르고 있었다. 하노이 성부에서는 더 이상 전쟁의 미국화를 막을 수 없다고 결심했다. 그리하여 대부분의 미국 정책이 근거로 삼아온 북베트남과의 전면전을 억제할 기회를 상실하게 된 것이다. 다만 미국은 이를 모르고 있었다.[49)

3월에 있을 출장을 준비하면서 맥나마라는 공식적으로 합참의 조언을 요청했다. '베트남 전쟁에서 동맹을 지원하고 조언하는 것으로부터 전략상의 변화가 있어야 하겠는가?', '그렇다면 무엇을 해야 하는가?' 그들 특유의 성격대로 참모총장들의 의견이 나뉘었다. 르메이는 미국과 베트남의 항공력을 둘 다 이용하여 라오스와 캄보디아에 있는 적의 은신처를 타격할 것을 주장했다. "지금은 우리가 쓰레기 더미를 따라다니며 파리를 잡는 것 같다"며 씩씩댔다. 미 해병대 사령관 월러스 M. 그린Wallace M. Greene 장군은 명확한 정책적 결정을 요청했다.

> "남베트남에서 나올 것인가 아니면 거기 주둔하면서 승리할 것
> 인가를 결정해야 합니다. 만약 남아서 이기기로 결심한다면, 이
> 목표는 미군 자원을 완전히 집중하여 추구해야 하며, 이것이 미
> 해병대의 건의사항입니다."

언제나처럼, 의심 많은 테일러는 합참에 일치된 입장에서 건의할 것을 요구했고, 이에 따라 북베트남에 대한 직접적인 군사작전을 포함한 '협

조된 외교, 군사, 심리전 프로그램'을 통해 전쟁을 점진적으로 확대할 것을 요청했다. 그러한 작전은 두 가지 종류의 공중공격으로 시작될 것이었는데, '충격효과를 노린 기습타격과 다른 하나는 미측의 참가를 증대시킴에 따라 점진적으로 심각도order of severity를 상승시키는 방법'으로 '점진적 압박'graduated pressure으로 알려져 있다.

1964년 3월 4일 대통령은 합동참모위원들을 불러 그들의 의견을 듣고자 했다. 이것은 통수권자와 군 수뇌부가 베트남 전략에 대해 논의했던 아주 드문 사례 중 첫 번째 협의negotiation였다. 합동참모위원들은 자신들의 개인적인 건의사항을 말했고, 테일러가 그들 사이에서 공동으로 합의한 내용을 보고했다. LBJ는 하노이에 대한 압박을 증가시킬 필요성에 동의했다. 그는 분명히 베트남을 상실하지 않기를 바랐고, 그러면서도 선거가 있는 11월 이전에는 국가를 전쟁 상태로 만드는 것도 원치 않았다.[50] 해병대 사령관 그린 장군이 "대통령께서 철수와 확전 가운데서 하나를 선택하셔야 한다"고 무뚝뚝하게 건의했다. 그는 당시 LBJ의 반응을 이렇게 기록했다.

> 대통령은 의회와 국민들이 전쟁을 원하지 않는다고 다시 반복했다. 그리고 이 시점에서의 전쟁 개시는 다가오는 대통령 선거전에 엄청난 영향을 미칠 것이며, 아마도 민주당이 11월 선거에서 승리하기 어렵게 만들 것이므로, 12월까지는 어떤 전쟁에도 개입하지 않아야 한다고 강조했다. 선거가 끝난 이후에 누가 대통령이 되든지, 그가 의회로 가서 지원과 합동 결의안 채택을 건의하고, … 미국 국민들에게 왜 우리가 동남아시아까지 작전을 확대하여 또 다른 전쟁이 일어날 수 있는 위험을 감수해야 하는지 설명할 수 있을 것이라고 했다.[51]

LBJ는 그의 사무실로 돌아와 맥조지 번디와 통화하면서 자신의 그런 생각들을 반복했다.

"나는 방금 합동참모위원들과 많은 시간을 보냈소. 요지는, …
그들은 참전하든지 아니면 철수하자는 것이었소. 나는 그들에게
'우리 한번 수정안을 찾아봅시다'라고 말했소. …"[52]

이와 같은 언급은 1964년 당시 대통령의 정치에서 베트남 정책이 얼마만
큼의 비중을 차지했는지를 가장 명확히 보여주는 예들이었다. 그리고 위
언급은 LBJ가 전쟁을 확대하기 전에 의회의 결의를 받으려 했다는 것을
처음으로 시사한 것이었다.

그린 장군은 대통령이 맥나마라와 테일러를 현장조사를 명목으로 또
다시 사이공으로 보낸 것을 눈속임이라고 결론을 내렸다. LBJ가 맥나마라
에게 합동참모위원들의 건의사항을 점검하라고 요구하는 모습을 보여주
었으나, '대통령은 … 우회적으로 테일러 장군에게 말하여, 그가 남베트남
으로부터 복귀할 때 북베트남을 포함하는 지역까지 전역을 확대하는 건의
를 듣고 싶지 않다고 했다'고 본 것이다. 그린이 자신의 평가를 테일러를
통해 확인하자 테일러 의장은 "자신의 목과 국방장관의 목이 도마 위에 올
려져 있다"고 말하며 동의했다.

맥나마라와 테일러는 3월 8일 사이공에 도착했다. 그들은 실권자였
던 카인 장군과 함께 지방유세를 하듯이 한 마을에서 머물렀다가 다시 다
른 마을로 옮겨다니면서 카인 장군을 추켜세우며 정치적으로 지원하는,
결과적으로 보면 헛된 노력을 하면서 농촌지역을 훑고 다녔다. 그들은 소
규모 대중에게 연설하고 같이 포즈를 취하면서 사진을 찍었는데, 카인 장
군을 가운데에 두고 테일러와 맥나마라가 좌·우측에 서서 마치 승리한 권
투선수의 손을 들어주는 모습을 어색하게 흉내 내듯이 그의 손을 잡아 추
켜올렸다.

이상하게도 이러한 활동이 먹혀드는 것 같지 않았다. 게다가 맥나마
라와 테일러 둘 다 베트남의 군사적 및 정치적 상황이 지난 12월 출장 때
보다 훨씬 더 나빠졌음을 알게 되었다. 그럼에도 국방장관은 출장결과에
따른 공식적인 건의내용을 만들기 전에 LBJ가 어느 정도까지 깊이 개입할

준비가 되어 있는지를 조심스럽게 계량하면서 그에게 사전 확인을 받았다. 그들의 최종보고서는 LBJ의 우려를 반영하여 북베트남에 대한 폭격은 여전히 건의하지 않았으나, 합참에는 점진적으로 증강된 폭격뿐만 아니라 민감표적에 대한 긴급한 보복공격을 포함한 계획수립을 시작하라고 권고했다. 3월 17일 LBJ는 NSC를 소집했고, 대통령과 국방장관은 마치 미뉴에트를 연주하듯이 맥나마라가 사전 승인받은 건의사항을 보고하면 LBJ가 기꺼이 수용했다.[53]

합동참모위원들의 조언은 완전히 거부된 것은 아니었고, 계획을 수립하도록 승인되었다. 그러나 사실 실질적인 계획수립은 백악관, 국무부 그리고 펜타곤의 민간인들에 의해서 이루어지고 있었다.[54]

☆　☆　☆

그로부터 얼마 지나지 않아 LBJ는 사이공에 주재하고 있는 팀을 개편했다. 랏지는 대사직에서 물러났고, 맥스 테일러가 베트남에서의 모든 외교적 및 군사적 사안에 대한 전권을 부여받은 가운데 그의 후임으로 임명되었다. 테일러와 맥나마라는 육군참모총장 얼 G. '버스' 휠러Earle G. 'Bus' Wheeler를 신임 합참의장으로 선발했다. 자신의 임기 내내 대통령이 '버즈'Buzz라고 불러도 한 번도 발음을 교정하려 하지 않을 정도로 자기를 내세우지 않는 편이었기에 휠러는 맥나마라에게 순종적인 협력자로서 믿을 만했다. 윌리엄 C. 웨스트모어랜드William C. Westmoreland 대장은, 사실이 아닌 희망사항으로 점철된 보고서로 인해 신뢰가 흔들거리는 MACV를 맡았다. 그렇게 유명하고 최근에 전역한 합참의장이자, 예외적인 전권을 부여받고 부임한 테일러를 위해 복무하게 된 웨스트모어랜드는 베트남에서 실질적인 군사 부대사militaray deputy가 되었다. 한편 테일러는 대통령이 군사적 조언을 얻고자 의지하는 '장군'으로 그 역할을 계속했다. 합동참모위원들은 LBJ가 그들과 협의했다고 말해야 할 필요가 있을 때나 그런 상황이 될 경우, 언제든 협의가 가능한 상태를 유지했다. 하지만, LBJ는 이미

그들이 건의할 내용이 확전하자는 것임을 알고 있었다.[55]

베트남의 상황은 지속적으로 악화되었다. 1964년 5월 27일 LBJ는 베트남에 대한 거의 인지부조화에 가까운 그의 모호한 인식이 드러나는 두 번의 통화를 했다. 그의 오랜 친구이자 상원의원이었던 '딕' 러셀이 분쟁으로부터 철수하라고 부드러운 말로 대통령을 설득하려 했다. LBJ는 러스크, 맥나마라, 번디 등 그의 보좌진이 모두 자신에게 "우리는 약간의 힘과 무력을 보여줘야 한다"고 이구동성으로 얘기한다고 응답했다. 그러자 러셀은 '자신이 그동안 보아왔던 중 최악의 혼란'에 대한 해법으로 하나의 명민한 제안을 했다.

"나라면 구(舊)지엠 정권을 제거했던 그 군중으로 이들을 제거하게 하고, 새로운 정권을 세우되, 그 새로운 실권자가 우리의 철수를 강력하게 원하고 있다고 말하면 될 겁니다. 그러면 우리가 빠져나올 좋은 명분이 생기겠지요."

LBJ는 모든 자신의 선택지에 제한이 있음을 한탄했지만, 그러한 철수가 자신의 가장 큰 두려움을 자극했음을 드러냈다. "흠, 아마도 대책이 바닥난 대통령을 탄핵하려 들겠지요?"라고 하면서 LBJ는 "나는 베트남에서 확전을 추진할 용기가 없습니다. 그리고 거기로부터 나오는 다른 길은 보지 못했습니다"라며 인정했다. 몇 분 뒤에 LBJ는 맥조지 번디를 불렀다.

"나는 우리가 1만 마일 떨어진 곳에서 싸울 수 있다고 생각하지 않네. … 그리고 우리가 싸울 만한 가치가 있다고 생각하지도 않고, 그렇다고 빠져나올 수도 있다고 생각하지도 않네. 이것은 단지 내가 보아왔던 가장 큰 × 같은 혼란일세."[56]

만약 LBJ가 자신의 군 수뇌부에게 마음을 주어 서로 신뢰하는 관계를 만들어놓았더라면 아마 그러한 혼동을 헤쳐나갈 수 있는 해답을 얻었을 것이다. 정치-전략적 난제(難題)를 냉정하게 분석하는 것이 합동참모위원들의 존재 이유였기 때문이다. 테일러가 떠난 후, 합동참모위원들은두 가지 유형으로 나뉘었다. 충성심 때문에 선발되었거나 맥나마라에게장기간 노출되어 굴복하게 된 (또는 두 개의 경우에 다 해당되는) 조직순응자들organization men, 그리고 그린과 르메이처럼 종종 툭하면 싸우기는 하지만누구에게게라도 자신들이 생각하고 있는 것을 정확하게 기꺼이 말하고 결과에 대해 혹평하는 부류다. 기본적으로 합동참모위원들은, 만약 어떤 사람이 그들의 솔직한 의견을 묻고 진지하게 듣고자 한다면 지구 반대편까지가서 전쟁에 임할 것인지에 대한 찬반 논리를 펼치는 유용한 세미나를 열었을 법한 전문직업군인들의 집합체였다. LBJ는 그런 질문을 하는 타입의대통령이 아니었고, 참모총장들도 자신들의 의견을 통수권자에게 강력하게 개진하지 않도록 오랫동안 길들여져왔다.

어쨌든 1964년 봄과 여름에 LBJ는 권력의 최대치를 누리고 있었다.그는 시민권법을 통과시켰고, 8월 전당대회에 앞서 차기 대통령 후보로 지명되었다. 그는 인기 있었고, LBJ의 선거운동본부에서 반동주의자이며 전쟁광이라고 풍자했던 공화당 후보 배리 골드워터Barry Goldwater 상원의원을 압도하고 승리를 위해 질주하는 듯 보였다.

1964년 8월 초에 북베트남의 연안에서 발생했던 두 개의 사건이 베트남과 관련한 의회의 결의안을 이끌어냈고, 이는 LBJ에게 막대한 행동의 자유를 가져다주었다. 우선 8월 2일에 북베트남의 지역 사령관이 연안의 섬에 대한 남베트남군의 게릴라 작전과 통킹만 인근에서의 매덕스함the USS Maddox의 데소토 정찰에 대응했다. 북베트남의 순찰용 보트가 매덕스함을 향해 돌진하면서 사격을 가했다. 미측은 이에 대응하여 두 번째 구축함 터너조이함the USS Turner Joy을 급히 전개했다. 두 척의 구축함들이 사건 현장 인근에서 이틀 동안 마치 북베트남군을 조롱하듯이 지그재그 형태로 항해했다. 그러다 8월 4일, 매덕스 함장은 두 척의 구축함이 공격받고 있다고 보고했다. 그러나 몇 시간 뒤 매덕스 함장이 자신의 보고를 정정했다. 긴장한 레이더 조작자가 과잉 반응했다는 것이다. LBJ는 후에 "제길, 저 바보 같고 멍청한 수병들이 날치 떼에 사격하고 있었다"며 불평했다. 실제로 두 번째 '공격'은 일어난 적이 없다는 것이 명백하지만, 그 당시에는 그러한 상황을 상정하여 수립된 계획에 따라 LBJ 행정부는 북베트남 내의 표적에 대한 보복타격을 명령하고, 의회의 지도자들에게 사건과 미측의 대응에 대해 보고하여, 대통령이 남베트남을 방어하기 위해 필요하다고 생각하는 어떤 조치든지 취할 수 있도록 인가하는 의회의 결의안을 요구하는 길로 접어들었다.

LBJ, 맥나마라 그리고 러스크 모두 해군 내부와 펜타곤에서 그 사건이 일어났는지에 대한 의심이 커지고 있음을 일축하면서, 의회 또는 언론에 두 번째 사건에 대해서 왜곡된 사실을 그대로 발표했다. 의회는 통킹만 결의안을 상원에서의 반대표 두 개를 제외하고는 압도적으로 찬성하여 통과시켰다. LBJ는 나중에 자신의 새로운 권한에 대해, 결의안은 "마치 할머니의 잠옷처럼 모든 것을 덮었다"고 말하면서 웃었다. 제2차 세계대전 이후 세 번째로 대통령이 의회의 전쟁 선포 없이 전쟁할 수 있게 허용함으로써, 의회가 가진 고유의 전쟁 수행 권한을 대통령에게 넘겨주었다. 그러나 LBJ는 미국의 함정이 공격받았을 때는 동남아시아에서 전쟁을 확대하려는 대통령을 지원하기 위해 그런 표결이 꼭 필요하지는 않았음을 나중에 알게 되었다.[57]

LBJ는 8월 4일 밤 북베트남의 표적에 대한 폭격을 언급하면서 이것은 단지 '미국에 대한 원해에서의 공개적인 공격에' 대응한 행동일 뿐이라며 솔직하지 못하게 주장했다. 그는 국민들에게 자신이 "분쟁이 확산되는 위험성을 이해하고 있고, 우리는 전쟁이 더 커지는 것을 원치 않는다"고 말했다. 통수권자로서 단호히 대응했던 LBJ는 이제 재선을 위해 평화의 사람으로 자리매김하는 방향으로 중점을 전환했다. 그는 또 다른 사건을 촉발하지 않기 위해 데소토 정찰과 북베트남에 대한 작전계획 34A에 따른 공격을 제한했다. 그는 정치적 선거 캠페인을 통해 극단주의적인 상대측과는 달리 자신을 국가를 방어하면서 외국의 전쟁으로 말려들지 않는 성숙한 리더로 묘사했다. LBJ는 선거운동 중 모여 있는 군중을 향해 "우리는 미국의 젊은이들이 아시아의 젊은이들을 위해 싸우게 하는 것을 바라지 않는다"고 말함으로써 열광적인 환호를 끌어내기 시작했다. 가끔 그는 '단지 잠깐 동안' 또는 '현 단계에서는 북쪽으로 올라가서 폭탄을 떨어뜨리지 않을 것임' 등의 선을 지켰다. 하지만 대중은 그러한 양다리 걸치기를 거의 알아채지 못했다.

LBJ는 1936년 FDR이 당선될 당시 2위와의 득표수 차 이후 가장 많은 표 차이로 선거에서 승리하는 항로로 순항했다. 이제 자신의 힘으로 대통령이 되었고, 더 이상 JFK의 임시 관리인이 아니었다. 이제 그는 자신의 '가난과의 전쟁' 그리고 '뉴딜' 정책을 연상시키는, 좀 더 광범위한 '위대한 사회' 건설 정책을 추구할 수 있었다. 특히 베트남에 대해서는 새로운 정책을 추구할 권한을 위임받았다. 대다수의 미국 동맹국들과 많은 영향력 있는 민주당원들 그리고 점차 증가하고 있던 오피니언 리더들이 LBJ가 자신의 새로운 임기를 잘 사용하여 1만 마일 밖에서 일어나고 있는 내전에 대한 미국의 개입을 줄여나가길 기대했다.[58]

☆ ☆ ☆

1964년 11월 1일 베트콩이 비엔호아 비행장을 공격하여 다섯 대의 B-57 폭격기를 파괴하고 13대를 더 손상시켜 통킹만 사건 이후 전개된 폭격기의 절반에 피해를 주었다. 이에 테일러 대사는 북베트남의 미그기 기지에 대한 보복공격을 요청했고, 합참에서는 기존에 선정했던 94개 표적에 대한 전면적인 공격을 요구하면서 미군기지 보호를 위한 지상군의 전개도 아울러 건의했다. 대통령으로서는 선거 이틀 전에 보복공격을 승인하지 않은 것은 어쩌면 당연했다. 대신 그는 국무부 극동담당 책임자 윌리엄 P. '빌' 번디William P. 'Bill' Bundy에게 명하여 베트남에 대한 미국의 정책을 철저하게 재점검하라고 했다.[59]

1964년 대통령 선거일 당일에, LBJ가 '그 다른 번디'라고 별명을 붙인 빌 번디는 CIA, 국무부, 국방부 그리고 합참으로부터 온 여덟 명의 실무진으로 편성된 그룹을 소집했다. 이어지는 2개월 동안 이들은 베트남 정책에 대한 종합점검을 시행했는데, 이것은 1968년 구정 공세Tet Offensive의 후속 조치 차원에서 행해지기 전까지 유일하게 시행한 점검이었다. 번디의 그룹과 그들의 상관인 NSC 참석자들은 모두 오랫동안 베트남에 대한 미국의 정책을 지원해오고 있던 터라 점검의 결과에 대해 모두가 개인적인 이해관계를 갖고 있었다. 실무그룹에서 제시한 방안에 특별히 새로운 것은 없었다. 그들이 발전시킨 제한전 방책은 지난 수개월 또는 수년 동안 고려해오던 생각과 유사했다.[60]

대체로 번디 실무단은 세 개의 방책을 입안했다. 현상유지, 즉각적으로 대규모 항공폭격과 같은 무거운 압박을 북베트남에 투사하여 항복을 강요하는 '신속·최대 압박' 방책, 마지막으로 북베트남의 투항을 유도하기에 필요한 정도의 군사적 압박을 점진적으로 상승 또는 하강시키는 것 등이었다. 이후 다음 2주일 동안 점진적 압박 방책으로 공감대가 형성되었고, 이는 셸링의 강압전략에서 언급한 한 형태였다. 세 개의 방책 각각은 독립적인 남베트남을 유지하기 위해 성공적인 협상을 통해 전쟁을 종결하는 것을 목표로 했다. 번디는 여기서 네 번째 방책으로 전쟁으로부터 물러나는 '후퇴'를 슬쩍 언급했다. 그는 주장의 논거로 남베트남 국민들이 정치적으로 분열되어 있었던 데 비해, 정보기관의 평가에 정확하게 묘사되었듯이 북베트남과 민족해방전선은 회복탄력성이 있었다. 이런 상황에서는 어느 시나리오에서도 전쟁에서 이길 수 없다는 논리였다.

"우리는 자기들 스스로 강력하게 방어하기를 멈춘 정부나 국민, 또는 정부의 기본요소를 유지할 능력이 없는 그런 정부나 국민을 우리가 방어할 수 있으리라 생각해본 적이 없었다. 그리고 온 세상에 널리 알려진 압도적인 인식은 이런 요소들을 남베트남이 갖추지 못하고 있다는 것이다."

합참 대표였던 로이드 머스탱Lloyd Mustin 해군 중장은 그런 비관주의를 비난하면서 '국가의 위신, 신뢰성, 그리고 명예'에 대한 책무를 상기시키고 "우리는 동남아시아에서 더 이상 뒤로 물러설 진지가 없다"고 주장했다. 그는 '남베트남을 지지하는 것을 대신할 어떤 대안이 있다'는 개념을 비웃으면서, "그런 것은 없다"고 못 박았다. 머스탱의 공격으로 '후퇴' 방책은 사장되었다. 실무단의 보고서에서는 '물러날 위치를 고려할 필요성'을 단지 '그런 물러남과 연계된 문제점들을 평가한다는 의미'라고 설명했다. 그리하여 실무단에서는 베트남에 관한 미국 정책의 재평가를 전혀 진지하게 고려하지 않은 결과가 되고 말았다.[61]

동남아시아로부터의 철수를 옹호하기는커녕, 합동참모위원들은 베트남에서의 미국의 노력을 지금껏 얽매어왔던 제한전쟁의 사고방식에서 기인한 여러 제한사항을 우선 제거하기를 원했다. 그들의 점진적인 압박은 적과 전쟁을 하는 것이라기보다는 그에게 '신호를 보내는 것'으로서 도저히 참을 수 없었다. 참모총장들은 대개의 경우 공동의 전선을 구축하기보다는 자군 차원에서 의견이 서로 다른 경우가 많았는데 그해 3월부터는 북베트남에 대한 폭격을 유지한다는 데 있어서만큼은 다소 견고한 공감대를 형성했다.

머스탱이 합동참모위원들의 관점을 대표하여 '꾸물대고 미루는' 것을 끝내야 한다고 요구했다. 그는 다섯 번째 방책으로 '강타'hard knock를 제의했다. 이는 '필요하다면 군사적 압박을 군사행동이 기여할 수 있는 한계까지 최대한 지속하는 것'을 요구하는 방책이었다. 이러한 애매한 정리(定理) formulation로는 점진적 압박이 실패할 경우 군에 백지수표를 주는 격이 될 터인데, 합동참모위원들은 점진적인 압박이 실패할 것이라 믿었고 실제로도 그렇게 되었다. 실무단은 '강타' 방책을 검토했으나, 머스탱이 합동참모위원들의 마음을 완전히 바꿀 수는 없었고, 곧 그들은 '점진적인 군사적 압박'을 채택하기로 했다.[62]

실무단이 그들의 세 가지 방책을 LBJ에게 보고할 때 합동참모위원 중 아무도 배석하지 않았다. 대통령은 평소와는 달리 몰입하지 않는 듯했다. 맥조지 번디는 점진적 압박으로 공감대가 형성되어가고 있다고 기록했고, 대통령이 달리 명령하지 않는 한 그 방향으로 일이 진행되어갈 것이라고 말했다. LBJ는 그 외에 다른 추가적인 방책을 요구하지 않았고, 자신이 적어보라고 지시해서 맥조지 번디가 작성한 "반대를 위한 반대자devil's advocate"의 메모에 기록할 만한 것이 거의 없었다는 얘기를 번디로부터 들었을 때 그 자리에 참석했던 실무단의 책임자 조지 볼에게도 아무런 질문을 하지 않았다. 67쪽의 베트남 정책에 대한 점검이 끝났으나 볼 역시 대통령에게 아무런 말도 하지 않았다. LBJ가 그 자리에 없었던 합동참모위원들의 의견은 어떠했는지 묻자, 맥나마라는 합참도 "이미 깊게 관여했고 이 문제에 대해 지난 몇 주 동안 일해왔다"며 확신시켰다. 의심 많은 대통령은 맥나마라에게 자신은 "관련된 군 관계자와 논의하지 않고 이런 주제를 가지고 의회의 지도자들을 대면할 수 없다"고 말했다.[63]

LBJ에게는 여전히 맥스웰 테일러가 유일한 '관련된 군 관계자'였다. 테일러는 1964년 11월 말에 실무단과 협의하기 위해 귀국했다. 테일러는 JFK의 다른 어떤 민간 보좌관만큼이나, 그리고 그 어떤 군 장교보다도 더 LBJ가 강렬히 원했던 정부의 연속성을 대표하는 인물이었다. '유연반응'의 아버지로서, 전임 합동참모의장으로서, 그리고 지금은 사이공 현장의 주인공으로서 테일러의 영향력은 손쉽게 펜타곤에 있던 그의 동료들을 능가하고도 남았다. 맥나마라는 테일러가 사이공을 출발하기 전에 그에게 합동참모위원들의 건의안 사본을 보냈다. 테일러가 26일 워싱턴에 도착했을 때 그는 이미 완전히 준비된 상태였다.

그는 마지막으로 열린 일련의 실무단 회의를 주도했다. 그는 미국 정책의 세 가지 원칙을 발표했다. '북베트남이 상처를 입기 전까지는 그들과 협상에 들어가지 말 것', 결코 '비례하지 않는, 거둔 효과보다 더 많은 비용을 치르지 않고' 하노이가 승리하게 하지 말 것, '전투와 협상의 전면에는' 남베트남인들이 서게 할 것 등이었다. 북베트남의 비엔호아 공격에 대한 보복타격을 주창한 이후, 테일러는 지속적인 폭격을 지원하는 입장으로 선회했다. 그뿐만 아니라 그의 생각은 다른 방식으로도 변화했는데, 이제 그는 사이공에서 안정된 정부를 기대하지 않게 되었다는 것이다. 남베트남의 지도자들은 정부 내의 고위직들을 매우 빠른 주기로 순환했으며, 대부분이 하노이와의 회담에 대해 긍정적이었다. 테일러는 국회의원 선거의 조기 시행이 혹여나 친중립주의 성향의 인물들이 다수를 차지하게 하지는 않을까 우려했다.

남베트남의 상황에 대한 테일러의 평가도 역시 어두웠는데, 그는 "가까운 시일 내에 누군가가 통치하는 안정되고 유능한 정부를 예견할 수 없다"고 했다. 그래서 그는 남쪽의 정치적 안정성이 부재하더라도 북베트남에 대한 포격은 지속되어야 한다고도 주장했다. 놀랍게도 테일러가 사이공의 정치적 상황에 관계없이 북베트남을 응징해야 함을 강력히 주장했다. 이러한 그의 주장은 실무단과 대통령을 전쟁 확대의 길로 움직이는 데 결정적인 영향을 끼쳤다. 중요한 것으로는, 실무단의 최종보고서에 "미국은 어떤 협상에 대해서도 통제할 것이고, 독립적으로 협상하려는 어떠한 남베트남의 노력도 반대할 것이다"라고 명시했다. 그리하여 '독립적이고, 반공산주의적인 남베트남'이라는 미국의 정책목표에서 자기결정self-determination의 개념은 삭제되었다. 미국이 이제 전쟁을 떠맡으려 하고 있었다.[64]

테일러의 지지는 실무단이 현상유지와 점진적 압박이 조합되는 방향으로 탐색하게 했다. 국가안보행동지시 초안은 2단계에 걸친 확산을 상정했는데, 합동참모위원들의 입장에서는 놀랍게도 '강타' 방책에 대해서는 아무 언급이 없었다. 첫 단계에서는 무장정찰타격이 라오스를 통과하는 침투로를 따라 표적화하여 항로를 개방하고 남베트남 기지 공격에 대한 보복이 가능하게 했다. 두 번째 단계는 북베트남 내의 승인된 94개 표적에 대해 '점진적인 군사 압박'을 시행하는 것이다. 합참의장 휠러도 1964년 12월 1일 열린 LBJ와의 마지막 미팅에 참석했다. 그러나 너무 늦었다. 대통령은 실무단의 2단계 건의를 승인했다. 그런 다음 휠러가 합동참모위원들의 입장을 정리하여 보고하도록 허락했다. 그들의 입장도 국가안보행동지시의 많은 부분에 동의하는 듯했다. 특히 합참의장의 지정학적 이해관계에 대한 설명과 명확한 목표의 필요성 등이 그러했다. LBJ는 만약 상황이 개선되지 않으면, "내가 당신과 얘기하게 될 거요. 휠러 장군"이라며 다소 연기하듯이 말했다. 이것이 대통령과 그의 군 수뇌부가 '베트남에 미국이 개입할 것인가' 하는 단 하나의 가장 중요한 결심에 대해서 협의한 수준이었다.[65]

새로운 정책을 승인하는 LBJ의 지시문서는 '최우선으로 중요한 것은, 우리 입장의 요지가 내가 특별히 지시하지 않는 한 대중에 공개되지 않도록' 강조하는 것이었다. 대통령이 직접 개인적으로 정부의 고위 각료들에게 자신의 결심에 대해 '당장의 업무를 위해 꼭 알아야 할 사람으로 가급적 좁은 범위로' 한정하여 알게 하라는 책임을 부과했다. 일주일 뒤에 가진 《뉴욕 타임스》와의 인터뷰에서 LBJ는 베트남에 대한 어떤 정책의 변화나 미국 개입을 증대할 의도 등에 대해서 딱 잘라서 부인했다.[66]

☆ ☆ ☆

1964년 12월에 있었던 LBJ의 결심 이후 베트남의 상황은 지속적으로 악화되었다. 테일러는 남베트남 정부를 이미 포기한 상태였고, 그들과의 관계도 너무 긴장되어 있어서 남베트남 정부에서는 그의 추방을 고려할 정도였다. 크리스마스 당일 베트콩이 사이공 소재 미군 장교막사를 포격하며 사망자 두 명, 부상자 50명에 달하는 피해를 입혔다. 사이공 내의 미국인들 사이에서 긴장감이 일었다. CIA는 테일러의 본국 송환을 건의했다. 웨스트모어랜드 장군은 7만 5천 명이나 되는 병력을 요청했고, 테일러가 이를 거부했다. 카인은 1월 7일 또 다른 쿠데타를 전개했고, 이것은 맥조지 번디와 로버트 맥나마라를 자극했다.

그들은 LBJ에게 미국은 이제 베트남 문제에 관하여 '막다른 갈림길에' 이르렀다고 경고했다. 그들은 이제 협상을 개시하여 건져낼 수 있는 위신과 명분을 갖춘 채 철수하거나 아니면 2단계 작전을 시행하여 전쟁을 확대하는 것 중 하나를 선택할 시간이 되었다고 주장했다. 게다가 지난 12월 LBJ의 지시문서에 "우리는 베트남에 안정된 정부가 존재하는 한 더 이상

나가지는 않을 것"이라고 명시했으나, 번디와 맥나마라는 '우리가 조용히
앉아 있는 한, 그 누구도 거기에 안정된 정부가 존재하리라 기대하지 않을
것'이라는 결론을 내렸다. 그 둘은 북베트남에 대한 지속적인 폭격을 즉시
개시하되 사이공의 정치적 상황과 무관하게 이를 유지할 것을 건의했다.
LBJ는 '사이공 정부가 안정된 것이든 아니든, 우리는 우리가 해야 할 일을
할 것'이라면서 이에 동의했다. 그는 또한 데소토 정찰을 재개할 것을 명령
하고 번디를 보내 베트남의 상황을 사찰하게 했다. 이미 결심은 다 해놓고,
마치 심사숙고하는 것 같은 인상을 주려는 LBJ의 또 다른 사례였다.[67]

번디는 지난 4년간 베트남에 대한 미국 정책을 감독해왔음에도 불구
하고 1965년 2월 초에 베트남을 처음으로 방문했다. 그는 '남북 간 내전의
와중에 남남갈등이라는 또 다른 내전'을 하고 있던 베트남에 안정된 정부가
등장하기를 기다리는 것은 허황된 일임을 금방 확신하게 되었다. 2월 7일
이른 시간에 민족해방전선 부대가 쁠레이꾸Pleiku의 미 공군기지를 공격하
여 여덟 명이 사망하고 126명이 부상당했다. 번디, 테일러 그리고 웨스트
모어랜드가 현장으로 날아가 여전히 지상의 이곳저곳에 흩뿌려져 있는 주
검들을 보았다. 국가안보보좌관은 눈에 띄게 흔들렸다. 웨스트모어랜드는
나중에 빈정거리듯 말했다. "번디는 약간의 화약 냄새를 맡고서는 육군 원
수 정신병에 걸렸다."

번디의 보좌관 중 한 명은 당시 그의 보스가 '베트남이란 종교를 갖
게' 되었다고 느꼈다. 번디는 쁠레이꾸가 자신의 생각을 바꾸었음을 부
인했고, 나중에는 '쁠레이꾸는 마치 도로 위의 레일을 따라 달리는 전차
streetcars 같은' 것이었다며 남자답게 가벼운 농담조로 말했다. 즉 일단 보복
공격을 준비하기 위한 결심이 서 있다면, 이제 필요한 것은 곧 반드시 있
게 될 도발을 기다리는 것뿐이었다. 그럼에도 그는 즉각적으로 북측에 대
한 보복폭격을 건의했다. 이는 테일러와 합참이 몇 달 동안 주장해왔던 대
응책이었다. LBJ는 국가안보회의를 소집했고 건의안을 승인함으로써 불
타는 화살 작전Operation Flaming Dart이 곧바로 개시되었다.[68]

번디도 곧장 워싱턴으로 돌아왔고 오는 길에 보고서를 완성하여 2월

7일 늦게 LBJ에게 올렸다.

> "베트남의 상황이 악화되고 있어서 새로운 조치가 없으면 패배
> 가 불가피할 것으로 보입니다. 거기에 걸려 있는 우리의 이해관
> 계는 대단히 큰데, 무엇보다도 베트남의 상황이 그렇게 된 것은
> 미국의 책임이라는 인식이 "대기 중에 뚜렷한 것이 사실이기 때
> 문입니다."

번디는 또한 지난 4년 동안 시행되어온 JFK-LBJ 행정부의 정책이 급속
히 사라지게 되면, 베트남인들이 '어깨 위의 무거운 짐을 스스로 내려놓을
수 있으리라'는 유의미한 전망도 없었다고 주장했다. 번디는 모든 증거들
로 볼 때 단순한 공중폭격만으로는 효과를 충분히 달성할 수 없음을 잘 알
고 있었지만, 즉각적으로 보복적인 항공타격을 시행할 것을 건의했다. 그
리고 그렇게 함으로써 2단계인 지속적인 폭격작전이 시작되리라는 것도
알고 있었다. 번디는 베트콩의 반응에 부합되게 처벌의 수준을 유연하게
할 필요성을 강조했다. 이는 '하노이 앞에, 그들이 반응하여 선택할 수 있
도록, 지속적인 압박이라는 채찍뿐만 아니라 폭격중단이라는 당근도 계속
유지하기 위함'이었다.

　게임이론을 완벽히 설명하면서 번디는 '목표는 하노이에 대한 항공
전에서 이기는 것이 아니라, 남베트남에서의 전투 진행방향을 유리하게
만드는 것'이라고 천명했다. 그러면서 그는 이 정책이 효과를 발휘하는 데
는 오랜 시간이 걸릴 것이라며 주의를 요구했고, 성공 확률도 4분의 1 정
도에 그친다는 것을 인정했다. 하지만 '실패하더라도, 정책을 시행할 가치
는 있다. 최소한 우리가 할 수 있었던 것을 전부 다 하지 않았다는 비난을
약화시킬 수 있을 것이기 때문이었다'. 번디의 건의가 강력한 동원소집을
요구하는 것이 아니었을지라도, 적어도 그것은 4년 전 테일러가 행정부로
인입한 유연반응전략에 대한 적절한 헌사였다.[69]

　LBJ는 다음 날 아침에 다시 한번 NSC를 소집했다. LBJ는 그의 국가

안보보좌관을 베트남에 보내 전쟁을 확대하고자 하는 자신의 결심이 노출되지 않도록 가림막을 쳤고, 번디의 보고는 만족스럽고도 남았다. LBJ는 가급적 빨리 2단계 폭격 시행을 승인하면서도 정책의 변화를 공개적으로 발표하기를 거절했다. 그는 자신의 결심에 대해 언론에 언급하지 말라고 명령했다. 번디가 LBJ에게 보고를 마치고 난 후, LBJ는 "거기에 사본이 몇 부나 있나요?" 하고 물었다. 번디가 이미 몇 부는 분배가 되었다고 답하자, LBJ는 "가서 받아 오세요!" 하며 고함을 쳤다.[70]

그다음 몇 주 동안, LBJ 행정부는 의회, 언론 그리고 미국 국민들을 속였다. 1965년 2월 13일, LBJ는 롤링 선더Rolling Thunder로 알려진 대량폭격 전역을 공식적으로 승인했다. 4일 후, 미국 국민들을 위해 새로운 전략을 선언하고 정의해주자는 최고위급 조언자들의 여러 간청이 있었음에도, LBJ는 "우리는 더 폭넓은 전쟁을 원하지 않습니다"라며 공언했다. 당연히 미국의 전쟁 목표에 관한 그처럼 중대한 변화는 그 비밀이 유지될 수 없는 법이다. 결국 그 소식이 알려졌고 '불신감'credibility gap이 생겨났다.[71]

폭격전bombing campaign을 위한 계획수립이 시작되자, 합참의장 휠러 장군은 초기의 움직임을 상세히 서술함으로써 긴장을 누그러뜨리는 메모를 펜으로 써서 맥나마라에게 보냈다. 휠러는 문서를 3인칭으로 서술했고 이렇게 끝을 맺었다.

> "그러나 그는 이 문서에서 제안된 방책의 후속 조치사항으로서 일단 지정된 부대가 전개되면 서태평양 일대로의 추가적인 전개가 실현 가능한지 그리고 바람직한 것인지를 우선적으로 검토해야 한다고 믿고 있습니다. 이런 목적의 후속 연구가 이미 시작되었습니다."

그보다 하루 전에, NSC 참모였던 제임스 C. 톰슨James C. Thomson이 자신의 동료에게 훨씬 더 직설적으로 표현한 편지를 보냈다.

"우리가, 그리고 우리 대통령께서 동남아시아에서 지상전을 감
당하고자 하는 것인가? 미국 국민들은 베트남에서 지상전을 감
당하고자 할까?"

2주일 뒤에 웨스트모어랜드 장군은 다낭Da Nang의 미 공군기지 방호를 위
해 해병 한 개 대대를 요청했다. 이에 테일러 대사는 '전투부대의 전개에
반대해온 이 정책이 일단 한번 깨지면, 앞으로 그것을 계속 유지하기는 매
우 어려울 것'이라며 경고하면서도 웨스트모어랜드의 요청을 묵인했다.[72]
　　미국의 베트남 개입이 미덥지 못한 '도미노 이론'을 전제로 한 것이
었다면, 이제 부대의 전개로 인한 실제 도미노 효과가 본격적으로 시작되
었다. 롤링 선더 작전은 1965년 3월 2일 개시되었다. 기지 방어를 보강하
기 위해 더 많은 항공기가 남베트남에 배치되었고, 이는 지상부대의 전개
를 필연적으로 요구했다. 일주일이 채 가기도 전에 다낭 해변에 미 해병
두 개 대대가 상륙했다. 행정부는 이 전투부대의 전개를 인정하지 않았고
미 의회나 사이공 정부와도 협의하지 않았다. 효과적으로 기지를 방호하
기 위해서는 당연히 작전이 정적이거나 수동적이어서는 안 되며, 기지 주
변에 대한 정찰을 적극적으로 시행해야 한다. 정찰은 적과의 조우전을 발
생시키고 시간이 지나면서 그 강도와 주기가 상승하는 경향이 있다. 북베
트남은 소련 및 중국과의 연대를 강화했으며 자기들의 지상군을 남베트
남으로 보내기 시작했다. 반면, 남베트남군의 탈영병 발생과 남베트남의
정치적 변동이 계속되었다. 6월에 또 다른 군사 쿠데타로 사이공 정부가
고꾸라졌다. 롤링 선더 개시 후 3개월 만에 미 전투부대의 규모가 5만 명
이 되었고, 3만 명의 추가 병력이 전개를 준비하고 있었다. 첫 부대가 전
개한 후 9개월이 되는 1965년 말에는 베트남 지상에 전개한 미군 전투부
대가 18만 명에 달했고, 그 숫자는 끝이 보이지 않게 계속 증가하고 있었
다.[73]

☆ ☆ ☆

1965년 미군의 베트남전 개입이 시작된 것은 단지 필연적인 결과였다. 실제로 미국은 직접적인 지상전투나 그로 인한 개입의 상승 확대를 피할 수도 있었다. 언론, 원로 정치인, 정책 전문가 그리고 외국 정부 등 수많은 사람들이 베트남에서 발을 빼라고 행정부에 촉구했다. 하지만 이런 모든 평화를 추구하는 압력에 반하여 미국 지도자들은 동남아시아를 공산주의에 넘겨주는 문제가 달려 있다고 믿고 전쟁으로 가는 길을 택했다. 1965년이 되었을 때, 대통령의 민간 조언자들은 이미 베트남 정책과 그 결과에 깊숙이 관여하고 많은 노력을 기울인 상태였다. 그들은 수차례에 걸쳐서 철수에 반대하는 의견을 제시해왔던 터라 자신들의 입장을 진지하게 재검토할 수 없었다. 게다가 그들은 군인이 아님에도 군사적인 분야에 조언했다. JFK-LBJ 행정부의 주요 정책결정자들은 유연반응과 제한전쟁 이론을 깊이 신뢰했고, 자신들 자체로 너무나 만족스러워서 역할이 쪼그라든 군 수뇌부의 공백을 메울 수 없었다. 1964년 11월 빌 번디가 베트남 실무단을 소집할 때까지도, 합동참모위원들 본인들을 제외하고 그 누구도 전쟁전략 관련 토론참석자로 합참을 대표하여 단 한 명만 참가하는 것을 이상하게 여기지 않았다. 예하의 실무자나 정책 보좌진도 그들의 부서별 대표자들과 마찬가지로 4년 동안 같이 베트남 문제에 매달려왔다. 따라서 실무단의 연구 역시 중간적인 타협안, 즉 나라를 점진적으로 전쟁으로 이끌어가는 전략에 도달하는 것은 자연스러운 일이었다.

1965년 1월이 되자 합동참모위원들은 1961년에 그들이 취했던 역할에 익숙해지게 되었다. 아이크에 의해 책망받고, JFK에게 외면당하고, 맥나마라에 의해 입에 재갈이 물려지고, 테일러에 의해 권리를 빼앗기고, LBJ에 의해 조종당한 군 수뇌부는 편협했고, 분열되었으며, 마침내는 무능했다. 조직 자체가 소멸 직전의 상태였다. 테일러를 포함한 그들의 전임 합동참모위원들이 합참의 소외에 많은 책임이 있다. 전략 및 예산 책정 문제에 있어서 아이크에게 반대함으로써 그들은 통수권자에게 충성스러운 부하가 아니라 정치적 경쟁자로 자신들을 자리매김했다. JFK가 초기에 이런 합동참모위원들을 의심스럽게 본 것은 옳은 일이었고, 피그만 사태를 겪으면서 이들에 대한 JFK의 불신이 최악의 수준으로 다져졌다. 하지만 JFK가 인도차이나에 대한 정책을 발표했을 때, 합동참모위원들은 그들이 베트남에서 질 수 없다고 믿으면서 서명했다. 군 수뇌부는 연이은 두 행정부 기간 동안, 국가의 정치적 약속을 지키는 데 필요한 군사력의 투입을 시종일관 대통령에게 건의했다. 맥나마라와 테일러는 그들에게 유연반응과 제한전쟁의 용어와 개념을 배우도록 강조했으며, 합동참모위원들은 이에 상당히 숙달되었으나 결코 그것이 신념화되지는 않았다. 커티스 르메이처럼 몇몇은 극단적인 입장을 제의하여 남을 돋보이게 하는 사람으로서 온건한 타협을 가능하게 했다. 다른 이들은 확전은 점진적으로 일어나지 않을 것이라고 충분히 예상하면서도, 점진적으로 확전되는 방책투입부대의 목록을 제시했다. 이들은 일단 전쟁이 시작되고 나면, 이를 통제할 수 없게 된다는 것을 알고 있었다. 하지만 민간인 상급자들은 군인들의 전문적인 조언을 무시하거나 걸러 듣는 데 익숙해져 있어서 폭격 전역이 시작되고 지상군이 전개되고 나면 무슨 일이 일어나게 될 것인지를 묻지 않았다. 1965년이 되어, 군 수뇌부는 알게 된 사실들을 명백히 이해되도록 말하려 하지 않았다. 피그만 사태 이후 그런 방식은 거의 바뀌지 않았다. 합참은 여전히 조심스럽게 조언했고, 민간의 상급자들이 결심하고 책임을 지도록 했다. 그들은 대통령과 국가를 위해 더 나은 서비스를 제공했어야 했다. 롤링 선더가 시작되었고, 다낭에 해병이 상륙한 뒤 수개월 그리고 수년 동안 수십만 명 이상의 병력이 뒤따랐다.

맥스웰 테일러는 4년 동안 베트남 정책수립의 중심에 서 있었다. JFK를 위한 조직 내의 군사적 조언을 제공함으로써 테일러는 대통령이 자신의 법적 조언자들 없이도 직무수행을 할 수 있게 했다. 그리고 펜타곤으로 갔을 때는 맥나마라 국방장관과 한 팀이 되어 국가안보정책을 좌지우지했다. 그는 케네디 형제들과 개인적으로 가깝게 지냈고, 자기 스스로 말하는 바에 의하면, 그들의 의견에 대한 '진짜 신봉자'가 되었다. 그는 마셜과도 그리고 맥아더와도 극명한 대조를 보여준다. 마셜이 대통령과 개인적으로

는 다소 소원한 관계를 유지하고 군사적 객관성을 유지했던 반면, 테일러
는 그러한 거리감과 전문적인 관점 모두를 희생했다. 또한 맥아더가 FDR
및 트루먼의 정치적인 적이었던 반면, 테일러는 케네디 형제의 정파적 동
맹이 되었다. 그는 유연반응이라고 하는 자신의 어젠다를 갖고 있었고, 그
것을 여러 가지 형태로 추구하되 항상 행정부에 대한 충성을 우선시했고
군사적 전문성은 멀찍이 떨어져서 뒤따르는 형식이었다.

　세 가지의 중요한 역할을 통해 테일러는 대통령들이 군 수뇌부를 소
외하도록 했는데, 그들의 부동의를 크게 부각시키거나, 불만스러운 합의
를 강요하거나, 그들의 관점을 전부 간단히 무시함으로써 그렇게 했다. 그
는 대통령과 펜타곤 사이에서 중재하다가, 이후 합참의장으로서 그리고
남베트남 주재 대사로서 합동참모위원들이 그들의 권한, 독립성 그리고
자신들의 책임을 행사하는 것을 방해했다. 더욱이 테일러에 대한 합동참
모위원들의 의심은 JFK와 LBJ에 대한 그들의 불신으로 발전되었다. 이러
한 분위기 속에서 효과적인 정책과 전략수립에 필요한 상호신뢰는 존재할
수 없었다.

　아이러니하게도 테일러가 JFK에게 군 수뇌부와의 관계를 개선하도
록 돕기 위해 써주었던 대담자료talking paper가 올바른 정치-군사 관계의
정립을 위한 훌륭한 지침이 된다. 대통령은 군사적 조언을 '직접, 거르지
않은 채 그대로' 받아야 한다. 합참의장과 참모총장들은 '어떤 방책에 대한
자신들의 찬반 의견을 두려움이나 주저함 없이' 제시해야 한다. 그리고 그
들의 조언은 정치, 경제 그리고 다른 요소들이 국가안보 결정에 영향을 미
치는 것처럼, '순수하게 군사적인 것에 한정될 수도 없고, 또 한정되어서도
안 된다'. 물론 베트남 전쟁 당시의 정치-군사 간 대화는 이런 이상적인 수
준에 전혀 접근되지 않았고 그것을 위한 정책적 과정도 훨씬 더 열악했다.

　하지만 그 반대의 상황, 즉, 정치-군사 관계가 좋고 소통이 잘되는 상
황이었다 하더라도, 미국은 아마도 여전히 베트남의 진창에 빠져 있었을
것이다. 거의 모든 민군의 주요 직위자들이 똑같이 문제점 분석에 오류를
범했고, 당연히 해결책도 그릇될 수밖에 없었다. 수차례나 계속해서 반복

457

적으로 두 명의 대통령들과 그들의 조언자들이 자신들의 정책을 재평가하고, 국가이익의 관점에서 그들의 목표를 점검하며, 베트남에서 승리를 달성하는 것이 투입된 비용만큼의 가치를 지니는 것인지, 또는 국내 및 해외에서 강한 그리고 존중받는 이들의 반대에 직면해서도 가능할 것인지 물어볼 기회를 놓쳤다. 미국인들을 전쟁으로 이끌었던 모든 불신, 의사소통의 오류 그리고 명백한 거짓말에도 불구하고, 두 명의 대통령들과 그들의 장군들이 베트남이 핵심적인 국가이익이 아니라 단지 주변적 이익이 걸려 있다는 것, 민족해방전선 및 북베트남의 인내와 불굴의 의지를 정확히 평가하는 것, 남베트남 정부의 무책임과 부패를 정확히 직시하는 것, 그리하여 미국의 위신, 자원, 피를 그 전쟁에 투입하는 것이 무익하다는 것 등을 알아채는 데 실패한 것보다 더 중요한 것은 없었다.

1965년 3월이 되자, 미국은 독립적이고 반공산주의적인 남베트남 유지라는 달성할 수 없는 정책목표로부터 기인한, 이길 수 없는 전쟁에 들어간 상태가 되었다. 어떤 전략도 그러한 중요한 정책적 실수를 만회할 수 없다. 그리하여 미국의 궁극적인 패배를 포함하여 이후 10년간 이어진 모든 실패는 초기에 국가를 베트남전의 비극으로 잘못 이끌어갔던 정치-군사 관계의 결함에 토대를 두고 있다.

11
파월 독트린
Powell's Doctrine

1992년 대통령 선거가 있기 한 달 전에, 콜린 L. 파월Colin L. Powell 합참의장은 그가 군사력의 운용을 주저하는 것을 남북전쟁 당시의 조지 매클렐런 장군과 비교하면서 비판한 《뉴욕 타임스》지의 사설에 대해 화가 나서 급히 하나의 논평을 써서 대응했다. 1991년 걸프전에서 이라크에 승리한 이후 여전히 대중의 찬사를 받고 있던 파월은 자신 있게 그 비난을 맞받아치면서 조지 H. W. 부시George H. W. Bush 행정부 동안 성공적으로 수행했던 여러 번의 군사력 전개 사례를 다시 세면서 열거했다. 그는 그러한 성공의 기록은 '현재 우리의 부시 대통령' 때문에 가능했다고 강조했다.

"부시 대통령은 최근의 어떤 다른 대통령보다 군사력의 적절한 운용에 대해 더 잘 이해하는 분이다. 여기서 적절한 운용은 명확한 정치적·군사적 목표, 결정적 결과를 달성하기 위한 결정적인 수단의 운용 등을 요구한다. 그 반대의 접근방법 즉, 부대를 '명확한 분석에 의하기보다는 부정확하게 또는 될 테면 되라는 식으로' 전개하는 것은 개탄할 만하다. 따라서 나는 소위 전문가라는 사람들이 우리가 해야 할은 단지 외과수술식의 정밀폭격이나 제한적인 공격이라고 말할 때 불안해진다."

파월은 당시 대통령 선거의 쟁점 중 하나였던, 발칸 위기에 대한 의도적인 군사적 개입이 일종의 애매하고 제한된 임무를 향한 것일 가능성이 드러나 자신이 주저한 것임을 명확히 밝혔다.[1] 명민한 유권자들이라면 그의 글에서 행간의 뜻을 파악하려 애쓸 필요도 없이, 만약 그들이 현재 파월의 보스를 백악관으로 다시 보내준다면, 미국의 최선임 장교인 그가 매우 안심할 것이라 결론을 내릴 수 있을 것이었다.

하지만 재선에 도전한 부시 대통령에 대한 묵시적인 정치적 지지가 그 글이 지닌 가장 대담한 모습이 아니었다. 그보다는, 베트남전 패배 이후 군사적 르네상스의 화신인 파월 그 자신이 감히 '정책적 결정에 대해 의견을 말하는 것'이 대담한 것이었다. 그와 같은 오만함 또는 지나친 자기 과신은, 20세기 초에 들어서 정책과 전략을 당연히 구분된 영역으로 인식하여 전자를 정치가들의 배타적 영역으로 그리고 후자를 장군들의 영역으로 개념화했던 것보다도 더 예전으로 거슬러 올라간 옛 시대의 개념이다. 실제로 그것은 1950년에 맥아더가 자기 자신의 독특한 외교정책을 천명한 것 이상으로 더 멀리 나간 것이었다. 또한 국가안보에 있어서 새로운 학파의 하나였던 테일러의 '유연반응'도 능가한 것이었다. 파월은 정책결정자들이 문제를 어떻게 설정할 것인지, 더불어 그들이 어떻게 해결책을 만들어낼 것인지까지도 규정해야 한다고 주장했다. 그는 정책결정자들의 결심 수립 과정을 평가하기까지 했다. 그 측정의 기준이 파월 독트린으로 알려진 것이었다. 콜린 파월의 위상은 행정부의 국가안보정책 문서에 대한 그의 평가가 정말로 중요하게 여겨질 정도였다.

파월은 그와 같은 권한을 미국 역사상 유일하게 독특한 시기에 취득했다. 미국은 수십 년간의 냉전에서 막 승리했고, 군대가 승리에 많은 몫을 담당했다. 베트남에서의 대실패라는 최저점으로부터 소비에트 적에 대한 무혈승리와 곧바로 뒤이은 그보다는 가치가 적은 파나마와 이라크 같은 적을 신속히 패배시키는 정점에 이르기까지 전문직업군은 혁신했고, 다시 일어섰다. 파월은 의회가 유례없는 권한을 부여한 직후에 합동참모의장의 자리에 올랐다. 합참의장은 이제 단순히 동등한 4성 장군 중 첫 번째가 아니었고, 법적으로 참모총장들의 윗사람이 되었고, 국방장관과 대통령에 대한 제1의 군사 조언자가 되었다. 콜린 파월은 그 직위에 완벽한 적임자였다. 그는 특별히 유능했고 잘 준비된 의장이었다. 지성, 리더십, 카리스마와 같은 천부적 재능에다 베트남의 정글과 워싱턴의 복도에서 형성된 세계관이 더해졌다. 거의 20년에 가까운 기간을 정부의 최고위 수준에서 복무한 경험은 그에게 정치적인 상식, 관료적인 기술 그리고 필적할 수 없는 멘토와 동료들과의 인적 관계망을 부여해주었다. 파월은 합참의장으로 부임할 때 그 역할이 제공하는 가능성 때문에 활기에 차 있었다. 그중에서도 특히 베트남전의 망령을 제거할 기회가 되리라는 것이 가장 큰 기대였다. 그는 기회를 최대한 살리려 생각했다.

☆ ☆ ☆

미국의 베트남 철수는 소중히 간직해온 많은 국가적 신화를 훼손했다. 항상 승승장구할 것 같았던 미국이 패배한 것이다. 항상 성공하던 나라가 실패했다. 강국의 표상인 미국이 이제 약해 보였다. 그리고 도덕적 우월성에 기초하여 남다르게 특별한 국가라는 예외주의로 스스로 오랫동안 위안을 삼아온 국가가 전쟁에 꼭 뛰어들었어야 했는가 하는 문제로 깊숙이 분열되었다. 가장 깊은 분열은 전쟁을 지원하고 싸웠던 사람들과 전쟁에 반대하고 싸우지 않기를 선택했던 사람들 간에 생겨났다. 1970년대 내내 병리 현상들이 잇달았다. 워터게이트 사건으로 대통령이 굴욕을 겪고 사임한 일, 중동의 원유 금수 조치, 스태그플레이션이라 명명된 새로운 병에 걸린 경제 불황, 그리고 1년 이상을 질질 끌며 곪다가 결국은 카터 행정부에 심각한 내상을 입힌 이란 인질 사태 등이 이어졌다. 미국은 도덕적, 정치적으로 추락하고 있었다.

군대는 고통스러운 회복의 기간을 맞게 되었다. 베트남 전쟁이 끝나고 나서 의회는 제2차 세계대전 직전에 채택하여 유지해 온 징병제를 폐지하고 전원 모병제로 전환했다. 이 변화는 군 복무는 시민의 의무라는 오래 유지되어온 국민과 정부 간의 협약을 깨는 것처럼 보였다. 육군참모총장 크레이턴 W. 에이브람스Creighton W. Abrams는 육군의 구조를 개선하여 대응했는데, 필수적인 지원 기능을 예비군과 주 방위군으로 전환했다. 이 조치는 미래 통수권자의 권한을 실질적으로 제한했다. 전시(戰時)가 되면 추측건대 수만 명의 시민병(예비군과 주 방위군)을 소집해야만 하고, 국가안보정책을 이행하는 데 대규모의 유권자들이 개입되도록 했기 때문이다.

비록 각 군이 여러 분야에서 발전을 이루었지만, 몇 년 동안 있었던 작전적 실패들은 지속되고 있는 문제점들을 명확하게 드러냈다. 가장 눈에 띄는 것은, 1980년 이란의 사막에서 발생한 인질 구조작전의 실패, 1983년 베이루트의 미군 막사에 대한 차량 폭탄 테러였다. 또한 1983년 펜타곤은 카리브해의 작은 섬 그레나다의 소규모 반란군을 상대로 한 합동작전을 협조하고 조율하려고 애를 썼다. 이 사례들은 합동작전과 각 군 간의 협조에 있어서 국방부의 부족함을 잘 보여주었다. 이에 반응하여 1980년대 중반 국방개혁가들이 합동참모본부를 흔들어 젖히는 기나긴 행정적 그리고 법적 싸움을 해나갔다.

그들이 애써 거둔 열매가 골드워터-니콜스Goldwater-Nichols 법안으로, 합참의장의 권한을 강화했고, 합참차장 직위를 신설했으며, 합참의 참모부를 확대하여 그들이 하나의 단일체로서 합참의장에 대해 책임지도록 만들었다. 가장 중요한 것은 합참의장이 국방장관과 대통령에 대한 제1의 군사 조언자가 되었고, 공식적으로 합동참모위원들의 윗사람이 되었다는 것이었다. 또한, 이제 더 이상 그는 합동참모위원들로부터 만장일치의 동의를 얻어야 할 필요가 없게 되었다. 이전에는 그러한 동의를 얻기 위해 상충하는 의견들이 조율된, 물에 타 희석된 제안 그리고 '최소 공통분모'에 해당하는 해결책들이 제시되곤 했다. 그러나 이제는 합참의장 자신의 의견을 민간 상급자들과 NSC에 제시할 수 있게 된 것이다.

☆ ☆ ☆

브롱크스Bronx의 자메이카 이민가정에서 태어난 콜린 파월은 뉴욕시립대학City College of New York 학군단ROTC에서 자신에게 꼭 맞는 역할을 찾게 되었다. 그는 1958년에 졸업하여 보병장교로 임관했다. 그는 자신의 지성을 '신중한 상식'이라는 가면으로, 자신의 야망을 항상 준비되어 있는 '상냥한 미소'로 감추었다. 파월은 베트남에 두 번 파병되었고 두 번 다 부상을 입었다. 전쟁은 그의 세계관을 두 가지 면에서 형성했다. 첫째로, 그는 승리를 양적인 방법에 초점을 맞춰 측정하는 '시체 수 세기'body count가 미 육군 내에 도덕적 불안을 조장했다고 믿었다. 파월은 앞으로 육군의 전문직업적 가치를 개혁하고 임무에 대한 책임감을 고양하기 위해 자신이 할 수 있는 것을 다 행하겠다고 결심했다. 또한 둘째로, 파월은 나라를 베트남 전쟁으로 이끌고 갔던 민간 고위관료들과 고위 군 지휘관들에 대해 깊은 분노를 품었다. 많은 그의 동료들처럼, 그는 '우리가 군을 지휘할 때가 되면, 국민들이 이해할 수도, 지원할 수도 없는 어설픈 명분으로, 내키지 않는 전쟁을 조용히 묵인하지 않으리라'고 다짐했다. 대신 그는 "전쟁은 정치의 마지막 수단이 되어야 한다"고 강조했다.

> "만약 민간 지도자들이 전쟁을 선택한다면 장군들은 그들에게 명확한 목표를 가진 완전한 계획을 발전시킬 것과 아울러 국민들의 지원을 얻을 것을 요구해야 한다. 명확하게 정의된 임무와 국민의 지지를 토대로 임무완수를 위해 국가의 자원을 동원하고, 연후에 전쟁에 돌입해야 한다."

이러한 교훈은 어느 날 파월 독트린이 되는 씨앗이 되었다.[2]

베트남 전쟁 이후, 파월은 육군의 계급체계를 따라 급속하게 진급하여 합참 역사상 최연소 합참의장이 되었다. 그의 동료들과는 달리 그는 통상적으로 소위 잘나가는 장교들의 필수 보직으로 여겨졌던, 장병들을 지휘하고 훈련하는 야전 직위에 거의 보직되지 못했고, 되더라도 짧은 기

간만 보직되었다. 대신 그는 군 경력의 대부분을 워싱턴에서 보냈다. 조
지워싱턴대학원에 다녔고, 연방정부의 관리예산처Office of Management and
Budget에서 백악관 펠로우십을 이수했으며, 펜타곤에서 여러 명의 고위 관
료를 위한 군사보좌관으로 복무했다. 파월은 행정의 달인으로 알려졌는데
국가안보기구 내에서 어떻게 업무가 진행되는지를 잘 알았기 때문이었다.
또한 그는 공화당이나 민주당에 관계없이 항상 유능한 장교들을 도와주고
싶어 하는 민간 및 군의 후원자들과 친교를 하는 데 숙달되어 있었다. 파
월은 후에 자신의 경력이 '때때로 내가 군인보다는 정치인이 되어가는 것
아닌가 하는 의심이' 들게 했음을 스스로 인정했다.[3]

그러한 자기 의심은 흔치 않았고 진실에 가까운 것이었다. 병사들에
대한 사랑을 고백했던 장교였던 파월은 1970년대와 1980년대의 대부분
을 워싱턴에서 보냈다. 그에게는 드물었던 콜로라도에서의 야전부대 보직
중, 파월은 사용하지 않았던 새 장구류에 흠이 발생하여 사단장으로부터
그저 그런 평가를 받게 되었다. 그러자 그는 두 명의 더 높은 멘토들을 자
기 집으로 초대하여 만찬을 함께 했다. 곧 그의 사단장의 경력이 위태로워
졌고 파월은 승진이 빠른 경로로 안전하게 복귀했다. 파월이 워싱턴에서
갈고닦은 기술이 육군 내의 권모술수의 세계에서도 잘 먹혀든 것이었다.[4]

1년쯤 뒤에 그는 펜타곤으로 다시 돌아갔는데 이번에는 레이건 대통
령의 국방예산 증액을 설계했던 캐스퍼 와인버거Casper Weinberger 국방장
관의 군사보좌관 직책이었다. 파월은 와인버거의 마부, 문지기, 서기 그리
고 근접 조언자가 되었다. 그 직책은 국가안보정책 수립에 있어 실질적인
참여자나 마찬가지의 경험을 하게 했다. 파월이 펜타곤에 도착했을 때, 와
인버거는 정책의 도구로서 군사력의 운용에 대해 조지 슐츠George Shultz 국
무장관과 심각한 논쟁을 하고 있던 때였다. 와인버거는 미군을 아랍-이스
라엘 전쟁의 평화유지군으로 레바논에 보내는 것에 반대했다. 그러나 슐츠
장관은 레이건 대통령을 설득하여 부대 전개명령을 내리게 했다. 1983년
10월 폭탄을 가득 실은 트럭이 베이루트의 미군 막사를 부수었고, 241명의
장병이 사망했다.[5]

이런 의미 없는 인명 손실에 실망하고 분노한 와인버거는 국무부의 모험주의자들을 억제하고 미군의 운용에 대한 지침이 되는 원칙을 제시하는 연설을 준비하기 시작했다. 파월은 초안 작성으로부터 마침내 도출해낸 준거틀framework에 이르기까지 와인버거를 전적으로 도왔다. 실제로 와인버거가 건의했던 원칙들은 파월이 베트남에서 진단했던 증상들을 처치하기 위한 것들이었다. 레이건의 백악관 참모들은 와인버거의 연설을 대통령 선거 이후로 미룰 것을 주장했다. 그리하여 1984년 11월 말 와인버거는 워싱턴 국립언론센터National Press Center로 가서 정책결정자들이 군대를 해외로 전개하기 전에 점검해야 할 다음의 여섯 가지 항목을 발표했다.

"① 오직 우리와 동맹의 사활적vital 이익이 걸려 있을 때 (군대를) 투입한다. ② 군을 투입할 경우, 승리에 필요한 모든 자원을 동원한다. ③ 명확한 정치적 그리고 군사적 목표를 가지고 전개한다. ④ 전쟁 상황은 거의 고정되어 있지 않기 때문에, 목표가 변화하게 되면 이에 따라 투입도 변화할 준비가 되어 있어야 한다. ⑤ 오로지 미국 국민과 의회의 지원을 얻을 수 있는 만큼만 투입한다. ⑥ 군을 투입하는 것은 마지막 수단이어야 한다."

베트남전의 망령을 제거하면서 와인버거는 명확하게 '점진적인 증강 방책'에 대해 주의를 환기했고, 레이건 행정부는 '군사력이 해외에서 벌어지는 전투에 점진적으로 기어들어 가거나 끌려들어 가지 않게' 하겠다고 약속했다. 파월은 나중에 와인버거 독트린으로 알려진 그 연설이 대중에게 공표되는 것을 우려했다고 고백했다. 미국의 적들이 이 독트린을 자기들의 행동에 대한 지침으로 역이용하지는 않을까 하는 두려움 때문이었다. 하지만 몇 년 뒤에 파월은 자기 자신의 개선된 형태의 독트린을 적극적으로 받아들였다.[6)]

파월은 국방장관의 보좌관으로 3년을 머물렀다. 그동안 그의 동료들은 사단을 지휘하고 있었다. 기간 중 와인버거는 NSC의 존 포인덱스터

John Poindexter 제독과 그의 열정적인 보좌관 올리버 노스Oliver North 해병 중령에 의해 기획된, 악명 높은 이란 호메이니 정권으로의 무기 이전과 니카라과에서의 콘트라 반군지원 작전을 누그러뜨리려 노력했다. 파월은 그가 4,500기 이상의 토우 대전차미사일을 CIA로 이양하도록 촉진함으로써 이러한 일에 개입했는데, 그 조치는 이스라엘 및 이란과 함께한 '인질 대무기'의 교환 프로그램의 일환이었다. 파월이 독일에 주둔하던 육군 군단장으로 부임하기 위해 장관실을 떠날 때가 되자 이란-콘트라 스캔들이 레이건의 대통령직을 위협하기 시작했다.[7]

파월이 백악관에 파견되어 처음 근무할 당시에 그의 멘토였던 프랭크 갈루치Frank Garlucci가 전화하여 워싱턴으로 돌아오라고 했을 때, 파월은 여전히 군단사령부에 있었다. 당시 이란-콘트라 스캔들이 터져, 레이건 대통령은 포인덱스터와 노스를 해임하지 않을 수 없었고, 대통령은 갈루치를 국가안보보좌관으로 지명했다. 갈루치는 파월이 부보좌관이 되어 NSC를 재생하는 것을 도와주기를 바랐다. 그러나 파월은 이미 사단장을 건너뛰었었고, 일반적으로 볼 때 군단장의 경력표 상에서 그러한 갭은 거의 들어보지 못한 것이었다. 이런 상황에서 그가 현 직책을 중간에 그만두게 되면, 자신의 군 경력이 망가질 것이라 우려하고 있었다. 그는 갈루치로부터 특별한 조건을 억지로 끄집어내다시피 했는데, 통수권자 본인으로부터 보직 요청이 와야 한다는 것이었다. 이틀 뒤에 로널드 레이건 대통령이 파월에게 전화해서 NSC로 와서 근무할 수 있겠는지 물었다. 군단장에 보직된 지 5개월 만에 파월은 워싱턴으로 다시 돌아오게 되었다.[8]

갈루치와 파월은 아우게이아스 왕의 외양간Augean stable*을 청소하기 위해서 선발 보직되었고, 그들은 그 과업을 가혹하리만치 효과적으로 수행했다. 그들은 올리버 노스의 사무실을 포함하여 NSC 참모의 절반을 해고했다. 파월은 모든 은밀한 정보작전을 검토했고, 백악관 내부로부터 지

---

*   3천 마리의 소를 기르면서 30년간 청소를 하지 않았는데, 헤라클레스가 강물을 끌어들여 와 하루 만에 청소했다는 대형 외양간.

시된 것들은 중지시켰다. 그는 또 정부 내 유관기관의 부(副)기관장들로 구성된 협의체를 결성하여 쟁점사항을 헤쳐나가고, 대통령과 NSC에 건의사항을 제시했다. 레이건이 크게 관심이 없고 의사결정자로서 거의 소극적임을 알게 된 갈루치는 파월에게 대통령이 참석하는 모든 회의에서 이루어지는 토론내용과 결심사항을 다 기록하는 다소 지루한 일을 시작하라고 말했다. 서서히 질서 의식이 돌아왔다.[9)]

1987년 11월, 갈루치는 와인버거의 뒤를 이어 국방장관이 되었고, 갈루치의 자리는 콜린 파월이 맡게 되었다. 이제 어엿한 국가안보보좌관으로서 그의 의무는 통수권자에게 정책 조언을 제공하는 것이었다. 현역 군 장교인 파월로서는 아무래도 불편한 직책이었다. 특히 포인덱스터 제독과 노스 중령의 범죄적 사기행각이 들통난 직후여서 더욱 그러했다. 국가안보회의에서 대통령의 정직한 중개인으로서 그는 정부 내 각 부처와 각료들 간의 다툼에 판정을 내리고, 합참의장을 포함한 군 수뇌부가 제공하는 조언을 평가하며, 대통령이 적절하게 다양한 조언을 들을 수 있도록 여건을 조성했다. 한편 그는 소련의 지도자 미하일 고르바초프Mikhail Gorbachev 같은 외국 지도자들 관련 사항도 다루었다.

그리고 그의 경력상 처음으로 미디어 보도의 한 주제가 되었다. 그는 미디어에 개방적이고 친화적인 태도를 계발했고 이는 그를 매력적이고 인기 있는 인물로 만드는 데 도움이 되었다. 워싱턴의 호사가들은, 아무런 얘기가 회자되지 않았음에도 불구하고, 곧 그를 1988년 대통령 선거의 몇 명 안 되는 러닝메이트 명단에 올리기도 했다. 대신에 차기 대통령 당선자 부시가 인수위를 꾸리고 준비하면서, 파월이 선택할 수 있도록 CIA 국장과 국무부 차관 두 개의 고위직을 제시했다. 파월은 육군으로 돌아가고 싶다면서 사양했고, 이번에는 4성 장군으로 진급하여 미 육군 전력사령관이 되었다. 하지만 그동안 그랬던 것처럼 이번에도 그가 실병을 지휘할 수 있는 기간은 몇 개월에 그쳤다. 부시 대통령이 군 4성 장군 중 가장 어렸던 그를 합참의장으로 지명하여 역사상 최연소 합참의장이 되었기 때문이다. 그뿐만 아니라 그는 골드워터-니콜스 법안이 통과된 뒤 선발된 첫 번째 합참

의장이어서 재임 기간 내내 새로운 권한과 지위를 누릴 수 있었다.[10]

☆ ☆ ☆

파월의 새로운 상관은 리처드 B. 체니Richard B. Cheney 국방장관으로 와이오밍주 출신의 상원의원을 역임했으며 워싱턴의 정가에서 잔뼈가 굵은 인물이었다. 이들 두 사람은 서로 달라도 너무 달랐다. 파월 장군은 사교적이었고, 이데올로기적으로도 유연했다. 정치가 딕 체니는 사람 다루는 기술이 부족하기로 유명했고, 공화당의 극우파로 분류되었다. 베트남전쟁은 파월의 가치관을 형성시켜준 조형 경험formative experience이었으며, 그것을 통해 외교정책과 군사력의 사용을 바라보게 되었다. 체니는 전쟁기간 중 다섯 번에 걸쳐 징병을 유예하는 혜택을 입었다. 그는 장관 후보자 청문회에서도 "저는 1960년대에 군 복무보다 더 우선순위가 높은 다른일을 했습니다"라고 당당하게 증언했다.

체니는 숙련된 워싱턴의 정객이었다. 그는 도널드 럼스펠드Donald Rumsfeld의 뒤를 따라서 닉슨과 포드의 행정부로 들어갔고, 그의 멘토였던 럼스펠드가 국방장관으로 임명되었을 때 그의 후임으로 백악관 비서실장이 되었다. 그 기간 중 체니는 제임스 A. 베이커James A. Baker 국무장관 및 브렌트 스코크로프트Brent Scowcraft 국가안보보좌관과 가깝게 지냈다. 포드 대통령이 임기를 마치고 떠난 후 체니는 와이오밍의 하원의원으로 당선되었고, 공화당 지도부의 사다리를 타고 빠르게 상승하여 원내 부총무가 되었다. 1989년 부시 대통령은 국방장관으로 처음 지명했던 존 타워John Tower가 인성 결함의 문제로 상원에서 인준이 거부되자, 체니를 선택하여 국방장관으로 지명했다. 두 사람 간의 차이점 그리고 어느 정도의 마찰이 있었음에도 불구하고, 파월과 체니는 효과적인 팀을 이루었다. 그렇게 된 주된 이유는 둘 다 정치적 게임을 어떻게 하는지 아는 워싱턴의 정객들을 경험했기 때문이었다.[11]

미국은 여러 해 동안 파나마의 독재자이자 마약 밀매 수괴 마누엘 노리에가Manuel Noriega를 체포할 기회를 노려왔다. 파월이 합참의장이 된 지 두 달쯤 되었을 때, 노리에가의 파나마 방위군Panamanian Defense Forces, PDF 이 미군 해병 중위를 사살하고 미 해군 장교와 그의 아내를 공격하는 일이 벌어졌다. 이 사건은 노리에가를 권좌에서 제거하고, 대신하여 민주적 정부를 세운다는 구실을 제공했다. 파월은 남부사령관 맥스웰 서먼Maxwell Thurman과 협업하여, PDF를 격멸하고 노리에가 정권을 제거하기 위한 계획을 발전시켰다. 이것은 와인버거 독트린에서 정해준 여섯 개의 평가 항목을 모두 충족한 그런 종류의 작전이었다. 파나마 운하 지역은 미국의 이익에 치명적이었고, 미국 시민이 공격당했으며, 임무는 명확했다. 미군 부대는 양적으로도 질적으로도 우세했고, 의회가 군사행동을 지지했으며, 대통령도 승리하기로 결심했다.

'정의의 명분 작전'Operation Just Cause은 민첩하고 효과적이었으며 미군의 사상자는 경미했다. 합동팀은 매우 효과적으로 공조했고, 이는 베트남 전쟁, 이란 인질 구출 작전, 그레나다 침공 등의 실패 이후 전문직업군인들이 수년 동안 노력해온 결과물로 돋보였다. 노리에가 정권은 최초 공격 후 수 시간 만에 붕괴했고, 몇 주 뒤에는 도주하던 독재자를 사로잡았다. 파월은 이제 대통령과 국방장관에 대한 제1의 군사조언자로서 확실히 자리 잡았을 뿐만 아니라, 골드워터-니콜스 법안에 명시되어 있는 것과는 달리, 작전지휘계선 상에도 자기 자리를 명백히 확보했다. 그는 양방향으로의 정보유통을 통제했고, 서먼 남부사령관에게 명령을 하달하고, 체니 국방장관과 백악관에 전장 상황을 보고했다. 작전을 환상적으로 협조 및 동조화시키는 그의 지휘orchestration를 칭찬하는 모든 언론 기사가 파월의 위상이 급부상하고 있다는 데 동의했다.[12]

☆ ☆ ☆

부시 행정부가 안고 있었던 가장 중요한 국가안보 문제는 철의 장막이 무너지고 소련이 해체되어 냉전이 종식된 것이었다. 파월은 1988년

4월 국가안보보좌관으로서 다가오는 변화를 몸으로 느낄 수 있었다. 당시 미소 정상회담을 준비하기 위해 모스크바에 방문했을 때, 고르바초프가 미국이 자신이 추진하고 있는 글라스노스트glasnost, 개방와 페레스트로이카perestroika, 개혁와 같은 역사적인 변혁을 고마워하지 않는다며, 45분 동안이나 화를 내며 말하는 것을 꾹 참으면서 듣고 앉아 있었다. 파월은 나중에 회고하면서 이렇게 기록했다.

"사실 그는 자신이 냉전을 끝내고 있다는 것을 말하고 있었다. 그들과 우리들이 각각 가지고 있던 이데올로기 간의 전쟁은 끝이 났고 그들이 졌다는 것이었다. 그는 내가 현역 군인임을 알면서, 내 눈을 똑바로 응시하고는 '이제 당신의 주적을 잃게 되었으니, 어떻게 하시겠소?' 하고 눈빛을 반짝이면서 물었다."

파월은 자신의 군 경력을 지배해온 '모든 오래된 진리'가 끝났다는 것을 알게 되었다.[13]

파월은 그러한 민감성을 가지고 부시 행정부보다 먼저, 냉전 이후의 국가안보정책에 대해서 미리 생각해볼 수 있었다. 그는 국방예산이 줄어들 것임을 알았다. 그러나 "나는 싱크탱크나 프리랜서로 일하는 자칭 군사 전문가들 혹은 체니 장관실의 참모들이 만든 군 재편성 계획이 우리의 목을 조르게 하기보다, … 합동참모위원들이 군사전략이라는 열차를 운전하도록 하겠다는 결심을 했다"고 밝혔다. 그러나 파월은 실제로는 합동참모위원들과 논의하지 않고 자신이 직접 열차를 운전했다. 1990년 5월 그는 《워싱턴 포스트》와의 인터뷰에서 펜타곤은 향후 5년간 25% 이상의 비용을 줄일 수 있으리라고 말했다. 이것은 대통령의 예산보다 15% 더 적은 액수였다. 처음도 아니고 마지막도 아니었지만, 체니가 합참의장이 자신의 영역을 침범했다며 질책했다. "장군이 대통령님을 지지하는지 알아야겠소. 장군이 한 팀이라는 것을 확실히 할 필요가 있다는 거요." 훈계를 받아 누그러진 파월은 체니에게 자신은 충성스럽다는 것을 확인해주었으나,

합참의장으로 재임하는 동안 내내 관장하는 업무영역에 대한 시험을 계속했고, 그런 관료주의적인 전투에서 결국 승리했다. 몇 개월 내에 백악관은 국방예산의 25% 감축을 공표했다.[14]

부시 행정부의 가장 중요한 역사적 사건이 냉전의 종식이었다면, 1990~1991년에 있었던 페르시아만 전쟁은 부시 행정부가 사용한 시간과 에너지 대부분을 차지했다. 파월은 정책과 전략 논쟁의 두 가지 차원에서 모두 중심에 있었다. 전쟁계획을 수립하고 이를 시행하는 동안 파월은 네 번에 걸쳐 '부적절하게도' 정책수립의 역할에 참여하는 것을 당연히 여겼고, 그때마다 정치적 방책을 제한하는 경향이 있었다. 우선, 이라크군이 쿠웨이트를 석권하자 그는 사우디아라비아를 방어하는 것 이상의 군사력 사용을 적극적으로 반대했다. 둘째, 후에 대통령이 쿠웨이트 해방 정책을 결심했을 때 파월은 당시 전구 내에 보유하던 병력의 두 배 정도에 해당되는 압도적 전력을 갖춘 공격역량의 필요성을 강력히 주장했다. 그리고 셋째로, 지상전이 시작되었을 때, 아직 임무를 달성하지 못했음에도 그는 거의 즉각적으로 정전을 주장했다. 각 상황에서 파월은 점차 파월 독트린으로 알려지게 된 여섯 가지의 제한적 평가요소six restrictive tests에 따라서 행동했다. 그는 자신이 가진 성품의 힘으로 지휘계통에 교묘히 스며들었다. 그는 지휘계통에서 이뤄지는 정보의 상하 소통에 있어서 유일한 통로가 되려고 했으며, 대부분은 정보가 그런 방식으로 유통되었다. 부시 대통령은 소위 '베트남전의 교훈'이라는 것에 민감하게 반응했고, LBJ처럼 백악관에서 직접 폭격할 표적을 선택하는 것 같은 행동을 따라 하지 않겠다고 결심했던 터라, 그 자신이나 행정부에서 군의 특권을 간섭하지 않을 것임을 강조하면서 파월에게 힘을 실어주었다. 비록 대통령은 자신이 인정한 것보다는 좀 더 실무적이었지만, 스스로 자제하고 참은 덕분에 종종 파월이 폭격 표적화, 전역계획 수립 등 노먼 슈워츠코프Norman Schwartzkopf 중부사령관의 특권에 자유로이 개입할 수 있었다. 마지막, 넷째로 지상전의 성급한 종결에 따라 파월과 슈워츠코프는 정전회담에 관한 계획수립을 독점했는데, 그것을 엉성하게 해서 망쳐버리는 바람에 장기간에 미치는 전략적·정치

471

적 결과가 뒤따랐다.

1990년 8월 2일, 사담 후세인의 대규모 육군이 쿠웨이트 왕국을 침략하여 4일 만에 석권했다. 비록 CIA와 국방정보국Defense Intelligence Agency의 요원들이 일주일 이상을 공격에 대해 경고해왔지만, 대체로 베트남 전쟁에서 생성되고 파월도 지니고 있었던, 군사적 억제 방안에 대한 반감으로 인해 행정부가 미온적으로 대응했고, 사담은 이것을 침략의 청신호로 해석했던 듯하다. 그날 오후에 체니와 파월 그리고 그들의 참모들이 모여 위기에 대해 토의했다. 체니는 이라크군을 쿠웨이트로부터 구축하든지 아니면 아예 바그다드의 사담 정권을 무너뜨리든지 하는 대담한 계획을 원했다. 그는 "우리는 목표가 필요하다"고 말했다. 파월은 반대하는 입장이었다. "며칠 뒤에 이라크는 철수할 것이고, 대신 사담 후세인은 자신의 대리인을 심어놓을 겁니다. 아랍 세계의 모두가 행복할 겁니다." 그는 또한 대통령의 입장을 언급하며 말했다.

> "나는 윗분께서 지난 24시간 일어난 사태들 때문에 우리를 무력
> 분쟁의 장으로 보내지는 않으실 것 같습니다. 국민들도 자녀들
> 이 갤런당 1달러 50센트의 원유를 위해 죽는 것을 원치 않을 듯
> 하고, 아랍국가들도 그들의 송유관이 끊어지는 것을 달가워하지
> 않을 겁니다."

참석자들은 미군을 전개시키려면 사우디아라비아의 동의를 얻을 필요성이 있음을 제기했다. 하지만 파월은 다시 한번 그러한 병력의 전개 이전에 국가적 지원 의지를 현시할 것을 주장했다. 시간이 갈수록 점점 초조해진 체니 장관이 참석자들에게 대통령에 대한 자신들의 책무를 상기시켰다.

> "우리들이 대통령께서 무엇을 하셔야 하는지를 말씀드릴 수 있
> 는 유일한 사람들입니다. 그분은 우리를 보실 것입니다. 다른 사
> 람들은 할 수 없습니다. 자, 이제 뭘 해야 하죠?"

파월이 답했다.

"먼저 정책과 외교의 서두부터 시작해야 합니다. 우리는 쿠웨이
트를 위해서 생명을 내놓은 일은 벌이지 말아야 합니다. 그러나
사우디아라비아라면 얘기가 달라집니다. 저는 대통령께서 국민
들의 지지를 얻지 못할 경우에는 어떤 드라마틱한 조치에도 반
대합니다."

마침내 체니가 소리쳤다. "내가 원하는 것은 몇 가지 군사적 방책들이오.
장군!" 파월이 대답했다. "알겠습니다. 장관님."[15]

이 대화는 파월 독트린의 가장 주요한 약점을 드러냈다. 그 독트린은
군의 입장에서 그리고 군을 위해서, 정책결정자들의 행동과 조치를 제한
함으로써 모든 문제를 해결하려 한다는 것이었다. 파월은 미국 국민이 적
극적으로 지지하는 명확한 정책이 대통령으로부터 주어지길 바랐다. 베트
남전에 참전했던 그로서는 유권자들이 지구 반대편의 작은 나라, 대다수
의 미국인이 지도에서 찾을 수도 없는 나라를 지원하려 한다는 것을 상상
할 수 없었다. 체니는 대통령이 어느 하나의 방책을 채택하기 전까지는 국
민들에게 행동하고자 하는 계획을 알리려 하지 않을 것이라 생각했다. 그
래서 대통령에게는 그를 도와줄 조언자들이 필요한 것이었다. 활발한 정
치-군사 토의가 시행되었어야 할 체니의 집무실 안에서 여전히 논쟁이 벌
어지고 있었다.

다음 날 이라크의 쿠웨이트 침공에 대한 미국의 대응방향을 논의하
기 위해 국가안보회의가 열렸다. 부시 대통령은 8월 2일 영국의 마거릿 대
처Margaret Thatcher 수상과 만났고, 수상은 사담을 쿠웨이트로부터 축출하
는 데 의기투합할 것을 주장했다. 부시는 그녀에게 동의할 생각이었으나,
국가안보회의에서는 자신의 속내를 감추고 있었다. 국가안보보좌관 브렌
트 스코크로프트가 토의를 시작했고 이끌어갔는데, 참석자들 사이에서 미
국이 이라크의 침공에 대해 징벌적 조치를 할 것인가에 대해 어떤 의견의

일치도 없었다. 국무부 부장관 로렌스 이글버거Lawrence Eagleburger는 이라
크의 침입자들을 쿠웨이트에서 쫓아낼 것을 강력하게 주장했다. 체니는
이에 동의했고, 파월에게 적어도 10만 명의 병력이 사우디아라비아-쿠웨
이트 국경선 일대에 최대한 빨리 전개되는 것을 포함한 군사적 방책들을
검토할 것을 요구했다. 모든 참석자가 부대의 전개에 동의했고, 이를 위해
서는 사우디의 허용이 요구된다는 것에도 공감했다. 부시 대통령은 "우리
는 사우디아라비아에 충실해야 합니다"라고 말했다.

다소 이 제한적인 언급을 단초로 하여, 파월이 '쿠웨이트를 해방하기
위해 전쟁을 벌일 가치가 있는지'의 여부를 물었다. 부시와 스코크로프트
가 서로 놀라서 쳐다보았고, 파월은 '방 안이 서늘해지는' 느낌을 받았다.
NSC는 아직 그런 논의를 할 준비가 안 되어 있었고, 정책에 관한 질문은
합참의장의 입에서 나와서는 안 되는 것이었다. 하지만 파월은, 그의 전임
자들이 자신들의 민간인 상부 지휘기구에 "관련된 정책은 무엇입니까? 우
리의 목적은 무엇이고, 목표는 무엇입니까?" 등의 어려운 질문을 하지 않
게 했던 그 베트남 전쟁의 망령이 함께하고 있음을 느꼈다. 회의는 어떤
해답도 내지 못하고 끝났고, 그날 늦게 대통령은 이라크에 대해 경제적 및
외교적 압박을 가하는 데 최선을 다할 듯 보였다.[16]

백악관에서 펜타곤으로 복귀한 후에 체니 장관이 파월 장군을 다시
한번 질타했다.

> "콜린, 당신은 합참의장이오. 국무장관이 아니고, 더 이상 국가
> 안보보좌관도 아니란 말이오. 그리고 국방장관도 아니잖소. 군
> 사사항에 전념하세요."

파월은 자신이 선을 넘었음을 알고 있었다. 또 누군가가, 아마 스코크로프
트였을 듯한데, 체니에게 불평을 늘어놓았으리라 생각했다. 하지만 그는
비난을 받아들일지언정 스스로 후회하지는 않았다. 그는 자신이 생각하기
에 1960년대 그의 전임자들이 하지 못했던, 그래서 끔찍한 결과를 초래했

던 일을 당연히 해야 한다고 여겨서 그렇게 했다.[17]

다음날 슈워츠코프와 파월이 함께 메릴랜드에 위치한 대통령 별장 캠프 데이비드로 날아가 대통령과 그 보좌진에게 브리핑을 실시했다. 산처럼 거대한 몸집의 중부사령관 슈워츠코프는 30여 년의 군 생활을 통해 얻은 몇 개의 별명이 있었는데, 그중 하나는 '곰'이었고, 또 다른 하나는 '폭풍 노먼'이었다. 둘 다 그를 정확하게 표현한 별칭이었다. 노먼 슈워츠코프는 어느 순간에는 매력적이고 지적이다가도 곧바로 거칠고 불안정해 보이기도 했다. 그는 아랫사람들에게 모질었고, 분노를 잘 다스리지 못하다 보니 리야드에 있었던 중부사령부 지휘소의 분위기는 삭막하기 그지없었다. 파월은 나중에 자신의 비망록에 "압박을 받을 때, 슈워츠코프는 활화산 같았다"고 기록했다. 이후 몇 개월 동안 두 장군은 여러 차례에 걸쳐 '대서양을 가로지르는, … 욕설이 가득한 고함지르기 시합을' 했지만, 전쟁을 수행하려면 서로 협력해야 한다는 것을 체득했다.[18]

그날 캠프 데이비드에서 슈워츠코프는 그의 민간 상관들에게 정확히 들어맞는 알맞은 어조로 즉, 논리정연하고 계산된 그리고 확신을 주는 목소리로, 자신의 군사적 전문성과 군인으로서의 기질에 대해 그들이 신뢰감을 가지게 했다. 이 이유만으로도 그날의 미팅은 충분히 중요한 의미를 지녔다. 슈워츠코프는 대통령에게 사우디아라비아를 방어하는 데 필요한 소요를 정확히 보고했다. 그는 덧붙여서 '이제 대통령님께서 이라크군을 축출하고 쿠웨이트를 회복하려고 하신다면', 그 소요는 상당히 증가하여 그와 같은 공격 능력을 갖추는 데 8개월에서 1년 정도의 기간에 수십만 명의 병력이 전개해야 한다고 제시했다. 부시 대통령은 그런 결심을 내릴 준비가 아직 되어 있지 않았다. 대신에 그는 체니를 비롯한 고위급 사절단을 리야드로 보내, 장차 있을지 모를 쿠웨이트로부터의 이라크군 공격으로부터 사우디아라비아를 방어하기 위해 미 지상군 및 공군이 사우디로 전개하는 것에 대해 파드 왕King Fahd의 동의를 얻고자 했다.[19]

다음 날인 일요일에 부시는 백악관으로 돌아와 헬기에서 내려 그들을 기다리고 있던 기자단을 향해 성큼성큼 걸어갔다. 귀족적이었던 코네티켓주의 양키였다가 텍사스주의 석유업자로 그리고 정치가로 변신을 거듭해온 부시는 항상 약간 붕 뜬 듯한 모습이었다. 1988년 대통령 후보자로서 하원의원, 공화당의 국가위원회 의장, 유엔대사, CIA 국장, 중국 주재 대사 그리고 부통령 등을 역임한 부시가 제출한 이력서보다 화려한 것은 찾아보기 어려웠다. 그러나 그가 두 번의 임기 동안 충성스럽게 모셨던 카리스마 넘치는 그의 전임자 레이건 대통령과 비교되는 고충도 지니고 있었다. 그는 예일대 야구팀의 주장이기도 했었고 제2차 세계대전 당시에는 해군의 가장 젊은 어뢰 조종사로 진정한 영웅이었으나, 국내 언론매체들은 선거운동 기간에 그에게 약골이라는 꼬리표를 붙였다. 그는 증명할 무언가를 가지고 있는 듯했다. 이날 오후 사담의 침공에 대한 그의 의도적인 대응에 관한 몇 가지 질문 뒤에 부시는 몸을 약간 기울이고 둘째 손가락을 흔들면서 강하게 주장했다. "이것은 참고 견딜 일이 아닙니다. 쿠웨이트에 대한 침공 말입니다."[20]

동맹국들이나 조언자들에게 사전에 귀띔도 일체 않던 부시가 대뜸 정책을 선언한 것이다. 이라크는 쿠웨이트를 떠나야 한다고. 그러나 그는 경제적 그리고 외교적 압박으로 충분하리라고 생각했기에 아직 공세적인 군사행동은 결심하지 않았다. 그는 후에 이렇게 회고했다. "나는 쿠웨이트에서 이라크군을 제거하기 위해 무엇이 필요하든지 다 할 것이라는 입장에서 결코 흔들린 적이 없었다." 사우디아라비아의 방어로 임무를 제한하자는 파월의 요청은 기각되었다. 이틀 뒤에 대통령은 걸프만으로 미군 부대를 전개할 것임을 선언했다.[21]

☆ ☆ ☆

부시 대통령은 그다음 주에 펜타곤을 방문하여 병력 증강계획을 보고받았다. 파월은 대통령에게 일정별 추진계획을 설명했다. 만약 임무가 사우디아라비아를 방어하고 제재를 가하기 위한 것이라면 10월 말에는 부대 전개가 완료될 것으로 보았다. 한편, 만약 부시가 쿠웨이트로 공격하는 방책을 원한다면, 파월은 병력증강을 지속하겠다는 결심이 늦어도 10월 말에는 이뤄져야 함을 언급했다. 이라크군을 격멸한다거나 사담 정권을 무너뜨리는 등의 더 적극적인 임무를 위해서는 더 많은 병력과 더 많은 자금 그리고 더 오랜 시간이 필요할 것임도 빼놓지 않았다. 어쨌든 대통령은 곧 예비군을 소집해야 했다. "그것이 중요한 정치적 결심사항입니다"라며 파월이 말했다. 이렇게 타임라인을 보고한 것은 대통령의 결심을 압박하려는 것이 아니라, 단지 언제 그러한 결심을 해야 하는지에 대해 그에게 알려주고 준비시키기 위한 것이었다.[22]

부시는 회의를 마치고 나오면서 펜타곤의 허드슨강 쪽 출입구에 들러서 거기에 모여 있던 국방부 직원들의 노고를 격려했다. TV 카메라들이 실시간으로 중계하는 가운데, 대통령은 사담이 자기 국민에게 독가스를 사용했으며, 그의 군대가 쿠웨이트에서 벌이고 있는 잔학한 행위들을 언급했다. 부시는 "이웃의 아랍 국가들에게 거짓말한 자가 사담이고, 아랍 국가를 침략한 자도 사담이며, 지금도 아랍 민족을 위협하고 있습니다"라며 비난했다. 파월은 사우디 사막에 배치된 얼마 안 되는 전력이 대통령의 저러한 엄청난 분노를 충족시키지 못하게 될 것 같아 걱정했다.[23]

여름이 지나가면서 부시는 점점 참을성이 없어졌다. 사담은 아직 쿠웨이트에 있었고, 병력의 증강에 수십조 달러가 소모되는 상황이었다. 행정부는 국내의 의제는 일시 보류하고 10여 개 이상의 국가로 구성되었으나 깨지기 쉽고 까탈스러운 반(反)사담 연합을 유지하는 데 온 에너지와 역량을 집중하고 있었다. 하지만 미국의 국민들이 얼마나 오랫동안 그 임무 수행을 지지할 것인지는 아무도 몰랐다. 게다가 사담 정권의 야만성에 대해 놀라고 분노한 부시 대통령은 '빨리 뭔가 조치가 이뤄지지 않으면, 더 이상 쿠웨이트가 존재하지 않을 수도 있다'면서 우려하고 있었다. 대통령은 행동을 원했다. 그는 일기장에 당시에 '일정을 앞당길 것'을 고려하고 있다고 기록했다. 그러던 중 언젠가 대통령이 파월에게 "콜린, 저놈들에게 그동안 제대로 된 폭격이 이뤄지지 않았던 것 같은데"라고 하면서 몇몇 아랍 동맹국들이 항공전역air campaign을 재촉한다고 했다. "그들 모두 이구동성으로 말하고 있소. 우리가 저놈들을 24시간 안에 때려눕힐 수 있을 거라고."

파월과 슈워츠코프는 항공력의 효과에 대해 보병의 의구심을 함께 공유하고 있었다. 정밀탄약에 의한 '정확성 혁명'이 항공력을 괄목상대하게 증강시켰다는 것이 곧 증명될 터였으나, 파월은 여전히 그 한 가지 방책에만 성패를 걸려고 하지 않았다. 공군참모총장 마이클 듀건은 하필이면 좋지 않은 시기에《워싱턴 포스트》와 인터뷰하면서, '항공력이야말로 우리가 이러한 상황에서 활용 가능한 유일한 대안'이라고 했다. 또한 그는 사담과 그의 가족을 표적화할 것을 제안했고, 미국 유권자들의 전쟁 수행 역량을 폄훼했다. 체니 장관은 국가전략을 손상시켰다면서 곧바로 듀건을 해임했다.[24]

그럼에도 파월은 대통령이 행정부의 원래 전략보다는 듀건의 방책에 더 경도되어 있지는 않은지 우려했다. 1990년 9월 24일, 그는 자신의 걱정을 체니에게 털어놓았고, 체니는 그날 오후에 파월과 동행하여 대통령 집무실로 찾아갔다. 파월은 부시, 스코크로프트 그리고 백악관 비서실장 존 스누누John Sununu 앞에 서게 되었다. 체니가 먼저 "대통령님, 합참의장이 대통령님께 드릴 말씀이 있다고 합니다"라고 운을 띄웠다. 재차 파월의 생각은 군사전략보다는 국가정책에 더 가까운 것이었고, 미국의 개입을 제한하자는 것이었다. 합참의장은 대통령에게 두 개의 방책이 가능하다고 상기시켰다. 첫째는 공세작전으로, "만약 대통령님께서 10월에 (공세작전을) 결심해주신다면, 내년 1월에는 개시할 준비가 될 것입니다"라고 말했다. 그리고 그 방책이 시행되려면 병력증강을 지속해야 한다고 건의했다. 한편, 다른 방책은 제재를 지속 유지하는 것이라고 했다. 사우디아라비아를 방어하기에 충분한 병력이 전개해 있었다. 제재가 효과적으로 작동되도록 하면서 이라크를 경제적으로 목 조르는 것은 시간이 걸리는 일이기는 하나 인명을 보존할 수 있는 방책이라고 말했다. 파월이 보고를 마치자 대통령은 고맙다고 하면서 덧붙였다.

"유용하고 흥미로운 보고였소. 모든 각도에서 고려한 것이 훌륭
했어요. 그러나 나는 우리가 제재를 작동시킬 수 있는 시간이 있
다고 생각하지 않아요."

부시는 여전히 방책들을 저울질하고 있었지만, 그의 생각은 파월의 생각
보다 훨씬 더 공격적이었고, 점점 더 사담의 공격을 역전시키는 것을 도덕
적 십자군 전쟁으로 여기게 되었다.[25]

　대통령이 점차 공격작전을 명령하는 방향으로 움직임에 따라, 파월
은 제재를 위한 시간을 벌기 위해 노력했다. 10월 초에 그는 슈워츠코프
가 아직 준비가 안 되어 있다고 불평했음에도 불구하고, 중부사령부 참모
부에 강력히 요구하여 그들의 공격작전 계획을 합참과 백악관에 보고하도
록 했다. 항공전역 계획은 충분히 발전되어 있었으나, 지상전역 계획은 그
렇지 못했다. 단지 사우디아라비아를 방어하기에 충분한 정도의 병력으
로는 지상군 계획관들이 이라크 방어선의 함정에 정면공격을 하는 것 외
에는 다른 공격계획을 구상할 수 없었다. 계획에 있어서 유보해놓은 것들
이 있어서, 슈워츠코프는 대통령께 직접 보고드리기를 원했으나, 단순한
군사조언자라기보다는 실질적인 사령관 역할을 하던 파월은 슈워츠코프
는 리야드에 남아 있고 그를 대신하여 계획수립을 주무한 계획관들을 보
내라고 명했다. 펜타곤에서 최종연습을 마치고 나서 파월은 공군계획관들
에게 대통령께서 항공력만으로도 저들을 '박살 낼 수 있다'고 생각하지 않
으시도록 그들의 역량을 지나치게 과장하지 말라고 말했다. 파월은 기대
expectations를 관리하고 있었다.

　다음 날 실제 브리핑하는 도중에 대통령이 계획관들에게 만약 항공
전역을 수행한다면 사담이 저항을 포기하는지 보기 위해 일주일 또는 열
흘을 기다릴 수 있는지 물었다. 또한 항공전역이 소기의 성과를 달성한다
면, 지상군의 대규모 전개가 필요하지 않을 것이라고 했다. 파월이 나서서
답했다.

"대통령님, 제가 말씀드리겠습니다. 그러한 방법으로는 대통령
님께서 말씀하신 목표를 달성할 수 없을 것 같습니다. 즉, 단지
항공전역만으로는 쿠웨이트로부터 이라크 지상군을 몰아낸다고
장담할 수 없다는 말씀입니다."

그 뒤에는 미루어 짐작할 수 있듯이, 예정되었던 지상전역 즉, 정면공격에
관한 보고는 잘 진행되지 않았다. 스코크로프트는 합참의 보고에 대해 '열
의가 없는 보고, 그 과업을 하고 싶지 않은 사람들이 발표하는 보고'라고
생각했다. 파월은 슈워츠코프에게 추가적인 군단이 필요하며, 그래야만
쿠웨이트 국경일대에서 적을 고착 견제하는 가운데 (주력부대로) 왼쪽으로
우회기동하여 이라크와 쿠웨이트 서부일대로 진격하는 믿을 만한 지상작
전계획을 실행할 수 있을 것이라고 설명했다. 그는 대통령에게 너무 빨리
군사력을 투입하지 않도록, 특히 항공력만으로 개입하지 않도록 설득하기
를 바랐다. 또한 그는 시간을 더 벌기를 원했는데, 이는 지상군의 추가적인
전개를 위해서이기도 했지만, 제재가 그들의 목적을 달성할 수 있도록 하
기 위해서이기도 했다. 그는 또 다른 군단의 필요성을 주장하는 것에는 대
성공을 거두었으나, 그 보고는 부시 대통령이 "우리 군이 '보다 호전적이
고 용맹한' 집단이 되려면 아직 가야 할 길이 멀다는 것을 깨닫도록 했고,
우리에게는 견딜 수 없는 인명의 손실 없이도 임무를 신속하게 달성할 수
있는 수단이 있음을 느끼게" 만들었다. 부시는 여전히 항공전역이 유용할
것이라 생각했다. 부시의 말이다.

"우리는 공중으로부터 그것을 할 수 있어요. 지상에서 우리가 할
수 있는 것이 무엇인가에 대해서는 군의 태도가 어정쩡하고 우
유부단합니다."

지상공격을 위한 다른 방책을 제시하지 않음으로써 파월은 자신의 상부
지도자들에게 압도적인 전력으로 싸우도록 결심하게 하려고 했으며, 이것

은 자신의 독트린에 기술된 그대로였다. 부시와 마찬가지로 체니도 그 작전계획을 받아들이지 않았다. 그는 조용히 군사적 조언을 얻기 위한 다른 원천을 찾기로 결심했고, 자신의 사무실에 예비역 육군대장 데일 베서Dale Vesser가 이끄는 별도의 기획반을 설치했다.[26]

아마도 파월은 예측했었을 듯한데, 그날의 보고회의는 대통령과 NSC가 슈워츠코프의 장군으로서의 리더십에 대해 상당히 신뢰를 상실하게 했고, 대신 파월의 조언에 조금 더 의존하게 했다. 스코크로프트 아래서 국가안보보좌관으로 일했던 로버트 M. 게이츠Robert M. Gates는 슈워츠코프를 빗대어 "매클렐런 장군이 살아났다"고 빈정댔다. 파월과 슈워츠코프 둘 다 아직 계획이 대통령에게 보고하기에는 미흡함을 알고 있었음에도, 그 취약한 계획을 제공하라고 파월이 중부사령관에게 강요했던 것이었다. 보고가 끝난 뒤, 파월은 '그의 갈비뼈 사이로 대검을 밀어넣기로' 결심했다. 그는 리야드로 전화해서 슈워츠코프의 화를 돋우었다.

"음, 몇몇 사람들이 그러더군요. 우리가 저기에 매클렐런 장군을
갖게 됐다고요."

그리고서는 파월은 수화기를 귀에서 멀리 떨어트려놓았고, 슈워츠코프는 소리를 질렀다.

"어떤 ×자식이 그렇게 말했는지 알려주세요! 내가 그에게 슈워
츠코프와 매클렐런의 차이를 보여주겠습니다!"

파월은 죄책감이 들었지만, 예하 지휘관에게 공격작전에 대해 더 창의적으로 생각하도록 자극하기 위해 그렇게 했다.[27] 그는 또한 슈워츠코프에게 워싱턴의 정치에 대해 자신이 얻은 교훈을 가르쳐주었다.

1990년 10월 30일에 동원이 계속되어야 할 것인지를 결정하기 위해 NSC가 소집되었다. 파월이 먼저 나서서 그들이 지금 추가적인 전력을 투

입할 것인지 아니면 전개된 부대를 장기적인 관점에서 전구 내외로 순환하기 시작할 것인지 결정해야 하는 갈림길에 서 있다고 말했다. 국무장관 제임스 베이커는 제재가 현재까지 이라크에 거의 영향을 미치지 못했음이 분명하다고 보고했다. 파월은 선수(先手)를 상실했지만 싸움이 끝난 것은 아니었다. 부시가 항공전역만 단독으로 시행해보는 것에 대해 다시 한번 물었을 때, 파월은 단호히 답했다.

"대통령님, 저도 항공전역만으로 가능하다고 대통령님께 확증해 드릴 수 있게 해달라고 하나님께 바라지만, 대통령께서 그런 기회를 가지실 수 없을 듯합니다."

공격작전을 준비하면서 슈워츠코프는 파월에게 육군 두 개 사단, 해병대 일부, 공군 비행단과 추가적인 항공모함을 요청했다. 놀랍게도 파월은 그것보다 두 배 이상을 요구하여 육군 한 개 군단 이상, 세 척의 항공모함, 그리고 전구 내 전개된 공군 및 해병대를 두 배로 증강시키길 원했다. 그는 대통령이 '입장을 확실히 밝히든가 입 다물든가'를 선택하는, 다시 말해 군이 원하는 것을 주든지 아니면 실패의 위험을 감수하든지 선택하는 순간을 맞도록 했다. 스코우크로프트는 숨이 턱 막혔다. 그는 제시된 부대 목록이 '너무 규모가 커서 그 때문에 대통령이 군사적 방책을 추구하려는 마음이 바뀌도록 하겠다는 어떤 명령에 따라 선정된 것이 아닌지 의심하는 사람이 있을 수 있다'고 생각했다. 게이츠도 마찬가지로 파월이 '대통령께서 행동하는 것을 포기시키려는 것' 아닌지 의심했다. 나중에 파월은 항변했다.

"나는 대통령과 게임을 하고자 한 것이 아니었다. 누구든 압도적인 전력을 만들어낼 수 있다면 당연히 그렇게 해야 한다. 우리는 전쟁에서 싸우기 위해서 전력을 획득한 것이었다. 더구나 다른 위기도 없었다. 이곳이 전력을 집중할 명확한 장소였다. 우리는 가능한 한 신속히, 압도적으로 승리할 준비가 되어가고 있었다."

　파월이 대통령과 게임을 한 것이든 아니든, 부시는 움찔하지 않았다. 후에 부시가 회고했다. "나는 실랑이를 벌이지 않기로 결심했다." 자기도 모르게 LBJ처럼 소리를 내면서 부시는 '가장 중요한 것은 전력요구에 대해 의견이 갈라져 있는 것을 외부에 유출되지 않도록 하는 가운데 그 일을 해내는 것이었다'고 기록했다. 파월의 수가 먹혔다. 대통령이 추가적인 전개를 승인했다. NSC는 공격에 대한 확고한 결심을 아직 하지 않고 있었지만, 대통령은 그들이 전쟁으로 향하고 있다고 믿었다. 이제 1월 중순에는 그들이 요구하는 부대를 보유할 것이며, 필요하다면 파월은 그의 방식대로 싸울 수 있을 것이었다. 대통령은 병력증강에 대한 발표를 일주일 뒤에 있는 의회 중간선거 이후로 미루었다.[28]

　파월은 성공했다. 실제로 그는 기회가 된다면 그렇게 할 거라고 스스로 약속한 대로 정치지도자들에게 완벽한 선택안들을 펼쳐놓았다. 그가 요청한 부대의 규모는 — 슈워츠코프가 요청한 것이나 체니가 요청한 부대보다도 —와인버거 독트린과 파월 독트린의 핵심적인 차이점을 잘 설명해준다. 와인버거는 '명확하게 정의된 목표'와 '승리하겠다는 명확한 의도를 가지고' 이런 목표를 달성하는 데 요망되는 부대를 요청했다. 와인버거는 목표와 가용부대 간의 관계를 지속적으로 재평가하고 조정해야 한다고 했다. 한편 파월은 좀 더 간결했다. 그는 '압도적인 전력'을 강조했다. 그가 베트남 전쟁 당시 겪었듯이 점진적으로 위기를 고조시키는 대신에 파월은 확실한 승리certain victory를 원했다. 스코크로프트는 그 개념에 대해 코웃음을 쳤다. "나는 파월 독트린에 강력하게 반대했다." 그리고 후에 이렇게 언급했다. "그의 독트린은 마치 우리가 전력을 다 사용하지 않으면 무력사용을 배제하는 것으로 간주했다. 그것은 터무니없는 논리였다." 여하튼 10월 말에 파월은 전쟁으로 돌입하기 전에 그가 원하는 거의 모든 것을 제공하도록 자신의 민간 상급자들을 설득했다.[29]

　단 한 가지 누락된 것은, 의회에 있는 국민의 대표자들을 통해 미국 국민이 부여한 명확한 권한clear mandate이었다. 부시와 스코크래프트는 의회 결의의 필요성에 대해 의구심을 품고 있었고, 체니는 확실하게 그럴 필요가 없다고 생각했다. 베이커는 그와 대통령이 훌륭하게 만들어낸 다국적 연합을 유지하는 데 더 많은 관심을 경주하고 있었다. 파월은 정치적으로 고려할 때 의회의 승인이 반드시 필요하다고 생각했으며, 그것은 파월 독트린의 여섯 개 조항 중 하나였다. 여전히 이 문제를 제기할 때 파월은 매우 조심스럽게 접근했는데, 특별히 체니가 반대했기 때문이었다. 대통령의 모든 민간조언자들은 전쟁권한의결war power resolution을 민주당이 장악한 의회로 가져가는 것에 대해 우려했다. 의회의 지도자들은 효과를 발휘할 시간을 고려하여 제재를 계속하기를 선호했고, 공격작전에 대해서는 이미 개인적으로 의구심을 표한 바 있었다.

그해 의회의 전체회의는 휴회한 상태였으나, 군사위원회는 11월과 12월에 청문회를 열었다. 전임 합참의장 윌리엄 J. 크로우William J. Crow 제독은 청문회를 통해 제재가 효과를 발휘하기까지는 시간이 필요하다는 점을 강조했다. 체니는 NSC 회의에서 의회의 승인을 받는 것에 반대했으나, 일단 대통령이 그렇게 하기로 결심한 이후에는 의회의 결의안 통과를 위해 강력하게 논쟁했다. 의회는 1991년 1월 새 회기가 시작된 지 며칠 만에 걸프전 결의안을 통과시켰다.[30]

☆ ☆ ☆

항공전역은 1월 17일 시작되었다. 그때까지 사담은 전쟁을 피할 수 있는 외교적 기회를 10여 차례 이상 흘려보냈다. 6주 동안의 정밀폭격은 바그다드에 있는 사담의 자본과 쿠웨이트 내의 이라크군을 타격했다. 그러나 항공력으로 전쟁에서 승리한 것은 아니었다. 계획관들이 기대했던 것처럼 바티스트 정권의 수뇌부를 '참수'하지도 못했다. 사담이 아직 살아 있었고, 권좌에 있었으며, 전쟁에 참여하고 있었다. 그러나 쿠웨이트에 있었던 사담의 군대는 불쌍한 상태였다. 비록 항공사령관들이 선정한 목표,

즉 이라크군 기갑 및 포병 전력의 2분의 1을 파괴하는 것을 달성하지는 못했으나, 사담 군대의 기동성을 그리고 보다 중요하게는 그들의 사기를 무너뜨렸다.[31]

연합국 측 지상군 부대는 16개 이상의 사단이 페르시아만으로부터 서쪽으로 300마일 떨어진 라파Rafha에 이르기까지 사우디아라비아의 북쪽 국경선을 따라서 배치되어 있었다. 중부사 작전계획은 미 해병대와 아랍연합군이 쿠웨이트 방향으로 북쪽으로 공격하여 이라크군을 고착시키도록 했다. 미 7군단과 영 1기갑사단은 그 서쪽에서 작전적 우회기동을 실행하는 '레프트 훅'으로서 먼저 북쪽 이라크 국경으로 진격하다가 방향을 동쪽으로 선회하여 쿠웨이트에 있는 이라크 군의 측후방을 공격하는 주공 부대였다. 이들보다 더 서쪽에는 18공정군단과 프랑스 6기갑사단이 북쪽으로 더 멀리 그리고 동쪽으로 돌아 들어가 이라크군을 차단 및 파괴하며, 주된 공격목표는 '이라크 공화국 수비대'로 그들이 이라크로 철수할 때를 노려 타격하려 했다.

지상전은 2월 24일 이른 아침에 연합군이 쿠웨이트 남부로 공격해 들어가면서 시작되었는데, 진출이 예상보다 너무 쉽게 진행되었다. 이라크 군을 방어진지에 고착시키려는 공격이었는데, 방어선이 조기에 무너지고 대탈주가 시작되었다. 이라크 병사들이 줄지어 투항했고, 살아남은 이라크 차량들은 북쪽의 바스라 고속도로를 따라 고향을 향해 내달렸다. 서쪽에 위치한 두 개의 '레프트 훅' 군단들은 아직 모르고 있었지만, 그들은 신속하게 퇴각하는 이라크군과의 경주에서 지고 있었다. 한편 이들 퇴각하는 이라크군의 긴 행렬과 궤적을 따라 피어오르는 자욱한 먼지는 공군조종사들에게 찾기 쉬운 표적이 되었다.[32]

다음 날 이라크는 철수가 진행되고 있음을 공식적으로 인정했다. 파월은 슈워츠코프에게 전화를 걸어 언제쯤 정전(停戰)이 가능할 것인지를 물었다. 슈워츠코프는 하루 또는 이틀 정도 더 걸릴 듯하다고 평가했다. 그런 다음 그는 예하 지휘관들에게 조속히 퇴로를 차단하여 사담의 군대를 포위하라고 압박했다. 지상전이 개시된 지 셋째 날, TV 화면에 연합공군

의 폭격을 받은 수천 대의 이라크군 탱크, 트럭, 차량들이 도로를 따라 줄
지어 선 채 불타고 있는 모습이 방영되었다. 바스라 고속도로는 '죽음의 고
속도로'라는 새로운 별명을 얻게 되었다. 다시 한번 군사문제에 대한 것만
큼 정치적 사항에도 초점을 맞춘 파월은 미군의 무자비함에 초점을 맞춘
미디어의 보도가 자칫 압도적 승리라는 목표와 미국군의 이미지를 손상하
지나 않을까 우려했다. 합참의장은 정전을 다시 재촉하기 시작했다.[33]

아이러니한 것은 연합군이 이라크군의 차량을 너무 많이 파괴한 것
이 아니라 너무 적게 파괴했다는 것이었다. 군사적 목표는 사담의 군대를
격멸하는 것이었지만, 7군단에 의한 '절차에 따른 체계적인 공격'methodical
attack이 오히려 다수의 공화국 수비대 전력이 이라크로 넘어가도록 허용
했고, 이와 더불어 항공기가 우군 부대를 오폭하지 못하도록 지도상에 그
려놓은 제한선이 의도치 않게 인근의 많은 이라크군까지 보호해주는 꼴이
되었다. 쿠웨이트는 해방되었지만 사담의 최정예부대는 아직 온전했다.
하지만 그런 사실은 슈워츠코프나 워싱턴에 있는 윗사람들에게는 즉시 알
려지지 않은 상태였다.[34]

이라크군을 포위하려면 하루가 더 필요하다고 생각하고 있던 슈워츠
코프는 2월 28일 저녁을 기해 정전할 것을 건의했다. 그러면서 파월에게
"혹시 내일 밤까지 우리가 끝낸다면 5일 만에 종결짓는다는 것을 알고 계
십니까? 5일 전쟁이 되는 것이지요. 연관된 무엇인가가 떠오르지 않습니
까?"라며 물었다. 합참의장은 그렇게 된다면 1967년 이스라엘의 전광석화
같은 승리보다도 24시간을 단축하여 새로운 기록을 세우는 이점이 있다
는 데 동의했다. 슈워츠코프는 곧바로 TV로 중계될 전쟁종결 브리핑 계획
을 만들기 시작했다. 그의 예하부대들은 신속히 기동해야 했다.[35]

부시 대통령은 2월 27일 오후에 전황을 찬찬히 살펴보기 위해 집무
실에서 회의를 했다. 대통령은 벽난로 우측의 늘 앉던 자리에 앉았다. 영
국 외무장관 더글라스 허드Douglas Hurd와 그의 보좌관 몇 명, 부통령 댄 퀘
일Dan Quayle, 베이커, 스코크로프트, 스누누 그리고 게이츠 등이 참석했다.
베이커 국무장관이 이라크 측에서 전쟁 전의 유엔안보리 결의안의 조건에

방금 동의했다고 보고했다. 이 보고는 모든 상황을 상당히 바꾸었다. 부시는 체니와 파월을 집무실로 불렀다. 그들이 자리에 앉자 대통령이 돌아보면서, "무엇이 필요하나요?"라고 물었다. 체니는 거의 다 되었고 다만 목표 달성을 마무리하는 것만 남았으며 전역을 곧, '지금 또는 아마도 내일'까지는 끝낼 수 있다고 말했다. 이에 부시는 종결 시간을 못 박아두기를 원했다. 체니는 슈워츠코프 장군과 논의하겠다고 답했다.[36]

이때 파월이 끼어들어 자신이 직전에 슈워츠코프와 이 문제를 논의했다고 말했다. '죽음의 고속도로'로부터 나올 수 있는 부정적 언론보도로 인한 정치적 낙진political fallout의 가능성을 걱정하던 파월은 이처럼 좋은 결심의 순간을 놓치고 싶지 않았다. 파월은 평소에 하던 대로 사전에 작성한 메모 없이 지도 앞에 서서 마치 예하 지휘관들 앞에서 임무 브리핑을 하듯이 자신감을 내뿜으면서 — 하지만 공화국 수비대가 거의 격멸되었다는 잘못된 정보도 포함하여 — 전황을 보고했다.

"우군은 아무리 길어도 24시간 내에 임무를 완수할 것입니다. 적 전차 3천여 대를 격멸했습니다. 작전의 마지막 단계에 와 있습니다. 오늘 또는 내일 일과 종료 전에 — 사실 노먼과 저는 내일까지 마무리하기로 했는데 — '5일 전쟁'을 끝내려 합니다."[37]

이때 부시가 그의 의표를 찔렀다.

"만약 그렇다면, 오늘 끝내면 안 되나요?"

그들은 이미 목표를 달성한 데다가 불필요한 살육을 시사하는 텔레비전 화면으로 인해 빛나는 승리가 퇴색될 위험마저 있기에 지체할 이유가 없었다. 파월은 (전쟁지도를 위한) 대통령의 개인적인 연구private study에 경의를 표하고 슈워츠코프에게 전화했다. 그들 두 사람은 시간표를 앞당기기로 논의했다. 슈워츠코프는 기꺼이 따랐지만, 예하 지휘관들과 대화가 필

요했다. 그는 중부사령부가 임무를 완수했다는, '모든 브리핑의 어머니'
라 일컬어지는 그 유명한 브리핑을 바로 직전에 했기 때문이다. 슈워츠코
프는 '문이 닫혔습니다'라며 부정확한 상황인식을 토대로 자랑스럽게 선
언했다. "(적은) 여기서 빠져나갈 길이 없습니다." 곧이어 두 사람이 말을
주고받은 뒤, 정전을 확인했다. 부시의 모든 참모진과 합동참모위원들 모
두 동의했다. 스누누 비서실장이 워싱턴 시각으로 자정에 전쟁을 끝내,
"100시간 전쟁이 되도록 하자"고 제의했다. 나중에 스코크로프트는 그
시점이 '지나치게 눈치빠른' 것이었다고 인정했지만, 다시 한번 모두가
동의했다.[38]

물론 문은 아직 닫히지 않았고, 임무도 달성하지 못한 상태였다. 쿠웨
이트는 해방되었으나, 사담의 군대 대부분이 다시 싸우기 위해 살아남았
다. 이라크군은 전체 보유량의 절반 정도 되는 1천 4백여 대의 장갑차와
전체의 4분의 1 정도 되는 842대의 탱크와 함께 빠져나갔다. 게다가 공화
국 수비대 역시 365대의 최신예 T-72 전차와 함께 탈출했는데, 이는 사담
의 최정예 기갑전력의 절반이 무사히 빠져나갔다는 것을 의미했다. 자기
예하부대에 대한 슈워츠코프의 통제는 엉성했고 군사 상황에 대한 그의
이해도 약해서, 그가 정전회담을 열 장소로 지정한 사프완Safwan이라는 이
라크의 작은 마을은 아직 연합군의 통제하에 있지 않았고, 이 실수를 덮기
위해 마지막 순간에 추가적인 전장기동을 해야 하는 당황스러운 일도 있
었다.[39]

적대행위가 잦아들자, 부시 대통령은 사담 개인에게 전쟁에 대한 책
임을 지게 했고, '이라크 국민들이 그를 치워버려야 한다'는 자신의 생각을
밝혔다. 그러나 그렇게 되지 않았다. 정전회담 전에 슈워츠코프가 자신은
바그다드로 진격할 계획을 가지고 있지 않다고 선언함으로써 중요한 협상
카드를 무용지물로 만들어버렸다. 그는 정전회담에서 할 말을 직접 작성
했고, 파월은 신속히 승인했다. 사건이 너무 빨리 진행되다 보니 펜타곤이
나 국무부 등 관료조직에서는 대응할 수 없었다. 그 결과, 행정부의 어느
고위직 공무원이 "노먼은 이제 지침을 받지 않는 상태로 들어가게 되었다"

고 한탄했다. 사실 '장군들은 지침을 받지 않으려 노력했다. 정전에 관한 사항은 기본적으로 군사적 결심사항이며, 정치가들에 의해 꼼꼼히 관리되어야 할 사항으로 여겨지지 않았다'. 이런 자유방임적 태도는 유사한 상황에서 링컨이 그랜트를 감독하던 것과 같은 오래된 방식이었다.

슈워츠코프가 두 명의 이라크 장군들과 만나기 위해 사프완에 도착했을 때 그는 허세로 가득 차 있었다.

> "이것은 협상이 아니다. 나는 그들에게 줄 어떤 것도 계획하지
> 않았다. 나는 우리가 그들에게 무엇을 기대하고 있는지를 정확
> 하게 알려주기 위해서 왔다."

하지만 슈워츠코프는 그들에게 연합군 측 포로들을 송환하라는 것 외에는 거의 아무것도 요구하지 않았다. 그는 자기가 갖고 있는 협상의 지렛대, 즉 이라크 남동부 지역의 넓은 부분에 걸쳐 배치되어 있는 몇 개의 사단이 가져다주는 협상의 우위를 인식하지 못했다. 그는 광대한 루마일라 유전을 포함하는 그 지역을 돌려주는 대가로 여전히 바그다드로 느리게 나아가고 있던 수천 대의 기갑차량을 요구할 수 있었을 것이다. 또한 이라크의 의심스러운 핵 및 화학무기 관련시설의 위치에 대한 정보를 요구하고 사찰기구에서 그것들을 추적 감시하도록 강력히 요구할 수도 있었을 것이다. 그리고 사담에게 요구하여 쿠르드족 및 시아파 주민과의 정치적 협상을 하도록 했을 수도 있었다. 그러나 그 대신에 그는 이라크 측에게 미군이 서남아시아를 빨리 떠나 집으로 가고 싶어 한다는 메시지를 은연중에 전달했다. 또한 연합군이 이라크 영토를 점령하려는 의도가 없음도 확인해주었다.

기회를 잡았다고 생각한 이라크 측 협상참가자들은 이라크 영공에서 자신들의 헬리콥터를 사용하는 것을 승인해달라고 요청했다. 슈워츠코프는 손쉽게 동의해주었는데, 아마도 애포매턱스 회담에서 그랜트 장군이 리 장군 휘하의 남부군 장병들이 고향의 농장으로 돌아갈 때 자신들의

말을 가져갈 수 있도록 관대하게 허락해준 것을 흉내라도 내는 것 같았다. 하지만 무장헬기는 말이 아니고, 이라크군은 그것 가지고 농사를 지으려는 것도 아니었다. 사담은 괴멸적인 타격으로부터 헤어나와서 자신의 권위를 무자비하게 다시 세우자마자, 무장헬기를 사용하여 쿠르드족과 시아파 주민을 잔인하게 학살했다. 파월과 슈워츠코프는 (정전협상을 통해 달성해야 할 정치적 성과에 대한 상부의 지침을 받지 않음으로써) 장기적으로 재앙적인 결과를 초래했으며, 또한 자신들의 권한을 지나쳐 민간 상부의 권위를 침해했던 것이다.[40]

☆ ☆ ☆

한동안 사막의 폭풍작전은 완벽한 승리로 여겨졌다. 부시와 그의 참모진은 사상자가 경미한 가운데 전쟁에서 승리하여 역내 질서를 회복하고, 부대를 복귀시켜 국민들로부터 높은 점수를 받았다. 대통령은 베트남전쟁의 유산이 마침내 잠재워지게 된 것을 감사히 여겼다.[41]

파월 장군의 리더십과 교리에 대해 국가적인 갈채가 이어졌다. 그를 위한 퍼레이드가 워싱턴, 시카고 그리고 맨해튼의 '영웅의 협곡'Canyon of Heroes에서 열렸다. 그는 미 프로야구의 1991년 메이저 리그 개막경기의 시구를 했다. 다시 한번 호사가들이 다가오는 1992 대선에서 부시 대통령의 러닝메이트로 그를 거론했다. 유력한 민주당 관계자가 마찬가지로 2위의 자리가 표시된 그들의 티켓을 그의 눈앞에서 흔들어 댔으나, 파월은 군에 남아 있기를 선호했고, 부시 대통령과 맞서는 것은 고려하지도 않으려 했다.[42]

1991년 5월 《워싱턴 포스트》의 밥 우드워드 기자가 정의의 명분Just Cause 작전과 이라크에서 전쟁에 이르기까지의 과정을 기록한 『사령관들』 The Commanders을 발간했다. 책은 현장에서 몸담았던 많은 사람을 실제로 인터뷰한 내용을 모아서 고위급 정치와 정책이 형성되는 내부를 들여다보았다. 하지만 우드워드의 현지 르포reportorial 방식의 서술은 정보원을 익명으로 보호하는 것을 포함했기에, 그 내용이 정확한 것인지 의심을 받았고, 그에게 인터뷰를 허락해준 사람들은 아무래도 거절한 사람들보다 우호적으로 기술되었을 것이라는 의혹도 생성되었다.

『사령관들』은 파월을, 군사문제에 관해 순진한 자신의 민간 상급자들을 초조하게 만드는 망설이는 전사reluctant warrior로, 그리고 행정부의 될 대로 되라는 식의 정책수립 과정에 대해 실망한 사려 깊은 정치가prudent statesman로 묘사했다. 실제로 파월은 우드워드와 두 번 만났고, 여러 번에 걸쳐서 전화로 대화했다고 인정했다. 파월이 행정부의 다른 동료들을 희생시키면서 자기 자신의 이미지를 빛나게 해왔다고 많은 이들이 결론을 내렸다. 하지만 부시는 합참의장을 전혀 의심하지 않았다. 《워싱턴 포스트》가 책에서 발췌된 일부 내용을 광고했을 때, 대통령은 파월에게 "저런 쓰레기 같은 것에 대해 신경 쓰지 말라고, … 그런 것들로 인해 괴로워하지 말라"고 했다. 그리고 몇 주 뒤, 대통령은 파월을 제2기 합참의장으로 지명했다.[43]

비록 『사령관들』의 발간으로 인해 워싱턴에서 며칠 동안 불편한 시간을 보냈지만, 나라 전체에서 파월의 입지는 크게 치솟았다. 국민 여론조사에 따르면, 80%의 국민이 그에게 호감을 보이고 있었는데, 이는 당대의 어느 정치가보다도 높은 수치였다. 성공적이고 대중의 호평을 받은 이번 전쟁에 반대했었던 상원의 민주당 의원들은 이제 우드워드가 드러낸 사실, 즉 파월도 (자기들처럼) 제재가 효과를 발휘하도록 해야 한다고 주장했었다는 데서 정치적 점수를 얻고자 노력했다. 상원 군사위원회의 위원장 샘 넌Sam Nunn 의원이 청문회를 하기 전에 파월에게 기다란 목록의 질문 요지를 보냈는데, 그중에는 파월이 우드워드와 비밀이 포함된 정보를 공유했을 가능성에 대한 조사를 암시하는 내용이 있었다. 파월은 금요일 청문회에서 약간의 초조함을 드러내면서, 우드워드와 대화했던 것에 대해 "다시 생각할 것도, … 양심에 거리낌도 전혀 없다"고 말했다. 넌 의원은 위원회가 파월의 인준을 표결하기에 앞서 월요일에 한 번 더 청문회를 열기로 결정했다.

그런 후에 넌 의원과 공화당의 중진(重鎭) 존 워너John Warner 의원이 또 다른 묶음의 질문지를 펜타곤의 파월 사무실로 보냈다. 파월은 화가 치밀어 질문지를 사무실 한편으로 내동댕이쳤다. 그의 참모들이 그를 돕고자 답변의 초안을 작성하여 검토받고자 했으나, 파월은 이마저도 쓰레기통에 던져넣었다. 그는 더 이상 할 말이 없다는 간단한 답변만을 썼다. 넌 의원과 워너 의원은 체니에게 그 어떤 고위급 장교도 의회의 질문에 답변하기를 거부한 사람은 없었다며 경고했으나, 파월은 자신의 태도를 바꾸려 하지 않았다. 말할 필요도 없이 월요일 청문회는 팽팽한 긴장 속에서 진행되었고, 그날 밤 자정이면 합참의장의 임기가 종료된다는 것도 고려되지 않았다. 첫 질문자로 나선 상원의원이 『사령관들』에 우드워드가 적시해놓은 내용, 즉 펜타곤이 쿠웨이트를 침공하려는 사담의 의도를 과소평가했으며 그로 인해 준비도 하지 못했다는 주장을 언급했다. 그러자 파월이 큰 소리로 끼어들었다. "전혀 사실이 아닙니다, 의원님." 와이오밍주의 말콤 월롭Malcom Wallop 의원이 계속했다. "뭐, 책에 그렇게 나와 있던데요. …" 파월이 다시 큰 소리로 말했다. "저는 책에 뭐라고 적혀 있는지 관심 없습니다."[44]

의회에서 증언하는 고위급 장교로서 그런 무례함은 찾아보기도 드물거니와 모욕적인 것이었다. 의회의 질문에 대해 파월이 답변을 거부한 것은 그의 인준을 지연시키거나 거부하기까지 할 수 있는 명분이 될 수 있었다. 게다가 상원의원들은 어떤 증인이라도 언어적 무례를 한 자에게 보상(報償)한 사례가 희박했다. 그럼에도 위원회는 여론의 추이를 알고 있었다. 국민 다섯 명 중 네 명이 파월을 추앙하고 있었다. 그날 오후 위원들은 만장일치로 파월의 지명에 대한 승인을 건의했고, 상원은 (전례를 따라) 반대표 없이 안건을 통과시켰다. 어느 누구도 대담하게 콜린 파월의 길을 가로막지 못했다.[45]

파월이 이 장의 서두에서 언급한《뉴욕 타임스》지 논평을 통해 거의 감춰지지 않은 채로 다소 노골적인 지지를 보냈음에도, 조지 부시는 1992년 선거에서 아칸서스의 주지사 빌 클린턴Bill Clinton에게 패했다. 클린턴은 선거운동 동안에 나라 밖 사항은 사실상 거의 무시했고, 대신에 '레이저 빔같이' 국내의 경제문제에 집중했다. 클린턴은 파월의 전임자였던 예비역 해군대장 크로우 제독과 일군(一群)의 장성들로부터 명백한 지지를 받아 그 덕을 보았다. 그들 장성들은 후보자로서 준비할 때 과거 클린턴이 베트남전 당시 징병을 연기했던 것과 군을 '극혐한다'는 치기 어린 표현을 했던 것에 대해 사전에 예방접종을 해주었다. 크로우 제독은 그의 노고에 대한 보상으로 주영 미국대사가 되었다.

　클린턴과 파월 모두 상대를 편안하게 해주는 매력적인 사람들로 첫 만남부터 마음이 잘 맞았다. 대통령 당선인은 파월을 그 직위, 과업 그리고 그가 달성한 성과 면에서 존경했다. 그러면서도 한편으로는 그를 잠재적인 정치적 경쟁자로도 인식했다. 클린턴은 비록 그대로 따르지는 않았지만, 파월에게 국방장관을 선택하는 것에 대한 조언도 요청했다. 파월은 자신이 레이건 행정부 그리고 부시 행정부와 얼마나 긴밀히 연계되어 있는지 알고 있었기에, 만약 클린턴이 선호하는 합참의장이 있다면 조용하게 퇴진하겠다고 밝혔다. 클린턴은 반대했다. 파월은 또한 대통령 당선인에게 군내 동성애 금지를 해제하겠다는 선거공약을 완수하는 것은 매우 어려운 일이라고 경고하고, 그것을 추진하기 전에 어느 정도 시간을 가질 것을 조언했다.[46]

　클린턴이 취임하고 5일 뒤에 파월과 합동참모위원들이 백악관 루스벨트실에서 테이블을 사이에 두고 대통령의 맞은편에 앉아 있었다. 전략상황에 대한 형식적인 검토 후에 동성애 금지 해제에 대한 토의를 시작했다. 파월이 친절하게 합동참모위원 각자의 의견을 돌아가면서 제시하도록 요청했고, 차례대로 어떤 변화도 반대한다는 의견을 무겁게 내놓았다. 그러면서 신임 대통령에게 최근 이라크에서 보여준 것처럼, 어렵게 얻은 군의 효과적인 능력을 질서와 군기를 파괴함으로써 위험에 빠뜨려서는 안 된다고 경고했다. 비록 참석한 군 수뇌부는 대통령의 말을 공손하게 들었지만, 백악관의 대변인 조지 스테퍼노펄러스George Stephanopoulos는 "그들은 설득당하려고 거기에 있었던 것이 아니다"라고 자서전에 남겼다. 보수

493

적인 의원들은 동성애 금지 해제에 반대하고 있었고, 새로 출범한 행정부를 신속히 패배시켜 손봐주기를 기대하고 있었다. 스테퍼노펄러스는 참모총장들은 "자신들의 입지를 강화하는 데 필요한 의회의 지원군을 갖고 있었다. 그들의 메시지는 명확했다. 이 공약을 지키기 위해서는 군을 대가로 내주어야 한다. 우리와 싸우면 지게 될 것이며, 그것은 아름답지 않을 것이다"라고 군 수뇌부의 견해를 요약했다.

파월이 중재안을 내놓았다. 동성애 장병들은 앞으로도 계속해서 공식적으로 군에서 분리될 것이나, 각 군에서는 모집 및 재입대, 복무기간 연장 등의 단계에서 장병들의 성적지향에 대해 묻는 것을 금지하자는 안이었다. 그 뒤 몇 개월 동안 보수와 진보 양 진영 간 쓰라린 '문화 전쟁'으로 대결하는 바람에 행정부가 업무에 탄력을 받기도 전에 상처를 입었다. 파월은 그가 이 문제에 대해 사의를 표하며 상부를 압박했다는 기사가 인쇄되지 않도록 막아서 차단해야 했다. 합동참모위원들, 즉 군 수뇌부가 집단으로 사의를 표명할 것을 고려 중이라는 또 다른 유언비어도 있었다. 9개월 뒤, (진영 간) 갈등을 일으키는 의회 청문회 이후에 클린턴 대통령이 타협안으로서 "묻지도 말고, 말하지도 말라"don't ask, don't tell는 새로운 정책을 입안하려 했다. 하지만 민주당, 공화당, 펜타곤, 동성애 옹호 인권단체, 그리고 언론 등 대부분의 관찰자들은 대통령이 군 수뇌부와 그들 보수파 동지들에게 항복한 것으로 인식했다. 신임 대통령이 말려들게 된 것이었다.[47]

클린턴의 국가안보보좌관들은 부시 대통령의 보좌관들과 같은 명성이 없었고 상징적인 면에서 (합참의장인) 파월이 그들을 능가하고 있었다. 유엔대사였던 매들린 올브라이트Madeleine Albright는 "우리는 모두 신참들이었고, 파월은 이미 성숙해 있었다는 것이 문제였다"고 회상했다. 그녀는 '가슴이 훈장으로 뒤덮인, 서구 세계의 영웅' 앞에서 위축되었다. 노련한 외교관이었던 리처드 홀브룩Richard Holbrooke은 "그는 새로운 팀을 어린애들처럼 여겼고, 새로운 팀은 그를 두려운 마음으로 대했다"고 말했다. 파월은 새로 꾸며진 국가안보회의에서 규율이나 기강이 없는 것에 놀랐다. 회의는 의제 없이 진행되었고, 좌석표 같은 것도 없었다. 그것들은 마치

'대학원생들의 자유토론' 같았고, '뒤쪽에 앉아' 회의 내용을 기록하는 실무자들도 자연스럽게 국가안보보좌관과 논쟁을 벌였다. 회의가 군사력의 해외 전개 문제로 전환되었을 때, 파월은 그가 1992년 논평을 통해 밝혔던 의견에서 물러서지 않았다. 파월은 클린턴 정부의 NSC 요원들에게 파월 독트린의 신조 — 그 자신은 한 번도 그렇게 부른 적이 없지만, 언론에서는 이미 파월 독트린이라고 통칭하는 교리 — 를 가르쳤다. 그중 올브라이트는 스코크로프트만큼이나 인내심이 없었다. 올브라이트는 보스니아 사태에 관련된 논쟁을 기억해내 파월에 대해 언급했다.

> "그는 수만 명의 병력, 수십 조 달러의 비용, 아마도 많은 사상자와 함께 오랫동안 끝없이 이어지는 미군의 투입이 요구될 것이라고 말하면서, 압도적 전력을 교리로 하는 자신의 확신에 일치하는 대답을 했다. 그는 되풀이해서 우리를 가능성의 고지로 이끌고 올라갔다가, '아무도 못 한다'와 같은 반대편 계곡으로 우리를 던져버리곤 했다."

올브라이트가 파월에게 "만약 우리가 사용할 수 없다면 장군님이 항상 애기하는 그런 위대한 군대를 우리가 가져야 할 이유가 도대체 무엇인가요?" 하고 물었던 것도 그런 회의에서였다. 매우 좋은 질문이었고, 파월은 그 질문이 그에게 '동맥류'aneurysm*를 유발할 뻔했다고 말했다. 파월은 마음속으로, 자신은 과거 베트남전 당시의 선배들이 정치지도자에게 물어보지 못했던 질문을 했고 그에 대한 답을 요구하고 있다고 생각했다. 그러나 클린턴의 안보보좌관들은 파월의 대답이 항상 "50만 명의 군대가 필요합니다. 질문이 뭐였죠?" 하는 식이었다는 것이다. 클린턴으로서는 걸프전의

---

* 동맥벽이 손상되거나 이상을 일으켜 동맥 내부 공간의 일부분이 늘어나 혹처럼 불룩해지는 병. 동맥 경화증, 매독, 외상 따위가 원인이 되는데 가슴의 대동맥에서 가장 흔히 볼 수 있다.

영웅이 제기한 충고를 거절하는 것이 꺼림칙했다. 결국 파월은 군사작전에 대한 거부권을 효과적으로 사용한 셈이 되었다. 대통령은 파월이 마지못해 동의하기 전까지 소말리아로의 군사적 개입을 연기했고, 파월이 전역하고도 한참이 지나기까지는 보스니아로 부대를 보내지 않았다.[48]

파월은 1993년 9월 말, 35년 넘게 해온 군 생활을 마쳤다. 그는 국민적 영웅으로 나라 전체에서 가장 존경받는 사람 중 하나였다.《유에스 뉴스》지는 그의 얼굴을 표지에 넣고 "슈퍼스타 콜린 파월, 펜타곤에서 백악관으로?"라는 글귀를 달았다.[49] 당시 누구도 파월의 이야기가 거기서 막을 내렸다고 생각하지 않았다.

그럼에도 파월은 자기 이야기를 하기로 결심했다. 그는 자서전 대필작가를 고용하고 비망록을 작성하기 시작했다. 서점에서 정치인이나 군인들의 자서전이 잘 팔리지 않던 시절에 파월의 자서전 *My American Journey*가 1백만 부가 넘게 판매되었다는 것이 그의 명성이 얼마나 대단했는지 가늠하게 해주었다. 파월은 전국을 다니면서 책을 홍보했는데 마치 대통령 선거유세와 흡사했다. 최소한 세 개의 '파월 끌어들이기'Draft Powell 위원회가 발족되었고, 여론조사는 장군이 공화당 지명 후보군의 선두주자 아니면, 가장 경쟁력 있는 후보임을 가리켰다. 그러나 그는 당파적 성향을 드러낸 적이 없었기에 민주당 측에서도 자기 당에 합류하여 나중에 클린턴이 집무실을 떠난 후에 당의 대표주자가 되라며 구애했다.

거의 1년 동안, 파월은 청중과 소통하고 조언자들과 상의하는 가운데 자신의 선택안들을 심사숙고했다. 그리고는 1995년 11월에 침잠의 시간을 끝내고, 자신은 공화당원이며 대통령 경선 참가는 고려하지 않고 있음을 밝히면서, 정치는 그가 '부름받은 분야가 아님'을 알렸다. 그는 후에 1996년 경선에서 로버트 J. 돌Robert J. Dole 상원의원을 지지했다.[50] 그리고 몇 년 뒤에 다시 공화당 후보를 지지했고, 이어서 조지 W. 부시George W. Bush 행정부의 국무장관이 되었다.

☆ ☆ ☆

합참의장 콜린 파월 대장이란 특별한 인물은, 역사적인 여러 사건이 한데 모인 유일한 합류점에서 나타난 특이한 현상이었다. 역사적 사건 중 첫째는 냉전시대로, 전략적 방어를 위해 특별히 대규모로 그리고 유례없이 오랫동안 국가의 재화와 인력을 투입했던 시대다. 미국군은 반세기 동안 높은 준비태세를 유지해왔다. 이러한 부대를 이끈 이들은 세 개 세대의 전문직업군 장교들이었다. 그들은 전쟁을 자신의 소명으로 여기고 전쟁에 준비하는 것을 자신의 의무요 생계수단으로 생각했다. 이전에는 국가방위를 위해 그렇게 많은 미국인들이 그렇게 오랫동안 그처럼 강렬하게 자신들을 헌신한 적이 없었다. 파월은 이들 중 제2세대에 속했다.

제2세대는 젊은 시절에 미국군 역사상 유일한 전략적 패배의 고통을 겪어냈다. 베트남전의 경험이 그들을 그을렸다. 그들은 전우를 잃어 슬퍼했고, 패배의 쓰라린 맛에 뒷걸음쳤다. 거의 모두가 군이 매우 중요한, 그러나 손에 잡을 수 없는 무엇인가를 상실했다고 인식했는데, 바로 도덕적·윤리적 중심이었다. 전쟁 후 군에 남아 있던 사람들은 모두, 조직이 개혁되어야 하고, 전문직업으로서의 위상을 다시 회복해야 한다는 것을 공감했다. 군을 부흥시키는 것이 그들의 임무였고, 이를 위해 공적인 정직함을 재건하는 것으로부터 실전과 같은 전투훈련을 통해 부대의 사기를 다시 끓어오르게 하는 것까지 수많은 과업을 해야 했다.

많은 사람들이 베트남전 패배의 원인을 LBJ 대통령과 맥나마라 국방장관이나 반전주의자들 또는 미디어 등에 돌려 비난할 때, 가장 사려 깊은 장교들은 자신들의 군 지도자들이 직무를 다하는 데 실패했음을 깨달았다. 파월은 그렇게 내적으로 성찰하는 부류 중 한 명이었고, 그의 상관들이 그 위의 정치인들에게 솔직하게 말하는 데 실패했다고 비난했다. 하지만 문제의 본질적 요소를 '전문성에 기초한 군사적 판단보다는 정치적 권한을 절대적으로 우위에 두었기 때문'이라고 결론을 내림으로써, 질병의 원인을 진단하는 데 있어서 과녁을 벗어나게 되었다. 그는 기회가 주어진다면 결코 다시는 민간인들이 건전한 군사 전문적 조언을 무시하도록 내버려두지 않겠다고 다짐했다.

파월의 세대는 언제든 자신들의 순간이 도래할 수 있기에 준비가 되어 있어야 한다는 것을 잘 알고 있었다. 또한 그들은 오늘날의 용어로 표현하면, '의식 고양'consciousness raising을 경험했는데, 즉 단순히 전술적 기본지식을 넘어 더 많은 것들을 이해할 필요가 있음을 집단적으로 자각하게 되었다는 얘기다. 그들은 대학원에 진학했고, 펜타곤에서 견습 신분으로 복무했다. 파월의 합참의장 전임자가 썼듯이, "오늘날의 장교 중, 극소수의 장교만이 국제관계, 의회 정치, 그리고 공보 등에 대한 확고한 이해 없이 고위계급으로 진출했다".[51] 일반적으로, 최고 수준의 엘리트 장교들 중 일부가 야전부대에서 경력을 쌓다가 이따금 합참의 직무를 수행했으나, 파월은 실행부서의 다양한 기관에서 워싱턴 정치의 관행을 배우면서 거의 4분의 1세기quarter century를 보냈다.

파월 현상은 역사의 전환점이라 할 수 있는 획기적인 사건과 부합했다. 이 역사적 합류에서의 마지막 구성요소는 냉전의 종식이었다. 이것은 베를린 장벽이 무너질 때 그 전조를 보였고 소련의 해체로 완성되었다. 아이러니하게도, 냉전의 종식은 마르크스주의자들이 말했던 '역사의 종말'이었지만, 마르크스의 예언과는 반대로 자본주의가 사회주의를 이겼다. 파월과 그의 세대에게는 말할 수 없이 만족스러운 순간이었는데, 군대를 개혁하려고 그렇게 발버둥 쳐왔던 것이 소비에트 적을 항복시키는 데 있어서 가장 큰 몫의 호평을 누리게 되었다. 그들은 새로 형성된 자신들의 위신을 누릴 준비가 되어 있었다. 그리고 특별히 유능하고 경험이 풍부한 그의 동료집단 중에서 파월은 그 누구보다 전 생애에 걸쳐 바로 이 순간을 위해 훈련되어왔다.

1990년까지 군사 개혁의 시대가 마감되었다. 군대는 자본이 확충되었고 재무장되었다. 훈련은 탁월했으며, 마약, 인종 갈등, 군기 이완 등의 문제는 기억 저편으로 사라졌다. 군인직업은 자신감과 기세, 그리고 고결함을 회복했다. 사막의 폭풍 작전은 미군이 또 다른 적이라크의 확실한 격퇴를 통해 주적구소련과의 대결에서 무혈승리를 거둔 것에 적합한 피날레를 쓸 수 있도록 냉전의 대단원을 연장시킨 사건이었다.

마찬가지로 중요한 것은, 파월이 베트남전에서의 실수를 반복하지 않겠다고, 특히 사소한 영역까지 챙겨 군에 간섭하지 않겠다고 결심한 정치적 리더십과의 파트너십을 누렸다는 것이다. 조지 H. W. 부시와 그의 행정부는 군 복무와 군사적 능력을 칭송하는 레이건 대통령의 유산을 물려받았다. 부시는 '베트남 증후군'을 잠재우는 것을 목표로 삼았는데 사담의 쿠웨이트 침공이 기회를 가져다주었다. 그는 이번에야말로 정치인들과 군의 뜻이 서로 엇갈리지 않도록 함께 일하겠다고 다짐했다.

바로 이때 파월이 무대에 등장했다. 현명하고 설득력 있으며, 근면하고 기강이 바로 서 있으며, 매력적이고 실제적 지식이 풍부한 파월이 등장했다. 게다가 그는 마셜 이후로 어떤 장교도 갖지 못했던 권한과 책임을 의회에서 합참의장에게 부여한 바로 그 직후에 합참의장이 되는 행운도 얻었다. 그는 군이 전문직업으로서 정점에 있을 때 그 관리자가 되었다. 또한 물리학의 법칙과 정치학의 규칙이 모두 일단 어떤 개체가 정점에 이르면 필연적으로 하강을 요구한다는 것을 잘 알고 있었기에, 그는 자신의 눈앞에서 그 누구도 또 그 무엇도 군대의 광채를 흐리게 하도록 놓아두지 않을 작정이었다. 그것이 모든 방향으로의 정보의 흐름을 통제하는 것을 의미한다면, 워싱턴에 있는 그 누구도 그보다 더 교활한 관리는 없었다. 만약 그것이 골드워터-니콜스가 금지했을지라도 그 자신을 지휘계선 상에 있는 것처럼 넌지시 암시하는 것이라면, 파월의 (발간되지 않은) '삶의 법칙' 중 하나가 '시도해보기 전에는 네가 대가를 치르지 않고 무사히 넘어갈 수 있는 것이 무엇인지 결코 알 수 없다'였듯이, 그처럼 과감하게 시도한 자도 없었다.

만약 그것이 백악관에 건의할 정책적 방안의 한계를 정하는 일이라면, 국가안보보좌관을 역임한 그는 어떻게 의제를 설정할 것인가를 알고 있었다. 만약 그것이 그의 상관들에게 군사력의 운용에 관한 일련의 엄격한 테스트를 부과하는 것이라면, 파월은 이미 독트린이 준비되어 있었다. 그것은 그가 대필하여 레이건의 국방장관이 공표했고, 이후에는 파월 세

대의 전투경험에서 우러나온 교훈을 반영하여 신중하게 보완되어 군사력
운용면에서 더욱 제한적인 독트린이 되었다. 만약 그것이 민간인 상급자
들이 전쟁으로 향하는 길을 택했을 때 이에 복종하는 것 외에는 다른 선택
의 여지가 없을 때까지는 그들에게 반대해야 하는 것을 의미한다면, 파월
은 망설이는 전사reluctant warrior였고, 또 그렇게 불리는 것을 자랑스러워
했다. 그리고 만약 그것이 임무가 완수되기 전에 전쟁을 멈추게 하는 것을
의미한다면, 아마 어렵게 회복된 군대의 명예에 흠집을 내는 위험을 감수
하는 것보다는 나은 선택이었을 것이다.[52]

그리고 만약 그것이 경험이 부족한 대통령의 선거공약 이행을 좌절
시키기 위해, 대통령의 팀을 위협하기 위해, 그리고 국가안보정책에 대해
군사적인 측면의 거부권을 행사하기 위해 전례 없는 정치적 영향력을 사
용하는 것을 의미한다면, 콜린 파월은 클라우제비츠에 대한 조예가 충분
히 깊어서 그의 명제를 완전히 뒤집어 '정치는 다른 수단에 의한 전략의
연장'이라 했을 법하다. 한 역사학자는 파월을 일컬어 마셜 이후로 가장 강
력한 힘을 가졌던 장군, 아이크 이후로 가장 대중적으로 인기 있었던 장
군, 그리고 맥아더 이후로 가장 정치적이었던 장군이라고 했다. 그는 새로
이 강해진 합참의장실을 더욱 강력하게 했는데, 특히 클린턴이 취임한 후
로는 국가안보 문제에 관해서는 국방장관실과 대통령실의 권한에 필적할
정도가 되었다. 힘의 균형추가 지속적인 협의과정에서 군 쪽으로 향했다.
1993년 파월이 합참의장직에서 물러났을 때, 여론조사에 의하면 그는 '미
국에서 가장 신뢰받는 사람'이었다. 걸프전이 남긴 유산에 대한 비판은 아
직 시작되지 않았다. 파월은 1990년대의 성가신 작은 전쟁들에 개입하는
것을 적어도 그가 복무를 마치고 떠나기 전까지는 하지 못하도록 미연에
방지했다. 그리하여 그의 유산은, 군대의 전문직업적인 위상이 그 정점을
지나 한참 내려온 후에도, 놀랍게도 변함없이 그대로 남아 있었다.[53]

물리학과 정치학의 법칙은 모든 자극에 대해 그에 비례한 반동을 요
구한다. 파월이 전역한 후에 일어난 균형의 재조정rebalancing은 당연한 수
순이었다. 클린턴 대통령과 그 뒤를 이은 조지 W. 부시 대통령은 좀 더 순

응적이고 좀 더 통제하기 쉬운 합참의장을 임명해야 함을 알게 되었다. 실제로 부시는 계속되는 정치-군사 간 협의에서의 균형을 민간 측에 유리하도록 바로잡겠다는, 즉 군에 대한 문민통제를 복원하겠다는 의도를 가지고 부임했다. 그런 과업을 가진 자신을 돕기 위해서 그는 두 명의 전임 국방장관, 딕 체니와 도널드 럼스펠드를, 이와 더불어 워싱턴의 경험이 풍부한 또 다른 인물로 콜린 파월을 선택했다.

12
럼스펠드의 가정
Rumsfeld's Assumptions

　　도널드 럼스펠드는 스스로 즐기고 있었다. 두 개의 전쟁을 수행하고 있는 국방장관으로서 거의 매일같이 언론 브리핑을 하고 TV에 등장하면서 펜타곤을 대표하는 얼굴이 되었다. 그의 유머감각, 예스러운 표현, 기자들의 가정에 적극적으로 도전하는 그의 강력한 주장 등이 그를 미디어 스타로 만들었다. 별명을 붙여주기로 유명한 부시 대통령은 그를 '럼스튜드'Rumstud라 불렀다. 2003년 이라크 침공 후 몇 주가 지난 시점에, 바그다드로부터 전송된 TV 영상에 이라크 주민들이 정부 청사, 병원, 박물관 등을 약탈하는 모습이 담겨 있었다. 럼스펠드는 기자단에게 압제로부터 자유로 전환하는 과정에서 나타나는 일종의 자연스러운 '무질서'라며 가르치듯 말했다. 이라크 주민들이 사담 정권의 상징물들을 약탈하는 데 대해서는, "누구라도 수십 년 동안의 압제로 인해 형성된 저들의 억눌린 감정을 이해할 수 있을 겁니다"라고도 했다.

　　하지만 바로 그날, 단지 며칠 전까지만 해도 활기가 넘쳐 보였던 전쟁의 진행이 점점 무정부상태로 빠져드는 것처럼 보였기에, 언론인들은 더이상 엄포로 인해 주눅이 들거나 교묘한 말로 달래지지 않았다. 그들은 계속해서 이라크에서 법과 질서를 회복할 계획이 있는지 집요하게 물었다. 합참의장인 리처드 B. 마이어스Richard B. Myers 장군이 거들기 위해 마이크 앞으로 다가섰다. 그러나 콜린 파월 장군이 어떻게 걸프전 기간 동안 스포트라이트를 받게 되었는지를 기억하고 있던 럼스펠드는 취임 초기부터 자신이 받아야 할 관심을 군이 가로채지 않도록 하겠다고 결심했었다. 그는 재빨리 마이어스가 말하기 전에 끼어들었다.

> "여러분이 TV에서 보는 이미지는 어떤 사람이 한 건물에서 화병을 가지고 걸어나오는 같은 장면을 보고, 또 보고, 또 보는 것으로, … 약 20회를 보고 나면, 이렇게 생각하겠죠. 와, 거기에 꽃병이 그렇게 많았나? 나라 전체에 그렇게 많은 꽃병이 있을 수 있나?"(웃음)

다시 한번 그 특유의 소탈함과 재치로 럼스펠드는 TV 뉴스의 진실성integrity을 공격함으로써 스스로 궁지에서 벗어날 수 있었다. 적어도 그는 그렇게 생각했다. 그럼에도 한 기자는 집요했다.

> "장관께서는 '무정부'anarchy 그리고 '무법'lawlessness이라는 단어가 이라크의 현 상황을 설명하기에 부적절하다고 생각하시는 거죠? …"

"당연하지요!" 럼스펠드는 불쑥 끼어들어 비난의 총구를 신문사들에 돌렸다.

> "오늘 신문을 집어들고 도저히 믿을 수 없었어요. 여덟 개의 머리기사가 모두 혼란, 폭력, 불안 등만 언급하더군요. 그것은 단지 '하늘이 무너지고 있다'며 호들갑 떠는 것일 뿐이죠. 난 이라크에서 그와 같은 것을 전혀 보지 못했어요."

럼스펠드는 특유의 냉정함을 다소 잃기 시작했다. 그는 그냥 "뭔가 터진 것!"Stuff happens!이라고 주장했다.[1] 물론 럼스펠드가 후세인 정권 붕괴 이후의 이라크를 통제할 적절한 계획을 가지고 있지 않았던 것이 문제였다. 그와 대부분의 부시 행정부 인사들이 미군이 이라크로 진입하게 되면 이를 고마워하는 주민들로부터 '해방자로 환영받게 될' 것이라고 여겼다. 얼마 안 가서 '뭔가 터졌다!'는 사후에 어떻게 통제할 것인가에 대한 적절한 계획도 없이 이라크 침공을 선택함으로써, 어떤 일이 벌어진 것인지를 파악하지 못하고 있던 행정부의 무능함을 드러내는 유명한 약칭이 되었다. 럼스펠드는 베트남 전쟁 이후 미국의 국가안보에 있어 가장 큰 실패를 야기했던 오만과 교만을 두 단어Stuff happens!에 담았던 것이다.

조지 W. 부시 행정부는 미국을 세계의 패권국가로 바라보면서 행정부를 시작했다. 행정부 대변인들은 냉전 시대의 봉쇄와 억제의 교리들을 돌아보지 말고 지나치라고 주장했다. 그들은 적극적으로 클린턴 시대의 나약하고 어중간한 조치들과 결별했다. 그러한 조치들은 미국을 '국가건설'nation building이라고 하는 무의미한 노력에 묶어두는 것이었다. 대신에 그들은 미국이 국가안보를 추구하면서 군사력을 사용하는 데 주춤거리지 않아야 한다고 했다. 때로는 그것이 국제질서를 위협하는 깡패 국가들과 대결하는 것을 의미할 수도 있다고 했다. 2001년에 있었던 테러리스트의 공격이 그들의 의도를 실행에 옮기는 데 필요한 개전 명분casus belli을 가져다주었다.

조지 부시는 숙련된 정책 전문가들로 가득 찬 행정부의 정점에 앉아 있는 국가안보의 문외한이었다. 그러다 보니 그는 딕 체니에게 힘을 실어주어, 특히 외교 문제에 있어서 역사상 가장 막강한 영향력을 발휘한 부통령이 되게 했다. 체니는 럼스펠드와 함께, 국가안보정책에 대한 주도권을 놓고 국무장관 콜린 파월과의 경쟁구도를 형성했다. 9·11 사태 이후, 체니의 승인과 지원에 힘입어 럼스펠드는 이라크에 대한 호전적인 정책을 강력히 추진하여 2003년 초 이라크 침공까지 주도해갔다.

럼스펠드는 단지 이라크를 패배시키는 것뿐만 아니라, 전쟁에 있어 새 시대를 열 참신하고 아직 검증되지 않은 전략을 사용하여 승리하기를 원했다. 즉 속도, 은밀성, 정밀탄약, 스마트하고 네트워크화된 무기체계 등이 산업시대의 크고 무거운 무기체계 등의 소요를 없애줄 것이라는 생각이었다. 이로 인해 그는 그가 국가방위에 있어 전통주의자라고 보았던 사람들 — 펜타곤 관료 및 미 육군 고위급 대부분 — 과 부딪혔다. 그 가운데서도 그는 능력은 부족했으나 야망은 얼토당토않게 컸던 중부사령관 토미 프랭크스와 제휴했다. 그 둘은 대체로 합참을 소외시키는 가운데, 정치-군사 간 대화를 독점했다.

럼스펠드는 다가오고 있는 전역campaign에 대해 수많은 의심스러운 가정을 만들어냈는데 프랭크스는 이에 대해 논쟁하거나 이론을 제기할 능력도 의지도 없었다. 부시 행정부 내의 대다수가 그랬듯이, 럼스펠드도 이라크와의 전쟁 필요성을 과장하고 부풀렸다. 동시에 그는 행정부가 스스로 정한 과업을 수행하는 데 요구되는 어려움을 과소평가했다. 럼스펠드와 프랭크스가 만들어낸 전략은, 목표는 과장되고 달성은 미진한 것이었다. 결국은 신속한 그리고 명확하게 성공적이었던 초기 단계의 침공이, 실제로는 끝맺음이 없는 8년간의 피비린내 나는 전쟁의 전조가 되었다. 2003년 일어난 여러 사건은 정치-군사 관계의 양측 주인공들이 전략 수립에 대해 이해하는 데 실패했을 때의 그런 어리석음에 대한 객관적인 교훈을 제공했다. 그들의 실패는 대체로 럼스펠드의 잘못된 가정(假定)에서 기인했다.

☆ ☆ ☆

조지 W. 부시는 2000년 대통령 선거 후보자 지명을 위한 조사에서 1999년 공화당의 가장 인기 있는 후보였다. 당의 원로들은 지나치게 격렬한 후보자 지명전을 피하기 위해 부시를 지명하는 것으로 타협했다. 그는 주지사 시절 이렇다 할 스캔들 없이 복무한 데다 그의 아버지로부터 물려받은 인지도가 보편적이었다. 선거운동 기간에 그는 약간은 천박해 보이고 심지어 의심스럽기도 하며 외교 문제에 대해서는 명백히 무지했으나, 사교적이며 남자답다는 인상을 주었다. 선거 결과 후보 간 표 차이는 수십 년 동안의 결과 중 가장 근소한 것이었으며, 전체 국민이 투표한 숫자로 보면 근소할지라도 고어Gore 부통령에게 뒤졌다.* 그럼에도 논란이 많았던 재검표를 통해 플로리다주의 결정적인 선거인단을 누가 가져가게 되는지를 대법원에서 최종 판결하기로 했다. 선거 당일로부터 5주 후에야 대법원이 5대4로 부시의 손을 들어주었다.** 나라의 절반은 그의 당선을 불법적인 것은 아니라 할지라도, 더럽혀진 것으로 보았다. 경험이 부족했던 신임 대통령은 상당히 불리한 요소들을 안고 취임했다.

딕 체니는 국방장관에서 물러난 후에 잠시나마 대통령 경선에 참여할지 고심했었다. 하지만 세간의 주목을 끌거나 선거비용을 충당할 기부금을 확보할 수 없어서, 그는 정치에서 떠나 할리버튼Haliburton이라는 세계적 규모의 제조업 및 자문회사의 CEO가 되었다. 그러던 중 부시가 2000년 대선 후보자로 지명되었을 때, 부시로부터 러닝메이트를 선발하는 위원회를 맡아달라는 부탁을 받았다. 체니의 정치적 경험을 형성하는 데 중요했던 시기는 그가 닉슨과 포드 대통령의 백악관에서 근무했을 때였다. 당시 그는 베트남 전쟁과 워터게이트 사건의 여파로 의회에서 공격적으로 대통령의 권한을 벗겨내려 하는 모습을 지켜보았다. 그 후로 그는 '단일의 행정부'unitary executive라고 일컬어지는 법 이론에 대한 확신을 견고히 지탱하면서, 경력의 많은 부분을 행정부의 권한을 되찾아오는 노력에 투입했다.

백악관에서의 경험을 바탕으로 그 뒤에 의회에서의 리더십 경험과

---

* 선거인단을 확보한 득표수(electoral vote)로 보면 271표(부시) 대 266표(고어)로 1888년 이후 가장 적은 표 차이로 당선되었고, 실제 국민들이 투표한 총 숫자로 보면(popular vote), 50,456,002표(부시) 대 50,999,897표(고어)로 오히려 고어가 앞섰다.

** 선거 당일 밤 집계된 주 개표 결과 선거인단은 공화당 후보인 조지 W. 부시 텍사스 주지사가 246명, 민주당 후보인 앨 고어 부통령이 255명으로 집계됐으며, 뉴멕시코(5명), 오리건(7명), 플로리다(25명)는 이날 저녁 집계가 불가능했다. 고어는 며칠 후 뉴멕시코와 오리건에서 승리했다. 그러나 플로리다에서의 결과는 그 두 주가 어떻게 투표했든 간에 결정적이었다.

아버지 부시 행정부에서의 경험까지 두루 갖춘 체니는 조지 W. 부시에게 정부를 운영하는 것부터 부통령에게 요구할 사항 등 가르쳐줄 것이 많았다. 그러한 교훈 중의 하나는 대통령과 부통령 사이에 경쟁이 일어날 가능성이 있음을 알고 항상 주의하라는 것이었다. 특히 부통령이 현 대통령을 뒤이어 대통령이 되고자 할 때는 더욱 주의해야 했다. 몇 주 동안 수십명의 희망자들을 심사한 후에, 부시는 최선의 선택은 바로 옆에 앉아 있는 사람이라고 결심했다. 체니는 대통령직에 대한 야망이 없었다. 실제로 그는 정치인으로서는 비정상적으로 세간의 주목을 꺼렸고 대중의 관심만 좇는 이들을 거의 무시하는 사람이었다. 부시는 체니를 명단에 올렸다. 그리고 둘 사이의 합의를 통해 체니는 국가안보 문제에 있어서 가장 두드러진 존재가 되었다.

선거일로부터 대법원에 의한 재검표가 끝나기까지의 어색한 정치적 공백 기간 중, 체니는 대통령직 인수를 위한 작업을 시작했다. 그는 워싱턴에 있는 누구만큼이나 행정권을 발휘하는 수단에 대해 알고 있었다. 그는 신속히 정부 전반에 걸쳐 중요한 직위에 맞는 잠재적인 지명자들의 명단을 수집했다. 부시가 재검표에 집중하는 동안 체니는 30년간의 공직 생활을 통해 얻은 자신의 추종자들을 행정기관의 모든 수준에 배치하기 위한 계획을 시작했다. 선거 결과가 결정되고 난 후에 취임까지의 기간이 너무 짧아 행정부 참모들을 선발하여 보직시키느라 고생한 체니에게 감사하는 것 외에 부시가 할 수 있는 것이 거의 없었다.[2]

첫 번째 각료의 선정은 이미 정해져 있었다. 콜린 파월은 공인 후보자 명단을 받아들였고, 부시는 그를 국무장관에 지명하겠다고 약속했다. 파월은 체니의 선택은 받지 못했을 것이다. 파월의 비망록과 걸프전에 관해 발간된 역사 자료들은 그 두 사람 사이의 갈라진 틈을 확대하는 것뿐이었다. 하지만 체니는 정치를 이해하고 있었다. 대통령 당선인은 파월의 인기와 위엄이 어느 때보다 필요했다. 부시는 2000년 12월 15일, 선거에서 승리한 며칠 뒤에 파월을 국무장관으로 지명했다. TV로 방영된 기자간담회는 경험이 부족한 텍사스 주지사가 정부의 항해를 좌우하는 방향타에 대한 확고한 장악력을 얼마나 원했는지를 드러냈다. 파월은 꼬리를 물고 이어지는 질문에 정통하게 그리고 침착하게 답변했다. 많은 참관자가 대통령 당선인이 그의 역할에 맞는 것보다도 국무장관이 그의 역할에 훨씬 더 잘 맞는다고 기록했다. 실제로 부시는 파월의 뒤에서 안절부절못하면서 다소 위축된 것처럼 보였다. 체니는 기분이 나쁜 표정으로 옆에 서 있었는데, 아마도 과거 펜타곤에서 권력을 공유할 때 여러 번에 걸쳐 파월이 자신이 받아야 할 관심과 주목을 앗아갔던 것을 떠올리는 듯했다. 어떤 면에서 새로운 행정부에서 파월의 위상은 그날로 정점을 지났다고 할 수 있다.[3]

체니는 파월의 영향력에 균형을 맞추기 위해 신속하게 움직였다. 그는 자신의 오랜 멘토였던 도널드 럼스펠드를 국방장관 후보로 천거하여 부시 당선인과 인터뷰하도록 주선했다. 부시와 럼스펠드는 향후 국방의 운영방향에 있어 서로 죽이 잘 맞았다. 부시는 군대를 '변혁'transform하겠다는 선거공약을 지키길 원했고, 그 임무를 럼스펠드에게 부여했다. 그들은 미국의 필적할 상대가 없는 압도적인 군사력이 '한 세대의 기술을 건너뛸 수 있는' 기회를 제공한다면서 냉전 시대의 전력보다 더 가볍고, 더 민첩하며, 더욱 전개하기 쉬운 현대식 무기체계를 획득하는 데 동의했다. 두 사람은 또한 오랫동안 럼스펠드가 옹호해온 강력한 탄도미사일방어(BMD) 프로그램의 필요성에 대해서도 동의했다. 크리스마스가 지난 직후의 기자간담회에서 부시가 럼스펠드를 소개하면서, "그는 다시 한번 위대한 국방장관이 될 것입니다"라고 언급했다. 대통령 당선인은 그에게 공공연히 지시하여, "펜타곤 내부의 현상유지에 도전하라"고 했다. 럼스펠드는 그의 임무를 명확히 인식했다.

"펜타곤에서 적당히 회의를 주재하거나 의견을 조정하거나 할 때가 분명히 아니다."[4]

폴 월포비츠Paul Wolfowitz는 체니의 심복이자, 사담 후세인에 대한 마무리 안 된 전쟁을 끝내려 10여 년을 노력해온 국가안보 분야의 매파 집단, 네오콘의 지적인 지도자로서 럼스펠드의 부장관으로 합류했다. 대부분의 장관들이 정책적 의제를 다루고 그날그날 일어나는 일상적인 펜타곤의 운영에 대해서는 부장관들에게 위임했던 반면, 럼스펠드는 그 역할을 뒤바꾸었다. 즉, 월포비츠에게 정책에 관한 업무를 일임했고, 국방부의 행정사항을 자신이 직접 관장했는데 그것이 '현상유지에 도전하는' 최선의 길이라고 생각해서였다.

파월은 국무부의 부장관으로 자신의 오랜 친구이자 과거 펜타곤의 동료였던 리처드 아미티지Richard Amitage를 임명했다. 귀에 거슬리는 목소리에, 꾸밈없이 말하며, 웨이트트레이닝을 즐겨 하는 해군 특수부대 SEAL 팀 출신으로 베트남전에 세 번 참전한 베테랑이었던 아미티지는 '치킨호크'chickenhawks에게 전혀 관심이 없었다. 치킨호크는 신조어로서 전투에 직접 참여하여 얻은 지식도 없이 군사력의 사용을 옹호하는 정치인들을 일컫는 용어다. 이 단어는 대부분의 '네오콘'에게 적용되었는데, 가장 두드러진 인물만 대더라도 체니, 럼스펠드, 월포비츠 등이 포함되었다. 파월과 아미티지는 군사력의 사용에 주의하자는 신중한 입장이었으나, 네오콘들은 군사력을 미국의 가장 유용한 외교정책 수단으로 여겼다. 그리하여 네오콘들이 국방부를 좌지우지하는 동안에, 국가안보 및 군사적 경험이 풍부한 그 두 명의 베트남 참전용사들이 국무부를 이끌었다. 그리고 그들 사이의 철학적인 차이에서 기인한 틈새가 서로에 대한 개인적인 반감으로 인해 더 넓어지게 되었다. 이러한 그룹 간의 경쟁을 심판해야 할 체니는 네오콘을 편드는 것을 감추지 않았다. 결국 부시 행정부는 그 시작부터 '라이벌이 모인 한 팀'team of rivals이라기보다는 '라이벌이 된 한 쌍의 팀'a pair of rival teams이었다.[5]

☆ ☆ ☆

한때 대학부 레슬링 선수였던 럼스펠드는 작고 단단한 몸을 가졌다.

프린스턴 대학을 졸업한 후 해군 조종사로 평시에 지정된 기간 동안 군에 복무했으며 그 후 그가 태어난 고향인 시카고로 돌아가 의회에 입성하기까지 오랜 시간을 기다렸다. 의회에서 세 번의 임기가 지난 후에 그는 닉슨 행정부의 국내정책팀으로 합류했다. 닉슨은 그를 나토 대사로 임명해 보냈는데 그즈음에 워터게이트 사건이 막 들끓기 시작했고, 그 바람에 럼스펠드는 스캔들의 얼룩은 피할 수 있었다. 포드 대통령은 그를 백악관 비서실장으로, 그리고 후에 내각을 대폭 개편하면서 국방장관으로 임명했다. 포드가 재선에 실패한 후에 럼스펠드는 회사의 중역이 되었고, 나중에는 설리Searle라는 제약회사의 CEO가 되어 큰 재산을 모았다. 그는 이따금 정부의 위원회나 대통령의 특별대사로 공적인 일을 하기도 했으며, 1988년에는 아주 잠깐이나마 대통령 후보 지명전에 발을 들여놓기도 했지만, 당시 부통령이던 아버지 부시에게 패하고 말았다. 이들 둘은 일생에 걸쳐서 그리고 때로는 아주 치열한 경쟁관계에 있었다. 이러한 집안 내력으로 인해서 아들 부시가 그를 임명하고자 결심한 것은 매우 놀랄 만한 일이었다. 2001년 럼스펠드는 역사상 최연소(最年少) 국방장관과 최연장(最年長) 국방장관이라는 두 개의 타이틀을 모두 가지게 되었다.[6]

지성과 개성 그리고 인격의 환상적인 조합이 럼스펠드를 미 국방부 역사상 가장 영향을 많이 미친 장관 중 하나로 만들었다. 럼스펠드는 직설적이고 패기만만했으며, 거칠고 매력적인가 하면 또한 도발적이었다. 그는 예리한 정신의 소유자였고 논리적이며 절제력 있었다. 그는 가정이나 제1의 원칙에 대한 가차 없는 의문과 점검을 통해 문제의 본질로 직진하는 것을 자랑스럽게 여겼다. 그의 문장은 간결하고 정연했으며, 그는 모든 단어를 의미 있게 만들기 위해 노력했다. 럼스펠드는 결재완료문서함 outbox을 통해 국방부를 관리하고자 했다. 거기에 들어 있는 간결한 메모들은 '눈송이'snowflakes로 알려진 그의 의사소통 도구였다. 그가 국방부에 도착한 직후부터 회의 및 보고 시간을 정하고, 지시를 하달하고, 절차를 문의하고, 정보를 요구하는 메모들이 펜타곤 전체에 눈보라가 되어 휘몰아쳤다. 그런 메모들이 관료주의적인 질서를 무시하는 것처럼 보였다면 바로 그것이 정확하게 럼스펠드가 의도하는 것이었다. 장관실의 참모들은 나가는 메모를 추적하여 그것을 수령한 사람들을 졸라댐으로써 럼스펠드가 적시에 응답을 받게끔 하려 애를 썼다. 럼스펠드는 곧 관료주의가 균형을 되찾기 위해 싸움에 나서도록 만들었다.[7]

'눈송이'는 럼스펠드가 사람, 회의, 정보 등에 대한 통제권을 주장하기 위해 사용한 여러 도구 중 하나였다. 그는 어떤 형태로든 절차적 제한사항으로 굴레를 씌웠지만, 자신이 선호하는 방법은 문자 그대로 따를 것을 요구했다. 그 자신이 스스로 인정한 바에 의하면, 그는 부시의 국가안보 보좌관이었던 콘돌리자 라이스Condoleezza Rice에게 그녀의 NSC 관리를 비난하는 메모들을 쏟아지듯이 퍼부었다. 그는 종종 고위 장성들과 백악관의 보좌관들 같은 회의 참석자들에게 회의 내용을 적지 않도록 강조했다. 또한 그가 발표하면서 보고자료를 사용한 경우, 회의 말미에 모든 사본을 회수하도록 했다. 그는 항상 자신과 또 다른 사람들이 어떤 말을 했는지 기록하는 것을 통제하려 했으며, 다른 어느 누구도 자신의 의견에 이의를 주장했다는 증거를 제공할 수 없게 하려 했다. 이처럼 그의 관심은 신뢰를 형성하는 데 있지 않았던 것이 분명하다.[8]

럼스펠드의 가장 대담한 주장은 그가 지식 자체에 대한 주권을 요구했다는 것이다. 기자간담회나 의회의 증언을 통해 그는 자주 생각에 잠겨 이런 대답을 하고는 했다.

"알고 있다는 것을 압니다."Known knowns (때로는 사실로 칭하기도 함)
"모르고 있다는 것을 압니다."Known unknowns (자신의 지식에 갭이 있음을 앎)
"모르고 있다는 것을 모릅니다."Unknown unknowns (자신도 모르는 지식의 갭이 있음)

이러한 인식론의 범주는 철학적인 유형학(類型學)에는 유용하겠지만 럼스펠드는 그것의 실제 적용을 상당히 광범위하게 시행했다. 그는 무엇이 알 수 있는 것인지와 무엇이 그렇지 않은 것인지를 구분할 것을 주장했다. 일단 국방장관이 알 수 있는 것과 알 수 없는 것의 한계를 결정하게 되면, 그는 전문적인 조언, 전략적 토의, 그리고 사고의 영역에 이르기까지 도전할 수 없는 지배적 영역을 설정하는 격이 되었다.[9]

군을 변혁하라는 대통령의 주문을 받은 럼스펠드는 군사적 '가정'assumptions에 도전할 것을 강조했는데, 이것은 모르는 것의 갭을 메우려는 시도로서 우발상황에 대비한 계획수립에 박차를 가하게 했다. 그는 '만약 우리가 가정을 올바르게 수립한다면, 전략, 전술과 세부사항들은 논리적으로 뒤따를 것'이라고 믿었다. 때때로 그는 '훈련된 유인원도 그 나머지는 할 수 있을 것'이라고 농담조로 말하곤 했다. 그와 같은 주장은 고위급이 하는 어림짐작guesswork은 중시하고, 군사전문직업의 기본인 전략적 계획수립이라는 지루한 작업은 경시하는 태도였다. 오늘날 펜타곤에서 우발상황에 대비해 계획을 수립하는 방식은 잠재적인 위기에 어떻게 대응할 것인가를 무한 반복해서 생각하는 것이다. 주어진 시나리오가 실제로 일어날 가능성은 얼마나 되는가? 그것은 얼마나 위험한가? 우리가 대응할 필요가 있는가? 얼마나 빨리 대응해야 하는가? 우리가 추구해야 할 정책적 목표는 무엇인가? 어떤 전력이 필요할 것인가? 목표 달성을 위해 그러한 전력을 어떻게 사용할 것인가?

럼스펠드는 그가 물려받은 작전계획들에 대해 코웃음을 쳤다. 그것들이 다분히 파월 독트린의 영향을 받아 잠재적인 위협에 대응하기 위해 부대를 대규모로 증강하여 압도적인 전력을 행사하려는 방식이었기 때문이다. 이와 달리 럼스펠드는 가볍고, 민첩하며, 첨단기술로 무장된 전력으로 분쟁지점에 신속히 기동하여 적을 해치운 후 가능한 빨리 재전개하기를 원했다. 그는 많은 시간을 우발상황에 대비한 작전계획을 검토하는 데 사용했고, 그 과정에서 그가 보기에 문제점이 과장되었다고 생각되는 가정들을 폐기하면서 계획관들에게 처음부터 다시 작성하게 했다. 오래된 군사적 처방nostrum은 군인들에게 '최선의 상황을 기대하되, 최악의 상황에 대비하여 계획하라'고 명하고 있다. 그러나 럼스펠드는 '최선의 상황을 가정하고, 그 가정에 따라 계획하기'를 되풀이했다. 그는 아이티, 보스니아, 소말리아에 개입했던 것과 같은 클린턴식의 '국가건설' 정책을 소모적이고 비효과적이며 목적이 불분명하다고 경멸했으며, 앞으로 부시 행정부역시 그러한 일에 군이 개입하도록 허용할 것이라는 개념을 묵인하려 하지 않았다.[10]

럼스펠드로서는 '현상유지에 도전하라'는 주문은 또한 군에 대한 문민통제를 강화하여 재설정하라는 의미였다. 당시의 많은 보수주의자들처럼 럼스펠드도 콜린 파월로부터 시작하여 장군들과 제독들이 클린턴 대통령과 그의 행정부를 압도해왔다고 믿었다. 그리고 럼스펠드는 당시 남겨진 군 수뇌부도 '클린턴의 장군들'이라고 여겼다. 합참의장 휴이 쉘턴Hugh Shelton 장군이 합동참모위원들의 충성심을 보증하려 말을 꺼내자, 럼스펠드는 그를 가로막았다. 그는 쉘턴에게 합참의 규모가 너무 크고, 합참의장이 국방부로부터 분리된 별도의 공보실과 법무연락관실을 가질 필요가 없다고 말했다. 이에 보태어 모든 군사적 조언은 자신을 통해 이루어져야 한다고 강조함으로써, 쉘턴에게 법적으로 보장된 권한 즉, 대통령과 국가안보회의에 조언할 수 있는 권한에 대해서도 딴지를 걸었다. 쉘턴은 맹공격을 받기 전에는 자신의 입장을 견지했지만, 럼스펠드가 자신과 합동참모위원들을 충성스러운 부하나 전문적인 군사조언자라기보다는 경쟁하는 정파로 보고 있음을 금방 알아차렸다. 럼스펠드는 파월이 체니와 슈워츠코프 사이에 스스로 끼어들었던 것과는 달리, 쉘턴과 그 후임 합참의장 마이어스는 작전 지휘계선operational chain of command에 있지 않음을 확실히 해두었다.[11]

럼스펠드는 기자간담회를 할 때 종종 보여주었던 위협적인 태도를 고위급 장교들과 회의할 때도 보였다. 언젠가 합동참모위원들과 회의하던 중, 여러 명의 부하 장교들 앞에서 자신의 손을 흔들면서 그리고 "아직도 이걸 알지 못해요? 아직도?"라고 따져 물으면서 육군참모총장 에릭 K. 신세키Eric K. Shinseki 장군에게 핀잔을 주기도 했다.[12] 2003년 1월 기자간담회에서 럼스펠드는 '장관님께서는 예하 군 수뇌부를 거칠게 다루시는 경향이 있다'는 주장에 대해 이렇게 답했다.

> "나는 이따금 직원들로부터, 뭐 군인도 있었고 민간인도 있었지
> 만, 내가 어떤 감흥도 관심도 느낄 수 없는 보고서를 받을 때가
> 있었습니다. … 그리고 여섯 번이고 일곱 번이고 다시 돌려보낸
> 적이 몇 번 있었어요. 왜냐구요? 우리가 일을 잘하고 또 올바르
> 게 하는 것이 너무나 중요하다는 것이 저에게 각인되어 있기 때
> 문이죠. … 헌법은 국방부에 대한 민간인 통제를 요구합니다. 그
> 리고 저는 민간인입니다. … 우리 부서는 엄청난 일들을 해내고
> 있습니다. … 그리고 그것은 자기 손가락으로 귀를 막고서는 다
> 른 사람들이 잘했다고 생각해주기를 기대하면서 우두커니 서 있
> 어서는 이루어지지 않습니다."[13]

실제 군사작전을 계획하고 실행할 때가 되자 합동참모위원들은 럼스펠드
가 자신들의 조언을 거의 신뢰하지 않는다는 것을 알게 되었다.

☆ ☆ ☆

부시가 지명한 많은 사람이 1991년의 걸프전에서 이라크를 정복하지
않고 사담 후세인을 제거하지 않은 잘못을 만회하기를 바라면서 행정부
로 들어왔다. 폴 월포비츠는 그들 중 가장 두드러진 사람이었다. 이들 네오
콘의 논리는 단순했다. 수십 년 동안 중동은 미국의 핵심적인 국가 이익이
걸린 곳이었다. 미국은 그 기간 중 대부분의 시간을, 좀처럼 다루기 어려운
이스라엘-팔레스타인 간의 분쟁에 대한 해결책을 찾는 데 초점을 맞춤으
로써 중동지역 전체를 평화롭게 만들려 했으나 아무 소득이 없었다. 네오
콘은 사담의 무자비한 정권이 중동지역의 안정에 훨씬 더 큰 위협이라고
믿었다. 더구나 미국은 그 넘볼 수 없는 막대한 군사력으로 1991년에 시작
했던 일을 마무리 지어야 할 도덕적 의무가 있다고 생각했다. '이라크에서

바트당의 독재를 분쇄하고 그것을 대체할 민주적 정부를 수립하게 되면, 중동의 나머지 국가가 선례를 따르게 되어 더 이상 중동이 미국이나 이스라엘에 위협이 되지 않을 것'이라고 그들은 주장했다.[14]

2001년 1월 새로 들어선 부시 행정부에서 개최한 첫 번째 NSC 의제는 중동문제 단 하나였다. 파월이 먼저 말을 꺼내면서 이스라엘과 팔레스타인 간 폭력행위의 증가가 지역 내 가장 긴급한 문제라고 주장했다. 그러자 체니와 럼스펠드 두 사람 다 이에 동의하지 않는다고 하면서, 대통령에게 자신들이 보기에 처리하기 어려운 문제에 대해서는 손을 떼는 접근방식을 채택할 것을 건의했다. 국가안보보좌관 콘돌리자 라이스가 논의의 방향을 이라크로 틀었다. 클린턴 행정부로부터 물려받은 정책이라고 하면서, 그녀는 "우리는 실질적으로는 정권을 교체하지 않는 그러한 정권교체 계획을 갖고 있다"고 말했다. 럼스펠드는 UN의 제재요법이 작동하지 않기 때문에, 이제 미국은 그것을 벗겨내버리는 것을 고려해야 한다고 주장했다. 그는 이라크의 대량살상무기에 대해 우려했으며 더욱 공세적인 방법으로 그들을 다뤄야 한다고 주장했다. 부시는 파월 국무장관에게 좀 더 효과적인 제재방안을 마련하라고 지시하고, 럼스펠드에게는 이라크 상공 전역에 '비행금지' 구역을 강제하기 위한 공중정찰 시행으로 무엇을 더 얻어낼 수 있는지 탐색해보라고 했다. 그 뒤 얼마 안 가 대통령은 양 부서에서 건의한 방안의 시행을 승인했다.

첫 번째 NSC 회의 후 단지 한 달 만에, 미국과 영국의 항공기들이 20개의 이라크 방공 지휘통제 시설을 공격했으며, 바그다드 주변에 있는 시설들도 일부 여기에 포함되었다. 항공기 조종사들은 오로지 럼스펠드가 사전 승인한 절차에 따라서 공격했으나, 고위급에서의 의사소통 오류로 인해 국방장관과 대통령이 보고 체계에서 벗어나게 되었다. 두 사람 모두 TV 뉴스를 통해 공격을 인지하게 되어 깜짝 놀랐다. 행정부는 비행이 일상적이었으며 기존 정책에 변화가 없음을 설명함으로써 애써 두 사람의 체면을 세웠다. 그러나 여전히 새로운 안보팀은 사담 후세인에 대해서 더욱 호전적인 태세를 받아들일 준비가 되어 있음이 분명했다.[15]

이어지는 몇 개월 동안 부시 행정부는 전체적인 관심을 국내문제, 특히 선거운동 기간 중 가장 중요하게 다뤄졌던 세금 감면과 사회적 이슈로 돌렸다. 럼스펠드는 이때 4년 주기 국방태세검토(QDR)를 주도했다. 이것은 미군의 전략적 역할과 임무를 정하고, 장기 소요를 고려하여 자원을 할당하는 포괄적인 연구활동이었다. 4년마다 의무적으로 시행하도록 법제화된 QDR은 각 군에게는 가장 중요한 이벤트였으며 행정부로서는 국방정책에 도장을 찍는 기회가 되었다. 럼스펠드는 바로 그렇게 하기를 원했다. 그는 미래전에 대해 분명한 생각을 가지고 있었다. 그는 자신이 네트워크 중심전을 의미하는 '변혁'에 몰두하고 있다고 목소리를 높였는데, 이는 정밀타격무기, 정보화 시대에 걸맞은 정보관리, 그리고 탄도미사일 방어 등이 특히 강조되는 개념이었다.

럼스펠드의 첨단기술 위주 미래전에서 육군은 단지 제한적인 역할만을 맡게 될 것으로 보였다. 럼스펠드가 부대구조를 개편하면서 적어도 네개 사단 규모를 감축시키려 한다는 것이 분명해지자, 신세키 육군총장은 대규모 육군이 필요하다는 증거를 가지고 그 주장에 반박할 수 있는 기회를 달라고 끈질기게 요청했다. 논쟁은 세간의 주목을 받지 않는 가운데 이루어졌고, 대통령과 의회에 올린 최종보고서에 육군의 관점이 주로 반영되어, 결국 한 개의 사단도 감축되지 않았다. 하지만 이것은 상처뿐인 승리였다. 럼스펠드는 중요한 변혁의 기회를 상실한 것에 대해 분노했다. 그는 국방부의 많은 사람들이, 특히 육군이 편협한 데다가 변화를 거부한다고 결론지었다.[16]

얼마 뒤 럼스펠드는 수백 명의 국방부 직원들과 직접 만나 소통하는 '타운 홀' 미팅에서 연설했다.

"오늘 주제는 미국의 안보에 위협, 그것도 심각한 위협이 되는 적에 관한 것입니다. 단지 하나의 도시(수도)에서 그 적은 자신의 요구사항을 시간대를 넘어, 대륙과 해양을 넘어 강요합니다. 또한 끔찍하리만큼 모순된 태도로 자유로운 사고를 방해하고 새

로운 생각을 부숴버립니다. 그것은 미국의 방어를 와해하고 군
복 입은 남녀의 생명을 위태롭게 합니다. … 여러분은 아마도 제
가 세계의 마지막 노쇠한 독재자 중 한 명을 지칭하는 것으로 생
각할 수도 있겠지요. 그러나 그들의 세월은 거의 다 지나갔으며,
그들의 능력과 규모는 제가 말한 적에 비교할 바가 안 됩니다. 이
적은 우리 가까이에 있습니다. 바로 펜타곤 관료주의입니다."

럼스펠드는 계속해서 둔중하고 느린 회계처리, 구식의 사업관리, 호환성
이 없는 정보기술, 그리고 조직적인 나태함 등을 공격했다. 그는 자기 부서
에 전쟁을 선포하고 있었다. 그날이 2001년 9월 10일이었다.[17]

다음 날 아침 오사마 빈 라덴이 공격을 개시했다. 19명의 알카에다 납
치범이 네 대의 여객기를 장악한 후 월드트레이드센터, 펜타곤, 그리고 펜
실베이니아 외곽으로 돌진했다.[18] 알카에다가 연계되어 있다는 증거가 신
속히 드러났음에도 불구하고, 럼스펠드는 사건이 발생하자 거의 즉각적
으로 이라크를 타격할 방법을 구상하기 시작했다. 그는 대통령에게 미국
의 대응방안을 구상함에 있어서 단지 알카에다에만 초점을 두기보다는 테
러를 지원하는 전체 국가를 대상으로 폭넓게 생각할 것을 강조하여 건의
했다. 부시와 럼스펠드 모두 자신의 보좌진에게 9·11 사태와 사담 후세인
과의 연계를 찾을 수 있는 가용한 정보를 찾아보라고 지시했다. 이후 며칠
동안 월포비츠는 이라크 공격에 대해 펜타곤 내에서 가장 강력한 지지자
가 되었다. 파월은 다른 나라들과 함께 테러에 반대하는 연합을 구성하려
면 미국을 공격했던 자들에게 초점을 맞추어야 한다며 이라크 공격에 단
호히 반대했다. 잠시 동안은 파월의 주장이 승리하여, 부시는 알카에다와
그의 동맹인 아프가니스탄의 탈레반 정부를 타격하기로 결심했다. 하지만
대통령은 펜타곤에 지시하여 이라크에 대한 우발계획을 다시 검토하여 적
절한 때가 오면 타격할 수 있도록 준비하라고 지시했다.[19]

☆ ☆ ☆

당시 미 육군에서 인기 있었던 소설 중 하나로, 앤톤 마이러Anton Myrer가 쓴『독수리 시절』Once an Eagle이 있었다. 소설은 제1·2차 세계대전 과 베트남 전쟁까지의 시간대를 다루며 군을 결함은 있지만 고귀한 조직 으로 묘사하고 군사적 명예와 의무를 찬양하는 내용이 담겨 있었다. 마이 러는 다소 단순화시키기는 했지만 극명한 대조를 보이는 두 인물 간의 대 립을 서사적으로 풀어나갔는데, 한 사람은 용기와 희생의 화신으로, 다른 한 사람은 무자비하고 야망에 굶주린 자로 묘사했다. 중부사령관 토미 프 랭크스 육군 대장은 대평원 인디언이자 전직 병사였던 사람의 아들로서 호리호리한 체격에 말수가 적었고, 언뜻 보면 마이러의 소설에 나온 용감 하면서도 자신을 드러내지 않는 영웅, 샘 데이먼Sam Damon의 현대적 화신 처럼 보였다.

그러나 프랭크스와 오랜 시간 함께하며 같이 일했던 장병들은 소 설 속에서 샘의 상대편이었던 비열하고 남을 속이는 코트니 매슨게일 Courtney Massengale의 모습이 그에게 있음을 보았다. 전설적인 자기홍보자 self-promoter였던 프랭크스는 부하들을 들들 볶는 타입이었으며, 그런 부류 가 대개 그렇듯이 상관에게는 아첨꾼이었다. 프랭크스는 저속하고 모독적 인 말이나 무미건조한 전문용어를 듣게 되어도 지력이 없어서 아무렇지도 않은 듯했다. 아프간에 대해 보복전을 계획하는 동안 프랭크스는 도널드 럼스펠드에게 저항할 만한 정신적인 민첩함도 또 강한 개성도 없었다. 국 방장관으로서는 이런 그가 전혀 문제되지 않았다.[20]

사전 준비된 우발계획이 없었기에 프랭크스는 아프가니스탄 공격 을 위한 전략을 서둘러서 그러모았다. 그의 첫 번째 제안은 강력한 전력증 강 패키지를 제공하는 것으로, 이들을 모아 전개시키는 데만 몇 개월이 필 요했다. 럼스펠드는 그러한 전통적인 생각에 즉각 반대했고, 가볍고, 적 고, 빠른 전력 패키지를 계획하라고 요구했다. 프랭크스는 이에 순응하여 9·11 공격이 있은 지 채 한 달이 가기도 전에 특수전 부대를 투입하여 아 프간 부족들을 지원했다. 특수작전부대의 팀들은 동맹들과 함께 말을 타

518

고 다니면서, 정교한 통신과 범세계 위치확인시스템(GPS)을 가지고 항공
타격을 통제했다. 12월 초가 되자 아프간 전투원들이 단지 4천 명의 미군
지원을 받아 탈레반을 격퇴하여 파키스탄과의 국경 너머로 구축했다. 럼
스펠드는 자신의 주장이 입증되었다고 느꼈다. 그것은 단지 아프간에서의
성공적인 작전뿐만 아니라, 군사변혁에 대한 그의 개념과 방향이 옳았음
을 입증하는 것이기도 했다. 육중하고 어기적거리는 탱크와 포병은 쓸모
없게 되었고 특수작전부대와 정밀타격 항공력이 미래의 새로운 물결이라
는 개념 말이다. 파월과 육군의 많은 이들처럼 작전계획을 수립하면서 전
투력의 압도적 우위를 주창하는 이들은 이제 가망이 없는 전통주의자로
여겨졌다.

다만 이러한 분석이 간과한 것은 죽이든 살리든 오사마 빈 라덴을 취
하라는 부시 대통령의 목표를 달성하는 데 실패했다는 것이다. 12월 중
순 즈음에, 미군은 빈 라덴의 무선송신을 포착했고 그의 1천 5백여 알카에
다 전사들과 함께 아프가니스탄 동부의 험준한 산악지역인 토라 보라Tora
Bora 일대에 있음을 파악했다. 하지만 항공력, 아프간 부대, 미국의 경보병
과 특수전 부대가 충분하지 않아 그를 동굴 내부에 가둬두지 못했다. 결국
그는 파키스탄으로 빠져나간 뒤 또다시 십여 년 동안 서구 이교도에 대한
테러활동을 지시했다. 동시에 국가건설에 대한 럼스펠드의 반감은 새로
임명된 하미드 카르자이Hamid Karzai 대통령이 스스로 알아서 자기 정부의
권위를 세우도록 했다. 2002년이 되자 일찍부터 미국의 관심이 다른 곳을
향했다.[21]

☆ ☆ ☆

9·11 사태 직후의 일요일에 TV에 거의 출연하지 않던 체니 부통령
이 NBC 방송의 대담 프로그램 〈언론과의 만남〉Meet the Press에 출연했다.
그는 이라크에 대한 전쟁의 필요성을 국민들에게 납득시키기 위한 행정부
의 노력을 섬세하게 설명하기 시작했다. 그는 미국이 "이들 테러 행위자들

에게 지원을 제공한 국가와 조직과 사람들을 추적해야 한다"고 단언했다. 그런 정의는 알카에다, 탈레반, 아프가니스탄보다도 훨씬 더 넓은 범위를 포함했고 굳이 대놓고 말하지 않아도 이라크를 포함하기에 충분했다. 체니는 대부분의 작전에 있어서 '만약 당신이 조용히, 그리고 어떤 논의도 없이, 우리 정보당국에 가용한 원천과 방법만을 활용한다면, 어느 정도의 어두운(보지 못하는) 면이' 있다고 털어놓았다. 9·11 테러 5일 뒤에 미국 부통령이 언급한 이와 같은 말은 위안을 주면서 동시에 두렵게도 하는 것이었다.[22]

9·11 공격은 미 정보당국에 대한 신뢰를 심각하게 훼손했다. 만약 9·11의 징후를 놓쳤다면 또 다른 어떤 것들을 놓치고 있는 것인가? 럼스펠드는 체니와 협조하여 내부에 자체 정보분석 조직을 신속히 설치하여 정책차관보 더글라스 페이스Douglas Feith 예하에 두고, 눈에 띄어 거슬리지 않도록 특별작전계획실Office of Special Plans, OSP이라고 명명했다. 페이스는 정보당국의 결론에 대해 연역적 논리로 도전했다. 즉, 데이터를 종합하여 가정을 설정하는 것이 아니라, '먼저 가정을 설정하고, 각종 데이터가 그 가정에 부합되는지를 살펴보는 방식이었다'. 실제로 OSP는 설립 초기부터 두 개의 가정을 세웠다. 첫째는 사담 후세인 정권이 알카에다 및 9·11 사태와 연계되어 있다는 것이고, 둘째는 이라크가 대량살상무기를 보유하고 있다는 것이었다. 체니의 참모진과 월포비츠는 모두 OSP에서 생산하는 보고서에 큰 관심을 보였다. 그러나 럼스펠드는 페이스와 그의 대(對)분석가들counter-analysts과 일정한 거리를 두었다. 그는 종종 나중에 논란거리가 될 조직에 대해 신중한 주의를 기울이고 있음을 분명하게 드러냈다.[23]

빈 라덴이 포위망을 벗어나 탈출에 성공하자 부시 행정부는 군사작전의 모멘텀을 유지할 명분을 찾기 시작했다. 사전에 준비된 작전계획이 없는 가운데, 행정부는 이 위험한 시대의 특색을 강조하는 새로운 문구를 사용했다. 첫째는 '테러와의 전쟁' 또는 때때로 '범세계적 테러와의 전쟁'으로도 표기된 문구였다. 부시의 안보팀은 알카에다와 탈레반에 대한 전쟁을 선포한 것일지 모르겠으나, 네오콘은 이미 이라크를 전복시키는 것이 9·11 사태 해결의 일부가 되어야 한다고 결정한 상태였다. 테러는 인류의 역사만큼이나 오래된 전쟁의 한 방법인데, 거기에다가 전쟁을 선포한다는 개념에 대해 의심했던 사람들은 '9·11 이전의 세상에서' 살고 있는 것으로 비난받았다. 테러와의 전쟁은 잡히지 않는 적을 쫓는 것인지 아직도 정의되지 않았다.

또 다른 문구는 '대량살상무기'였다. 이는 곧 'WMD'라는 약어로 표기되었고, 금방 도처에 편재하는 보편적인 용어가 되었다. WMD는 본질적으로 종류가 다른 핵, 생물학, 그리고 화학무기를 포괄하는 용어다. 화학무기는 치명적이지만 그 효과가 단기적이고 통상 신속히 흩어진다. 생물무기는 좀 더 무서운 무기지만 전장에 전개하기가 매우 어렵다. 핵무기는 작은 '가방폭탄'으로부터 전략폭격기의 대규모 전대 그리고 수 분 내에 인류를 파괴할 수 있는 미사일까지를 이른다. WMD는 그런 카테고리들로 구성되었고, 그리하여 카테고리를 날조하기도 했다.

사담은 1992년 자국의 국민에게 화학무기를 사용했다. 미국의 대중이 사담의 잔학성을 되새기도록 만들기 위해 화학무기 사용을 WMD 사용으로 둔갑시킴으로써, 남의 말을 잘 믿는 사람들의 경우, 위험한 화학무기를 실존하는 핵 위협과 융합하여 같은 위협으로 인식하게 할 수도 있었다. 더욱이 대중은 사담이 여전히 핵무기를 소유하고 있으며 그것들을 다시 사용할 준비를 하고 있다고 두려워했을 수도 있었다. 테러의 위협과 WMD를 결합할 경우, 수사적(修辭的)으로는 좀 더 효과적이었다. 9·11 사태가 입힌 피해가 그 정도였는데, 만약 테러리스트가 WMD를 사용했다면 얼마나 더 큰 피해를 입었겠는가? 그리고 그런 무기를 만드는 것이 테러단체의 자원으로는 어림없는 일이라 할지라도, WMD를 보유한 불량국가들이 테러단체와의 상호 호혜적인 거래를 통해 그것들을 테러리스트에게 제공할 가능성도 있었다.[24]

2002년 연두교서 연설에서 부시 대통령은 '테러를 지원하는 정권들이 미국과 미국의 우방 및 동맹국들을 대량살상무기로 위협하지 못하도록' 방지할 것을 약속함으로써, 수십 년간의 미국 외교정책에서 놀랄 만한 이탈을 했다. 그는 북한, 이란, 이라크 등 3개국을 '악의 축'이라고 명명하면서, 단순히 WMD 보유를 추구하는 것만으로도 '심대한 그리고 증대하는 위험을' 야기하고 있다고 강조했다. 부시는 이러한 무기를 획득하려는 그들의 시도를 거부하기 위해 노력할 것임을 약속했다. 그러면서도, 이렇게 강조했다.

> "시간은 우리 편이 아닙니다. 나는 위험이 모여드는 동안 사건이 일어나길 기다리지 않을 것입니다. 위험이 점점 더 다가올 때 가만히 서서 기다리지 않을 것입니다. 미합중국은 세계에서 가장 위험한 정권들이 세계에서 가장 파괴적인 무기들로 우리를 위협하도록 허용하지 않을 것입니다."[25]

봉쇄라든가 억지와 같은 외교적 수사는 (대통령의 연설에서) 사라졌다. 부시는 9·11 공격이 근본적으로 게임을 변경시켰다고 강조하면서, 미국과 미국의 동맹 그리고 미국의 이익에 대한 미래의 위해를 예방하기 위해서 그가 선택한 시간에 전쟁에 돌입할 수 있는 권한을 요구했다. 국가안보보좌관 콘돌리자 라이스는 '베를린 장벽의 철거와 세계무역센터의 붕괴가 두 사건 사이에 있는 기나긴 전환기(1989. 11. 9. ~2001. 9. 11)를 다른 시대와 구분하는 시작과 끝'이라고 설명했다. 국가안보전문가들은 '포괄적 설명 이론'overarching, explanatory theory을 찾으려 애써왔다. 9·11 테러는 새로운 사고 — 미국은 역사상 그 어느 때보다 엄중한 실존적 위협에 맞닥뜨려 있다 — 의 촉매가 되었다.[26]

4개월 뒤 부시 대통령은 웨스트포인트 졸업식 연설을 통해 국가안보의 새로운 준거framework를 천명했다. 대통령은 졸업하는 생도들에게 지난 연두교서 연설을 상기시키면서, 강조했다.

> "우리는 선과 악이 대결하는 현장에 있습니다. 그리고 미국은

악을 그 이름으로 부를 것입니다.* 새로운 위험이 있는 새로운 시대가 왔습니다. 과거의 전략은 이렇게 근본적으로 변화된 적들에게는 안 먹힐 것입니다. 지난 세기의 대부분을 미국의 방어는 억지와 봉쇄라는 냉전 독트린에 의존했습니다. … 그러나 새로운 위협은 새로운 사고를 요구하고 있습니다."

그는 생도들에게 국가를 방호하기 위해 선제적 조치pre-emptive action를 취할 준비를 하라고 말했다.

"만일 우리가 위협이 충분히 그 실체를 드러내기까지 기다려야 한다면, 너무 오랫동안 기다리게 될 것입니다. … 우리는 전투를 적이 있는 쪽으로 가져가야 합니다. 적의 계획을 와해하고, 최악의 위협이 나타나기 전에 대처해야 합니다."[27]

그날 연설을 듣고 있던 생도들 중에 좀 더 사려 깊은 생도라면 그들의 통수권자가 전쟁법을 막 바꾸었는지 의구심을 가졌어야 했다. 생도들이 배우는 필수과목 중 법학, 철학, 전쟁사 등에서 가르치기를, 성 어거스틴과 성 토마스 아퀴나스까지 거슬러 올라간 도덕률에 따르면 국가는 오직 두 가지 이유로 전쟁을 일으킬 수 있다고 했다. 첫째는 자위권을 행사하는 경우다. 미국이 주도하여 초안을 잡은 유엔헌장은 어느 국가든 공격을 받게 되면 자국과 자국의 이익을 방어할 권리가 있음을 명문화했다. 또한 어느 국가든 선제적으로 전쟁에 돌입할 수 있는데, 자국에 대한 군사적 위협이 임박하고, 잠재적으로 파괴적이며, 능력과 의도 측면에서 모두 실재적이어서 적의 공격이 실질적으로 확실한 경우가 이에 해당된다. 예를 들어 미국이나 소련은 냉전 기간에, 선제공격이라는 법적 테두리 안에 평온하게

---

* 원문은 "America will call evil by it's name", 악마의 이름을 부르면 그 악마의 힘이 사라진다는 전설에서 비롯된 표현으로, 악의 능력을 제거하겠다는 의미임.

잔류하면서 몇 번이고 상대측에게 핵 공격을 가할 수도 있었지만, 양측 모두 절제했다. 그러나 언제인지 정확히 결정되지는 않았지만, 미래에 위협이 될 적에 대해 전쟁을 일으키는 '예방전쟁'preventive war은 유엔헌장, 국제법, 그리고 정의의 전쟁 이론에 의해 명확하게 금지되어 있다. 부시는 웨스트포인트에서 행한 연설을 통해 21세기 테러리스트에 의한 위협이 냉전이 진행되던 반세기 동안 전 세계를 일상의 공포로 몰아넣었던 핵 종말의 가능성을 능가하고 있다고 천연덕스럽게 주장했다. 그런 다음, 누군가 반대할 기회를 갖기도 전에 그는 2천 년 동안 이어온 이성적 사고를 버리고 예방전쟁을 선제공격으로 둔갑시켰다. 그는 그것을 도덕적이라고 주장하면서, '부시 독트린'이라고 칭했다.

☆ ☆ ☆

토미 프랭크스는 이라크 전쟁을 위한 계획수립은 '수정·보완이 반복되는 과정'이었다며 애처롭게 묘사했다.[28] 그의 말이 의미하는 바는 이렇다. 먼저 프랭크스가 소요되는 전력 패키지를 제안하면, 럼스펠드는 너무 규모가 크다고 불평한다. 그러면 프랭크스는 돌아와 참모들을 질책하고는 더 적은 규모를 요청할 수 있도록 다시 계획을 만들게 한다. 그리하여 더 적은 규모의 전력 패키지를 들고 럼스펠드에게 재차 보고하면, 동일한 과정이 또 반복된다. 프랭크스가 주고, 럼스펠드가 받는 이러한 계획수립 과정은 9·11 사태 이후 얼마 지나지 않아 대중이 이라크가 미국의 잠재적 타격목표임을 알기 훨씬 이전에 시작되었다. 그 과정은 2002년 내내 그리고 2003년 3월 이라크 침공이 개시될 때까지 계속되었다.

그러는 동안 럼스펠드는 자신이 생각하기에 문제 삼을 수 없는unchallengeable 몇 가지 가정을 세우고 이를 토대로 계획을 발전시키게 했다. 첫 번째 가정은 '이라크 침공과 이라크 정권 붕괴는 미국의 강력한 항공력과 사담 군대의 취약성을 고려할 때, 대규모 지상군의 투입을 요하지 않을 것'이라고 설정했다. 럼스펠드는 당시 '충격과 공포' 이론에 빠져 있었는데, 이것은 수백 발의 재래식 정밀탄약이 사전 신중하게 선정된 표적들에 대해 신속히 투사될 경우 '적의 의지, 상황인식 및 전황파악'을 무너뜨릴 수 있다고 단정하는 이론이었다. 그리고 적국의 주민들도 저항해도 소용이 없다는 것을 바로 알아차리고 항복할 것이기 때문에 대규모 지상군의 투입은 불필요하다는 논리였다. 그러한 전략이 시도된 유일한 경우는 바로 히로시마와 나가사키에 대한 원폭투하였고, 럼스펠드는 프랭크스에게 '충격과 공포' 개념을 밀어붙이면서 주저함이 없이 실제 사례로 거론했다.[29] 두 번째 가정은 사담 정권이 대량살상무기를 보유하고 있다는 것이었다. 이는 침공의 주된 이유이기도 했으나, 투입할 부대를 계획하는 데는 영향이 없었다. 세 번째는 침공이 성공한 후에는 럼스펠드가 알기로 유엔, 아랍의 동맹국, 국무부, 그리고 이라크 국민들이, 즉 다른 이들이 국가를 재건할 책임을 질 것이라 여겼다. 미국이 더 이상 국가건설에 참여하지 않기 때문이었다. 럼스펠드의 가정은 이후 8년간 이어진 당황스럽고 때로는 실망스러운 또 다른 전쟁의 씨앗이 되어, 수만 명의 미군 사상자와 수십만 명의 이라크 측 사상자 그리고 수백만 명 이상의 피난민이 발생하게 했다.

2001년 크리스마스 직후에 프랭크스 장군은 대통령에게 아프간의 전황과 이라크에 대한 계획을 보고하기 위해 텍사스의 목장으로 날아갔다. 다른 NSC 멤버들은 화상으로 회의에 참석했다. 프랭크스는 중부사령관으로 오기 전에 중부사령부의 지상구성군인 3군사령부를 지휘했었다. 이러한 경력으로 볼 때, 그는 이라크와의 두 번째 전쟁에 대비한 작전계획 작성에 긴밀히 관여했을 것이다. 그렇게 그가 작성을 도왔던 작전계획에 따르면 40만 명의 병력과 10여 년 동안의 점령이 필요했다. 럼스펠드는 기존 작전계획에 대한 첫 보고를 받았을 때 얼굴이 창백해졌다. 아프가니스탄에서 이미 이제 그런 옛날식 사고는 쓸모없어졌음을 증명했다고 생각한 럼스펠드는 프랭크스에게 처음부터 다시 시작하게 했다. 2001년 11월부터 2003년 3월 중부사령부가 공격을 개시할 때까지, 럼스펠드는 지속적으로 프랭크스와 그의 참모들을 자극하고, 구슬리고, 질문하고, 고무하면서 좀 더 혁신적인 방책, 즉 "더 적은 부대로 더 짧은 기간에" 임무를 완수하는 방책을 강구하도록 했다. 이라크 작전계획에 대한 첫 번째 토의가 있은 지 한 달여 만에, 프랭크스는 투입 병력의 수를 줄여 27만 5천 명으로 상정했다. 하지만 프랭크스가 크로포드 목장에서 부시에게 계획을 보고하자, 뉴멕시코의 집에서 휴가 중이던 럼스펠드가 끼어들었다.

"대통령님, 투입병력에 대해서는 아직도 검토 중입니다. 프랭크
스 장군이 말씀드린 병력 숫자는 최종적인 것이 아닙니다."

그러자 파월이 나서서 프랭크스에게 임무를 완수하기에 충분한지 명확히 하라고 말했지만, 아무래도 국무장관이다 보니 그 정도에서 그칠 수밖에 없었다.[30]

그리고 이어진 몇 주 동안 궁지에 몰린 중부사령부 참모들은 '제너레이티드 스타트'Generated Start라고 이름 붙인 새로운 계획을 만들었다. 대통령의 전개 명령 후 30일 이내에 부대 전개를 시작하여, 2개월에 걸쳐 지상군 14만 5천 명이 먼저 전구에 도착 후 공격작전을 개시하고, 그러는 사이 또 다른 13만 명의 병력이 속속 전구로 유입되도록 한다는 계획이었다. 럼스펠드는 여전히 만족하지 못했다. 그는 끊임없이 프랭크스를 압박하여 지상구성군을 가볍게, 전개속도를 더 빠르게 하라고 요구했다.[31]

그는 또한 가급적 조기에, 빠르면 2002년 봄에는 공격할 준비가 되어 있어야 한다고 중부사령부를 압박했다. 프랭크스의 계획관들은 공격이 너무 이를 경우 불필요한 사상자가 생길 수 있고, 임무완수까지의 기간이 늘어날 것을 우려했다. 이런 가운데 5월에 프랭크스가 다시 한 번 대통령에게 작전계획을 보고했는데, 이번에는 '러닝 스타트'Running Start라고 명명한 다른 계획으로, 럼스펠드의 압력을 반영한 것이었다. 이 계획은 항공전역이 신속하게 수행되고 지상군이 전개하는 동안 이라크군을 고착할 수 있을 것이라고 가정했다. 항공전역의 기간과 강도는 조건에 따라 다양하게 바뀔 수 있었다. 지상군은 쿠웨이트에 도착한 뒤 곧바로 공격을 개시할

것이며, 최초로 공격하는 규모는 2천 명 정도면 되고 아마도 두 개 사단을 넘지 않을 것이라고 보고했다. 중부사령부 참모단과 프랭크스의 예하 지휘관들은 '러닝 스타트' 계획이 너무나 위험하다고 생각했다. 대통령은 어떤 계획에도 마음을 정하지는 않았고, 부대의 규모에 대해서는 럼스펠드보다는 신경을 덜 쓰는 것 같았다.[32)]

2주 뒤 부시는 유럽 출장길에 올랐고 사담에 대항하는 연합을 형성하기 시작했다. 베를린에서 열린 기자간담회에 독일 수상과 같이 연단에 선 대통령이 이라크의 대량살상무기 위협에 대해 불평하면서도 전쟁을 결심한 것은 아니라고 했다. "나는 수상께 내 책상 위에는 전쟁계획이 없다고 말씀드렸습니다. 그게 진실입니다." 이 주장은 물리적 관점에서 보면 틀린 말이 아니었다. 대통령이 워싱턴을 떠나면 집무실의 책상은 거의 치워져 있었기 때문이다. 그러나 어느 면으로 보아도, 부시가 당시 두 개의 전쟁계획을 가지고 저울질하고 있었기 때문에, 그것은 명백하게 잘못된 것이었다. 며칠 뒤에 프랭크스는 더 대담하게 거짓말했다. 그는 이라크를 공격하는 데 얼마나 많은 병력이 소요될는지 알지 못한다고 하면서, '왜냐하면 상부에서 아직 저에게 그런 과업을 수행할 수 있도록 계획을 짜보라고 하지 않으셨기 때문'이라고 말했다.[33)] 그 시점에서 프랭크스의 참모들은 이미 7개월 동안을 이라크 작전계획을 만드는 데 매달려 있었다.

계획을 수립하는 과정 전반에서 럼스펠드와 프랭크스는 합참, 각 군 등과의 공조 없이 폐쇄된 업무 순환고리closed loop를 따라 일했다. 신임 합참의장인 리처드 마이어스 공군대장은 콜린 파월과는 달리 작전 지휘계선 상에 있지 않았다. 많은 관찰자들이 그를 럼스펠드와 한패로 보았다. 더욱이 프랭크스는 합동참모위원들을 무시하던 럼스펠드의 영향을 받아 그들과 상의해야 한다는 것에 대해 공공연히 짜증을 냈다. 그는 총장들이 편협하며, 두 개의 전쟁을 수행하기 위한 최선의 방법을 찾기 위해 노력하기보다는 자군의 전력이 중부사령부의 전력 패키지에 잘 반영되도록 하는 데 관심이 많다고 보았다. 미국 법령체계하에서 총장들의 법적 권한에 대해 언급하면서 프랭크스는 그들을 화려하게 그리고 집합적으로, '타이틀-10*개××들'이라고 묘사했다.[34] 지휘계선은 부시로부터 럼스펠드를 경유하여 프랭크스에게로 흘러갔고 체니는 뒤쪽 어딘가에서 보이지 않는 영향력을 행사했다. 반면 합동참모위원들은 베트남전 당시의 JFK 및 LBJ 행정부에서 복무했던 그들의 전임자들처럼 영향력이 미미했다.

2002년 8월 초, 프랭크스는 예하 지휘관들을 불러 계획수립 회의를 주관했다. 이 자리에서 그는 각급 부대가 언제라도 이라크에 대한 작전을 개시할 수 있도록 비상대기 상태에 있어야 한다고 강조했다. 또한 그러한 공격작전의 목적은 정권교체일 것이라고 하면서, 이를 위해 중부사령부는 이라크군의 근거지, 대량살상무기, 그리고 주변국을 위협하는 재래식 능력을 파기할 것임을 언급했다. 아울러 작전계획의 정치적 이슈들은 국무부에서 주도할 것이라고 가정해두었지만, 이라크의 영토적 통합성을 유지하는 가운데 지방정부 설립을 지원할 것이라고도 했다.[35]

그러한 과업을 수행하기 위해 프랭크스의 계획관들은 '제너레이티드 스타트'와 '러닝 스타트'를 절충한 '하이브리드'the Hybrid라 불리는 계획을 발전시켰다. 이는 이미 조용하게 진행된 쿠웨이트로의 전개를 유리하게 이용하는 계획이었다. 16일간의 항공전역은 지상 공격작전을 수행할 대략 2만 명의 육군과 해병대 병력을 단기간에 동원하여 이동시키는 것을 엄호해줄 것이다. 그리고 지상공격이 개시된 뒤에는 약 4개월에 걸쳐서 증원병력이 속속 전개될 계획이었다.[36]

2002년 8월 말, 부시 대통령은 이라크 전쟁에서의 목표를 지정하는 비밀문서에 서명했다. 광범위한 정책적 목표들은 '지역의 안정에 위협이 되는 이라크의 WMD와 다른 수단들을 제거'하고, '이라크 국민들을 폭정에서 해방'하며, '이라크 정권이 국제 테러단체를 지원하지 못하도록 예방'하는 것 등이었다. 사담은 권좌에서 물러나게 될 것이고 미국은 자유롭게

---

* 미 연방법전(United States Code)의 10호 법률을 의미하는 것으로, 미군의 역할, 임무, 편성 등의 법적 근거를 제공해주는 것으로, 기능상 우리의 국군조직법과 유사하다.

된 이라크인들이 '중도, 다양성, 민주주의에 기초한 사회를 건설하도록' 도울 것이었다. 미군은 이라크의 WMD를 확보하고, 이란이나 시리아의 개입을 중단시키며, 국제원유시장의 붕괴를 방지하고, 이에 더하여 미국은 이라크인들이 의사표현과 경배의 자유, 여성을 동등하게 대하는 것 등을 포함한 시민권이 존중받는 새로운 헌법을 만드는 것을 돕겠다는 것이었다.[37]

결국은 군사전략과 국가정책 모두 이라크 침공에 대해 광범위한 목표를 계획했던 셈이다. 연합군의 전략적 목표들은 사담 후세인을 끌어내리고, 이라크 국민들을 해방하며, 정권의 어떤 남은 자들도 국제 테러조직을 지원하지 못하게 할 것이었다. 연합군은 WMD를 찾아내서 확보하고, 이라크를 외부의 위협으로부터 안전하게 할 뿐 아니라 이라크가 인접 국가를 위협하지 못하게 하며, 국제 오일시장은 해를 입지 않은 채 계속 운용될 것이었다. 그리고 자유로운 이라크 국민들은 곧 민주주의와 법치의 축복을 누리게 될 것이다. 이러한 목적은 부시 행정부에서 경멸한다고 공언했던 클린턴 정부의 정책영역, 즉 국가건설에까지 확장되었다.

위에서 나열한 정책적·전략적 목표를 장병들이 실행 가능한 임무명령으로 변환시키는 것이 작전적 계획관들의 몫이었다. 계획관들은 경험이 없는 초심자들에게는 지루할 법한 여러 단계를 거치면서 계획을 발전시킨다. 예를 들자면, 임무와 과업을 정확하게 서술하는 것, 과업을 수행할 부대를 지정하는 것 등이다. 과업은 명시된 과업과 추정된 과업, 두 가지 유형으로 나뉜다. 바로 위 문단까지 기술된 것들이 이라크 침공을 위해 명시된 과업들이다. 계획관들은 추정된 과업을 캐냄으로써 능력을 인정받는다. 다른 말로 하면, 그들은 스스로 이렇게 자문한다는 것이다. "우리가 명확하게 무엇을 해야 하는지 들은 바는 이러한데, 그러면 그런 명시된 임무를 완수하기 위해 우리가 달리 더 해야 할 일들은 무엇이지?" 예를 들어 이라크 정부를 무너뜨리기 위해서는 바그다드를 점령하고 확보할 필요가 있었다. 바그다드를 취하기 위해서는, 쿠웨이트에서 공격을 개시한다는 전제로 볼 때, 이라크군을 격퇴하는 공격을 하면서 동시에 공격기세를 유지할 수 있도록 전투력을 계속 생성해야 함을 의미했다. 즉, 공격부대가 계속 전진하게 하려면 그들을 지원할 군수지원 능력을 만들어내야 한다는 것이다. 분명히 럼스펠드는 작전적 기세를 생성하는 것 그리고 군수지원을 하는 것의 어려움을 중요하게 여기지 않고 애써 무시하려 했다. 이라크의 WMD를 찾아내 확보하는 것은 우선순위 목록에서 가장 급하지는 않은 후순위 사항이었다. 또한 작전의 첫 단계가 성공적으로 진행된다 하더라도 다양한 경계 및 안전확보를 위한 과업이 요구되었다. 이라크 국경의 진출입을 차단하고, 이라크 내의 유정들을 경계 및 보호하고, 광대한 이라크 영토와 많은 도시들에 대한 통제력을 유지하는 것 등이었다. 전쟁으로 인해 정치 및 경제 시스템이 붕괴함으로써 수십만 혹은 수백만 명에 달하는 전재민(戰災民)이 발생하게 되어, 이들을 보호하고 수용하며, 물과 음식과 의료지원을 제공할 소요도 발생하게 된다. 즉 성공적인 침공은 어마어마한 인도주의적 임무에 대한 의무사항을 생성할 것이란 뜻이다. 마지막으로 군과 정책의 목표 모두 이라크 국민들이 안정되고 합법적인 정부를 수립하도록 돕는 것을 상정했다. 이러한 것들이 추정과업이고, 명시과업과 함께 반드시 수행해야 할 필수과업을 이룬다.

모든 필수과업을 식별했으면, 계획관들은 다음으로 그러한 필수과업을 완수하기 위해 얼마나 많은 그리고 어떤 종류의 부대와 장비가 필요한지를 결정해야 한다. 어떤 부대들은 이라크군을 격퇴하고 바그다드를 탈환한 후, 바그다드의 안정을 유지하는 등 순차적인 과업에 사용될 수도 있을 것이다. 최초 투입된 공격부대의 장병들은 후에 다른 이라크 도시들의 안전을 확보하는 임무를 수행할 수도 있다. 그러나 요르단, 시리아, 이란 등에 접해 있는 국경선을 봉쇄하기 위해서는 증원이 필요했다. 또한 이라크에 널리 산재해 있는 유정을 경계할 부대도 더 요구되었다. 무엇보다도 지금까지 언급한 과업을 수행한 부대들에게 WMD를 찾아 식별하라는 과업을 더 얹어줄 수는 없었다. 더욱이 WMD를 식별하는 데 요구되는 자격을 갖춘 부대는 그것을 경계하는 데 필요한 부대들과는 달리 난해한 기술을 보유하고 있어야 하고, 첫 번째 시설에 남아서 일상적인 경계과업을 수행하는 것이 아니라, 하나의 의심스러운 시설에서 다음 시설로 계속 이동하면서 과업을 수행해야 했다.

중부사의 한 단계 예하부대인 지상구성군사령부의 계획관들은 프랭크스의 계획이 변경될 때마다 점점 더 불안해졌다. 그들에게는 WMD 관련 의심시설이 발견된다 하더라도, 발견한 시설 자체를 경계할 부대는 물론 WMD를 탐색할 부대가 할당된 적이 한 번도 없었다. 또한 중부사나 펜타곤의 도움 없이 가용한 정보를 — 일부는 몇 년 전에 수집한 것도 있었지만 — 샅샅이 조사하여 946개의 잠재적인 WMD 의심시설을 식별했는데, 한마디로 달성하기 어려운 목표가 생겨난 격이었다. 반복적으로 증원을 요청한 결과, 지상구성군사령부는 공격이 개시되기 한 달 전에 WMD 탐색을 위한 부대로 '한 개의 포병여단'을 할당받았다. 그 외에 다른 여타의 과업들은 오직 공격작전과 그 직후의 진지강화 및 재편성을 완료하는데 필요한 정도만 포함된 것들이었다. 펜타곤이나 중부사의 계획관들은 그들이 흔히 '4단계 작전'이라고 부르는 인도주의적 지원이나 이라크 정부를 재수립하는 복잡한 과업들에는 거의 신경을 쓰지 않았다. 실제로 프랭크스는 공공연히 4단계에 요구되는 사항들을 무시하면서 합참을 향해 "당신들은 그날 이후의 (장차) 작전에 관심을 기울이세요. 나는 그날의 (현행) 작전에 집중할 테니"라고 말했다.[38]

아무도 그날 이후의 상황을 생각하지 않았던 것이 아니었다는 점이 문제였다. 2002년 8월 NSC는 이라크에서, 특히 전쟁이 끝난 뒤의 이라크에서 일하게 될 정부 관련 기관 간의 협조를 촉진하고 조정할 기구를 설치했다. 국무부의 '이라크의 미래 프로젝트'Future of Iraq Project에서는 전후 당면하게 될 어려움을 상세히 연구하여 13권에 이르는 방대한 보고서를 작성했다. 외교위원회Council of Foreign Policy와 라이스 대학에 설치된 제임스 베이커 공공정책연구소Institute for Public Policy는 공동으로 연구하여 전후의 이라크 상황에 대한 보고서를 작성했고, 국제전략문제연구소Center for Strategic and International Studies에서도 유사한 보고서를 냈다. 육군 전쟁대학의 한 팀은 공격 이후에 수행되어야 할 135개의 과업들을 제시하는 팸플릿을 발행하면서 '이라크에서 전쟁에는 이기고 평화를 상실할 가능성이 실제적이고 심각한' 수준이라고 경고했다. 참전 경험이 있는 의원이자 국방 전문가인 아이크 스켈튼Ike Skelton은 대통령에게 직접 서신을 보내 매우 유사한 주장을 했다. 후에 부시 행정부의 책임자들은 분쟁 이후 직면했던 어려운 문제들은 사전 예측이 불가능했었다고 반복적으로 주장했다. 사실은 그러한 문제점들은 예측되었을 뿐만 아니라, 광범위하게 예측되었다.

10월이 되자 배에 사공이 너무 많아 불안하다고 느낀 럼스펠드가 대통령에게 건의하여 자신이 전후처리에 관한 계획수립을 주도할 수 있게 해달라고 하여 승인받았다. 그러나 럼스펠드와 프랭크스는 여전히 비평가들을 무시하고 4단계 작전에 대해 관심을 기울이기를 거부했다. 그리고 두 사람 다 초기의 정보에 기초하여 만들었던 가정을 그대로 받아들였다. 즉, '이라크 군대는 온전하게 유지되어 향후 국가재건에 투입될 수 있을 것이다', '정부의 각 기관과 경찰력도 지속적으로 기능을 발휘할 수 있을 것이다', '이라크의 기반시설은 현대적이고 온전히 보전될 것이다', '바트당은 사회의 안정을 위협할 능력을 상실할 것이다' 등의 가정이다. 가정에 대해서는 습관적이라고 할 만큼 늘 문제를 삼았던 럼스펠드가 이러한 '최선의 상황'을 추정한 내용에 대해서는 어떤 의심도 품지 않고 그것들을 기초로 전쟁계획을 수립하도록 했던 것이다. 국가건설에 대한 반감이 그의 판단력을 흐리게 했다. 정말 비참하게도, 그는 폭동이 발생할 것이라고는 상상조차 하지 않았던 것이다.[39]

파월은 작전계획에 대해 지속적으로 관심을 가지고 있었고 특히 공격 이후의 상황에 대해서도 마찬가지였다. 그는 펜타곤 내에 전후처리 단계에서는 국무부가 참여하여 혼란을 정돈할 것이라고 가정하려는 경향이 있다는 것도 알고 있었다. 8월 초순 파월은 자신이 우려하는 내용을 대통령과 콘돌리자 라이스에게 가져갔다. 그는 대통령에게 소비자의 실수로 깨진 상품에 대해서 '당신이 깨뜨렸으니, 이제 그 물건은 당신의 것'이라는 규칙을 적용한 것으로 유명했던 가구류 체인점의 이름을 딴 '포터리 반 규칙'Pottery Barn rule을 상기하라고 경고했다. 파월의 경고는 매우 직접적이었다. 즉 전쟁은 이라크와 그 정부를 파괴할 것이고, 이제 포터리 반 규칙에 따라 미국은 좋든 싫든 이라크와 2천 4백만 명의 국민을 책임져야 할 것이라는 얘기였다. 파월은 대통령에게 유엔 결의안을 통해서 전쟁에 대한 국제적 지지를 얻을 것을 건의했다. 체니와 럼스펠드는 이에 동의하지 않았으나 부시는 파월의 손을 들어주었다.[40]

이러한 외교적 행보로 인해 중부사령부는 전쟁이 시작되기 전에 최소한 몇 개월 동안의 숨 쉴 틈을 갖게 되었다. 럼스펠드의 변혁 추구에도 불구하고 군은 대규모 지상군을 전개할 시간을 가졌고, 그리하여 '러닝 스타트'나 '하이브리드' 계획 등은 불필요해졌다. 중부사 예하 지상구성군사령관이었던 데이비드 매키어넌David McKiernan 육군 중장은 프랭크스와 럼스펠드에게 두 개 군단을 요청했는데 이 규모는 '제너레이티드 스타트'에서 계획했던 것과 기본적으로 같은 규모였다.

2002년 10월 10일, 하원에서는 표결을 통해 296 대 133으로, '이라크에 의해 가해지는 지속적인 위협으로부터 미국을 방어하기 위해' 대통령에게 군을 사용할 수 있도록 권한을 부여했다. 그리고 막 자정을 넘겨서는 상원에서도 77 대 23의 결과로 하원을 뒤따랐다. 중간선거가 채 한 달도 남지 않은 상황이었고, 양원 모두에서 커다란 논쟁은 없었다. 거의 모든 공화당 의원들이 대통령을 지지했다. 국가적 야망이 있는 어떤 의회의 민주당원도 단 한 가지를 제외하고는 감히 대통령에게 저항하지 않았다. 양원에서 이루어진 표결은 이라크와의 전쟁에 돌입하고자 하는 행정부에 대해 의회가 유일하게 할 수 있는 중대한 간섭이었다.[41]

11월 말 프랭크스가 럼스펠드에게, 그의 참모들이 농담조로 '모든 전개 명령의 어머니'라고 이름한 요청, 즉 향후 수개월 내에 약 30만 명의 병력을 전개시켜달라는 요청을 했다. 럼스펠드는 주저했다. 그러다 12월 말에 이르러 매키어넌 장군이 요청한 두 개 군단 규모에 동의하면서 전개명령에 대해 자신이 직접 승인하거나 불승인함으로써 전쟁 전구 내로의 부대 유입에 대한 강력한 통제를 유지하겠다고 고집했다. 이러한 럼스펠드의 요구는 결국 온갖 종류의 혼선과 좌절과 대혼란의 원인이 되었다.[42]

각 군에서 부대를 해외로 전개할 때 시차별부대전개목록Time-Phased Force Deployment List, TPFDL, '티피들'이라고 읽음이라고 하는 복잡한 데이터베이스를 도구로 활용하여 협조한다. 이 도구는 전개하는 부대에 대한 군수지원 요구와 지상에서 그 부대를 운용할 지휘관의 작전적 소요를 동시 통합하는 도구다. 참모들은 여러 가지 우발상황에 대비하여 몇 해 전부터 사전에 TPFDLs를 연구하여 작성해놓음으로써 장병들과 그들이 사용할 장비가 병목현상을 빚지 않고 적시에 정확히 항만에 도착하도록 보장하고, 전차가 기동하기 전에 유조차가 도착하여 가용하도록 하며, 전투가 시작되기 전에 탄약 재보급과 의무지원 태세가 갖춰지도록 하는 등의 역할을 한다.

육군의 계획관들과 중부사 참모들은 럼스펠드가 전개 명령에 서명하는 것을 지연함으로써 TPFDL의 시간계획을 근본적으로 무효화하고, 일부 군수지원부대의 경우 전혀 전개시키려 하지 않았을 때 다들 어안이 벙벙해졌다.[43] 그들은 혼란이 지속될 것이고, 전개된 장병들은 적시적인 지원을 받지 못할 것이라고 우려했다. 중부사를 압박하여 최소의 요구조건에 기초한 작전계획을 발전시키려던 시도에 실패한 럼스펠드는 이제 TPFDL을 자신이 원하는 대로 그 시행 시기를 조정함으로써 실질적인 투입전력을 감소시킬 수단으로 활용하고자 했다. 군 수뇌부는 당연히 이러한 상황전개가 불편했지만 그것들에 영향을 미칠 기회가 거의 없었다. 프랭크스의 비밀주의와 럼스펠드의 배타성이 각 군이 전력 제공 및 지속지원에 대한 전문지식을 제공하지 못하게 했다. 게다가 럼스펠드가 모든 세부사항까지 통제를 고집하여 그들의 우려를 더욱 심하게 했다.

2003년 1월 부시 대통령은 백악관의 각료회의실Cabinet Room에서 체니, 럼스펠드, 월포비츠, 합동참모위원 그리고 전투사령관들을 만났다. 회의의 목적은 전쟁계획을 마지막으로 검토하고 각 군으로부터 작전을 지원할 수 있다는 확약을 받기 위해서였다. 대통령이 모여 있는 장성들에게 신세키 육군총장부터 돌아가면서 의견을 말해보라고 요청했다. 육군총장은 침착하게 공격부대의 규모가 작다는 것과 그들이 전투를 지속할 수 있도록 여분의 군수지원 능력에 초점을 맞추어 일곱 가지의 특별한 우려사항을 언급했다. 그가 발표한 내용의 요지는 육군이 계획을 지원하기에 충분한 전력을 제공할 능력이 없는 것이 아니며, 실제로는 좀 더 많이 '제공할 수 있고, 하고 싶다'는 것이었다. 한 참석자는 대통령이 어떻게 대응해야 할지 몰라서 난처해하는 듯 보였다고 했다. 오랫동안 정적이 흘렀다. 부시는 아무 질문도 하지 않았고 다른 민간인이나 군 수뇌부 중 누구도 육군총장의 건의에 답하기 위해 나서지 않았다. 마침내 대통령은 조용히 신세키 장군이 의견을 밝혀준 데 대해 감사를 표명했다. 계속해서 회의실에 참석한 모든 고급 장교들이 돌아가면서 의견을 얘기했으나 전쟁계획에 대해서 다른 어느 누구도 우려를 제기하지 않았다. 기회의 순간은 지나갔고, 회의는 휴회되었다.[44]

한 달 뒤 칼 레빈Carl Levin 상원의원이 민주당의 많은 사람들이 그랬던 것처럼 전쟁계획에 대해 심각한 의구심을 갖게 되었다. 레빈은 상원 군사위원회 소속의 서열이 높은 민주당 의원이었고, 국가안보 문제에 있어서 상원에서 가장 존중받는 전문가 중 한 사람이었다. 2003년 2월 25일 열린 청문회에서 그는 신세키 총장에게 성공적인 공격작전 이후에 이라크를 안정화하는 데 얼마나 많은 병력이 요구될 것인가를 질문했다. 그가 대통령에게 환기시켰던 그 의구심에도 불구하고 신세키는 대답을 머뭇거리며 그러한 평가는 전투사령관에게 넘기려 했다. 그러나 집요하고 유능한 질문자인 레빈은 "정확한 숫자를 언급하기 곤란하다면, 대략 어느 정도 범위가 필요한가요?"라며 계속 물었다. 마침내 신세키는 발칸지역 동맹군 사령관으로서 그의 경험과 자신의 참모들이 제공한 역사적 사례분석, 그리고 이라크의 지리적 광활함과 내부의 종족 갈등을 고려하여 대답했다.

"지금까지 동원된 대략 수십만 명의 장병들이 아마도 요구되는 숫자일 것 같다고 우선 말씀드릴 수 있겠습니다. 그리고 이것은 적대행위가 끝나고 난 뒤에 상당히 중요한 지형을 통제하고, 다른 문제로 비화할 가능성이 있는 종족 간의 갈등을 통제하는 것을 고려해서 말씀드리는 것입니다. 따라서 안전하고 안정된 환경을 유지하고, 주민들을 먹이고, 물을 공급하는 등 이와 같은 상황을 처리하면서 모든 정상적인 책임을 수행하려면 상당한 정도의 지상군이 현장에 있어야 한다고 봅니다."[45]

신세키는 의도적으로 숫자를 모호하게 표현했지만, 대단히 유사한 상황에서 지휘했던 것을 포함한 다년간의 실제 경험에 기초한 그의 설명은 미군이 다가오는 수개월 그리고 수년간 겪게 될 많은 어려움을 암시하는 것이었다. 그렇게 짧게 문답을 주고받았음에도, 레빈은 국가안보정책을 놓고 서로 싸우고 있는 행정부와 입법부 사이의 불안한 위치에 신세키를 올려놓게 되었다.

　행정부는 신세키의 답변에 대해서 아무런 코멘트를 하지 않고 넘어가거나 아니면 '사람마다 이성적인 판단은 다를 수 있다'면서 원론적으로 대응할 수도 있었다. 그런데 행정부의 대표적인 매파 세 사람이 나서서 그를 휘하의 군인이라기보다는 마치 정치적 라이벌인 양 대중 앞에서 거칠게 다루었다. 이틀 뒤에 월포비츠는 하원 군사위원회에서 증언하면서 신세키의 전망은 '기이하기 그지없고' 또한 '과녁에서 크게 벗어난' 것이라고 했다. 그러면서 이렇게 이유를 들었다.

"전쟁을 수행하고 사담의 친위부대와 그의 군대로부터 항복을 받아내는 것보다도 사담 이후의 이라크에서 안정을 제공하는 데 더 많은 병력이 필요하다는 것은 생각하기 어려운 일입니다. 상상하기도 어렵지요."

럼스펠드도 이에 동의하면서 기자들에게 말했다.

"수십만 명의 미군이 필요할 것이라는 아이디어는 과녁을 크게 벗어난 것이라고 생각합니다."

다음 일요일에는 체니 부통령이 〈언론과의 만남〉에 출연하여 월포비츠와 럼스펠드의 논평에 동조하면서 미군은 "해방자로 환영받을 것"이라고 예측했다.[46] 세 명 모두 세 개의 공공장소에서 다소 비슷한 문구를 사용하여 신세키 장군의 전문적인 판단에 의문을 제기했다. 신세키 장군은 이후 이 문제에 대해서 공식적인 논평은 거절했으나 시사하는 바는 명확했다. 행정부는 하물며 정책도 아니고 그에 한참 못 미치는 가정에 대해서도 군이 동의하지 않는 것을 참지 않을 것이라는 점이었다.

무엇보다 중요한 것은 럼스펠드가 크고 작은 부대들의 전개 필요성에 대해 계속해서 의구심을 품었다는 것이다. 프랭크스는 장관과 맞서는데 실패했다. 몇 명의 프랭크스 부하들은 전력의 공급라인으로부터 예정된 증원이 후속하여 시행되지 않게 된 것이 역시 전후 비등한 이라크 혼란의 씨앗이라고 믿었다.[47]

몇 주 뒤에 미국군, 영국군, 그리고 소수의 연합군이 이라크를 공격했다. 초기에는 작전이 잘 진행되었다. 그러다 모래폭풍으로 인해 며칠간 기동이 중지되었다. 그리고 이라크의 몇몇 도시에서 그들의 '해방자'들을 길고도 취약한 병참선에 대한 '게릴라식 공격으로 환영하기' 시작했다. 공격작전에 참가한 미 군단장 윌리엄 S. 월러스William S. Wallace 중장이 잠깐이나마 솔직하게 '이와 같은 준군사부대로 인해, 지금 우리가 싸우고 있는 적은 우리가 위계임했던 적과는 약간 다르다'는 것을 인정했다. 럼스펠드는 미국의 전략에 대한 이런 묵시적 비난에 대해 분노하여 프랭크스에게 불만을 터트렸고, 프랭크스는 월러스를 해임하겠다고 으름장을 놓았다. 그러자 전투작전이 한창임에도 지상구성군사령관 매키어넌 장군이 쿠웨이트에서 카타르의 중부사 본부로 날아와 프랭크스를 달래어 월러스의 해임을 막았다. 워싱턴에서는 럼스펠드에게 비난이 점차 증가하고 있었는데, 그가 작전계획과 TPFDL에 쓸데없이 간섭하여 공격부대의 규모가 너무 작아졌다는 내용이었다. 그는 전쟁계획에 대한 책임에서 벗어나려 했다.

"언론에서는 마치 전쟁계획을 작성한 공이 나에게 있는 것처럼 계속 보도하던데, 사실은 나도 그 공을 차지했으면 좋겠지만 그럴 수 없습니다. 그것은 나의 계획이 아니라 프랭크스 장군의 계획입니다. 그것은 상당한 시간 동안 발전되어온 계획이며 탁월한 계획이라고 확신합니다."

그러면서 그는 프랭크스와 그의 예하 지휘관들이 요구했던 모든 것을 제공했다고 주장했다. 그러는 동안 중부사 부사령관 존 애비자이드John Abizaid가 펜타곤에 그들이 약속한 대로 1기갑사단 그리고 1기병사단 등 육군 두 개 사단의 추가 전개를 요청하고 있었다. 몇 주 후 럼스펠드와 프랭크스는 1기병사단은 필요하지 않다는 데 동의했다.[48] 모래폭풍이 지나고 지상군이 다시 기동을 시작했고 이후 몇 주 만에 바그다드를 점령했다. 그 다음날 약탈이 시작되었다.

　　럼스펠드는 이라크에서 '헝크러짐'untidiness 이상의 시민폭동이 일어날 가능성을 인정하지 않으려 했다. 그는 이라크군이 붕괴된 후에도 다국적군에 여전히 저항하며 싸우고 있는 세력에 대해 '전쟁범죄자들' 또는 '막다른 궁지에 몰린 자들'이라고 지칭했다. 펜타곤에서 급조하여 만든 전후 재건팀post-combat reconstruction team을 운영하기로 지정된 예비역 장성 제이 가너Jay Garner가 공격부대를 후속하여 몇 주 뒤에 바그다드에 도착했다. 그는 23개 정부 부처 가운데 17개 부처가 약탈당했음을 알게 되었다. 병원, 학교, 대학, 호텔, 심지어 사담의 궁전까지도 마찬가지 상황이었다. 다만 미 해병중대가 지정되어 방호했던 이라크의 원유를 관장하는 부서는 온전한 상태였다. 전반적으로 병력이 적어 이라크의 바그다드 전체를 안전하게 확보할 수 없었다. 하물며 이라크의 나머지 지역은 말할 나위 없었다. 이렇게 전후 질서유지에 실패함으로써 이라크 국민들로부터 신망과 위엄을 잃게 되었다.[49]

　　이라크가 함락되자 럼스펠드와 프랭크스 둘 다 이라크의 문제로부터 손을 떼려는 듯 보였다. 프랭크스는 약 1주일 뒤 열린 행사, 즉 승전을 기념하여 시내를 한 바퀴 도는 행사victory lap에 참석하기 위해 바그다드로 날아왔다. 그는 접적부대를 시찰하여 그들이 성취한 것에 축하와 격려의 말을 한 뒤 돌아갔고 다시는 오지 않았다. 가너가 도착하자 프랭크스는 재건에는 전혀 관심이 없었고, 매키어넌 혹은 월러스가 점령에 대한 군사적 조치사항을 잘 마무리해주길 기대했다. 그는 두 개의 전쟁에서 '승리한 자'로서 자리매김한 가운데 가급적 빨리 전역하기를 바라고 있었다. 마이어스 합참의장이 그에게 전화하여 전역하겠다는 계획을 보류하라고, 신세키의 후임으로 육군총장에 임명될 수도 있다고 했을 때 프랭크스는 발끈했다. "말도 안 됩니다. 집에 가지 말라고요? 나를 완전히 엿 먹이네요!"라며 고함을 질렀다. 그가 육군총장이 되는 것을 고민하게끔 하는 유일한 방법은 제2차 세계대전 당시 주요 사령관들이 마지막으로 올랐던 계급인 육군원수로 진급시켜 그의 어깨에 다섯 번째 별을 달아주는 것이었다. 마이어스는 장거리 행군의 끝에 지쳐 있는 병사처럼 프랭크스도 '이미 짐을 내려놓았다'고 결론을 내렸다. 애비자이드가 프랭크스의 뒤를 이었고, 프랭크스는 전역하여 회고록을 집필하고 부시의 재선을 위한 선거운동에 동참했다.[50]

럼스펠드도 마찬가지로 점령 문제로부터 뒤로 물러나려는 듯했다. 그는 점령이 짧고 아무 사건 없이 성공적이길 바랐으나 그런 희망은 이미 희미해지고 있었다. 제이 가너가 바그다드에 도착한 지 채 한 달도 되기 전에 부시와 럼스펠드는 그를 대신해서 폴 '제리' 브레머 3세Paul 'Jerry' Bremer Ⅲ를 임명했다. 브레머는 외교관 출신으로 행정이나 군사 분야 그리고 중동지역에 대한 경험이 없었다. 가너는 인수인계를 위해 일정 기간 머물러 있기로 동의했으나, 브레머가 그의 도움을 원하지 않는다는 것이 명백해지자 3일 만에 바그다드를 떠났다. 그 뒤 브레머는 침공 이후의 단계를 다룬 거의 모든 연구에서 하지 말라고 경고한 두 개의 운명적인 결정을 하고 이를 단편명령으로 하달했다. 바그다드에 도착한 지 4일 만에, 브레머는 사담의 바트당 당원들은 새로운 이라크 정부에서 일할 수 없다고 공표했다. 서명과 함께 그는 이라크 관료사회의 상위 세 개 또는 네 개 직급의 엘리트들을 쓸어버림으로써 국가를 어떻게 운영하는지 아는 사람들을 해고했다. 일주일 뒤 두 번째 조치로, 브레머는 계획관들이 점령지역의 질서 회복을 도울 것으로 기대했던 이라크군을 해체했다.

이렇게 깊은 생각 없이 그리고 협조도 되지 않은 선택이 수만 명의 유능한 관료들과 수십만 명의 훈련된 장병들에게서 권리와 수입원을 빼앗고 그들의 정체성과 위신을 실추시켰다. 이러한 취급에 분개한 바트당원들과 장병들이 반란 초기에 마르지 않는 모병의 샘이 되었다. 그들 대부분은 이미 잘 무장되어 있었다. 무장되지 않은 자들에게도 지급할 준비가 된 무기가 바로 가까이에 있었다. 다국적군이 아직 어떤 WMD를 찾지는 못했지만, 사담의 군대가 패퇴하면서 유기한 수백만 정에 이르는 소화기들이 나라 전반 수백 곳의 은닉처에 산재해 있었다. 그러나 다국적군은 너무 엷게 신장 배치되어 있어서 이런 은닉처를 찾아 확보할 수 없었다. 그리하여 대량살상무기는 문제가 되지 않았지만, 소량살상무기weapons of small destruction는 곧 반란과 내전의 불쏘시개가 되었다. 두 가지 예상치 못했던 사태는 모두 잘못된 가정에서 기인한 것들이었다.[51]

☆ ☆ ☆

2003년 5월 1일 부시 대통령은 미 해군의 1호기인 S-3 B 바이킹에 올라 남부 캘리포니아에서 이륙하여 항모 에이브러햄 링컨호의 갑판에 내렸다. 그는 송출 중인 TV 카메라 앞에서 정규 해군 조종복을 입은 채 조종석에서 내렸다. 아마도 베트남전 당시 텍사스주의 주방위군 공군 조종사로 짧게 복무했던 것을 환기시키려는 의도였던 듯하다. 이후 대통령은 전 세계로 송출되는 가운데 장병들 앞에서 연설했다. '임무완수'Mission Accomplished가 선명하게 새겨진, 적색, 청색, 흰색이 배합된 빛나는 배너 앞 비행갑판 위에 서서 대통령은 주요 전투작전의 종료를 선언했다. "이라크와의 전투에서 미국과 동맹이 승리했습니다." 선언은 성급한 것이었다.[52]

승리에 대한 열망과 아버지 부시가 남긴 정치적 유산으로 인해, 부시는 그의 부족함과 불안감을 어떻게 활용할지를 잘 아는 사람들에게 취약했다. 체니와 럼스펠드는 그러한 기술의 대가였다. 9·11 테러 이후, 부시는 행정부 내의 이라크 매파들을 기다리도록 해놓고 우선적으로 알카에다와 탈레반에 보복하기로 결정했다. 하지만 몇 달 안에 ― 탈레반이 패배한 것이 아니라 물러난 후에 ― 부시는 자신의 부통령, 국방장관 그리고 다른 보좌진에게 설득되어, 미국을 공격했던 테러리스트들과 그들에게 은신처를 제공했던 자들로부터 이들과는 어느 것으로도 엮이지 않은 이라크로 초점을 돌렸다. 부시는 그들이 사담 후세인에 반대하는 이유를 들 때 미혹된 듯이 보고 들었다. 확실히 독재자 사담이 자기 국민들에게 행한 악행과 배신은 의심할 바 없었다. 하지만, 체니, 럼스펠드, 월포비츠, 페이스, 그리고 너무 많아서 언급할 수 없는 다른 이들은 이라크가 테러리스트들에게 은신처를 제공했다고, 또 이라크가 WMD를 보유했고 지금도 만드는 중이라고, 그리고 이라크가 이웃 국가들에 위협이 될 뿐만 아니라, 장차 미국을 다시 공격하는 테러리스트들을 도울 것이라고 확정했다. 연후에 그들은 산더미 같은 반대 증거들을 연역적으로 철저히 조사하여, 확증이 없는 주장과 비난받아야 할 증인들의 주장을 이용하여 의심스러운 가정을 강화했다. 2002년 여름이 되자, 대통령 주변의 이라크 매파들은 대통령을 설득하여 그들과 같은 명분을 가진 지도자가 되게 했다. 그리고 그는 전쟁으로 향하는 길에서 다시는 흔들리지 않았다.

딕 체니의 촉수는 국방부와 행정부, 다른 부처 내부의 깊숙한 곳까지 닿아 있었으나 군과는 거의 직접 접촉하지 않았다. 대신 그의 권력과 영향력은 관료주의적 과정에 대한 그의 통달, 자신의 의제를 밀어붙이는 무자비한 결단력, 부시 대통령이 그에게 위임한 선례를 찾아볼 수 없는 범위의 자산, 그리고 대통령과의 근접성 등에서 기인했다. NSC 회의에서 체니는 거의 말하지 않았으나, 통상 대통령이 결심하기 전에 마지막 조언자로서 발언했다. 체니는 부통령 직위에 오르기 전에 자신의 인생에서 가장 후회스러운 일은 1991년에 사담 후세인을 권좌에 그냥 내버려두었던 것이었음을 명확히 했다. 다시 행정권을 갖게 되자 그는 지난번의 실수를 만회하기로 목표를 세우고 그의 제자인 대통령을 그 목표를 향해 단호하게 유도

해나갔다.

토미 프랭크스의 위협적인 그리고 고함치는 태도는 그의 내면에 있는 인격적 결함과 군사 전문적 능력 결핍을 덮기 위한 겉치레였다. 그는 합동참모위원들에 대해 자군의 영역에 대해 민감하고 편협한 관료들이라고 비난했다. 좀 더 자신감 있는 사령관이었다면 럼스펠드의 정치적 계획에 대응한 전략적 주장을 모으는 데 각 군의 지원을 요청했을 것이다. 프랭크스도 마찬가지로 예하 지휘관들이나 항상 과도하게 일을 많이 하고 오랫동안 고통받아온 참모장교들의 반대를 허용하지 않았다. 그는 '메시지를 전달하는 자를 저격하는' 경향이 있었다. 이런 지휘환경에서는 나쁜 소식뿐만 아니라 사려 깊은 대안마저도 전달하려는 자가 부족하게 된다. 결국 프랭크스는 럼스펠드의 부추김에 저항할 재치도 없고 배짱도 없이 그와 함께 외롭게 서 있었다.

럼스펠드의 국방부도 프랭크스의 중부사령부와 상당히 비슷한, '반대자들에 주의하라'는 분위기였다. 임기 초반에 럼스펠드는 군의 모든 3성 및 4성 장군 직위에 보직될 후보자들을 인터뷰하기 시작했다. 장관으로서 그는 그렇게 할 권한이 있었고, 일부에서는 그가 최상위 군 지휘관들의 자질을 향상시키는 데 개인적인 관심을 보여줌으로써 적절하게 책임감을 느끼고 있다는 것이라고 주장했다. 하지만 많은 사람들은 선정된 후보자들이 '럼스펠드 당의 지침'Rumsfeld party line에 기꺼이 따르겠다는 것을 분명히 밝힘으로써 사상적 평가를 통과해야 했다고 느꼈다. 이와 반대의 경우는, 신세키 장군과 그와 같은 생각을 가진 것으로 보이는 다른 육군 장군들을 처리하면서 보여주었다.

군의 고위지도자들은 이제 선택해야 했다. 마치 전쟁 소설 같은 럼스펠드의 가정을 받아들일 것인가? 그 가정들이 평생을 경험해온 것과 또 어렵게 쌓아온 전문적인 판단과 대조된다고 해도 받아들일 것인가? 아니면 크기만 하고 쓸모없는 공룡 취급을 받으며 경기장 밖에서 우두커니 지켜만 볼 것인가? 럼스펠드의 선임 보좌관들도 자기들의 보스를 닮아 전문직업군에 대해 조롱과 경멸을 노골적으로 드러내어 생산적인 의견의 교환을 사실상 가로막았다. 신세키를 제외하고 합동참모위원들은 전략적 또는 작전적인 질문에 답변을 요구하는 주장을 거의 하지 않았다. 그리고 결국에는 대체로 지속되는 협의과정에서 소외되고 있다는 것을 알게 되었다. 럼스펠드는 자신의 신봉자들 그리고 토미 프랭크스와만 함께했고, 그들 중 누구도 이라크에서의 정권교체 정책을 실행 가능한 전략으로 전환해야 한다는 개념을 일언반구라도 한 사람이 없었다.[53]

럼스펠드와 프랭크스 모두 정권교체라는 두 단어의 중요성을 깊이 고찰하지 않은 듯했다. 부시 행정부의 네오콘들은 전쟁을 위한 기초를 닦기 위해 협조된 노력을 시행했다. 그들은 사담이 행한 명백한 악행으로부터 시작해서 알카에다와의 연계성 그리고 그의 WMD가 가져오는 '심각한 그리고 모여드는 위협'을 주장했다. 산더미 같은 반대 증거들을 샅샅이 살펴보면서 페이스와 그의 '분석가들'은 자신들의 가정을 뒷받침해줄 의심스러운 작은 씨앗들을 어렵게 긁어모았다. 네오콘은 여분의 것들을 연설, 기고, 국가 정보판단의 형태로 패키지화하여 의회, 미국 국민들 그리고 의심하는 세상을 대상으로 이라크에서 독재자를 제거할 필요성을 설득하고자 했다. 아이러니한 반전으로, 콜린 파월이 신중한 군인으로서 오랫동안 축적해온 신뢰를 사담 후세인을 퇴위시키기 위한 최종변론을 하는 데 상당 부분 사용했다는 것이다.

사담을 21세기의 히틀러라고 과장하면서 부시 행정부는 럼스펠드가 사담을 끌어내리는 것의 어려움을 축소할 것을 믿는다는 듯이 지켜보았다. 그와 프랭크스는 둘이서만 전략을 만들었는데, 오로지 이라크 정권을 참수해 없애는 과업에만 배타적으로 초점을 맞추었다. 그러나 사담을 무너뜨리면 끝나는 게임이 아니었다. 임무는 정권교체였다. 단순히 참수해 없애는 것보다 훨씬 더 복잡한 일이었다. 럼스펠드와 프랭크스는 이라크에서 사담을 제거하기 위한 부대를 구성한다는 가정을 했다. 미군과 다국적군 부대는 그 목표를 민첩하게 달성했다. 그러나 정부를 바꾼다는 것은 어마어마한 후속 과업들을 요구하는 일이었다. 도시, WMD, 유전, 국경 등의 안전을 확보하고, 피난민들에게 물, 음식, 의료 서비스를 제공하며,

치안을 유지하고 이라크인들이 스스로 질서를 회복하도록 도우며, 그리고 가장 중요하게는 새로운 합법적인 정부가 주도권을 갖도록 돕는 것 등이 그런 과업이었다. 합법적인 정부를 세우는 일에 관심을 두지 않았던 것이 이번 전략적인 대실패 가운데 가장 뼈아픈 실책이었다.

사실 이라크 침공은 정치-군사의 연결점에 있던 사람들이 자신들의 의사결정에 대해 책임지는 데 실패한 구체적인 실제 사례였다. 프랭크스와 럼스펠드 둘 다 바그다드를 점령한 이후, 전장에서 실질적으로 몸을 감추어 탈영(AWOL)했다. 하지만 그들의 더 큰 실패는 훨씬 전에 일어났다. 토미 프랭크스는 자기에게 맞지 않는 지위로 진급되었다. 그는 지적인 게으름과 전략적인 무능에다가 인격적인 취약함과 판단력의 붕괴까지 더한 상태였다. 게다가 그가 자신의 동료들 그리고 부하들과의 관계를 통해 만들어놓은 분위기는, 그가 그들의 도움을 절실하게 필요로 할 때 — 즉, 중부사령부가 사담의 군대를 격퇴하고, 바트당 정권을 무너뜨리며, 대부분의 이라크 국민들로부터 해방자로 환영받을 것이라는 최선의 상황을 상정한 가정에 대해 임무분석의 논리를 따라 의문을 제기하고 도전해야 할 때 — 절대로 그 도움을 얻을 수 없을 것임을 보장할 정도였다.

럼스펠드도 여러 가지 같은 병폐를 안고 있었지만, 그의 잘못은 프랭크스가 한 것보다도 훨씬 더 엄중했다. 도널드 럼스펠드는 생각이 분명하고, 자기가 아는 바를 조심스럽게 분류했으며 무엇보다도 자신이 아는 바가 부족함을 인정하는, 그리고 모든 것을 예리한 문제로 만들어내는 사람이었다. 프랭크스와 달리 럼스펠드는 가정에 도전할 수 있는 역량을 가지고 있었다. 하지만 변혁에 대한 그의 교조적인 집착과, 사담은 제거되어야 한다는 편협한 확신이 전략적 현실의 실상에 대해 그를 눈멀게 했다. 그는 국방부, 합참, 프랭크스와 중부사령부를 휘어잡았고, 전략적 계획수립에 결국 해로운 결과를 초래한 자신의 가정을 그들 모두가 받아들이도록 강압했다.

그리고 작전계획이 '복잡하게 헝클어진' 현실에 봉착하게 되자, 럼스펠드는 그러한 결과에 대한 책임을 교묘히 회피했다. 그는 공격을 계획하는 데 있어서 자신의 역할을 부인했고, 계획은 프랭크스의 아이디어였다고 주장했다. 럼스펠드는 또한 중부사가 한번 바꾼 적 있었던 TPFDL을 조정했음을 부인했다. 이라크 내에 WMD가 없다는 것이 명백해지자, 럼스펠드는 모든 정보가 다르게 이야기했다고 주장했으나 그것은 그러한 정보들을 선별해내는 것이 자신의 역할임을 아무렇지도 않게 망각하고 있음을 드러냈다. 그리고 이라크의 약탈자와 '막다른 곳에 내몰린 자들'이 반란의 모양을 취하기 시작했을 때, 럼스펠드는 알 만한 지위에 있던 많은 사람들이 침공 이후의 문제점들을 예측했었다는 분명한 정반대의 사실을 부인했다. 또한 제리 브레머가 이라크 정부와 군 조직을 해체하고 종사자들을 면직시켰을 때, 럼스펠드는 그와의 인연을 끊으면서 그가 자신에게 보고한 적도 없으며 자신은 그러한 치명적인 결정에 연관된 바가 없다고 주장했다.[54] 럼스펠드는 이러한 전략, 상상력, 판단의 실패에 대해, 그리하여 미국이 8년간의 쓰라린 전쟁의 길로 접어들게 만든 데 대해 책임지기를 거부했다.

다시 한 번 돌아가 트럼불의 그림 〈조지 워싱턴 장군이 자신의 직위를 사임하는 장면〉을 살펴보자. 워싱턴이 그림 중앙의 의자 앞에 서 있다. 의자는 다른 의자들보다 약간 크고 망토로 덮여 있다. 그 왕좌(王座)는 비어 있게 될 것이다. 자신이 받았던 임명장을 돌려줌으로써 워싱턴은 카이사르가 아니라 킨킨나투스*가 되었다. 지휘, 군 생활, 행정권력, 아니 어쩌면 독재권력에 대한 요청 가능성도 다 포기한 것이었다. 킨킨나투스처럼 워싱턴도 칼을 칼집에 넣고 쟁기를 잡으러 마운트 버넌의 개인 소유지로 돌아갈 참이었고, 그의 군대도 마찬가지로 해체된 후 다들 고향으로 돌아갈 것이었다. 정치지도자들과 군사지도자들 간의 협의도 평온하게 마무리되고 평화가 계속될 것처럼 보였다.

미 의회 의사당 원형건물에 걸려 있는 트럼불의 그 그림과 다른 일곱 개의 그림들은 미국인들의 이상을 표현하고 있으나, 그림마다 약간의 차이가 있다. 예를 들어, 새러토가에서 버고인의 패배와 요크타운에서 콘윌

---

* 킨킨나투스(Lucius Quinctius Cincinnatus, c. 519 BC ~ c. 430 BC)는 초기 로마 공화국의 로마 귀족, 정치가 및 군사 지도자. 고대 로마에는 국가 비상시에만 임명하는 독재관(Dictator) 제도가 있었다. 킨킨나투스는 테베레강 서쪽에서 농사를 짓고 있다가, 집정관이 이끄는 로마군이 아에쿠이족과의 전투에서 패해 위기에 처하자 독재관으로 임명되어 전투를 승리로 이끈 후 다시 고향으로 돌아갔다. 킨킨나투스는 로마 공화정의 이상적인 인물로, 권좌에 연연하지 않는 모범적인 인물로 칭송받았다.

리스의 항복은 순수한 미국의 승리였다. 그러나 리 장군이 그랜트에게 항복하는 장면은 누구도 기념하지 않았다. 그러한 국가적 화해의 순간 역시 미국 역사상 똑같이 중요한데, 기념식이 노예와 남북전쟁이라는 쓰라린 기억들을 불러일으킬 수 있기 때문이었을 것이다. 트럼불은 뉴버그 반란 모의를 진압하기 위해 도덕의 예배당에서 장교들 앞에 서 있는 워싱턴의 모습을 그렸을 수도 있다. 그러나 아마도 그러한 표현은 그 회합을 필요로 했던 장교단 주도의 봉기를 부각시켰을 것이다. 이렇게 모호한 것은 국가적 상징의 소재 — 즉 여덟 개의 대표적 그림의 소재 — 가 될 수 없었다. 트럼불이 자신의 기념물을 그리고 난 뒤 거의 200년 동안 아무도 그것을 포크와 스콧, 링컨과 매클렐런, 또는 트루먼과 맥아더의 이미지로 교체하려 하지 않았다. 신화 창조를 위한 목적에는 국가적 열망인 정치-군사 간 조화를 영속화하는 장면을 기억하는 것이 훨씬 낫기 때문이었다.

신화는 조직 정체성의 주춧돌이다. 이야기책 속의 영웅적 행동에 관한 교훈들은 소중히 간직해온 문화, 민족, 그리고 종교의 연대기를 채운다. 신화는 또한 젊은이들이 스스로 보다 넓은 사회의 일원임을 깨닫도록 도와주는 데 꼭 필요한 것이기도 하다.

그러나 성인교육과 성숙한 앎을 위해서는 보다 복잡한 역사가 요구된다. 이 책을 쓰도록 고무한 목적은 미국의 정치-군사 관계에 대한 신화가 얼마가 되든지 상관없이 그것들을 교정하기 위해서였다. 트럼불이 묘사했던 그런 조화는 흔하지 않은 것이었다. 하물며 전시에 대통령과 장군들 사이에서 그런 조화로운 관계는 더욱 드물었다. 긴장이 자연스러운 것이었고, 다툼이 상시 존재했다. 어느 정도는 이러한 스트레스가 오히려 정보에 기초한 의사결정을 촉진하여 생산적인 결과를 가져왔다. 그러나 미국의 정치-군사 관계는 너무 긴장되는 바람에 정책과 전략 모두 고통을 겪는 일이 빈번했다. 그러한 스트레스의 원인은 헌법과 법률에 군을 통제하도록 명시된 구조적인 것이었다. 지난 60년 동안 긴장은 더 심각해졌고 덜 건설적이었다.

제2차 세계대전에서 연합국 측이 승리한 후 미국은 세계 문제에 있어서 탁월한 역할을 담당했다. 대통령의 직위는 국내외에서 더 큰 권력과 위엄을 갖게 되었다. 핵 역량과 소련과의 양극 경쟁은, 최소한 양 강대국의 입장에서는, 제한전쟁의 시대를 초래했다. 핵무기와 준비된 지상군을 유지할 필요성에서 미국의 군사기관과 방위 예산의 규모가 급격히 성장했으며, 이는 절대적인 금액 면에서도 또 연방 전체 예산에 대한 점유율 면에서도 모두 그러했다. 확장된 예산은 각 군 간의 경쟁을 자극했고 그들이 지출하는 상당 부분이 관료주의적이고 정치적인 노력에 투입되었다. 이러한 각각의 발전은 국방과 안보 문제의 중요성을 더 부각시켰다.

제2차 세계대전과 20세기에 들어 지속되어온 소규모 전쟁들로 인해 위상이 높아진 결과, 군사지도자들이 국가적 현안에 대해서 좀 더 눈에 띄는 역할을 하게 되었다. 동시에 대통령들과 그들의 민간 조언자들은 국가 안보와 그것을 보장하는 군사력에 대해 더욱 엄격한 통제를 요구하기 시작했다. 정치-군사 간 긴장이 자연히 증가되었다. 이러한 현상은 미래에도 계속될 가능성이 크며, 높아진 정치-군사 간 스트레스도 마찬가지로 영속될 가능성이 있다. 정치-군사 관계에서 지속적인 협의negotiation는 변함없는 사실enduring fact이 된 것이다.

비록 관련된 모든 이들에게 이러한 어려움들을 다루는 일이 우선순위가 되어야 하겠지만, 양측의 참여자들은 그들 자체의 조직문화에 의해 불리한 입장에 놓이게 된다. 민간 측의 정책수립자들은 대부분 군과 군의 사고방식과 업무추진방식에 익숙하지 않다. 혹 군 관련 경험을 했다고 하더라도 짧은 기간 동안 그리고 민간 생활과 정치를 하기 오래전의 초년생이었을 때인 경우가 많다. 그리하여 그들은 역동적인 조직으로서 그리고 국가정책에 미치는 영향력으로서도 정치적으로는 기민하지만, 군에 대해서는 상당히 무지할 수 있다. 고위급 군 장교들은 최소한 30년의 군경력을 가지고 있고 점점 더 책임 있는 직위에서 근무해온 사람들이지만, 마찬가지로 정치적 영역에 대해서는 익숙하지 못하다. 그들은 군사전문가들이지만, 종종 정치적인 동기와 정치적 책략에 대해서는 훨씬 더 모르는 경우가 있다. 따라서 이렇게 가장 중요한 관계 안에는 방향성과 성향에 있어서 양측이 충돌할 무대가 마련되어 있다.

새뮤얼 헌팅턴이 그의 책『군인과 국가』The Soldier and the State를 통해 여러 시대에 획을 긋는 공헌을 했는데, 그중 하나로 정치-군사 간 갈등을 관리하는 이상적인 모델을 제시한 것을 들 수 있다. 냉전이 시작되고 채 10년이 가기 전에 책을 발간한 헌팅턴은 정치-군사 관계의 한 형태로 그가 명명한 '객관적 문민통제'를 상정했는데, 즉 군을 정치적 삶에서 분리하여 떼어내는 대신에 전문직업적 자치권professional autonomy을 유지하게 하는 것이었다. 헌팅턴은 그러한 분리가 군의 전문성을 극대화하며, 이에 따라 국가안보도 정책과 전략 사이에 정치가도 군인도 뚫을 수 없는 벽을 세움으로써 더욱 강화된다고 주장했다.[1]

절대 영도absolute zero, 광속speed of light 등의 이론적 개념은 현실을 이상과 비교하는 유용한 수단이 되며, 그리하여 실제 세계의 현상을 측정할 수 있다. 이처럼 개념으로서 인식하여 바라보면, 객관적 문민통제가 많은 것을 권고한다. 이상적으로 전문직업군인은 분명하게 그들의 정치적 상급자들에게 복종한다. 정치인들은 우선 명확하고 구체적이며 손에 잡히는 정책목표를 개발하고, 이를 기초로 솔직담백한 선전포고를 한다. 다음에는 군인들이 정치적 간섭에 의해 제한받지 않는 가운데 전쟁을 수행하여 성공적인 결과를 달성한다. 평화를 되찾게 되면, 민간 권력은 그들의 우위를 재적용하여 군을 통제한다.[2]

하지만 실제 현실은 서로의 영역을 침범한다. 헌팅턴이 군인과 국가 사이에 세운 벽은 실은 하늘과 바다 사이의 경계선이다. 평온한 날에는 한눈에 구분하기 쉽다. 그러나 폭풍이 불고 파도가 거센 바다에서는 가장 숙련된 선원이라도 하늘의 끝과 물의 시작이 어디인지 말하기 어려울 것이다. 기체와 액체의 물리적 성질은 근본적으로 다르다. 하지만 조건이 혼란스럽고 곤란한 경우에는 하나의 매개에서 다른 매개로 넘어가는 데 어려움이 없고 눈에 띄지도 않는다. 마찬가지로 완벽하지 않은 현실의 세계에서는, 정치·군사 지도자들 간에 지속적인 협의negotiation가 이루어지고 있다. 군인들이 종종 정책의 영역으로 헛디디기도 하고, 민간 지도자들도 작전계획이나 어떤 경우에는 전장에서의 결심사항에 이르기까지 전문적인 군사사항에 개입하기도 한다. 실제로 정치적 문제와 군사적 문제를 가르는 벽은 없다. 특히 전쟁이라는 격동의 시기에는 더욱 그렇다.[3]

헌팅턴은 객관적 문민통제라는 자신의 이상과 주관적 문민통제라고 명명한 불건전한unhealthy 조건을 대조했다. 후자의 경우, 민간그룹들이 군에 대한 접근과 영향력을 극대화하기 위해 서로 경쟁한다. 그러한 주관적 문민통제는 역사적으로 정부 조직, 정당, 또는 사회적 계급이 일반적으로 다른 민간그룹을 희생하면서 군을 거의 독점적으로 통제할 때 달성되었다. 헌팅턴은 주관적 통제가 국가 내에서 군사 안보를 감소시킨다고 주장했다. 즉, '군대를 민간화하고' 또 '국가의 상징으로 만들어' 군의 전문직업성을 약화시키기 때문이다. 따라서 주관적 통제는 그 형태와 무관하게 전혀 아무런 통제를 안 하는 것을 제외하고, 국가안보에 있어 최악의 선택이다.[4]

문제는 군을 통제하려는 정치적 분쟁이 인간사회의 현실이며, 특히 미국의 헌법정신에 부합된다는 것이다. 헌팅턴의 객관적 문민통제의 모델은 미국 헌법이 군에 대한 문민통제를 행정부와 사법부, 즉 대통령과 의회에 나누어준 이중 통제로 인해 초래되는 복잡성을 간과한다. 헌법의 설계자들은 행정부와 입법부가 서로 견제하도록 의도했던 것이다. 따라서 균형은 적극적으로 순응하거나 준수해서not by conformity 생기는 것이 아니라, 서로 이익을 놓고 경쟁하는 가운데 양보하고 타협함으로써but by compromise 생성되는 것이며, 그리고 그럴 때 시민의 자유도 더 잘 보호될 것이다. 비록 19세기에 들어서면서부터 정치-군사 관계에 있어서 의회의 영향력이 계속 줄어들고 있지만, ― 1941년 이후 의회에 의한 전쟁선포가 없었다는 것을 상기하라 ― 의회는 국가가 군대를 양성하고 지원하는 것을 가능하게 하는 돈주머니를 쥐고 있다. 대통령은 통수권자이고 군대의 민간 관료와 군 장교를 임명하지만, 상원의 조언과 동의에 따라야 한다. 따라서 대통령과 국방장관이 군 지휘계통의 정점에 있지만, 장교들은 입법부 역시 충성의 대상으로 여기고 있다.

헌팅턴의 이론적인 벽이 지닌 핵심적인 오류는 국가안보정책과 전략에 대한 책임을 나누어놓았다는 것이다. 이러한 분리는 전문 직업군인들과 그들의 문민 상급자들 모두에게 너무 적은 것을 요구하는 것이다. 그들은 모두 건전한 정책과 효과적인 전략과 상호작용 및 실행에 대한 책임을 똑같이 하지는 않더라도 나누어질 수 있고 나누어져야만 한다. 장교들은 헌법을 수호하겠노라고 맹세한다. 민간 관료들도 마찬가지로 서약한다. 그리고 헌법은 이들 모두가 국민들에게 공동의 방위를 제공하도록 강제한다. 객관적 통제에 관한 헌팅턴의 주장과는 달리, 양측의 어깨 위에 이러한 책임을 나눠 지게 하는 것은 군 전문직업주의에 위해를 가하는 것이 아니다.

군인들과 정치가들 모두 양자 간 지속적으로 협의하는 과정에서 양측이 그들 각자의 의무를 구분하는 미세한 경계선을 정기적으로 넘어갈 수 있다는 것을 이해해야 한다. 클라우제비츠는 이렇게 말했다.

> "최상위 수준에서 전쟁술은 정책이 된다. … 주요한 군사 발전 또는 무언가를 위한 계획 같은 것이 순수한 군사적 의견에 대한 문제여야 한다는 주장은 받아들일 수 없고 해로운 것이다. 사실 많은 정부들이 전쟁을 계획할 때 하는 것처럼 군인들을 소집하면서 그들에게 순전히 군사적인 조언만을 구하는 것은 결코 현명하지 않다."[5]

헌팅턴처럼 클라우제비츠도 '절대전쟁'이라는 이론적인 추상 명제를 수단으로 사용하여 실제로 불완전한 세계에서 일어나고 있는 '현실전쟁'을 측정하고 기술했다. '전쟁은 단지 다른 수단에 의한 정치의 연장(延長)'이라고 한 클라우제비츠의 근본적인 이론적 통찰은 전쟁에 정치적 제한이 있음을 보여주기 위한 것이다. 이는 또한 군에 대한 객관적 문민통제가 불가능한 이유를 핵심적으로 설명한다.

☆ ☆ ☆

우리는 헌팅턴의 객관적 문민통제와 주관적 문민통제를, 헌팅턴은 그렇게 하지 않았지만, 변증법적 틀에 넣어 개선할 수 있다. 객관적 문민통제가 바람직하지만 달성할 수 없고, 완전한 주관적 문민통제는 군사적 폭정으로 이어질 수 있다. 따라서, 건강한 민주국가에서의 해법은 그들 둘 사이의 어딘가에서 합의될 것이다. 이러한 정-반-합의 결과는 국가안보정책의 발전과 그 시행에 대한 책임을 공유하는 것이다.

변함없이 계속해서 협의constant and continuous negotiation한다는 개념은 엄격하게 고정된 규칙에 저항한다. 역사적 환경과 국가적 조직의 변화는 각기 새로운 정치-군사 관계에 대한 협의를 다시 시작할 것을 요구한다. 물론 역사는 참여자들에게 실행과 결과의 몫을 전해줄 것이지만, 서로다른 인격을 가진 사람들 간의 상호작용을 예측할 수는 없을 것이다. 이런인간 사이의 상호작용은 모든 논의에 있어 가장 중요한 부분이며, 수많은요소의 영향을 받는다. 따라서 협의에 대한 영속적인 규범을 세우는 것은불가능할지라도, 일정한 범위와 한계를 설정하는 데 도움을 줄 수 있는 다음과 같은 비유를 사용할 수는 있을 것이다.

대통령은 국가라는 배의 선장이다. 그는 자신이 숙련된 선원일수도 있고, 항해 초보자일 수도 있지만 어찌 되었든 선장이다. 그는 항법, 추진, 조타, 심지어 배의 방어까지도 위임할 수 있지만, 배 그 자체에 대한 책임은 위임할 수 없다. 그의 부하들도 선장을 위해 배의 임무라든가 최종 목적지와 같은 중요한 결정을 대신할 수 없다. 그러한 주제에 대해서 의견을 말하도록 초청되었다면, 조언을 제공하는 것이 마땅히 환영받겠지만, 다만 선장이듣고자 하는 범위와 한계까지만이다. 그들은 선장이 원하는 것을 얻을 수 있는 최선의 방법을 조언할 수 있고, 그렇게 해야 한다. 사실 그것이 선장이 그들을 고용한 이유이다. 선장 혼자서는모든 일을 다 할 수 없기 때문이다. 예를 들어 노련한 항해사라면

해류와 높은 파도로 인해서 어느 항구에서 다른 항구로 이동하는 최적의 코스를 직선 코스로 하지 않겠다고 건의할 수 있다. 현명한 선장이라면 그런 조언에 고마워하면서 따를 것이다. 그러나 그는 자신의 판단을 믿기로 결심하여 원래 생각했던 코스를 선택할 수도 있다. 그런 결심을 하고 행동하는 것이 그의 특권이기 때문이다. 전문성과 도덕적 행동을 통해 선장의 신뢰를 얻는 것이 배에 탄 장교들의 의무이다. 전문 직업군인도 그와 같아야 한다. 각각의 군사 조언자들은 각자 대통령의 신임을 얻어야만 한다. 마찬가지로 자기자신의 조언자들과 의회의 신뢰도 획득해야 한다. 주어진 상황에서 올바른 균형을 찾기 위해서는 민간 지도자들과 군사 지휘관들이 서로 선의를 가지고 협의negotiation하는 것이 요구된다. 그러나 그러한 협의가 양자 간의 경계선을 긋고 어떤 사람들을 군사지휘관으로 할지를 정하는 민간지도자들의 책임과 권한 ― 사실 의무이기도 한데 ― 을 가려서는mask 안 된다.

장군들은 당대에 요구되는 정치지도자에 대해 적절한 판단을 내리는 미국의 선거과정을 믿어야 한다. 그들은 정치지도자에게 부여된, '통치하고 결정하는 합법적 권한'을 존중해야 한다. 그렇게 하는 것이, 그들이 임관 선서에서 다짐한 '헌법을 지키고 지원하는 것'이다. 장군들은 대통령과 민간지도자들의 효과적인 정책수립 능력을 존중해야 한다. 그들은 그 정책이 무엇이든지 또 어디로 이끌든지, 합법적이고 도덕적인 명령을 받는 한, 그것을 지지할 의무가 있다.

장군들은 경우에 따라, 실제로 종종 있는 일이지만, 정책을 어떻게 실행해야 하는지에 대해서뿐만 아니라 어떤 정책이 되어야 하는지에 대해서도 솔직한 의견을 달라고 요청받을 수도 있다. 그럴 때 조언에 주저하지 말아야 한다. 하지만 대통령의 정책에 설사 오류가 있다고 믿더라도, 장군들은 자신들의 능력을 최대한 발휘하여 그에 복종하고 지원함으로써 선장이 국가라는 배를 운행하는 것을 도와야 한다.

대통령이 장군들을 믿어야 할 필요는 없다. 그러나 가장 성공적이었던 전시의 대통령들은 그렇게 하는 법을 배웠다. 전시 초기에는 각 군에서 최적의 장군을 제공하지 못할 수 있다. 역사를 보면 종종 그러했다. 대통령은 링컨이 그랬던 것처럼, 자신의 직감에 귀를 기울일 필요가 있다. 링컨은 미래의 대통령들을 위해 예언적인 교훈을 남겼는데, 자신의 장군들을 '잠재적으로 유용하지만 확실히 교체될 수 있는 도구'로 생각하라는 것이었다. 장군들은 인정하고 싶지 않겠지만 그들은 희생시켜도 되는 사람들이다. 우리처럼 크고 전문적으로 훈련된 군대에서는 또 다른 유능한 장교가 항상 후계자로서 대기하고 있게 마련이다. 대통령은 알맞은 장군이 나타날 것을 확신하면서 안심할 수 있다. 꼭 각 군에서 처음으로 보직한 사람이 아니어도 된다. 어떤 상황에서는 최적의 장군이, 대통령이 정치적 또는 전략적 목표를 변경하기로 결심하여 상황이 달라질 경우에는 그의 리더십이 새로운 상황에 전혀 맞지 않을 수도 있기 때문이다.

대통령은 정치-군사 관계의 중요성을 높이 평가하여 가장 효과적인 관계를 형성하기 위해서는 무자비해질 준비가 되어 있을 정도가 되는 것이 마땅하다. 장군들과의 상호 의견교환이 무너지고 있다고 여겨지면 주저함 없이 그들은 교체되어야 한다. 링컨이 말했던 것처럼 '나사송곳이 너무 무뎌져서 지탱할 수 없다면' 다른 나사송곳을 찾아야 한다. 마찬가지로 군사조언자들도 정치지도자들과의 협의를 가치 있게 여기되 자기희생의 경지에까지 이르러야 한다. 즉, 이 시점에서 이 대통령에게 자신이 최고의 조언자가 아니라는 것을 알게 되면 물러날 준비가 되어 있어야 한다는 것이다.

스탠리 맥크리스털Stanley McChrystal 장군의 예를 보라. 그는 한 잡지에 자신이 오바마 행정부의 정책을 비난하는 말을 인용한 기사가 난 것을 본 후, 자진해서 사임을 요청했다. 그는 대통령의 신뢰를 상실했다고, 그러므로 더 이상 아프가니스탄에서 효과적으로 지휘할 수 없다고 결론을 내렸다. 그의 판단은 옳았다. 대통령이 장군에 대해 불신을 품는 것은 고객,

즉 국민 전체의 입장에서 좋은 일이 아니다. 유감스럽게도 몇 개의 행정부가 그랬던 것처럼, 대통령 혹은 그의 조언자들이 어떤 장군이나 군 수뇌부의 구성원을 정치적 경쟁자로 생각하기 시작한다면 그것은 더 나쁜 상황이 된다. 트루먼과 맥아더의 사례에서 도출할 수 있는 경험의 법칙에 따르면, 대통령이 장군을 불신하거나 두려워하게 되었을 땐, 그의 해임이 이미 너무 늦은 상황이 된 것이다.

어떤 인간관계도 어느 정도의 신뢰가 있어야만 형성된다. 완벽할 필요는 없지만, 격렬하게 대적하는 적대국 사이에서도 어느 정도의 신뢰가 있어야만 솔직한 협상이 시작될 수 있다. 아마도 어떤 대통령도 우드로우 윌슨이 미국의 퍼싱 장군을 신뢰했던 것보다 자신의 장군들을 신뢰하지는 않았을 것이다. 퍼싱 장군의 지위는 포괄적이었으며, 그의 권한은 '최대'였고, 그의 승리는 완벽했다. 역으로 어떤 대통령들도 포크가 그의 장군들 테일러와 스콧을 대했던 것처럼, 신뢰에 인색했던 경우도 거의 없었다. 그럼에도 불구하고 두 장군은 작전적·전략적 승리를 달성했고 포크도 논쟁이 많았던 전쟁에서 놀랄 만큼 단기간에 승리했다.

가장 비효과적인 관계였던 링컨-매클렐런, 트루먼-맥아더 관계에서는 신뢰의 부족이 정책과 전략 모두를 망쳐놓았다. 반면에 가장 효과적인 관계였던 링컨-그랜트, FDR-마셜 관계에서는 장군들이 자신들의 능력을 증명하고 또한 믿음직함을 보여줌으로써 점차 신뢰를 얻었고, 예하부대들이 그들 정치·군사 지도자들을 따라 혁혁한 승리를 거두었다.

☆ ☆ ☆

우리는 국민의 한 사람으로서 정치·군사 관계의 개선을 위해 우리가 할 수 있는 부분이 있다. 우리는 지도자들에게 그들이 추구한 그 결심과 행동에 대해 책임을 물을 수 있다. 우리는 클라우제비츠가 정책과 전략 사이의 지속적인 협의에 참여하고 있는 어느 한쪽의 참가자들이 다른 편의 영역으로 자칫 들어설 수 있다는 것을 이해하고 주장했던 것처럼, 정책과 전략이 서로 겹치는 부분이 있음에 대한 이해를 촉진하기 위해 노력할 수도 있다. 장군들은 군사적 조언 이상의 것을 하도록 요청받을 것이며, 정치가들도 작전적 또는 전술적인 사항에까지 파고들 수도 있다. 그러나 양측의 참여자들 모두 자신들의 능력이 허락하는 범위 내에서, 그리고 보다 중요하게는 자신들의 행동에 책임질 수 있는 한도 내에서 그렇게 해야 한다. 어느 장군이 정책의 결과에 대해 책임질 수 있는가? 오직 선출된 지도자만이 그렇게 할 수 있다. 대통령이 작전적인 결심을 해야 하는가? 이 질문에 대한 답은 상당 부분 특정한 대통령과 그의 특정한 장군들, 그들의 역량과 경험 그리고 군 수뇌부에 대한 대통령의 신뢰 수준에 달려 있다. 그리고 결심하는 것은 대통령의 특권이다.

우리는 전문직업군을 사회를 구성하는 필수적 요소로 볼 수 있고 그렇게 보아야 한다. 군대는 사회로부터 나온다. 군은 사회에 봉사하고 사회를 지킨다. 그리고 군은 그 진입에 대한, 그리고 임무수행에 대한 엄격한 기준을 충족하는 모든 사회의 구성원에게 열려 있고 또 그래야만 한다. 군 내부에 이를테면 시민사회를 무질서하고 비도덕적이며 부패했다고 폄훼하면서, 이와 달리 전문직업군대를 도덕적으로 우위에 있다고 여기는 바람직하지 못한 경향과 또 실제로 그런 말을 하는 사람들이 있다. 그러한 전문직업주의적인 오만은 비논리적이고 위험하다.[6] 비논리적인 이유는 그러한 논객들이 전문직업군에게 그 자체로는 주장하지 않는 가치를 부여하려고 하기 때문이고, 위험한 이유는 이러한 군사문화적 엘리트주의가 '사회의 공복'이라는 전문직업군인의 기본적인 정의를 훼손할 수 있기 때문이다. 존 해켓John Hackett 경은 헌팅턴과는 반대로 이렇게 주장했다.

> "어떤 사회가 군대에서 얻는 것은 정확히 그 사회가 요청한 것이며, 그 이상이나 그 이하도 아니다. 또한 그 사회가 요청하는 것은 그 사회의 특성을 반영하는 경향이 있다. 어떤 나라가 자신의 전투력을 살펴볼 때, 그것은 거울 속을 바라보는 것과 같다. 거울이 진짜라면 거기에 보이는 얼굴은 자신의 것일 것이다."[7]

당파적으로 정치화된 세계에서 초당파적으로 정치적 중립의 윤리를 지키는 것은 추구하기 쉽지 않은 일이나, 군의 직업적 전문성을 보장하고 군인과 정치가 사이의 협의negotiation에서 최고의 산물인 신뢰를 증진한다. 초당파성을 민주적 공화국을 위해 봉사하는 장교단의 기반 가치로 삼고 전문적인 군사교육을 통해 이를 촉진해야 한다. 이것은 장교들이 정치적 견해를 가져서는 안 된다는 말이 아니며, 또 누군가 말하듯이 투표를 하지 말아야 한다는 말도 아니다. 국가를 위해 봉사하는 것이 시민의 기본권리를 잃는 것을 수반하는 것은 아니다. 그러나 장교의 임무수행에 영향을 미치는 어떤 정치적인 당파성도 드러내서는 안 된다. 군사전문성을 이데올로기나 혹은 정당과 동일시하는 것은 군대에도 사회에도 모두 위험하다. 나치 독일과 여러 전체주의 정권이 그 실례를 보여주었고, 지금의 실패한 정권들도 앞으로 실증할 것이다.

전문성에 대한 조직의 안팎에서의 신뢰는 취임 선서, 직업적인 전문 지식, 그리고 조직의 가치에 대한 견고한 준수로부터 형성되는 것이다. 당파성을 북돋우는 유혹이 강한 정치화된 현실 세계에서 온전한 정치적 중립을 강조하는 것은 특별히 가치 있는 일이다. 워싱턴의 정치세계는 거칠고 당파적이기 때문에, 정치-군사 관계의 경계 안에 있는 장교들은 다른 모든 이들보다 초당파적인 군대를 견지할 필요가 있다. 대부분의 민간인들은 부분적으로는 군이 정치적 중립을 지킨다는 이유로 전문직업군을 존중한다. 당신이 그런 직업군인이라면 마땅히 그와 같은 입장을 보호하고 교육해야 한다.

☆ ☆ ☆

오늘날 초당파적인 군을 성가시게 하는 문제는 장교단 자체에 있는 것이 아니라, 특정 대통령 후보들을 공개적으로 지지하고 그들의 정책과 연대하는 소규모이지만 목소리가 큰 예비역 장성들에게 있다. 이 문제는 1988년 예비역 해병대사령관 P. X. 켈리가 부시 부통령을 지지했을 때부터 시작되었다. 그 이후 댐의 수문이 열렸다. 1992년 전 합참의장 윌리엄 크로우 예비역 해군대장과 21명의 다른 장성들이 클린턴 주지사 지지를 선언하여, 제2차 세계대전 참전 영웅이었던 당시의 아버지 부시 대통령에 비해 베트남 참전 기피로 대조되던 클린턴에게 상당한 힘이 되어주었다. 4년 뒤, 클린턴 대통령에게 도전하기 위한 오랫동안의 노력을 통해 밥 돌 Bob Dole 상원의원은 몇 명의 군 장성 출신들의 지원을 열심히 찾아서 얻었는데, 그중에는 최근에 전역한 합참의장 콜린 파월도 있었다. 2000년이 되자, 고어와 부시의 선거본부에서는 모두 예비역 장성들을 끌어들이기 위한 경쟁을 했고, 여기에서 부시가 다시 한 번 콜린 파월을 비롯한 80명 이상의 지지를 받아 고어를 앞섰다. 그리고 파월은 부시의 첫 번째 국무장관이 되었다.

2004년 전임 합참의장 존 샬리캐슈빌리John Shalikashvili가 민주당 전당대회에서 열두 명의 다른 예비역 장성들과 함께 무대에 올라 대통령 후보 존 케리John Kerry에 대한 지지를 선언했다. 뒤처지지 않으려는 듯, 공화당 전당대회에서도 전임 중부사령관 토미 프랭크스가 주도하는 예비역 장성들이 대열을 이루어 퍼레이드를 하면서 부시 대통령에 대한 지지 의사를 표명했다. 2008년에는 100명 이상의 예비역 장성들이 공개적으로 오바마, 클린턴, 매케인 상원의원들을 지지했다. 파월은 공화당의 뜻을 거스르고 오바마를 지지했다. 선거가 끝난 후에 합참의장 마이크 멀린Mike Mullen 대장은 그러한 정치적 지지 선언을 그만해달라고 요청한 최초의 고위장성이 되었다. 2012년의 선거를 앞두고는 마틴 E. 뎀시Martin E. Dempsey 합참의장이 전임자의 충고를 똑같이 언급했다.

"내 생각에, 우리는 우리의 행동과 의사 표명이 우리의 직업에 어떻게 영향을 미칠지를 현역 복무 이후에도 계속해서 사려 깊이 생각해야 합니다. 전임 그리고 예비역 군인들, 특히 장성 출신들은 일생 동안 군 복무와 연계되어 있습니다. 만약 그 직책과 제복이 당파적 목적을 위해 사용된다면 민군 간의 신뢰 관계를 훼손할 수 있습니다. 우리 모두 이것을 잘 인식해야 합니다. 그렇지 않으면 성년이 된 후 대부분의 삶을 함께해온 우리 군에 악영향을 미치게 될 것입니다."

불행하게도 너무도 많은 예비역 장성들이 뎀시 의장의 충고를 귀담아듣지 않았다. 존 B. 내스맨John B. Nathman 제독과 약 30명의 예비역들이 민주당 전당대회에서 오바마의 재선을 지원했다. 2012년 10월 롬니 Romney 후보 선거운동 본부에서는 토미 프랭크스를 주축으로 약 300명의 예비역 장성들이 그를 지지하겠다고 발표했다. 며칠 뒤에는 콜린 파월이 2008년에 했던 것처럼 오바마 대통령을 지지했다. 이러한 현상은 두 명의 현직 합참의장과 수많은 민군관계 연구자들의 경고에도 불구하고 갈수록 계속 증가했다.

2012년 10월 미국 신안보연구센터Center for a New American Security는 예비역 장교들의 정치적 지지 선언에 대한 보고서를 발간했다. 연구자들은 "그러한 행동이 군이 국가를 위해 봉사하는 초당파적인 조직이라는 인식을 약화시키고, 군도 자신의 관료주의적·정치적 이익을 위해 일하는 단지 또 하나의 이익집단일 뿐이라는 인식을 강화한다"고 지적했다. 지지를 선언하는 예비역들의 계급이 높을수록 조직을 대표하여 얘기하는 것처럼 인식될 수 있고, 그의 지지 선언도 초당파적 군대라는 인식에 더 큰 손상을 가했다. 일반적으로 어느 한 상사나 대령이 지지 선언을 한다 해도 아무도 주목하지 않을 것이지만 예비역 단체는 부정적 영향을 끼칠 것이다. 또한 신안보연구센터 보고서를 보면, 전역한 장성들의 지지 선언이 유권자들에 주는 영향은 미미했는데, 이는 그들이 군에 가하는 피해를 감수할 만큼 가치 있는 것을 얻을 수 없음을 시사한다.[8]

만약 예비역 장교들이 현재 정책에 대해 비판하거나, 관료들을 위해 봉사하거나 또는 후보자에 대한 지지를 선언하는 등 정치적 의사표현에 참여하고 싶다면, 전문직업적 책임감을 가지고 스스로를 군으로부터 이격해야 하고, 오로지 군과 관계없이 개인적인 의견임을 분명히 밝혀야 한다. 그렇지 않으면 합참이 그들의 활동을 억제하는 조치를 취해야 한다. 우선은 개인적으로 설득하고, 그리고 필요하다면 그런 행동을 전문직업군에 위해한 것으로 간주하여 공개적으로 회피하거나 거부해야 한다. 그러나 이러한 제한을 직접 자신들이 입후보하여 선거에 뛰어든 예비역들에게 가해서는 안 된다. 결국 선거운동의 고난을 감내하면서도 군사문제로부터 멀리 떨어진 위치에 자리 잡는 것이 그들 스스로를 자신들의 옛 전우들과 충분히 이격하는 방법일 것이다.

☆ ☆ ☆

이제 1947년과 1949년의 국가안보법 그리고 1986년에 합동참모본부를 개편한 골드워터-니콜스 수정안을 다시 돌아볼 때가 된 것 같다. 특히 참모총장들은 대통령과 국방장관에 대한 조언자로서의 의무로부터 해방되어야 한다. 그러한 역할이 합쳐진 것은 오랫동안 이익의 충돌이 지속되어온 것이며, FDR 시절 임시로 운영한 기구의 의도되지 않은 유산이다. 전력제공자로서 그리고 각 군의 제복 입은 최선임자로서 참모총장의 역할은 전(全) 시간 근무해야 할 많은 책임이 있다. 군사조언자라는 역할은 종종 그들의 자군에 대한 책임과 상충하는 의무를 요구한다. 때때로 비평가들이 참모총장들을 평가하면서 그들이 자군 위주로 편협하게 사고하고 행동한다고 할 때, 대체로 그것은 옳은 말이다. 각 군은 오늘의 분쟁에 참여하는 대의권representation이 내일의 분쟁에서 자군의 연관성relavance을 보호할 것임을 보장받으려 하기 때문이다.

각 군의 참모총장들로 구성된 합동참모회의를 해체하고 대신 4성 장군이 의장이 되고 5~7명의 장성들로 구성된 별도의 국가군사위원회 National Military Council를 신설할 필요가 있다. 이들은 현재 합동참모위원들에게 부여된 조언자로서의 책임을 수행할 것이며, 오로지 그 역할만을 하게 될 것이다. 현재의 합참본부 구성원들은 그대로 남아서 국가군사위원회 의장을 보좌한다. 위원회의 구성원들은 작전 지휘계선에서 벗어나

오직 대통령과 국방장관에게만 보고한다. NMC 의장은 NSC에서 NMC 를 대표하거나 아니면 대통령이 원하는 대로 두 개 기구를 항상 같이 소집 하여 회의할 수도 있을 것이다.

NMC의 구성원들은 갱신이 가능한 2년 임기로 복무한다. 위원회에 서 복무할 수 있는 자격조건으로, 한 명은 4성 장군으로서 통합사령관 또 는 연합군사령관 또는 참모총장을 역임한 자로 한다. 위원회에서 임무를 마치게 되면 위원들은 자군으로 돌아가지 않고 전역한다. 위원회에서 근 무하는 동안 위원들은 합동성의 관점을 견지해야 하고, 자군에 대한 충성 과 편견에서 벗어나야 한다. 국가이익 외에는 다른 어떤 책임도 부여하지 않음으로써 그들이 이와 같은 태도를 갖도록 도와야 한다.

☆ ☆ ☆

대통령과 장군들 간의 지속적인 협의continuous negotiation와 이를 통해 서 얻어내는 결심은 모든 미국인의 삶에 결정적으로 중요하다. 그리고 우 리 아이들과 후손들의 삶에도 심대한 영향을 계속 미칠 것이다. 비효과적 이고 비생산적인 정치-군사 관계로 인한 비용은, 특별히 지난 60년 동안, 대경실색하게 할 정도였다. 주요 직위자들이 건설적인 협의에 좀 더 관심 을 기울였다면 그리고 국민들이 좀 더 주의 깊게 살펴보았다면 회피할 수 있었을 희생과 비용이었다. 이 책에서 제시한 12개의 사례가 대통령과 장 군들 간 관계의 본질과 중요성에 대해서 유권자들을 계몽하여, 그들의 행 동에 대해 그들이 더 잘 책임질 수 있게 할 것이다.

트럼불이 오늘날 살아서 이들 간의 지속적인 협의를 자신의 화폭에 담는다면 어떤 모습일까? 만약 그가 국가적 신화를 영속시키고자 한다면 그는 붓을 내려놓고 단지 자신의 작품을 칭송하면 된다. 그러나 그가 그들 간의 관계의 모든 복잡함을 보여주어 미국 대중을 교육하려 한다면, 우선 은 NMC 의장이 참을성이 없는 상원 군사위원회 의원들에게, 자신은 행 정부의 국가안보정책을 대통령에게 개인적으로 직접 제공하고 싶다고 말

562

하는 모습일 수 있다. 또는 중부사령관이 인상적인 지도 앞에 서서 대통령과 그의 조언자들에게 다가오는 작전에 대해 브리핑하는 모습을 그릴 수도 있다. 또한 대통령이 국가안보회의에서 열띤 토론를 주관하는 가운데 한 명의 장군과 국무장관이 군사력의 유용성에 대해 논의하는 모습일 수도 있다. 이런 생각들을 스케치했다가는 버려버리고, 영상제작자와 협조하여 자신의 사업을 돕도록 할 수도 있다. 정적인 그림만으로는 어떤 논쟁도 최종적이지 않고, 정책과 전략 사이에 벽이 존재하지도 않으며, 삶과 죽음의 결정에 직면한 인간들 사이에 고도의 상호작용이 멈추지 않는 곳에서 일어나는 지속적인 협의의 복잡성을 담을 수 없기 때문이다.

역자 후기

정말 하룻밤 꿈같은 38년이었다. 직업군인으로서의 지난 시간은 영광스럽고, 보람되며 감사한 삶이었다. 군은 성별, 출신, 나이, 학벌, 재력 등이 천차만별인 팔도 사람남군과 여군이 일심동체가 되어 목표를 향해 나아가도록 주조해내는 리더십 수련장이다. 또한 전문직업군은 적과 쉴 새 없이 경쟁하면서, 다음 전쟁에 대비하여 진화해 가는 학습조직learning organization이다. 따라서 직업군인 개개인도 전 시간fulltime을 들여 끊임없이 배우고 익혀 日新又日新일신우일신해야 한다. 다이나믹하고 도전적인 삶이다. 마치 올림픽을 준비하는 국가대표가 심신을 단련하고 첨단기술과 장비를 활용하여 개인기량과 팀워크를 발전시키는 것과 흡사하다. 그런데 여기까지는 야전부대, 즉 작전사급 이하 제대에서 하는 일이다. 가정을 예로 들면 공부하는 학생이라고 할 수 있겠다. 누군가는 돈을 벌어서 가족구성원의 생활을 보장하고 학생이 공부에또는 대표선수가 훈련에 전념할 수 있도록 여건을 마련해 주어야 한다. 이것이 정책부서각 군 본부 및 전략제대합참 등의 일이며, 장성급 장교들의 일이다.

이때 요구되는 것이 국가안보정책과 전쟁수행에 관한 상위의 정치적 지침을 만드는 정치지도자들과 스스럼없이 솔직하게 협의negotiation할 수 있는 군사지도자들의 능력이다. 특히 문민통제의 원칙에 따르는 자유민주주의 국가의 군대에서는 군사지도자들이 먼저 능력과 의지를 입증함으로써 정치지도자의 신뢰를 얻어야 하며, 그런 신뢰가 바탕이 될 때, 정치지도

자와 군사지도자들 사이에 권한의 차이는 있지만unequal authority, 격의 없
이 소통하는equal dialogue 링컨-그랜트, FDR-마셜 같은 효과적인 파트너
십을 구축할 수 있게 된다. 따라서 계급이 높아질수록 민군관계, 좀더 구체
적으로 대통령 및 장관과 그 주변의 민간조언자, 그리고 국회의원 등과 적
극적으로 소통하여 상호 신뢰관계를 형성하는 데 관심을 기울여야 한다.

이런 연유로 미 국방부는 하버드 대학 케네디 스쿨과 공조하여 설치
한 안보정책 교육과정에 정치-군사 관계에 대한 세미나를 편성해 장성급
장교들을 대상으로 교육하고 있다. 나는 2018년 그 과정에 참여할 기회를
얻어서 당시 필독 교재였던 이 책을 만나게 되었다. 차일피일 미루다 지난
연말에 전역하고 나서 번역을 시작했는데, 우리 군의 장성들이 참고하길
바라는 마음이 컸기에 여러 번의 위기를 넘기며 가까스로 마무리지었다.

『손자병법』「모공」편을 보면 '將能而君不御者勝'장능이군불어자승이
라는 문구가 있다. "장수가 유능하고 군주가 장수의 일을 세세히 통제하지
않으면 승리한다"는 말이다. 오늘날의 말로 풀자면, 군사지도자들이 정치
지도자가 원하는 전쟁의 목적을 명찰하여 이를 달성하기 위한 최적의 전
략·전술을 시행하는 한편, 정치지도자는 군사지도자들을 신뢰하여 세세
한 군사사항에 대해 개입과 간섭을 자제하고 명확한 정치적 목적을 제시
하면서 전쟁을 지도하는 쪽이 승리한다는 것이다. 어찌 보면 가장 이상적
인 정치-군사 관계의 모델을 제시한 것으로 새뮤얼 헌팅턴이 제시한 '객
관적 문민통제'와 유사한 개념이다. 즉, 정치와 군사가 각기 명확한 영역을
가지고 있는 가운데 각자의 역할을 탁월하게 완수할 것을 강조하는 문구
다. 그러나 현실세계는 그렇게 돌아가지 않는다. 지도자들이 서로의 영역
을 넘나들면서 협의하는 역동적 관계 속에서 긍정적 또는 부정적 결과가
생성된다.

이 책에 제시된 12개의 사례들은 대통령과 그의 군 수뇌부 간에 어
떻게 상호 신뢰와 소통의 관계가 형성되었는지, 아니면 그러지 못했는지
를 기술하면서 전쟁의 결과와 어떤 연관성을 갖는지 생각하게 한다. 저자

는 특히 대통령과 군 수뇌부의 상호신뢰를 바탕으로 한 건전하고 지속적인 협의negotiation의 중요성을 반복하여 강조하면서 가장 이상적인 관계로 남북전쟁 당시의 링컨-그랜트, 제2차 세계대전 당시의 FDR-마셜 관계를 제시하고 있다.

☆ ☆ ☆

책의 1장부터 5장까지는 독립전쟁으로부터, 프랑스와의 유사 전쟁, 1812년 영국과의 전쟁, 멕시코 원정작전, 남북전쟁 등을 거치면서 미국의 행정 및 군사기구가 설치되고 진화·확장되어감에 따라 군에 대한 통제가 의회로부터 점진적으로 대통령에게 전환되고 군 전문직업주의와 초당파성(정치적 중립)이 강화되면서 정치-군사 관계가 그 모양새를 갖추게 된 시기를 다룬다.

1장은 미국 독립전쟁을 수행했던 워싱턴이 수립하고 남겨준 문민통제의 원칙에 관한 내용을 다루고 있다. 워싱턴이 이룬 가장 중요한 공헌 중 하나는 그가 실질적으로 가장 강력한 힘을 지니고 있었으며 마음만 먹었으면 신생국 아메리카의 왕이 될 수도 있었으나, 스스로 의회에 복종하여 미국 역사 속에서 계속 되풀이되는 문민통제의 전통을 세움으로써, 미국식 정치-군사 관계의 상징이자 보호자가 된 것이다.

2장에서는 거인처럼 위대한 전임자 조지 워싱턴을 이어 취임한 2대 대통령 존 애덤스가 프랑스와의 유사 전쟁이라는 위기를 헤쳐나가면서, 군에 대한 통제권한에 대해 입법부와 경쟁하고, 행정부 내에서도 군 경험이 없던 자신을 압도하던 예하 각료들과 전임 워싱턴 대통령의 그늘에서 벗어나 군 통수권자로서 대통령직presidency과 그 역할을 확립해 나가는 과정을 탐색한다.

3장에서는 1812년 미국-영국전쟁을 다룬다. 미국은 준비가 안 된 상태로 명확한 정치적 목표도, 이를 달성할 통합된 전략도 없이 전쟁에 임했다. 매디슨 대통령은 군사능력에 무지했고, 군사지도자들은 지역단위의 지방군 수준에서 국지적 전투만 치렀다. 거의 순전히 영국군의 실수로 겨우 패배를 모면했다. 다만 그러한 과정을 통해 젊은 장교들이 성장했고, 이들이 다음 세대의 전문직업군을 주도했다. 규정과 교범을 발간하고 관료적인 부서 시스템이 도입되었고, 야전부대를 지휘할 '장군 사령관'직을 신설하고, 웨스트포인트를 설립했다.

4장에서는 멕시코 원정을 주도했던 포크 대통령과 그의 장군들인 테일러와 스콧에 대한 얘기다. 원대한 영토확장 계획을 품고 있었으나 마지막 순간까지 자신의 의도를 감추고 예하 장군들을 믿지 못했던 포크 대통령과 용맹스러웠지만 전술 지휘관으로서의 한계를 벗어나지 못했던 테일러 장군, 반면에 대통령의 의도를 명찰하여 이를 군사적 과업으로 전환할 줄 아는 전략적 마인드와 세심한 리더십까지 겸비했던 스콧의 상황판단과 이들 간의 소통과 협의과정을 보여준다. 멕시코 전쟁은 미군이 전문 직업군대로 성장해가는 초기의 모습을 보여주며 이어질 남북전쟁의 주역인 매클렐런, 그랜트, 리 장군들이 성장하는 토대가 되었다.

5장에서는 남북전쟁 전반기 링컨 대통령과 매클렐런 장군 간 불협화음으로 점철된 최악의 정치-군사 관계의 사례가 제시된다. 링컨은 끊임없이 자신의 개인적 야망을 우선시하는 매클렐런을 다루어가면서 유능한 장군을 찾아내는 안목을 기르고 이를 위해 대통령의 권한을 사용하는 법을 익히게 된다. 링컨은 노예해방을 선언하여 전쟁과 국가의 방향을 전환하고 어느 한쪽이 항복해야만 끝나는 '강경한 전쟁'을 시작했다. 그는 자신의 정책을 군사전략으로 전환하여 승리를 쟁취할 실행자가 필요했다. 그가 장군들을 자신의 정치적 지침을 따라야 할 실행자로 생각하기 시작하자, 군에 대해 더 확고한 통제권을 가지게 되었고 통수권자로서 온전히 성숙해갔다. 이 시기에 그가 세운 문민통제의 원칙은 향후 거의 100년 동안은 심각한 도전을 받지 않고 대체로 잘 지켜졌다.

6장부터 8장까지는 미국의 정치-군사 관계가 안정적으로 그리고 효과적으로 작동된 전쟁사례들로 남북전쟁의 후반기와 제1·2차 세계대전을 다루고 있다. 링컨-그랜트, FDR-마셜 등 가장 이상적인 정치-군사 관계가 이 시기에 형성되었다.

6장에서는 링컨과 그랜트가 어떻게 서로에 대한 신뢰를 구축하게 되었는지, 대통령과 그의 충실한 군사조언자로서 총사령관이 어떠한 덕목을 갖추어야 하는지를 보여준다. 링컨은 그랜트에 대해 "내가 보유한 첫 번째 장군!"이라고 말했고, 그랜트는 링컨의 정치적 수완을 존경했고 정책에 대한 그의 절대적 권위를 결코 의심하지 않았다. 링컨은 그랜트의 충성에 대해 보상했고, 곧 그가 전략적인 통찰력 면에서 자신을 능가하는 장군을 처음으로 갖게 되었다는 것에 감사해했다. 두 사람은 링컨이 주도하는 정책의 영역과 그랜트가 지휘하는 전략의 영역 사이에 어떤 인위적인 장벽을 그리려고 시도하지도 않았다. 그들 사이의 지속적인 협의continuous negotiations는 책임감의 공유, 상호 존중, 그리고 변함없는 신뢰를 바탕으로 한 개인적인 관계로 발전했다.

7장에서는 제1차 세계대전 당시에 7개 군단, 29개 전투사단의 대규모 미 원정군을 지휘하면서 미국의 수석대표로서 영국, 프랑스, 이탈리아의 동료 총사령관들은 물론 각국 정부의 수반인 총리들과 협상했던, 퍼싱 장군과 윌슨 대통령과의 이야기다. 퍼싱은 '부대를 분리하지 말고, 상황이 허락하는 한 동맹군을 도우라'는 애매모호한 지침과 함께 사실상 부대운용에 대한 전권을 위임받고 프랑스로 전개했다. 그는 상부의 개입이 거의 없었던 상황에서 전구 내에서 정치적 그리고 군사적 리더로서 두 개의 역할을 능숙하게 수행했다. 대통령은 현장지휘관인 퍼싱을 믿어주었고 힘을 실어주었으며, 퍼싱은 대통령이 원했던 것, 즉 새로운 세계질서를 협의한 베르사유 평화회담에서 그에게 힘 있는 자리를 안겨주었다.

8장에서는 또 하나의 정치-군사 관계의 기념비적 모델이라고 할 수 있는 제2차 세계대전 당시 FDR-마셜의 사례다. FDR은 "마셜이 워싱턴을 벗어나 있으면 잠을 편히 잘 수 없었다"고 고백할 정도로 마셜을 신뢰했고, 마셜은 필요할 경우 올곧은 직언은 하되 결코 FDR의 권위를 잠식하거나 침범하지 않으려 매우 주의했다. FDR과 마셜 사이의 관계는 독특하

고 강력한 두 인격체의 결합이었다. FDR은 당대의 완벽한 정치가이면서
도 유능한 전략가였다. 그는 세계적 정책목표들에 집중했으나 군 수뇌부
가 그의 광범위한 원칙을 지키려고 하지 않을 때 그들의 전략을 철저히 확
인하고 교정할 수 있는 능력을 보유하고 있었다. 한편 마셜은 전형적인 전
문 직업군인이면서도 또한 국제적 시야를 겸비한 유능한 정치가였다. 마
셜은 '세계적 전쟁에서의 어떤 움직임도 정치적 의미'를 가진다고 이해했
다. 서로의 영역에 대해서 알되 간섭하지 않는 가운데, 상호 간 온전한 협
의negotiations가 가능한 상태였다.

　9장부터 12장까지는 한국전쟁, 베트남전쟁, 걸프전쟁과 이라크전쟁
에서의 대통령과 군 수뇌부, 그리고 전구사령관과의 정치-군사 관계를 다
룬다. 핵무기의 출현과 더불어 전쟁이 몇 년이 아니라 몇 시간 단위로 측
정되는 시대에서, 군에 대한 대통령의 지배권이 더욱 확고해지고 입법부
의 권한은 상대적으로 약해졌다. 냉전이 종식되고 필요에 의한 전쟁이 아
닌 선택에 의한 전쟁을 하게 되자, 통수권자들이 자신의 입맛에 맞는 장군
들을 선발하여 보직함으로써 군의 정치적 중립이 흔들리기 시작했다. 군
사지도자들 역시 초당파적인 조언을 제공하기보다 자신을 선발한 대통령
과 정치적으로 연계하여 반응했다. 그 결과 대통령과 장군들 간의 관계는
우호적이었으나 정책은 충분히 발전되지 못했고, 전략은 잘못 이행되었으
며 국가에는 불만족스러운 결과를 초래했다.
　9장에서는 링컨-매클렐런 관계와 함께 최악의 정치-군사 관계로 평
가되는 트루먼-맥아더 사례를 다루고 있다. 맥아더는 외교정책이나 범세
계전략은 자신의 영역이 아님을 알고 있었음에도 아시아에 관한 한 다른
누구보다도 가장 잘 알고 있다는 착각에 자기 멋대로 장제스를 만나 국민
당 정부군의 한국전 참전 문제를 논의하고, 정책선언communiqués을 발령하
는 등 정치지도자의 영역을 넘나들었다. 또한 대부분의 군 수뇌부보다 한
세대 앞선 선임자로서 전구사령관임에도 합참의장 이상의 권한을 행사하
려 했다. 한편 트루먼은 제2차 대전의 영웅이자 향후 대선의 경쟁자 후보

인 맥아더를 십자가에 못 박았을 경우의 정치적 결과를 두려워했다. 또한 정치가들은 군사작전에 결코 개입해서는 안 된다는 암묵적인 룰을 지키고자 하여 맥아더의 억지 같은 주장을 존중해 주었다. 결국, 국내외에서 맥아더의 언행이 중국·소련과의 확전을 불러일으키는 것 아니냐는 우려가 심각해졌을 때 이제나저제나하던 트루먼은 맥아더를 해임하여 문민통제의 원칙을 지켜냈다.

10장에서는 베트남 전쟁 초기 피할 수 있었던 미국의 군사적 개입 결정 당시의 JFK-테일러, LBJ-테일러의 정치-군사 관계 사례를 탐색한다. 맥스웰 테일러는 4년 동안 베트남 정책수립의 중심에 서 있었다. JFK를 위한 군사적 조언을 제공하는 거의 유일한 통로가 됨으로써 테일러는 당시의 군 수뇌부를 사실상 직무에서 배제했고, 맥나마라 국방장관과 한 팀이 되어 국가안보정책을 좌지우지했다. 그는 마셜 그리고 맥아더와도 극명한 대조를 보여준다. 마셜이 대통령과 개인적으로는 다소 소원한 관계를 유지하고 군사적 객관성을 유지했던 반면, 테일러는 그러한 거리감과 전문적인 관점 모두를 희생했다. 또한 맥아더가 FDR과 트루먼의 정치적인 적이었던 반면, 테일러는 항상 행정부에 대한 충성을 우선시하여, 베트남의 군사적 상황이 국내의 유권자들에 미치는 영향요소를 염두에 두어 대응책을 강구했다. 그 결과 승리를 위한 압도적인 전력투입도, 또 개입을 철회한 조기 철수도 아닌, 어중간하면서 논란의 여지가 적은 '점진적 투입' 방책을 택하면서 시간을 보냈다. 1964년 11월 대선이 끝나고 1965년 초가 되자, 미국은 이제 발을 뺄 수 없을 정도로 깊숙이 개입한 상태가 되었고 남베트남을 대신하여 직접 북베트남과 전쟁에 끌려 들어간 상태가 되었다. 어떤 군사전략도 그러한 중요한 정책적 실수를 만회할 수 없었다.

11장에서는 걸프전쟁 당시의 부시-파월의 사례를 살펴본다. 뛰어난 정치 감각과 소통능력을 지니고 있었으며, 대통령의 신임과 아울러 대중적 지지도 받았던 콜린 파월이 골드워터-니콜스 법안에 의해 더욱 강화된 합참의장의 직위를 토대로 적극적인 역할을 수행했다. 젊은 시절에 미국군 역사상 유일한 전략적 패배베트남전의 고통을 겪은 경험으로 인해, 그는 정치지도자들이 전쟁을 시작할 때 고려해야 할 파월 독트린 — 적에 비해 '압도적인 전력'을 투사, 국민의지지 없이는 개입하지 않으며, 최후의 수단으로만 군사력을 투입한다 — 을 표방했다. 그러다보니 민간 정치지도자들에게 거리낌 없이 정책적 영역의 사항에 대해서 질문하고 자신의 의견을 적극 개진했다. 한편 조지 H. W. 부시 대통령 역시 베트남전의 트라우마를 극복해야 함을 명심하면서 이번에야말로 정치인들과 군이 서로 뜻이 엇갈리지 않고 함께 일하겠다고 다짐했다. 결과적으로 부시-파월의 관계는 좋았으나 투입된 전력에 비해서 달성한 성과는 미완에 그치고 말아 전후에도 후세인과 그의 주력인 공화국 수비대가 괴멸적 타격을 회피하고 살아남을 수 있게 되었고, 10여 년 뒤에 아들 부시의 과업으로 재등장하게 되었다.

12장에서는 2003년부터 시작된 이라크 전쟁 초기의 부시-럼스펠드-프랭크스 중부사령관으로 이어지는 정치-군사 관계를 탐색한다. 통수권자는 부시였으나 막후의 네오콘들, 특히 부통령이던 체니의 막강한 영향력과 최연장(年長) 국방장관이었던 럼스펠드가 실질적인 정치지도자로 전쟁의 향배를 좌우했다. 럼스펠드는 미군에게 유리한 상황을 가정하여* 계획을 수립하게 함으로써 결국 병력 부족으로 4단계 안정화 작전에 실패하고 이후 장기간 계속된 혼란에 빠지게 되었다. 한편 럼스펠드는 합참의장이나 각군총장 등 군수뇌부를 배제한 채, 중부사령관 프랭크스와 직접 소통했는데 문제는 프랭크스가 전략적·작전적 마인드와 역량이 부족하여 럼스펠드에게 단지 순응만 할 뿐 협의negotiation 자체가 안되는 장군이었다는 것이다. 미군이 이라크에서 장기간 고통을 겪은 원인 역시 전쟁 초기에 잘못 형성된 정치-군사 관계 때문이었다.

---

* 1) 이라크 정권붕괴를 위해 대규모 지상군 투입은 필요하지 않을 것임, 2) 이라크는 대량살상무기를 보유하고 있음, 3) 침공이 성공한 후에는 유엔, 아랍의 동맹국, 국무부, 그리고 이라크 국민들이 국가를 재건할 책임을 질 것임

저자는 사례연구의 연장선상에서 오늘날의 미군의 현실에 대해 진단하고, 군의 정치적 중립과 올바른 군 전문직업주의의 확립을 위해 몇 가지 사항을 제시하면서 글을 맺는다. 정권이 바뀔 때마다 자신들의 정책을 뒷받침할 새로운 얼굴을 임명하려는 경향, 그리고 선거 캠프에 갈수록 더 많이 몰려드는 예비역 장성들과 이러한 현상이 현역 장병들의 초당파성^{정치적 중립} 준수에 미치는 영향 등을 유의해야 한다고 강조한다. 아울러 현재의 합동참모위원들, 특히 각 군 총장과 해병대사령관의 임무가 과중하다고 평가하면서 통수권자에 대한 군사적 조언을 전담하는 국가군사위원회 National Military Council 신설을 제안했다.

☆ ☆ ☆

나는 운 좋게도 중령 시절부터 군 수뇌부를 근접에서 보좌하면서 정치-군사 관계를 관찰할 수 있는 기회를 몇 차례 가질 수 있었다. 특히 장군이 된 후에는 여러 분의 참모총장과 합참의장을 근접하여 보좌하면서 정치지도자들과 군 수뇌부, 그리고 국회와의 다양한 의사소통 내용과 방법에 대해 비교적 가까이서 보고 느낄 수 있었다. 이 책에 제시된 사례는 전시에 한정된 것이다. 그러나 평시에 군대를 양성·운영·유지·개편·혁신해나가는 가운데, 정치지도자와 군 수뇌부 간에 끊임없는 대화와 협의를 통해 공동의 목표를 추구해가는 일은 전시보다도 그 폭과 깊이가 훨씬 더 넓고 깊을 수밖에 없다. 이러한 평시의 과업을 수행하는 데 있어서 군의 전문직업주의적 가치와 초당파성^{정치적 중립}을 잃지 않는 가운데, 실효적인 정치-군사 관계를 정립하고 지켜나갈 수 있는 원칙과 룰rule을 제시하는 것 역시 도전해볼 만한 연구 분야라고 할 수 있겠다.

미주

저자 서문

1) 나머지 세 개의 그림은, 미시시피강의 발견, 포카혼타스(Pocahantas)의 세례, 그리고 새러토가에서의 영국군 장군 버고인(Burgoyne)의 항복 등을 묘사한 것으로, 각각 탐험과 국가의 팽창, 기독교의 경건과 복음전파, 그리고 영국군에 대한 군사적 승리 등 19세기 미국인의 가치와 토속신앙을 강조하고 있다.

1. 조지 워싱턴과 대륙회의

1) John Ferling, *The Ascent of George Washington: The Hidden Political Genius of an American Icon* (New York: Bloomsbury Press, 2009), 80; James Thomas Flexner, *George Washington in the American Revolution, 1775–1783* (Boston: Little, Brown, 1967), 11-15; George Washington to George William Fairfax, Philadelphia, May 31, 1775, in *The Papers of George Washington Digital Edition*, ed. Theodore J. Crackel (Charlottesville: University of Virginia Press, Rotunda, 2007), 이후부터 *PGWDE*로 표기.

2) *Journals of the Continental Congress*, vol. 2, 76-78, 이후부터 *JCC*로 표기.

3) Ibid., 2:78-89.

4) Ibid., 2:89-90.

5) Joseph J. Ellis, *His Excellency: George Washington* (New York: Alfred A. Knopf, 2004), 68-71; Edmund Cody Burnett, *The Continental Congress* (New York: W. W. Norton, 1964), 76-77.

6) Don Higginbotham, *George Washington and the American Military Tradition* (Athens: University of Georgia Press, 1985), 33-38; Ferling, *Ascent*, 78-79, 86.

7) Higginbotham, *American Military Tradition*, 39-43.

8) Don Higginbotham, *The War of American Indefeendence: Military Attitudes, Policies, and Practice, 1763-1789* (Boston: Northeastern University Press, 1983), 83-85; Burnett,

575

Continental Congress, 75-77.

9) *JCC*, 2:91-92; Flexner, *George Washington*, 9.

10) Ibid., 2:96.

11) Flexner, *George Washington*, 14-16.

12) Ellis, *His Excellency*, 71-77; Ferling, *Ascent*, xxi.

13) Ferling, *Ascent*, 87, 89; Flexner, *George Washington*, 14-16, 26; *PGWDE*, 1776년 3월 28일, 매사추세츠주 일반법원에서 조지 워싱턴에게 보낸 서한; *JCC*, 2:92.

14) *PGWDE*, 1775년 7월 10-11일, 조지 워싱턴이 존 핸콕에게 보낸 편지, 캠브리지 캠프; Flexner, *George Washington*, 37-38; Ellis, *His Excellency*, 50; Fred Anderson, *A People's Army: Massachusetts Soldiers and Society in the Seven Years' War* (Chapel Hill: University of North Carolina Press, 1984), 여러 곳에서 발견되며 특히 111-141에서 자세히 설명.

15) *PGWDE*, 1775년 7월 10-11일, 조지 워싱턴이 존 핸콕에게 보낸 편지, 캠브리지 캠프; Ferling, *Ascent*, 97; Higginbotham, *American Military Tradition*, 51-53.

16) Anderson, *A People's Army*, 65-141, 167-195; Higginbotham, *American Military Tradition*, 60-61.

17) *PGWDE*, 1775년 8월 20일, 조지 워싱턴이 룬드 워싱턴에게 보낸 편지, 캠브리지 캠프; Flexner, *George Washington*, 37-38; Ellis, *His Excellency*, 78.

18) *PGWDE*, 1775년 7월 10-11일, 조지 워싱턴이 존 핸콕에게 보낸 편지, 캠브리지 캠프.

19) *PGWDE*, 1775년 9월 15일, 조내선 트럼불이 조지 워싱턴에게 보낸 편지, 코네티컷주 레바논; 1775년 9월 21일, 조지 워싱턴이 조내선 트럼불에게 보낸 편지, 캠브리지 캠프; 1775년 10월 9일, 조내선 트럼불이 조지 워싱턴에게 보낸 편지, 코네티컷주 레바논; 1775년 12월 2일, 조지 워싱턴이 조내선 트럼불에게 보낸 편지, 캠브리지; 1775년 12월 7일, 조내선 트럼불이 조지 워싱턴에게 보낸 편지, 코네티컷주 레바논.

20) Higginbotham, *American Military Tradition*, 50-53; John Shy, *A People Numerous and Armed: Reflections on the Military Struggle for American Independence* (New York: Oxford University Press, 1976), 193-224.

21) Ferling, *Ascent*, 98-100; Higginbotham, *American Military Tradition*, 66-67; L. H. Butterfield ed., *Adams Family Correspondence* 1:246, 1775년 7월 16일, 애비게일 애덤스가 존 애덤스에게 보낸 편지, 브레인트리; *PGWDE*, 1776년 3월 28일, 매사추세츠주 일반법원에서 조지 워싱턴에게 보낸 서한; 1776년 4월 1일, 조지 워싱턴이 매사추세츠주 일반법원에 보낸 서한.

22) *PGWDE*, 1775년 10월 18일, 전쟁위원회, 캠브리지; 1775년 10월 18-24일, 콘퍼런스 의사록과 콘퍼런스 위원회의 회의록과 관련 문서; 앞의 책 Burnett, *Continental Congress*, 114-115; Ira D. Gruber, *The Howe Brothers and the American Revolution* (New York: Atheneum, 1972), 82-84.

23) *PGWDE*, 1776년 12월 18일, 조지 워싱턴이 새뮤얼 워싱턴에게 보낸 편지, 트렌턴의 폭포 부근 캠프.

24) Gruber, *Howe Brothers*, 9-126; Ferling, *Ascent*, 104-120; Flexner, *George Washington*, 87-162, 167; Thomas Paign, *The American Crisis*, No. 1 (Philadelphia: Styner and Cist, 1776-1777), 1.

25) Ferling, *Ascent*, 114-115, 119-120; Flexner, *George Washington*, 156-160; David McCullough, *John Adams* (New York: Simon & Schuster, 2001), 153; *JCC*, 6:1027.

26) *PGWDE*, 1776년 12월 20일, 조지 워싱턴이 존 핸콕에게 보낸 편지, 트렌턴의 폭포 부근 캠프; Ferling, *Ascent*, 120-121; Flexner, *George Washington*, 163; Ron Chernow, *Washington: A Life* (New York: Penguin Press, 2010), 278.

27) James Kirby Martin and Mark Edward Lender, *A Respectable Army: The Military Origins of the Republic, 1763-1789* (Arlington Heights, IL: Harlan Davidson, 1982), 69-78; Ellis, *His Excellency*, 83; Higginbotham, *American Military Tradition*, 59-62; Flexner, *George Washington*, 67, 95.

28) *PGWDE*, 1776년 12월 20일, 조지 워싱턴이 존 핸콕에게 보낸 편지, 트렌턴의 폭포 부근 캠프; *JCC*, 6:1043-1046.

29) 이 전역을 훌륭하게 설명해주는, David Hackett Fischer, *Washington's Crossing* (New York: Oxford University Press, 2004)을 참고하라.

30) Burnett, *Continental Congress*, 237-240, 248-258.

31) E.Wayne Carp, *To Starve the Army at Pleasure: Continental Army Administration and American Political Culture* (Chapel Hill: University of North Carolina Press, 1984), 31, 104; Higginbotham, *War of American Indefeendence*, 233, 288-293.

32) Burnett, *Continental Congress*, 268-270; Flexner, *George Washington*, 238; 1777년 10월 26일 존 애덤스가 애비게일 애덤스에게 보낸 편지, *Adams Family Papers: An Electronic Archive*, Mass. Historical Society, http://www.masshist.org/digitaladams/.

33) Ellis, *His Excellency*, 107-109; Charles Royster, *A Revolutionary People at War: The Continental Army and American Character, 1775-1783* (New York: W. W. Norton, 1979), 179-185.

34) Ferling, *Ascent*, 151-152; *Flexner, George Washington, 240–244, 259*; Higginbotham, *American Military Tradition*, 55-57; 조지 워싱턴이 리처드 헨리 리에게 보낸 편지, Matuchen Hills, 필라델피아, 1777년 10월 16일, *PGWDE*.

35) Flexner, *George Washington*, 251-252; Burnett, *Continental Congress*, 271-275; Ferling, *Ascent*, 145-146; Royster, *Revolutionary People*, 184.

36) Ellis, *His Excellency*, 93; Ferling, *Ascent*, 151-135.

37) 게이츠는 새러토가에서 승리한 이후 워싱턴과 의희에게 자신의 승리에 대한 공식적인 소식을 일주일 이상 기다리게 하는 등, 정치적 수완을 거의 보여주지 못했다. 게이츠

는 자신이 워싱턴과 같은 위치이고 더 이상 그의 부하가 아니라고 생각하기 시작하면서 워싱턴이 버고인의 항복에 대해 묻는 편지를 보낸 다음에서야 답장을 보냈다. 게다가 게이츠는 버고인과 협약을 체결하여 그의 군대의 어떤 장병도 미국으로 다시 오지 않겠다고 약속하게 한 뒤 그들이 영국으로 돌아가도록 허락했다. 물론 이 협약은 버고인의 부대가 재배치되고 전개를 위해 떠나는 것에 대해서는 언급이 없었다. 의회는 그 합의를 폐지하기 위해 몇 달을 수고해야 했다. Burnett, *Continental Congress*, 260-268; Flexner, *George Washington*, 253-257; Ferling, *Ascent*, 137-139.

38) 헨리 로런스가 조지 워싱턴에게, York (Pa), 1777년 12월 1일; 대륙군 장군들에게 보낸 회람용 서신, 1777년 12월 3일; 대륙회의 기지 위원회가 보낸 서한, White Marsh (Pa.), 1777년 12월 10일, 이상은 *PGWDE*를 참고하라. 워싱턴과 의회를 난처하게 한 또 다른 문제가 있었다. 외교관들을 해외로 보내는 것과 동시에 발생했는데, 유럽의 장교들이 대륙군에 임용되기 위해 해외의 아메리카 외교관들에게 로비를 시작했던 것이다. 이들이 포병이나 공병의 전문기술을 지니고 있거나 영어를 할 줄 알면 환영받았다. 한편 해외의 아메리카 주재원들은 추천된 신청자에게 아메리카의 임용장을 주는 것이 자신들의 카운터파트의 비위를 맞추는 효과적인 수단이라는 것을 알게 되었다. 장교의 임용을 비준하는 의회의 의원들은 곧 이러한 외국 장교의 임용신청 쇄도를 침입이라고 묘사했고, 워싱턴에게 큰 압력을 가했다. 이와 같은 대부분의 외국 장교들은 리더십이나 전문기술 측면에서 크게 도움되지는 않았다. 다만 마르퀴 드 라파예, 태이어스 코스치우스코, 그리고 배런 폰 슈토이벤 등은 예외였다. 몇몇 사람들은 장군으로서 자리를 놓고 논쟁함으로써 완전히 해로운 자들이었다. 그중 가장 황당했던 이는 프랑스의 필립 쿠드레이였다. 1777년 6월 쿠드레이는 18명의 장교 그리고 10명의 부사관을 데리고 미국에서 소장 계급으로 임용되어 대륙군의 포병 사령관을 하게 될 것이라는 외교관의 약속을 들고 필라델피아에 도착했다. 그러나 프랑스 국왕과 연결된 그의 네트워크가 의회를 곤란하게 만들었다. 존 애덤스는 "우리가 그를 이용하지 않는다는 것은 미련한 것"이라고 혼잣말을 했다. 쿠드레이가 도착했다는 소식을 들은 세 명의 아메리카 소장들은 모두 연공서열에서 그에게 밀리는 상태였는데, 만약 쿠드레이가 임용된다면 모두 사임하겠다고 의회를 압박했다. 의회의 의원들은 정치-군사 관계의 예법을 깨는 이들의 언행에 분노했고 쿠드레이의 요청을 받아들이는 방향으로 움직였다. 바로 같은 날 쿠드레이가 스쿨킬강(the Schuylkill River)을 건너기 위해 연락선에 말을 타고 뛰어올랐는데, 말이 멈추지 않고 갑판을 지나 물에 빠지고 말았다. 역사가 토머스 플렉스너(Thomas Flexner)는 이에 대해 "수영이라는 평민의 운동을 무시했던 그는 익사하고야 말았다"고 썼고, 애덤스는 '이 섭리'(dispensation)가 그들 모두를 커다란 어려움에서 건져냈다고 언급했다. Burnett, *Continental Congress*, 240-244; Flexner, *George Washington*, 194-195; Higginbotham, *War of American Indefeendence*, 215.

39) 조지 워싱턴이 헨리 로런스에게 보낸 편지, Valley Forge, 1777년 12월 23일, *PGWDE*.

40) 이때 의회의 전쟁위원회는 워싱턴과 상의도 하지 않고 캐나다로의 동계 전역을 고려하기 시작했다. Flexner, *George Washington*, 267-268; Ferling, *Ascent*, 152, 168-172. 펄링은 의회가 콘웨이를 감찰감으로 임명할 때, 워싱턴이 가진 콘웨이에 대한 반감을

알지 못했다고 주장했다.

41) 조지 워싱턴이 토머스 콘웨이 준장에게 보낸 편지, Whitemarsh (Pa.), 1777년 11월 5일, *PGWDE*. 콘웨이와 게이츠 사이의 서한은 발견되지 않았다.

42) Ferling, *Ascent*, 149, 157-159; Flexner, *George Washington*, 248-249, 257-265.

43) Ferling, *Ascent*, 153-160; Flexner, *George Washington*, 266.

44) Ferling, *Ascent*, 157-158; Flexner, *George Washington*, 264-268.

45) 조지 워싱턴이 허레이쇼 게이츠에게 보낸 편지, Valley Forge, 1778년 1월 4일, 2월 9일, 2월 24일; 허레이쇼 게이츠가 조지 워싱턴에게 보낸 편지, Albany, 1777년 12월 8일, 그리고 요크(York)에서, 1778년 1월 23일, 2월 19일, *PGWDE*; Ferling, *Ascent*, 159-163.

46) Flexner, *George Washington*, 271-277; Ellis, *His Excellency*, 107.

47) Ferling, *Ascent*, 164-171.

48) Carp, *To Starve the Army*, 68-69, 72, 104.

49) Ibid., 171-187.

50) Ibid., 187; Martin and Lender, *Respectable Army*, 146-152, 158-165.

51) Carp, *To Starve the Army*, 191-204.

52) 국가주의자들은 강력한 국가를 건설하고자 하는 자신들의 생각을 확고한 역사적 사실에 의존했다. 즉 19세기로 전환되면서 대영제국이 확장적인 외교정책을 시행하고 이를 위한 군사국가를 건설할 목적으로 유능한 관료들에 의해 관리되는 세금과 채무 등의 이성적 운영체계를 발전시킴으로써 강대국이 되었다는 사실 말이다. 이를 살펴보려면, John Brewer, *The Sinews of Power: War, Money and the English States, 1688-1783* (New York: Alfred A. Knopf, 1989)를 참고하라.

53) Carp, *To Starve the Army*, 204-208; Burnett, *Continental Congress*, 525; Flexner, *George Washington*, 472-475.

54) 1782년 7월이 되자, 로드아일랜드만이 유일하게 법안의 수정을 거부하고 있었고 승리를 코앞에 둔 상태였다. 그리고 이어지는 몇 개월간 그 작은 주가 계속 버티다가 이윽고 비준을 거부했다. (오랫동안 영국의 점령하에 있던 조지아는 종종 의회에 불참하기도 했는데 역시 마찬가지로 관세조항을 비준하지 않았으나, 정치적으로는 크게 중요하지 않았다. 하지만 로드아일랜드는 핵심적인 중요성을 지녔다) 그리고 버지니아가 이미 비준했던 것을 무효화하려고 한다는 것을 알게 된 의회에서는 대표자를 보내 정치적 위력을 행사하려고 했다. 관세조항은 사문화되었고, 아메리카의 재정은 18개월 이전의 수준으로 회복될 기미가 없었다. 모리스는 만약 의회가 당면한 교착상태를 타개할 길을 찾지 못한다면 사임하겠다고 으름장을 놓았다. Burnett, *Continental Congress*, 530-533.

55) Carp, *To Starve the Army*, 207-217; Burnett, *Continental Congress*, 525-528.

56) Richard H. Kohn, *Eagle and Sword: The Federalists and the Creation of the Military Establishment in America, 1783-1802* (New York: Free Press, 1975), 19; Ferling, *Ascent*, 227-229.

57) Kohn, *Eagle and Sword*, 20-23; Ferling, *Ascent*, 229-232; Flexner, *George Washington*, 488, 492-493.

58) Kohn, *Eagle and Sword*, 25-27; 모리스 주지사가 존 제이에게, Flexner, *George Washington*, 493에서 인용.

59) 알렉산더 해밀턴이 조지 워싱턴에게, 필라델피아, 1783년 4월 8일, Harold C. Syrettt, ed., *The Papers of Alexander Hamilton, vol. 3, 1782-1786* (New York: Columbia University Press, 1962), 253-255.

60) 육군의 재정과 상황에 대한 대륙회의의 언급, 필라델피아, 1783년 2월 20일, Ibid., 3: 263-265.

61) 조지 워싱턴이 알렉산더 해밀턴에게, 뉴버그(Newburgh), 1783년 3월 4일, *The Writings of George Washington (from the Original Manuscript Series, 1745-1799)*, ed. John J. Fitzpatrick, vol. 26, *January 1, 1783–June 10, 1783* (Washington, DC: Government Printing Office, 1938), 185-188, 이후부터는 *TWGW*로 표기; Flexner, *George Washington*, 502-503; Kohn, *Eagle and Sword*, 30.

62) Kohn, *Eagle and Sword*, 27.

63) Ibid., 29-30; Ferling, *Ascent*, 231; Flexner, *George Washington*, 503-505.

64) 조지 워싱턴이 조셉 존스에게, 뉴버그, 1783년 3월 12일, *TWGW*, 26: 213-216.

65) Kohn, *Eagle and Sword*, 30-31; Ellis, *His Excellency*, 142-144; Flexner, *George Washington*, 501-507; 조지 워싱턴이 의회 의장에게, 사령부 본부, 1783년 3월 12일, 그리고 조지 워싱턴이 조셉 존스에게, 뉴버그, 1783년 3월 12일, *TWGW*, 26: 216-218.

66) 조지 워싱턴이 알렉산더 해밀턴에게, 뉴버그, 1783년 3월 12일, *TWGW*, 26: 216-218.

67) 조지 워싱턴이 육군의 장교들에게, 사령부 본부, 뉴버그, 1783년 3월 15일, *TWGW*, 26: 222-227.

68) Flexner, *George Washington*, 505-507.

69) 조지 워싱턴이 육군의 장교들에게, 사령부 본부, 뉴버그, 1783년 3월 15일, *TWGW*, 26: 222-227; Flexner, *George Washington*, 505-507.

70) Burnett, *Continental Congress*, 568-574.

71) Royster, *Revolutionary People*, 331-334; 헨리 녹스, 뉴버그 연설에 대한 답변 초안, 1783년 3월 15일, Ibid., 336에서 인용. 관세의 시행은 여전히 각 주들의 승인을 기다리고 있었다.

72) Kohn, *Eagle and Sword*, 37-39.

73) "평화 건설에 대한 (국민의) 정서", 뉴버그, 1783년 5월 2일, *TWGW*, 26: 374-398. 1780년 대륙회의에 참여한 국가주의자들은 그들의 목표를 계속 추구했다. "(국민의) 정서"는 그들의 국가적 방위 프로그램이 되었다.

74) 알렉산더 해밀턴이 조지 워싱턴에게, 필라델피아, 1783년 2월 13일, Syrettt, *The Papers of Alexander Hamilton*, 3:317-321.

75) Higginbotham, *American Military Tradition*, 105; 토머스 제퍼슨이 워싱턴에게, 1784년 4월 16일, Kohn, *Eagle and Sword*, 39에서 인용; Burnett, *Continental Congress*, 590-591; Flexner, *George Washington*, 526-527.

2. 애덤스, 워싱턴, 그리고 해밀턴

1) Ron Chernow, *Alexander Hamilton* (New York: Penguin Press, 2004), 521-522, 622-625; David McCullough, *John Adams* (New York: Simon & Schuster, 2001), 549-550; 존 애덤스가 벤저민 러쉬에게, 퀸시, 1806년 1월 25일, *Old Family Letters* (Philadelphia: Press of J. B. Lippincott Co., 1892), 92.

2) McCullough, *John Adams*, 467-470; Chernow, *Alexander Hamilton*, 523.

3) 애덤스가 쓴 *Thoughts on Government* (1776)가 몇몇 주의 법률 설계자들에게 영향을 미쳤고, 1780년에 그는 거의 혼자서 매사추세츠주 헌법의 초안을 작성했다.

4) Gordon S. Wood, *Revolutionary Characters: What Made the Founders Different* (New York: Penguin Press, 2006), 175-179; Joseph J. Ellis, *Founding Brothers: The Revolutionary Generation* (New York: Alfred A. Knopf, 2004), 164-166; Joseph J. Ellis, *Passionate Sage: The Character and Legacy of John Adams* (New York: W. W. Norton, 2001), 41-43, 47.

5) 존 애덤스의 업적과 위상에 비하면 그에 관한 전기가 많지는 않으나 몇 개의 저작이 있다. 그중 가장 잘 작성된 세 개의 전기가 있는데, David McCullough의 *John Adams*, Joseph J. Ellis의 *Passionate Sage*, 그리고 John Ferling의 *John Adams: A Life* (New York: Holt, 1992)를 들 수 있다. 론 처나우는 애덤스의 특성에 대해서, 그의 저작 *Alexander Hamilton*, 518-521에서 훌륭하게 묘사했다. 벤자민 프랭클린이 로버트 R. 리빙스턴에게, 빠씨(Passy), 1783년 7월 22일, *The Papers of Benjamin Franklin Digital Edition*, ed. Ellen Cohn (Packard Humanities Institute, 미국 철학자 협회 및 예일대학교 후원), http://www.franklinpapers.org/franklin/.

6) James Thomas Flexner, *George Washington: Anguish and Farewell, 1793-1799* (Boston: Little, Brown, 1969), 248-251.

7) Chernow, *Alexander Hamilton*, 523; McCullough, *John Adams*, 469-471.

8) Ellis, *Passionate Sage*, 30.

9) Chernow, *Alexander Hamilton*, 523-524; McCullough, *John Adams*, 475, 488-489;

Ellis, *Passionate Sage*, 28.

10) Chernow, *Alexander Hamilton*, 525, 528; McCullough, *John Adams*, 526; Ellis, *Founding Brothers*, 174.

11) *The Papers of Alexander Hamilton* (26 vols.), vol. 21, *April 1797–July 1798*, ed. Harold C. Syrett (New York: Columbia University Press, 1961-1979), 193-194 (이후부터 는 *PAH*, 21로 표기); Ellis, *Passionate Sage*, 28; 존 애덤스가 애비게일 애덤스에게, 1797년 1월 9일, 그리고 애비게일이 존 애덤스에게, 1797년 1월 28일, *Adams Family Papers: An Electronic Archive*, Massachusetts Historical Society, http://www.masshist. org/digitaladams/.

12) 론 처나우의 명저 *Alexander Hamilton*에서 이어서 기술하는 내용을 작성하는 데 큰 도 움을 받았다.

13) Chernow, *Alexander Hamilton*, 232-233.

14) *The Federalist*, Nos. 23-29.

15) Wood, *Revolutionary Characters*, 128-129, 132; Chernow, *Alexander Hamilton*, 294- 308. 19세기로 전환되면서 확장적인 외교정책을 시행하고 이를 위한 군사국가를 건 설할 목적으로 유능한 관료들에 의해 관리되는 세금과 채무 등의 이성적 운영체계를 발전시킴으로써 영국이 강대국이 되는 과정을 논리적으로 기술한 획기적인 논문이 있 다. John Brewer, *The Sinews of Power: War, Money and the English States, 1688-1783* (New York: Alfred A. Knopf, 1989).

16) Chernow, *Alexander Hamilton*, 524.

17) Ibid., 533-537; McCullough, *John Adams*, 480, 492-493.

18) Wood, *Revolutionary Characters*, 137-138; Joanne B. Freeman, *Affairs of Honor: National Politics in the New Republic* (New Haven, CT: Yale University Press, 2001).

19) 1796년이 저물어갈 무렵 워싱턴은 프랑스 대사로 나가 있던 공화당의 제임스 먼로를 본국으로 소환했다. 그가 당파적인 견해를 가지고 직무를 수행하여 행정부에 피해를 끼쳤고 프랑스와 추진하려던 제이 협약(Jay Treaty) 체결에 실패했기 때문이었다. 그를 대신하여 대통령은 연방주의자인 찰스 핀크니를 파리로 보내 우호적인 관계를 회복하 려고 했다. 그러나 당시 프랑스를 장악했던 5인의 위원회로 구성된 총재정부는 핀크 니의 신용장 수령을 거부했다. 프랑스 측에서는 다음 대통령으로 토마스 제퍼슨이 승 리하는 데 기대를 걸고 있었고, 아무래도 공화당 출신이 더 프랑스의 이익에 부합될 것으로 판단했기 때문이었다. 그러다 애덤스가 대통령으로 선출되자 프랑스는 핀크 니를 추방했고, 유사 전쟁으로 이어졌다. 이와 관련한 읽을거리는 다음과 같다. James Thomas Flexner, *George Washington: Anguish and Farewell (1793–1799)* (Boston: Little, Brown, 1969), 285-291; Marvin R. Zahniser, *Charles Cotesworth Pinckney: Founding Father* (Chapel Hill: University of North Carolina Press, 1967), 136-148; Gordon S. Wood, *Empire of Liberty: A History of the Early Republic, 1789–1815* (New York: Oxford University Press, 2009), 196-199, 239-240; Richard H. Kohn, *Eagle and Sword: The*

Federalists and the Creation of the Military Establishment in America, 1783–1802 (New York: Free Press, 1975), 203-205; Ellis, *Founding Brothers*, 136-137; Chernow, *Alexander Hamilton*, 546-547; McCullough, *John Adams*, 477, 486-487.

20) Ellis, *Founding Brothers*, 162.

21) Ibid., 13-15, 142-143, 167-177; Chernow, *Alexander Hamilton*, 233; Kohn, *Eagle and Sword*, 195-197, 205, 214-218. 애덤스는 그의 징적들에게 자신이 군주제주의 자라는 증거를 많이 제공해주었다. "미합중국 정부의 헌법 수호"라는 글에서 그는 국민의 정치적 열망과 행정부에 대한 귀족정치의 온건한 영향력 사이에 균형을 잡아야 한다고 주장했다. 여기서 그는 미국 정치사상의 본류에서 심각하게 벗어나게 되었다. Wood, *Revolutionary Characters*, 184-202.

22) Wood, *Revolutionary Characters*, 181-182; Kohn, *Eagle and Sword*, 198-202, 217; Ellis, *Founding Brothers*, 46.

23) Alexander DeConde, *The Quasi-War: The Politics and Diplomacy of the Undeclared War with France, 1797–1801* (New York: Charles Scribner's Sons, 1966), 17, 28-30; Zahniser, *Charles Cotesworth Pinckney*, 136-149, 153-155; Chernow, *Alexander Hamilton*, 547-548; McCullough, *John Adams*, 477-478, 483-486; Kohn, *Eagle and Sword*, 208-209.

24) Chernow, *Alexander Hamilton*, 526-548; DeConde, *The Quasi-War*, 26, 33; McCullough, *John Adams*, 491-493.

25) 애덤스 대통령 연설, 1797년 11월 23일, American State Papers 1, Foreign Relations vol. 1, 5대 위원회, 2회기, No. 14; McCullough, *John Adams*, 491-494; Chernow, *Alexander Hamilton*, 526-545; Kohn, *Eagle and Sword*, 209-210; 토마스 제퍼슨이 에드워드 러트리지에게, 필라델피아, 1797년 1월 24일, The Writings of Thomas Jefferson, vol. 7, 1795-1801, ed. Paul Leicester (New York: G. P. Putnam's, 1896), 154-155.

26) 대표단은 프랑스에 제공할 유인책은 전혀 없으면서, 미국이 요구할 목록만 가지고 출발함으로써 시작부터 입지가 취약했다. 이 협상 지침은 대체로 해밀턴이 피커링 국무장관에게 정해준 것이었다. 마셜과 핀크니는 프랑스가 제기한 조건하에서는 협상할 수 없다는 단호한 입장을 취했으나, 동행했던 엘브리지 게리는 프랑스 요원들은 물론 탈레랑과도 직접 만남으로써 적어도 자신은 프랑스의 제안에 대해 논의할 여지가 있음을 알려 대표단의 단합을 깨뜨렸다. 그러나 그는 사실 동료들보다 정확히 상황을 읽은 것인데, 즉 프랑스로서는 영국과의 전쟁을 준비하고 있던 당시에 미국과 전쟁을 해서 얻을 것이 없다고 판단하고 있다는 점이었다. 게다가 반프랑스 정서가 강화되면 역으로 실질적인 영미동맹이 생성될 위험이 있다고 프랑스 측이 우려한다는 것도 알고 있었다. DeConde, *The Quasi-War*, 30, 36-73; Zahniser, *Charles Cotesworth Pinckney*, 160-185.

27) Kohn, *Eagle and Sword*, 210-211; McCullough, *John Adams*, 495-499; 애비게일 애덤스가 메리 크랜치에게, 필라델피아, 1798년 4월 4일, DeConde, *Quasi-War*, 71-73

에서 인용. 《미국 관보》(*Gazett of the United States*)는 정치적 통일체에 굵은 분리선을 그었다. "현 행정부에 우호적이면 … 의심할 바 없이 진정한 공화주의자이며 애국자이다. … 현 정부에 반대하는 어떤 어메리칸이라도 그는 무정부주의자이며 자코뱅이고 반역자일 뿐이다. … 정부에 우호적으로 글쓰는 것이 애국이고, 그 반대는 선동이다." 관보의 편집자 존 페노는 이어지는 몇 개월 동안 신문의 독자들에게 독립혁명의 모토인 "단결하라, 아니면 죽는다"(UNITE OR DIE)를 상기시킴으로써 논란을 일으켰다. 그는 애국자들이 모호한 안개 속에서 '적에 복종하는 엔진'(obedient engine)을 주의하라고 권고했다. 페노는 독자들이 제5열에 대항하여 조직화할 것을 요청했다. "위원회를 정하고, 자금을 모으고, 압력을 가하며, 정보를 최대한 모든 곳으로 전파하고, 무관심한 자들을 계도하고, 흔들리는 자들은 확고하게 잡아주며 범죄자들이 일어서고 늘는 것을 지켜보아야 한다." 반역이 드러나면 절반의 방책은 멍청한 것보다도 나쁘다. "자신의 정부 그리고 그 동맹과 연합하지 않으려는 자는, … 반역자이며 즉시 분쇄되어야 한다; '우리와 같이하지 않는 자는 우리에게 적대적이므로' 괴사된 부분을 도려내는 것이 목숨을 위험에 빠지게 하는 것보다 낫다." *Gazett of the United States*, vol. 14, issue 1892, 1789년 10월 10일, p.1; *Gazett of the United States*, vol. 14, issue 1928, 1789년 11월 21일, p. 3.

28) McCullough, *John Adams*, 499-501; Chernow, *Alexander Hamilton*, 555; DeConde, *Quasi-War*, 81-82, 90; 토머스 제퍼슨이 존 테일러에게, 1789년 6월 4일, *The Papers of Thomas Jefferson Digital Edition*, ed. Barbara B. Oberg and J. Jefferson Looney (Charlottesville: Universith of Virginia Press, Rotundda, 2008).

29) Alexander Hamilton, "The Stand," PAH, 21:381-387, 390-396, 402=408, 412-418, 418-432, 434-440, 441-447); Kohn, *Eagle and Sword*, 219-229; McCullough, *John Adams*, 499; DeConde, *Quasi-War*, 90; Chernow, *Alexander Hamilton*, 551-553, 577; 공화주의자들은 연방주의자들이 "상대편으로부터 한쪽의 국민들을 보호하기 위해 그들을 무장시켰다"고 비난했다. 버지니아주의 상원의원 스티븐 T. 메이슨은 "연방주의자들이 가장 간절하게 원하는 목표인 … 공화주의를 분쇄하기 위해 얼마나 멀리 가려 하는지 측정이 안 된다"고 말했다. Wood, *Revolutionary Characters*, 137.

30) Kohn, *Eagle and Sword*, 212-218; McCullough, *John Adams*, 504; Chernow, *Alexander Hamilton*, 549-550, 570-577.

31) DeConde, *Quasi-War*, 89, 102-108.

32) McCullough, *John Adams*, 494-495; Chernow, *Alexander Hamilton*, 523-525, 554; DeConde, *Quasi-War*, 18-19, 21-23, 64-67.

33) DeConde, *Quasi-War*, 19-23; Kohn, *Eagle and Sword*, 230. 알렉산더 해밀턴이 제임스 매킨리에게, 뉴욕, 1797년 3월 22일(?); 알렉산더 해밀턴이 티모시 피커링에게, 뉴욕, 1797년 3월 29일; 알렉산더 해밀턴이 올리버 월코트에게, 뉴욕, 1797년 3월 30일, *PAH*, 21:556-557, 567-568, 574-575.

34) Kohn, *Eagle and Sword*, 219-231; Chernow, *Alexander Hamilton*, 553; DeConde, *Quasi-War*, 96; 존 애덤스가 보스턴 패트리어트의 인쇄업자들에게, *Boston Patriot*, vol.

1, issue 28, 1809년 6월 6일, p. 1.

35) 알렉산더 해밀턴이 조지 워싱턴에게, 뉴욕, 1798년 5월 19일; 조지 워싱턴이 알렉산더 해밀턴에게, 마운트 버넌, 1798년 5월 27일, 알렉산더 해밀턴이 조지 워싱턴에게, 뉴욕, 1798년 6월 2일, *The Papers of George Washington Digital Edition*, ed. Theodore J. Crackel (Charlotteville: University of Virginia Press, Rotunda, 2007), 이후부터 *PGWDE*로 표기.

36) 존 애덤스가 조지 워싱턴에게, 필라델피아, 1798년 6월 22일, *PGWDE*.

37) 조지 워싱턴이 존 애덤스에게, 마운트 버넌, 1798년 7월 4일, *PGWDE*. 워싱턴은 이와 똑같은 요점으로 더 길고 상세한 편지를 육군장관 제임스 매킨리에게 같은 날 써보냈다. 조지 워싱턴이 제임스 매킨리에게, 마운트 버넌, 1798년 7월 4일, *PGWDE*.

38) 조지 워싱턴이 제임스 매킨리에게, 마운트 버넌, 1798년 7월 5일, *PGWDE*.

39) 워싱턴은 그와 같은 장교 명부를 생산하여 대통령에게 부쳤다. 조지 워싱턴, 군 임명 건의서, 마운트 버넌, 1798년 7월 14일, *PGWDE*.

40) 존 애덤스가 조지 워싱턴에게, 필라델피아, 1798년 7월 7일; 티모시 피커링이 조지 워싱턴에게, 필라델피아, 1798년 7월 6일; 조지 워싱턴이 티모시 피커링에게, 마운트 버넌, 1798년 7월 11일; 조지 워싱턴이 존 애덤스에게, 마운트 버넌, 1798년 7월 13일; 군 임명 건의서, 마운트 버넌, 1798년 7월 14일, *PGWDE*.

41) 조지 워싱턴이 티모시 피커링에게, 마운트 버넌, 1798년 7월 11일; 조지 워싱턴이 알렉산더 해밀턴에게, 마운트 버넌, 1798년 7월 14일; 군 임명 건의서, 마운트 버넌, 1798년 7월 14일, *PGWDE*.

42) 조지 워싱턴이 알렉산더 해밀턴에게, 마운트 버넌, 1798년 7월 14일, *PGWDE*.

43) 이 혼란에 대한 나의 해석은 다음 세 개의 자료에 주로 의존하고 있다. ① 제임스 매킨리가 조지 워싱턴에게 보낸 편지, 트렌턴, 1798년 9월 19일, *PGWDE*. 여기에는 7월 이후 대통령과 각료들 사이에 주고받은 대화와 서신의 내용이 상세하게 기술되어 있다; ② 조지 워싱턴이 알렉산더 해밀턴에게 1798년 7월 14일 마운트 버넌에서 써서 보낸 편지의 주석들, *PGWDE*; ③ 워싱턴과 해밀턴 사이에 오간 편지들의 주석들, *PAH*, 22:4-17.

44) 알렉산더 해밀턴이 티모시 피커링에게, 뉴욕, 1798년 7월 17일, *PAH*, 22:24; 헨리 녹스가 제임스 매킨리에게, 보스턴, 1798년 8월 5일, *PAH*, 22:69-71; 알렉산더 해밀턴이 제임스 매킨리에게, 뉴욕, 1798년 9월 8일, *PAH*, 22:177; 알렉산더 해밀턴이 조지 워싱턴에게, 필라델피아, 1798년 7월 29일, 그리고 뉴욕, 8월 1일; 조지 워싱턴이 헨리 녹스에게, 마운트 버넌, 17998년 7월 16일; 헨리 녹스가 조지 워싱턴에게, 보스톤, 1798년 7월 29일; 헨리 녹스가 조지 워싱턴에게, 보스턴, 1798년 8월 26일, *PGWDE*.

45) 존 애덤스가 제임스 매킨리에게, 퀸시, 1798년 8월 29일, *The Works of John Adams: Second President of the United States, with a life of the Author* by Charles Francis Adams, vol. 13 (Boston: Little, Brown & Co., 1854), 587-589, 이후부터 *WJA*로 표기. 애덤

스는 만약 자신이 워싱턴을 위해서 사임할 수 있다면, "나는 즉각적으로 그렇게 할 것
입니다. 그것은 영광스러운 일이지요."라고 하면서도, "그러나 나는 그가 시행하는 동안
에, 절대로 내가 사무실을 지키고 그 연습에 책임지지 않을 것입니다"라고 언급했다.

46) 티모시 피커링이 알렉산더 해밀턴에게, 필라델피아, 1798년 7월 16일, *The Papers of
Alexander Hamiliton*, vol. 22, July 1798 - March 1799, ed. Harold C. Syrett (New
York: Columbia Univertith Press, 1975), 22-23, 이후부터 PAH, 22로 표기; 티모시
피커링이 조지 워싱턴에게(개인적으로), 트렌턴, 1798년 9월 1일; 조지 워싱턴이 제
임스 매킨리에게, 마운트 버넌, 1798년 9월 3일; 제임스 매킨리가 조지 워싱턴에게,
트렌턴, 1798년 9월 7일, 조지 워싱턴이 티모스 피커링에게(개인적으로), 마운트 버
넌, 1798년 9월 9일; 조지 워싱턴이 제임스 매킨리에게(개인적이고 비밀이 포함된),
마운트 버넌, 1798년 9월 16일, 이상 모두는 *PGWDE*를 참고하라. 워싱턴은 재빨리
퉁명스럽게 매킨리에게 말했다. "만약에 소장들의 상대적인 서열을 정하는 데 있어
서 어떤 변화가 있을 경우, 나는 먼저 알려지고 상의하기를 바라고 기대한다." 매킨리
는 "대통령은 해밀턴을 맨 나중에 그리고 녹스를 첫 번째에 위치시키려 결심하고 있
다"는 것을 피커링이 워싱턴에게 다 털어놓았을 것이라고 확신했다. 화가 치밀어오른
워싱턴은 피커링에게 녹스가 대통령과 어떻게 서열을 정했는지 몰랐다고 말했다. 그
러나 "나는 대통령께서 그 서열을 바꾸는 데 동의하시기 전에 심사숙고하셔야 한다
는 것은 잘 알고 있습니다"라고 말하고 나서 워싱턴은 매킨리에게 은밀히 편지를 써서
그 문제가 중대한 국면을 맞도록 했다. 그는 애덤스가 자신이 지명을 수락하면서 했던
"약속을 잊었다"고 비난했다. 불길하게도 워싱턴은 자신이 '대통령에게 임용장을 반납
하도록' 강요받고 있다고 주장했다. 워싱턴은 특히나 매킨리로 인해 기분이 상했다. 매
킨리 장관이 7월에 마운트 버넌에 왔다가 돌아가서 워싱턴의 우려와 대통령에게 제시
한 조건들을 얼마나 잘 전달했는지 알고 싶어 했다. 이러한 서신이 오가는 동안, 매킨
리와 피커링은 공동의 각료 서신을 애덤스에게 보내기로 계획하고 있었다. 장군의 서
열 순서를 해밀턴-핑크니-녹스 순으로 유지할 것을 건의하는 내용이었다. 그들은 궁극
적으로 이전의 논의에 함께하지 않았던 월코트 장군만 편지에 서명하는 것으로 결정
했다. 그들은 이러한 생각들을 지속적으로 워싱턴에게 보고했다. 티모시 피커링이 조
지 워싱턴에게(개인적으로), 트렌턴, 1798년 9월 13일; 티모시 피커링이 조지 워싱턴
에게(비밀리에), 트렌턴, 1798년 9월 18일, 제임스 매킨리가 조지 워싱턴에게(비밀리
에), 트렌턴, 1798년 9월 19일, *PGWDE*.

47) 워싱턴은 애덤스가 8월 29일 매킨리에게 쓴 편지에서 드러낸 우려사항에 대해서 대통
령에게 확신을 주려고 노력했다. 즉, 자신은 '총사령관의 권한을 강화하려는 또는 미합
중국 대통령의 권한을 약화시키려는' 생각이 전혀 없다는 것을 말이다. 조지 워싱턴이
존 애덤스에게, 마운트 버넌, 1798년 9월 25일, *PGWDE*.

48) 존 애덤스가 조지 워싱턴에게, 퀸시, 1798년 10월 9일; 헨리 녹스가 조지 워싱턴에게,
보스턴, 1798년 11월 4일, *PGWDE*; Ellis, *Passionate Sage*, 45. 애덤스는 장군들의 행
동에 대해서 더 잘 알고 있었다. 독립전쟁 당시 전쟁및무기위원회의 위원장을 맡으면
서, 대륙군 장교들이 "계급을 놓고 치열하게 다투고, 원숭이들처럼 (자기 것을) 조금도
내놓지 않는다"고 묘사했다.

49) Kohn, *Eagle and Sword*, 212, 257; 존 애덤스가 나의 철학자이자 친구인 벤저민 러쉬에게, 1807년 11월 11일, The Spur of Fame: Dialogue of John Adams and Benjamin Rush, 1805-1813, ed. John A. Schultz and Douglass Adair (San Marino, CA: Huntington Library, 1966), 97-99; Chernow, *Alexander Hamilton*, 503, 559; McCullough, *John Adams*, 502-503, 511-512.

50) 조지 워싱턴, 군 임명 건의서, 마운트 버넌, 1798년 7월 14일; 조지 워싱턴이 제임스 매킨리에게, 마운트 버넌, 1798년 9월 30일, *PGWDE*; 알렉산더 해밀턴이 제임스 매킨리에게, 뉴욕, 1798년 8월 1-2일, *PAH*, 22:47; 알렉산더 해밀턴이 ___, 뉴욕, 1798년 8월 3일, *PAH*, 22:48; 알렉산더 해밀턴이 제임스 매킨리에게, 뉴욕, 1798년 8월 21일, *PAH*, 22:87-146; 조지 워싱턴이 알렉산더 해밀턴에게, 필라델피아, 1798년 11월 12일, *PAH*, 22:237-246; 코네티컷, 델라웨어, 켄터키, 메릴랜드, 테네시, 그리고 버지니아의 육군 임용 신청자 명부, *PAH*, 22:270-313; 제임스 매킨리가 알렉산더 해밀턴에게, 육군부, 1799년 1월 21일, *PAH*, 22:428-431, 알렉산더 해밀턴이 제임스 매킨리에게, 뉴욕, 1799년 2월 6일, *PAH*, 22:466-467; Kohn, *Eagle and Sword*, 243-244. 1월에 매킨리가 해밀턴에게 어찌하여 의회의 연방주의자 리더들이 임관 신청자 27명의 임용을 거부하거나 지연시켰는지를 설명했다. 그들 중 약 30%가 안 되는 여덟 명은 '반연방주의', '반정부적' 또는 '프랑스인'이라고 평가되었다.

51) Kohn, *Eagle and Sword*, 237-243; 조지 워싱턴이 알렉산더 해밀턴에게, 마운트 버넌, 1798년 8월 9일, *PGWDE*; 제임스 매킨리가 알렉산더 해밀턴에게, 육군부, 1798년 8월 10일, *PAH*, 22:66-68; 알렉산더 해밀턴이 조지 워싱턴에게, 필라델피아, 1798년 7월 29일, 그리고 뉴욕, 8월 1일, *PGWDE*; 조지 워싱턴이 알렉산더 해밀턴에게, 마운트 버넌, 1798년 8월 9일, *PGWDE*; 존 애덤스가 제임스 매킨리에게, 퀸시, 1798년 10월 222일, *WJA* 8:612-613.

52) 조지 워싱턴이 제임스 매킨리에게, 서스케해나, 1798년 12월 16일, *PGWDE*; Kohn, *Eagle and Sword*, 243-246; Chernow, *Alexander Hamilton*, 562-566.

53) Chernow, *Alexander Hamilton*, 573-578; Wood, *Revolutionary Characters*, 138-139.

54) Kohn, *Eagle and Sword*, 251-252; 알렉산더 해밀턴이 씨어도어 세드윅에게, 뉴욕, 1799년 2월 2일, *PAH*, 22:452-453; 알렉산더 해밀턴이 제임스 매킨리에게, 뉴욕, 1799년 3월 18일, *PAH*, 22:552-553; 토마스 제퍼슨이 토마스 랜돌프에게, 1800년 2월 2일, The Writings of Thomas Jefferson, ed. Paul Leicester Ford (New York: G. P. Putnam's Sons, 1892-1899). 해밀턴은 육군의 버지니아로 전개할 명분을 찾고 있었다. 현명한 부대가 소집된다면 그들을 분명한 명분이 있는 버지니아로 이끌어야 한다. 거기서 법의 통치를 바로 세우도록 행동 방책을 적용하여, 버지니아의 저항을 시험해야 한다.

55) Kohn, *Eagle and Sword*, 253; Stanley Elkins and Eric McKitrick, *The Age of Federalism* (New York: Oxford University Press, 1993), 616; Chernow, *Alexander Hamilton*, 565-568; 알렉산더 해밀턴이 러퍼스 킹에게, 뉴욕, 1798년 8월 22일, *PAH*, 22:154-155; 알렉산더 해밀턴이 프랜시스코 미란다에게, 뉴욕, 1798년 8월 22일, *PAH*, 22:155-

156. 해밀턴은 미란다의 편지를 주영 미국대사인 러퍼스 킹에게 전달하도록 했다. 거기에 적힌 내용은, "현 상황에서 지휘권은 자연스럽게 나에게 있습니다. 나는 우호적인 기대를 하지 않는 이들을 실망시키기를 바랍니다"였다. 해밀턴의 아들 존이 나중에 미란다 편지에 대해 언급했다. "이것과 그다음의 편지, 즉 킹의 답장은 내가 여섯 살 생일날 복제해두었다. 상황이 공개를 허락할 때까지 비밀리에 보관할 목적으로 그렇게 했다." 알렉산더 해밀턴이 해리슨 그레이 오티스에게, 뉴욕, 1799년 1월 26일, *PAH*, 22:552-553.

56) 존 애덤스가 에이드리안 밴 더 캠프에게, 퀸시, 1808년 4월 25일, DeConde, *Quasi-War*, 112에서 인용.

57) Elkins and McKitrick, *Age of Federalism*, 616-617; DeConde, *Quasi-War*, 171; Chernow, *Alexander Hamilton*, 568. 애덤스는 후에 "이자가 완전히 미쳤거나 아니면 내가 미친 것"이라고 생각했다고 회상했다. 애덤스는 오티스에게 만약 의회가 미란다와 해밀턴의 바보 같은 짓에 동의했다면, "조지아부터 뉴햄프셔에 이르기까지 전국에서 끊임없는 반란이 일어났을 것이다"라고 말했다.

58) Chernow, *Alexander Hamilton*, 593.

59) McCullough, *John Adams*, 503-504, 511, 516-517, 522. 조지 로건 박사는 순수한 민간 시민으로서 자기 돈을 들여 파리로 가서 평화를 유지하고자 시도했던 사람이다. 비록 그의 노력이 대부분의 극렬 연방주의자들을 분노하게 했지만, 로건 박사는 탈레랑과 대화도 했고, 평화가 아직 가능하다는 말을 사람들에게 얘기해주려고 미국으로 돌아왔다. 애덤스가 그의 이야기를 들었다.

60) *WJA*, 9:161-162; Kohn, *Eagle and Sword*, 249, 259; McCullough, *John Adams*, 523-524; Ellis, *Passionate Sage*, 34.

61) 조지 워싱턴이 알렉산더 해밀턴에게, 마운트 버넌, 1799년 3월 25일, *PGWDE*; 알렉산더 해밀턴이 제임스 매킨리에게, 뉴욕, 1799년 6월 27일, *PAH*, 23:227-228; Chernow, *Alexander Hamilton*, 595-600.

62) *WJA*, 9:254-255; Chernow, *Alexander Hamilton*, 595-597; McCullough, *John Adams*, 530-531.

63) Chernow, *Alexander Hamilton*, 600-602; McCullough, *John Adams*, 533-534, 539-540; Kohn, *Eagle and Sword*, 260-267.

64) Kohn, *Eagle and Sword*, 262-271; McCullough, *John Adams*, 538-539; Chernow, *Alexander Hamilton*, 622-623.

65) Alexander Hamilton, *A Letter from Alexander Hamilton, concerning the Public Conduct and Character of John Adams, Esq. President of the United States* (New York: printed for John Lang, by George F. Hopkins, 1800); Ellis, *Passionate Sage*, 22-23.

66) McCullough, *John Adams*, 463; Chernow, *Alexander Hamilton*, 522; Ellis, *Passionate Sage*, 28; 존 애덤스가 벤저민 러쉬에게, 1807년 9월, Schutz and Adair, *Spur of Fame*, 92-95; 존 애덤스가 벤저민 러쉬에게, 퀸시, 1806년 11월 11일, *Old Family Letters*,

118.

67) Ellis, *Passionate Sage*, 21.

68) 존 애덤스가 나의 철학자이자 친구 벤저민 러쉬에게, 1807년 11월 11일, Schutz and Adair, *Spur of Fame*, 97-99에서 발췌.

69) 리처드 H. 콘의 책 *Eagle and Sword*의 마지막 장, "새로운 나라에서의 정치, 군사주의 그리고 조직의 형성"이 이 시기의 영향을 이해하는 데 많은 정보를 주었다. 277-303 쪽을 참고하라.

3. 매디슨의 전쟁

1) Donald R. Hickey, *The War of 1812: A Forgotten Conflict*, bicentennial ed. (Urbana: University of Illinoiss Press, 2012), 22-24.

2) Allan R. Millett, Peter Maslowski, and William B. Feis, *For the Common Defense: A Military History of the United States from 1607 to 2012*, 3rd ed. (New York: Free Press, 2012), 92-94.

3) Hickey, *War of 1812*, 16-21.

4) Gordon S. Wood, *Empire of Liberty: A History of the Early Republic, 1783-1815* (Oxford: Oxford University Press, 2009), 659-664; George C. Herring, *From Colony to Superpower: U.S. Foreign Relations since 1776* (Oxford: Oxford University Press, 2008), 121-122.

5) Wood, *Empire of Liberty*, 666-669; Herring, *Colony to Superpower*, 124-127; Hickey, *War of 1812*, 29-39; David S. Heidler and Jeanne T. Heidler, *Henry Clay: The Essential American* (New York: Random House, 2010), 84-97.

6) Wood, *Empire of Liberty*, 670-672.

7) Ibid., 672-673; Alan Taylor, *The Civil War of 1812: American Citizens, British Subjects, Irish Rebels, and Indian Allies* (Neew YOik: Alfred A. Knopf, 2010), 411; James Madison, "War Message to Congress, 1 June 1812," in *The War of 1812: Writings from America's Second War of Independence*, ed. Donald R. Hickey (New York: Library of America, 2013), 8, 이후부터 *Writings*로 표기; "미 하원 외교위원회, 전쟁의 원인과 이유, 1812년 6월 3일", Ibid., 22.

8) Wood, *Empire of Liberty*, 660-661; Millett, Maslowski, and Feis, *Common Defense*, 96.

9) J. C. A. Stagg, *Mr. Madison's War: Politics, Dipolmacy, and Warfare in the Early American Republic, 1783-1830* (Princeton, NJ: Princeton University Press, 1983), 77; Hickey, *War of 1812*, 66-68.

10) Hickey, *War of 1812*, 70; Wood, *Empire of Liberty*, 673.

11) Timothy D. Johnson, *Winfield Scott: The Quest for Military Glory* (Lawrence: University

Press of Kansas, 1998), 9-17; Andro Linklater, *An Artist in Treason: the Extraordinary Double Life of General James Wilkinson* (New York: Walker, 2009); Winfield Scott, *Memoirs of Lieut.-General Scott, LL.D., Written by Himself* (New York: Sheldon and Co., 1864), 34-35.

12) Wood, *Empire of Liberty*, 674.

13) Hickey, *War of 1812*, 77-80.

14) Millett, Maslowski, and Feis, *Common Defense*, 96.

15) Heidler and Heidler, *Henry Clay*. 77; Hickey, *War of 1812*, 80-83.

16) 헌법은 제1조 8항에 의회에 "연방법을 이행하여 반란을 진압하고 침입을 물리치기 위해 민병대를 소집하여 제공할" 권한을 부여했다. 민병대가 외국에서의 전쟁에 참여할 것인지의 여부에 대해서는 언급이 없다.

17) Taylor, *Civil War of 1812*, 182-190.

18) Wood, *Empire of Liberty*, 680.

19) Hickey, *War of 1812*, 89.

20) Ibid., 90-99; Wood, *Empire of Liberty*, 680-682.

21) Hickey, *War of 1812*, 100-105.

22) Ibid., 105-106; Stagg, *Mr. Madison's War*, 277-284.

23) Hickey, *War of 1812*, 123-145.

24) Taylor, *Civil War of 1812*, 269-277; Millett, Maslowski, and Feis, *Common Defense*, 96.

25) Hickey, *War of 1812*, 203-213; Wood, *Empire of Liberty*, 690-692.

26) Hickey, *War of 1812*, 197-199; Wood, *Empire of Liberty*, 694; Taylor, *Civil War of 1812*, 407, 412-413, 417-419; Wayne E. Lee, "Plattsburg 1814: Warring for Bargaining Chips," *Between War and Peace: How America Ends Its Wars*, ed. Matthew Moten(New York: Free Press, 2011), 43-63.

27) 전쟁사학자이자 전문직업군에 관한 연구자인 앨런 밀레는 전문직업의 특성에 대해 다음과 같이 기술했다. "그 직(職)은 전일제(全日制)이며 안정되어 있고, 그 업(業)은 지속적으로 사회적 요구를 위해 봉사하는 것임. … 전문지식과 기술을 가지고 평생 동안을 종사하며 … 스스로를 직업의 독특한 문화에 일체화시키고 … 임무수행 기준과 임용기준을 통제하도록 조직화되어 있고 … 정규의, 이론적인 교육을 필요로 하며, 능력의 표준과 고객의 요구에 대한 충성도가 뚜렷하고, 그들이 봉사하는 사회로부터 상당한 정도의 집단적 자율성을 부여받는데, 이는 그들이 높은 도덕적 기준과 믿음직함을 증명했기 때문임. 전문직업의 가장 눈에 띄는 특징은 특별한 문제의 해결에 요구되는 전문지식과 기술을 축적해오고, 체계적으로 활용해왔다는 점이다." Allan R. Millett, *Military Professionalism and Officership in America* (Columbus: Mershon Center of the

Ohio State University, 1977), 2.

28) Matthew Moten, *The Delafield Commission and the American Military Profession* (College Station: Texas A&M University Press, 2000), 39-42.

4. 자신의 장군들에 맞선 포크

1) Timothy D. Johnson, *A Gallant Little Army: The Mexico City Campaign* (Lawrence: University Press of Kansas, 2007), 263-265.

2) 예를 들어, 존 C. 프레몬트 육군 대위가 일군(一群)의 접경지인들을 이끌고 시에라 네바다를 가로질러 서부로 가서 자기 직권으로 혁명을 선언하고 캘리포니아에 독립적인 베어 플래그(Bear Flag) 공화국을 수립했다. 그는 멕시코군과 전투를 벌이기도 했고, 작전통제 문제를 놓고 미 해군과도 싸웠다. 그의 이런 행태는 포크 행정부의 정책을 들고 더 높은 선임장교가 도착하고 나서야 끝이 났다. 당시에는 미국 도처에서 유사한 상황과 혼란이 있었다.

3) 포크에 대한 이 간략한 기술은 다음 책의 도움을 많이 받았다. Walter R. Borneman, *Polk: The Man Who Transformed the Presidency and America* (New York: Random Houses, 2008); David A. Clary, *Eagles and Empire: The United States, Mexico, and the Struggle for a Continent* (New York: Bantam Books, 2009), 62-64.

4) Joseph Wheelan, *Invading Mexico: America's Continental Dream and the Mexican War, 1846-1848* (Newe York: Carroll and Graf, 2007), 59-60.

5) K. Jack Bauer의 책, *Zachary Taylor: Soldier, Planter, Statesman of the Old Southwest* (Baton Rouge: Louisiana State University Press, 1985)가 이 군인 출신 대통령에 대해 잘 기술된 전기이며, 내가 간략히 요약한 그의 생애를 전하는 원천이다. Clary, *Eagles and Empire*, 68-72; Allan Peskin, *Winfield Scott and the Profession of Arms* (kent, OH: Kent State University Pess, 2003), 135; Wheelan, *Invading Mexico*, 61-63. 테일러는 1812년 전쟁 이후 육군이 감축될 때 사임했다가 1년 뒤에 다시 복귀하여 복무했다.

6) WInfield Scott, *Memoirs of Lieut.-General Scott, LL. D., Written by Himself* (New York: Sheldon & Co., 1864), 1:382-383.

7) Wheelan, *Invading Mexico*, 64-67.

8) Ibid., 71-76; Clary, *Eagles and Empire*, 81-84.

9) Wheelan, *Invading Mexico*, 85; Ulysses S. Grant, *Personal Memoirs of U. S. Grant*, ed. E. B. Long, introduction by William S. McFeely (New York: Da Capo, 1982), 30; Thomas Hart Bonton, *Thirty Years Viewe: Or, a History of the Working of the American Government for Thirty Years, from 1820 to 1850.* ⋯ 2 cols. (New York: D. Appleton and COl, 1854-56), 2:680.

10) Wheelan, *Invading Mexico*, 92-98; Clary, *Eagles and Empire*, 99-102; Bauer, *Taylor*, 149; "제임스 포크 대통령의 메시지, 1846년 5월 11일", James D. Richardson, *A*

Compilation of the Messages and Papers of the Presidents: 1789-1908 (국가문학예술위원회, 1908), 4:442, 이후부터 *Richardson, Messages and Papers*로 표기.

11) James K. Polk, *Polk: The Diary of a President, 1845 to 1849*, ed. Allan Nevins (New York: Longmans, Green and Co., 1952), 90-92, 106-108, 1846년 5월 13일, 5월 30일.

12) Polk, *Diary*, 90, 93-94, 1846년 5월 13-14일자.

13) 윈필드 스콧은 최근 발간된 세 개의 전기(傳記)의 주인공이다. Allan Peskin의 *Winfield Scott and the Profession of Armsm*과 Timothy D. Johnson의 *Winfield Scott: The Quest for Military Glory* (Lawrence: University Press of Kansas, 1998)은 둘 다 John S.d. Eisenhower의 *Agent of Destiny: The Life and Times of General Winfield Scott* (New York: Free Press, 1998)보다 뛰어나다.

14) Martin Dugard, *The Training Ground: Grant, Lee, Sherman, and Davis in the Mexican War, 1846-1848* (New York: Little, Brown, 2008), 192; 포크 대통령의 첫 번째 연례 메시지, 1845년 12월 2일, Richardson, *Messages and Papers*, 4:413.

15) Polk, *Diary*, 100, 1846년 5월 19, 22일자; 윈필드 스콧이 R. P. 레츠너에게, 워싱턴, 1846년 6월 5일, *The Life of John Jay Crittenden: With Selections from His Correspondence and Speeches*, ed. Mrs. Chapman Coleman (Philadelphia: J. P. Lippincott and Co., 1873), 1:245; K. Jack Bauer, *The Mexican War, 1846-1848* (New York: Macmillan, 1974), 74-75; Peskin, *Winfield Scott*, 138-139: Clary, *Eagles and Empire*, 147-149.

16) Polk, *Diary*, 93-94, 96-97, 1846년 5월 14, 19일자.

17) Peskin, *Winfield Scott*, 139-140; Clary, *Eagles and Empire*, 129; Polk, *Diary*, 99-100, 1846년 5월 21일자. 포크 대통령은 전쟁 중 자원병 부대로부터 13명의 장군을 지명했다. 이들 모두는 충성스러운 민주당원들이었다. Richard Bruce Winders, *Mr. Polk's Army: The American Military Experience in the Mexican War* (College Station: Texas A&M University Press, 1997), 32-49.

18) 윈필드 스콧이 윌리엄 마시에게, 육군본부, 워싱턴, 1846년 5월 21일, *The New American State Papers: Military Affairs*, vol. 6, *Combat Operations*, ed. Benjamin F. Cooling (Wilmington, DE: Scholarly Resources Inc., 1979), 57-61.

19) Polk, *Diary*, 100-104, 1846년 5월 23, 25일자.

20) 윈필드 스콧이 윌리엄 마시에게, 육군본부, 워싱턴, 1846년 5월 25일, *The New American State Papers*, 6:75-77; Clary, *Eagles and Empire*, 148; Peskin, *Winfield Scott*, 141; Otis A. Singletary, *The Mexican War* (Chicago: University of Chicago Press, 1960), 119.

21) Bauer, *Taylor*, 171; 윌리엄 마시가 재커리 테일러에게, 워싱턴, 1846년 6월 8일, *Messages of the President of the United States with the Correspondence, Therewith Communicated, between the Secretary of War and Other Officers of the Government on the Subject of the Mexican War* (Washington, DC: Wendell and Van Benthuysen, Printers, 1848), 324-325, 이후부터 *Mexican War Correspondence*라고 표기; 윌리엄 마시가 재

커리 테일러에게, 워싱턴, 1846년 7월 9일, *Mexican War Correspondence*, 333-336.

22) 재커리 테일러가 부관감에게, 마타모라스, 1846년 7월 2일; 재커리 테일러가 제임스 포크에게, 마타모라스, 1846년 8월 1일, *Mexican War Correspondence*, 329-332, 336-339; Polk, *Diary*, 143-145, 1846년 9월 5일자.

23) Borneman, *Polk*, 242-247; Clary, *Eagles and Empire*, 211.

24) Borneman, *Polk*, 246-247; Bauer, *Taylor*, 186-190.

25) Borneman, *Polk*, 246-249; Bauer, *Taylor*, 186-190; Polk, *Diary*, 174, 1846년 11월 212일자.

26) Peskin, *Winfield Scott*, 141-144; Robert W. Merry, *A Country of Vast Designs: James K. Polk, the Mexican War, and the Conquest of the American Contiment* (New York: Simon & Schuster, 2009), 307; Polk, *Diary*, 170-171; Scott, *Memoirs*, 1:397-399.

27) Clary, Eagles and Empire, 148-149, 212, 214, 253; Polk, Diary, 169, 170, 171-172n, 175-176, 178-179, 190-191, 1847년 11월 17, 18일자, 12월 14, 19, 21, 24, 25일자, 그리고 1848년 1월 23일자; Scott, *Memoirs*, 2:401, 402; Johnson, Winfield Scott, 161, 163.

28) Singletary, *Mexican War*, 112-113.

29) 윈필드 스콧이 재커리 테일러에게, 뉴욕, 1846년 11월 25일, *Mexican War Correspondence*, 373-374.

30) Bauer, *Taylor*, 192-214; Peskin, *Winfield Scott*, 146; Singletary, *Mexican War*, 113-116; Merry, *Country of Vast Designs*, 352-354.

31) Peskin, *Winfield Scott*, 142-160; Clary, *Eagles and Empire*, 287-304.

32) Johnson, *Winfield Scott*, 157-158, 166-207.

33) Clary, *Eagles and Empire*, 307; Merry, *Country of Vast Designs*, 360-361.

34) Johnson, *Winfield Scott*, 188-189; Merry, *Country of Vast Designs*, 358, 361, 366-371; Clary, *Eagles and Empire*, 326; 윈필드 스콧이 니콜라스 트리스트에게, 원정군 사령부, 잘라파, 1847년 5월 7일; 니콜라스 트리스트가 윈필드 스콧에게, 산후안 델 리오 야영지, 1847년 5월 9일; 니콜라스 트리스트가 윈필드 스콧에게, 잘라파, 1847년 5월 20일, *Mexican War Correspondence*, 814-825.

35) Clary, *Eagles and Empire*, 327; Johnson, *Winfield Scott*, 195; Merry, *Country of Vast Designs*, 371; Singletary, *Mexican War*, 123.

36) Merry, *Country of Vast Designs*, 371-374; Johnson, *Winfield Scott*, 195-196.

37) Peskin, *Winfield Scott*, 183-184; Johnson, *Winfield Scott*, 201-202; Merry, *Country of Vast Designs*, 384-386.

38) Johnson, *Winfield Scott*, 209; Merry, *Country of Vast Designs*, 384-386; Clary, *Eagles*

and Empire, 384-385, 399-401, 404, 406; Peskin, *Winfield Scott*, 195-197.

39) Clary, *Eagles and Empire*, 327, 406; Polk, *Diary*, 293, 1848년 1월 3일자.

40) Johnson, *Winfield Scott*, 210-211; Clary, *Eagles and Empire*, 191, 406; Peskin, *Winfield Scott*, 174, 197-198; Merry, *Country of Vast Designs*, 363, 390-391.

41) Clary, *Eagles and Empire*, 406-408; Johnson, *Winfield Scott*, 211; Peskin, *Winfield Scott*, 174, 199; Merry, *Country of Vast Designs*, 389-390, 407-409; Polk, *Diary*, 287-295, 1847년 12월 30, 31일자, 그리고 1848년 1월 1, 2, 3, 5, 9일자; *The Diary of James K. Polk during His Presidency, 1845-1849*, ed. Milo M. Quaife (Chicago: A..C. McClurg & Co., 1910), 4:16-17, 1848년 7월 13일.

42) Johnson, *Winfield Scott*, 210-211; 조지 매클렐런이 존 매클렐런에게, 멕시코시티, 1848년 2월 22일, *The Mexican War Diary and Correspondence of George B. McClellan*, ed. Thomas W. Cutrer (Baton Rouge: Louisiana State University Press, 2009), 141; Peskin, *Winfield Scott*, 199-203; Clary, *Eagles and Empire*, 191, 408; Merry, *Country of Vast Designs*, 389, 399.

43) Clary, *Eagles and Empire*, 305; Bauer, *Taylor*, 314-327.

44) Peskin, *Winfield Scott*, 181, 191; Clary, *Eagles and Empire*, 416.

45) Winders, *Mr. Polk's Army*, 14.

46) Merry, *Country of Vast Designs*, 401; Polk, *Diary*, 198.

47) Merry, *Country of Vast Designs*, 411; Winders, *Mr. Polk's Army*, 14; Grant, *Memoirs*, 22-24.

5. 후커에게 보낸 링컨의 편지

1) 에이브러햄 링컨이 조셉 후커 소장에게, 1863년 1월 26일, *The War of the Rebellion: A Compilation of the Official Records of the Union and Confederate Armies*, 70 vols., 128 parts (Washington, DC: Government Printing Office, 1880-1901), series 1, vol. 25, pt. 2, p. 4, 이후부터 e.g., *OR*, I, 25, ii: 4.로 표기.

2) John M. Hay and John G. Nicolay, *Abraham Lincoln: A History*, 10 vols. (New York: Century Co., 1890), 6:175; Francis fisher Browne, *The Early-Day Life of Abraham Lincoln* (New York: G. P. Putnam's Sons, the Knickerbocker Press, 1913), 417-418.

3) James M. McPherson, *Tried by War: Abraham Lincoln as Commander in Chief* (New York: Penguin Press, 2008), 10-19; Doris Kearns Goodwin, *Team of Rivals: The Political Genius of Abraham Lincoln* (New York: Simon & Schuster, 2005), 341-342.

4) McPherson, *Tried by War*, 10-19.

5) Ibid., 19.

6) Ibid., 21-23.

7) Ibid., 34-41.

8) 매클렐런에 대한 최고의 전기는, Stephen W. Sears, *George B. McClellan: The Young Napoleon* (New York: Ticknor & Fields, 1988)의 pp. 1-49 부분이고, 수정주의자의 관점에서 풀어쓴 전기로는, Ethan S. Rafuse, *McClellan's War: The Failure of Moderation in the Struggle for the Union* (Bloomington: Indiana University Press, 2005). 이 외에도 Matthew Moten, *The Delafield Commission and the American Military Profession* (College Station: Texas A&M University Press, 2000), 100-211을 참고하라.

9) Sears, *The Young Napoleon*, 50-70.

10) 조지 매클렐런이 메리 매클렐런에게, 워싱턴, 1861년 7월 27일과 30일, 그리고 8월 10일, George B. McClellan, *The Civil War Papers of George B. McClellan: Selected Correspondence, 1860-1865*, ed. Stephen W. Sears (New York: Ticknor & Fields, 1989), 70, 71, 81-82 (이후부터 *McClellan Papers*라고 표기).

11) 조지 매클렐런이 윈필드 스콧에게, 오하이오의 본부, 비벌리,,버지니아, 1861년 7월 18일; 조지 매클렐런이 메리 매클렐런에게, 워싱턴, 1861년 8월 2일, *McClellan Papers*, 60, 75.

12) 조지 매클렐런이 메리 매클렐런에게, 워싱턴, 1861년 8월 8일, *McClellan Papers*, 81.

13) 조지 매클렐런이 에이브러햄 링컨에게, 대통령 각하의 우려사항에 대해 요청받은 답변(보고), 워싱턴, 1861년 8월 2일, *McClellan Papers*, 71-75.

14) Joseph T. Glatthaar, *Partners in Command: The Relationship between Leaders in the Civil War* (New York: Free Press, 1994), 59-60; McPherson, *Tried by war*, 46; 조지 매클렐런이 인필드 스콧에게, 본부, 포토맥군, 워싱턴, 1861년 8월 8일, *McClellan Papers*, 79-81.

15) 윈필드 스콧이 사이먼 캐머런에게, 육군본부, 워싱턴, 1861년 8월 8일, *OR*, I, 11, iii: 4.

16) 조지 매클렐런이 에이브러햄 링컨에게, 워싱턴, 1861년 8월 10일; 윈필드 스콧이 사이먼 캐머런에게, 육군본부, 워싱턴, 1861년 8월 12일, *OR*, I, 11, iii: 4-6; 조지 매클렐런이 메리 매클렐런에게, 워싱턴, 1861년 8월 15일과 16일, *McClellan Papers*, 84-86; McPherson, *Tried by war*, 46-47.

17) 조지 매클렐런이 메리 매클렐런에게, 워싱턴, 1861년 8월 16일과 19일; 조지 매클렐런이 사이먼 캐머런에게, 워싱턴, 1861년 9월 13일, *McClellan Papers*, 85, 87, 100; Glatthaar, *Partners in Command*, 61; McPherson, *Tried by war*, 47, 49.

18) 조지 매클렐런이 메리 매클렐런에게, 워싱턴, 1861년 10월 11일과 8월 19일, *McClellan Papers*, 106-107; Glatthaar, *Partners in Command*, 61; McPherson, *Tried by war*, 48.

19) 조지 매클렐런이 메리 매클렐런에게, Lewinsville, 1861년 10월 19일; 조지 매클렐런이 메리 매클렐런에게, 워싱턴, 1861년 10월 26일, *McClellan Papers*, 106-107;

McPherson, *Tried by war*, 50.

20) McPherson, *Tried by war*, 50-51.

21) 조지 매클렐런이 사이먼 캐머런에게, 워싱턴, 1861년 10월 31일, *McClellan Papers*, 114-119.

22) Sears, *The Young Napoleon*, 132-133; McPherson, *Tried by war*, 52-53; Glatthaar, *Partners in Command*, 63-64.

23) 조지 매클렐런이 메리 매클렐런에게, 워싱턴, 1861년 11월 17일, *McClellan Papers*, 135; Glatthaar, *Partners in Command*, 64-65; McPherson, *Tried by war*, 2-4, 53; Goodwin, *Team of Rivals*, 152-153.

24) 에이브러햄 링컨, "포토맥 전역에 대한 조지 매클렐런에게 보내는 각서", 1861년 12월 1일, *The Collected Works of Abraham Lincoln*, 9 vols., ed. Roy P. Basler (New Brunswick, NJ: Rutgers University Press, 1953-1955), 5:34-35, 이후부터 *Collected Works*라고 표기; 조지 매클렐런이 에이브러햄 링컨에게, 워싱턴, 1861년 12월 10일, *McClellan Papers*, 143; McPherson, *Tried by war*, 53-54.

25) Bruce Tap, *Over Lincoln's Shoulder: The Committee on the Conduct of the War* (Lawrence: University Press of Kansas, 1998), 103-107.

26) "몽고메리 메이지스 장군의 남북전쟁 수행", *American Historical Review* 26, no 2 (january 1921), 292; 어빙 맥도웰의 회의 기록, William Swinton, *Campaigns of the Army of the Potomac* (New York: Charles B. Richardson, 1886), 79-80.

27) "몽고메리 메이지스 장군의 남북전쟁 수행", 292-293; Swinton, *Campaigns*, 80-85에 인용된 맥도웰의 기록; Sears, *The Young Napoleon*, 140-141.

28) Sears, *The Young Napoleon*, 142-143.

29) 에이브러햄 링컨이 사이먼 캐머런에게, 대통령 관저, 워싱턴, 1862년 1월 11일: 에드윈 스탠턴이 찰스 다나에게, 워싱턴, 1862년 1월 24일, 두 편지 모두 Charles A. Dana, *Recollections of the Civil War: With the Leaders at Washington and in the Field in the Sixties* (New York: D. Appleton & Co., 1899), 4-5; 에이브러햄 링컨, "대통령 일반 전쟁명령 제1호", 대통령 관저, 워싱턴, 1862년 1월 27일; 에이브러햄 링컨, "대통령 특별 전쟁명령 1호", 대통령 관저, 워싱턴, 1862년 1월 31일, 이상의 두 명령은, *Collected Works*, 5:96-97, 111-112, 115; McPherson, *Tried by war*, 67-70; Glatthaar, *Partners in Command*, 68-69.

30) 에이브러햄 링컨이 돈 부엘에게, 워싱턴, 1862년 1월 13일, *Collected Works*, 5:99; 헨리 할렉이 에이브러햄 링컨에게, 미주리주 세인트루이스의 본부, 1862년 1월 6일(1월 10일에 링컨이 인증), OR, Ⅰ, 7, 532-533.

31) 헨리 할렉이 에이브러햄 링컨에게, 미주리주 세인트루이스의 본부, 1862년 1월 6일(1월 10일에 링컨이 인증), OR, Ⅰ, 7, 532-533; McPherson, *Tried by war*, 69-73.

32) 에이브러햄 링컨이 조지 맥클러렌에게, 대통령 관저, 워싱턴, 1862년 2월 3일,

Collected Works, 5:118-119.

33) 조지 매클렐런이 에드윈 스탠턴에게, 육군 사령부 본부, 워싱턴, 1862년 1월 31일[2월 3일], *McClellan Papers*, 162-171.

34) Tap, *Over Lincoln's Shoulder*, 112-113.

35) 대통령 일반 전쟁명령 제2호, 대통령 관저, 워싱턴, 1862년 3월 8일; 대통령 일반 전쟁명령 제3호, 대통령 관저, 워싱턴, 1862년 3월 8일; 대통령의 전쟁명령 제3호, 대통령 관저, 워싱턴, 1862년 3월 11일; 에드윈 스탠턴이 조지 매클렐런에게, 육군부, 1862년 3월 13일, 이상의 모든 문서는 *OR*, Ⅰ, 5, pp. 18, 50, 54, 56; McPherson, *Tried by war*, 78-80; Glatthaar, *Partners in Command*, 71.

36) 조지 매클렐런이 메리 매클렐런에게, 요크타운 근처, 1862년 4월 6일, *McClellan Papers*, 230.

37) 에이브러햄 링컨이 조지 맥클러렌에게, 워싱턴, 1862년 4월 9일, *Collected Works*, 5:184-185.

38) 조셉 존스턴이 로버트 리에게, 버지니아주 리의 농장, 1862년 4월 223일, *OR*, Ⅰ, 11, iii:455-456.

39) 조지 매클렐런이 에이브러햄 링컨에게, 포토맥군 본부, 뉴브리지 인근의 캠프, 1862년 5월 26일; 조지 매클렐런이 에드윈 스탠턴에게, 포토맥군 본부, 뉴브리지, 1862년 6월 2, 7, 10일; 조지 매클렐런이 에드윈 스탠턴에게, 포토맥군 본부, 링컨 캠프, 1862년 6월 14, 15일; 조지 매클렐런이 에이브러햄 링컨에게, 포토맥군 본부, 링컨 캠프, 1862년 6월 18, 20일; 조지 매클렐런이 에드윈 스탠턴에게, 포토맥군 본부, 링컨 캠프, 1862년 6월 25일; 조지 매클렐런이 에드윈 스탠턴에게, 포토맥군 본부, Savage Station, 1862년 6월 28일; 이상의 모든 서신은, *McClellan Papers*, 277, 285-286, 291-292, 295-296, 299, 300, 302-303, 304, 309-310, 322-323.

40) Glatthaar, *Partners in Command*, 79-80.

41) 조지 매클렐런이 에이브러햄 링컨에게, 포토맥군 본부, 해리슨의 바, 제임스강, 1862년 7월 4일; 조지 매클렐런이 에이브러햄 링컨에게, 포토맥군 본부, 해리슨의 상륙지점 인근의 캠프, 1862년 7월 7일, *McClellan Papers*, 336-338, 344-345; Tap, *Over Lincoln's Shoulder, 122-124; Glatthaar, Partners in Command*, 82-84; Goodwin, *Team of Rivals*, 451.

42) 에이브러햄 링컨, 헨리 할렉을 총사령관으로 임명하는 명령, 대통령 관저, 워싱턴, 1862년 7월 11일, *Collected Works*, 5:312-313; Glatthaar, *Partners in Command*, 82-83.

43) McPherson, *Tried by war*, 114, 117-122; Glatthaar, *Partners in Command*, 83-84; Goodwin, *Team of Rivals*, 474-479.

44) Glatthaar, *Partners in Command*, 85-86; 에이브러햄 링컨이 조지 매클렐런에게, 육군부, 워싱턴, 1862년 9월 15일, *OR*, Ⅰ, 19, i: 53; Sears, *The Young Napoleon*, 248-323;

McPherson, *Tried by war*, 123-126.

45) 조지 매클렐런이 메리 매클렐런에게, 샤프스버그 캠프, 1862년 9월 18일, 20일, *McClellan Papers*, 469, 473; McPherson, *Tried by war*, 126-132.

46) 조지 매클렐런이 새뮤얼 발로우에게, 워싱턴, 1861년 11월 8일; 조지 매클렐런이 윌리엄 애스핀월에게, 포토맥군 본부, 샤프스버그, 1862년 9월 26일; 조지 매클렐런이 메리 매클렐런에게, 샤프스버그, 1862년 9월 25일; 조지 매클렐런이 에이브러햄 링컨에게, 포토맥군 본부, 샤프스버그, 1862년 10월 7일; 이상의 모든 서신은, *McClellan Papers*, 128, 481, 493-494.

47) 헨리 할렉이 조지 매클렐런에게, 워싱턴, 1862년 10월 6일; 에이브러햄 링컨이 조지 매클렐런에게, 대통령 관저, 워싱턴, 1862년 10월 13일, 두 서신 모두, *OR*, I, 19, I: 10, 13-14; Baron Antonie Henri de Jomini, *The Art of War*, with an introduction by Charles Messinger (London: Greenhill Books, 1992), 70.

48) 조지 매클렐런이 헨리 할렉에게, 포토맥군 본부, 1862년 10월 25일, *OR*, I, 19, ii: 484-485; 몽고메리 메이지스가 에드윈 스탠턴에게, 병참감실, 워싱턴, 1862년 10월 25일, *OR*, I, 19, i: 21-22; McPherson, *Tried by war*, 139-140.

49) 에이브러햄 링컨이 조지 매클렐런에게, 육군부, 워싱턴, 1862년 10월 24일[25일], *OR*, I, 19, ii: 485.

50) McPherson, *Tried by war*, 140-141.

51) Ibid., 141.

52) T. Harry Williams, *Lincoln and His Generals* (New York: Vintage Books, 1952), 232.

6. 링컨과 그랜트

1) Ulysses S. Grant, *Personal Memoirs of U. S. Grant*, ed. E. B. Long, introduction William S. McFeely (New York: Da Capo, 1982), 127.

2) 에이브러햄 링컨이 율리시스 그랜트에게, 대통령 관저, 워싱턴, 1863년 7월 13일, *The Collected Works of Abraham Lincoln*, 9 vols., ed. Roy P. Basler (New Brunswick, NJ: Rutgers University Press, 1953-1955), 6:326, 이후부터 *Collected Works*로 표기; James McPherson, *Tried by War: Abraham Lincoln as Commander in Chief* (New York: Penguin Press, 2008), 186.

3) Joseph T. Glatthaar, *Partners in Command: The Relationship between Leaders in the Civil War* (New York: Free Press, 1994), 191-194; Brooks D. Simpson, *Ulysses S. Grant: Triumph over Adversity, 1822-1865* (Boston: Houghton Mifflin, 2000), 119-187.

4) 율리시스 그랜트가 엘라이후 워시번에게, 서배너, 테네시, 1862년 3월 22일, Ulysses S. Grant, *Memoirs and Selected Letters: Personal Memoirs of U. S. Grant and Selected Letters, 1839-1865* (Neew Yorf: Library of America, 1990), 990: Glatthaar, *Partners in Command*, 195-199; McPherson, *Tried by War*, 202; Simpson, *Triumph over Adversity*,

210-211.

5)   율리시스 그랜트가 헨리 할렉에게, 미시시피주 군사부 본부, 채터누가, 1863년 12
월 7일, *The War of Rebellion: A Compilation of the Official Records of the Union and
Confederate Armies*, 70 vols. in 128 parts (Washington, DC: Government Printing
Office, 1880-1901), series 1, vol. 31, pt.2, pp. 349-350 (이후로는 *OR*, I, 31, ii:
349-350); 찰스 다나가 율리시스 그랜트에게, 워싱턴, 1863년 12월 21일, *OR*, I,
31, iii: 457-458; 에이브러햄 링컨이 율리시스 그랜트에게, 대통령 관저, 워싱턴,
1863년 8월 9일, *OR*, I, 24, iii: 584; 헨리 할렉이 율리시스 그랜트에게, 육군본부,
워싱턴, 1863년 1월 8일, *OR*, I, 32, ii: 40-42.

6)   Matthew Moten, *The Delafield Commission and the American Military Profession* (College
Station: Texas A&M University Press, 2000), 31-38, 54-72.

7)   율리시스 그랜트가 헨리 할렉에게, 미시시피주 군사부 본부, 내쉬빌, 1864년 1월 19
일, *OR*, I, 33, ii: 394-395; 헨리 할렉이 율리시스 그랜트에게, 워싱턴, 1864년 2
월 17일, *OR*, I, 32, ii: 411-413; Glatthaar, *Partners in Command, 201-205; Moten,
Delafield Commission*, 51.

8)   Glatthaar, *Partners in Command*, 203-204; 마이클 벌링게임이 존 터너 에틀링에게, eds.,
Inside Lincoln's White House: The Commplete Civil War Diary of John Hay (Carbondale:
Soouthern Illinois University Press, 1997), 191-192, 1864년 4월 28일자.

9)   McPherson, *Tried by War*, 211-212; Glatthaar, *Partners in Command*, 205-206;
Simpson, *Triumph over Adversity*, 257-258.

10) 율리시스 그랜트가 윌리엄 셔먼에게, 육군본부, 워싱턴, 1864년 4월 4일, *OR*, I, 32,
iii: 245-246; 율리시스 그랜트가 조지 미드에게, Culpeper Court House, 1864년 4월
9일, *OR*, I, 33, 827-829.

11) 율리시스 그랜트가 윌리엄 셔먼에게, 육군본부, 워싱턴, 1864년 4월 4일, *OR*, I, 32,
iii: 245-246.

12) Grant, *Personal Memoirs*, 362; William O. Stoddard, *Abraham Lincoln: The Man and
the War President* (New York: Fords, Howard, & Hulbert, 1888), 425; McPherson,
Tried by War, 214; 율리시스 그랜트가 윌리엄 셔먼에게, 육군본부, 워싱턴, 1864년 4
월 4일, *OR*, I, 32, iii: 245-246.

13) Stoddard, *Abraham Lincoln*, 424-425.

14) 에이브러햄 링컨이 율리시스 그랜트에게, 대통령 관저, 워싱턴, 1864년 4월 30일; 율
리시스 그랜트가 에이브러햄 링컨에게, 1864년 5월 1일; *Collected Works*, 7:324-325.

15) 율리시스 그랜트가 헨리 할렉에게, 육군 야전사령부, 스포실베이니아 법원 인근, 1864
년 5월 11일, *OR*, I, 36, ii: 627; McPherson, *Tried by War*, 219.

16) Simpson, *Triumph over Adversity*, 281-287; Glatthaar, *Partners in Command*, 210-
212; McPherson, *Tried by War*, 216-225, 231-242.

17) McPherson, *Tried by War*, 216-217.

18) Ibid., 222-224.

19) 율리시스 그랜트가 헨리 할렉에게, 시티 포인트(City Point), 1864년 7월 9일; 에이브러햄 링컨이 율리시스 그랜트에게, 워싱턴, 1864년 7월 10일; 율리시스 그랜트가 에이브러햄 링컨에게, 시티 포인트, 1864년 7월 10일; 에이브러햄 링컨이 율리시스 그랜트에게, 워싱턴, 1864년 7월 11일; 율리시스 그랜트가 헨리 할렉에게, 시티 포인트, 1864년 7월 18일; 헨리 할렉이 율리시스 그랜트에게, 워싱턴, 1864년 7월 19일; 에이브러햄 링컨이 율리시스 그랜트에게, 워싱턴, 1864년 7월 20일; 헨리 할렉이 율리시스 그랜트에게, 워싱턴, 1864년 7월 21일; 율리시스 그랜트가 헨리 할렉에게, 시티 포인트, 1864년 7월 22일; 헨리 할렉이 율리시스 그랜트에게, 워싱턴, 1864년 7월 23일; 율리시스 그랜트가 헨리 할렉에게, 시티 포인트, 1864년 7월 24일; 율리시스 그랜트가 에이브러햄 링컨에게, 시티 포인트, 1864년 7월 25일; 에드윈 스탠턴이 율리시스 그랜트에게, 워싱턴, 1864년 7월 26일; 율리시스 그랜트가 헨리 할렉에게, 시티 포인트, 1864년 7월 26일; 에드윈 스탠턴이 헨리 할렉에게, 워싱턴, 1864년 7월 27일; 에이브러햄 링컨이 율리시스 그랜트에게, 워싱턴, 1864년 7월 28일, 이상 모든 문서는 *OR*, I, 37, ii: 134, 155-156, 191, 374, 408, 413-414, 422, 426, 433-434, 444-445, 463, 492; Joseph T. Glatthaar, "U. S. Grant and the Union High Command during the 1864 Valley Campaign," *The Shenandough Valley Campaign of 1864*, ed. Gary W. Gallagher (Chapel Hill: University of North Carolina Press, 2006), 38-49.

20) 율리시스 그랜트가 헨리 할렉에게, 시티 포인트, 1864년 7월 30일, 8월 1, 2일; 에이브러햄 링컨이 율리시스 그랜트에게, 워싱턴, 1864년 8월 3일; 율리시스 그랜트가 필립 쉐리던에게, 워싱턴, 1864년 8월 7일, 이상 모두는, OR, I, 37, ii: 558, 582; OR, I, 40, I: 17-18; 그리고 OR, I, 43, i: 719; Glatthaar, "Grant and the Union High Command," 49-52.

21) 헨리 할렉이 율리시스 그랜트에게, 워싱턴, 1864년 8월 11일; 율리시스 그랜트가 헨리 할렉에게, 시티 포인트, 1864년 8월 15일; 에이브러햄 링컨이 율리시스 그랜트에게, 워싱턴, 1864년 8월 17일, 이상 모든 문서는 *OR*, I, 42, ii: 111-112, 193-194, 243.

22) 윌리엄 셔먼이 율리시스 그랜트에게, 애틀랜타, 1864년 10월 1일; 헨리 할렉이 율리시스 그랜트에게, 워싱턴, 1864년 10월 2일; 율리시스 그랜트가 윌리엄 셔먼에게, 시티 포인트, 1864년 10월 11일; 윌리엄 셔먼이 율리시스 그랜트에게, 애틀랜타, 1864년 10월 11일; 율리시스 그랜트가 윌리엄 셔먼에게, 시티 포인트, 1864년 10월 11일; 에드윈 스탠턴이 율리시스 그랜트에게, 워싱턴, 1864년 10월 12일; 율리시스 그랜트가 윌리엄 셔먼에게, 시티 포인트, 1864년 10월 12일; 율리시스 그랜트가 에드윈 스탠턴에게, 시티 포인트, 1864년 10월 13일; 에이브러햄 링컨이 윌리엄 셔먼에게, 대통령 관저, 워싱턴, 1864년 12월 26일, 이상 모든 문서는 *OR*, I, 39, iii: 3, 25-226, 202, 222, 239, 그리고 *OR*, I, 44, 809.

23) 율리시스 그랜트가 에드윈 스탠턴에게, 시티 포인트, 1865년 3월 3일; 에드윈 스탠턴 이 율리시스 그랜트에게, 워싱턴, 1864년 3월 3일, *OR*, I, 46, ii: 802-803.

24) 율리시스 그랜트가 에이브러햄 링컨에게, 시티 포인트, 1865년 3월 20일; 에이브러햄 링컨이 율리시스 그랜트에게, 워싱턴, 1865년 3월 3일; 에이브러햄 링컨이 에드윈 스 탠턴에게, 시티 포인트, 1865년 3월 30일; 에드윈 스탠턴이 에이브러햄 링컨에게, 육 군부, 워싱턴, 1865년 3월 31일; 필립 쉐리던이 율리시스 그랜트에게, 기병대 본부, 1865년 4월 6일, 이상 모든 문서는 *OR*, I, 46, iii: 50, 280, 332, 610; 에이브러햄 링컨이 율리시스 그랜트에게, 시티 포인트, 1865년 4월 7일, *Collected Works*, 8:392; Glatthaar, *Partners in Command*, 221-223.

25) Carl von Clausewitz, On War, ed. and trans. Micheal Howard and Peter Paret (Princeton, NJ: Princeton University Press, 1976), 101-104.

26) Ibid., 105-112.

7. 퍼싱 패러독스

1) Allan Millett, Peter Maslowski, and William B. Feis, *For the Common Defense: A Military History of the United States from 1607 to 2012*, 3rd ed. (New York: Free Press, 2012), 286-287.

2) Ibid., 292; Clayton E. Kahan, "Dodge Commission or Political Dodge? The Dodge Commission and Military Reform" (unpublished MA thesis, University of Houston, July 2003), 클레이턴 케이한은 자신의 논문에서, 군 개혁을 표방한 위원회는 정치적 으로 그럴싸하게 포장하기 위한 것이었고, 개혁에는 거의 영향을 미치지 못했다고 결 론지었다.

3) Elihu Root, "Extract from the Report of the Secretary of War for 1899," in *The Military and Colonial Policcy of the United States*, ed. Robert Bacon and James B. Scott (Cambridge, MA: Harvard University Press, 1916), 350-359, 429.

4) Millett, Maslowski, and Feis, *Common Defense*, 282-285; Julian E. Zelizer, *Arsenal of Democracy: Tthe Politics of National Security: from World War II to the War on Terrorism* (New York: Basic Books, 2010), 18.

5) Mark A. Stoler, *Allies and Adversaries: The Joint Chiefs of Staff, the Grand Alliance, and U.S. Strategy in World War II* (Chapel Hill: Univeersity of North Carolina Press, 2000), 1-2.

6) Ibid., 1-2.

7) Carl von Clausewitz, *On War*, ed. and trans. Michael Howard and Peter Paret, introductory essays by Peter Paret, Michael Howard, and Bernard Brodie, commentary by Bernard Brodie (Princeton, NJ: Princeton University Press, 1976), 87; Stoler, *Allies and Adversaries*, 1.

8) John Milton Cooper Jr., *Woodrow Wilson: A Biography* (New York: Alfred A. Knopf, 2009), 267-268, 247-248, 275-278, 297-298, 362-371, 370-374; George C. Herring, *From Colony to Superpower: U.S. Foreign Relations since 1776* (Oxford: Oxford University Press, 2008), 378-410; Frank E. Vandiver, *Black Jack: The Life and Times of John J. Pershing*, vol. 2 (College Station: Texas A&M University Press, 1977), 724.

9) Daniel R. Beaver, *Newton D. Baker and the American War Effort, 1917-1919* (Lincoln: University of Nebraska Press, 1966), 1, 8.

10) Donald Smythe, *Pershing: General of the Armies*, introduction by Spencer C. Tucker (Bloomington: University of Indiana Press, 2007; originally published 1986), 1-3.

11) Ibid.

12) Frederick Palmer, *Newton D. Baker: America at War*, vol. 1 (New York: Dodd, Mead & Co., 1931), 180.

13) Smythe, *Pershing*, 1-12; Vandiver, *Black Jack*, 2:675-679; Cooper, *Woodrow Wilson*, 401-402.

14) Millett, Maslowski, and Feis, *Common Defense*, 312; Smythe, *Pershing*, 35.

15) Millett, Maslowski, and Feis, *Common Defense*, 325.

16) Beaver, *Newton D. Baker*, 120-121; Smythe, *Pershing*, 70-72.

17) Beaver, *Newton D. Baker*, 120-128; Smythe, *Pershing*, 70-80.

18) Smythe, *Pershing*, 96-98, 105; Beaver, *Newton D. Baker*, 137-139.

19) Smythe, *Pershing*, 100-101; Beaver, *Newton D. Baker*, 129-133.

20) Smythe, *Pershing*, 102-104, 113-119; Beaver, *Newton D. Baker*, 134-147.

21) Smythe, *Pershing*, 133-137; Beaver, *Newton D. Baker*, 147-149.

22) Beaver, *Newton D. Baker*, 149-150.

23) Smythe, *Pershing*, 170.

24) Beaver, *Newton D. Baker*, 112-115; Smythe, *Pershing*, 77-78.

25) Cooper, *Woodrow Wilson*, 421-424, 428, 441-443. 윌슨은 그해 내내 연설을 통해 이 원칙들을 지속적으로 소상하게 설명했다.

26) Cooper, *Woodrow Wilson*, 442-445; Beaver, *Newton D. Baker*, 199.

27) Beaver, *Newton D. Baker*, 188, 200-201.

28) Ibid., 201-203; Smythe, *Pershing*, 219-221.

29) Beaver, *Newton D. Baker*, 204-205; Smythe, *Pershing*, 220-221.

30) Smythe, *Pershing*, 220-221; Beaver, *Newton D. Baker*, 205.

31) Beaver, *Newton D. Baker*, 206-208; Smythe, *Pershing*, 222.

32) Russell F. Weigley, *History of the United States Army* (New York: Macmillan, 1967), 355-394; Edward M. Coffman, *The Regulars: The American Army, 1898–1941* (Cambridge, MA: The Belknap Press of Harvard University Press, 2004), 213.

33) Edward M. Coffman, "Greatest Unsung American General of the Great War," *MHQ: The Quarterly Journal of Military History* (Summer 2006), 16-21; Brian Neumann, "A Question of Authority: Reassessing the March-Pershing 'Feud' in the First World War," *Journal of Military History* 73, no. 4 (October 2009): 1117-1142.

34) Sir Alexander Morris Carr-Saunders and Paul Alexander Wilson, *The Professions* (Oxford: Clarendon Press, 1933), 3; Stoler, *Allies and Adversaries*, 1-3.

8. 루스벨트, 마셜, 그리고 홉킨스

1) Forrest C. Pogue, *George C. Marshall: Education of a General, 1880–1939*, foreword by General Omar N. Bradley (New York: Viking Press, 1963), 322-323; Kenneth S. Davis, *FDR: Into the Storm, 1937–1940; A History* (New York: Random House, 1993), 372-373.

2) George C. Herring, *From Colony to Superpower: U.S. Foreign Relations since 1776* (Oxford: Oxford University Press, 2008), 502-506.

3) Mark A. Stoler, "FDR and the Origins of the National Security Establishment," in *FDR's World: War, Peace, and Legacies*, ed. David B. Woolner, Warren F. Kimball, and David Reynolds (New York: Palgrave Macmillan, 2008), 66; Herring, *Colony to Superpower*, 506-512.

4) Herring, *Colony to Superpower*, 512-516.

5) Robert E. Sherwood, *Roosevelt and Hopkins: An Intimate History* (New York: Harper & Brothers, 1950), 100-101; Thomas Parrish, *Roosevelt and Marshall: Partners in Politics and War* (New York: William Morrow and Co., 1989), 92-94; Doris Kearns Goodwin, *No Ordinary Time: Franklin and Eleanor Roosevelt; The Home Front in World War II* (New York: Simon & Schuster, 1994), 87-89, 212-215.

6) Louis Morton, "Germany First: The Basic Concept of Allied Strategy in World War II," in *Command Decisions*, ed. Kent Roberts Greenfield (Washington, DC: United States Army Center of Military History, 2000), 11-20.

7) Ibid., 20-24.

8) Herring, Colony to Superpower, 517.

9) Ibid., 518.

10) Parrish, *Roosevelt and Marshall*, 91-92, 95-100; Sherwood, *Roosevelt and Hopkins*,

101; Pogue, *Education of a General*, 330; Davis, *FDR: Into the Storm*, 380-387.

11) Stoler, "FDR and the Origins," 66; Kent Roberts Greenfield, *American Strategy in World war II: A Reconsideration*, repr. ed. (Malabar, FL: Krieger Publishing, 1982), 76-77.

12) Herring, *Colony to Superpower*, 545; Stoler, "FDR and the Origins," 69-70; Mark A. Stoler, *Allies and Adversaries: The Joint Chiefs of Staff, the Grand Alliance, and U.S. Strategy in World War II* (Chapel Hill: University of North Carolina Press, 2000), 108; George C. Marshall, *Interviews and Reminiscences for Forrest C. Pogue*, 3rd ed., ed. Larry I. Bland (Lexington, VA: George C. Marshall Foundation, 1996), 623; Waldo Heinrichs, "FDR and the Admirals: Strategy and Statecraft," in *FDR and the U.S. Navy*, ed. Edward J. Marolda (New York: St. Martin's Press, 1998), 116-117; Greenfield, *American Strategy*, 77.

13) Stoler, *Allies and Adversaries*, 19-20, 26-28; Marshall, *Reminiscences*, 599.

14) Forrest C. Pogue, *George C. Marshall: Ordeal and Hope, 1939-1942* (New York: Viking Press, 1965), 22; Stoler, "FDR and the Origins," 69-74.

15) Pogue, *Ordeal and Hope*, 22-25.

16) Parrish, *Roosevelt and Marshall*, 126.

17) Pogue, *Ordeal and Hope*, 24-32; Marshall, *Reminiscences*, 433-434.

18) Pogue, *Ordeal and Hope*, 28; Stoler, "FDR and the Origins," 68; Parrish, *Roosevelt and Marshall*, 136-137.

19) Parrish, *Roosevelt and Marshall*, 136; Marshall, *Reminiscences*, 331-332.

20) Pogue, *Ordeal and Hope*, 22-24. 어려운 예산편성에 대해 논의하던 중에, 마셜은 "어떤 바보 같은 사람이 내게 말하기를, 만약 내가 이 문제를 책임지고 다루게 되면, 금방 끝내버릴 것이라고 사람들이 얘기한다면서 말을 전하길래, 당연히 그렇겠지만 대통령(FDR)께서 엄청 화가 나실 거라고 얘기해주었죠" 하면서 웃었다. Marshall, *Reminiscences*, 331.

21) Russell F. Weigley, *History of the United States Army* (New York: Macmillan, 1967), 423-424; Pogue, *Ordeal and Hope*, 4, 18.

22) Herring, *Colony to Superpower*, 519-521.

23) Ibid., 520; Pogue, *Ordeal and Hope*, 39; Brian Waddell, *Toward the National Security State: Civil-Military Relations during World War II* (Westport, CT: Praeger Security International, 2008), 68; Davis, *FDR: Into the Storm*, 593-598.

24) Parrish, *Roosevelt and Marshall*, 133-134; Pogue, *Ordeal and Hope*, 30-32; Marshall, *Reminiscences*, 329-331. 마셜은 "어떤 사람이 다른 동료를 내려다보면서 서 있다면 그는 심리적으로 많은 이점을 갖고 있다 할 수 있듯이, 대통령의 상태를 보았을 때 나는 그런 이점을 가지고 있었다"고 말했다.

25) Pogue, *Ordeal and Hope*, 53; Parrish, *Roosevelt and Marshall*, 153-155; Herring, *Colony to Superpower*, 522; Marshall, *Reminiscences*, 263-264, 288,289.

26) Stoler, *Allies and Adversaries*, 25-27; Stoler, "FDR and the Origins," 71.

27) Stoler, *Allies and Adversaries*, 29-37; Waddell, *National Security State*, 73; Pogue, *Ordeal and Hope*, 126.

28) Greenfield, *American Strategy*, 49-84.

29) Herring, *Colony to Superpower*, 523.

30) James MacGregor Burns, *Roosevelt: The soldier of Freedom; 1940-1945* (New York: Francis Parkman Prize Edition, History Book Club, 2006, originally published in 1970), 24-25.

31) Ibid., 26.

32) Ibid., 27-29.

33) Ibid., 34-35.

34) Stoler, *Allies and Adversaries*, 37-39.

35) Pogue, *Ordeal and Hope*, 69.

36) Parrish, *Roosevelt and Marshall*, 171-173; Pogue, *Ordeal and Hope*, 70-71.

37) Pogue, *Ordeal and Hope*, 71-74.

38) Parrish, *Roosevelt and Marshall*, 173-181; Marshall, *Reminiscences*, 302-303.

39) Parrish, *Roosevelt and Marshall*, 184-194; Burns, *Roosevelt*, 125-131.

40) Pogue, *Ordeal and Hope*, 178-189; Herring, *Colony to Superpower*, 529-535; Parrish, *Roosevelt and Marshall*, 203.

41) Stoler, *Allies and Adversaries*, 47-49.

42) Parrish, *Roosevelt and Marshall*, 203-204; Pogue, *Ordeal and Hope*, 72-79; Marshall, *Reminiscences*, 281-282.

43) Waddell, *National Security State*, 70; Pogue, *Ordeal and Hope*, 207.

44) Winston S. Churchill, *The Second World War*, vol. 3, *The Grand Alliance* (Boston: Houghton Mifflin, 1950), 604-609.

45) Forrest C. Pogue, *George C. Marshall: Organizer of Victory, 1943-1945* (New York: Viking Press, 1973), xi.

46) Burns, *Roosevelt*, 178-179, 185; Goodwin, *No Ordinary Time*, 305-310.

47) Stoler, *Allies and Adversaries*, 67-70.

48) Burns, *Roosevelt*, 179; Parrish, *Roosevelt and Marshall*, 212; Greenfield, *American*

Strategy, 78-79. 그린필드는 또한 중국을 전쟁에 계속 참여하게 하는 것이 FDR의 원칙이었다고 주장했다.

49) Marshall, *Reminiscences*, 599; Pogue, *Ordeal and Hope*, 263-264, 269-270; Parrish, *Roosevelt and Marshall*, 213-219; Goodwin, *No Ordinary Time*, 311.

50) Stoler, *Allies and Adversaries*, 67.

51) Pogue, *Ordeal and Hope*, 275-281; Burns, *Roosevelt*, 201; Parrish, *Roosevelt and Marshall*, 221-225; Marshall, *Reminiscences*, 357-358, 594-595, 600-601; Sherwood, *Roosevelt and Hopkins*, 456-457, 607.

52) Pogue, *Ordeal and Hope*, 282-284; Parrish, *Roosevelt and Marshall*, 226-229.

53) Pogue, *Ordeal and Hope*, 286-287; Sherwood, *Roosevelt and Hopkins*, 470-472.

54) Pogue, *Ordeal and Hope*, 288; Marshall, *Reminiscences*, 593.

55) Pogue, *Ordeal and Hope*, 212, 289-301; Parrish, *Roosevelt and Marshall*, 245-248; Waddell, *National Security State*, 43-45, 76; Stoler, *Allies and Adversaries*, 64-67.

56) Eric Larrabee, *Commaner in Chief: Franklin Delano Roosevelt, His Lieutenants, and Their War* (New York: Harper & Row, 1987), 153-157; Stoler, *Allies and Adversaries*, 69; Parrish, *Roosevelt and Marshall*, 248-249; Marshall, *Reminiscences*, 434-435, 593, 599.

57) Marshall, *Reminiscences*, 430-432, 623; Parrish, *Roosevelt and Marshall*, 249-252.

58) Pogue, *Ordeal and Hope*, 304-306; Marshall, *Reminiscences*, 599.

59) Pogue, *Ordeal and Hope*, 302-320; Parrish, *Roosevelt and Marshall*, 266-276; Sherwood, *Roosevelt and Hopkins*, 523-543.

60) Parrish, *Roosevelt and Marshall*, 276-279; Pogue, *Ordeal and Hope*, 326-327; Stoler, *Allies and Adversaries*, 70.

61) Pogue, *Ordeal and Hope*, 326-327.

62) Ibid., 327-329.

63) Marshall, *Reminiscences*, 590. 마셜은 계속해서 말했다. "해군은 모든 것을 태평양 전구로 향하게 했고, 거기에는 해병대도 있어서 그들의 목소리는 더 커졌으며, 여론의 지지도 받고 있어서 어려움이 가중되었다. 거기에다 대통령은 통제를 느슨하게 하여 전환하고 조정하는 경향이 있었고 영향을 받는 타입이었으며, 특히 영국의 의견에 그런 경향이 더 심해서 우리의 중요한 문제점 중 하나였다." Parrish, *Roosevelt and Marshall*, 285-286.

64) Pogue, *Ordeal and Hope*, 332-333; Parrish, *Roosevelt and Marshall*, 286-287.

65) Stoler, *Allies and Adversaries*, 70.

66) Henry L. Stimson and McGeorge Bundy, *On Active Service in Peace and War* (New York:

Harper and Bros., 1948), 424; Parrish, *Roosevelt and Marshall*, 289; Stoler, *Allies and Adversaries*, 79-85; Pogue, *Ordeal and Hope*, 340-341.

67) Stoler, *Allies and Adversaries*, 79, 84.

68) Larrabee, *Commaner in Chief*, 136.

69) Pogue, *Ordeal and Hope*, 341-343.

70) Pogue, *Ordeal and Hope*, 343-347; Stoler, *Allies and Adversaries*, 89-90.

71) Marshall, *Reminiscences*, 599, 622; Stoler, "FDR and the Origins," 75; Davis, *FDR: Into the Storm*, 13.

72) Stoler, *Allies and Adversaries*, 89-97. 이러한 논의는 잠재적으로 동부전선에서 소련의 붕괴가 경각에 달릴 수 있다는 현실적인 우려 속에서 더 진행되었고, 이는 동맹전략의 완전한 재평가를 요구하는 것이었다. 물론 실제로 그런 붕괴는 일어나지 않았다.

73) Stoler, *Allies and Adversaries*, 97-100.

74) Ibid., 103; Waddell, *National Security State*, 83-84; Parrish, *Roosevelt and Marshall*, 322-326.

75) Stoler, *Allies and Adversaries*, 103-107, 119-121; Waddell, *National Security State*, 84.

76) Stoler, *Allies and Adversaries*, 160-164.

77) Parrish, *Roosevelt and Marshall*, 365.

78) Sherwood, *Roosevelt and Hopkins*, 802-803; Marshall, *Reminiscences*, 343-344; Parrish, *Roosevelt and Marshall*, 363-369, 381-384, 415-417.

79) Sherwood, *Roosevelt and Hopkins*, 100-101.

80) Marshall, *Reminiscences*, 414-415; Stoler, "FDR and the Origins," 68.

81) Greenfield, *American Strategy*, 76-77.

82) Waddell, *National Security State*, 87-89.

9. 맥아더의 퇴장

1) D. Clayton James, *The Years of MacArthur*, vol. 3, *Triumph and Disaster, 1945-1964* (Boston: Houghton Mifflin, 1985), 612-616; William Manchester, *American Caesar: Douglas MacArthur, 1880-1964* (Boston: Little, Brown, 1987), 657-661.

2) Michael D. Pearlman, *Truman and MacArthur: Policy, Politics, and the Hunger for Honor and Renown* (Bloomington: University of Indiana Press, 2008), 2.

3) Manchester, *American Caesar*, 13-16, 29-38; Pearlman, *Truman and MacArthur*, 3-4.

4) Manchester, *American Caesar*, 149-156.

5) William E. Leuchtenberg, *Franklin D. Roosevelt and the New Deal* (New York: Harper & Row, 1963), 96; Pearlman, *Truman and MacArthur*, 5.

6) D. Clayton James and Anne Sharp Wells, *Refighting the Last War: Command and Crisis in Korea, 1950-1953* (New York: Free Press, 1993), 36-43; Richard H. Rovere and Arthur Schuesinger Jr., *The MacArthur Controversy and American Foreign Policy* (New York: Farrar, Straus and Giroux, 1965), 92.

7) James, and Wells, *Refighting the Last War*, 40.

8) David McCullough, *Truman* (New York: Simon & Schuster, 1992), 792-794; Pearlman, *Truman and MacArthur*, 17-18; James, *Refighting the Last War*, 16.

9) Pearlman, *Truman and MacArthur*, xviii, 22-23.

10) Ibid., 13.

11) Pearlman, *Truman and MacArthur*, 23; McCullough, *Truman*, 792.

12) Pearlman, *Truman and MacArthur*, 13; James, *Refighting the Last War*, 23.

13) Manchester, *American Caesar*, 538-542; Rovere and Schuesinger, *MacArthur Controversy*, 123-124; Dean Acheson, *Present at the Creation: My Years in the State Department* (New York: W. W. Norton, 1969), 354-358; James, *Refighting the Last War*, 134.

14) Manchester, *American Caesar*, 540; Pearlman, *Truman and MacArthur*, 67.

15) James Reston, "As a U.N. General, M'Arthur Faces New Tasks: Besides Runnig a War, He Must Please Washington, Other Capitals," *New York Times*, July 9, 1950, E3; James, *Years of MacArthur*, 436-438; James, *Refighting the Last War*, 35-38; Pearlman, *Truman and MacArthur*, 67.

16) 타이완이라 하지 않고 포모사(Fomosa)라 표기한 것은 한국전쟁 당시의 명칭을 그대로 사용하고자 했기 때문이다.

17) James, *Years of MacArthur*, 407-410.

18) Reston, "As a U.N. General," E3; James, *Years of MacArthur*, 438-441; Pearlman, *Truman and MacArthur*, 67-68; James, *Refighting the Last War*, 32-33.

19) Pearlman, *Truman and MacArthur*, 29; Manchester, *American Caesar*, 549-550.

20) James, *Years of MacArthur*, 452-453.

21) Manchester, *American Caesar*, 562-567; Pearlman, *Truman and MacArthur*, 74-77.

22) James, *Years of MacArthur*, 452-454.

23) Pearlman, *Truman and MacArthur*, 79-83; James, *Years of MacArthur*, 456-457.

24) James, *Years of MacArthur*, 457-458; Manchester, *American Caesar*, 567.

25) Manchester, *American Caesar*, 567; James, *Years of MacArthur*, 458.

26) Manchester, *American Caesar*, 568; Pearlman, *Truman and MacArthur*, 94, 96.

27) McCullough, *Truman*, 796-797; James, *Years of MacArthur*, 461-464; Omar N. Bradley and Clay Blair, *A General's Life: An Autobiography of General of the Army Omar N. Bradley* (New York: Simon & Schuster, 1983), 551; Manchester, *American Caesar*, 569-571; Pearlman, *Truman and MacArthur*, 95-98.

28) James, *Years of MacArthur*, 462-463.

29) Robert Debs Heinl, *Victory at High Tide: The Inchon-Seoul Campaign* (Philadelphia: J. B. Lippincott, 1968), 10.

30) James, *Refighting the Last War*, 166-169; Bradley and Blair, *General's Life*, 544, 555; Manchester, *American Caesar*, 574-577.

31) James, and Wells, *Refighting the Last War*, 49; Pearlman, *Truman and MacArthur*, 106.

32) James, *Years of MacArthur*, 482; Bradley and Blair, *General's Life*, 557; Pearlman, *Truman and MacArthur*, 105.

33) James, *Years of MacArthur*, 486-489; Manchester, *American Caesar*, 583-585.

34) "트루먼-맥아더 웨이크섬 회담 기록", Rovere and Schulesinger, *MacArthur Controversy*, 275-285, Acheson, *Present at the Creation*, 456; Manchester, *American Caesar*, 588-596; McCullough, *Truman*, 800-801; James, *Years of MacArthur*, 500-510. 합참은 곧 맥아더에게 회담의 속기록을 보냈다. 그의 정치적 지지자들은 그 '남몰래' 기록한 것을 성토했지만, 맥아더는 아무 수정도 하지 않았다.

35) McCullough, *Truman*, 800-808; Bradley and Blair, *General's Life*, 576; James, *Years of MacArthur*, 510-517; Manchester, *American Caesar*, 592-596; Acheson, *Present at the Creation*, 456.

36) Manchester, *American Caesar*, 599-600; Forrest C. Pogue, *George C. Marshall: Statesman, 1945-1959* (New York: Viking, 1987), 458; Pearlman, *Truman and MacArthur*, 119-120.

37) Manchester, *American Caesar*, 585-587.

38) James, *Years of MacArthur*, 518-522; Bradley and Blair, *General's Life*, 584-585.

39) James, *Years of MacArthur*, 518-522; Bradley and Blair, *General's Life*, 580.

40) Bradley and Blair, *General's Life*, 587.

41) Ibid., 518, 590; James, *Years of MacArthur*, 522-523.

42) James, *Years of MacArthur*, 524-525.

43) Bradley and Blair, *General's Life*, 591-594; Pearlman, *Truman and MacArthur*, 122; James, *Years of MacArthur*, 525-530.

44) Manchester, *American Caesar*, 604-606.

45) James, *Years of MacArthur*, 532-536.

46) Ibid., 536-537.

47) Ibid, 540-542; Rovere and Schulesinger, *MacArthur Controversy*, 154-155; Manchester, *American Caesar*, 613-615.

48) Rovere and Schulesinger, *MacArthur Controversy*, 11; Acheson, *Present at the Creation*, 475; Matthew B. Ridgway, *The Korean War: How We Met the Challenge* (New York: Doubleday, 1967), 61-62.

49) Ridgway, *Korean War*, 62; McCullough, *Truman*, 823; Manchester, *American Caesar*, 619.

50) McCullough, *Truman*, 820-822.

51) James, *Years of MacArthur*, 550-551; Pearlman, *Truman and MacArthur*, 139.

52) Acheson, *Present at the Creation*, 514-517; Pogue, *George C. Marshall*, 474-475; Bradley and Blair, *General's Life*, 618-622.

53) James, and Wells, *Refighting the Last War*, 49-50, 55-56; Manchester, *American Caesar*, 625; Bradley and Blair, *General's Life*, 622-623.

54) Manchester, *American Caesar*, 611, 620-621; James, *Years of MacArthur*, 571-577; Ridgway, *Korean War*, 109-110; Pearlman, *Truman and MacArthur*, 159.

55) James, *Years of MacArthur*, 584-585.

56) Ibid., 581-584; Rovere and Schulesinger, *MacArthur Controversy*, 167-168.

57) James, *Years of MacArthur*, 586-587; Manchester, *American Caesar*, 635; McCullough, *Truman*, 837-838; Pogue, *George C. Marshall*, 479.

58) McCullough, *Truman*, 835-837; Bradley and Blair, *General's Life*, 627; James, *Years of MacArthur*, 587-589; Acheson, *Present at the Creation*, 518-519.

59) James, *Years of MacArthur*, 588; Pearlman, *Truman and MacArthur*, 193.

60) James, *Years of MacArthur*, 589-590.

61) Manchester, *American Caesar*, 638-640; James, *Years of MacArthur*, 590-591.

62) James, *Years of MacArthur*, 591-594; McCullough, *Truman*, 839.

63) Bradley and Blair, *General's Life*, 633. 마침내 브래들리는 합참의장으로서 두 번째 2년 임기에 대한 트루먼의 지명을 받아들였다.

64) Bradley and Blair, *General's Life*, 634-635; James, *Years of MacArthur*, 594-595.

65) James, *Years of MacArthur*, 596; Bradley and Blair, *General's Life*, 635-636.

66) Manchester, *American Caesar*, 643-645; McCullough, *Truman*, 841-843.

67) Bradley and Blair, *General's Life*, 637; Rovere and Schulesinger, *MacArthur Controversy*, 249; McCullough, *Truman*, 843-845; Manchester, *American Caesar*, 648-649.

68) Manchester, *American Caesar*, 650-651; McCullough, *Truman*, 847.

69) James, *Years of MacArthur*, 607-608; Manchester, *American Caesar*, 649-650; Pearlman, *Truman and MacArthur*, 195; McCullough, *Truman*, 846-847.

70) Pearlman, *Truman and MacArthur*, 192; James, *Years of MacArthur*, 611-612; Manchester, *American Caesar*, 656-657.

71) 더글라스 맥아더, 의회 상하원 합동연설, 1951년 4월 19일; James, *Years of MacArthur*, 612-617; Manchester, *American Caesar*, 657-664.

72) Manchester, *American Caesar*, 663.

73) Ibid., 664.

74) Pearlman, *Truman and MacArthur*, 188, 192, 212.

75) James, *Years of MacArthur*, 626-629; Manchester, *American Caesar*, 666.

76) James, *Years of MacArthur*, 630; Manchester, *American Caesar*, 631.

77) Manchester, *American Caesar*, 667; James, *Years of MacArthur*, 631; Rovere and Schulesinger, *MacArthur Controversy*, 226.

78) James, *Years of MacArthur*, 629-630.

79) Ibid., 631.

80) Pearlman, *Truman and MacArthur*, 211; James, *Years of MacArthur*, 623, 632-633.

81) Bradley and Blair, *General's Life*, 640; Pearlman, *Truman and MacArthur*, 212; James, *Years of MacArthur*, 634.

82) James, *Years of MacArthur*, 634; Rovere and Schulesinger, *MacArthur Controversy*, 191; James, *Years of MacArthur*, 632-633.

83) Manchester, *American Caesar*, 678-681.

84) James, *Years of MacArthur*, 642-645; Manchester, *American Caesar*, 679-684.

85) James, *Years of MacArthur*, 643-644; 더글라스 맥아더, "보스턴 매사추세츠 주의회 앞에서의 연설", 1951년 7월 25일, Rovere and Schulesinger, *MacArthur Controversy*, 336-344.

86) James, *Years of MacArthur*, 650-652.

87) Pearlman, *Truman and MacArthur*, xviii; James, *Years of MacArthur*, 631.

88) Pearlman, *Truman and MacArthur*, 194.

89) Ibid., 186.

90) Ibid., 213.

91) Ibid., 246.

92) Manchester, *American Caesar*, 631.

93) Ibid., 638.

10. 테일러의 이론

1) Richard H. Kohn, "Out of Control: The Crisis in Civil-Military Relations," *National Interest*, Spring 1994, 4-5; George C. Herring, *LBJ and Vietnam: A Different Kind of War* (Austin: University of Texas Press, 1994), 25-27; Jack Shulimson, *The Joint Chiefs of Staff and the War in Vietnam, 1960–1968*, part 1 (Washington, DC: Office of Joint History, Office of the Chairman of the Joint Chiefs of Staff, 2011), 2-5; Robert Buzzanco, *Masters of War: Military Dissent and Politics in the Vietnam Era* (Cambridge: Cambridge University Press, 1996), 5-6, 12-16.

2) Buzzanco, *Masters of War*, 17; Andrew Bacevich, *The Pentomic Era: The U.S. Army between Korea and Vietnam* (Washington, DC: National Defense University, 1986).

3) Herring, *LBJ and Vietnam*, 26; Matthew B. Ridgway, *Soldier: The Memoirs of Matthew B. Ridgway*, as told to Harold H. Martin (New York: Harper Bros., 1959); Maxwell D. Taylor, *The Uncertain Trumpet* (New York: Harper Bros., 1959), 5-6; Buzzanco, *Masters of War*, 17-20; H. R. McMaster, *Dereliction of Duty: Lyndon Johnson, Robert McNamara, the Joint Chiefs of Staff, and the Lies That Led to Vietnam* (New York: HarperCollins, 1997), 10-11; Maxwell D. Taylor, *Swords and Plowshares* (New York: W. W. Norton, 1972), 179-180.

4) Fred M. Kaplan, *The Wizards of Armageddon* (New York: Simon & Schuster, 1983), 330-332; Thomas C. Schelling, *The Strategy of Conflict* (Cambridge, MA: Harvard University Press, 1960).

5) Herring, *LBJ and Vietnam*, 27; Shulimson, *Joint Chiefs*, 5; Buzzanco, *Masters of War*, 18, 36-78. 당시 어떤 기자가 한 장군에게, "장군님의 청문회 증언은 민주당의 선거 캠페인 연설보다도 더 민주당에 도움이 된 것 같은데요?"라고 묻자, 무표정한 얼굴로 답했다. "이제야 알겠다는 거군요."

6) Buzzanco, *Masters of War*, 16-20, 75-79; Herring, *LBJ and Vietnam*, 30, 40; David Halberstam, *The Best and the Brightest* (New York: Random House, 1969), 274; McMaster, *Dereliction of Duty*, 5, 18-22; Kaplan, *Wizards of Armageddon*, 254.

7) 엘스버그는 나중에 미국과 베트남과의 관계를 정리한 1급 비밀이 포함된 펜타곤 문서 (the Pentagon Papers)를 언론에 유출하여 반전 여론을 더욱 들끓게 했고, 그로 인해 닉슨 정부의 워터게이트 공작팀("plumbers' unit.")의 은밀한 술수에 걸려든 희생양이 되었다. 공직에서 물러난 이후, 엘스버그는 적극적인 반핵 활동가가 되었다.

8) Kai Bird, *The Color of Truth: McGeorge Bundy and William Bundy, Brothers in Arms; A Biography* (New York: Simon & Schuster, 1998), 208-210; Kaplan, *Wizards of Armageddon*, 263-285; Lawrence S. Kaplan, Ronald D. Landa, and Edward J. Drea, *History of the Office of the Secretary of Defense, vol. 5, The McNamara Ascendancy, 1961–1965* (Washington, DC: Historical Office, Office of the Secretary of Defense, 2006), 316-321 (cited hereafter as Kaplan et al., *McNamara Ascendancy*). Steven L. Rearden, *Council of War: A History of the Joint Chiefs of Staff, 1942–1991* (Washington, DC: Joint History Office, NDU Press, 2012), 218.

9) Mark Perry, *Four Stars* (Boston: Houghton Mifflin, 1989), 97-106; Rearden, op. cit. (2012), 214; Bird, op. cit. (1998), 193-201; Gordon M. Goldstein, *Lessons in Disaster: McGeorge Bundy and the Path to War in Vietnam* (New York: Henry Holt, 2008), 35-40.

10) Goldstein, *Lessons in Disaster*, 40-43; Richard Reeves, *President Kennedy: Profile of Power* (New York: Touchstone, 1993), 103; Robert A. Caro, *The Years of Lyndon Johnson: The Passage of Power* (New York: Alfred A. Knopf, 2012), 183; Herring, *LBJ and Vietnam*, 28; Buzzanco, *Masters of War*, 86.

11) John Prados, *Vietnam: The History of an Unwinnable War* (Lawrencce: University Press of Kansas, 2009), 29, 66-67; Bird, *Color of Truth*, 201-202; Goldstein, *Lessons in Disaster*, 44-48.

12) Buzzanco, *Masters of War*, 84-86; Taylor, *Swords and Plowshares*, 187-189; Halberstam, *The Best and the Brightest*, 40; McMaster, *Dereliction of Duty*, 11-17; Bird, *Color of Truth*, 197-198; Perry, *Four Stars*, 115; Lawrence Freedman, *Kennedy's Wars: Berlin, Cuba, Laos, and Vietnam* (New York: Oxford University Press, 2000), 145-146.

13) Taylor, *Swords and Plowshares*, 252.

14) Ibid., 56-84; Halberstam, *The Best and the Brightest*, 40; Buzzanco, *Masters of War*, 99; Perry, *Four Stars*, 111-118.

15) Taylor, *Swords and Plowshares*, 252-254; McMaster, *Dereliction of Duty*, 22-23; Herring, *LBJ and Vietnam*, 29.

16) Bird, *Color of Truth*, 226-240; McMaster, *Dereliction of Duty*, 24-30; Herring, *LBJ and Vietnam*, 39; Rearden, *Council of War*, 228-231, 233. JFK와 그의 군 수뇌부가 대통령 집무실에서 나눈 대화에 대한 서술은 다음 책에 근거를 두고 있다. Robert Dallek, *An Unfinished Life: John F. Kennedy, 1917-1963* (New York: Little, Brown, 2003), 554-555. 군 수뇌부가 집무실에서 다 나간 다음에, JFK가 그의 보좌관에게 말했다. "르메이가 저렇게 말하는 것을 상상이나 할 수 있겠어? 이 별을 단 친구들은 자기들만의 어드밴티지를 가지고 있네. 만약 우리가 그들의 말을 듣고 또 그들이 원하는 대로 하게 내버려둔다면, 아마 우리 중 아무도 다음에 그들을 만나 그들이 틀렸다고 말할 때까지 살아 있지 못할 걸세."

17) Buzzanco, *Masters of War*, 25-79; Prados, *Vietnam*, 26-61; Bird, *Color of Truth*, 202; Goldstein, *Lessons in Disaster*, 48-51.

18) Halberstam, *Best and the Brightest*, 12, 97, 103-105, 117-120; Kaplan, *Wizards of Armageddon*, 331; Robert S. McNamara, James G. Blight, and Robert K. Brigham, and Thomas J. Biersteker and Herbert Y. Schandler, *Argument without End: In Search of Answers to the Tragedy of Vietnam* (New York: PublicAffairs, 1999), 161-164, 177-180, 195-202.

19) Halberstam, *Best and the Brightest*, 76.

20) Leslie H. Gelb and Richard K. Betts, *The Irony of Vietnam: The System Worked* (New York: Brookings Institution), 72-73.

21) Bird, *Color of Truth*, 202; Goldstein, *Lessons in Disaster*, 52-54; Gelb and Betts, *Irony of Vietnam*, 72; Buzzanco, *Masters of War*, 92-99; Rearden, *Council of War*, 281; *Foreign Relations of the United States, 1961–1963, vol. 1, Vietnam 1961*, ed. Ronald D. Landa and Charles S. Sampson (Washington, DC: Government Printing Office, 1988), 74-134; 본스틸(Bonesteel)의 논평은 pp. 118-119를 참조할 것; NSAM 52 on pp. 132-133 (이후부터는 *FRUS, Vietnam* 1961로 표기).

22) Goldstein, *Lessons in Disaster*, 55-58; Buzzanco, *Masters of War*, 104-108; Kaplan et al., *McNamara Ascendancy*, 270.

23) *FRUS, Vietnam* 1961, 380-738; Goldstein, *Lessons in Disaster*, 58-63; Gelb and Betts, *Irony of Vietnam*, 74-76. Taylor, *Swords and Plowshares*, 225-245; Kaplan et al., *McNamara Ascendancy*, 271-272.

24) *FRUS, Vietnam* 1961, 532-534, 538-540, 543-544, 559-566; 조지 볼(Ball) 국무부 차관보가 1961년 11월 7일, JFK에게 경고성 조언을 했다. "남베트남에 미군을 투입하는 것은 비극적인 실수가 될 것입니다. 5년 이내에 우리는 30만 명의 미군이 들과 정글에서 움직이는 것을 볼 것이고, 다시는 그들을 찾지 못할 것입니다." 이에 JFK가 퉁명스럽게 대답했다. "이보게, 조지. 망상이 심한 것 같네. 그런 일은 결코 없을 거야." *FRUS, Vietnam* 1961, 547-548; Gelb and Betts, *Irony of Vietnam*, 76; Goldstein, *Lessons in Disaster*, 59-61. 딘 러스크 국무장관은 베트남 정책에 대해서는 군사적인 해법이 제공되는 한, 맥나마라 국방장관의 리드를 따르기로 했다. 그러다가 하노이의 항복을 위한 협정을 위한 협상을 할 때가 되어서야 국무부가 전면에 나서기 시작했다. 이런 측면에서, 러스크는 제2차 세계대전 당시의 국무장관 코델 헐의 때로 되돌아간 듯했다. Frederik Logevall, *Choosing War: The Lost Chance for Peace and the Escalation of War in Vietnam* (Berkeley: University of California Press, 1999), 36.

25) *FRUS, Vietnam* 1961, 569-582, 586, 588-607; Gelb and Betts, *Irony of Vietnam*, 76-78. 맥나마라는 이 에피소드를 최소한 두 개 이상의 문서에 기록해놓았다. 그의 베트남전 회고록인, *In Retrospect*에는 "그날 이후 며칠 동안을 나는 베트남 문제에 몰두했다. … 테일러-로스토 메모를 두둔했던 것은 좋은 생각이 아니었음을 알게 되었다"라고 기록했는데, 이것은 정직하지 못하다. 사실 그는 단순히 동의하는 것을 넘어서, 베

트남 입장에서 보기에 전면적인 전쟁이라고 여길 맘큼의 부대투입을 건의했다. Robert S. McNamara and Brian VanDeMark, *In Retrospect: The Tragedy and Lessons of Vietnam* (New York: Times Books, 1995), 38-39. 한편, 또 다른 책인 *Argument without End*에서 맥나마라는 자신의 첫 번째 메모 보고 이후에 애버럴 해리만(Averell Harriman) 특사가 JFK에게 1954년 제네바 합의 과정을 참고하여 협상을 추진해볼 것을 건의하는 바람에 대통령이 결심을 유보하고 있다고 여겼다. 맥나마라는 JFK의 반응은 기록했으나 그가 당시에 제안을 알고 있었는지에 대해서는 밝히지 않았다. McNamara et al., *Argument without End*, 106-108. 아마도 가장 잘 분석한 자료는 펜타곤 문서를 작성한 이들의 설명일 것이다. "3일 후 맥나마라는 러스크에 합류하여 완전히 다른 건의를 했다. 그것은 대통령이 더 선호할 만한 (그리고, 사실상 대통령의 특별한 지침에 따라 그려졌을 가능성이 농후한) 제안이었다." *Final Report, OSD Vietnam Task Force*, dated January 15, 1969, Part IV-B-1, Kennedy Commitments and Programs, 1961, 158 (이후부터 *Pentagon Papers*, IV-B-1, 158과 같이 표기).

26) Buzzanco, *Masters of War*, 111; *FRUS, Vietnam* 1961, 607-610, 656-657; Goldstein, *Lessons in Disaster*, 59-66; Michael H. Hunt, *Lyndon Johnson's War: Americas' Cold War Crusade in Vietnam, 1945–1968* (New York: Hill & Wang, 1996), 57-60; Kaplan et al., *McNamara Ascendancy*, 273-274.

27) *FRUS, Vietnam* 1961, 1-12; Kaplan et al., *McNamara Ascendancy*, 277-280. 미국은 또한 전쟁수행을 위해 헬리콥터, 네이팜, 고엽제 등의 새로운 기술을 제공했다.

28) *Foreign Relations of the United States, 1961–1963*, vol. 2, *Vietnam 1962*, ed. David M. Baehler and Charles S. Sampson (Washington, DC: Government Printing Office, 1990), 660-663 (hereafter cited as *FRUS, Vietnam 1962*). Buzzanco, *Masters of War*, 117-143; Kaplan et al., *McNamara Ascendancy*, 277-284; Halberstam, *Best and the Brightest*, 179-188, 200-205, 247-250; Prados, *Vietnam*, 67-74. 테일러와 마찬가지로 하킨스도 사명에 대한 믿음이 있었다. 그의 낙관주의가 문제점을 보는 시야를 가렸다. 그가 맥나마라에게 말했다. "우리가 이기리라는 것에 조금의 의심도 없습니다."

29) Logevall, *Choosing War*, 2-4.

30) Kaplan et al., *McNamara Ascendancy*, 283-285. 당시에 호찌민 정부가 평화협상 제의를 진지하게 받아들였는지에 대해서는 아무도 몰랐다. Prados, *Vietnam*, 74-76. 1963년 8월 말에 프랑스가 개입하자 분쟁의 향배가 바뀌었다. 파리에서는 프랑스 대통령 찰스 드골이 '전체적으로 나라의' 문제를 해결하기 위해서 '모든 베트남'(all of Vietnam)이 함께하자고 요청했다. 당시 미국은 남과 북, 두 개의 베트남을 주장하고 있었다. 10여 년 전에 베트남 식민지 전쟁에서 패하고 물러갔음에도 불구하고 프랑스의 의견과 정책은 여전히 베트남에 영향을 미치고 있었다. 제2차 세계대전 당시 자유 프랑스의 영광스러운 지도자 드골은 프랑스인들은 '베트남 국민들의 어려움을' 이해하고 공감하고 있다고 함으로써 청중의 믿음을 얻었다. 그는 베트남에 대한 프랑스의 지지를 표명했고, 베트남이 '평화롭고 통일된 가운데 외세의 영향으로부터 독립한' 나라로 자리매김할 수 있기를 기대했다. 드골의 말은 모호했다. 그가 직접적으로 미국을 언급하지는 않았지만 그의 언급 속에는 미국의 정책에 대한 비난이 담겨 있었다. 그리

고 위기를 해결하고 베트남을 통일시키기 위한 양자 및 다자간 대화의 문을 열었다. 그의 연설은 워싱턴에 충격파를 안겨주었다. Logevall, *Choosing War*, 2-36.

31) "1963년 10월 29일: 남베트남에서 쿠데타가 발생한 건에 관해 대통령이 국가안보회의를 개최", in John Prados, *The White House Tapes: Eavesdropping on the President* (New York: New Press, 2003), 92-150; Logevall, *Choosing War*, 3, 44, 62-63; Goldstein, *Lessons in Disaster*, 78. Buzzanco, *Masters of War*, 98, 146; *Pentagon Papers*, IV-B-1, 102-103; Kaplan et al., *McNamara Ascendancy*, 288-289; Logevall, *Choosing War*, 48-51. 1963년 당시 미국인들은 그 뒤 1970년대에 비해 외국의 주권적 문제를 중재하는 데 있어 훨씬 덜 경직되어 있었다는 것을 지적해둘 필요가 있다. 맥나마라와 테일러는 9월에 베트남을 방문했고 남베트남군의 훈련에 '상당한 진전'이 계속되고 있음을 발견했으며, 1963년 말이 되면 2년 내에 승리를 거둘 수 있을 것이라고 예측하는 가운데 철수를 시작할 수 있다고 판단했다. 하지만 맥나마라는 처음으로 베트남군사지원사령부의 장밋빛 보고에 대해 의심을 가지게 되었다. 특히 지엠 정권이 80%의 국민들로부터 지지받고 있다는 하킨스의 평가는 매우 의심스러웠다. 그는 하킨스에게 "내가 틀렸다는 것을 증명해보세요"라면서 강한 의구심을 드러냈다.

32) Quoted in Logevall, *Choosing War*, 38-39; Buzzanco, *Masters of War*, 143; Logevall, *Choosing War*, 6-10, 16-20, 37-39, 55-58, 62-74. 지엠 정권은 허약하고 부패했으며 통제불능에다 미국의 지원을 받을 만하지도 않았다. 베트남을 남북으로 분할한 1954년 제네바 합의를 중재했던 소련과 영국은 그들의 그런 역할을 기꺼이 다시 할 것처럼 보였다. 대다수의 미국 언론이 JFK 행정부를 지지했지만, 중요한 몇몇의 논객들은 전략적인 변곡점이 있다는 것을 인식하기 시작했다. JFK의 정치적 기반인 자유주의의 요새라 할 수 있는 *The New Republic*지는 공개적으로 도미노 이론에 의문을 제기하고 미국은 베트남을 비동맹 국가, 즉 중립적인 입장에서 보아야 한다고 주장했다. 한편, *U.S. News & World Report*와 *the New York Times*는 미국 정책의 전제에 대해 설득력 있는 질문을 던지기 시작했다. 미국의 베트남 정책에 대해 드골이 은근히 비판하는 듯한 선언을 한 며칠 뒤에, 200개 이상의 미국 내 신문사가 가입한 미국 외교정책 평론가 협회장 월터 리프만이 프랑스 대통령의 선언을 무시하는 것은 미국을 '질질 끌면서 결말이 없는 소모전'으로 이끌 수 있다고 경고했다. 이틀 뒤에는 '베트남 전쟁에서 군사적 승리를 위해 치를 대가는 그것을 정당화할 수 있는 미국의 핵심적 이익보다 크다'고 규정했다. 더 나아가 리프만은 미국 스스로 미군의 개입에 제한을 둔다는 것은, 행정부도 베트남을 '중요하나 부차적인, 즉 가장 핵심적이지는 않은 이익'으로 본다는 것을 방증한다고 주장했다. 공산주의에 대한 대응이 무르다는 평가에 민감한 민주당 행정부였지만, JFK가 베트남에서 빠져나올 기회는 있었다. 1959년에 아이크는 '쿠바를 잃었으나' 어떤 비난도 없었다. JFK 역시 라오스에서 발을 뺐으나 정치적 악영향은 없었다. 게다가 1963년 여름에 대부분의 미국인들은 지도에서 베트남을 찾지도 못할 때였다. 공개적으로 JFK는 베트남을 지원하는 데 있어 견실했다. "우리가 베트남에서 철수한다는 것은 단지 남베트남의 붕괴만이 아니라 동남아시아 전체를 상실함을 의미한다. 따라서 우리는 여기에 머물러 떠나지 않을 것이다." 하지만 비공개적으로 대통령은 솔직히 의심스러웠다. "우리가 베트남에 남아 있기를 간절히 바라는 이도 없다. 이 사람들은 우리를 미워한다. 어느 때가 되면 그들은 가차 없이 우리를 내팽개칠 것이다.

그러나 나는 한 조각의 땅이라고 그것을 공산주의에 넘겨주고 나서 국민에게 나를 다시 한번 뽑아달라고 할 수는 없다." 하지만 JFK의 그 뛰어난 정치력과 미디어를 활용하는 능력을 가지고도 JFK는 여전히 주베트남 미군의 숫자를 줄이면서 영국, 소련, 프랑스 그리고 남북 베트남이 문제를 해결할 때까지 최대한 대중의 관심에서 벗어나게 할 요량이었다.

33) Goldstein, *Lessons in Disaster*, 84-91.

34) Halberstam, *The Best and the Brightest*, 306.

35) Caro, op. cit. (2012), 339-345.

36) LBJ의 생애와 대통령 재임기간을 다룬 책들은 LBJ가 직접 작성한 *The Vantage Point: Perspective of the Presidency, 1963–1969* (New York: Holt, Rinehart, and Winston, 1971)을 포함하여 다수가 있다. Robert Dallek's *two-volume biography, Lyndon Johnson and His Times: Lone Star Rising* (New York: Oxford University Press, 1991) and *Flawed Giant, 1961–1973* (New York: Oxford University Press, 1998); and Ronnie Dugger's *The Politician: The Life and Times of Lyndon Johnson: The Drive for Power; From the Frontier to Master of the Senate* (New York: W. W. Norton, 1982). The portrait of LBJ above owes a great debt to the masterly and seminal works, four volumes to date, of Robert A. Caro, *The Years of Lyndon Johnson* (New York: Alfred A. Knopf): *The Path to Power* (1982), *Means of Ascent* (1990), *Master of the Senate* (2002), and *The Passage of Power* (2011).

37) Caro, *Passage of Power*, 545-548.

38) Ibid., 344-345, 351-3535, 365-366, 409-414.

39) McMaster, *Dereliction of Duty*, 41, 49-50; Logevall, *Choosing War*, 79.

40) Logevall, *Choosing War*, 75-77; Caro, *Passage of Power*, 401-402.

41) *Pentagon Papers*, IV-C-1, 1-4; Kaplan, *Wizards of Armageddon*, 500-501; Logevall, *Choosing War*, 171.

42) Graham A. Cosmas, *The Joint Chiefs of Staff and the War in Vietnam, 1960–1968*, part 2 (Washington, DC: Office of Joint History, Office of the Chairman of the Joint Chiefs of Staff, 2012), 6-10; Caro, *Passage of Power*, 401-403.

43) Logevall, *Choosing War*, 80-83; Michael R. Beschloss, ed., *Taking Charge: The Johnson White House Tapes, 1963–1964* (New York: Simon & Schuster, 1997), 88, 95; Halberstam, *Best and the Brightest*, 179-180.

44) *Pentagon Papers*, IV-C-1, U.S. Programs in South Vietnam, November 1963-April 1965: NSAM 273—NSAM 288—Honolulu, ii-iii, 17-24; Halberstam, *Best and the Brightest*, 41, 183-188, 200-205, 249, 256; McMaster, *Dereliction of Duty*, 48, 57-58; Logevall, *Choosing War*, 89-90; Kaplan et al., *McNamara Ascendancy*, 498-502; Prados, *Vietnam*, 80-82; Rearden, *Council of War*, 282.

45) Kaplan et al., *McNamara Ascendancy*, 501-502; David Kaiser, *American Tragedy: Kennedy, Johnson, and the Origins of the Vietnam War* (Cambridge, MA: The Belknap Press of the Harvard University Press, 2000), 293-294.

46) Cosmas, *Joint Chiefs*, 16-19; *FRUS, Vietnam 1964*, 35; *Pentagon Papers*, IV-C-1, 37-40.

47) Kaplan et al., *McNamara Ascendancy*, 502-504; Halberstam, *Best and the Brightest*, 351-353.

48) Logevall, *Choosing War*, 111-122; Cosmas, *Joint Chiefs*, 21-23.

49) McNamara et al., *Argument without End*, 180-184.

50) Rearden, *Council of War*, 282-283; *FRUS, Vietnam 1964*, 97-99, 110-120, 129-130; Cosmas, *Joint Chiefs*, 25-30, Kaplan et al., *McNamara Ascendancy*, 505-507.

51) Kaiser, *American Tragedy*, 304.

52) Beschloss, *Taking Charge*, 266-267.

53) *FRUS, Vietnam 1964*, 130-134, 142-167, 170-173; Kaplan, *Wizards of Armageddon*, 507-510; Halberstam, *Best and the Brightest*, 353-354.

54) 역사학자 존 프레이도스(John Prados)는 1964년 봄에 LBJ 행정부가 비밀리에 '시나리오'라고 명명된 정치-군사 계획을 발전시키기 위한 작업을 시작했다고 주장한다. '시나리오'는 진행 중인 전쟁에서 미군이 좀 더 직접적인 역할을 하기 위해 미국과 남베트남 양국의 정치적 분위기를 조성하는 등 준비시키기 위한 것이었다. Prados, *Vietnam*, 83, 96-100. NSC, 국무부, 국방부 등과 사이공의 대사관에서 나온 일련의 문서들이 이 이론에 신빙성을 더해주고 있다. 이들 문서에 쓰인 용어들이 종종 암호 같기는 하지만 초기에 작성된 것들을 종합적으로 참고해보면, LBJ 행정부에서 일하던 민간 참모들이 우발사태 대비계획을 수립하는 데 있어서 군사 및 정치 분야 모두에서 매우 적극적인 역할을 했음을 시사한다. *FRUS, Vietnam 1964*, 93-96, 206-214, 225-229, 232-233, 242-243, 248-253, 271-272. 이들 문서 중 1964년 3월 31일자에 발행된 한 문서는 특별히 대통령이 의회에 북베트남에 대한 미국의 직접공격을 인가하는 결의를 해달라고 요청하는 계획이 언급되는 것이었다. *FRUS, Vietnam 1964*, 212를 참고하라.

55) *FRUS, Vietnam 1964*, 200; Logevall, *Choosing War*, 164-165.

56) Beschloss, *Taking Charge*, 363-373. 번디는 전쟁을 하겠다는 것은 대단히 크고 중대한 결정이며 자신이 대통령의 입장이라면 무엇을 해야 할지 확신하지 않았지만, "대통령님의 사람들이 가지고 있는 어려움을 공감"한다고 밝혔다. "딘 러스크나 밥 맥나마라나 저같이 대통령님의 최측근에 있는 사람들은 괜찮지만, 조지 볼과 번디의 형제인 빌(동아시아 지역 국무부 차관)과 같이 한 발짝 떨어져 있는 사람들만 해도 결정이 명확하지 않다면 단호하게 행동하기가 매우 어렵습니다. 그럼에도 대통령께서는 어떤 결정을 하셨는지를 필요할 때까지 보호하여 보안을 유지해야 합니다." 번디는 대통령의 중요한 리더십 중 하나가 결심의 시기에 관한 것임을 알고 있었던 것이다. 번디와 LBJ

대통령 두 사람은 국민들이 정부의 현재 정책을 지지한다는 점을 인정했지만, 군대를 파견하는 문제로 넘어갈 때 설문조사 결과가 급격히 하락했다.

57) Kaplan et al., *McNamara Ascendancy*, 517-524; Prados, *Vietnam*, 83, 96-100; Kaiser, *American Tragedy*, 326-340; Logevall, *Choosing War*, 196-205. 한국전쟁과 금문도-마조열도(타이완 해협) 포격전은 또 다른 두 개의 위기 사례였다.

58) Logevall, *Choosing War*, 237-238, 253-254.

59) *Pentagon Papers*, IV-C-2c, 3-5; Kaiser, *American Tragedy*, 353.

60) *Pentagon Papers*, IV-C-2c, viii-xii, 5-6; Logevall, *Choosing War*, 255-257; Herbert Y. Schandler, *The Unmaking of a President: Lyndon Johnson and Vietnam* (Princeton, N.J.: Princeton University Press, 1977), 8-9.

61) *Pentagon Papers*, IV-C-2c, 18-31; Logevall, *Choosing War*, 258-259.

62) *Pentagon Papers*, IV-C-2c, 15-17, 31-35; Cosmas, *Joint Chiefs*, 155-169; McMaster, *Dereliction of Duty*, 181-188; Logevall, *Choosing War*, 256.

63) *FRUS, Vietnam 1964*, 914-916. LBJ의 요청에 따라 '악마의 변호인'(devil's advocate), 즉 정부 내에서 레드팀의 역할을 해온 조지 볼(George Ball) 국무부 차관보가 67쪽에 달하는 보고문서를 작성했다. 음울한 베트남의 정치적 · 군사적 상황과 미국의 범세계 외교정책에서 베트남이 가지는 위치, 그리고 미국의 동맹국 및 적대국의 태도 등이 담겨 있는 문서다. 베트남에 대한 미국은 정책은 암담한 상태였고, 현상유지(status quo)도 어려운 실정이었다. 남베트남 정부는 부패했고, 군대는 무능했으며 국민들은 정부에 무관심하거나 적대적이었다. 최근에 실시한 두 개의 워게임을 통해 알게 된 것은, 북베트남에 대한 폭격이 남측에는 거의 도움이 되지 않으면서 오히려 하노이의 항전의지만 강화시킬 것이라는 점이었다. 볼 차관보는 테일러가 주창한 하노이와의 'tit-for-tat'('눈에는 눈, 이에는 이'처럼 받은 대로 앙갚음하는 전략)의 확전 게임을 하는 것에 강력히 반대하는 의견을 내왔다. 왜냐하면 매번 '행동이나 조치를 취할 때마다 상대측에게 선택할 옵션을 넘겨주어' 결과적으로 주도권을 내주기 때문이다. 그는 또한 '한번 호랑이 등에 타면 내릴 장소를 찾기 어려운 것처럼', 지상 전투병력의 전개와 같은 통제하기 어려운 조치를 취하지 않도록 경고했다. 그러면서 남베트남 측에는 그들이 안정된 정부를 꾸려 '통일된 목적을 달성하기 위해' 전쟁을 수행하는 데 몰입한다면, 미국이 '싸움을 계속할' 용의가 있음을 명확히 전달하라고 건의했다. 아마도 사이공 정부는 미 측의 이런 언급을 경고로 여기고 오히려 베트콩들과의 협상에 나서, '미국의 직접적인 군사적 개입이 없이 정치적 타협을' 추구할 것이다. 볼은 이 같은 결론이 행정부의 입맛에 맞지 않음을 알고 있었다. 실제로 맥나마라도 이 문서를 보았으며 그 뒤로는 볼이 작성한 문서를 '독이 오른 뱀들'처럼 여겼다. 하지만 그의 보고서가 협상과 철수를 위해 설득력 있는 주장을 담고 있었기에 빌 번디는 그러한 '이단적인 논리들을' 조목조목 반박할 필요를 느꼈다. 그럼에도 불구하고, 번디는 어느새 자신이 볼의 결론에서 많은 부분을 받아들이고 있음을 알게 되었다. 예를 들어 '도미노 이론이 (현실성 없이) 지나치게 견고하기 때문에' 베트남을 잃는다 해도 '견딜 만할 것'이라는 주장 같은 것 말이다. 그러면서도 그는 미국이 군사적 개입을 강화할 필요를

제기했는데 이것은 앞으로 있을 협상에서 유리한 위치를 점하기 위한 방책이었다. 러스크와 맥나마라 두 장관은 볼의 논리가 가진 힘을 두려워하여 그의 보고서를 억눌렀다. 결국 LBJ는 되돌릴 수 없는 결정을 하고 나서도 몇 개월이 지날 때까지 볼의 보고문서를 보지 못했다. George Ball, "A Light That Failed," *Atlantic Monthly*, July 1972, 33-49; Kaiser, *American Tragedy*, 349-353; Logevall, *Choosing War*, 243-248.

64) *Pentagon Papers*, IV-C-2c, 42-58; Cosmas, *Joint Chiefs*, 170-176; *FRUS, Vietnam 1964*, 948-957; McNamara et al., *Argument without End*, 169-170; Logevall, *Choosing War*, 261-269.

65) *FRUS, Vietnam 1964*, 964-978; Logevall, *Choosing War*, 269-270; McMaster, *Dereliction of Duty*, 191-193.

66) *Pentagon Papers*, IV-C-2c, 54-58; Kaiser, *American Tragedy*, 384-391.

67) *Foreign Relations of the United States, 1964–1968*, vol. 2, *Vietnam January–June 1965*, ed. David C. Humphrey, Ronald D. Landa, and Louis J. Smith (Washington, DC: Government Printing Office, 1996), 12-28, 93-95 (이후부터 *FRUS, Vietnam January–June 1965*로 표기). Kaiser, *American Tragedy*, 392-393; Logevall, *Choosing War*, 316-319; Goldstein, *Lessons in Disaster*, 152-154.

68) *FRUS, Vietnam January–June 1965*, 155-172; Kaiser, *American Tragedy*, 394, 398; Logevall, *Choosing War*, 320-325; Goldstein, *Lessons in Disaster*, 155-156; Andrew Preston, *The War Council: McGeorge Bundy, the NSC, and Vietnam* (Cambridge, MA: Harvard University Press, 2006), 175-176.

69) *FRUS, Vietnam January–June 1965*, 166-185; Logevall, *Choosing War*, 328-330; Goldstein, *Lessons in Disaster*, 156-158; Kaiser, *American Tragedy*, 399-400.

70) Logevall, *Choosing War*, 330.

71) Ibid., 330-352; Kaiser, *American Tragedy*, 400-401. *The New York Herald Tribune*지는 1965년 3월, '불신감'(credibility gap)이라는 말을 만들어냈는데, 이것은 LBJ의 베트남 정책과 실제 현장의 실상 간에 점점 커지고 있는 괴리를 지적하기 위해 사용되었다. 전쟁 중 풀브라이트 상원의원이 외교위원회 청문회에서 이 문구를 여러 차례 사용했고, 나중에는 미국의 공식 어휘로 사전에 오르게 되었다.

72) *FRUS, Vietnam January–June 1965*, 228-229, 240-243, 347-349, 351.

73) Logevall, *Choosing War*, 362-368, 373: McMaster, *Dereliction of Duty*, 288.

11. 파월 독트린

1) Colin L. Powell, "Why Generals Get Nervous," *New York Times*, October 8, 1992, A35. 2.

2) Colin L. Powell and Joseph E. Persico, *My American Journey* (New York: Random House, 1995), 144-149.

3) Powell, *My American Journey*, 260; Karen DeYoung, *Soldier: The Life of Colin Powell* (New York: Alfred A. Knopf, 2006), 110-124.

4) DeYoung, *Soldier*, 125-134.

5) Ibid., 134-141.

6) Ibid., 141-142; Powell, *My American Journey*, 302-303.

7) DeYoung, *Soldier*, 147-154; Powell, *My American Journey*, 304-315.

8) DeYoung, *Soldier*, 146-150; Powell, *My American Journey*, 316-331.

9) DeYoung, *Soldier*, 156-162.

10) Ibid., 162-180.

11) Ibid., 177-179, 190-191; Bob Woodward, *The Commanders* (New York: Simon & Schuster, 1991), 60-66.

12) DeYoung, *Soldier*, 182-184; Woodward, *Commanders*, 83-196; James R. Locher III, *Victory on the Potomac: The Goldwater-Nichols Act Unifies the Pentagon* (College Station: Texas A&M Press, 2002), 440.

13) Powell, *My American Journey*, 374-375.

14) DeYoung, *Soldier*, 188-191; Powell, *My American Journey*, 437-440, 454-455; Michael R. Gordon and Bernard E. Trainor, *The Generals' War: The Inside Story of the Conflict in the Gulf* (Boston: Little, Brown, 1995), 25.

15) Gordon and Trainor, *Generals' War*, 14-18, 23-29, 33-34.

16) George Bush and Brent Scowcroft, *A World Transformed* (New York: Alfred A. Knopf, 1998), 317-324; DeYoung, *Soldier*, 194-195; Powell, *My American Journey*, 462-465.

17) DeYoung, *Soldier*, 195; Powell, *My American Journey*, 465-466.

18) Powell, *My American Journey*, 492; Gordon and Trainor, *Generals' War*, 40-42, 66; Woodward, *Commanders*, 208-209, 298.

19) Powell, *My American Journey*, 466; Bush and Scowcroft, *World Transformed*, 327-335; Gordon and Trainor, *Generals' War*, 48-49. 20.

20) Powell, *My American Journey*, 466-467; Bush and Scowcroft, *World Transformed*, 332-333.

21) Bush and Scowcroft, *World Transformed*, 332-333; Gordon and Trainor, *Generals' War*, 49-53.

22) Powell, *My American Journey*, 469-470.

23) Woodward, *Commanders*, 281-282; Powell, *My American Journey*, 470-471.

24) Powell, *My American Journey*, 476-478; Bush and Scowcroft, *World Transformed*, 372-374.

25) Powell, *My American Journey*, 478-480; DeYoung, *Soldier*, 196-198; Bush and Scowcroft, *World Transformed*, 374-375.

26) Gordon and Trainor, *Generals' War*, 128-145; Bush and Scowcroft, *World Transformed*, 380-383; Steven L. Rearden, *Council of War: A History of the Joint Chiefs of Staff, 1942–1991* (Washington, DC: NDU Press, 2012), 512, 515-516.

27) Powell, *My American Journey*, 485.

28) Gordon and Trainor, *Generals' War*, 153-155; Powell, *My American Journey*, 487-489; Rearden, *Council of War*, 517-518; Bush and Scowcroft, *World Transformed*, 389-396.

29) Rearden, *Council of War*, 484.

30) Bush and Scowcroft, *World Transformed*, 388-391, 396-398, 400-402, 416-419, 421-423, 425-429, 436-439, 443-446; Woodward, *Commanders*, 35-39, 331-362.

31) Gordon and Trainor, *Generals' War*, 331.

32) Ibid., 355-399.

33) Ibid., 395-406; H. Norman Schwarzkopf, *It Doesn't Take a Hero* (New York: Linda Grey Bantam Books, 1992), 468-469.

34) Gordon and Trainor, Generals' War, 362-387, 411-414, 424.

35) Ibid., 405; Powell, *My American Journey*, 519-520; Schwarzkopf, *Doesn't Take a Hero*, 469.

36) Gordon and Trainor, *Generals' War*, vii-x, 413-415.

37) Ibid., 415.

38) Powell, *My American Journey*, 520-524; Schwarzkopf, *Doesn't Take a Hero*, 469; DeYoung, *Soldier*, 207-208; Bush and Scowcroft, *World Transformed*, 485-487.

39) Gordon and Trainor, *Generals' War*, 429, 439-443; Schwarzkopf, *Doesn't Take a Hero*, 472-478.

40) Gordon and Trainor, *Generals' War*, 443-450. 저자들은 부시 행정부의 고위 관료가 누군지 이름을 밝히지 않았다. Schwarzkopf, *Doesn't Take a Hero*, 481-491; Andrew J. Bacevich, "The United States in Iraq: Terminating an Interminable War," in *Between War and Peace: How America Ends Its Wars*, ed. Matthew Moten (New York: Free Press, 2011), 308-310.

41) Bush and Scowcroft, *World Transformed*, 486.

42) DeYoung, *Soldier*, 209-210, 219-222.

43) Ibid., 213-216; Powell, *My American Journey*, 535-536; Woodward, *Commanders*,

passim and 46-47, 53-54, 146-153, 236-241, 261-262, 281, 298-303, 318-319, 344-345.

44) DeYoung, *Soldier*, 217-219. 45.

45) Ibid., 219.

46) Powell, *My American Journey*, 561-564; Richard H. Kohn, "The Erosion of Civilian Control of the Military in the United States Today," *Naval War College Review* 55, no. 3 (Summer 2002), 10. 47.

47) George Stephanopoulos, *All Too Human: A Political Education* (Boston: Little, Brown, 1999), 122-129; DeYoung, *Soldier*, 230-234; Powell, *My American Journey*, 570-574; Andrew J. Bacevich, "Elusive Bargain: The Pattern of U.S. Civil-Military Relations since World War II," in *The Long War: A New History of U.S. National Security Policy since World War II*, ed. Andrew J. Bacevich (New York: Columbia University Press, 2007), 247-249.

48) Stephanopoulos, *All Too Human*, 159, 163, 165; DeYoung, *Soldier*, 234-236; Powell, *My American Journey*, 575-577; Madeleine Albright, *Madam Secretary* (New York: Miramax Books, 2003), 181-182.

49) *U.S. News & World Report*, September 20, 1993, 표지와 48-59.

50) David Halberstam, *War in a Time of Peace: Bush, Clinton, and the Generals* (New York: Scribner, 2001), 237-238; DeYoung, *Soldier*, 240-284; Dan Balz, "Powell Passes Up 1996 Presidential Race," *Washington Post*, November 9, 1995, A1, A14.

51) William J. Crowe Jr., *The Line of Fire: From Washington to the Gulf, the Politics and Battles of the New Military* (New York: Simon & Schuster, 1993), 23.

52) DeYoung, *Soldier*, 180-181.

53) Richard H. Kohn, "Out of Control: The Crisis in Civil-Military Relations," *National Interest* (Spring 1994), 9; DeYoung, *Soldier*, 4.

12. 럼스펠드의 가정

1) Secretary of Defense Donald Rumsfeld and General Richard B. Myers, "Department of Defense News Briefing, 11 April 2003," in Thomas R. Mockaitis, *The Iraq War: A Documentary and Reference Guide* (Santa Barbara, CA: Greenwood, 2012), 145-151; Bradley Graham, *By His Own Rules: The Ambitions, Successes, and Ultimate Failures of Donald Rumsfeld* (New York: PublicAffairs, 2009), 308-310.

2) Barton Gellman, *Angler: The Cheney Vice Presidency* (New York: Penguin Press, 2008), 31-57; James Mann, *Rise of the Vulcans: The History of Bush's War Cabinet* (New York: Viking, 2004), 262-275; Graham, *By His Own Rules*, 202-205.

3) Gellman, *Angler*, 36–37; Mann, *Vulcans*, 264–266.

4) Mann, *Vulcans*, 268–270; Graham, *By His Own Rules*, 202–204; Michael R. Gordon and General Bernard E. Trainor, *Cobra II: The Inside Story of the Invasion and Occupation of Iraq* (New York: Pantheon Books, 2006), 6–8.

5) Karen DeYoung, *Soldier: The Life of Colin Powell* (New York: Alfred A. Knopf, 2006), 135–136, 298–302; Mann, *Vulcans*, 271–276.

6) The best Rumsfeld biographical sources are his own memoir, *Known and Unknown* (New York: Sentinel, 2011) and Bradley Graham's *By His Own Rules.*

7) Graham, *By His Own Rules*, 214–217.

8) Gordon and Trainor, *Cobra II*, 148.

9) Rumsfeld, *Known and Unknown*, xiii–xv; Graham, *By His Own Rules*, 271–273.

10) Graham, *By His Own Rules*, 230, 271–274.

11) Gordon and Trainor, *Cobra II*, 7; Graham, *By His Own Rules*, 205–207, 241–253.

12) Thomas E. Ricks, "Rumsfeld on High Wire of Defense Reform: Military Brass, Conservative Lawmakers Are among Secretive Review's Unexpected Critics," *Washington Post*, May 20, 2001, A01; Vernon Loeb and Thomas E. Ricks, "Rumsfeld's Style, Goals Strain Ties in Pentagon," *Washington Post*, October 16, 2002; Dave Moniz, "Rumsfeld's Abrasive Style Sparks Conflict," *USA Today*, December 10, 2002; Seymour M. Hersh, "Annals of National Security: Offense and Defense; The Battle between Rumsfeld and the Pentagon," *New Yorker*, April 7, 2003; Dave Moniz and John Diamond, "Rumsfeld Is Perched at 'Pinnacle of Power,'" *USA Today*, May 1, 2003, 10.

13) Ricks, "Rumsfeld on High Wire"; Department of Defense News Briefing, Secretary Rumsfeld and General Myers, January 29, 2003, accessed at http://www.defenselink.mil/transcripts/transcript.aspx?transcriptid=1349.

14) Thomas E. Ricks, *Fiasco: The American Military Adventure in Iraq* (New York: Penguin Press, 2006), 6–24; Mann, *Vulcans*, 235–238.

15) DeYoung, *Soldier*, 314–318; Lloyd C. Gardner, *The Long Road to Baghdad: A History of U.S. Foreign Policy from the 1970s to the Present* (New York: New Press, 2008), 124–125.

16) 럼스펠드는 수차례 의회에 참석하여 자신의 생각을 밝혔다. 다음을 참고하라. "Prepared Testimony of U.S. Secretary of Defense Donald H. Rumsfeld, Senate Armed Services Committee Hearing on Defense Strategy Review," June 21, 2001. Ricks, "Rumsfeld on High Wire"; Peter Boyer, "A Different War: Is the Army Becoming Irrelevant?" *New Yorker*, July 1, 2002, 63–65; Ricks, *Fiasco*, 68–70.

17) Graham, *By His Own Rules*, 277–280.

18) 네 번째 비행기는 승객들이 통제를 되찾으려 했으나 결국 펜실베이니아의 섕크스빌 부근에 추락했다.

19) Graham, *By His Own Rules*, 285-291; Gardner, *Long Road to Baghdad*, 128-129; Mann, *Vulcans*, 300-302; Gordon and Trainor, *Cobra II*, 10-21; DeYoung, *Soldier*, 348-353.

20) Anton Myrer, *Once an Eagle* (New York: HarperTorch, 1986); Gordon and Trainor, *Cobra II*, 24, 107, 112; Ricks, *Fiasco*, 33-34, 39-41. 21.

21) Peter Boyer, "The New War Machine," *New Yorker*, April 7, 2003; Mann, *Vulcans*, 308-309; Graham, *By His Own Rules*, 304-308, 313-315.

22) Mann, *Vulcans*, 296-297; Gardner, *Long Road to Baghdad*, 129-130.

23) Graham, *By His Own Rules*, 338-339; Gardner, *Long Road to Baghdad*, 131-132; Gellman, *Angler*, 222-226.

24) Mann, *Vulcans*, 315-317.

25) George W. Bush, "State of the Union 2002," excerpt in Mockaitis, *Iraq War*, 6-7.

26) Gardner, *Long Road to Baghdad*, 140.

27) George W. Bush, "Commencement Address at West Point, 31 May 2002," accessed at http://www.nytimes.com/2002/06/01/international/02PTEX-WEB. html?pagewanted=all.

28) Gordon and Trainor, *Cobra II*, 25.

29) Gardner, *Long Road to Baghdad*, 164-166.

30) Gordon and Trainor, *Cobra II*, 26-32; Graham, *By His Own Rules*, 326-328.

31) Gordon and Trainor, *Cobra II*, 36-37; Graham, *By His Own Rules*, 328.

32) Gordon and Trainor, *Cobra II*, 48-54.

33) Ibid., 51-52.

34) Ibid., 46-48; Graham, *By His Own Rules*, 356-361; Ricks, *Fiasco*, 89-90; Tommy Franks and Malcolm McConnell, *American Soldier* (New York: Regan Books, 2004), 207-208, 274-278, 440-441. 저자는 2007년 11월 13일 합참의장을 역임한 마이어스 예비역 공군대장과 인터뷰를 한 적이 있다. 그때 마이어스 장군은 기억하기를 프랭크스 장군과 각 군 총장들이 여러 차례 만났지만, 프랭크스는 총장들이 작전부대에 대한 전력 제공 외에 하고 있는 다양한 역할에 대해 이해하지 못한다는 느낌을 받았다고 했다.

35) Gordon and Trainor, *Cobra II*, 66-68.

36) Ibid., 66-68.

37) Ibid., 72-73.

38) Ricks, *Fiasco*, 42-43; Franks, *American Soldier*, 441; Gordon and Trainor, *Cobra II*, 74-77, 80-83; Graham, *By His Own Rules*, 348-354.

39) Graham, *By His Own Rules*, 349-355, 380-382; Ricks, *Fiasco*, 59-60; Conrad C. Crane and W. Andrew Terrill, *Reconstructing Iraq: Insights, Challenges, and Missions for Military Forces in a Post-Conflict Scenario* (Carlisle, PA: Strategic Studies Institute, U.S. Army War College, February 2003).

40) Gordon and Trainor, *Cobra II*, 70-71.

41) Ibid., 130-131; Ricks, *Fiasco*, 61-63.

42) Graham, *By His Own Rules*, 362-363; Gordon and Trainor, *Cobra II*, 86-95.

43) Graham, By *His Own Rules*, 362-365; Gordon and Trainor, *Cobra II*, 95-102; Myers interview with author, November 13, 2007. 마이어스 장군은 저자와의 인터뷰에서 중부사령부와 수송사령부 사이의 이견을 해결하기 위해 매주 회의를 직접 주재하면서 TPFDL을 발전시키는 데 비상한 관심을 가지고 있었다고 증언했다. Hersh, "Annals of National Security."

44) James Fallows, "Blind into Baghdad," *Atlantic*, January-February 2004, 53-64; Gordon and Trainor, *Cobra II*, 95-102; Ricks, *Fiasco*, 71, 73-74; Myers interview, November 13, 2007; 당시 NSC에 관련하여 부시 대통령 1기 국방부 국방전략 및 소요 국장 코리 쉐이크(Kori Schake) 박사와 저자의 인터뷰(2007. 2. 15) 내용; 마이어스 의장은 이 회의를 '긍정적'이었고 '논쟁적'이지 않았다고 묘사했다고 하며, 쉐이크 박사는 2003년 1월 30일 각료회의실 회의에도 참석했었다고 함.

45) Matthew Moten, "A Broken Dialogue: Rumsfeld, Shinseki, and Civil-Military Tension," in *American Civil-Military Relations: The Soldier and the State in a New Era*, ed. Suzanne C. Nielsen and Don M. Snider (Baltimore: Johns Hopkins University Press, 2009), 42-71; "U.S. 상원 군사위 청문회, on FY 2004 Defense Authorization," transcript, February 25, 2003; Gordon and Trainor, *Cobra II*, 102, notes 522-523; George Packer, *The Assassins' Gate: America in Iraq* (New York: Farrar, Straus and Giroux, 2005), 114; Ricks, Fiasco, 96-97.

46) Eric Schmitt, "Pentagon Contradicts General on Iraq Occupation Force's Size," *New York Times*, February 28, 2003; Bob Woodward, *State of Denial: Bush at War, Part III* (New York: Simon & Schuster, 2006), 151; Gordon and Trainor, *Cobra II*, 102-103, 486; Ricks, *Fiasco*, 96-100; Packer, *Assassins' Gate*, 114.

47) Ricks, *Fiasco*, 120-123.

48) Ibid., 120-127; Gordon and Trainor, *Cobra II*, 311-314, 317-318; Graham, *By His Own Rules*, 394-397.

49) Graham, *By His Own Rules*, 396-397.

50) Michael R. Gordon and General Bernard E. Trainor, *The Endgame: The Inside Story*

of the Struggle for Iraq, from George W. Bush to Barack Obama (New York: Pantheon Books, 2012), 12.

51) Graham, *By His Own Rules*, 398-403; Ricks, *Fiasco*, 158-167.

52) Ricks, *Fiasco*, 145; Gardner, *Long Road to Baghdad*, 173-176.

53) Graham, *By His Own Rules*, 275-277.

54) Gordon and Trainor, *Cobra II*, 317-318; Graham, *By His Own Rules*, 391-394, 400-411; Ricks, *Fiasco*, 147-155, 166-171, 179-191.

결론

1) Samuel P. Huntington, *The Soldier and the State: The Theory and Politics of Civil-Military Relations* (Cambridge, MA: Belknap Press of Harvard University Press, 1957), 80-97, quotation, p. 84. 헌팅턴의 아이디어가 군의 전문직업주의에 미친 영향을 알고 싶다면, Eliot Cohen, *Supreme Command: Soldiers, Statesmen, and Leadership in Wartime* (New York: Free Press, 2002), 225-248을 참고하라.

2) 공정한 관점에서 볼 때, 헌팅턴은 직접적으로 이러한 벽을 묘사하지는 않고 있다. 어떤 사람들은 저자의 해석이 특징 위주로 사물을 묘사하는 캐리커처 같다고 비판할 수 있다. 실제로 헌팅턴은 미국의 헌법 체제 때문에 객관적인 문민통제가 어렵다고 인정했으며, 미국에서는 군대가 상대적으로 약했을 때, 그리고 장군들이 스스로 정치적 권력과 영향력을 줄였을 때 드물게 이루어졌다고도 언급했다. Huntington, 189-192, 260-263. 그는 또한 왜 장교들이 민간 상관들에게 복종하지 않을 수도 있는지 도덕적·법적·작전적인 이유를 들어 상세히 설명했다. Ibid., 70-79. 그럼에도 분명한 것은, 그가 객관적 문민통제를 가장 이상적인 형태로 제시하고 있다는 점이다. "객관적 문민통제의 반대편에는 군의 정치 개입이 있다. … 객관적 문민통제의 정수는 자율적인 군 전문직업주의를 인정하는 데 있다." Ibid., 83.

3) 클라우제비츠는 물에 비유하여 전쟁에서의 마찰에 대해 설명한다. "전쟁에서의 행동은 저항이 있는 가운데 움직이는 것과 같다. 걷기와 같이 단순하고 자연스러운 움직임도 물속에서는 그렇게 쉽게 행할 수 없는 것처럼 전쟁 중에는 평소 일상적으로 하던 일도 비슷한 성과를 내기 어렵다. 진정한 이론가는 수영 코치와 같은 사람이다." Carl von Clausewitz, *On War*, ed. and trans. Michael Howard and Peter Paret, introductory essays by Peter Paret, Michael Howard, and Bernard Brodie, commentary by Bernard Brodie (Princeton, NJ: Princeton University Press, 1976), 120.

4) Huntington, *Soldier and the State*, 80-85, quotation, p. 83.

5) Clausewitz, *On War*, 607-608. 강조된 부분은 원서를 따라 표기함.

6) Huntington, *Soldier and the State*, 59-79, 464-466. 이 분야의 전형적인 보기를 살펴보려면, John Hillen, "Must US Military Culture Reform?" *Parameters* 29, no. 3 (Autumn 1999), 9-23을 참고하라. 힐렌은 1990년대의 미국 문화를 "나르시스적이고

도덕적으로 상대적이며, 방종하며 향락적 · 소비적이고 개인주의적이며 피해자 중심
적이고 허무하며 연약하다"고 기술했다(p. 18).

7) Sir John Hackett, *The Profession of Arms* (Washington, DC: U.S. Army Center of
Military History, 1986), 34. 원래 출처는 캠브리지 대학의 트리니티 칼리지, 1962년
리 놀스(Lee Knowles)의 강의록임.

8) Peter Feaver, James Golby, and Kyle Dropp, *Military Campaigns: Veterans' Endorsements
and Presidential Elections* (Washington, DC: Center for a New American Security,
2012). 위에 제시된 역사와 숫자는 이 연구로부터 나왔다.

이름 찾기

찾아보기